AF535907

Die Deutsche Bibliothek

Die Deutsche Bibliothek verzeichnet diese Publikation in der Deutschen Nationalbibliographie; detaillierte bibliografische Daten sind im Internet über http://dnb.ddb.de abrufbar.

Layout: Willy Schilling

ISBN 978-3-932906-63-3

Willy Schilling

HITLERS TRUTZGAU

Thüringen im Dritten Reich

Beiträge – Bilder – Dokumente

Mit einem Epilog
von Manfred Weißbecker

Band II

Verlag Dr. Bussert & Stadeler
2008

ZUM INHALT

In eigener Sache

Drei Jahre nach Erscheinen des ersten Bandes über „Hitlers Trutzgau" schließt der nun vorliegende zweite Band die noch vorhandene Lücke zur Geschichte Thüringens für die Jahre 1939 bis zum Mai 1945. Es war, lieber Leser, nicht einfach, diesen Band zu fertigen. Zahlreiche und vor allem unerwartete Schwierigkeiten zeigten sich bei der noch notwendigen Erschließung von Material und der endgültigen Gestaltung der Texte. Ursprünglich, so sah es meine Planung vor, sollte der zweite Band nach einem, spätestens jedoch nach zwei Jahren in Ihren Händen liegen. Drei sind es nun doch geworden: Und dennoch habe ich als Autor zahlreiche Kompromisse bei der Fertigstellung eingehen müssen.

Viele konzeptionelle Entwürfe zur inhaltlichen Ausgestaltung beider Bände blieben am Ende offen oder fanden, weil sie substantiell noch nicht ausreichend verdichtet waren, keine Verwendung. Zu häufig erwies sich zudem die Erschließung vorhandener Quellen durch Aufwand und Kosten als unverhältnismäßig, zumal ich ohne Förderung gezwungen war, alle Ausgaben selbst zu tragen. Gern hätte auch ich die materielle und ideelle Unterstützung der zahlreich vorhandenen Institutionen in Anspruch genommen. Doch diese zeitgemäße Möglichkeit, mehrfach von mir initiiert, führte letztlich nicht zum gewünschten Erfolg. Ein weiteres Hindernis bildete die Nachnutzung vorliegender Darstellungen, die sich in zahllosen Fällen als durchaus problematisch erwies. Und so mußte ich mich als Autor ausschließlich auf meine eigenen Möglichkeiten beschränken und die Gegebenheiten nehmen, wie sie eben waren.

Was kann und darf der Leser von dieser Publikation erwarten? Das ist letztlich bei allen Veröffentlichungen die zentrale Frage. Wie schon der erste Band, so ist auch der zweite ein Sachbuch, das sich – trotz zahlreich eingeflossener Forschungsergebnisse – nicht vordergründig an den Fachwissenschaftler richtet, obwohl auch dieser sicher Nutzen aus dem Buch ziehen kann und wird. Durch die besondere Gestaltung von Inhalt und Form als Text-Bild-Band sowie der Betrachtungsweise einer abgeschlossenen Periode ist die Edition ein geschlossenes Angebot an alle an der Geschichte Thüringens interessierten Leser, die sich über ein schwieriges Kapitel deutscher Geschichte in der Region einen Überblick verschaffen möchten.

Auch konzeptionell schließt die Edition damit eine Lücke, da sie sich um die Erfassung und exemplarische Darstellung der gesamtgesellschaftlichen Entwicklung im Zusammenhang der Ereignisse und ihrer Abläufe bemüht. Auf diese Weise wird ein Bogen geschlagen, der generalisierte Prozesse und zahlreiche Details des Strukturwandels zusammenfaßt und in ihren Ursachen und Folgen verdeutlicht. Daß sich die einzelnen Kapitel und Abschnitte in ihrer Homogenität unterscheiden, ergab sich zwangsläufig aus der vorgefundenen Quellenlage. Das Gesamtbild grundlegender Prozesse der gesellschaftlichen Organisation jener Jahre verdeutlicht sich dennoch aus den dargestellten Bestandteilen und bildet so eine eigene Qualität. Zur besseren Handhabbarkeit beider Bände dient das angeschlossene Register. Ansonsten vertraue ich auf den mündigen Leser, der sich einen eigenen Eindruck über diese Zeit verschaffen soll. Schließlich macht Geschichte nur dann Sinn, wenn sie über die formale Betrachtung einer vergangenen Entwicklung hinaus in die fortschrittliche Gestaltung der Zukunft wirkt. Im übrigen bildet das Buch im Sinne der evolutionären, Wissen schaffenden Wissenschaft nur einen Baustein von zeitlicher Bedeutung. Dabei gilt: Jede Entwicklung basiert auf einer Vorgeschichte, einer ihr eigenen Konkretheit und den daraus entspringenden Folgen. Das Folgende wiederum knüpft stets an das Gewesene an, gewandelt in seiner eigenen neuen, fortschrittlich oder fortgeschrittenen Konkretheit als Folge des Gewesenen.

Die Geschichte des Dritten Reiches insgesamt, insbesondere aber die Thüringens jener Jahren, zeigt noch viele weiße Flecke. Als historisches Phänomen wirkt sie in vielfältiger Weise in allen gesellschaftlichen Bereichen – ob Politik, Wirtschaft, Kunst, Kultur, Diplomatie, Sprache, Wissenschaft und so weiter – bis in unsere Gegenwart nach. Vieles wird erst erkennbar, nachdem der Verlauf der Geschichte, von den Vorboten einer Entwicklung bis zu ihrem Niedergang, durch die anhaltende Aufarbeitung transparenter wird. Im populärwissenschaftlichen Sinne an diesem Erkenntnisprozeß mitzuwirken, ist das Anliegen des Autors. Dabei konnte letztlich kein Wert auf Vollständigkeit gelegt werden. Ein solcher Anspruch wäre vermessen.

Neben der Darstellung machtpolitischer Zusammenhänge möchte das Buch dem Leser zugleich auch Einblicke in unterschiedliche Formen des Alltags unterm Hakenkreuz geben. Dies soll die Zwänge und deren Wirkungen im gesellschaftlichen Leben in besonderer Weise verdeutlichen, denen Menschen stets ausgesetzt sind. Nichts geschieht letztlich zufällig; alles hat einen Anfang. Gleichwohl kann die Notwendigkeit in ihrer Bedingtheit, was zufällig wirken kann, die Hände im Spiel haben. Im Alltag mehr Zivilcourage zu wagen, bedeutete letztlich auch, sich angreifbarer zu machen. In einer Diktatur wie dem Dritten Reich führte eine solche Haltung, die durchaus gegenwärtig war, in zahlreichen Fällen bis auf´s Schafott. Umgekehrt konnte eine mehr oder weniger große Anpassung ungeahnte Karrieren bis hin zur Täterschaft befördern. Das darf bei der Beurteilung von Entwicklungen und menschlichen Haltungen nie vergessen werden.

Die politischen Lager im Dritten Reich sind klar erkennbar. Dazu gehört natürlich auch die Wirtschaft, die für jede Gesellschaft die materielle Grundlage der Staatsordnung bildet und dadurch ein System stärken, aber auch schwächen und destabilisieren kann. Dieser wichtigen, in politischen Darstellungen über den Staat oft weniger beachteten Seite der Gesellschaft habe ich unbedingt Raum geben wollen, da ökonomische Interessen letztlich alle gesellschaftlichen Verhältnisse durchdringen.

Auch das Streben der akademischen Jugend nach Erfolg spielte im Dritten Reich eine systemtragende Rolle. Eine sehr große Zahl der jungen Akademiker stellte sich kompromißlos in den Dienst des Regimes. Ab 1933 begegnen sie uns in höheren Ämtern. In Thüringen gehörten der Jenaer Rasseforscher Karl Astel und der Staatssekretär Walter Ortlepp, um nur zwei Beispiele zu nennen, zu dieser Gruppe. Um auch diese nicht unwesentliche Seite des Regimes hinreichend zu verdeutlichen, habe ich einige Biogramme wichtiger Führerpersönlichkeiten, die typische Lebenswege verdeutlichen, aufgenommen.

Bei allen auf die gesellschaftliche Entwicklung abgestellten Betrachtungen darf, wie schon angedeutet, der Alltag des deutschen Volkes nicht aus den Augen verloren werden. Was prägte nachhaltig das Verhalten der Deutschen? Im Vorfeld des NS-Regimes zunächst einmal das Trauma des Ersten Weltkrieges und vor allem die sozialen Folgen der Weltwirtschaftskrise von 1929 bis 1932 mit etwa sieben Millionen Arbeitslosen. In dieser Situation mißtrauten die Deutschen aus nahezu allen sozialen Schichten, besonders aber die sozial von den Folgen der Krise Betroffenen, „denen da oben", zu denen die Nationalsozialisten (noch) nicht zu gehören schienen. Das zählt zur Vorgeschichte des „Dritten" oder „Tausendjährigen Reiches", das ganze zwölf Jahre existierte, aber die Welt tiefgreifend durch Krieg und Vernichtung veränderte. In besonders exemplarischer Weise gehört dies auch zur Vorgeschichte des NS-Gaues Thüringen, der als Hitlers „Trutz- und Mustergau" galt und mit der Vernichtung des NS-Regimes seinen verdienten Untergang erlebte. Wie dies geschah, ist in den nachfolgenden Kapiteln zu erfahren.

An dieser Stelle möchte ich mich abschließend bei allen bedanken, die mich bei der Fertigstellung des Buches in unterschiedlicher Weise unterstützt haben. Mein Dank gilt zunächst dem Verlag Dr. Bussert & Stadeler für die Drucklegung des Manuskriptes. Zu danken habe ich zudem allen im Text aufgeführten Autoren für die freundliche Überlassung ihrer Beiträge, Dokumentationen und Fotografien. Ein besonderes Dankeschön gebührt Dr. Klaus W. Müller (Köln) für seine umfangreichen quellengestützten Zuarbeiten für das Kapitel „Alltag und Krieg" und Götz Gutbier (Jena) für die kritische Durchsicht des Manuskriptes.

Kriegsentfesselung und Neuordnung der Macht

„Führer befiehl, wir folgen!"

Radikalisierung der Herrschaftsorganisation

Die Weisung zur unmittelbaren Vorbereitung des Krieges mit Polen gab Hitler am 3. April 1939. Mit dieser Entscheidung verbanden sich nicht allein Maßnahmen zur Sicherung der militärischen Voraussetzungen zur Kriegsführung, sondern gleichermaßen solche für den gesamten zivilen Bereich und dessen administrativer Organisation. Obwohl die grundlegenden Strukturen bis 1939 entwickelt worden waren[1], erfolgten aus Gründen der Geheimhaltung zahlreiche Umstellungen der staatlichen, wirtschaftlichen und gesellschaftlichen Organisation dennoch erst unmittelbar vor und mit der Kriegsentfesselung. Auf Reichsebene, insbesondere innerhalb des militärischen Sektors, vollzogen sich diese Umstellungen naturgemäß rascher, allein schon durch den Vorlauf der verdeckten Mobilmachung und aller damit verbundenen Maßnahmen auf militärischen Befehlsebenen. Regional – für den Gau Thüringen als wesentlichen Teil des zuständigen Wehrkreises IX – beanspruchte dieser Umstellungsprozeß auf die Kriegserfordernisse etwa drei Monate.

Die Kriegsvorbereitungen im Dritten Reich selbst liefen bereits seit spätestens 1938 auf vielfältige Weise und zahlreichen Ebenen der zuständigen Entscheidungsträger. Ein wesentliches Feld bildete die Diplomatie im Zusammenhang mit dem Anschluß Österreichs an das Deutsche Reich, die Bildung Großdeutschlands im April 1938, den Anschluß des Sudentenlandes auf der Grundlage des Münchner Abkommens vom 29. September 1938 sowie die Besetzung der sogenannten Resttschechei am 14./15. März 1939, die unmittelbar nachfolgende Errichtung des Protektorates Böhmen und Mähren und die Besetzung des Memellandes am 23. März 1939. Diese Aktionen aggressiver Diplomatie banden bereits militärische und staatlich-administrative Kräfte. Zugleich verdeutlichten sie den bereits hoch entwickelten Organisationsgrad zur Kriegsführung, da Deutschland natürlich auch mit militärischer Gegenwehr rechnen mußte.

In die Phase der unmittelbaren Kriegsvorbereitung bis zum Einmarschbefehl mündete die deutsche Politik, nachdem der britische Premierminister Arthur Neville Chamberlain am 31. März eine britisch-französische Garantieerklärung für Polen als souveränen Staat abgegeben hatte. Dem gingen Forderungen Deutschlands zur Rückgabe von Danzig, von Verkehrswegen sowie entsprechende Angriffspläne voraus. Eine überarbeitete Weisung vom 11. April 1939 „für die einheitliche Kriegsvorbereitung der Wehrmacht für 1939/40" sieht für den angegebenen Zeitraum die Zerschlagung Polens, die Annexion Danzigs sowie die Besetzung der baltischen Länder vor und erwägt darüber hinaus die Kriegsführung gegen die westlichen Länder Frankreich und Großbritannien.[2] Zahlreiche Reden, Weisungen und interne Dokumente, insbesondere die Geheimrede Hitlers vom 10. November 1938 vor Vertretern der deutschen Presse, in welcher die Pressevertreter dazu aufgefordert wurden, die deutsche Öffentlichkeit psychologisch auf Kriegskurs zu trimmen, da die „pazifistische Platte" endgültig „abgespielt" sei, belegen die offensichtliche Absicht der deutschen Regierung und Naziführung, ihre politischen Ziele durch einen Krieg zu verwirklichen.[3]

Am 22. August 1939 legt Hitler mit den Oberbefehlshabern, Heeresgruppen- und Armeeführern von Heer, Marine und Luftwaffe den Kriegsbeginn auf den 26. August fest. Am 26. August verschob Hitler den Angriff auf Polen auf den 1. Septem-

„Friede für unsere Zeit!", so lautete die Erklärung des britischen Premierministers Arthur Neville Chamberlain nach seiner Rückkehr aus München auf dem Londoner Flugplatz. Doch die mit der Unterzeichnung des sogenannten Münchner Abkommens verbundene Absicht sollte sich rasch als Illusion erweisen. (WS)

ber. Noch liefen zur Tarnung der Kriegsvorbereitungen und des Aufmarsches der Wehrmacht zahlreiche diplomatische Aktionen zwischen Polen, Großbritannien und Deutschland. Doch Deutschland erhöhte und variierte im Zuge dieser finalen „Friedensdiplomatie“ ständig seine Forderungen. Am 30. August erreichten diese Scheinaktivitäten ihren Gipfelpunkt. Die deutsche Seite veröffentlichte ein Papier mit 16 Forderungen, die letztlich die Zerschlagung Polens bedeutete. Dennoch empfahlen sowohl die britische als auch die französische Regierung der polnischen, die geforderten Bedingungen zu akzeptieren. Unabhängig davon, und gemäß der eigenen Planung, handelt Hitler am 31. August. Um 12.30 Uhr ergeht die „Weisung Nr. 1 für die Kriegsführung“ gegen Polen, die den Angriffstag und die Uhrzeit für die Eröffnung der Kriegshandlungen bestimmte.[4]

Hjalmar Schacht legte mit seinem Neuen Plan die Grundlagen für die Stabilisierung der deutschen Wirtschaft ab 1933 und damit für die nachfolgende Aufrüstung. (WS)

Hermann Göring übernahm neben seinen zahlreichen Funktionen als Beauftragter für den Vierjahresplan auch für die Rüstungswirtschaft eine Schlüsselstellung. (WS)

Am 1. September um 4.45 Uhr überfiel die deutsche Wehrmacht Polen und entfesselte den Zweiten Weltkrieg. Mit Beginn der Kampfhandlungen veränderten sich unmittelbar die gesamtgesellschaftlichen Verhältnisse in Deutschland. Alle staatlich-administrativen und gesamtgesellschaftlichen Strukturen unterlagen in der Folge einer Neuordnung und einer zunehmenden Radikalisierung. Dieser Prozeß vollzog sich in allen Bereichen des Staates, der Wirtschaft und der Partei, allerdings mit unterschiedlicher Dynamik und Intensität.

Eine grundlegende Aufspaltung vollzog sich mit Kriegsbeginne zwischen der militärischen Führung und den fortbestehenden Zivilverwaltungen. Die anfänglichen Strukturen veränderten sich während des Kriegsverlaufes mit den sich wandelnden Anforderungen und konzentrierte sich schließlich in wenigen Führungsorganen und -personen. Diese Entwicklung entsprach dem Machtverständnis der NSDAP vom Führerstaat, in welchem Elemente vom Ordnungs- und Maßnahmestaat gleichermaßen bestanden und sich im Führungsstil und arrondierten Charakter des jeweiligen Führungsorgans spiegelten. Abgestellt auf die Parteigaue, insbesondere im sogenannten Alt-Reich, läßt sich der nun zunehmende Prozeß der Machtkonzentration und -zentralisation auf wenige Führungsebenen in den verbliebenen Zuständigkeitsbereichen als Bestandsmerkmal des NS-Führerstaates bestimmen.[5]

Ursprünglich, um den Prozeß der Wandlung an einem Beispiel auf Reichsebene aufzuzeigen, lagen die Befugnisse zur Kriegsvorbereitung in der Zuständigkeit des Reichskriegsministeriums. Am 21. Mai 1935 gingen wesentliche Aufgaben für den Anlauf und Vollzug der Rüstung (Rüstungsindustrie) an den Generalbeauftragten für die Wirtschaft, Hjalmar Schacht bzw. seinen Nachfolger Walter Funk (1937), über. Mit der Einführung der Vierjahresplanbehörde und Görings Ernennung zum Beauftragten komplizierten sich zunächst die Organisationsverhältnisse im Bereich von Wirtschaft und Rüstung. Doch nach anfänglichen Schwierigkeiten ordneten sich die Verhältnisse und führten zu einer Intensivierung der Rüstungswirtschaft als Teil der unmittelbaren Kriegsvorbereitung. Während der Kriegsjahre ab 1942 kam es zu tief greifenden Veränderungen im Bereich der Wirtschaftslenkung mit dem Schwerpunkt Kriegswirtschaft, an deren Ende das Superministerium Speer – auch als System Speer bezeichnet – und das Amt des Generalbevollmächtigten für den Arbeitseinsatz, standen. Die klassischen Ministerien und deren regionaler Unterbau, also Reichs- und Landesministerien für Wirtschaft und Finanzen, zum Teil auch für Arbeit und die Arbeitsämter, um nur einige zu nennen, sowie das gesamte Kammersystem blieben als alte Strukturen, freilich mit zum Teil veränderten oder deutlich eingeschränkten Zuständigkeiten neben den neuen, zentral ausgerichteten Organen erhalten. Auf der Grundlage der neu errichteten Strukturen wandelte sich der Charakter der Wirtschaft von der Rüstungs- zur Kriegswirtschaft, was in den Jahren vor 1942, trotz der Rüstungsindustrie und dem 1940 eingerichteten Ministerium für Bewaffnung und Munition unter Leitung von Fritz Todt, so noch nicht der Fall gewesen war.

Mit dem Revirement in der Wehrmachtsführung und durchgreifenden Änderungen zwischen 1937 und 1938 erfolgten weitere grundlegende[6] Wandlungen insbesondere bei der Obersten Wehr-

Reichskriegsminister und Oberbefehlshaber der Wehrmacht Werner von Blomberg zusammen mit Generaloberst Hermann Göring, Chef der Luftwaffe, Generaloberst Werner Frhr. von Fritsch, Oberbefehlshaber des Heeres, und Hitler (v. li.) 1935 bei der offiziellen Gründung der Wehrmacht. Durch gezielte Intrigen, an denen auch Göring beteiligt war, demissionierten 1938 v. Blomberg und v. Fritsch. Damit war für Hitler der Weg frei, die Wehrmachtsführung selbst zu übernehmen. (WS)

General Wilhelm Keitel wurde 1938 Chef des neu errichteten OKW als Führungsorgan der Streitkräfte. Keitel bekannte sich bedingungslos zu Hitler und gehörte zusammen mit Generaloberst Alfred Jodl, Generaloberst Walther von Brauchitsch (bis 1941), Reichsmarschall Hermann Göring und den Admirälen Erich Raeder und Karl Dönitz zum engsten militärischen Führerkreis um Hitler. (WS)

machtsführung. Mit der Entmachtung des bisherigen Reichskriegsministers Generalfeldmarschall Werner von Blomberg sowie des Oberbefehlshabers des Heeres, Generaloberst Werner Frhr. von Fritsch, beide standen den Kriegsplanungen mit der Gefahr eines Zweifrontenkrieges kritisch gegenüber, übernahm Hitler selbst am 4. August 1938 die Befehlsgewalt über die Wehrmacht (seit 1935, zuvor Reichswehr). Gleichzeitig wurde das bisherige Wehrmachtsamt im Reichskriegsministerium zum Oberkommando der Wehrmacht (OKW) umgebildet und als militärischer Stab Hitler direkt unterstellt. Mit der Führung des OKW als Oberbefehlshaber betraute Hitler General Wilhelm Keitel. Das Reichskriegsministerium blieb als Reichsbehörde bestehen, wurde aber in der Spitze nicht mehr besetzt. Damit war auch auf militärischem Gebiet eine neue Führerinstitution mit absoluten Vollmachten entstanden, die zunehmend mit Erlassen und Führerbefehlen arbeitete und das Kriegsministerium sowie die Wehrkreisverwaltungen lediglich als Unterbau im Führerstaat nutzte. Zugleich waren mit Blomberg und Fritsch zwei ungeliebte Militärs aus der Führungselite der Wehrmacht entfernt, und mit Keitel ein treuer Prätorianer Hitlers inthronisiert. Und Hitler selbst hatte durch diesen Schachzug die angestrebte Kontrolle als oberster Befehlshaber der Wehrmacht über das Militär erlangt. Dennoch kamen die Mobilmachungspläne bis 1939 nicht über traditionelle Formen hinaus.[7] Das schließt die Rüstungswirtschaft ebenso ein (Breitenrüstung, Produktionsausstoß, Sicherung des Arbeitskräftebedarfs, fortgesetzte Zivilproduktion) wie das Alltagsgeschehen im Reichsgebiet. Die überraschend deutlichen Siege nach Kriegsbeginn in Polen, Frankreich und den Beneluxstaaten trugen wesentlich dazu bei, daß dies folgenlos blieb. Mit dem Überfall auf die Sowjetunion im Juni 1941, insbesondere aber mit der gescheiterten Sommeroffensive der deutschen Wehrmacht 1942, änderte sich die innenpolitische Lage und damit die Alltagsverhältnisse in Deutschland. Es begann eine tiefgreifende Umstellung des Arbeits- und Alltagslebens, tiefgreifender als 1939, und die verstärkte Einschwörung der *Volksgemeinschaft* auf die Erfordernisse des *totalen* Krieges und der „bedingungslosen" Gefolgschaft unter dem Druck der sich anbahnenden Kriegsniederlage.

Ein sichtbares Zeichen für die sich verschärfende Situation bildete unter anderem die endgültige Vertagung des Reichstages im April 1942 auf unbestimmte Zeit und die Übertragung von Sonderrechten an Hitler, abweichend von den traditionellen Rechtsnormen. Ganze 18 Mal war der Reichstag, der seit 1933 als Einparteienparlament seine Zuständigkeiten an die Regierung übertragen hatte und nur noch gezielt als propagandistisches Instrument fungierte, in den zurückliegen-

Die „Waffenhefte des Heeres" ebenso wie die Reihe „Kleine Kriegshefte", die beim Zentralverlag der NSDAP, Franz Eher Nachf. Berlin erschienen, dienten der Propaganda des Soldatentums und des Krieges. Sie erlebten große Auflagen, erschienen als klassische Groschenhefte (A5) und besaßen in der Regel einen Umfang von 30 und 50 Seiten. Hefte dieser Art gab es für alle Waffengattungen und Wehrmachtsteile. (WS)

Deutschland und der Zweite Weltkrieg
1. September 1939 bis 8. Mai 1945

1. PERIODE – 1.9.1939 bis 21.6.1941

Invasion und Besetzung durch die deutsche Wehrmacht
Länder: Polen (1.9.39), Norwegen, Dänemark, Belgien, Niederlande, Luxemburg, Frankreich, Jugoslawien, Griechenland
Kampfhandlungen
Großbritannien: Luftkrieg und anhaltende Schlachten in Nordafrika

2. PERIODE – 22.6.1941 bis November 1942

Invasion und Besetzungen durch die deutsche Wehrmacht
Länder: Sowjetunion (Teilbesetzung)
Kampfhandlungen
Sowjetunion: Schlacht um Moskau (Dezember 1941), Sommeroffensive der deutschen Wehrmacht (Ende Juni 1942), Kesselschlacht vor Stalingrad (September/ November 1942)
Großbritannien: Scheitern des deutschen Luftkrieges und Niederlagen in Nordafrika (Ende 1942)

3. PERIODE – Ende 1942 bis Ende 1943

Kampfhandlungen – Entscheidungsschlachten
Sowjetunion: Vernichtung der VI. Armee bei Stalingrad (Kapitulation 2.2.1943), Panzerschlacht bei Kursk (Juli / August 1943)
Großbritannien: Kapitulation des deutschen Afrikakorps in Tunesien (13.5.1943)
Italien: Kämpfe um Sizilien (Juli / August 1943); Italien stellt sich nach dem Zusammenbruch des Mussolini-Regimes an die Seite der Alliierten und erklärt Deutschland den Krieg (13.10.1943)

4. PERIODE – Anfang 1944 bis 8.5.1945

Rückzug der Wehrmacht an allen Fronten/ Vormarsch der Alliierten Streitkräfte
Frankreich: Alliierte Landeoperation in der Normandie (D-Day / 6.6.1944) und Errichtung der Zweiten Front; Aachen wird als erste deutsche Stadt im Westen von den Alliierten Truppen besetzt (21.10.1944); Ardennenoffensive der Wehrmacht (Dez. 1944 / Jan. 1945); Alliierte Truppen erreichen Thüringen (1.4.1945) und rücken weiter zur Elbe vor
Ostpreußen: Sowjetische Truppen betreten deutsches Territorium (Sep. 1944), Schlacht um Berlin April - 2.5.1945; bedingungslose Kapitulation der deutschen Wehrmacht 8. / 9. Mai 1945

Zu den Folgen des Krieges
Der Zweite Weltkrieg begann am 1.9.1939 mit dem Einmarsch deutscher Truppen in Polen und endete am 2.9.1945 mit der Unterzeichnung der Kapitulationsurkunde Japans. Die Verluste an Menschen durch den Krieg betrugen zirka 55 Mio. Tote, 35 Mio. Verwundete und Verletzte und 3 Mio. Vermißte. Im Krieg fielen zirka 4 Mio. deutsche Soldaten. Die Opfer unter der deutschen Zivilbevölkerung betrugen zirka 3,4 Mio. Den höchsten Blutzoll zahlte die Sowjetunion. Sie verlor 13,6 Mio. Soldaten und 7 Mio. Zivilisten.

Hitlers Architekt Albert Speer, hier mit Walther Funk (li.) abgebildet, wurde einen Tag nach dem Tod von Reichsminister Fritz Todt am 8. Februar 1942 bei einem Flugzeugabsturz zu dessen Nachfolger ernannt. (WS)

Auch Fritz Sauckel, hier in Uniform eines Gauleiters in seinem Arbeitszimmer, wurde mit seiner Ernennung zum GBA direkt in die unmittelbare Organisation der Kriegswirtschaft eingebunden. (Sammlung Hoffmann)

den Jahren aus politischem Kalkül zu akklamatorischen Abstimmungen zusammengetreten.

Mit der Ernennung Albert Speers zum Reichsminister für Munition und Bewaffnung im Februar 1942 und Sauckels zum Generalbevollmächtigten für den Arbeitseinsatz (GBA) im Folgemonat März, wurden erste strukturelle Voraussetzungen zur Sicherstellung des Vorrangs der Rüstungswirtschaft (Beginn der Kriegswirtschaft) vor der Zivilwirtschaft eingeleitet. Eine der wesentlichen Ursachen dieser Umstellung bestand in der erstmals gescheiterten Blitzkriegsstrategie, die auf eine Kriegsführung für wenige Wochen bis Monate ausgerichtete war. Zwangsläufig schlossen sich nun weitere Schritte zur Sicherung der *totalen* Kriegsführung mit der Folge an, daß sich die Macht in wenigen Spitzenorganen neuer Prägung gegenüber den bestehenden Ministerien und politischen Institutionen in den Händen einer kleinen Gruppe Hitler treu ergebener Naziführer konzentrierte.

Hitler selbst verlegte seinen Arbeitsschwerpunkt während des Krieges, ab 1941 dauerhaft, ins sogenannte Führerhauptquartier (FHQ). In der Folge befaßte er sich fast ausschließlich, zusammen mit dem Wehrmachtsführungsstab (im OKW), nach der Entlassung (19.12.1941) von Generalfeldmarschall Walther von Brauchitsch als „Oberster Befehlshaber über das Heer“ mit der Kriegsführung. Im ostpreußischen Führerhauptquartier, der sogenannten Wolfsschanze, wo Hitler zwischen Juni 1941 und November 1944 etwa 900 Tage verbrachte, empfing er Martin Bormann, seit 1941 Leiter der Parteikanzlei und Sekretär Hitlers, der zu seinen engsten politischen Gefolgsleuten und Vollstreckern gehörte. Mit Himmlers SS, Speers (und Sauckels) Zuständigkeiten für die Kriegswirtschaft und Goebbels Funktion als Reichspropagandaminister sind im Kern die entscheidenden „Führer“ und ihre Führungsorgane, die den viel größeren und in sich vielfach aufgegliederten Verwaltungsapparat von Staat, Wirtschaft und Partei für die totale Kriegsführung beherrschten und sich zentral an der Spitze des Reiches herausgebildet hatten, beschrieben. Die Umsetzung von Führererlassen, Führerbefehlen und Weisungen aus diesen Spitzenorganen erfolgte direkt durch alle jeweils zuständigen Ebenen als bürokratischen Unterbau hindurch.

Diese Feststellungen berücksichtigen, daß sowohl die Wehrmacht als auch die NSDAP als Staatspartei, die deutsche Wirtschaft als Ganzes und die gesamte Ministerialbürokratie des NS-Regimes bei Kriegsbeginn zwar über Einsatzpläne, zumindest aber über Vorläufe oder gewisse Vorgaben für den Ernstfall verfügten, etwa zur Mobilmachung, zur Einführung von Kleiderkarten und Lebensmittelmarken usw., endgültige Strukturen und Regularien aber, auch wie im Zuge der Radikalisierung etwa mit Regimegegnern oder „Juden“ umzugehen sei, noch nicht hinreichend festgelegt worden waren. Daß dem so war, zeigt sich unter anderem an den Regelungen des Zweiten Reichsverteidigungsgesetzes vom 4. September 1938 und Nachfolgebestimmungen. Das unveröffentlichte Gesetz sah die Schaffung eines Reichsverteidigungsrates als Beratergremium für die Regierung vor, gestand diesem aber keine rechtlichen Vollmachten zu. Vollmachten erhielt dagegen der (scheinbar) kurzfristig improvisierte Ministerrat für die Reichsverteidigung, der am 30. August 1939 ins Leben gerufen wurde. Ihm stand Hermann Göring vor. Zu den ständigen Mitgliedern gehörten Wilhelm Frick und Walter Funk in ihrer jeweiligen Eigenschaft als Generalbevollmächtigte für die Reichsverwaltung beziehungsweise für die Wirtschaft, Generaloberst Wilhelm Keitel als Chef des Oberkommandos der Wehrmacht, Rudolf Heß als

Generalfeldmarschall Walther von Brauchitsch, bis Dezember 1941 Oberbefehlshaber des Heeres. (WS)

Hitler mit engen Mitarbeitern seines Stabes im Mai 1940 im FHQ. In der ersten Reihe von links sind zu sehen: Wilhelm Brückner, Hitlers persönlicher Adjutant bis Oktober 1940, Reichspressechef und Staatssekretär Otto Dietrich, Generalfeldmarschall Wilhelm Keitel, Hitler, Generaloberst Alfred Jodl, Reichsleiter Martin Bormann, Leiter der Parteikanzlei des Führers, Oberst Nicolaus von Below, Adjutant der Luftwaffe, und Hitlers Reichsbildberichterstatter Heinrich Hoffmann. Zudem sind zu sehen: Dr. med. Karl Brandt (4. v. li.), Hitlers Begleitarzt und Mitorganisator der NS-Euthanasie, SS-Obergruppenführer Karl Wolff (2. Reihe hinter Jodl und Bormann), Chef des Persönlichen Stabes RFSS, und Verbindungsoffizier Himmlers im FHQ, sowie Prof. Theodor Morell (2. Reihe li. neben Wolff), Hitlers Leibarzt. (WS)

Parteiminister und Reichsminister Dr. Hans-Heinrich Lammers, Chef der Reichskanzlei, als geschäftsführendes Mitglied an. Der Ministerrat verfügte über Verordnungsrecht mit Gesetzeskraft. Er hatte ein Kriegskabinett werden können, entwikkelte sich jedoch von einem ursprunglichen Beschluß- zu einem Beratungsinstrument.[8] Diese Wandlung entsprach sowohl dem im Führerprinzip implizierten Führergedanken als auch der fortschreitenden Radikalisierung der Kommandostrukturen.

Bereits am 11. November 1939 fand die letzte Vollsitzung des Reichsverteidigungsrates (Ministerrat) statt. Wirksam blieb dieses Organ dennoch über längere Zeit, in seinen Aktionen bestimmt durch das sogenannten Dreierkollegium, bestehend aus Wilhelm Frick, Walther Funk und Wilhelm Keitel. Im Verlauf des Krieges, vor allem im Zusammenhang mit der Kriegswende und den damit verbundenen verstärkten Kriegsanstrengungen, verlor auch dieser Führungszirkel an Einfluß und Bedeutung gegenüber neu gebildeten Machtorganen und Kompetenzregelungen.[9] Die sich so verändernden oder wandelnden Verhältnisse verdeutlichen den zunehmenden Zerfall von traditionellen Zuständigkeiten, wie sie bei Kriegseintritt oder davor bestanden haben. Immer bedeutender wurde der unmittelbare Zugang zu Hitler im Führerhauptquartier und der sich so herausbildende unmittelbare Fuhrerkreis. Zu diesem Kreis der Zugangsberechtigten aus der politischen Führerelite gehörten nach der Kriegswende 1943 neben der Wehrmachtsführung mit Keitel an der Spitze sowie den Oberkommandierenden der Wehrmachtsteile nur noch wenige Personen, darunter Himmler, Goebbels, Speer und Bormann, die die Staatsbürokratie kontrollierten und lenkten. Sie verfügten aufgrund ihrer exponierten Stellungen über einen führerunmittelbaren Zugang zum Führerhauptquartier „Wolfsschanze“ oder, ab November 1944, zum Führerbunker unter der Berliner Neuen Reichskanzlei, wo sich Hitler bis zu seinem Selbstmord am 30. April 1945 aufhielt. Alle anderen politischen Organe und in Führungspositionen amtierende NS-Politiker büßten mehr oder weniger an Zuständigkeiten und Einfluß auf politische Entscheidungen ein, ohne ihr Amt bzw. als Reichsminister zu verlieren, und erfüllten unter den gegebenen Umständen fortgesetzt wichtige administrative Aufgaben. Zu diesem Personenkreis gehörten unter anderem Hermann Göring – abgesehen von seiner militärischen Funktion als Chef der deutschen Luftwaffe – unter anderem als Beauftragter für die Vierjahresplanbehörde, Herbert Backe als Reichsminister für Landwirtschaft und Ernährung (1944, bereits seit 1942 kommissarisch) und Reichsbauernführer in der direkten Nachfolge Richard Walther Darrés, Julius Dorpmüller als Reichsverkehrsminister und damit verantwortlich für die vielfältigen Transportaufgaben der Deutschen Reichsbahn während des Krieges (Truppentransporte, Nahrungsgüter, Deportationen), Wilhelm Ohnesorge als Reichspostminister, in exponierter Weise jedoch an kriegswichtigen Entwicklungen auf dem Gebiet der Nachrichten- und Funkmeßtechnik beteiligt und engagiert bei der Entwicklung der deutschen Atombombe, Alfred Rosenberg als Reichsminister für die besetzten Ostgebiete und Chef des Kunstraubkommandos „Einsatzstab Rosenberg", Robert Ley als Führer der Deutschen Arbeitsfront, der mächtigsten Massenorganisation im Dritten Reich mit rund 25 Mio. Mitgliedern sowie allen Reichskommissaren, Gauleitern/Reichsstatthaltern.

Mit der Kriegsentfesselung 1939 bildete der Ministerrat ein beschlußfähiges Organ, dessen erste Entscheidungen dauerhafte Bedeutung während des Krieges besaßen. Die Ernennung von Reichsverteidigungskommissaren für die Wehrkreise und die Bestätigung von zugeordneten Verteidigungsausschüssen und Stäben gehörten auf regionaler Ebene dazu. Damit verband sich eine Bündelung bei der territorialen Führung in Form eines neu ins Leben gerufenen Führungsgremiums, dessen Einfluß sich während des Krieges weiter verstärkte. Am 16. November 1942 erfolgte die Ernennung aller Gauleiter zu Reichsverteidigungskommissaren und damit ihre Einbindung in das administrative Regime des Ministerrates.

In der Folge vollzog sich in den Länder- und Gauverwaltungen des Reiches faktisch ein gleichlaufender Prozeß der Umverteilung von Zuständigkeiten und Gestaltungsrechten. Die vorhandenen Verwaltungen blieben bei diesen Umstellungen zwar bestehen, fungierten aber zukünftig zunehmend als Unterbau für die neu geschaffene Kommandoebene des jeweils zuständigen Reichsverteidigungskommissars.

Am 1. September 1939 wurde Gauleiter und Reichsstatthalter Fritz Sauckel zum Reichsverteidigungskommissar des Wehrkreises IX mit Amtssitz in Kassel ernannt (RGBl. I, S. 1565). Damit gehörte er zum zunächst noch kleinen Kreis der bereits im ersten Kriegsjahr ernannten Gauleiter, was zu einer Aufwertung seiner Machtstellung insgesamt führte. Diese beruhte vor allem auf dem territorialen, insbesondere aber auf dem administrativen Zugewinn, den der Wehrkreis IX als Verwaltungsgebiet gegenüber dem kleineren und in sich durch die preußischen Gebietsteile durchbrochenen NS-Gau mit sich brachte. Doch beides erwies sich als nicht konfliktfrei, zumal zahlreiche bisher gültige Verwaltungsgrenzen mit dieser Neuregelung überschritten wurden. Die eigentliche Absicht, die mit der Ernennung verbunden war, bestand in der Überlegung, jedem Wehrbefehlshaber, also dem jeweiligen Chef eines Wehrkreises, einen gleichwertigen für Staat und Partei zuständigen zivilen Bevollmächtigten gegenüber zu stellen. Das konnte natürlich nur dort vollzogen werden, wo die Funktionen von Gauleiter und Reichsstatthalter bereits in einer Person vereinigt waren. Wo dies nicht der Fall war, etwa in Bayern, wurde vorerst anders verfahren. Auf diese Weise blieb die Balance zwischen beiden während des Krieges die Macht tragenden Herrschaftskomplexen auf regionaler Stufe erhalten. Zudem wurde mit der Konzentration von bisher aufgegliederten Zuständigkeiten für den zivilen Bereich in einem Organ eine höhere Führerkompetenz geschaffen.[10]

Der damit eingetretene Zustand der Behördenorganisation und ihrer Arbeitsteilung einschließlich den der NSDAP-Gauleitung übertragenen staatlichen Aufgaben – stellvertretend sei für den Bereich Landwirtschaft auf die Organisation der Landesbauernschaft und im Bereich der Wirtschaft auf die Tätigkeit des Gauwirtschaftsberater und die damit verbundene Arisierung jüdischer Unternehmen verwiesen – blieb so in Thüringen bis zum Ende des Krieges erhalten; im September 1944 fiel den Gauleitungen generell, also auch der Weimarer, die Aufgabe zur Aufstellung des Volkssturmes als letzte Kriegsanstrengung des NS-Regimes zur Abwehr der sich abzeichnenden Niederlage zu. In der Konsequenz dieses letzten Versuches, die militärische Heimatfront als allerletztes Mittel zu organisieren, wurde noch einmal die Nazipartei aktiv, indem die Kreis- und Ortsgruppenleiter als (zivile) Verteidigungskommissare für ihren Verwaltungsbereich neben dem militärischen Kommando eingesetzt wurden. Einige dieser Hoheitsträger, so zum Beispiel Kreisleiter Paul

Das Gebiet des Reichsverteidigungsbezirkes IX 1939

1. Gebiete der Provinz Hessen-Nassau
   a. Reg.-Bez. Kassel
   b. Teile des Reg. Bez. Wiesbaden (Stadtkreis Frankfurt/ Main; Landkreise Biedenkopf, Dillkreis mit Dillenburg, Oberlahnkreis mit Weißburg, Obertaunuskreis mit Bad Homburg, Usingen und Wetzlar)
2. Gebiete der Provinz Sachsen
   a. Reg.-Bez. Erfurt
   b. Teile des Reg.-Bez. Merseburg (Landkreise Eckhartsberga, Querfurt, Sangerhausen)
3. Gebiete der Provinz Westfalen
   Teile des Reg.-Bez. Arnsberg (Stadtkreis Siegen; Landkreis Siegen, Wittgenstein (Berleburg)
4. Gebiete der Provinz Hannover
   Teile des Reg.-Bez. Hildesheim (Landkreis Münden, Hannover Münden)
5. Gebiete vom Land Bayern
   Teile des Reg.-Bez.Mainfranken (Stadtkreis Aschaffenburg; Landkreise Allzenau, Aschaffenburg, Miltenberg, Quernburg)
6. Gebiete vom Land Hessen
   Stadtkreise Gießen, Offenbach; Landkreise Alsfeld, Büdingen, Dieburg, Erbach, Friedberg, Gießen, Lauterbach, Offenbach)

Mitglieder des Verteidigungsausschusses Wehrkreis IX (1939)

Name	Funktion
Sauckel, Fritz	RVK Wehrkreis IX
Wagner, Adolf	RVK der Wehrkreise VII u. XIII
Sprenger, Jakob	RStH Hessen
Eggeling, J. A.	RStH Halle-Merseburg
Weinrich, Karl	Gaultr. Kurhessen
Wagner, Josef	Gaultr. Westfalen-Süd
Hessen, P.v.	Oberpräs. Hessen-Nassau
Ulrich, Curt v.	Oberpräs. Provinz Sachsen
Lutze, Viktor	Oberpräs. Provinz Hannover
Meyer, Alfred Dr.	Oberpräs. Provinz Westfalen
Rust, Bernhard	RMin / Gaultr. Hannover / Braunschweig
Siebert, Ludwig	Ministerpräs. Bayern
Marschler, Willy	Ministerpräs. Thüringen
Ortlepp, Walter	Staatss./HSSuPF Thüringen
Waldeck-Pyrmont, Josias, Georg v.	Staatss./HSS u. PF Hessen-Nassau
Hellmuth, Otto	Reg.-präs. Aschaffenburg / Unterfranken
Monbert, Conrad v.	Reg.-präs. Provinz Hessen-Nassau
Weber, Otto Dr.	Reg.-präs. Provinz Sachsen
Pfeffer v. Salomon, Franz	Reg.-präs. Provinz Hessen-Nassau
Sommer, Friedrich Dr.	Reg.-präs. Provinz Sachsen
Rute, (Ludwig)	Reg.-präs. Provinz Westfalen
Bredow, (Reinhard)	Reg.-präs. Provinz Hannover
Löblich, Alfred Dr.	Präs. LAA Mitteldeutschland
Kretzschmann, Hermann	Präs. LAA Hessen
Gärtner, Friedrich	Präs. LAA Westfalen
Kaphahn, Kurt	Präs. LAA Niedersachsen
Wilhelmi, - Dr.	Ltr. LAA-Stelle Nürnberg
Schmeltzer, - Dr.	Treuh. d. Arbeit Hessen
Wiesel, Karl H. Dr.	Treuh. d. Arbeit Thüringen
Frey, Kurt	Treuh. d. Arbeit Bayern
Hahn, -	Treuh. d. Arbeit Westfalen
Maercken, - v. Dr.	Treuh. d. Arbeit Niedersachsen
Schroeder, (Ludwig)	Treuh. d. Arbeit Mittelelbe

Müller, scharten eine Verfügungsgruppe um sich, die selbst schon auf der Flucht vor den vorrückenden amerikanischen Truppen gegen die Zivilbevölkerung, Zwangsarbeiter und Häftlinge der Todesmärsche Standgerichtsbarkeit und Willkürakte ausübte.

Mit seiner Ernennung zum Reichsverteidigungskommissar unterstand Fritz Sauckel der Dienstaufsicht des Reichsinnenministeriums beziehungsweise direkt dem Reichsinnenminister. Ihm weisungsberechtigt waren der Ministerrat, Wilhelm Frick und Walther Funk in ihren Funktionen als Generalbevollmächtigte sowie die oberste Reichsbehörde.[11] Diese Zuordnungen entsprachen genau dem im Ministerrat vertretenen zivilen Personenkreis. Über seinen neuen Amtsbezirk informierte Fritz Sauckel die zuständigen Stellen und Amtsträger im Wehrkreis am 27. September 1939.[12] An militärischen Einrichtungen verfügte der Wehrkreis 1935 über 28 Standortverwaltungen, acht Heeresbauämter, drei Wehrkreisverwaltungen und vier Heereslazarette.[13] Diese

Einrichtungen fielen nicht in seine Zuständigkeit. Zum Gebiet des Wehrkreises zählten Teile der Provinz Hessen-Nassau, Teile der Provinz Sachsen über den zum Gau gehörenden Regierungsbezirk Erfurt hinaus, ein Landkreis des Regierungsbezirkes Hildesheim der Provinz Hannover, einige Kreise des Landes Bayern, das Land Thüringen und einige Kreise des Landes Hessen.[14] Umgekehrt verlor der Gau Thüringen an den Wehrkreis IV, dem der sächsische Gauleiter Martin Mutschmann als RVK vorstand, den Stadt- und Landkreis Altenburg und an den von Reichsverteidigungskommissar Adolf Wagner geführten Wehrkreis XIII, den Landkreis Sonneberg sowie die Exklave Ostheim. Die Dienststelle Sauckels als Reichsverteidigungskommissar wurde in Kassel errichtet. Sie erhielt, um Sauckels Befugnisse umzusetzen, keinen eigenen Unterbau, sondern ummantelte die vorhandenen gebietlichen Partei- und Behördenorganisationen, die die notwendigen Verwaltungsleistungen weiterhin zu erbringen hatten. Als Führungsorgan diente dem Verteidigungsausschuß ein Stab, dessen Mitglieder aus den eigenen Reihen ernannt wurden. Gemäß dem Führerprinzip bildete der Verteidigungsausschuß für den Reichsverteidigungskommissar ein Fachgremium zur Beratung und Abstimmung notwendiger Entscheidungen und Aufgaben, die durch den Stab administrativ vorbereitet wurden.

Reichsstatthalter Martin Mutschmann, Gauleiter von Sachsen und Reichsverteidigungskommissar für den Wehrkreis IV. (WS)

Die Mitglieder seines Verteidigungsausschusses berief Fritz Sauckel gemäß einer Anordnung des Ministerrates am 22. September 1939. Der Ausschuß umfaßte 33 Personen. Alle wurden noch vor ihrer Berufung von Hermann Göring in seiner Eigenschaft als Chef des Ministerrates für die Reichsverteidigung bestätigt. Den Stab des Verteidigungsausschusses bildeten elf Mitglieder, vornehmlich enge Vertraute Sauckels. Die Mitglieder des Stabes übernahmen die eigentliche Führungsarbeit und sicherten die organisatorischen Zuständigkeiten ab.

Auch die Berufung der Mitglieder des Stabes erfolgte mit dem notwendigen Einverständnis Hermann Görings.[15] Die Übertragung der Stabsaufgaben vor allem an Mitarbeiter des RStH-Amtes war sicher auch eine pragmatische Entscheidung. Die Verbindung zu den dazugewonnenen Verwaltungsgebieten wurde über die Mitarbeiter des Stabes, einmal vom RStH-Amt in Weimar und einmal, für die preußischen Gebiete, über das Oberpräsidium und den Oberpräsidenten Philipp Prinz von Hessen (bis 1943; ihm folgte Jakob Sprenger 1944) in Kassel koordiniert. Die Einbeziehung der Gebietsteile der Länder Bayern und Hessen wurde vom Weimarer RStH-Amt aus gelenkt. Stab und Verteidigungsausschuß bildeten somit den Kopf, während die bestehenden Strukturen als Glieder in den jeweiligen Verwaltungsgebieten beibehalten wurden. Dieses System funktionierte bis 1945, trotz verschiedener Veränderungen, insbesondere der am 1. April 1944 vollzogenen (vorläufigen) Unterstellung des preußischen Regierungsbezirkes Erfurt und des zur Provinz Hessen-Nassau gehörenden Kreises Schmalkalden. Beide Gebiete wurden zu einer selbständigen preußischen Provinz vereinigt und unter die

Die Mitglieder des Stabes des Verteidigungsausschusses

1. Walter Ortlepp

2. Dr. Walther Schieber

3. Heinrich Siekmeier

4. Rudolf Peuckert

5. Beckmann, Ernst Dr. Stellv. des Opräs. Kassel
6. Walter Escher
7. Franz Barth
8. Krebs, Friedrich Dr. OB Frankfurt/ Main
9. Braun, Rudolf Dr.
10. Seidler, Walther Landesbauernführer Kassel
11. offen

Verwaltungshoheit Thüringens mit Sauckel als amtierenden Oberpräsidenten für den aus dem Amt geschiedenen Curt von Ulrich gestellt.

Die erste Sitzung des Verteidigungsausschusses für den Wehrkreis IX fand am Nachmittag des 27. November 1939 im Rathaus von Kassel statt. Am Vormittag hatte Fritz Sauckel an gleicher Stelle alle Kreisleiter, Landräte und Oberbürgermeister des Wehrkreises IX versammelt und in die nunmehr gültigen Führer- und Verwaltungsstrukturen eingewiesen. Das war insofern ein dringendes Erfordernis, da durch die territoriale Gleichstellung von Reichsverteidigungsbezirk und Wehrkreis unterschiedliche Verwaltungszuständigkeiten zusammengefaßt worden waren.

Fritz Sauckel betrachtete den Wehrkreis IX, der vom Gebietsstand her seinen Vorstellungen eines Reichsgaues nahezu ideal entsprach, für eine geeignete Grundlage zur Lösung der nach 1934 offen gebliebenen Reichsreformfrage.[16] Im aktuellen Zusammenhang mit der Regelung der Zuständigkeiten für die zivilen Aufgaben während des Krieges im Reichsverteidigungsbezirk spielte diese Frage dennoch keine vordergründige Rolle. Das hing unter anderem auch damit zusammen, daß sich schon bald zeigen sollte, etwa für den Bereich der Rüstungs- und Kriegswirtschaft (Bezirkswirtschaftsamt für den Wehrkreis), daß die Überschreitung gewachsener und funktionsfähiger Verwaltungsgrenzen nicht ohne weiteres vollzogen werden konnte.

In der bereits erwähnten Dienstbesprechung des Verteidigungsausschusses am 27. November um 15.30 Uhr ging Fritz Sauckel auf die notwendigen Maßnahmen zur Organisation und Mobilisierung der gesamten Leistungskraft im Wehrkreis für die Erfordernisse des Krieges ein und analysierte die augenblickliche Situation. In einigen Bereichen, so seine Einschätzung, habe sich gezeigt, daß die Zivilverwaltungen den kriegsbedingten Anforderungen nicht entsprächen. Erhebliche Defizite zeigten sich vor allem in wichtigen Bereichen der Wirtschaft, insbesondere bei der Sicherung der notwendigen Industrieproduktion und des Arbeitskräftebedarfs, ebenso in der Landwirtschaft, während die politische Umstellung innerhalb der „Volksgemeinschaft" auf die Bedingungen des Krieges im Alltag ohne größere Probleme vollzogen werden konnte.

Die von Sauckel gezogene erste Bilanz verwundert nicht. Bereits am 2. September hatte nämlich eine erste Gauamts- und Kreisleiterkonferenz im Weimarer Fürstenhaus stattgefunden. Dabei ging es um aktuelle Fragen der Kriegspropaganda sowie die veränderte Situation im Zusammenhang

Aus der Rede des Gauleiters Fritz Sauckel am 2. September 1939 vor den Politischen Leitern im Fürstenhaus zu Weimar (Auszüge)

[...]

Für die Stimmung im Volk mache ich jeden von Ihnen verantwortlich. Zunächst einige persönliche Verhaltensvorschriften: Ich ordne an, daß alle Politischen Leiter und Hoheitsträger im Dienst ununterbrochen ihre braune Uniform tragen, solange sie nicht im militärischen Verhältnis stehen.

Ich sage Ihnen auch in diesem Kreis ganz klar warum. Ein jeder von Ihnen hat den Wunsch, an die Front zu kommen. Ich habe den auch. Ich habe mich dieserhalb auch beim Führer gemeldet. Das ist kategorisch abgelehnt worden wie für alle Gau- und Kreisleiter. Die Dienststellen müssen besetzt bleiben. Ich habe nun auch ganz bewußt eine Anzahl an Jahren junger Männer in Dienststellen des Gaues und auch des Staates behalten, trotzdem diese Männer auch fort wollten. Ich kann sie deshalb nicht fortgehen lassen, weil in dem, was kommt, selbstverständlich auch die Elastizität junger Menschen mit von entscheidender Bedeutung hier auf diesen Dienststellen ist.

[...]

Sie wissen nun auch, daß die Situation sehr ernst ist und daß das ganze Volk sich gewisse Einschränkungen und Entbehrungen auferlegt hat. Ich erwarte auch von den Kreisleitern, den Ortsgruppenleitern usw. als Repräsentanten der Partei, daß sie sich nicht im geringsten hinsichtlich Lebensmitteln u. dgl. etwas zuschulden kommen lassen, daß sie also nicht hamstern. Ich stehe im Leben und kenne die Frauen. Ich erwarte von Ihnen, daß Sie auch Ihre Frauen eisern in der Gewalt haben, daß Ihre Frauen nichts machen, was Sie hinterher kompromitieren könnte, denn dagegen gibt es keine Rettung. Ich werde nicht anstehen, dann auch solche Frauen von Ihnen zu bestrafen. Und legen Sie dann wieder den Maßstab bei sich selbst schärfer an, als Sie beim Volk anlegen.

[...]

Nun noch eins: In einzelnen Berichten stehen Hinweise, daß das Volk mit der Nachrichtenübermittlung unzufrieden sei. Es wurde z. B. darauf hingewiesen, daß das Volk ja nicht die Einzelschicksale in Polen hören möchte, sondern mehr die Gesamtlage. Ja, soll denn der Führer Ihnen und der Welt alles verraten, was er vorhat. Wenn wir schon sagen, diese Berichte der Greultaten aus Oberschlesien usw. langweilen uns, was soll denn dann der Engländer anderes machen und sagen, diese Berichte sind dieselben, die wir schon in der Tschechenkrise gebracht haben. Im übrigen sage ich Ihnen: Ich habe in der Gefangenschaft Torturen ansehen müssen und erlebt, Scheußlichkeiten, wozu die Deutschen überhaupt nicht fähig sind.

Q: ThHStAW, RStH Thür., Nr. 186, Bl. 276-283.

mit der sogenannten Menschenführung. Die anwesenden Politischen Leiter und Hoheitsträger wurden auf die neu entstandene Situation eingeschworen. Und dies geschah noch vor der eigentlichen Konstituierung des Verteidigungsausschusses.

Auf dieser Konferenz forderte Gauleiter Fritz Sauckel darüber hinaus alle Amtsträger zur Berichterstattung über die Lage und Stimmung in den einzelnen Parteikreisen und Ortsgruppen auf. Und das geschah in überreichem Maße. Allerdings: von Kriegsbegeisterung oder zumindest einer gewissen Zustimmung, wie sie Hitler in seiner am 1. September 1939 vom Rundfunk übertragenen Reichstagsrede einforderte, indem er verkündete, zum Handeln gezwungen worden zu sein, um die deutsche Souveränität wieder herzustellen und dafür zu sorgen, „daß im Osten der Frieden an der Grenze kein anderer ist, als wir ihn an unseren anderen Grenzen kennen“[17] konnte keine Rede sein. Statt dessen wurden Sauckel überwiegend Versorgungsschwierigkeiten und andere Probleme sowie eine in der Bevölkerung vorherrschende ernste, ja gedrückte Stimmung gemeldet. Entsprechend war seine Reaktion. „Wenn Sie in Zukunft schlechte Berichte zu liefern haben,“ so verkündete er mit beschwörender Stimme in einer seiner zahlreich gehaltenen Mobilisierungsreden jener Tage, „dann haben Sie in der ganzen Zeit versagt.“[18] Und an dem, was er von seinen Politischen Leitern erwartete, ließ er ebenfalls keinen Zweifel aufkommen: „Es ist also Ihre Aufgabe, in der Zukunft so zu arbeiten, daß die Stimmung in Ihren Kreisen im ersten Monat genauso bleibt wie eventuell im 36. [...] Die Lebensmittelkarten sind für Sie das genialste, was überhaupt bisher herausgekommen ist. Das haben Sie zu vertreten. Jetzt treten die Momente ein, von denen wir als Nationalsozialisten immer geredet haben. Und wenn der Fall eintreten würde, daß die Polen in Stolp einmarschieren, dann würde das für uns ein strategischer Rückzug sein und weiter gar nichts und zwar ein strategischer Rückzug, den wir gewollt haben.“[19]

Dieses typischen Muster der Nazidemagogie, angewandt von allen großen und kleinen „Führern“, war dem Charakter nach pragmatisch. Die Redner orientierten sich an der propagandistischen Verwertbarkeit (Joachim Petzold) des Arguments zur Menschen(ver)führung. Sowohl die NSDAP mit ihren nahezu fünf Millionen Mitgliedern und 150 000 hauptamtlichen Mitarbeitern im Jahr 1939 als auch der Staat mit seinem Beamtenapparat folgten trotz Anlaufschwierigkeiten den ideologischen Vorgaben zur Rechtfertigung der Kriegsführung bis zum bitteren Ende. Die Vorgaben kamen zunächst von der Reichsregierung sowie aus dem Braunen Haus der NSDAP-Reichsleitung in München. Dazu entwickelten die „Gaufürsten“ und „Vizekönige“ Hitlers, also die jeweils zuständigen Gauleiter und Reichsstatthalter, eigene Initiativen und Führungsmethoden, die in ihren Machtbereichen auf Kreis- und Ortsebenen Anwendung fanden.

Mit Kriegsbeginn wurde Heinrich Siekmeier, Sauckels Stellvertreter an der Spitze der Gauleitung, zum Mobilmachungsbeauftragter ernannt. In dieser Funktion, soweit es die Partei betraf, kontrollierte und regulierte er alle Aktivitäten im Gau, die für den eingetretenen Kriegsfall vorbereitet oder kurzfristig beschlossen worden waren.[20] In seiner Verantwortung – und dies in ständiger „Fühlungnahme“ mit den entsprechenden Hauptstellenleitern – standen somit alle Maßnahmen, die zunächst den Parteiapparat selbst und die bereits geregelten Zuständigkeiten der Partei, etwa bei der „Entjudung“ des deutschen Wirtschaftslebens und der Mitwirkung des Gauwirtschaftsberaters bei der Umstellung der Wirtschaft auf die Erfordernisse des Krieges, betrafen. Weitere Aufgaben umfaßten die intensive Verbreitung der Kriegspropaganda über die Parteimedien und weitere Aktivitäten zur systematischen Beeinflussung der öffentlichen Meinungsbildung im Sinne der NS-Kriegspropaganda. Auch die Intensivierung des nunmehr als Kriegswinterhilfswerk deklarierte Volkssammlung gehörte dazu. Und das alles erfolgte unter den besonderen Bedingungen der militärischen Mobilmachung. Dadurch sank allein in den ersten Kriegsmonaten die Zahl an haupt- und ehrenamtlichen Mitarbeitern in den Gau- und Kreisämtern der NSDAP von zirka 29 000 politischen Leitern (gezählt

Eine Unzahl derartiger Drucke, hier Blätter einer von mehreren Serie aus dem Jahr 1938/39, wurden halbjährlich zum Winterhilfswerk verkauft. (WS)

vom Blockwart bis Gauleiter) auf zirka 18 000 ab.[21]

Anpassungen an die Kriegsverhältnisse erfolgten natürlich auch im Bereich der Landesregierung Thüringens und im Zusammenspiel von Reichsstatthalteramt, Landesbehörden und parteiamtlichen Stellen der Gauleitung im Verbund mit dem neu geschaffenen Verteidigungsausschuß und der Funktion Sauckels als Reichsverteidigungskommissar. Die zentralen Anpassungen der Landesregierung während der Konsolidierung des NS-Regimes, was Zuständigkeiten und Ämter an der Spitze der verbliebenen Ministerien betraf, wurden bereits im Band I dargestellt. Hier soll deshalb nur noch auf einige besonders wichtige Veränderungen hingewiesen werden, die sich im Zuge der Kriegsvorbereitung und Kriegsführung ergaben. Mit der Einführung der Wehrpflicht 1935 begann die personelle Aufrüstung und Befähigung der Wehrmacht zur Kriegsführung. Die bisherige Reichswehr durfte ja gemäß Versailler Vertrag als Berufsarmee eine Stärke von 100 000 Mann nicht überschreiten. Nun hatte Hitler bekanntlich bereits 1933 den Versailler Vertrag für obsolet erklärt und seit 1934 die noch geheime Rüstung durch entsprechende Aufträge an die Industrie eingeleitet. Mit der Einführung der Wehrpflicht wurde die letzte Fessel abgestreift, um eine schlagkräftige moderne Angriffsarmee in möglichst kurzer Zeit aufbauen zu können. In Verbindung mit der 1936 erfolgten Verkündung des Vierjahresplanes als Wirtschaftsinitiative, und der Errichtung der dazu gehörenden Behörde zur Regulierung der Wirtschaft mit einem Schwerpunkt strategische Wirtschaftslenkung der Rüstungsindustrie, wurden die notwendigen Weichen für die intensive Aufrüstung und den geplanten Krieg gestellt. In Thüringen waren das Reichsstatthalteramt als Aufsichtsorgan, das Landesinnenministerium und das Wirtschaftsministerium in enger Verbindung mit dem Gauwirtschaftsberater und dem Landesbauernführer in die unmittelbaren Kriegsvorbereitungen als zuständige Fachorgane in besonderer Weise einbezogen. Der mächtige Mann für den Bereich Reichsstatthalteramt und das Landesinnenministerium, und damit die Schlüsselfigur, war in Personalunion SS-Oberführer Walter Ortlepp, der am 1. April 1936 zum Staatssekretär und Leiter des Thüringischen Ministeriums des Innern ernannt worden war. Ortlepp

Ab 1935, mit der Gründung der Wehrmacht, demonstrierte das Dritte Reich zunehmend militärische Stärke. Dazu wurde jeder mögliche Anlaß, wie hier Hitlers Geburtstag am 20. April 1936 auf dem Erfurter Domplatz, genutzt. (Foto Erich Groß / StadtA Erfurt)

Die NSDA-Kreisleiter im Gau Thüringen
Stand: September 1939*

Lfd. Nr.	Kreis	Name
1	Altenburg	Haufschild, Max
2	Arnstadt	Mütze, Wilhelm
3	Eichsfeld	Vogt, Aloys
4	Eisenach	Köhler, Hermann
5	Erfurt/Weißensee	Theine, Franz
6	Gera	Wagner, Karl Dr.
7	Gotha	Busch, Wilhelm
8	Greiz	Schößler, Kurt
9	Hildburghausen	Büchner, Werner
10	Jena-Stadtroda	Müller, Paul
11	Langensalza	Trübenbach, Oskar
12	Meiningen-Nord	Schreinert, Franz
13	Meiningen-Süd	Köhler, Herm. Dr.
14	Mühlhausen	Vollrath, Paul
15	Nordhausen-Süd	Nentwig, Hans
16	Rudolstadt-Saalfeld	Kaiser, Heinrich
17	Schleiz	Theuerkauf, Paul
19	Schmalkalden-Suhl-Schleusingen	Recknagel, Otto
20	Sondershausen	Krannich, Hugo
21	Sonneberg	Biermann, Gustav
22	Weimar	Hofmann, Franz

* Die Übersicht gibt eine Aufstellung wieder, die unvollständig sein kann.

Q.: ThHStAW, RStH Thür., Nr. 468.

Auch in Jena wurde eine neue Standortverwaltung eingerichtet und für die Wehrmacht eine Kaserne im Norden der Stadt vor dem Ortsteil Zwätzen errichtet. (WS)

Nach der Fertigstellung der Wehrmachtskaserne in Jena-Zwätzen erfolgte deren feierliche Einweihung. (CZA)

muß überhaupt als rechte Hand Sauckels, was die innere Verwaltung Thüringens betraf, bewertet werden. Er gehörte ohne Zweifel zu den mächtigsten und einflussreichsten regionalen NS-Führern. In seinem an sich schon umfangreichen Zuständigkeitsbereich im Thüringischen Ministerium des Innern entstand 1936 u. a. das Referat Wehrpflicht; 1938 kam noch die Zuständigkeit für höhere Personalangelegenheiten hinzu, die zum Teil auch über das von ihm geleitete Amt des Reichsstatthalters bereits mitentschieden wurden.[22] Zahlreiche weitere Maßnahmen, die im Rahmen der Herstellung der Kriegsfähigkeit der Verwaltung standen und zum Beispiel das Feuerlöschwesen, den Luftschutz, die Sicherung des Transportwesens, die Unterstellung des Roten Kreuzes und vieles mehr betrafen, wurden dem Zuständigkeitsbereich Ortlepps ebenfalls unterstellt, soweit sie noch nicht dazu gehörten, und kriegsfähig ausgebaut. Die Rahmengesetzgebung erfolgte seitens der Reichsregierung. Die Kontrolle über die Arbeitsbereiche wurde über das Sachgebiet Landesverteidigung im Amt des Reichsstatthalters ausgeübt, das Sauckel unterstand und Ortlepp leitete.

Im Bereich der Wirtschaft verblieben dem von Ministerpräsident Willy Marschler geleiteten Landesministerium immer weniger Zuständigkeiten seit der Einführung der Vierjahresplanbehörde und der Bildung der Wirtschaftskammer Mitteldeutschland im März 1935 (ab August 1937 Wirtschaftskammer Thüringen), die vom Präsidenten der Industrie- und Handelskammer Weimar, Dr. Reinhold Thiel, geleitet wurde. Um den fortschreitenden Zuständigkeitsverlust an Wirtschaftskompetenz und Kontrolle zu begrenzen, bemühte sich Marschler unmittelbar nach Kriegsbeginn um die Einrichtung eines eigenen Bezirkswirtschaftsamtes als zuständige Behörde für das Teilgebiet Thüringen des Wehrkreises. Zuvor, im September 1939, war unter Leitung der des Oberpräsidenten der preußischen Provinz Hessen-Nassau, Philipp Prinz von Hessen, ein Bezirkswirtschaftsamt für den Wehrkreis IX, also dekkungsgleich mit dem Gebiet des Verteidigungsbezirkes, errichtet worden. Bereits drei Monate später, genau am 28. November 1939, wurde Marschlers Ersuchen zum Erfolg. Das ursprünglich für das gesamte Gebiet des Wehrkreises zuständige Bezirkswirtschaftsamt wurde mit dem 28. November 1939 (endgültig am 1.1.1940 verfügt) in zwei Ämter geteilt. Mit Sitz in Weimar entstand daraufhin das Bezirkswirtschaftsamt IX b, dem Marschler vorstand. Am 26. Februar 1941 wurde es in Landeswirtschaftsamt umbenannt. Im Kern, von einigen Besonderheiten abgesehen, war es ab Ende 1941 für das Territorium des Landes Thüringen, den Regierungsbezirk Erfurt sowie die Kreise Altenburg, Sonneberg und Schmalkalden zuständig.[23] Der Sitz des Bezirkswirtschaftsamtes IX a und dessen Führung verblieb in Kassel.

An der Spitze des Bezirkswirtschaftsamtes IX b bzw. des Landeswirtschaftsamtes stand ein Stab, den Marschler führte. Von April bis Dezember 1942 erfolgte eine vom Rüstungsministerium Speer ausgehende Anpassung der bisherigen Wirtschaftskammerstrukturen an die Gaue (Gauwirtschaftskammer Thüringen). Damit erfolgte eine Anpassung (Harmonisierung) bestehender Zuständigkeitsbereiche innerhalb der kriegswichtigen Wirtschaftslenkung, die auch in Verbindung mit der zur gleichen Zeit (November) vorgenommenen Erhebung aller Gaue zu Reichsverteidigungsbezirken und der Ernennung aller Gauleiter zu Reichsverteidigungskommissaren in Verbindung stand. Mit diesen und weiteren Maßnahmen vollzog sich der Übergang von der friedensähnlichen Kriegswirtschaft (Rüstungswirtschaft) zur eigentlichen staatlich gelenkten und administrierten Kriegswirtschaft.

Zu den so entstandenen neuen Lenkungsorganen des kriegswirtschaftlichen Komplexes gehörte auch die Errichtung von vertikalen Ausschüssen (Baugruppenerzeugung) und vertikalen Ringen (Teilefertigung) durch einen Erlaß Speers vom 20. April 1942 sowie die ebenfalls von ihm verfügte Bildung regionaler Rüstungskommissionen als Teil seines Ministeriums zur einheitlichen Regulierung der gesamten Rüstungsproduktion auf Gaubasis. In Thüringen wurde diese Rüstungskommission am 17. September 1942 unter der Führung des Generaldirektors der Gustloff-Werke, Karl Beckurts, errichtet. In dieser Kommission agierten alle führenden Köpfe der regionalen Wirtschaftslenkung. Dazu gehörten der Gauwirtschaftsberater Walther Schieber, Reinhold Thiel als Präsident der Gauwirtschaftskammer, selbstverständlich auch Willy Marschler sowie die entsprechenden Leiter der Landesarbeits- und Wirtschaftsämter.

Im Januar 1943 erfolgte auf einer Tagung der Gauwirtschaftskammer die Einschwörung der Amtsträger auf den *totalen* Krieg auch an der Wirtschaftsfront. Gauleiter Fritz Sauckel forderte den „totalen Arbeitseinsatz" für den Krieg und Sieg. Zunehmend mehr Frauen und Zwangsarbeiter aus den besetzten Gebieten (sogenannte Fremdarbeiter *Ost*, *West* oder *Polen*) sowie KZ-Häftlinge wurden verstärkt in der Wirtschaft eingesetzt, um den erheblichen Arbeitskräftebedarf, der durch den anhaltenden Abgang männlicher Arbeitskräfte, die zur Wehrmacht einberufen wurden, entstand, zumindest bis zu einem gewissen Grade auszugleichen.

An den hier skizzierten Strukturen der regionalen politischen, wirtschaftlichen und gesellschaftlichen Organisation änderte sich bis Kriegsende nichts Wesentliches mehr. Alle nachfolgenden Veränderungen dienten allein der weiteren Steigerung der Leistungsfähigkeit der vorhandenen Herrschaftsorganisation und waren auf die maximale Ausschöpfung aller Reserven gerichtet. Dies geschah in der Regel durch Ämterverbindungen (Aus- und Eingliederungen) und die Übertragung von Zuständigkeiten. Der Kreis der Verantwortlichen blieb dabei im großen ganzen bis auf wenige Ausnahmen gleich. Zu den Besonderheiten gehörte die Ablösung von Thüringens Gauwirtschaftsberater Walther Schieber 1944, der durch den Präsidenten der Thüringischen Staatsbank Otto Demme ersetzt wurde. Demme übernahm zugleich die Leitung des Thüringenhauses in Berlin, das aber Ende 1944 kriegsbedingt geschlossen wurde.

Otto Demme, bis 1945 Präsident der Thüringischen Staatsbank in Weimar. (Repro ThHStAW)

Schieber, der neben seiner Tätigkeit als Gauwirtschaftsberater von 1942 bis 1944 als Chef des Rüstungslieferamtes im Ministerium Speers tätig war, eigentlich ein Mann der Partei, wurde von Himmler verdächtigt, sich ins Ausland absetzen zu wollen. Die entsprechenden Machtrangeleien und Intrigen nutze Sauckel, um ihn trickreich loszuwerden. Für Sauckel ging es offensichtlich vor allem um die Absicherung seiner Hausmacht gegenüber den Reichsstellen. In Schieber sah er wahrscheinlich schon ab 1942 zunehmend einen Vertreter der Reichswirtschaftsführung um Schacht. Mit Schacht selbst, der ursprünglich einen anderen Gauleiter als Generalbevollmächtigten für den Arbeitseinsatz vorgeschlagen hatte, Sauckel verdankte seine Berufung Bormann, stellten sich schnell dauerhafte Spannungen zur Arbeitskräfteproblematik ein.

Zurück zur Lage bei Kriegsbeginn. Am 23. September fand eine weitere, von Reichsverteidigungskommissar Fritz Sauckel einberufene

Das Thüringenhaus, Modell und Wirklichkeit, in der Berliner Mohrenstraße. Das repräsentative Gebäude, mit großem Aufwand saniert und künstlerisch ausgestaltet, diente bis zu seiner Schließung 1944 vor allem als wirtschaftspolitische Vertretung des Landes und Gaues Thüringen. Es diente aber auch kulturellen und repräsentativen Aufgaben für die regionale Naziführung. Im Gebäude befand sich unter anderem eine Dauerausstellung zur Geschichte, Kultur und Wirtschaft Thüringens. (WS; Repro ThHStAW)

Führertagung in Kassel statt. In seinem Bericht, der Hermann Göring, Rudolf Heß und der Reichskanzlei zugeleitet wurde, traf Sauckel folgende Feststellungen zur Lage im Wehrbezirk IX:[24]

1. Die Stimmung in Thüringen ist ernst, tiefgehend und nachhaltig.
2. Bei den eingeleiteten Maßnahmen (Lebensmittelrationierung u. a. m.) gibt es mit der Bevölkerung Übereinstimmung.
3. Es zeigt sich bei der Bevölkerung ein wachsender Haß auf England.
4. Das Vertrauen zur Partei und zum Staat, zu den Behörden, ist voll funktionsfähig.

5. Probleme bestehen mit den katholischen Pfarrern und der Saarbevölkerung.

Und tatsächlich war es der Naziführung Thüringens gelungen, die große Mehrheit der Bevölkerung, vor allem durch die schnellen Erfolge der Wehrmacht im Krieg gegen Polen, günstig zu beeinflussen. Zudem hielt sich die Zahl der Gefallenen in engen Grenzen. Und die Engländer und Franzosen als polnische Garantiemächte, was taten sie? Sie führten nach damaligen Berichten unabhängiger Reporter aus aller Welt einen „komischen" Krieg, denn sie entsandten trotz Kriegserklärung keine Truppen. Dies alles kam dem Regime zugute, wie auch die Tatsache, daß es sich als leistungsfähig erwies. Sabotageakte und wirkungsvoller Widerstand in nennenswerten Größenordnungen wurden dagegen nicht gemeldet.[25]

Um die anfangs noch gedämpfte Stimmung der Bevölkerung zu heben und eine gewisse Kriegsbegeisterung, zumindest eine positive Grundstimmung zu erzeugen, forderte Sauckel im November alle Funktionsträger des Parteiapparates auf, intensiv an der Verbesserung des Stimmungsbildes und der Meinungsbildung zu arbeiten. Wörtlich sagte er: „Besonders erwünscht sind anfeuernde Worte."

Die Umsetzung dieser befehlsmäßigen Aufforderung spiegelte sich vor allem deutlich in der Presse wider. Zunehmend druckte diese neben den obligatorischen Siegesmeldungen auch siegesbetonte Frontberichte und heroische Fronterlebnisse von Thüringern ab. Während des noch laufenden Feldzuges gegen Polen berichteten darüber hinaus beurlaubte Frontsoldaten auf Versammlungen aller NSDAP-Gliederungen und angeschlossenen Verbänden über ihre persönlichen Erlebnisse während des Fronteinsatzes. Zum Kreis dieser Berichterstatter, die zugleich für die parteiamtliche Presse Beiträge lieferten, gehörte auch der Gaudozentenbundführer Dr. med. Heinrich Jörg. Er nahm während des sogenannten Polenfeldzuges als Jagdflieger an einigen Kampfeinsätzen teil und berichtete darüber nach seiner Rückkehr in Versammlungen verschiedener Naziorganisatoren sowie in der einschlägigen Gaupresse. Gleiches traf auf weitere Vertreter der Gauleitung Thüringens, die zeitweise ab 1939 an Fronteinsätzen teilnahmen, zu.[26] Eine besondere Form der Kriegspropaganda bildete die vom Wehrkreiskommando in Kassel geförderte oder selbst verantwortete Herausgabe von spezieller Kriegsliteratur, die Kriegserlebnisse und besondere Tapferkeit von Soldaten aus dem Wehrkreis IX propagierte. (Quelle/Abb. Titel) Damit erfüllte der Gau Thüringen von Anfang an die politischen und wirtschaftlichen Vorgaben des NS-Regimes an der „Heimatfront". Das blieb auch in den folgenden Jahren bis 1945 so.

Exkurs: Thüringen wird Bergegau

Mit Kriegsbeginn fiel dem Gau Thüringen eine besondere Aufgabe zu. Im Kern umfaßte die Funktion die Aufnahme und Unterbringung von Teilen der Bevölkerung aus dem Saarland, das aus militärischen Gründen als gefährdete Zone eingestuft worden war und deshalb vorbeugend von Teilen der Bevölkerung geräumt wurde. Es war eine vorbeugende Maßnahme, da die Wehrmachtsführung mit einem Einmarsch französischer und englischer Truppen aufgrund des bestehenden Beistandsvertrages mit Polen rechneten. Insgesamt kamen so – mit 193 Sonderzügen, zahlreichen Autokolonnen und 632 anderen Fahrzeugen – 137 600 Saarländer nach Thüringen.[27] Sie wurden im Gau verteilt und bei geeigneten Familien, nach Möglichkeit bei Mitgliedern der NSDAP, einquartiert.

Die hohe Zahl der eingereisten Familien verursachte im kleinen Thüringen erhebliche Probleme bei der Unterbringung, Versorgung, Arbeitsvermittlung, Absicherung des Schulbesuches usw. Doch an dieser „inneren Front" sollten sich nun in vorbildlicher Weise nach den Worten des Gauleiters die NSDAP und ihre Nebenorganisationen, insbesondere die NS-Frauenschaft und die Nationalsozialistische Volksfürsorge (NSV), bei der Organisation und Hilfeleistung beweisen.[28] Letztlich gelang es, trotz Anlaufschwierigkeiten, diese durchaus anspruchsvolle organisatorische Aufgabe zu bewältigen, was die vorhandene logistische Leistungskraft und das Zusammenspiel der Apparate auf Gauebene und darüber hinaus verdeutlichte.

Ähnliche Aufgaben bewältigte der Gau Thüringen und die damit beauftragte Administration ab 1941 erneut im Zusammenhang mit der „Kinderlandverschickung" und dem Hilfswerk Mutter und Kind sowie ab 1943 im Rahmen der verschiedenen Kriegswirtschaftsprogramme, so dem Geilenberg-Programm zur bombensicheren Verlegung und Fertigung von Treibstoffen (vor allem Flugbenzin) und dem Jägerprogramm zur bombensicheren Verlegung von Produktionsstätten zur Fertigung von Jagdflugzeugen der neuesten Generation, unter anderem des Strahljägers Me 262 und der FW 190 sowie der entsprechenden Zulieferindustrien, dazu gehörten die Bayerischen Motorenwerke, die Junkers Motorenwerke sowie die V2-Fertigung im Kohnstein nahe der Ortschaft Niedersachswerfen bei Nordhausen. Weitere unterirdische Rüstungsanlagen, die für Großunternehmen eingerichtet oder bereits betriebsbereit waren, befanden sich in Großkamsdorf (BMW), Lehesten (Schott & Gen.; Heeresversuchsanstalt Peenemünde), Krölpa (Arado), Rothenstein (Carl Zeiss), um an dieser Stelle nur einige von weit über 40 Standorten aufzuzählen.[29]

Eines der größten Probleme im Zusammenhang mit der Beherbergung der Saarbevölkerung bestand bei der Arbeitsvermittlung. Die Zuweisung von geeigneter Arbeit erwies sich insofern als besonders schwierig, weil es sich um kein bloßes organisatorisches Problem handelte, sondern um ein strukturelles hinsichtlich des Arbeitskräftebedarfs und der erforderlichen Berufsgruppen. In den ersten drei Kriegsmonaten gelang es zwar, 36 000 Saarländer zu versorgen, doch deckten diese nicht den Bedarf an Fachkräften, den vor allem die hoch spezialisierte thüringische Industrie benötigten. Unter den Arbeitskräften aus dem Saarland stellte die Gruppe der Bergleute, Hüttenarbeiter und Handwerker, die im Bergbau benötigt wurden, den größten Anteil. Gebraucht wurden hingegen vor allem qualifizierte Arbeitskräfte in den Bereichen Maschinenbau, Feinmechanik, Optik, Glas, Chemie, Elektrotechnik und Fahrzeugbau. Für ausgebildete Berg- und Hüttenarbeiter gab es kaum Beschäftigung, da die vorhandenen Bergwerke nur eine geringe Zahl an Arbeitskräften aufnehmen konnten und mit der Maximilianshütte (Maxhütte) Unterwellenborn bei Saalfeld nur eine Hochofenanlage mit Walz- und Gießwerk betrieben wurde.

Als ein unerwartetes Problem, das große Schwierigkeiten im Umgang mit der Saarbevölkerung bereitete, erwies sich die politisch gezielte Einflußnahme auf die Grundsstimmung und - haltung der überwiegend katholisch eingestellten Familien. Diese, so wurde abschätzig berichtet, waren daran gewöhnt, vor Entscheidungen in allen Lebensfragen „ihre Pfarrer" zu befragen. In diesem Verhalten sah die regionale Naziführung ein echtes Problem. Entsprechend scharf reagierte Fritz Sauckel darauf und forderte von „seinen" Politischen Leitern: „Wir wollen aus den Saarleuten fanatische Nationalsozialisten machen. Wir müssen Versammlungen über Versammlungen abhalten. Nach 7 Uhr muß ein Leben der Partei anfangen, wie wir es in Thüringen noch nicht erlebt haben."[30] Eine weitere Äußerung Sauckels, die er auf die Pfarrer bezog, verdeutlicht seinen politischen Fanatismus und seine entschiedene Ablehnung des Katholizismus. „Wir werden", so führte Sauckel aus, „jedem dieser Kuttenträger mit grinsendem Wohlgefallen versichern, wir werden versprechen, und kein Versprechen halten."[31]

Die Absicherung seiner organisatorischen und propagandistisch-demagogischen Kampagne hinsichtlich der Saarbevölkerung übertrug Fritz Sauckel seinem Stellvertreter Heinrich Siekmeier. Dabei forderte er vor allem, das Blocksystem zu entfalten, um jede Familie zu erreichen. Dieser

Die Eisenwerkgesellschaft Maximilianshütte (Maxhütte) Unterwellenborn war das einzige in Thüringen angesiedelte Eisenhüttenwerk mit Walzstraße. Im Jahr 1939 zählte das kriegswichtige Unternehmen 1592 Beschäftigte. (WS)

entwickelte entsprechende Aktivitäten, die allerdings keinen durchgreifenden Erfolg zeitigten. Die Rückkehr der Saarländer erfolgte Anfang des Jahres 1941. In Thüringen hatten sie besonders zur Aufstockung des Arbeitsmarktes und zur Absicherung erster kriegswirtschaftlicher Aufgaben beigetragen. Damit erfüllte Thüringen in der ersten Kriegsperiode alle Erwartungen, die von den Machthabern des NS-Regimes an das Land und den Gau gestellt wurden.

Zwangssterilisation und „Euthanasie"

Beide Vorgänge bilden fundamentale Elemente des nationalsozialistischen Weltanschauungsstaates. Sie sind Bestandteil und markante Elemente des sich radikalisierenden NS-Regimes, zusammen mit der Verfolgung und systematischen Vernichtung deutscher und europäischer Juden und weiterer ethnisch-religiöser und politisch vorbestimmter Menschengruppen sowie dem auf einen Eroberungskrieg ausgerichteten Konzept zur Neuordnung der Welt. Hinter diesen Vorgängen verbergen sich die Kerne nationalsozialistischer Herrschaftsvorstellungen und deren Ausübung. Die Herrschaftstheorie des Nationalsozialismus, also sein weltanschauliches Konzept, und die Praxis der Machtorganisation und Machtentfaltung – mit allem Irrationalismus, der in diesem System enthalten war, einschließlich seiner Verbrechen, lassen sich in letzter Konsequenz allein aus diesen Grundelementen erklären. Alle politischen, organisatorischen und praktischen Vorgänge, sowohl bei der Zwangssterilisation als auch bei der Umsetzung des nationalsozialistischen Euthanasie-Programms, der Judenverfolgung bis hin zum Völkermord, der Verfolgung und Vernichtung der Sinti und Roma (damals als Zigeuner bezeichnet), politischer Feinde, sogenannter Asozialer und krimineller Straftäter sowie die auf Weltherrschaft zielende Kriegsentfesselung, vollzogen sich nicht allein auf nationalen oder zentralen Ebenen, sondern gleichermaßen auf regionalen und territorialen. Deshalb soll auch diese Seite des Systems an dieser Stelle aus regionaler Perspektive einer genaueren Betrachtung unterzogen werden.

Der nationalsozialistische Rassegedanke als Basis der weiter gefassten Rasse(n)theorie bildete das Kernstück der weltanschaulichen Grundlage oder historischen Idee, auf welcher der Nationalsozialismus seine Herrschaftsvorstellungen aufbaute und handelte. Die bisherigen sozialen Kämpfe, die als Ausbeutungsverhältnisse zwischen den Klassen oder großen sozialen Gruppen, basierend auf Besitzständen an Kapital und Produktionsmitteln oder einer exponierten Teilhabe am gesellschaftlichen Wohlstand basierten und als gesellschaftliche Wirklichkeit erlebt wurden, veränderten aus der dem Nationalsozialismus eigenen Perspektive ihr Wesen vom Klassen- zum Rassenkampf. Dieses neu bestimmte Weltanschauungsprinzip, das zum Verständnis der Herrschaftsausübung des Nationalsozialismus von dauerhafter und grundlegender Bedeutung war, faßte Hitler in seiner Programmschrift „Mein Kampf" bereits exemplarisch in folgender Feststellung zusammen: „Was nicht gute Rasse ist auf dieser Welt, ist Spreu."[32] Dieser Grundgedanke fand unter anderem bei der Herrschaftsausübung und -organisation seine Umsetzung in Form des Führerprinzips, der „Rassen-Auslese" und „Rassen Ausmerze". Zu den Folgen dieser Weltanschauungspolitik gehörten die

Mein Kampf

Von

Adolf Hitler

Erster Band:

Eine Abrechnung

4. Auflage

19 39

Zentralverlag der NSDAP., Frz. Eher Nachf., Gmb.H., München

Hitlers „Mein Kampf", in zahlreichen Auflagen mit 10 Mio. Exemplaren in Deutschland verlegt, faßte bereits in der Erstausgabe 1925/26 (Bd. 1 u. 2) alle Konzepte der NS-Herrschaft programmatisch zusammen. (WS)

auch in Thüringen vollzogene Zwangssterilisationen, die „Entjudung" des Gaues, die Verfolgung der sogenannten Zigeuner und das im Rahmen der Erb- und Rassenpflege vollzogene Euthanasieprogramm.

Die Zwangssterilisation gründete auf dem Reichsgesetz vom 14. Juli 1933 und dessen Nachfolgeregelungen. Sie ist in ihren Auswirkungen und rechtlichen Grundlagen nicht vergleichbar mit der nationalsozialistischen Euthanasie, bildete aber auf dem Weg dazu und in ihrem extensiven Vollzug einen wichtigen, in ihrer Auslegung gleichgerichteten Baustein. Da sie gesetzlich

529

Reichsgesetzblatt

Teil I

1933	Ausgegeben zu Berlin, den 25. Juli 1933	Nr. 86

Inhalt: Gesetz zur Verhütung erbkranken Nachwuchses. Vom 14. Juli 1933 ... S. 529
Fünfte Verordnung zur Durchführung der Verordnung über die Devisenbewirtschaftung. Vom 20. Juli 1933 ... S. 531
Verordnung über die Errichtung einer vorläufigen Filmkammer. Vom 22. Juli 1933 ... S. 531
Verordnung über Zolländerungen und Ausfuhrscheine. Vom 24. Juli 1933 ... S. 533
Verordnung zur Durchführung des Gesetzes über die Aufhebung der im Kampf für die nationale Erhebung erlittenen Dienststrafen und sonstigen Maßregelungen. Vom 25. Juli 1933 ... S. 535

Gesetz zur Verhütung erbkranken Nachwuchses. Vom 14. Juli 1933.

Die Reichsregierung hat das folgende Gesetz beschlossen, das hiermit verkündet wird:

§ 1

(1) Wer erbkrank ist, kann durch chirurgischen Eingriff unfruchtbar gemacht (sterilisiert) werden, wenn nach den Erfahrungen der ärztlichen Wissenschaft mit großer Wahrscheinlichkeit zu erwarten ist, daß seine Nachkommen an schweren körperlichen oder geistigen Erbschäden leiden werden.

(2) Erbkrank im Sinne dieses Gesetzes ist, wer an einer der folgenden Krankheiten leidet:

1. angeborenem Schwachsinn,
2. Schizophrenie,
3. zirkulärem (manisch-depressivem) Irresein,
4. erblicher Fallsucht,
5. erblichem Veitstanz (Huntingtonsche Chorea),
6. erblicher Blindheit,
7. erblicher Taubheit,
8. schwerer erblicher körperlicher Mißbildung.

(3) Ferner kann unfruchtbar gemacht werden, wer an schwerem Alkoholismus leidet.

§ 2

(1) Antragsberechtigt ist derjenige, der unfruchtbar gemacht werden soll. Ist dieser geschäftsunfähig oder wegen Geistesschwäche entmündigt oder hat er das achtzehnte Lebensjahr noch nicht vollendet, so ist der gesetzliche Vertreter antragsberechtigt; er bedarf dazu der Genehmigung des Vormundschaftsgerichts. In den übrigen Fällen beschränkter Geschäftsfähigkeit bedarf der Antrag der Zustimmung des gesetzlichen Vertreters. Hat ein Volljähriger einen Pfleger für seine Person erhalten, so ist dessen Zustimmung erforderlich.

(2) Dem Antrag ist eine Bescheinigung eines für das Deutsche Reich approbierten Arztes beizufügen, daß der Unfruchtbarzumachende über das Wesen und die Folgen der Unfruchtbarmachung aufgeklärt worden ist.

(3) Der Antrag kann zurückgenommen werden.

§ 3

Die Unfruchtbarmachung können auch beantragen

1. der beamtete Arzt,
2. für die Insassen einer Kranken-, Heil- oder Pflegeanstalt oder einer Strafanstalt der Anstaltsleiter.

§ 4

Der Antrag ist schriftlich oder zur Niederschrift der Geschäftsstelle des Erbgesundheitsgerichts zu stellen. Die dem Antrag zu Grunde liegenden Tatsachen sind durch ein ärztliches Gutachten oder auf andere Weise glaubhaft zu machen. Die Geschäftsstelle hat dem beamteten Arzt von dem Antrag Kenntnis zu geben.

§ 5

Zuständig für die Entscheidung ist das Erbgesundheitsgericht, in dessen Bezirk der Unfruchtbarzumachende seinen allgemeinen Gerichtsstand hat.

§ 6

(1) Das Erbgesundheitsgericht ist einem Amtsgericht anzugliedern. Es besteht aus einem Amtsrichter als Vorsitzenden, einem beamteten Arzt und einem weiteren für das Deutsche Reich approbierten Arzt, der mit der Erbgesundheitslehre besonders vertraut ist. Für jedes Mitglied ist ein Vertreter zu bestellen.

(2) Als Vorsitzender ist ausgeschlossen, wer über einen Antrag auf vormundschaftsgerichtliche Genehmigung nach § 2 Abs. 1 entschieden hat. Hat ein beamteter Arzt den Antrag gestellt, so kann er bei der Entscheidung nicht mitwirken.

Reichsgesetzbl. 1933 I 146

geregelt war, waren die Zuständigkeiten und Abläufe genauestens vorgeschrieben. Die Einleitung eines Verfahrens erfolgte durch ein amtlich eingeführtes Meldeverfahren. Bei diesem Verfahren kam den staatlichen Behörden – Bürgermeistern und Amtsleitern der Sozial- und Wohlfahrtsämter, in manchen Gemeinden auch der noch vorhandenen Armutsstelle – große Bedeutung zu. Sie meldeten trotz fehlenden medizinischen Sachverstandes sozial Bedürftige, die am Rand der Gemeinde häufig in Notquartieren lebten und aus ihrer sozialen Notlage als Kostenträger und volksgemeinschaftliche Außenseiter empfunden wurden, da sie häufig in größeren Familienverbänden mit lernschwachen Kindern lebten, bei den zuständigen Gesundheitsämtern. Auf diese Weise, mit der sozialen Indikation verbunden, begann ein Prüfmechanismus, der einer möglichen Sterilisation vorangestellt war.

Bei dieser Verfahrensweise zeigte sich bereits die vom Staat weltanschaulich betriebene Dogmatik zur Säuberung der Rasse beziehungsweise des deutschen Volkskörpers. Den Betroffenen wurden zu diesem Zeitpunkt, im Unterschied zum später beginnenden „Euthanasie"-Programm, noch Rechtsmittel zugestanden. Betroffene konnten bei den dafür vorgesehenen Erbgesundheitsgerichten Widerspruch einlegen. In der Regel wurden sie sogar zum Verfahren gehört. In den Erbgesundheitsgerichten saßen zwei medizinische Sachverständige, häufig ein praktischer Arzt und ein Nervenarzt. Diese waren jedoch zumeist rassepolitisch geschult, wie zum Beispiel der spätere Rektor der Jenaer Universität, der Mediziner Karl Astel, der zu den entschiedensten Befürwortern der Rassenideologie gehörte. Damit bestand bei der Beurteilung der Fälle im Grunde genommen keine wissenschaftlich begründete Neutralität. In der überwiegenden Zahl der Fälle wurde so die Unfruchtbarmachung angeordnet und der Vollzug nach Erlangung der Rechtskraft des Urteils, in der Regel nach 14 Tagen, durch den Amtsarzt angeordnet.[33]

Innerhalb der Frist bis zur Erlangung der Rechtskraft konnte beim Erbgesundheitsobergericht gegen das Urteil Widerspruch eingelegt werden. Doch auch in dieser Kammer fehlte in der Regel die Unabhängigkeit der sachverständigen Beisitzer. Wurde der Widerspruch abgewiesen, nahm der Vollzug der Sterilisation seinen Verlauf.

Häufig entschieden aber auch Ärzte in den entsprechenden Kliniken von sich aus über Sterilisationen oder führten diese verdeckt durch. Eine für sich selbst sprechende Darlegung dazu stammt aus der Chirurgischen Universitätsklinik Jena, die zu den zur Durchführung von Zwangssterilisationen an Männern autorisierten Kliniken des Landes Thüringen gehörte. In einer Stellungnahme des Verwaltungsdirektoriums dieser Klinik vom 28. April 1936, auf eine an die Landesregierung gerichtete Beschwerde bezogen, heißt es wörtlich: „Die Behauptung des angeblichen Kreiswalters Hans Müller aus Weimar, Ackerwand 5, dass auf den Bettafeln der Unfruchtbargemachten das Wort ‚steril' stünde, entspricht natürlich nicht den Tatsachen. Für diese Patienten werden, wenn ihre Tafeln überhaupt bezeichnet werden, lediglich die Buchstaben ‚VR' (Vasoresektion) verwendet. Seit einiger Zeit sind wir sogar dazu übergegangen, für diese Patienten bewusst andere Diagnosen anzuschreiben, um damit jede Gefahr einer äußerten Erkennung unmöglich zu machen."

Aus der Universitäts-Frauenklinik Jena, in der ebenfalls Sterilisationen vorgenommen wurden, wurde nach eigenen Aussagen so verfahren, „..., daß in der Frauenklinik an den Tafeln der Sterilisierten lediglich neben dem Namen die Bezeichnung ‚Lap.' steht."[34] Die Abkürzung steht für Laparotomie, was allgemein die Eröffnung der Bauchdecke oder einen Bauchschnitt bezeichnet.

Beide Stellungnahmen sprechen für sich. Doch es gab auch Probleme bei der Einführung und

Aus der Vernehmung des stellv. Direktors der Landesheilanstalten Stadtroda, Dr. Johannes Schenk, vom 14. November 1947 durch die Kreispolizeidienststelle Stadtroda.

„In meiner Eigenschaft als Arzt musste ich in der Zeit von 1940 bis 1945 verschiedene Sterilisationen an Männern vornehmen. Im hiesigen Krankenhaus wurden nur Männer unfruchtbar gemacht. Hierzu war ich in diesem Krankenhaus allein durch das Thür. Ministerium des Innern beauftragt.
Durch das Gesetz zur Verhütung von erbkranken Nachwuchs, welches 1933 durch die damalige Regierung verabschiedet wurde, waren sämtliche Ärzte, die eine erbkranke Person in Behandlung hatten, verpflichtet, diese dem zuständigen Gesundheitsamt zu melden. [...] Wenn ein Arzt bei einem Patienten den Verdacht auf eine Erbkrankheit schöpfte oder eine Erbkrankheit feststellte, so hatte er dieses dem Amtsarzt zu melden. Ausserdem sind dem Amtsarzt auch Personen, die den Verdacht hatten, dass auf ihnen eine Erbkrankheit laste, auch aus der Bevölkerung heraus gemeldet worden. Der Amtsarzt beurteilte nun auf Grund seiner Unterlagen, die er z.T. aus der Bevölkerung und zum Teil durch behandelnde Ärzte erhalten hatte, und auf Grund eigener Untersuchungen, ob der Betreffende erbkrank sei oder nicht. War eine Erbkrankheit durch den Amtsarzt einwandfrei festgestellt, so beantragte er ein Erbgesundheitsgerichtsverfahren, anderenfalls wies er den Betreffenden zur Untersuchung und Beobachtung in ein Krankenhaus ein. [...]
Allein zuständig den Antrag auf eine Unfruchtbarmachung zu stellen, ist in jedem Falle der Amtsarzt gewesen. Ohne Beschluß eines Erbgesundheitsgerichtes durfte keine Sterilisation durchgeführt werden."

Q.: BArch Berlin, EVZ I /7, 16.

Umsetzung der Unfruchtbarmachungen in der klinischen Praxis. Das Reichsinnenministerium sandte zum Beispiel unter dem Datum des 14. August 1934 ein Schreiben an die Landesregierung Thüringen mit der Information, es sei bekannt geworden, daß sich „in einzelnen Krankenhäusern konfessionelle Schwestern geweigert (haben), bei der Durchführung von Operationen, die auf Unfruchtbarmachung abzielten, helfend mitzuwirken." Zur Abhilfe wurde empfohlen, auf „weltliches Hilfspersonal" – später auf sogenannte „braune Schwestern", die die Ausbildung im NS-Staat erhalten hatten – bei derartigen Operationen und Sachverhalten zurückzugreifen.[35] In seinem Antwortschreiben Anfang September erklärte Prof. Dr. Max Henkel gegenüber dem Verwaltungsdirektorium der Universitätskliniken zu diesem Sachverhalt seitens der Frauenklinik: „Mit dem med. Hilfspersonal gibt es in Jena (Frauenklinik) keine Schwierigkeiten, [...], im Gegenteil, die Haltung der Schwestern ist eine durchaus staatstreue."

Das Erbgesundheitsgesetz erfaßte nach einer Ausführungsverordnung vom 15. Dezember 1933 neben der Meldepflicht von bestimmten Erbkrankheiten auch die Meldung von Personen, die an schwerem Alkoholismus litten und dem Arzt nach dem 1. Januar 1934 in seiner Amtsausübung bekannt wurden. Eine Gesamtzahl über die Unfruchtbarmachung ab dem 1. Januar 1934 bis April 1945 wurde bisher aus den vorliegenden Akten nicht erhoben. Es gibt zahlreiche Angaben über die Durchführung derartiger Eingriffe in den zugelassenen Einrichtungen bei Männern und Frauen in statistischen Meldungen. Hier sollen einige der Zahlen zur Verdeutlichung der angewandten Praxis ohne Differenzierung der Fälle, die anhand der vorliegenden Meldungen nicht beurteilt werden können, nachfolgend wiedergegeben werden. An der Berechtigung einer unbestimmten Zahl von Sterilisationen kann aus medizinischer und rechtlicher Sicht nicht gezweifelt werden, wohl aber an den angewandten juristischen und medizinischen Verfahren und Methoden. Wie hoch dieser Prozentsatz aufgrund der bestehenden Erb- oder psychischen Erkrankungen war, läßt sich nicht wirklich bestimmen. Aus heutiger Sicht sind Zwangssterilisationen, das heißt die Unfruchtbarmachung ohne Zustimmung des Betroffenen, Unrecht. Alle Urteile der früheren Erbgesundheitsgerichte wurden demzufolge aufgehoben. In Deutschland waren von der Zwangssterilisation insgesamt etwa 400 000 Persoen betroffen, darunter vor allem psychisch Kranke, Suchtkranke und sogenannte Berufskriminelle, aber auch politisch Unverbesserliche und nach den Nürnberger Rassegesetzen Artfremde. Unter den Artfremden war die ethnische Gruppe der sogenannten Zigeuner (Sinti und Roma), die in Deutschland etwa 100 000 Personen umfaßte, am meisten betroffen. Sie wurden bereits als Nichtseßhafte im Olympiajahr 1936 verfolgt und in Sammellager eingewiesen. Ab 1940 erfolgte ihre massenhafte Deportation in Konzentrations- und Vernichtungslager. Die entsprechenden Rechtsgrundlagen oder Erlasse, Verordnungen, Führerbefehle oder interne Weisungen ergingen 1938 (Grunderlaß) und 1939 mit dem sogenannten Festsetzungserlaß und dem berüchtigten Auschwitzerlaß des Reichsführers SS Heinrich Himmler.

Was die Durchführung von Zwangssterilisationen an deutschen Juden betraf, die als größte Gruppe der sogenannten Artfremden in Deutschland mit zirka 500 000 Menschen durch die Nürnberger Rassengesetze aus der deutschen Volksgemeinschaft ausgegrenzt wurden, so hielt sich der Prozentsatz in engen Grenzen. Hier wurde mit der zunehmenden Entrechtung, Vertreibung und ab Januar 1942, mit der beschlossenen „Endlösung der Judenfrage", was nichts anderes als die physische Vernichtung der betroffenen Menschen meinte, ein noch radikalerer Weg in Form des idustriellen Massenmords beschritten. Mitte Oktober 1941 begannen die systematischen Deportationen der Juden aus dem Reichsgebiet in die eroberten Ostgebiete und Vernichtungslager. Die entsprechende Weisung zur „Endlösung" erging durch Göring an Heydrich. Im Reichsgebiet verblieben lediglich diejenigen Juden, die in Mischehen lebten, Weltkriegsteilnehmer oder über 65 Jahre waren oder als Rüstungsarbeiter von den Transporten freigestellt wurden. Die Durchführung der Deportationen organisierte und verantwortete die SS zusammen mit der Gestapo über das Reichssicherheitshauptamt, das Himmler unterstellt war und von Heydrich, nach seinem Tod von Kaltenbrunner, geleitet wurde. Ab dem Frühjahr 1943 erfaßten die Deportationen auch die bisher verschonten Gruppen, deren Lebensbedinungen sich in den zurückliegenden zwei Jahren stetig verschlechtert hatten. Die endültige Einstellung der Deportationen erfolgten erst im Februar/März 1945.

Ein im Zusammenhang mit der Vornahme von Zwangssterilisationen bisher noch wenig beachte-

Thüring. Landesamt für Rassewesen Weimar

Thüringisches Landesamt für Rassewesen, Weimar

Kriminalbiologische Abteilung

Gefangenen Tgb. Nr. O. 3. Jahr 1934 F. Verwahrungsort [illegible]

Aktenzeichen des ~~Amts-~~ Land- Gerichts Jena O. J. 26/34. Strafdauer vom 20. IV. 1934. bis voraussichtl. 20. X. 1936.

Kriminalbiologischer Fragebogen für Strafgefangene

Name und Vornamen des Gefangenen (Rufname unterstrichen, bei Frauen auch Mädchenname) Orban, Lydia

Letzte Wohnung Jena, [illegible] 68 ~~Kreis~~ Jena Thür.

geboren am 30. I. 1909 in [illegible] Kreis [illegible] / Prov. Sachsen

somit heutiges Alter von 25 Jahren. Glaubensbekenntnis [illegible]

Welchen Beruf erlernt und ausgeübt [illegible]

Personenstand: – ledig – verheiratet – geschieden – verwitwet – wiederverheiratet

bisher insgesamt – ... mal gesch. – ... mal verw. – ... mal wiederverh.

Dieser Ausschnitt eines Kriminalbiologischen Fragebogens (Ausschnitt), der in einer besonderen Kartei des Landesamtes für Rassewesen abgelegt wurde, erfaßte die persönlichen Daten aller Strafgefangenen, hier von Lydia Orban, der späteren Frau von Magnus Poser. (WS)

Zur Zwangssterilisation gesetzlich autorisierte Kliniken und Ärzte
Stand: 12. April 1937

Einrichtungen / Ort	**Autorisierte Ärzte**
Landeskrankenhäuser	
Altenburg	Dr. Rüdel (M/ F);
....	Dr. Zieschang (F)
LKH Gotha	Dr. Meyburg (M)
LKH Greiz	Dr. Schulze (M/ F);
....	Dr. Umbreit (M/ F)
LKH Meiningen	Dr. Pilz (M/ F)
LKH Rudolstadt	Dr. Biedermann (M/ F);
....	Dr. Opitz (M)
LKH Sondershausen	Dr. Koch (M/ F)
Städtische Krankenhäuser	
Arnstadt	Dr. Jorn (M);
....	Dr. Schack (F)
Eisenach	Dr. Salzmann (M/ F)
Gera	Dr. Läsker (M/ F);
....	Dr. Schrader (M)
Weimar	Dr. Krüger (M/ F)
Kreiskrankenhaus	
Sonneberg	Dr. Eichhorn (M/ F);
....	Dr. Parnickel (M)
Universitätskliniken (Stand: Februar 1936)	
Jena, Chirurgie (M)......	Prof. Guleke; Dr.
....	Harms; Dr. Simons; Dr.
....	Katz; Dr. Wortberg; Dr.
....	Dege; Dr. Brömel.
Jena, Frauenklinik (F) ..	Prof. Haupt*; Prof.
....	Herold*; Dr.
....	Honcamp; Dr. Schulz;
....	Dr. Jörg; Dr. Assmann
Landesheilanstalten	
Stadtroda	Dr. Schenk (M)

* Nur diese Ärzte wurden im Mai 1936 vom Reichsinnenminister autorisiert, die Unfruchtbarmachung in der Universitätsfrauenklinik Jena mit Hilfe von „Röntgen- und Radiumbestrahlung" vorzunehmen.

Q.: ThHStAW, Thür. VBM, Abt. C, Nr. 3.

tes und kaum aufgearbeitetes Kapitel umfaßt die Unfruchtbarmachung von verurteilten oder sogenannten Schutzhäftlingen in Gefängnissen und Zuchthäusern. Alle Gefangenen wurden systematisch durch einen Erbbiologischen Fragebogen zunächst erfaßt und mußten Angaben über Herkunft, Bildungsstand und viele andere Verhältnisse, unter anderem auch über Erbkrankheiten, machen. Die Fragebögen wurden von den Anstaltsärzten und -beamten erhoben und an das

Landesamt für Rassewesen über das Amt des Reichsstatthalters zur Auswertung abgegeben. In der dort vollzogenen Auswertung fielen Entscheidungen über eine mögliche Unfruchtbarmachung, insbesondere bei Sexualtätern und sogenannten Asozialen, zu denen sowohl Alkoholiker als auch Homosexuelle, Transsexuelle oder auch triebhaft oder triebgesteuert genannte Personen („Nymphomanie“ bei Frauen und „Satyriasis“ bei Männern) gehörten, die oftmals allein durch eine (häufig anonyme oder amtliche) Anzeige in Haft genommen wurden. Das traf auch, ohne daß Haft dafür eine Voraussetzung bildete, auf sozial schwache (oft kinderreiche) Familien zu, die über die jeweils zuständigen Behörden gemeldet und über das Gesundheitsamt medizinisch erfaßt und begutachtet wurden. In der Folge konnte es zur Unfruchtbarmachung eines oder beider Partner kommen. Es bestand auch die Möglichkeit, alle oder eine bestimmte Zahl der Kinder der Familie einem Heim oder einer Pflegefamilie zuzuweisen.

Diese knappe Darstellung zu dem Thema Zwangssterilisation muß an dieser Stelle als Einführung genügen. Noch fehlen weiterreichende, vor allem aber komplexere Forschungen zur Medizin- und Ethikgeschichte, die das Geschehen weiter erhellen.

Ab 1936 begann der schrittweise Aufbau einer erbbiologischen Gesamtkartei für das Deutsche Reich. Die Zuständigkeit dafür lag im Reichsinnenministerium. Auf Länderebene beauftragten RStH und Gauleiter Fritz Sauckel am 9. April 1935 den Mediziner Karl Astel, Präsident des Thüringischen Landesamtes für Rassewesen, Institutsleiter und Hochschuldozent an der Jenaer Universität, als Chef des Landesrassenamtes mit der Wahrnehmung der staatlichen Aufsicht über die zuständigen Gesundheitsämter auf der Grundlage des am 1. April 1935 in Kraft getretenen Reichsgesetzes über die Vereinheitlichung des Gesundheitswesens und erteilten ihm die entsprechenden Vollmachten. Mit dieser Entscheidung wurde der amtierende Chef der Landesärzteschaft und Staatskommissar für das Gesundheitswesen, Dr. med. Carl Oskar Klipp, der eigentlich zuständig hätte sein müssen, übergangen. Er galt jedoch als Anhänger Wächtlers und dieser wiederum als Machtkonkurrent Sauckels. Der offen bestehende Konflikt endete 1936 mit dem Weggang von Klipp und Wächtler nach München bzw. Bayreuth. Sauckel hatte sich bei dieser Auseinandersetzung klar durchsetzen können und stärkte mit der Ernennung von Dr. med. Richard Rohde aus Oberweimar zum Landesärzteführer und der Berufung von Astel als Referatsleiter der Abteilung

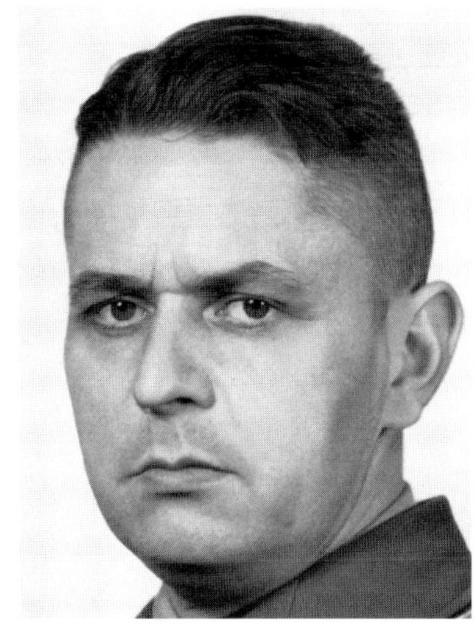

Der Mediziner Carl Oskar Klipp wurde 1933 von Sauckel zum Staatskommissar für das Gesundheits- und Sportwesen berufen und stand als Landesärzteführer an der Spitze der Gauorganisation des Nationalsozialistischen Deutschen Ärztebundes. Er wechselte 1936, vom Reichsärzteführer mit Sonderaufgaben beauftragt, ins Braune Haus nach München. (Repro ThHStAW)

Wohlfahrts- und Gesundheitswesen im Ministerium des Innern im April seine politische Führung. Mit diesen Entscheidungen konzentrierte sich in den Händen Astels, kontrolliert vom Reichsstatthalteramt und der Gauleitung Weimar alles, was an Zuständigkeit über das Rasse- und Gesundheitswesen im Land und Gau Thüringen politisch und verwaltungsmäßig verblieben war. Astel selbst – und das trotz seiner Mitgliedschaft in der SS und seiner engen Verbindungen zur SS-Führung und dem Rasse- und Siedlungshauptamt – gehörte somit ohne Zweifel zum Kern der Sauckel-Gruppierung und war neben seiner aktiven Mitgliedschaft in der SS Sauckel gegenüber loyal. Seine gesundheitspolitischen Vorstellungen bestimmten zukünftig die Grundlinien der Erb-, Rassen- und Gesundheitspolitik in Thüringen, die von Sauckel und seinem Intimus Ortlepp politisch und verwaltungsmäßig in gleicher Weise vertreten wurde.[36]

Bei der Umsetzung des nationalsozialistischen Euthanasie-Programms ging das NS-Regime noch weiter und zeigte mit der Überschreitung der letzten Schwelle vor der systemgewollten physischen Vernichtung von Menschenleben sein verbrecherisches Wesen. Die „Euthanasie“ selbst bildete den Auftakt nachfolgender Mordaktionen bis hin zum geplanten und gewollten Genozid. Für die „Euthanasie“ – wie für weitere Massentötungen auch – fehlte jede Rechtsgrundlage, selbst nach geltendem Recht. Ein Gesetz, das „Euthanasie“ rechtfertigte, wurde zwar entwickelt, aber nie in Kraft gesetzt. Statt dessen diente eine Weisung Hitlers in Form einer auf persönlichem Briefpapier formulierten Ermächtigung, also nicht einmal ein offizieller Führererlaß, als Ausgangspunkt für den

Reichsleiter und Chef der Kanzlei des Führers SS-Obergruppenführer Philipp Bouhler (li.), hier mit SA Korpsführer Hühnlein, Chef des NSKK, während einer Parade 1938 in Weimar. (WS)

Karl Brandt, Hitlers Begleitarzt von 1934 bis 1944, hatte u. a. auch in Jena studiert. 1942 wurde er zum Generalkommissar für das Sanitäts- und Gesundheitswesen ernannt. (WS)

Vollzug der nachfolgenden Tötungsaktionen an Erwachsenen, Kindern, Altersschwachen, sozial Schwachen, Häftlingen und Zwangsarbeitern. Zwei Personen, Hitlers Begleitarzt Karl Brandt und Philipp Bouhler, Chef der Kanzlei des Führers, wurden durch Hitler autorisiert, die gewünschte Tötungsaktion – definiert als „Vernichtung lebensunwerten Lebens" – für die in Frage kommenden Personengruppen zu organisieren.

Im Land bzw. Gau Thüringen gehörte der Mediziner Karl Astel zu den Schlüsselfiguren, die in bedingungsloser Anerkennung die NS-Rassentheorie „wissenschaftlich" entwickelten, organisierten und vermittelten. Zu Astel wurden bereits, was seinen Aufstieg in der SS und zum Rektor der Jenaer Universität im Jahr 1939 betraf, erste Ausführungen gemacht. Astel stand voll und ganz hinter den von Reichsärzteführer Gerhard Wagner bereits Ende März 1933 folgendermaßen formulierten Aufgaben und Grundsätzen für die deutsche Ärzteschaft: „In allen Ländern und Stämmen, in allen Ständen und Berufen sehen wir das völkische Erwachen und die Abkehr von artfremden, liberalistischen Irrwegen. [...] Jüdische Dozenten beherrschten die Lehrstühle der Medizin, entseelten die Heilkunst und haben Generation um Generation der jungen Ärzte mit mechanischem Geist durchdrängt. Jüdische ‚Kollegen' setzten sich an die Spitze der Standesvereine und der Ärztekammern; sie verfälschten den ärztlichen Ehrbegriff und untergruben arteigene Ethik und Moral. [...] Deshalb rufen wir heute die gesamte deutsche Ärzteschaft auf: Säubert die Führung unserer Organisation, fegt alle hinweg, die die Zeichen der Zeit nicht verstehen wollen, macht unseren Stand in Leitung und Geist wieder deutsch, so wie es Reich und Volk in diesen Wochen geworden sind."[37]

Diesen Aufgaben verschrieb sich Astel bedingungslos mit ganzer Kraft in den Jahren bis 1945. Zunächst mußte er aber seine Stellung in den regionalen Strukturen von Staat und Partei nach seinem Wechsel 1933 von München nach Jena verankern. Das gelang bis 1936 vollständig, zunächst im Gefolge des Landesärzteführers Klipp, danach weitgehend autonom.

Mit der Entlassung jüdischer Ärzte aus leitenden Funktionen in staatlichen Einrichtungen wurde im Mai 1933 umgehend begonnen.[38] Bereits im März berief die von Thüringens NSDAP-Gauleiter Fritz Sauckel geführte Landesregierung den Mediziner und Gefängnisarzt Dr. med. Carl Oskar Klipp zum (ehrenamtlichen) Staatskommissar für das Gesundheitswesen, ab Juni auch für das Sportwesen verantwortlich, und ermächtigte ihn zur Kontrolle des gesamten Gesundheitswesens im Lande. Eine der ersten Amtshandlungen Klipps als Vertreter der NSDAP in diesem Amt bildete ein Auftrag zur Prüfung durch die zuständigen Ministerialbeamten, „ob es nicht möglich wäre, die bisher in Stadtroda bestandene und aus Reichsmitteln unterhaltene Stelle zur wissenschaftlichen Erforschung des Schwachsinns im Interesse der Weiterführung erbbiologischer Forschungen ohne große Kosten weiterzuführen."[39] Mit der Bildung des Thüringischen Landesamtes für Rassewesen im Juli 1933 in Weimar, dessen Leitung Astel übernahm, änderten sich jedoch die Prioritäten. Das Landesamt zog praktisch alle entsprechenden Zuständigkeiten, soweit dies möglich war, an sich oder beteiligte sich an der Organisation in geeigneter Weise.

Auf Anordnung Sauckels wurden Anfang April die Zuständigkeiten Klipps erweitert, worauf dieser in Wahrnehmung seiner erweiterten Aufgaben am 11. April 1933 die Auflösung der Ärztekammer Thüringens mit allen Untergliederungen und deren Neubildung „im Einvernehmen mit den Thüringischen ärztlichen Spitzenorganisationen" und der Staatsregierung verfügte.[40] Klipp selbst übernahm noch 1933 die Leitung der Kammer und konzentrierte bis 1936 faktisch alle regionalen Zuständigkeiten für das Gesundheitswesen in seiner Hand.[41] Tatkräftige Unterstützung erfuhr er bei der Neuorganisation des thüringischen Gesundheitswesens durch den in Oberweimar beheimateten Arzt Dr. Richard Rohde (NSDAP). Rohde fungierte zunächst als Klipps ständiger Vertreter an der Spitze der LÄK und der Landesstelle Thüringen der KVD. Außerdem gehörte er der Gauleitung an und stand als Landesärzteführer dem NSDÄB im Gau vor.[42]

Rohde war es dann auch, der Klipp in seinen Ämtern beerbte, nachdem dieser nicht ganz freiwillig im Mai 1936 nach München wechselte, um einen Sonderauftrag des Reichsärzteführers Gerhard Wagner zu erfüllen.[43] Mit seinem Wechsel erledigte sich seine Funktion als Staatskommissar für das Gesundheitswesen in Thüringen. Seine Abberufung erfolgte am 10. Juni 1936 mit der Begründung, daß „der wesentliche Teil der Aufgaben des Staatskommissars weggefallen ist ...“[44]

Mit Klipps Abgang rückte Rohde – neben Karl Astel – an die Spitze des regionalen Gesundheitswesens im Gau und Land Thüringen. Er blieb in den folgenden Jahren im Amt und damit an verantwortlicher Stelle auch für die organisatorische Umsetzung der NS-Euthanasie, denn die Reichsärztekammer und die ihr unterstellte Landesärztekammer Thüringen fungierten künftig „vor allem als ein Mittel zur dirigistischen Leitung und Disziplinierung der Ärzteschaft, als ein Instrument, mit dessen Hilfe dem Arzt strenge Reglementierungen seiner beruflichen Entwicklung und Tätigkeit oktroyiert werden konnten.“[45]

Durch seinen Aufstieg an die Spitze von Landesärztekammer und Landesstelle Thüringen der KVD führte Rohde beide mit politischen Aufgaben verbundenen Fachorganisationen im Bereich des Gesundheitswesens einerseits sowie das zuständige Gaugesundheitsamt innerhalb der Gauleitung, dem der NSDÄB als nationalsozialistische Ärzteorganisation angeschlossen war, andererseits. Damit ergab sich eine nahezu totale Instrumentalisierung und Kontrolle aller vorhandenen Ärzteorganisationen mit der Ärztekammer als Pflichtorganisation aller zugelassenen Mediziner im Kammerbezirk.

Diese komplex vereinheitlichte Struktur ermöglichte ein besonderes Zugriffsrecht auf die Ärzteschaft. Deutlich wird dies u. a. durch die rassenpolitische und rassenbiologische Weiterbildung der Ärzteschaft, der man sich nur sehr schwer entziehen konnte. Bereits 1932 hatte die NSDAP mit sogenannten rassenhygienischen Schulungen, zunächst getragen vom NSDÄB, begonnen. Im Land Thüringen wurden diese Schulungen durch staatsbürgerliche und rassenpolitische Weiterbildungen vor allem an der im Mai 1933 eröffneten Thüringischen Staatsschule für Führertum und Politik (Landesführerschule) in Egendorf (heute ein Ortsteil von Blankenhain bei Weimar) aufgegriffen und fortgesetzt. Die Lehrgänge bildeten eine Mischform von institutionalisierten und politischen Schulungen und gehörten praktisch zu den obligatorischen Voraussetzungen für den beruflichen Aufstieg in den Strukturen des Gesundheitswesens.

Ab 1935/36 intensivierte sich dieses System durch speziell ausgerichtete fachliche Schulungen der neu ernannten Amtsärzte, die zur Pflicht gemacht wurden. Eine dieser zyklischen Weiterbildungen fand am Rassenbiologischen Institut der Universität Königsberg vom 24. bis 26. Februar 1937 statt und beschäftigte sich thematisch mit der Erb- und Rassenpflege,

Wegen Teilnahme am rassehygienischen Aerztekurs in Egendorf

fällt vom 11.—15. September 1934 die Praxis bei folgenden Aerzten aus:

Dr. Handrock
Dr. Kasche
Dr. Müller-Mollberg
Dr. Reuscher
Dr. Rüdiger
Dr. Rühlmann
Dr. Sternberg, Niedertrebra

Die Ansichtskarte schrieb ein Lehrgangsteilnehmer 1934 an seinen Bruder, einen stud. gym. et phys. mit der Ankündigung, die Teihlnahme hier „Wird Dir eines Tages auch noch blühen.“

Die abgebildete Anzeige wurde 1934 in Apolda veröffentlicht. (WS)

klinisch differentialdiagnostischen und anthropologischen Fragen. Gesteuert wurde die Teilnahme über das zuständige Ministerium in Abstimmung mit dem von Karl Astel in Jena geleiteten „Institut für menschliche Erbforschung und Rassenpolitik". Auf diese Steuerungsfunktion verweist unter anderem eine Mitteilung von Astels Stellvertreter am Institut, dem Mediziner Lothar Stengel-von Rutkowski, die für sich selbst spricht. Dort heißt es: „Wenn außer den Fachkräften des Thüringischen Landesamtes für Rassewesen für psychiatrisch-klinisch-differentialdiagnostische Fragen noch Prof. Kihn, Stadtroda, und Dr. Schottky, Hildburghausen, Prof. Frosch, Arnstadt, und andere herangezogen werden, wäre die notwendige Weiterbildung der Amtsärzte auch zeitlich-technisch durchaus zu bewältigen."[46] Und das Landesamt informierte seinerseits das Ministerium über den Stand der Weiterbildung der Kreisärzte und stellte fest: „Die Thüringischen Amtsärzte sind, soweit sie schon im Jahre 1935 als Kreisärzte tätig waren, durch die rassenhygienischen Ärztekurse in Egendorf in der praktischen Erb- und Rassenpflege geschult. Im Fortbildungslehrgang der wissenschaftlichen Gesellschaft der deutschen Ärzte des öffentlichen Gesundheitsdienstes, Untergruppe Mitteldeutschland, in Jena vom 26. bis 28. 4. 1936 wurde diese Ausbildung auch für die inzwischen erlassenen Gesetze und Maßnahmen weitergeführt. Dabei war auch Gelegenheit zur Klärung klinisch-differentialdiagnostischer Fragen in Aussprachen gegeben. An diesem Fortbildungslehrgang nahmen fast sämtliche Thüringischen Amtsärzte, stellvertretenden Amtsärzte und Hilfsärzte teil."[47]

Die hier skizzierte Neustrukturierung und rassenpolitische Ausrichtung im Gesundheitswesen band die Ärzte, insbesondere durch die Zwangsmitgliedschaft, an die staatlichen und gesundheitspolitischen Vorgaben. Die Existenz des Arztes hing weitgehend von seiner notwendigen Bereitschaft ab, sich dem System zumindest anzupassen. Wer aufsteigen und Karriere machen wollte, mußte mehr tun. Das betraf vor allem junge Ärzte, die nach Aufstiegsmöglichkeiten neben den vorhandenen und zumeist besetzten höheren Stellungen im System suchten. Aber es konnte bis zu einem gewissen Grad auch Ärzte betreffen, die bereits vor 1933 aufgestiegen waren.

Teilnehmer an Lehrgängen über Erb- und Rassenpflege in Königsberg 1937-1939

1. Lehrgang vom 24.-26.02.1937
MR Dr. Winkler (Gotha); Dr. Stengel-von Rutkowski

2. Lehrgang
MR Dr. Regis (Hildburghausen); Dr. Hangen

3. Lehrgang vom 28.-30.06.1937
MR Dr. Krüger (Meiningen); Dr. Neuert

4. Lehrgang
MR Dr. Feuerstein (Weimar); OMR Dr. Menche

5. Lehrgang
MR Dr. Köhler (Saalfeld); MR Dr. Dracklé (Gotha)

6. Lehrgang
MR Dr. Köhler (Rudolstadt); MR Dr. Leonhardt (Arnstadt)

7. Lehrgang
MR Dr. Walter (Greiz); Dr. Niederehe (Weimar)

8. Lehrgang
MR Dr. Grobe (Weimar); MR Dr. Hille (Sonneberg)

9. Lehrgang vom 19.-21.01.1938
MR Dr. Hummel (Stadtroda); Dr. Harreß (Apolda)

10. Lehrgang
MR Dr. Paucksch (Eisenach); MR Dr. Forstmann (Schleiz)

11. Lehrgang
MR Dr. Jung (Jena)

12. Lehrgang
Dr. Obst (Altenburg)

13. Lehrgang
MR Grefe (Altenburg); Dr. Andrack (Greiz)

14. Lehrgang
Dr. Ost (Stadtroda); Dr. Satorius (Arnstadt)

15. Lehrgang
Dr. Schrodow ? (Apolda)

16. Lehrgang
Dr. Völler (Meiningen)

Zur Gruppe der führenden nationalsozialistischen Mediziner, die im Gau Thüringen in exponierten Funktionen tätig waren, gehörten neben den schon hervorgehobenen Exponenten mit Astel, Stengel-von Rutkowski und Richard Rohde auch zahlreiche Mediziner der Jenaer Universität wie Berthold Kihn, der ab 1938 in der Nachfolge von Hans Berger die Universitäts-Nervenklinik am Steiger leitete, und der Frauenarzt Heinrich Jörg, der den Gaudozentenbund von Juli 1937 bis Dezember 1940 führte. Ihm folgte im übrigen ab

Die Mediziner Karl Astel (1), Lothar Stengel-von Rutkowski (2) und Berthold Kihn (3) gehörten zu den Befürwortern und Organisatoren von Zwangssterilisation und „Euthanasie" in Thüringen. Die Rolle Kihns ist noch nicht ausreichend untersucht. Er wirkte vor allem als Gutachter am Erb- bzw. Obererbgericht in Jena. (BundesA; UAJ)

August 1941 Astel im Amt des Gaudozentenführers nach, was ganz im Sinne einer auf wenige Personen konzentrierten Personalpolitik war, wie sie von Sauckel (und hier auch von Himmler) vertreten wurde. Weiterhin müssen dieser Gruppe der Funktionäre die ärztlichen Leiter der Heilanstalten Blankenhain, Stadtroda, Hildburghausen und Pfafferode-Mühlhausen, bedingt auch ihre Stellvertreter und besonders autorisierte Mitarbeiter, sowie die Amtsärzte und deren Stellvertreter zugerechnet werden. Diese trugen das System von Zwangssterilisation und „Euthanasie" mit und sicherten dessen Funktion. Außerdem müssen weitere Ärzte, die mit speziellen Aufgaben zur Tropenforschung, Forschungen zur Höhen- oder Tiefenkrankheit oder mit anderen speziellen Experimenten im Rahmen von Forschungsvorhaben des Kaiser-Wilhelm-Instituts beschäftigt waren, sowie Gefängnisärzte hinzugerechnet werden.

Die Organisation der nationalsozialistischen Euthanasie in Thüringen ist eng mit der Person Astels verbunden. Sein eigentlicher Aufstieg als Rassenhygieniker und maßgeblicher nationalsozialistischer Gesundheitspolitiker begann bereits sehr früh mit seiner Ernennung am 15. Juli 1933 zum Präsidenten des neu gegründeten Thüringischen Landesamtes für Rassewesen in Weimar. Das Amt entstand als selbständige, jedoch nicht rechtsfähige und an das Landesinnenministerium angekoppelte regionale Institution.[48] Im Jahr 1934 erhielt Astel zudem eine Professur für Erbforschung, Rassenhygiene und Rassenpolitik an der Landesuniversität Jena in Verbindung mit einem neu eingerichteten Institut, welches später dem Landesamt für Rassewesen angegliedert wurde. Über seine Eignung vermerkte Astel selbst auf einem Fragebogen, daß er sich auf dem Gebiet der Vererbungslehre, Rassenkunde und Rassenpflege „seit frühester Jugend" und durch Arbeiten von „Rüdin, Ploetz, Lenz, Darré, Günther und vor allem durch eigene vielseitige Tierzüchtungen" umfassend gebildet habe.[49] Der NSDAP und der SS war Astel bereits 1930 in München beigetreten. Zu den ersten Maßnahmen, die er als Präsident des Landesamtes für Rassewesen organisierte, gehörte der Aufbau einer Erbbiologischen Kartei für den Gau Thüringen und die breit angelegte Organisation rassepolitischer Schulungen für Staatsbedienstete. Darüber hinaus wurden von ihm und seinem Amt medizinische Gutachten im Zusammenhang mit Erbkrankheiten und vorgesehenen Zwangssterilisationen, aber auch kriminalbiologische Typisierungen und erbbiologische Studien erstellt. Die Erbbiologische Kartei des Gaues verzeichnete 1935 bereits rund 466 000 registrierte Personen[50] und galt nach einer Einschätzung Heinrich Himmlers als vorbildlich für das gesamte Reich. In einer Anordnung zur Erbbiologischen Kartei, die ab 1936 zu einer Reichskartei ausgebaut wurde, heißt es u. a. zur Vorgehensweise: „Die erbbiologische Bestandsaufnahme der Landesheilanstalten, die die überwiegende Mehrzahl der erbkranken Sippen erfassen wird, muss sich unbedingt auf diese fachärztlichen Untersuchungen und Begutachtungen gründen, wenn sie ein zuverlässiges Fundament für die Aufartung des deutschen Volkes sein will."[51] Verbunden mit dieser „Erbbestandsaufnahme" war ein Meldedienst an das Landesamt für Rassewesen über jeden Insassen einer Landesheil- und Pflegeanstalt und der Psychiatrischen Klinik Jena (Universitätsnervenklinik), quittiert durch einen Stempel auf der Krankenakte: „erbbiologisch erfaßt"!

An den vom Landesamt allein bis November 1933 getragenen vier Ärzteschulungen in Egendorf nahmen von den knapp 2000 Medizinern Thüringens bereits 375 Ärzte, „darunter sämtliche beamteten Ärzte Thüringens", teil. Diese teilten sich auf in 125 Stadtärzte, 44 Ärzte an Krankenhäusern, davon 21 leitende Ärzte, die drei Direktoren der Landesheilanstalten, zwei Universitätsprofessoren, sechs Privatdozenten, zwei Institutsdirektoren, 55 Assistenzärzte an Universitätskliniken, darunter fünf leitende Oberärzte, 15 leitende Ärzte an Tuberkulosefürsorgestellen, zwei FAD-Ärzte, 17 Ärztinnen, 18 Vertrauensärzte der AOK und 40 Ärzte anderer Kategorien. Ziel und Ergebnis der Schulungen fasste Astel in dem Satz zusammen: „Die Kursteilnehmer sind derart geschult, dass sie imstande sind, die rassenhygienisch-ärztlichen Aufgaben in Angriff zu nehmen.“[52]

Allein diese organisatorischen Leistungen und die damit verbundene Hingabe Astels für die Gesundheitspolitik des NS-Regimes empfahlen ihn für höhere Aufgaben. Das erkannte neben Heinrich Himmler, in dessen Münchner Rasse- und Siedlungsamt Astel fortgesetzt wirkte, auch Thüringens Gauleiter Fritz Sauckel. Er ebnete Astel im Gau den Weg, indem er ihn zunächst in die NSDAP-Gauleitung aufnahm und zu seinem gesundheitspolitischen Vertrauten machte. Astel selbst fühlte sich dem Elitegedanken der SS und dem NS-Regime als Weltanschauungsstaat in mehrfacher Hinsicht tief verbunden. An Heinrich Himmler schrieb er am 18. April 1936 vor diesem Hintergrund: „Mein Reichsführer! Ich habe Ihnen 2 Angelegenheiten mitzuteilen. Zunächst die freudige Nachricht, dass ich mit der Leitung des staatlichen Gesundheitswesens in Thüringen beauftragt worden bin. Die diesbezüglichen Geschäfte habe ich bereits übernommen. Damit ist eine sehr wichtige staatliche Position in die Hand eines SS-Angehörigen gekommen. Sie haben der Verwirklichung dieses Planes im höchsten Maße genützt. Mein Dank soll vor allem in der persönlichen Treue zu Ihnen und in bedingungsloser hingebungsvoller Arbeit für unsere großen und größten Ziele bestehen. Außer Sauckel hat vor allem auch Ortlepp bei dem Zustandekommen der gegenwärtigen Lage mitgewirkt.“[53] Bereits am 5. Juli 1935 hatte Astel an Himmler, mit dem er auch persönlich in Kontakt stand, erklärt: „Wie Sie bereits wissen, liegt mir der Ausbau Thüringens zu einem Vorort praktischer rassischer Erneuerungsarbeit und die Schaffung eines Bollwerks rassenbewußter Forschungen, weltanschaulich eindeutiger Wissenschaft und einer entsprechenden Hochschulpolitik in Jena sehr am Herzen.“[54] Und er nahm in diesem Schreiben Bezug auf ein bereits im Mai versandten Brief, in dem es hieß: „Alle meine Bestrebungen in Thüringen haben das Ziel, Thüringen als Fort in vorderster Linie des SS-Kampfes gegen alle überstaatlichen Mächte einschließlich des Christentums und für die Durchdringung des Volkes mit lebensgesetzlichem Denken auszubauen. Dass keine Zeit mehr zu verlieren ist in diesem Kampfe, ist durch die Verschikkung Ihrer Schriften an die SS-Führer oft dokumentiert. Die Universität Jena soll SS-Universität werden! Zu diesem Zwecke schicke ich Ihnen die nächsten Tage Unterlagen über hier einzusetzende Professoren mit der Bitte, sie gemäß der Besprechung zu behandeln.“[55]

Karl Astel erfüllte in den Jahren bis 1945 alle seine Ankündigungen und die in ihn gesetzten Erwartungen. Himmler erstattete er interne Berichte über anstehende Personalfragen und damit verbundene Entscheidungen. Gemeinsam mit Sauckel und Ortlepp stimmte er die regionalen Interessen des Reichsstatthalters, der Landesregierung und der Gauleitung ab und übernahm, gefördert von Himmler und der regionalen Führung, am 24. Juni 1939 das bedeutende Rektorenamt der Jenaer Universität. Seine durch Hitler vollzogene Ernennung zum Thüringer Staatsrat am 20. April 1939 sowie seine Beförderung zum SS-Obersturmbannführer (vergleichbar einem Oberstleutnant) am 1. Dezember 1939 verdeutlichen seine gewachsene, sehr komplexe Bedeutung als regionaler Gesundheitspolitiker. Astel sagte einmal über sich selbst, sein Denken andeutend: „Auf mich wirkt z. B. das Gewöhnliche öfters befremdend als das Ungewöhnliche.“[56]

Den unmittelbaren Auftakt zum nationalsozialistischen Euthanasie-Programm bildeten zwei Ereignisse: die auf Initiative des Pädiaters Prof. Dr. Werner Catel mit Zustimmung Hitlers vollzogene „Euthanasie“ eines „schwerstbehinderten“ Kindes im Juli 1939 in der Leipziger Universitätskinderklinik sowie die auf den 1. September 1939 zurückdatierte persönliche Ermächtigung Bouhlers und Brandts zur Organisation der Aktion „Gnadentod“ durch Hitler. Beide Vorgänge leiteten das „Euthanasie“-Programm ein. Bei den Erwachsenen umfaßte die anlaufende systematische Tötung sogenannter Endzustände, kategorisiert als „lebensunwertes Leben“, aus staatlichen und kirchlichen Heil- und Pflegeeinrichtungen. Davon betroffen waren auch Kinder und Jugendliche, die sich in den entsprechenden Einrichtungen befanden. Bei den Kindern erfolgten die Tötungen zunächst durch autorisierte Einzelfallentscheidungen. Gleichzeitig wurde die Meldung von Neugeborenen und Kleinkindern bis zu drei Jahren mit angeborenen schweren Leiden durch Geburtshelfer und Kinderärzte zur Pflicht erhoben.

Die Vergasung von Dauerpflegefällen (T4-Aktion) als Teil des „Euthanasie“-Programms begann 1939 und endete formal im August 1941 aufgrund einer von Hitler mündlich ausgesprochenen Anordnung. Mit einem Runderlaß des Reichsministeriums des Innern (RMdI) vom 21. September 1939 begann die Erfassung aller Heil- und Pflegeanstalten im Großdeutschen Reich mittels Meldebogen (Meldebogen II). Am 9. Oktober folgte die „planwirtschaftliche Erfassung" der Patienten in den Anstalten durch einen weiteren Meldebogen (Meldebogen I), der zusammen mit entsprechenden Hinweisen vom RMdI an alle Anstalten im Reich verschickt wurde. Die Rücksendung der ausgefüllten Meldebögen an die Abteilung „Erb- und Rassenpflege" beim RMdI, die von Ministerialrat Dr. Herbert Linden geleitet wurde, bildete eine Pflichtaufgabe. Die Abteilung Erb- und Rassenpflege diente jedoch nur als administrative Briefkastenadresse. Per Kurier wurden die Meldebögen zunächst in das Columbushaus am Potsdamer Platz in Berlin gebracht, wo die eigentlich zuständige Abteilung II der Kanzlei des Führers, die von Viktor Brack geleitet wurde, ihre Diensträume hatte. Auf diese Weise trat die Kanzlei des Führers, was der Öffentlichkeit verborgen bleiben sollte, als offiziell verantwortliche Stelle nicht in Erscheinung. Im April 1940 zog die im Ausbau befindliche Abteilung II in eine Stadtvilla nach Berlin-Charlottenburg, Tiergartenstraße 4, um. Durch diesen Umzug erhielt die angelaufene „Euthanasie"-Aktion die Kurz- und Tarnbezeichnung „T4" oder „Aktion T4", und die Organisation selbst wurde intern als „Zentraldienststelle" oder „Zentraldienststelle T4" bezeichnet. Hinter der Einrichtung verbarg sich ein „wandelndes Konglomerat staatlicher und quasistaatlicher Institutionen",[57] dessen bürokratische Klammer das von Viktor Brack geleitete Amt II mit den entsprechenden Referaten und angeschlossenen Abteilungen war. Die interne Verwaltung gliederte sich in vier (scheinbar selbstständige) Organisationen, die zu Tarnzwecken gebildet worden waren und zum Teil nur als Briefkopfadressen dienten, um die „T4"-Organisation zu verschleiern. Die eigentliche, für die Auswahl der zur Tötung bestimmten erwachsenen Patienten zuständige Abteilung firmierte als „Reichsarbeitsgemeinschaft Heil- und Pflegeanstalten". In dieser Abteilung, geleitet von Ministerialrat Dr. Herbert Linden, wurden die Meldebögen registriert und fotokopiert, an je drei ausgewählte medizinische Gutachter weitergeleitet und nach Rückgabe einem Obergutachter zur Abschlußbewertung vorgelegt. Dessen Votum entschied über Tod oder Leben. Die weiteren Aufgaben verteilten sich auf die „Gemeinnützige Krankentransport GmbH", die „Gemeinnützige Stiftung für Anstaltspflege", verantwortlich für die Besoldung der Mitarbeiter im Rahmen der „Euthanasiemaßnahmen",[58] und auf die 1941 eingerichtete „Zentralverrechnungsstelle Heil- und Pflegeanstalten", die den Schriftverkehr mit den Kostenträgern abwickelte.[59] Unabhängig von kleineren Veränderungen bildete dieses Konstrukt die Zentralbürokratie für das gesamte „Euthanasie"-Programm.

Die Arbeitsweise in der „Zentraldienststelle T4" verlief nach folgendem Schema: Hatte der Obergutachter sich für die Tötung entschieden – er konnte, was selten passierte, auch abweichend von den Vorgutachtern votieren –, wurde die Verlegung der Kranken über Brack und Bouhler, denen die Obergutachten zur abschließenden Bestätigung vorlagen, angeordnet. Der Terminus „Verlegung" bedeutete dabei in der Tätersprache die Tötung in einer der sechs eingerichteten Tötungsanstalten durch Giftgas. Die Transporte in die Tötungsanstalten übernahm die GeKrat, die zuvor, ebenso wie die jeweiligen Aufenthaltsanstalten, die Transportlisten zugestellt bekamen.

Die in die „T4-Gasaktion" einbezogenen Anstalten in Deutschland[60]

Ort / Zeitraum der Vergasungen	Zahl der Toten
Grafeneck b. Reutlingen	
Januar 1940 – Dezember 1940	9 839
Brandenburg	
Februar 1940 – September 1940	9 772
Bernburg / Saale	
September 1940 – August 1941	8 601
Hadamar	
Januar 1941 – August 1941	10 072
Hartheim b. Linz	
Mai 1941 – August 1941	18 269
Pirna/ Sonnenstein	
Juni 1940 – August 1941	13 720

Zur Beschleunigung der „Aktion T4" wurden von der Zentraldienststelle ehrenamtliche (stille) und hauptamtliche Mitarbeiter eingesetzt. Auf diese Weise sollte die von der Zentrale vorgegebene Kennziffer von zirka 65 000 – 70 000 Patienten, die zur Tötung „eingeplant" waren, möglichst schnell erreicht werden. Die Inspektoren, durchweg ausgebildete Mediziner, vervollständigten und ergänzten auf ihren zahlreichen Dienstreisen durch ganz Deutschland die Meldeunterlagen. In das Kontrollsystem einbezogen wurden über die staatlichen Einrichtungen hinaus auch konfessionelle, private und kommunale Anstalten. Zur Verschleierung der Aktion, deren eigentlicher Zweck der Öffentlichkeit nicht lange verborgen blieb und zunehmende Kritik im Umfeld der Betroffenen auslöste, wurden die Verlegungen in die Tötungsanstalten nicht mehr direkt, sondern über sogenannte Zwischenanstalten durchgeführt. In diesen Zwischenanstalten verblieben die Patienten für Tage oder Wochen, häufig ohne Information der Angehörigen, bevor sie endgültig in die Tötungsanstalten transportiert und umgehend nach einer oberflächlichen Aufnahmeprozedur in einem als Dusche getarnten Raum mit Kohlenmonoxid-Gas getötet wurden. Um den vollzogenen Patientenmord zu kaschieren, wurden abschließend von einem T4-Arzt die Totenscheine manipuliert. Je nach Vorerkrankung, oft aber auch ohne Rücksicht darauf, wurde aus einer Aufstellung möglicher Todesursachen eine passend erscheinende ausgewählt und dokumentiert.

Das System zur „planmäßigen" Anwendung der „Vergasungsaktion T4" (Terminus Paul Nitsche), hier nur in einigen wesentlichen Zusammenhängen skizziert,[61] fand auch in Thüringen seine Umsetzung. Noch aber fehlt für das Gebiet des heutigen Freistaates eine Gesamtdarstellung, die das Geschehen umfassend und in den Zahlen kohärent dokumentiert. Erste Einzeluntersuchungen zur „Erwachsenen- und Kindereuthanasie" liegen seit den 1980er Jahren vor.[62] Daran anknüpfend soll nachfolgend versucht werden, das nationalsozialistische „Euthanasie"-Geschehen an Erwachsenen und Kindern in Krankenhäusern und Pflegeeinrichtungen Thüringens mit Hilfe bekannter und weniger bekannter Fakten, Aussagen und vorliegenden Dokumenten weiter zu vertiefen.

Bei der „Erwachseneneuthanasie" wurde von vornherein das Ziel verfolgt, „möglichst viele Personen der Vergasung" zuzuführen.[63] Diese Zielsetzung basierte auf rassenpolitischen Anschauungen des Nationalsozialismus, aber auch auf sozialpolitischen und wirtschaftlichen Interessen zur systematischen Kostensenkung in den gesellschaftlichen Systemen. Die entsprechende Anweisung erteilte Prof. Dr. Paul Nitsche, zusammen mit Prof. Dr. Werner Heyde einer der Obergutachter und dessen Nachfolger als medizinischer Leiter der „T4"-Zentrale, sowohl den Tötungsärzten selbst als auch den Inspektoren, die mit der medizinischen Begutachtung und Auswahl der betreffenden Patienten befasst waren.

Zu den Inspektoren, die von Nitsche in dieser Form eingewiesen wurden, gehörte auch Dr. med. Otto Hebold, zunächst als „stiller Gutachter", ab 1. April 1941 als hauptamtlicher Mitarbeiter von „T4". Sein unmittelbarer Auftrag lautete, das Gebiet des Reichsgaues Thüringen zu bereisen und die entsprechenden Kranken- und Pflegeeinrichtungen aufzusuchen. Dort galt es, die Meldebögen I (Diagnosen und Prognosen) im Sinne der Anordnung Nitsches „großzügig" zu überprüfen und gegebenenfalls neue Fälle aufzunehmen. Bei dieser Aufgabe wurde Hebold, je nach Arbeitsumfang, von anderen „Euthanasie"-Ärzten unterstützt. Namentlich bekannt sind als wechselnde Reisebegleiter Hebolds die promovierten Mediziner Straub, Müller, Gustav Schneider und Viktor Ratka. Die nachfolgende Übersicht verdeutlicht das von der „T4"-Zentrale entwickelte und angewandte System der Erfassung von Anstalten und Patienten für das Gebiet des damaligen Gaues Thüringen.

Aus den umfangreichen Aussagen Hebolds entsteht ein durchaus differenziertes Bild der internen Organisation und Motivation der „T4"-Mitarbeiter und des gesamten Netzwerkes der nationalsozialistischen „Euthanasie". Die unterschiedlichen Stufen der organisatorischen und individuellen Einbindung in das Netzwerk zur Vernichtung „lebensunwerten Lebens" erlauben aber nur begrenzt eine Abstraktion in Täter und Helfer. Konkret weist jedes Täter- oder Helferprofil neben Gemeinsamkeiten auch Unterschiede auf, die im Sinne von Schuld oder Mitschuld von einiger Bedeutung sein können und deshalb genauer bestimmt werden müssen. Schließlich kann der überzeugte nationalsozialistische Tötungsarzt oder Organisator nicht mit den Hausärzten oder Klinikärzten als Mittäter gleichgestellt werden, die aus Unkenntnis oder einer völlig anderen Motivation oder Sachkenntnis heraus einen im System strukturierten Verfahrensschritt vollzogen, an dessen Ende der Patientenmord (Vergasung) oder der Vollzug der Tötung durch „Euthanasie" ohne Kenntnis und Zustimmung des Patienten bzw. seiner Angehörigen stand. Die nachfolgend aufgeführten Auszüge aus den Vernehmungsprotokollen Hebolds sind Wahrnehmungen und Positionen eines „Euthanasie"-Arztes, der nicht nur zu den Befürwortern, sondern auch zu den Vollziehern des „Euthanasie"-Programms gehörte.

Otto Hebold, seit 1928 als Arzt in der Psychiatrie tätig, trat der NSDAP im April 1933 bei. Ab 1934 führte er (auf der Grundlage eines gültigen Reichsgesetzes) Zwangssterilisationen durch. Ab 1. April 1936 als Oberarzt in der Landesheilanstalt Eberswalde tätig, umfasste sein Arbeitsgebiet Aufgaben im Bereich der Psychiatrie (Fürsorge, Familienpflege, Gutachten) und der Sterilisation, Aufgaben, die er bereits zuvor in der Landesheilanstalt Teupitz erfüllte. Anfang 1940 praktizierte er als Militärarzt im Lazarett für Hirn- und Nervenverletzungen Berlin-Buch. „In dieser Zeit", so äußerte sich Hebold während einer Vernehmung im März 1964, „erhielt ich eine Einladung zur damaligen ‚Reichskanzlei des Führers' in Berlin, Wilhelmplatz, und nahm hier an einer außerordentlichen Besprechung von Fachärzten für Psychiatrie teil. Diese Besprechung wurde von Prof. Brack geleitet und mir ist noch erinnerlich,

Kliniken, Heilanstalten und Pflegeeinrichtungen im Gau Thüringen, die ins „Euthanasie“-Programm einbezogen waren
(Stand der Erfassung: 31. August 1941)

Ort	Einrichtung	Träger	Betten	Melde-bögen	T-4 Inspek-tion
Altenburg	Hospital zum hl. Geist	Hospital-Stiftung	95	11	
	Reichenbach-Hospital	Hospital-Stiftung	130	79	
Altengesees	Erziehungsheim	Innere Mission[1]	30	-	
Apolda	Carolinenheim	Stiftung,	235	72	
	(+Alten-u. Pflegeheim ?)	u. Innere Mission	207	-	ja
Arnstadt	Städtisches Versorgungsheim	Stadtverwaltung	44	19	
Aue am Berg	Alters-u. Versorgungsheim Sonnenschein	Landrat Kreis Saalfeld	30	18	
Bad Berka					
Bad Blankenburg	Anna-Luisen-Stift	Stiftung, Innere Mission	62	67	
Bad Frankenhausen	Erziehungsheim Wilhelmstift	Stiftung Innere Mission	110	17	
	Städtisches Altersheim Marienstift	Stadtverwaltung	20	-	
Bad Sulza					
Blankenhain	LHA (Landeserziehungsheim) (bereits 1940 geschl.)	Land Thüringen	500	440	ja
Eisenach	Clemensstift	Stiftungsverwaltung bei der Stadt	18	1	ja
	Städtisches Versorgungsheim	Stadtverwaltung	44	-	
	Jüdisches Familienheim f. Schwachsinnige	Dr. Wiesen, Josef (Israel)	10	5	
Elgersburg b. Ilmenau	Haus Berolina	Landrat Kreis Arnstadt, Bezirksfürsorgeverband	38	40	
Ershausen Kr. Heiligenstadt	St. Johannesstift	Caritative Stiftung mit den Rechten einer jur. Pers.	225	185	
Erfurt	Städtisches Siechenheim	Stadtverwaltung	105	41	ja
	Wilhelm u. Auguste Stiftung Städtisches Hospital (vier Häuser)	Evang. Milde Stiftung, Obmann und Oberbürgerm.	40 70 60 50	4	
Finneck	Männer- u. Burschenheim Sonnenhof	Stiftung; Innere Mission	25	25	
Friedrichsanfang	Kreisversorgungsheim	Landrat Kreis Hildburghausen	42	27	
Friedrichshall	Kreisversorgungsheim	Landrat Kreis Hildburghausen	55	54	
Geisa/ Rhön	Kreiskrankenhaus Josephinum	Orden St. Vincens von Paul	10	1	
Georgenthal	Kreispflegeheim	Landrat Kreis Gotha	100	102	
Gera	Kreispflegeanstalt Tinz	Landrat Kreises Gera	220	225	ja
	Städtisches Fürsorgeheim	Stadtverwaltung	200	155	

	Wagners Gartenheim	Joseph Wagner	12	5	
Gotha	Ostertag-Pflegeheim	Stadtverwaltung	94	48	
Greiz	Städtisches Altersheim	Stadtverwaltung	24	12	ja
Harpersdorf	Kreisaltersheim	Landrat Kreis Gera	25	29	
Hildburghausen	Landes-Heil- und Pflegeanstalt	Land Thüringen	840	437	ja
Hohenleuben	Erziehungsheim Heinrichstift	Stiftung; Innere Mission	80	11	
Ilmenau					ja
Jena	Städtisches Versorgungs- u. Altersheim	Stadtverwaltung	100	27	
Kloster Vessra					ja
Küllstedt	St. Vinzenz-Hospital				
	St. Josef-Stift (Krankenhaus)				
Langenhain bei Waltershausen	Landespflegeheim	Land Thüringen	180	134	
Langensalza					ja
Lehmannsbrück	Kreisaltersheim	Landrat Kreis Arnstadt	39	39	
Lindenau	Kreisversorgungsheim	Landrat Kreis Hildburghausen	70 ?	54	
Meiningen	Städtisches Versorgungsheim	Stadtverwaltung	57	3	ja
Mupperg	Kreisversorgungsheim	Landrat Kreis Sonneberg	150	134	
Niederndorf	Kreisaltersheim	Landrat Kreis Gera	35	10	
Nordhausen	Jugendsanatorium Isemann	Jugendsanatorium Dr. Isemann e. V.	100	22	
Pfafferode (Mühlhausen)	Landesheilanstalt	Land Thüringen	1460	1062	ja
Rudolstadt	Städtisches Versorgungsheim	Stadtverwaltung	200	174	
Sangerhausen					ja
Schleiz	Kreisversorgungsheim	Landrat Kreis Schleiz	45	24	ja
Schleusingen					ja
Schmalkalden	Kreiskrankenhaus				
	Christliche Pflegeanstalt				
Sömmerda					ja
Sondershausen	Landeskrankenhaus	Land Thüringen	70	-	ja
Stadtroda	Thüringische Landesheilanstalt	Land Thüringen, MdI	840	603	ja
Stelzen	Kreispflegeheim	Landrat Kreis Greiz	85	103?	
Suhl	Städtisches Krankenhaus				
Tannenfeld	Sanatorium	Private Anstalt Dr. Tecklenburg	55	33	
Treffurt	Sanatorium Rausch	Gärtnereibesitzer Hermann Rausch	12	14	
Waltershausen					ja
Weimar	Versorgungsheim	Stadtverwaltung	88	31	
Zeulenroda	Kreisversorgungsheim	Landrat Kreis Greiz	156	124	

dass auch ein Dr. Hefelmann, als Verbindungsmann der Reichskanzlei zur gegründeten ‚Reichsarbeitsgemeinschaft Heil- und Pflegeanstalten' anwesend war. An einem großen Konferenztisch hatten ca. 16 bis 20 Ärzte Platz genommen, die mir nicht namentlich bekannt waren. Als profiliertesten Teilnehmer erkannte ich lediglich Prof. Dr. Nitsche, den ich von früher kannte und der aus der Landesheilanstalt Leipzig-Dösen kam. Bei dieser Besprechung, die nur ca. 20 Minuten dauerte, teilte Prof. Dr. Brack mit, dass die ‚Reichsarbeitsgemeinschaft Heil- und Pflegeanstalten' ... gegründet worden sei und vor den anwesenden Ärzten die Aufgabe stehe, alle Insassen der in Deutschland existierenden Heil- und Pflegeanstalten zu erfassen." In einer nachfolgenden Besprechung informierte Nitsche ausgewählte Ärzte über das Verfahren zur Auswertung der Meldebögen und deren medizinische Begutachtung. „An Hand dieser Meldebogen, die gleichlautend auch an zwei andere Ärzte verschickt wurden, hatte ich zu entscheiden, ob die betreffenden Insassen der Anstalt auf Grund des Krankheitsbefundes noch als arbeits- oder einsatzfähig gelten oder entsprechend der desolaten Verfassung reine Pflegeobjekte waren, die als sogenanntes lebensunwertes Leben aufzufassen sind. Diese so bearbeiteten Meldebogen gingen an die ‚RAG' zurück, wo ein Gutachtergremium zur Oberbegutachtung dieselben bearbeitete und endgültig festlegte, was mit den betreffenden Insassen der Anstalten erfolgen sollte."[64]

Diese Form der Gutachtertätigkeit Hebolds endete im Mai / Juni 1941. Er schied aus dem Militärdienst aus und wechselte als hauptamtlicher Mitarbeiter in die Berliner „T4"-Zentrale. Neben seiner fortgesetzten Tätigkeit als Gutachter gehörten ausgedehnte Inspektionsreisen zu seinen neuen und erweiterten Aufgaben. Außerdem nahm er an Massentötungen teil und stellte dabei Totenscheine mit fingierten Sterbeursachen aus.

Zur Vervollständigung und Kontrolle der Meldeunterlagen reiste Hebold nach eigenen Aussagen im Jahr 1941 mehrfach in die preußische Provinz Sachsen und nach Thüringen. Besucht wurden von den beauftragten „T4"-Ärzten unter anderem Heime mit bis zu 30 Insassen in Oschersleben, Sangerhausen, Sondershausen, Bad Frankenhausen, Hasselfelde, Thale, Blankenburg / Harz, Elbingerode, Harzgerode und Wernigerode. Im Herbst 1941 erfolgte eine Dienstfahrt zur Erfassung der Landesanstalten und anderer Heime in Thüringen. An dieser Inspektionsreise waren neben Hebold die „T4"-Ärzte Viktor Ratka und Gustav Schneider beteiligt. „Im einzelnen überprüften wir Anstalten und Heime in Apolda, Weimar, Erfurt, Sömmerda, Mühlhausen-Pfafferode, Langensalza, Gotha, Waltershausen, Eisenach, Hildburghausen, Blankenhain und Stadtroda. ... Eine wichtige Station dieser Reise war die Überprüfung der Landesheilanstalt Mühlhausen-Pfafferode. In dieser Anstalt waren über 2000 Kranke untergebracht, so dass wir hier über 8 Tage arbeiten mussten. Von der Zentrale T4 waren uns große Mengen von Meldebögen mitgegeben worden, die alle zu vervollständigen waren. Nach unserer Ankunft meldeten wir uns bei dem Direktor Dr. Steinmeyer, der uns freundlich aufnahm. Bei unserer Arbeit ersahen wir, dass der Direktor dem Euthanasie-Programm gegenüber recht positiv eingestellt war, seine Mitarbeiter, Ärzte und Oberpfleger sowie auch das gesamte Pflegepersonal in diesem Sinne geschult und vorbereitet hatte."[65]

Nach Abschluss der Überprüfung in Pfafferode führte die Reise über Sömmerda, wo ein kleines Pflegeheim überprüft wurde, weiter nach Gotha und Eisenach. In Gotha wurden zwei, drei kleine Pflegestationen überprüft. „In Eisenach trafen wir in einem etwas größeren caritativen Pflegeheim wohl 30-40 Insassen, die auf Meldebögen bereits erfaßt waren, die wir dort überprüften und vervollständigten. ... Von Eisenach aus fuhren wir nach Meiningen, um auch hier zu überprüfen, ob es Heime oder Pflegestellen gab, in denen Insassen untergebracht waren, die von uns zu erfassen sind." In Meiningen traf die Gruppe zu Gesprächen mit dem Kreisarzt und dem Kreisleiter der NSDAP zusammen. Anschließend ging die Reise weiter in die Heil- und Pflegeanstalt Hildburghausen. „In dieser Anstalt waren zirka 1500 Kranke untergebracht. Bei ihnen handelte es sich zumeist um Schizophrene, vereinzelt auch um Epileptiker und Schwachsinnige."

Über den Sinn ihrer Aufgabe waren sich die Gutachter vollständig im Klaren. „Ausgehend von den gemachten Erfahrungen bei der Erfassung im Rahmen des Euthanasie-Programms", bekannte Hebold, „war mir klar, dass ein großer Teil der in der Anstalt Hildburghausen untergebrachten Insassen für die ‚Verlegung' in Frage kam und sicher später auch entsprechend der Arbeitsweise der T4 ‚verlegt', d. h. getötet wurde." Nach eigenen Angaben nahm er selbst insgesamt zirka 25 000 Begutachtungen vor und wirkte in der Zeit von 1940 bis 1943 an der Erfassung und Aussonderung von etwa 31 000 Insassen von Heil- und Pflegeanstalten für das sogenannten Euthanasie-Programm mit. Die Mehrzahl der so erfaßten Opfer wurden in den eigens hierfür eingerichteten Vergasungsanstalten getötet.[66]

Das „Euthanasie"-Programm erfaßte in einem eigenen administrativen Verfahren auch Kinder und Jugendliche. Den Auftakt hierfür bildete Hitlers mündliche Ermächtigung vom Juli 1939 gegenüber Bouhler und Brandt, in ähnlichen Fällen wie dem des Leipziger Kindes K. zu verfahren und „Euthanasie" durch zwei bis drei kurz hintereinander vorgenommene Luminal-Einspritzungen von 0,05 bis 0,1 g vorzunehmen.[67] Am 18. August 1939 folgte ein Runderlass des RMdI mit der amtlichen Verpflichtung von Hebammen und Ärzten, „missgestaltete u.s.w. Neugeborene" an das zuständige Gesundheitsamt zu melden. In den Gesundheitsämtern wurden die Meldungen gesammelt und monatlich durch den Amtsarzt oder seinen Stellvertreter an die Berliner Postfachadresse des „Reichsausschuss(es) zur wissenschaftlichen Erfassung erb- und anlagebedingter schwerer Leiden"[68] weitergeleitet. Jede Meldung enthielt eine vorläufige Diagnose. Hinter der Adresse des

Reichsausschuß
zur wissenschaftlichen Erfassung
von erb- und anlagebedingten
schweren Leiden

vH/Lu.

Stempel und vereinfachter Briefkopf des „Reichsausschusses", den zahlreiche Schreiben führten. Unter dem Briefkopf das Zeichen von von Hegen und seiner Sekretärin bei T4. (LÄK)

„Reichsausschusses" verbarg sich wiederum das für das „Euthanasie"-Programm zuständige „Amt II. Referat II b" der Kanzlei des Führers. Das Referat leitete Dr. Hans Hefelmann, sein Stellvertreter war Richard von Hegener. Obwohl beide keine Mediziner waren, bearbeiteten sie den Posteingang, sortierten „die für die ‚Euthanasie' in Frage kommenden Fälle" vor und veranlassten deren Einweisung in ausgewählte Kliniken und Heilanstalten. Das weitere Vorgehen schilderte 1948 Ursula Körner, die ab 1. April 1941 als Schreibkraft im Referat II b beschäftigt war, während einer Vernehmung so: „Wenn die erkrankten Kinder in eine Heilanstalt eingewiesen waren, kam nach einiger Zeit ein Bericht der Anstalt über den bei dem Kinde festgestellten krankhaften Befund. Solche Berichte habe ich hin und wieder gelesen. Diese Berichte leitete ich an von Hegener weiter. Dem Bericht schloss von Hegener ein Formular an und beide Schriftstücke wurden nun an die eigentlichen Mitglieder des Reichsausschusses zur Stellungnahme übersandt. In dem Formular war für jedes Mitglied des Reichsausschusses eine Rubrik, in die das betr. Mitglied des Reichsausschusses sein Votum einzutragen hatte. ... Das Mitglied, das als letztes sein Votum abgab, schickte die Vorgänge nunmehr an den Reichsausschuss (Postschließfach) zurück. Auf diese Weise habe ich die Gutachten der Ärzte zu Gesicht bekommen. Die Vorgänge gab ich nunmehr von Hegener, dieser leitete sie weiter an Dr. Hefelmann, Hefelmann legte sie dem Amtschef vor und der Amtschef gab den Vorgang an den Leiter der Kanzlei Bouhler zur Unterschrift. Bouhler unterschrieb dann die Ermächtigung an die betr. Ärzte der Anstalt, Sterbehilfe zu gewähren. Die Anstalten meldeten dem Reichsausschuss listenmäßig und namentlich bezeichnet: den Bestand ihrer Erbkranken Abteilung, die Neuaufnahmen und die Fälle, mit Datum des Todestages der Kinder, denen sie Sterbehilfe gewährt hatten." Daraufhin wurde in der entsprechenden Registratur die ursprünglich gelbe Karteikartei mit der Meldung gegen eine graue, die mit dem Sterbedatum versehen war, ausgetauscht.[69]

Die drei Gutachter des Reichsausschusses waren die Mediziner Prof. Dr. Werner Catel (Leipzig), Dr. Hans Heinze (Brandenburg-Görden) und Dr. Ernst Wentzler (Berlin-Frohnau). Sie entschieden im Umlaufverfahren über Leben und Tod der betroffenen Kinder zunächst bis zum Alter von drei, spätestens ab 1942 bis zu 16 Jahren.[70] Im Verfahren selbst wurden die jeweilige Patientenakten mit „+" oder „-" oder einem Zusatzvermerk über Prognose, Therapie oder einer sonstigen Anmerkung in der jeweiligen Rubrik versehen. Drei Kreuze, eines von jedem Gutachter, bedeutete „Behandlung" durch „Euthanasie" und damit die Freigabe zur Tötung der sogenannten Reichsausschusskinder in den dafür vorgesehenen Kliniken mit einer angeschlossenen „Kinderfachabteilung".

Die erste „Kinderfachabteilung", die als eigenständige „Jugendpsychiatrische Fachabteilung" eingerichtet wurde, entstand nach dem Erlaß vom 1. Juli 1940 in der Landesanstalt Brandenburg-Görden. Sie unterstand Hans Heinze, der „als eine besondere Kapazität auf dem Gebiet der Jugendpsychiatrie galt, weil diese Fachabteilung zur Aufnahme besonders schwieriger psychiatrischer Fälle bestimmt war. Der Ausdruck Kinderfachabteilung ist in den übrigen Fällen nur geprägt worden, „um dem Kind einen Namen zu geben" und um den Amtsärzten etwas an die Hand zu geben, um die Eltern der einzuweisenden Kinder von dem Vorteil, der Wichtigkeit und der Notwendigkeit der Einweisung ihrer Kinder zu überzeugen."[71] Insgesamt entstanden mehr als 30 solche „Kinderfachabteilungen", die bis auf wenige Ausnahmen (u. a. Görden, möglicherweise auch Stadtroda) keine separaten Stationen aufbauten, sondern die „Reichsausschusskinder" mit „normalen" Fällen zusammenlegten.[72] Bei der Auswahl der in Frage kommenden Anstalten und Kliniken spielte das Bekenntnis der Direktoren zur nationalsozialistischen Rassentheorie und -ideologie und ihre grundsätzliche Befürwortung der „Euthanasie" die entscheidende Rolle.[73] 1944 wurden die in Verruf geratenen „Kinderfachabteilungen" zum Teil noch in „Heilerziehungsanstalten" umbenannt. Insgesamt lassen sich im Deutschen Reich für die Jahre 1942 bis 1945 nach neuesten Forschungen 37 entsprechende Abteilungen in verschiedenen Orten belegen. Dazu zählt auf dem Territorium des Landes Thüringen die Thüringischen Landesheilanstalten Stadtroda unter der Leitung des Mediziners Prof. Dr. med. et phil. Gerhard Kloos und der für die Abteilung zuständigen Oberärztin Dr. Margarete Hielscher.[74]

Ein differenziertes Bild, wie beim Aufbau der „Kinderfachabteilungen" von Hefelmann und Hegener vorgegangen wurde, vermitteln Gesprächsprotokolle des „Euthanasie"-Arztes Dr. Georg Renno, der nach seiner Tätigkeit unter Rudolf Lonauer in der „Euthanasie"-Anstalt Schloß Hartheim bei Linz von Oktober 1941 bis Januar 1942 den Aufbau der „Kinderfachabteilung" Waldniel, eine Zweigstelle der Anstalt Süchteln, leitete. Zu den vorgesehenen Möglichkeiten der „Euthanasie" sagte er: „Es gab zwei Methoden der Tötung, entweder Luminal oder Spritzen. Ich weiß nicht mehr, welche Mittel zum Spritzen benutzt wurden, vielleicht Evipan oder Morphium."[75]

Auf dem Territorium des Gaues Thüringen soll nach bisher noch ungesicherten Erkenntnissen eine „Kinderfachabteilung", deren Status aber nicht belegt werden kann, in Pfafferode vorgesehen oder bestanden haben. Sicher ist dagegen, daß in beiden Landesheilanstalten, sowohl in Stadtroda als auch in Pfafferode, in einer noch unklaren Zahl von Fällen „Euthanasie" an geistig und körperlich schwerstbehinderten Kindern, Jugendlichen und Erwachsenen durchgeführt wurde.[76] Beide Einrichtungen fungierten darüber hinaus als Zwischenstationen für Jugendliche und Erwachsene auf dem Weg in die Tötungsanstalten. Darüber hinaus kam es in beiden Anstalten zu zahlreichen unklaren Todesfällen an politischen und anderen Gefangenen, die als Patienten eingeliefert wurden und mit „Euthanasie"-Maßnahmen in Verbindung gebracht werden. Das gilt auch für zahlreiche Zwangsarbeiter. Möglicherweise wird der wahre Umfang von Tötungsverbrechen dieser Art nicht aufzuklären sein, da die entsprechenden Dokumente kurz vor Kriegsende zum großen Teil vernichtet wurden.

Als zuständige Tötungsanstalt für die Region Thüringen fungierte die Heil- und Pflegeanstalt Sonnenstein im sächsischen Pirna; zudem wurden Kinder wie Erwachsene auch in andere „Kinderfachabteilungen" oder Kliniken überstellt oder in Zwischenanstalten wie Zschadraß bei Leipzig verlegt, bevor sie nach Pirna (verschiedentlich auch nach Bernburg) ins „Gas" kamen. Zudem wurden auch Einzelverlegungen von Patienten oder kleinen Gruppen in andere Anstalten, angeordnet vom Reichsausschuss, vorgenommen, um anatomisch oder pathologisch „interessante" Fälle nach individueller Tötung für Lehr- und Forschungszwecke zu analysieren und Besonderheiten zu präparieren. Derartige „Sammlungen" entstanden unter anderem in Wien (Heinrich Gross), Würzburg (Werner Heyde) und Heidelberg (Carl Schneider).

Unabhängig von der historischen Bewertung der nationalsozialistischen Euthanasie als Instrument des Rassenwahns wurde den Gutachtern des Reichsausschusses „im Gegensatz zu den Gutachten bei der ‚Aktion T4'" zugestanden, daß ihre Gutachten „naturwissenschaftlich und differentialdiagnostisch" angelegt waren.[77] Das gilt auch für die Gutachten der „Kinderfachabteilung" in Stadtroda, die in ihrer überwiegenden Zahl von der zuständigen Oberärztin Hielscher erstellt und vom Klinikchef Gerhard Kloos gegengezeichnet wurden. Dagegen besaßen Überweisungen und andere Schriftsätze mit Kurzdiagnosen und zusätzlichen Vermerken, etwa von Klinik- oder Hausärzten, keine gutachterliche Bedeutung und müssen demzufolge anders bewertet werden. Diese Ärzte verfügten über keine administrative Legitimation, Gutachten zu erstellen oder Entscheidungen über Leben und Tod im Sinne der NS-Euthanasie zu fällen. Sie erfüllten lediglich die vom Gesetzgeber angeordnete Meldepflicht oder erteilten auf Anordnung oder verfahrensmäßig bedingte Überweisungen in die Jugendpsychiatrie.[78] Sofern eine amtsärztliche Anordnung nicht vorlag, ist der Einzelfall nach der damaligen Rechtslage, den ärztlichen Vorschriften und üblichen Verfahrensweisen bei austherapierten oder Langzeitpatienten zu prüfen. Direkte Einweisung in die „Kinderfachabteilungen" erfolgte nach dem bisherigen Kenntnisstand nur über den zuständigen Amtsarzt oder direkt durch den Reichsausschuss. Eine Aufnahme konnte auch durch den ärztlichen Direktor in Absprache mit dem zuständigen Stationsarzt vorgenommen werden. Stets war diese jedoch an das amtliche Verfahren über Berlin gebunden, wobei es unerheblich war, ob das Verfahren bereits lief oder erst eingeleitet wurde.

In das weit gefaßte „Euthanasie"-Programm der Nazis waren zahlreiche thüringische Einrichtungen und Personen des Gesundheitswesens einbezogen. Im Zusammenhang mit der Ermächtigung zum Vollzug sind die Einrichtungen in Blankenhain, Pfafferode und Stadtroda von besonderer Bedeutung. Einen Sonderfall stellt das Anna-Luisen-Stift in Bad Blankenburg dar. Diese Einrichtungen werden nachfolgend einzeln betrachtet. Alle anderen Krankenhäuser und Pflegeheime gehörten – administrativ betrachtet – nicht zu den von der „T4"-Zentrale zur Tötung autorisierten Einrichtungen, was auch für Blankenhain und das Anna-Luisen-Stift zutraf. Sie wirkten lediglich im Rahmen der organisatorischen Vorgaben bei der

Erfassung und Überführung der betroffenen Patienten und Personen mit. Inwieweit es individuelle Eingriffe gab, bleibt dabei offen.

NS-Euthanasie in Thüringen. Beispiele

Stadtroda

Die Thüringischen Landesheilanstalten Stadtroda bestanden 1926 aus einer Irrenanstalt, Krankenhaus, dem Martinshaus für schwachsinnige Kinder und einem angegliederten Erziehungsheim für Kleinkinder, Schulkinder und schulentlassene weibliche Fürsorgezöglinge. Bis 1943 strukturierte sich dieser Grundbestand in fünf Abteilungen (A bis E). Diese blieben auch nach der Umbenennung in Thüringisches Landeskrankenhaus am 5. Februar 1943 erhalten, wurden aber in sich moderner gegliedert. An diese Grundstruktur angeschlossen waren weitere Abteilungen, die selbständige Fachgebiete umfassten. So gehörte die Jugendpsychiatrische Abteilung bis 1943 zur Abteilung B und die „Kinderfachabteilung“ wurde 1943 der III. Jugendpsychiatrischen Abteilung zugeordnet. Es gab außerdem für jugendliche Straftäter und Häftlinge eigene Abteilungen und selbstverständlich Unterteilungen in Männer und Frauen.

Aufbau der Thüring. Landesheilanstalten / des Landeskrankenhauses Stadtroda

<u>1941</u>
A Psychiatrische und Nervenabteilung
B Abteilung für chronisch-neurologische Kranke
C Körperkrankenhaus
D Beobachtungsheime
E Asoziale Abteilung

<u>1943</u>
I Medizinisch-chirurgische Abteilung
II Psychiatrisch-neurologische Abteilung
III Jugendpsychologische Abteilung
IV Tuberkulose-Abteilung
V Abteilung für geschlechtskranke Frauen

653

Reichsgesetzblatt

Teil I

1941	Ausgegeben zu Berlin, den 27. Oktober 1941	Nr. 121

Tag	Inhalt	Seite
23. 10. 41	Verordnung über die Bestellung eines Reichsbeauftragten für die Heil- und Pflegeanstalten	653
23. 10. 41	Zweite Verordnung zur Änderung des Gesetzes zur Regelung der öffentlichen Sammlungen und sammlungsähnlichen Veranstaltungen (Sammlungsgesetz)	654
25. 10. 41	Verordnung zur Durchführung und Ergänzung des Ehegesetzes und zur Vereinheitlichung des internationalen Familienrechts (Vierte Durchführungsverordnung zum Ehegesetz — 4. DVOEheG)	654
18. 10. 41	Anordnung über die Ernennung der Beamten der Sozialverwaltung und die Beendigung des Beamtenverhältnisses	660

Verordnung
über die Bestellung eines Reichsbeauftragten für die Heil- und Pflegeanstalten.
Vom 23. Oktober 1941.

Die sich steigernde Nachfrage nach Krankenhausbetten macht eine Inanspruchnahme geeigneter Heil- und Pflegeanstalten oder von Teilen solcher Anstalten als Krankenhäuser oder Lazarette erforderlich. Auch zur Gewinnung von Massenunterkünften ist vielfach Anstaltsraum beansprucht worden. Eine Entscheidung der hier auftauchenden Fragen von rein örtlichen Gesichtspunkten oder vom Gesichtspunkt der einzelnen Träger der Anstalten muß zu Mißständen führen, die nicht leicht behebbar sein werden. Um sie zu vermeiden, ist eine planmäßige Bewirtschaftung des gesamten vorhandenen Anstaltsraumes für das ganze Reichsgebiet erforderlich. Deshalb wird auf Grund gesetzlicher Ermächtigung mit Zustimmung des Beauftragten für den Vierjahresplan und des Oberkommandos der Wehrmacht folgendes verordnet:

§ 1

Der Reichsminister des Innern bestellt einen Reichsbeauftragten für die Heil- und Pflegeanstalten.

§ 2

Der Reichsbeauftragte für die Heil- und Pflegeanstalten hat planwirtschaftliche Aufgaben auf dem Gebiet der Heil- und Pflegeanstalten durchzuführen. Er untersteht dem Reichsminister des Innern und ist ermächtigt, im Einvernehmen mit dem Leiter der Reichsarbeitsgemeinschaft Heil- und Pflegeanstalten die notwendigen Maßnahmen zu treffen.

§ 3

(1) Als Heil- und Pflegeanstalten gelten alle Anstalten, die sich mit der nicht nur vorübergehenden Unterbringung und Betreuung von Geisteskranken, Schwachsinnigen, Epileptikern und Psychopathen, sei es auch nur teilweise, befassen.

(2) Die landesrechtlichen Vorschriften, betreffend die Aufsicht über die im § 3 genannten Anstalten, werden durch diese Verordnung nicht berührt.

§ 4

Die Verordnung gilt auch in den eingegliederten Ostgebieten.

Berlin, den 23. Oktober 1941.

Der Generalbevollmächtigte für die Reichsverwaltung
Frick

Bereits in den dreißiger Jahren wurden die Landesheilanstalten Stadtroda autorisiert, Zwangssterilisationen an männlichen Patienten durchzuführen.[79] Spätestens mit der ersten Verlegung von mindestens 60 Patienten in die Zwischenanstalt Zschadraß am 4. September 1940 begann die Teilhabe der Landesheilanstalten am „Euthanasie“-Programm („Gasaktion“). Das Ziel dieser Aktion bestand in der „planwirtschaftlichen“ Vernichtung „lebensunwerten Lebens“. Der Verlegung voraus ging die Erfassung und Registrierung der unheilbar Geisteskranken mit Hilfe des eingeführten Meldebogens I, teils durch die Anstaltsärzte, teils durch anreisende „T4“-Inspektoren, die die Anstalten besuchten und vor Ort die vorhandenen Meldeunterlagen prüften und ergänzten. In der Zeit vom 28. März 1940 bis zum 10. März 1941 wurden von Stadtroda nach eigenen Angaben 432 solcher Meldebögen ausgestellt. Diese gelangten per Post an das zuständige Referat im Reichsinnenministerium und von dessen Leiter, Dr. Herbert Linden, der zugleich für die Reichsarbeitsgemeinschaft Heil- und Pflegeanstalten (RAG) zuständig war, in die „T4“-Zentrale. Eine Kopie der Meldebögen erhielt zudem das Amt des Reichsstatthalters für die Registratur des Landesamtes für Rassewesen in Weimar.[80] In den folgenden Jahren wurde entsprechend der Vorgaben des Reichsinnenministeriums und der RAG die Erfassung intensiviert. Am 31. Juli 1941 schrieb Kloos beispielsweise direkt an die Postfachadresse der RAG: „Anbei übersende ich die auf Veranlassung von Herrn Med. Rat Dr. Hebold vom Reichsministerium des Innern in Berlin neu aufgestellten Fragebogen über die zur Zeit in den hiesigen Anstalten vorhandenen Psychischkranken. Die Fragebogen tragen die Nr. 1 – 301. [...] Weitere Fragebogen werden terminmäßig nach dem Stichtag vom 1. 1. übersandt. Bis dahin bitten wir, uns wieder eine größere Anzahl Vordrucke zu übersenden."[81] Und am 13. August 1943 übergab in Vertretung von Kloos sein Stellvertreter, der Arzt Johannes Schenk, dem Reichsinnenministerium weitere 62 Meldebögen für den Zeitraum vom 1. Januar bis 30. Juni 1943. Anhand der fortlaufenden Nummerierung der Meldebögen handelte es sich bei den neu ausgefertigten um die Meldungen 602 bis 663.[82] Daß die zuständigen Ärzte in Stadtroda von der Funktion der Meldebögen Kenntnis besaßen und zunehmend in die NS-Euthanasie verstrickt wurden, offenbart unter anderem ein Schreiben des Klinikleiters Kloos vom 22. September 1941, gerichtet an das von Walter Ortlepp geführte Innenministerium in Weimar. Darin heißt es: „Vor kurzem sind 53 Insassen des aufgelösten Anna-Lusienstiftes aus Bad Blankenburg in unsere Anstalt verlegt worden. Es handelt sich fast ausnahmslos um tiefstehende Schwachsinnige und Idioten, also um Fälle, die für die Dauer nicht lebensfähig und hier zum großen Teil auch schon gestorben sind. Bereits die erhöhte Sterblichkeitsziffer unserer eigenen unheilbar Geisteskranken hat jedoch die Aufmerksamkeit der Pfarrämter und der Bevölkerung erregt und zu unerwünschten Gerüchten und Vermutungen Anlass gegeben. Im Interesse des Rufes der hiesigen Anstalten muss ich daher dringend bitten, von einer weiteren Massenzuverlegung unheilbarer Fälle in unsere Anstalt absehen zu wollen."[83]

Der Kindertransport von Bad Blankenburg gehörte noch nicht zu den systematischen Maßnahmen der „T4-Kinderaktion", sondern zu den fortlaufenden dezentralisiert vollzogenen Aktionen, bei denen der Tod betroffener Patienten durch die bestehende Erkrankung, eintretende Belastungen oder andere, nicht näher erklärbare Faktoren abzusehen war. Zu den Fakten gehört die Tatsache, daß von den insgesamt verlegten 54 Kindern aus Bad Blankenburg innerhalb von drei Monaten 15 in Stadtroda verstarben.

Über die Erfassung und nachfolgende Verlegung von unheilbaren Geisteskranken wurde in der Landesheilanstalt verbreitet, daß es sich um Fälle handele, die „in abgelegenen Pflegeanstalten preisgünstiger und mit geringerem Personalaufwand" versorgt werden können.[84] Unerklärt blieb dagegen der sichtbare Anstieg bzw. die Zunahme der Sterblichkeit bei psychisch unheilbar Kranken, bei sogenannten Asozialen (offene TBC; Syphilis) und unter den eingewiesenen (politischen) Häftlingen, soweit sich dieser Anstieg nicht durch höhere Patientenzahlen erklärt. Zeitlich fiel das Anwachsen der Sterbefälle mit der ersten Inspektion 1940 durch „T4"-Ärzte zusammen. Ein in der Einrichtung beschäftigter Oberpfleger gab 1947 zu diesen Vorgängen zu Protokoll: „Nach geraumer Zeit fanden verschiedene Veränderungen im Landeskrankenhaus statt, die sich wie folgt auswirkten: es wurden Transporte zusammengestellt und zwar ungefähr 2 Stück, auf diese(n) wurden ungefähr 20% der Patienten an einen unbekannten Ort transportiert. Auch fiel mir auf, dass die Sterbeziffer stieg. Ich erklärte mir das wie folgt: Bis zum Besuch der Herren aus Berlin wurden an die Patienten Herzmittel verabreicht, die zur Stärkung des Herzens dienten, nach dem Besuch fiel die Herausgabe von Herzmitteln weg."[86] Ein weiterer Oberpfleger, der in den Jahren 1941/42 in der Klinikapotheke beschäftigt war, beobachtete nach eigener Aussage während dieser Zeit eine verstärkte Ausgabe der Medikamente Veronal und Luminal. Seiner Einschätzung nach genügte

Sterbefälle im Thüringischen Landeskrankenhaus Stadtroda[85]

Jahr	Stichtag	Belegung	Zugänge	Abgänge pro Jahr	Sterbefälle	Sterberate in %
1933					48	
1934					46	
1935					113	
1936					146	
1936*	1.1.	604	1457	1514	155	10,6
1937	1.1.	547*			131	
1938			1380+		147	10,7¹
1939	31.3.	646				
	31.8.	597	1383+		159	11,5¹
1940	31.8.	640	1655+		306	18,6¹
1941	8.9.	610	1807+		307	17,0¹
1942			1796+		226	12,6¹
1943			2115+		271	12,8¹
1944			2004+		241	12,0¹
1945			1853+		223	12,0¹

¹ Verhältnis der Sterbefälle zu den Zugängen. Gerundet.
* Angaben nach Heinz Faulstich.
+ Angaben nach Gerhard Buchda.

diese Menge, um monatlich bis zu 15 Patienten (unauffällig) zu töten. Beide Aussagen stimmen inhaltlich mit Wahrnehmungen anderer Pfleger überein, die wiederholt bei Dienstantritt über plötzliche – also unerwartete – Todesfälle informiert wurden, deren Ursachen aber unbekannt blieben.[87]

Die in der obigen Tabelle aufgeführten Zahlen belegen mit Ausnahme der Jahre 1940/41 keinen signifikanten Anstieg der Todesfälle im Verhältnis zu den Aufnahmen pro Jahr. Auffallend ist dagegen die 1936 doppelt so hohe Sterberate in Stadtroda als beispielsweise die in Hildburghausen, die im gleichen Jahr 4,6 Prozent betrug. Dies deutet darauf hin, daß in Stadtroda zahlreiche schwere Fälle aufgenommen wurden. Ansonsten erlauben die vorhandenen Zahlen keine weiteren exakten Ableitungen.

Prof. Dr. med. Dr. phil. Gerhard Kloos, ärztlicher Direktor des Thüring. Landeskrankenhauses Stadtroda (li.) und Dr. med. Margarete Hielscher, Oberärztin im Landeskrankenhaus. In ihrer Dissertation aus dem Jahr 1930 untersuchte Hielscher rassenhygienische und soziale Indikationen zur Unfruchtbarmachung. (WS)

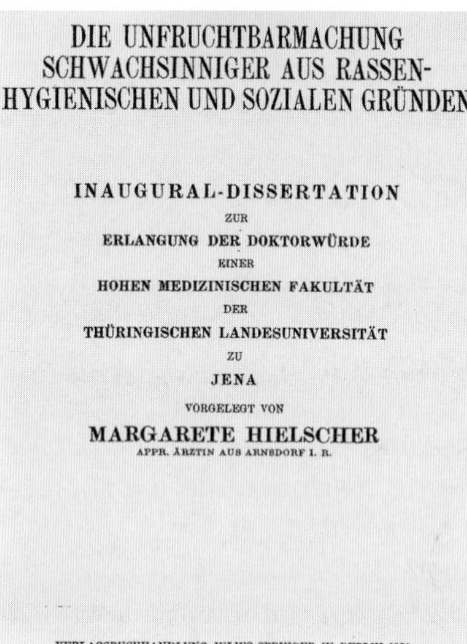

DIE UNFRUCHTBARMACHUNG SCHWACHSINNIGER AUS RASSENHYGIENISCHEN UND SOZIALEN GRÜNDEN

INAUGURAL-DISSERTATION
ZUR
ERLANGUNG DER DOKTORWÜRDE
EINER
HOHEN MEDIZINISCHEN FAKULTÄT
DER
THÜRINGISCHEN LANDESUNIVERSITÄT
ZU
JENA
VORGELEGT VON
MARGARETE HIELSCHER
APPR. ÄRZTIN AUS ARNSDORF I. B.

VERLAGSBUCHHANDLUNG JULIUS SPRINGER IN BERLIN 1930

Ein besonderes Kapitel in der Krankenhausgeschichte Stadtrodas umfaßte die „Kindereuthanasie". Im September 1942 begannen die Gespräche mit den zuständigen Referenten im Thüringer Innenministerium über die Einrichtung einer solchen Sonderabteilung. Das erste Gespräch führten Karl Astel und Regierungsrat Reichenbächer vom Landesinnenministerium mit Kloos am 19. September. Gemeinsam stellten sie fest, dass eine solche Sonderabteilung „zur Unterbringung von Kindern mit schweren Mißbildungen oder schweren geistigen Schädigungen" errichtet werden kann. „Die fachärztliche Leitung übernimmt der Direktor Dr. Kloos. Als Abteilungsärztin soll die Medizinalrätin Dr. Hielscher herangezogen werden. Außerdem soll versucht werden, für eine orthopädisch-fachärztliche Begutachtung der Fälle Herrn Prof. Dr. Frosch, Arnstadt, zu gewinnen."[88] Weiter wurde festgelegt, daß die „Sonderabteilung, die hinsichtlich der Einrichtung, der pflegerischen und ärztlichen Betreuung einen ausgesprochen klinischen Charakter erhalten soll, in der Belegung erst allmählich anlaufen wird..." Und: „Der Direktor Dr. Kloos wurde beauftragt, sich mit Herrn Dr. Hefelmann und Herrn von Hegener vom Reichsausschuss zur wissenschaftlichen Erfassung von erb- und anlagebedingter schwerer Leiden persönlich in Verbindung zu setzen und sich dabei über die Einrichtung und Betriebsführung solcher Sonderabteilungen zu unterrichten."

Über die Fortschritte bei der Einrichtung berichtete Kloos am 20. Februar 1943 nach Weimar, daß die „Kinderfachabteilung ... allmählich anzulaufen" beginnt.[89] In diesem Schreiben informierte Kloos auch darüber, daß Hielscher im Einverständnis mit dem Reichsausschuß „im Laufe der kommenden Woche die Kinderfachabteilungen in Berlin, in Brandenburg a. d. Havel, in Leipzig (Kinderklinik) und in Dösen (Heil- und Pflegeanstalt) besichtigen und sich zugleich mit den Stationsärzten aussprechen" wird. Wenige Tage später, am 25. Februar, richtete der Weimarer Regierungsrat Döpel ein Schreiben an Astel und empfahl, einer Vorlage Kloos´s folgend, mit Hilfe freigewordener Stiftungsmittel die Jugendpsychiatrische Abteilung in Stadtroda durch einen Neubau räumlich zu erweitern. Zur Begründung führte er u. a. an: „Wenn auch diese Ausgabe für eine negative Auslese von Kindern hoch erscheint, so gebe ich zu bedenken, dass ich eine p o s i t i v e A u s w e r t u n g dieser minderwertigen Jugendbilder erstrebe durch die Verbindung der jugendpsychiatrischen Abteilung mit der medizinischen, philosophischen und juristischen Fakultät der Friedrich-Schiller-Universität in Jena, des Landesamtes für Rassewesen, des Volksbildungsministeriums und der Wohlfahrtsschule in Jena."[90]

In diesem Schreiben offenbart sich der eigentliche gesellschaftliche Zweck der „Kinderfachabteilung“, nämlich eine Einrichtung zur Auslese noch als Arbeitskraft verwertbarer Menschen oder „lebensunwerten Lebens“, letzteres mit den entsprechenden Konsequenzen, zu sein. Das Schreiben zeigt aber auch, wie breit gefächert der Kreis derer war, die bei der Organisation der „Euthanasie“ einbezogen waren. Zugleich verdeutlicht ein Schreiben Hegeners an Reichenbächer vom 18. Mai 1943, wie von administrativer Seite die „Euthanasie“ getarnt wurde. „Im übrigen bitte ich,“ so heißt es dort, „die Verlegung der weiteren Kinder nach Stadtroda o h n e Bezugnahme auf den Reichsausschuss zu veranlassen.“[91]

In welchem Umfang Kinder ab 1939 zunehmend zur Beobachtung nach Stadtroda verlegt wurden, dokumentiert die nachfolgende Übersicht. In diesem Zusammenhang vermerkte Kloos in einem Schreiben ausdrücklich, daß die Zahl der zurückgestellten Fälle bereits auf 70 angestiegen sei und schlägt aus diesem Grunde eine umfassende räumliche und personelle Erweiterung des Beobachtungsheimes vor.

Die Übersicht zeigt das deutliche Anwachsen der Belegung der Jugendpsychiatrischen Abteilung ab 1940/41

Aufnahmen und Todesfälle auf der Jugendpsychiatrischen Abteilung[93]

Jahr	Zugänge	Todesfälle	Sterberate⁺
1938	149		
1939	174		
1940	219	9	4 %
1941	280	38	14 %
1942	293	21	7 %
1943	395	45	11 %
1944	321	57	18 %
1945	170	26*	15 %

* Bis April 1945 verstarben bereits 21 Kinder.
⁺ Verhältnis der Todesfälle zu den Zugängen, gerundet.

bis 1943 sowie das immer noch hohe Niveau 1944. Dieser Anstieg spiegelt sich auch in der Gesamtbilanz wieder. In den Jahren vom 1. Januar 1938 bis zum 30. Juni 1938 wurden im Krankenhaus 2671 Kinder und Jugendliche stationär aufgenommen und behandelt.[92] Im Vergleichszeitraum vom April 1925 bis 31. Dezember 1937 waren es 2252. Anhand dieser Zahlen läßt sich eine deutliche Zunahme aufgenommener Patienten erkennen, die sich auch in den Zugängen für die Jahre 1943/44 manifestiert. Zu diesem Zeitpunkt erreichte die „Kinderfachabteilung“ ihre volle Arbeitsfähigkeit.

An dieser Stelle nochmals einige Anmerkungen zum Aufnahmeverfahren für Kinder mit schweren geistigen und körperlichen Mißbildungen. Aus dem vorhandenen Schriftverkehr kann ersehen werden, daß Aufnahmen für die „Kinderfachabteilung“ in der Regel über die zuständigen Amtsärzte oder den Reichsausschuß vorbereitet wurden. Wurden Kinder direkt und ohne administrativen Vorlauf von Haus- oder anderen Ärzten eingewiesen, was bei schweren Anfällen durchaus üblich war, so erfolgte ihre Unterbringung stets nach Absprache und, soweit möglich, auf der

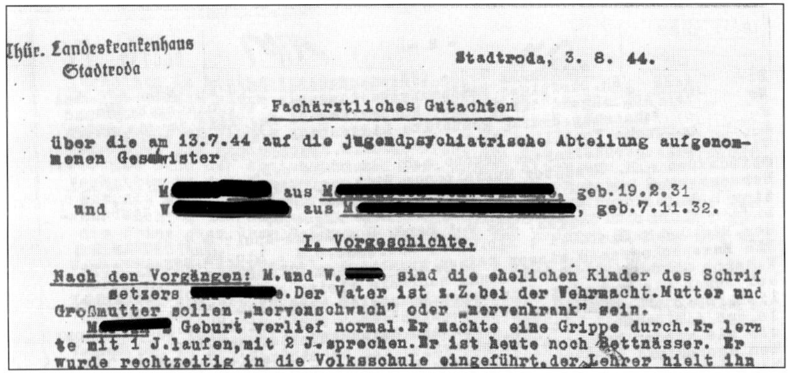

Thür. Landeskrankenhaus
Stadtroda

Stadtroda, 3. 8. 44.

Fachärztliches Gutachten

über die am 13.7.44 auf die Jugendpsychiatrische Abteilung aufgenommenen Geschwister

M[...] aus M[...], geb.19.2.31
und W[...] aus M[...], geb.7.11.32.

I. Vorgeschichte.

Nach den Vorgängen: M.und W.[...] sind die ehelichen Kinder des Schriftsetzers [...]e.Der Vater ist z.Z.bei der Wehrmacht.Mutter und Großmutter sollen „nervenschwach“ oder „nervenkrank“ sein.
M[...] Geburt verlief normal.Er machte eine Grippe durch.Er lernte mit 1 J.laufen,mit 2 J.sprechen.Er ist heute noch Bettnässer. Er wurde rechtzeitig in die Volksschule eingeführt,der Lehrer hielt ihn

Teilansicht eines der zahlreichen Fachärztlichen Gutachten, wie sie von MR Dr. Margarete Hielscher angefertigt, von Prof. Dr. Gerhard Kloos abgezeichnet und an den Reichsausschuß weitergeleitet wurden. (LÄK)

Jugendpsychiatrischen Abteilung. Es konnte aber auch sein, daß Kinder und Jugendliche aus Platzmangel bei den Erwachsenen oder provisorisch untergebracht wurden. Unabhängig davon schloß sich an die Aufnahme stets eine Aufnahmeuntersuchung an, die je nach Schwere des Falles eine Beobachtungszeit von vier bis sechs Wochen nach sich zog. Während der Beobachtungszeit fiel die Entscheidung über die Meldung und Begutachtung gemäß den Vorgaben des Reichsausschusses. Das war die eigentliche Weichenstellung, die das Verfahren im Sinne einer möglichen „Euthanasie“ einleitete. Generell, und dies schon seit 1922, wurde nach der Beobachtungszeit ein fachärztliches Gutachten erstellt, das mit einer Prognose und abschließender Empfehlung über Bildungs- und Pflegemaßnahmen endete. Bei den „Reichsausschusskindern“ wurde das Gutachten generell an die Berliner Gutachter überstellt und diese trafen eine Vorentscheidung über Leben und Tod. Sofern eine Freigabe zur „Euthanasie“ vorgeschlagen wurde, entschieden nun die autorisierten Klinikärzte, ob und wie auf der „Kinderfachabteilung“ – aktiv oder passiv, durch kritische Dosierungen von Medikamenten (Luminal, Morphium u.a.m.), durch Unterlassung notwendiger Behandlungen oder durch Nahrungsentzug und Austrocknung – zu töten sei. Kinder, auf die dieses Verfahren nicht zutraf, wurden nach Hause entlassen oder in entsprechende Pflegeeinrichtungen verlegt.

Alle administrativen Abläufe verweisen darauf, daß in den Landesheilanstalten Stadtroda der Aufbau einer „Kinderfachabteilung" im Einklang mit den Vorgaben der Berliner „T4"-Zentrale im Sinne des „Euthanasie"-Programms erfolgte. In welchem Umfang und mit welchen Methoden – z. B. mittels Luminal-Schema oder durch Unterlassung notwendiger medizinischer Maßnahmen bei Krämpfen, akuten Herz- und Kreislaufstörungen, fiebrigen oder anderen lebensbedrohlichen Erkrankungen – die „Euthanasie" vollzogen wurde, läßt sich anhand der überlieferten Krankenakten nur schwer bestimmen. Fest steht jedoch, daß von den insgesamt für die Jahre 1940 bis April 1945 nachgewiesenen 196 verstorbenen Patienten im Alter bis zu 18 Jahren 103 auf der sogenannten Kinderfachabteilung verstarben und daß es sich bei diesen Kindern und Jugendlichen nahezu ausnahmslos um sogenannte Reichsausschusskinder handelte.[94] Als Tatsache steht weiterhin fest, daß die autorisierten Mitarbeiter in den „T4-Bereichen" mehrfach vom Reichsausschuß mit Prämien bedacht wurden. Damit gehörte das Landeskrankenhaus Stadtroda zum organisatorischen System der „Vernichtung lebensunwerten Lebens" für Erwachsene, Jugendliche und Kinder. Unklar bleiben die Methoden sowie der Umfang des Geschehens.

Pfafferode

Sowohl unter der Leitung des Mediziners Dr. Rust (bis 1943) als auch seines Nachfolgers, dem „T4"-Arzt Dr. Theodor Steinmeyer, beteiligte sich die Landesheilanstalt Pfafferode-Mühlhausen – und dies mit deutlich höherer Intensität als das in der Landesheilanstalt Stadtroda geschah – am „Euthanasie"-Programm des Nazistaates. Zwischen 1939 und 1945 beträgt die ungefähre Zahl der auf diese Weise ums Leben gekommener Patienten 3000. Bereits am 21. Juni 1938, also noch vor Beginn des offiziellen „Euthanasie"-Programms, wurden 93 behinderte Kinder aus dem Sankt-Johannes-Stift Ershausen in die Heilanstalten Uchtspringe (Sachsen-Anhalt) und Pfafferode verlegt. Nach kurzer Zeit erhielten 86 Familien die Mitteilung, daß ihre Kinder *verstorben* sind. Als Todesursachen wurden verschiedene Erkrankungen aufgeführt. Das Geschehen bei dieser „Kinderaktion" erklärt sich möglicherweise aus Aktivitäten des Reichsärzteführers Gerhard Wagner, der seit 1936 entschieden für derartige „rassenhygienische" Maßnahmen eintrat.

Leider fehlen, im Unterschied zu Stadtroda, bis heute wissenschaftlich fundierte Untersuchungen zum nationalsozialistischen Euthanasie-Geschehen in der Landesheilanstalt. Es kann aber anhand der nachfolgend aufgeführten Fakten davon ausgegangen werden, daß die Einrichtung in jenen Jahren an zahlreichen Verlegungsaktionen von Erwachsenen, Jugendlichen und Kindern im Rahmen der „Aktion T4" beteiligt war und selbst in dezentralisierten Formen „Euthanasie" und Medizinversuche vollzogen wurden.

Am 1. April 1943 übernahm Dr. Theodor Steinmeyer die Leitung der Landesheilanstalt. Unter seiner Verantwortung stieg die Sterblichkeit bei allen Altersgruppen von Pflegefällen signifikant an. In diesem Zusammenhang fallen zudem die zahlreichen und zum Teil recht umfangreichen Patientenverlegungen nach Pfafferode auf, die 1942, also nach dem formalen Stopp der „Gasaktion", einsetzten. Von den in der Zeit vom 9. Januar 1942 bis zum 11. Februar 1945 insgesamt 19 dokumentierten Transporten mit 1642 geisteskranken Patienten im Alter von zwei bis 70 Jahren, verstarben 1038 in einer Zeitspanne zwischen zwei Tagen und zwei Jahren in der Landesheilanstalt. Insgesamt gab der für die Registratur (Krankenzugänge und -abgänge) verantwortliche Angestellte in einer Befragung nach Kriegsende an, in der Zeit vom 1. Mai 1941 bis zum Mai 1945 zirka 4580 Kranke bis (Mai) 1945 registriert zu haben.[95]

Über den Ärztlichen Direktor Dr. Rust liegen bisher nur spärliche Erkenntnisse vor. Klar ist aber, daß die von ihm geleitete Anstalt ab 1938/39 in das „Euthanasie"-Programm einbezogen wurde. Über seinen Nachfolger Steinmeyer ist mehr bekannt. Er begann 1934 als Mitglied am Erbgesundheitsgericht Oldenburg seine „rassenpolitische" Laufbahn, bekleidete ab 1938 an den Anstalten Bernburg, Niedermarsberg und Warstein leitende ärztliche Funktionen. Ab 1939 gehörte er zu den ersten Mitarbeitern der „T4"-Zentrale. Von 1941 bis 1943 fungierte Steinmeyer hauptamtlich als Gutachter für die „Gasaktion" und die Aktion „14 f 13", der Auslese und Zuführung arbeitsunfähiger, psychisch erkrankter oder gebrochener KZ-Häftlinge (und Zwangsarbeiter) zur „Euthanasie". Vornehmlich unter seiner Verantwortung verstarben in den Jahren von 1942 bis April 1945 mindestens 2420 Patienten durch verschiedene medizinische Maßnahmen, die der NS-Euthanasie durch Zeugenaussagen und begründete Annahmen zuzurechnen sind. Zu den

Verlegung von Kranken aus auswärtigen Heil- und Pflegeanstalten nach Pfafferode[96] (1942 bis 1945)

Tag	Herkunft	Patienten	davon hier verstorben
1942			
9.1.	Heilanstalt Arnsdorf	45	37
12.1.	Mädchenheim Bernburg	58	41
13.1.	Heilanstalt Arnsdorf	44	42
14.1.	Neinstedter Anstalten	38	10
10.2.	Anstalt Teupitz	40	35
29.2.	Heilanstalt Merxhausen	27	21
14.3.	Anstalt Kropp	65	52
18.3.	Anstalt Kropp	58	35
21.3.	Anstalt Kropp	60	44
25.9.	Heilanstalt Kortau	18	13
25.9.	Heilanstalt Tapiau	82	62
1943			
20.2.	LHADüsseldorf-Grafenberg	297	188
27.7.	Heilanstalt Warstein	88	51
8.9.	LHuPA Lüneburg	301	13
21.9.	Heilanstalt Neuruppin	105	74
1944			
16.9.	Heilanstalt Düren	77	28
1945			
16.1.	Heilanstalt Altscherbitz	97	35
1.2.	Heilanstalt Stadtroda*	42	23
11.2.	Heilanstalt Regensburg	100	34

* Es ist unklar, weshalb auf der Liste das Landeskrankenhaus Stadtroda als Thüringer Einrichtung aufgeführt wurde, während ein Transport von Hildburghausen, der 1944 erfolgte, nicht erscheint.

größeren Aktionen gehörte die Verlegung von 268 Patienten am 26. Juli 1944 aus Hildburghausen nach Pfafferode mit der Folge, daß schon nach sehr kurzer Zeit mehr als die Hälfte dieser Kranken verstorben waren.

Die Landesheilanstalt Pfafferode galt ab 1943 als eine von elf „zuverlässigen Anstalten im Reich" zur Einweisung geisteskranker „Ostarbeiter" und Polen für die Gaue Thüringen und Anhalt. Der entsprechende Erlaß des Reichsführers SS sah vor, daß die eingewiesenen „Fremdarbeiter" maximal sechs Wochen zu behandeln sind. Nach Überschreitung dieser Frist – möglicherweise aber auch bei entsprechender Prognose früher – fielen sie unter „Euthanasie". Diesbezüglich schwärmte Steinmeyer in einem Brief an seinen Freund, den berüchtigten „Euthanasie"-Arzt Friedrich Mennecke: „Die Mortalität ist hier phantastisch." Die Tötungen erfolgten durch Medikamente, Hungerkost und Kältebehandlungen.[97]

Mit Beginn des Jahres 1944 erhielt die Landesheilanstalt eine zusätzliche medizinische Aufgabe. Eingerichtet wurde, in Zusammenarbeit mit der Luftwaffe, eine Abteilung zur Erforschung von Tropenkrankheiten (u. a. Malaria) und den Folgen bei Unterkühlung des Menschen. Zwei Abteilungen des Instituts für Wehrhygiene, das aus der 1938 von der Luftwaffe übernommenen Tropenmedizinischen Abteilung des Robert-Koch-Instituts Berlin entstanden war, wurden nach Pfafferode verlegt, um entsprechende Experimente und Laborforschungen zu betreiben. In Pfafferode leitete Dr. Günter Blaurock die Versuche an vorwiegend schizophrenen Geisteskranken. Dafür standen ihm 23 gut ausgestattete Labore zur Verfügung. Außerdem wurde mit anderen Versuchseinrichtungen, so mit dem KZ Dachau und in den entsprechenden Abteilungen der IG-Farben-Werke in Leverkusen und Wuppertal-Elberfelde zusammengearbeitet. Diese Laboratorien erhielten für die jeweiligen Experimente gezüchtete Malaria-Erreger. Im Berliner Robert-Koch-Institut begleitete der Tropenmediziner und Luftwaffenarzt Prof. Dr. Gerhard Rose diese Versuchsreihen am lebenden Objekt. Über die unmittelbaren Todesfolgen liegen bisher keine Angaben vor. Daß es zahlreiche Opfer gab, steht durch zahlreiche Zeugenaussagen nach 1945 außer Zweifel. Für die „Fieberexperimente" stand das Haus 19 zur Verfügung. In die Pfaffenroder Experimente wur-

In der Landesheilanstalt Pfafferode verstorbene Geisteskranke
(Januar 1942 bis Mai 1945)[98]

Jahr	Aufgenommen		Verstorben	
1942	Männer	281	Männer	176
	Frauen	522	Frauen	345
1943	Männer	525	Männer	355
	Frauen	583	Frauen	322
1944	Männer	519	Männer	292
	Frauen	634	Frauen	298
1945	Männer	197	Männer	95
	Frauen	440	Frauen	141
Summe		3701		2024
Anteil Verstorbener in %			54,7	

den etwa 500 vorwiegend geisteskranke Patienten einbezogen, ausgesucht von den Medizinern Günter Blaurock und Hermann Eysel.[99] Eysel, ein von den Alliierten ab 1945 gesuchter SS-Arzt, kam 1944 als Steinmeyers Stellvertreter in die Heilanstalt, offensichtlich auch mit besonderem Auftrag.

Hildburghausen

Im Jahr 1936 übernahm mit Dr. med. Johannes Schottky ein erklärter Anhänger der nationalsozialistischen Rassentheorie, die Leitung der Landesheilanstalt in Hildburghausen. Schottky, ausgewiesen als SS-Arzt, übernahm zudem am Erbgesundheitsgericht des Kreises die ehrenamtliche Funktion eines Obergutachters. In dieser Funktion fällte er letztlich Entscheidungen zur Durchführung von Zwangssterilisationen, von denen zwischen 1934 und 1940 mehr als 950 an Frauen und Männern, darunter zahlreiche Insassen der Landesheilanstalt, durchgeführt wurden.

Unmittelbar mit dem Anlaufen der „Aktion T4", also der Erfassung, begann auch das Zusammenwirken von Landesheilanstalt und Berliner Zentrale. Die Anstalt verfügte zu diesem Zeitpunkt über 850 Betten. In einer ersten Bestandsaufnahme wurden im Februar 1940 die Meldebögen zur Registratur und Auswahl der für die „Euthanasie" in Frage kommenden Patienten versandt. Gemeldet wurden bei dieser ersten Aktion an die Reichsarbeitsgemeinschaft (Dr. Linden) 437 Patienten. Danach begann entsprechend der Vorgaben von Berlin deren Verlegung in eine Tötungsanstalt, eine Zwischenanstalt (Zschadraß) oder in eine andere Heil- und Pflegeeinrichtung. Einige dieser Transporte sind anhand der *Verlegungseinträge* im Abgangsbuch der Anstalt dokumentiert. Bis auf wenige Ausnahmen fehlen jedoch Angaben zum Zielort.

Über den Stand der *erbbiologischen* Aktivitäten in Hildburghausen informierte Schottky Karl Astel als zuständigen staatlichen Beamten im Landesinnenministerium (Abt. Gesundheitswesen) in Weimar. „Die erbbiologische Aufarbeitung", so schrieb er, „ist weitgehend vorangetrieben und diagnostisch einwandfrei gestaltet worden, und auch rassenhygienisch glaube ich die Anstalt in großem Umfang Ihren Wünschen und Zwecken dienstbar gemacht zu haben."[100]

Im Rahmen der Dienstbarmachung von Krankenhäusern für Kriegszwecke erfolgte ab 1940 die Teilräumung von Hildburghausen; 250 (oder 220) Betten wurden bis 1942 für ein Kriegsgefangenenlazarett (für englische Kriegsgefangene) in der Landesheilanstalt bereitgestellt, das wahrscheinlich für das Kriegsgefangenenlager IX C Bad Sulza zugehörig war. Außerdem wurden ein oder zwei Gebäude als Dienststelle für die Hitler-Jugend freigelenkt. Im Kriegsjahr 1944 erfolgte die Aufstockung des Kriegsgefangenenlazaretts um 200 Betten. Damit verbunden war die Verlegung weiterer Patienten der Anstalt in andere Einrichtungen. Bis 1943 stieg die Zahl der Patienten (Betten) jedoch wieder auf 438 an. Es folgten erneut Verlegungen. Ein Transport mit 268 Insassen ging nach Pfafferode. Weitere Verlegungen von arbeitsunfähigen Männern erfolgten nach Stadtroda, wohin auch früher schon Männer, Frauen und Kinder überführt worden waren. In der Landesheilanstalt Hildburghausen verblieben lediglich 146 Patienten.[101]

Belegung der Landesheilanstalt Hildburghausen[102]

Jahr	Bettenzahl	Belegung zum 1.1.	Zugänge pro Jahr	Abgänge pro Jahr	Sterbefälle pro Jahr	Sterberate in %
1928	850					
1936	850	607	160	103	35	4,6
1937	850	664	(214)			

Da auch für diese Einrichung weiterführende Forschungen zur Geschichte fehlen, kann das wirkliche Ausmaß der Beteiligung am „Euthanasie"-Programm noch nicht hinreichend beurteilt werden. Es steht aber außer Frage, auch auf Grund von Aussagen Schottkys nach 1945 vor Gericht, daß Hildburghausen nicht nur in die Meldebogen- und Verlegeaktionen eingebunden war, sondern auch in die dezentralisierte „Euthanasie".[103] Unter anderem räumte er ein, der von Karl Astel vorgegebenen Linie, im Sinne der „Aktion T4" zu arbeiten, entgegen gekommen zu sein.[104]

Blankenhain

Die Landesheilanstalt Blankenhain wurde bereits im Oktober 1940 vollständig beräumt und als Pflegeanstalt aufgegeben. In das Gebäude zog eine Adolf-Hitler-Schule ein. Die Landesheilanstalt, ursprünglich für den Stadt- und Landkreis Weimar zuständig, hatte sich in der Praxis vor allem zu einer Pflegeanstalt austherapierter Patienten entwickelt, die vor allem Kranke von der Psychiatrischen und Nervenklinik der Universität

Jena zugewiesen erhielt. Geleitet wurde die Einrichtung bis zu ihrer Schließung von OMR Dr. Hellbach, der schon seit den zwanziger Jahren in dieser Funktion tätig war.

Belegung der Landesheilanstalt Blankenhain[105]

Jahr	Bettenzahl	Belegung zum 1.1.	Zugänge	Abgänge	Sterbefälle	Sterberate in %
			—	pro Jahr	—	
1928	530					
1936	510	455	45	55	12	2,4
1937	510	445	(53)			

In der Landesheilanstalt befanden sich vor der Schließung 1940 noch 445 Patienten. Ein Teil dieser Patienten wurde mittels Meldebogen an die „T4"-Zentrale gemeldet. Darüber hinaus inspizierte ein „T4"-Arzt die Anstalt. Unmittelbar danach, im Herbst 1940, begann die Räumung der Einrichtung durch mehrere Transporte, u. a. nach Zschadraß. Ein Transport mit 33 Patienten erfolgte am 2. September; ein weiterer mit 57 Pflegebedürftigen am 23. des Monats. Am 17. Oktober wurden 80 Patienten in die Landesheilanstalten Stadtroda verlegt und weitere nach Zschadraß überführt. Das Gros der Patienten, die nach Zschadraß gelenkt wurden, kam in Pirna-Sonnenstein ums Leben.[106]

Bad Blankenburg

Obwohl als ein Sonderfall einzustufen, weil das Töten lange vor 1933 begann, kann das Sterben von Kindern und Jugendlichen im Anna-Luisen-Stift Bad Blankenburg während der NS-Zeit nicht übergangen werden. In der Einrichtung selbst kamen nach neuesten Forschungen in den Jahren von 1922 bis 1945 etwa 200 Kinder, davon deutlich mehr als 100 in den Jahren 1939 bis 1945, ums Leben. Verantwortlich für dieses (früh begonnene) *Hungersterben* waren die Leiterin des Stiftes, Schwester Ida Cyliax, die seit 1903 das Heim leitete, und Schwester Frieda Lätzsch, die 1921 vom Diakonissenmutterhaus Eisenach ins Stift versetzt wurde. Beide Schwestern blieben über das Jahr 1945 hinaus bis 1949 in ihren Stellungen. Sowohl in den zwanziger als auch in den dreißiger Jahren gab es mehrere Untersuchungen zur Klärung der auffällig hohen Kindersterblichkeit in dieser kirchlichen Einrichtung. Letztlich aber wurden alle Verdachtsmomente von der kirchlichen und staatlichen Aufsichtsbehörde als unbegründet zurückgewiesen.

Im Rahmen des „Euthanasie"-Programms ordnete das zuständige Landesministerium in Weimar im September 1941 die vollständige Räumung der Einrichtung an. Alle 54 geistig und körperlich behinderten Pfleglinge des Anna-Luisen-Stifts wurden – offensichtlich ohne oder mit nur einer ad-hoc-Information – in die Landesheilanstalten Stadtroda überführt und dort zunächst provisorisch untergebracht. In Stadtroda verstarben innerhalb kurzer Zeit 24 als „lebensunwert" eingestufte Kinder. 22 Kinder wurden nach einer längeren Beobachtungszeit – letztlich auch aus Platzmangel – in die Einrichtung, die ursprünglich

Das Anna-Luisen-Stift wurde als karitative Einrichtung der ev. Kirche 1901 ins Leben gerufen. Die Ansicht zeigt das „Krüppelheim" im Gründungsjahr. (Fv.)

Das Foto zeigt Schwester Frieda Lätzsch, die gemeinsam mit Schwester Ida Cyliax für den Tod einer großen Zahl ihnen anvertrauter Zöglinge Schuld trägt. (Ev.)

vollständig geschlossen werden sollte, zurückgeführt.

Eine Untersuchung der Zustände im Anna-Luisen-Stift, die Kloos (sic) wegen des hohen Verwahrlosungsgrades der ihm zugeführten Kinder beim Reichsstatthalter Thüringens, Fritz Sauckel, veranlaßte, unterlief der zuständige Amtsarzt für den Kreis Rudolstadt, Dr. Herbert Köhler. Er verwies in seinen Stellungnahmen sowohl als Hausals auch als Amtsarzt ausdrücklich darauf, daß beide Schwestern „völlig frei von falscher Humanitätsduselei" seien und es sich bei den Pfleglingen um „lebensuntaugliche Ballastexistenzen" handle.[107]

Die Vorfälle im Anna-Luisen-Stift bilden insofern einen Sonderfall, weil die beiden genannten Schwestern bereits seit 1922 mehrfach durch erhöhte Sterberaten und rätselhafte Vorgänge bei der Leitung des Heimes aufgefallen waren. Während des Dritten Reiches setzten sie verstärkt, und das ist das Besondere, das „Hungersterben", gedeckt vom zuständigen Amtsarzt, fort. Die Kirchenleitung ignorierte trotz starker Verdachtsmomente und hinreichender Kenntnisse die Vorgänge bis 1945. Einer der letzten Todesfälle betraf eine junge Frau, die über viele Jahre im Stift gelebt hatte und mit dem Ende des Krieges ankündigte, die Zustände aufklären zu wollen. Sie „verstarb" völlig unerwartet, weil körperlich und geistig gesund, im Mai 1945.

Kriegswirtschaft

„Räder müssen rollen für den Sieg"

Dieses Kapitel entstand in Zusammenarbeit mit André Beyermann

Staat und Wirtschaft (1939-1941)

Die Wirtschaft als Ganzes – also nicht allein die Rüstungswirtschaft, die in besonderer Weise an der Aufrüstung und Kriegsführung partizipiert – bildete das Rückgrat des Dritten Reiches. In dem Maße, wie es politisch gelungen war, den Finanz- und Wirtschaftsführer der führenden Banken und Unternehmen in Deutschland exorbitante Gewinne in Übereinstimmung mit den politischen Zielen der NSDAP zur Neuordnung der Welt in Aussicht zu stellen, was natürlich auch eine Neuordnung der Märkte und Warenströme zugunsten der deutschen Wirtschaft implizierte, vollzog sich in einer Wechselwirkung die organisatorisch-administrative Anbindungund Anpassung der Wirtschaft an das NS-Regimes. Beides bedingte sich und verband sich zu einer systemtragenden Einheit. Ohne die enorme Aufrüstung wäre die Schlagkraft der Wehrmacht, die militärtechnisch 1939 in der Breite die modernste Armee der Welt verkörperte, nicht erreicht worden. Die deutsche Volkswirtschaft rangierte nach den USA auf dem zweiten Platz in der Welt. Ein Manko der deutschen Volkswirtschaft, zugleich ein ihr dauerhaft anhängender strategischer Nachteil, der sich ab 1942 zunehmend auswirkte, lag im Bereich der verfügbaren Rohstoffe, insbesondere bei Erzen und Metallen sowie petrochemischen Produkten (Schmieröle, Treibstoffe). Hier betrug die Abhängigkeit von Importen oder ausländischen Lagerstätten von über 50 bis zu 99 Prozent.[1]

Auch finanziell stand die deutsche Rüstung, die in den Jahren von 1935 bis 1938 größer war als die von Großbritannien, Frankreich und der USA zusammen, auf schwankendem Boden ungesicherter Kreditwirtschaft. Die Rechnung freilich sollten die besiegten Staaten zahlen. Hitler selbst, wie auch die Kräfte der deutschen Wirtschaft, die vor allem auf Rüstung setzten, sahen zwar das Risiko, aber auch die Möglichkeit exorbitanter Gewinne an Macht und Markt und Vorherrschaft.

Die Erfolge der Blitzkriegsstrategie bis zum Herbst 1941, errungen mit modernsten Waffen, insbesondere den motorisierten Heerestruppen und der Luftwaffe, schwächten den Übergang von der Friedens- zur Kriegswirtschaft in der Wahrnehmung der Deutschen ab. Und dies trotz zahlreicher Eingriffe in die Alltagsverhältnisse durch Masseneinberufungen, die anhaltende Bewirtschaftung mit lebenswichtigen Verbrauchsgütern und vielem mehr, was mit der Einführung der „Kriegswirtschaftsordnung" verbunden war. Diese Anfangszeit kann deshalb als „friedensähnliche" Kriegswirtschaft charakterisiert werden.

Die Steuerung der Wirtschaft auf regionaler Ebene vollzog sich bei den bis 1939/40 entwickelten Organen, deren Kernstück die Bezirkswirtschaftskammer sowie verschiedenen Stäbe und Ausschüsse waren: angefangen beim Reichsverteidigungskommissar im Wehrkeis bis hin zu den in Gau und Land Thüringen mitwirkenden Fachorganen. Bei der Beurteilung der vorhandenen Administration stimmte Sauckel auch deshalb mit seinem sächsischen Amtsbruder Martin Mutschmann überein, daß – wie Mutschmann am 16. August 1940 feststellte – die 1939 entstandenen Bezirkswirtschaftsämter den „gemeinsamen Vorstellungen" einer späteren Wirtschaftsorganisation nahe kämen und darum als Nachkriegsinstanz durchaus fortbestehen könnten.[2]

Die Feststellung Mutschmanns, der sehr vertraulich Sauckel seinen „lieben Fritz" nannte, ist in mehrfacher Hinsicht interessant. Mit den Bezirkswirtschaftsämtern verband sich eine weitere Straffung und Neuordnung der Zuständigkeiten der staatlichen Wirtschaftsorganisation im Wehrkreis, an deren Spitze der RVK stand. Damit verfügte Sauckel als RVK über mehr Wirkungsmöglichkeiten, Kontroll- und Weisungsrechte in einem erweiterten Territorium, als in seiner Funktion als Reichsstatthalter und Gauleiter, und dies trotz der nachfolgenden territorialen Anpassungen.

Auf zentraler Ebene des Staates stand der regionalen Führung mit Kriegsbeginn Walther Funk als Reichsbevollmächtigter für die Wirtschaft gegenüber. Ihm unterstanden entsprechend des Führererlasses vom 28. September 1939 (RGBl. I, S. 1535) neben dem Reichswirtschaftsministerium zugleich das Ernährungsministerium, Arbeitsministerium, Forstministerium, das Reichskommissariat für Preisbildung sowie alle an diese Zuständigkeiten angeschlossenen ständischen Organisationen, insbesondere die Reichswirtschaftskammer und der Reichsnährstand.[3] Bereits ab Dezember 1939 zog Hermann Göring als Bevollmächtigter des Vierjahresplanes Zuständigkeiten der Wirtschaft an sich und bildete einen Generalrat als oberste kriegswirtschaftliche Instanz. Dieser fungierte faktisch als eine überministerielle Instanz, als ein Arbeitskreis zur Koordination mit umfassenden Befugnissen. Von beiden Spitzenorganen und ihren Längs- und Querverbindungen zu den vorhandenen Verwaltungsorganen ausgehend, liefen die Aufgabenstellungen bei den bezirklichen Organen – RVK, Stäben, Verteidigungsausschüssen und Bezirkswirtschaftsämtern – zusammen, um dann koordiniert in der regionalen Organisation umgesetzt zu werden. Auf diese Weise waren alle drei Säulen, die staatliche, durch die Ämter und zuständigen Behörden, die von den Verbänden und Interessengruppen getragene (Wirtschaftskammer) und die von der NSDAP über das zuständige Amt organisierte Mitwirkung eingebunden.

Diese allgemeine Tendenz vereinheitlichte in sich gleichermaßen die Zunahme zentral konzentrierter kriegsnotwendiger Organe, die aus den klassischen Ministerien herausgelöst wurden, und die verstärkt sichtbar werdende Bedeutung der regionalen Organe aufgrund der komplexen Realstellung innerhalb der bezirklichen Organisation. Auf die Wirtschaft bezogen, stellte der Generaldirektor Wilhelm Zangen, Leiter der Reichsgruppe Industrie, diese Zusammenhänge in einer Denkschrift 1940 so dar: „Die Organisation der gewerblichen Wirtschaft wurzelt einerseits im Staatsauftrag, andererseits in der Selbstverantwortung und Selbstverwaltung der Unternehmen. Die Grundprinzipien der gesamten gewerblichen Organisation sind fachlich und regional. Die Bedeutung der bezirklichen Säule hat sich gerade im Krieg wesentlich verstärkt. Dem Staat obliegt die Planung und Lenkung. Die Ausführung der Aufgaben dagegen soll man in industriellen Fragen weitgehend der Selbstverwaltung der Industrie überlassen.“[4]

Die Bedingungen des Krieges ab Herbst 1942 erforderten neue Prioritäten. Das führte zur Konzentration ursprünglich ministerieller oder besonderer Befugnisse etwa bei der Schaffung des Reichsministeriums für Bewaffnung und Munition im März 1940, ebenso durch die Ernennung eines Generalbevollmächtigten für den Arbeitseinsatz 1942 und aller Gauleiter zu Reichsverteidigungskommissaren. Gleichzeitig wuchs die Bedeutung der Industrieabteilung(en) innerhalb der Wirtschafts- bzw. nachfolgend der Gauwirtschaftskammern. Regional entstanden dabei im Unterbau keine neuen Verwaltungen, sondern lediglich strukturelle Änderungen in den Zuständigkeiten und zusätzliche Aufsichtsfunktionen.

An dieser Stelle nochmals ein Blick zurück. Der Bildung von Bezirkswirtschaftsämtern wurde bereits im Jahr 1938 vorgearbeitet. Reinhold Thiel, der Leiter der Wirtschaftskammer Thüringen, informierte den Reichsstatthalter bereits am 30. Juli 1938 über ein entsprechendes Planvorhaben, wonach in Kassel eine Außenstelle des Reichswirtschaftsministeriums, zuständig für den Wehrkreis IX, errichtet werden soll.[5] Damit verbunden war der Plan, für den Wehrkreis ein Bezirkswirtschaftsamt zu errichten und den Oberpräsidenten der Provinz Hessen-Nassau, Philipp Prinz von Hessen, mit dessen Leitung zu betrauen. Gegen diesen Plan opponierten Gauleiter Sauckel und Ministerpräsident Marschler, wie schon beschrieben, mit Erfolg. So kam es mit der Verordnung über die Wirtschaftsverwaltung vom 27. August 1939 und ihrer ersten Durchführungsverordnung im Wehrkreis IX zur Bildung von zwei Bezirkswirtschaftsämtern, denen Walther Funk als Generalbevollmächtigter zustimmte. Dieser Prozeß setzte sich 1940 unter Görings Führung in Berlin, Schwerin und anderen Gebieten fort. Die Leitung des Bezirkswirtschaftsamtes IXb wurde Marschler übertragen, der zugleich dem Thüringer Wirtschafts- und Finanzministerium vorstand. Dieser bildete einen Führerstab zur Koordinierung der Arbeitsaufgaben in seinem Amtsbezirk. Außerdem wurden acht Referate mit folgenden Aufgaben geschaffen:

Referat	1	Sicherung der Produktionsfähigkeit wichtiger Betriebe
	2	Sicherung des notwendigen Handels
	3	Sicherung der notwendigen Handwerkstätigkeit
	4	Kredit- und Versicherungswesen
	5	Energieversorgung
	6	Rohstoffversorgung (Mitwirkung)
	7	Verbrauchsregelung
	8	Rohstoffrückführung

Diese Referate waren personell und strukturell mit dem vorhandenen Apparat und Amtsträgern des Wirtschaftsministeriums verbunden und dienten, was deutlich an ihren Funktionen abzulesen ist, der Koordination kriegswichtiger Aufgaben der Wirtschaft. Der Führungsstab vereinigte dabei alle wichtigen regionalen Führungskräfte aus den Bereichen Industrie, Handwerk, Landwirtschaft, Verkehr, Bankwesen, Gewerbe, Preisbildung und Arbeitskräftelenkung.[6] „Die Führungsstäbe seien

Gliederung der Industrie-Abteilung der Wirtschaftskammer Thüringen 1940

Wirtschaftskammer Thüringen

Industrie-Abteilung
Ltg. Dr. Walther Schieber

Beirat
Mitglieder

Wilhelm Ahlert (Wintershall AG), Karl Beckurts (Gustloff-Werke), Rudolf Braun (IHK), Ernst Buschendorf (Fa. Carl Oertel, Gera), Paul Dietsch (Dietsch & Brückner, Weimar), Dr.-Ing. Erich Dinglinger (Zobel, Neubert & Co., Schmalkalden), Otto Egeler (Fabrikbesitzer, Mühlhausen), Rudolf Fischer (E. & S. Fischer, Wenrshausen), Otto Gebhard (Aktienbrauerei, Eisenach), Friedrich Grothkarst (Geschäftsführer, Weimar), Hans E. Harnack (Fabrikbesitzer, Greiz); Paul Henrichs (Vorstandsmitglied, Jena), Robert Hergert (Reich AG, Schweina), Ernst Keller (Gößnitz), Max Knoch (Knoch AG, Hirschberg), Kurt Lindner (Lindner & Co., Sondershausen), Ernst Looß (Fabrikbesitzer, Gotha), Fritz G. Meyer-Weißflog (Weißflog Metall KG, Gera), Dr. Walter Moll (Fabrikbesitzer, Luka), Dr. Mühlberg (Fabrikbesitzer, Ohrdruf), Heinrich Nehrling (Gebr. Nehrling, Erfurt), Otto Reum (Reum & Börner-Sachs, Barchfeld), Paul Reuter (Fabrikant, Apolda), Bernhard von Roehl (Oberbergrat, Lehesten), Dr. Otto Siegfried (Zander & Co., Erfurt), Hans-Joachim Schaede (Fabrikbesitzer, Saalfeld), Heinrich Schindhel (Vorstandsvorsitzender, Kahla), Paul Schilling (Fabrikbesitzer, Suhl), Richard Schneider (IHK, Sonneberg), Dr. Erich Schott (Geschäftsführer, Jena), Carl Schütz (Maxhütte, Unterwellenborn), Alfred Schütz (IHK, Gera), Kurt Toltz (Waggonfabrik, Gotha), Rudolf Uhley (IHK, Nordhausen), Gustav Vogel (Fabrikbesitzer, Steinach), Fritz Walter (Fabrikbesitzer, Zella-Mehlis), Dr.-Ing. Werner Weck (Fabrikbesitzer, Greiz-Dölau), Dipl.-Ing. Fritz Winter (Fabrikbesitzer, Arnstadt), Ernst Zitzmann (Vorstandsmitgl., Geraberg).

Ausschüsse

Betriebswirtschaft
Vors. Ernst Zitzmann

Ausschuß für technische Leistungssteigerung
Vors. Werner Hexnen, Suhl

Ausschuß für Qualitätsarbeitsfragen
Vors. Werner Heynen

Bezirksarbeitskreise der Industrie-Abt. des Wehrkreises Thüringen

- Mittel-Thüringen
  Vors. Karl Beckurts
- Ost-Thüringen
  Vors. Dr. Arthur Scheiding, Gera
- Süd-Thüringen
  Vors. Richard Schneider, Rauenstein
- Schmalkalden/ West-Thüringen
  Vors. Otto Reum, Barchfeld
- Mühlhausen-Eichsfeld
  Vors. Otto Egeler, Mühlhausen
- Nord-Thür./ Süd-Harz
  Vors. Rudolf Uhley

Geschäftsabteilungen

Abteilung 1 - Ltg. Dr. Mevius
Industrieforderungen, Wehrwirtschaft, Rationalisierung, Gemeinschaftswerbung

Abteilung 2 - Ltg. Dr. Schön
Sozialwirtschaft, Arbeitseinsatz, Berufsausbildung, Arbeitsforschung u. Statisik, Unfall...

Abteilung 3 - Ltg. Dr. Kandler
Betriebswirtschaft, Kostenermittlung, Preis- und Kartellfragen

Abteilung 4 - Ltg. Ingenieur Kleine
Wirtschaftliche Festigung u. betriebswirtschaftl. Planung, Leistungssteigerung

Abteilung 5 - Ltg. Dr. Göritz
Absatzfragen, Verkehrswesen

Abteilung 6 - Ltg. Dr. Herzig
Arbeitsrecht, Gefolgschaftssiedlung, gewerblicher Rechtsschutz

Abteilung 7 - Ltg. Lindner
Nachrichtenstelle, Verbindung zur Presse, Rundfunk u. Film

Abteilung 8 - Ltg. Dr. Wolff
Archiv u. Bibliothek

Abteilung 9 - Ltg. Dr. Clauder
Industrieberichterstattung, Zentralkartei, Meldung von Fachgruppen u. Ermittlung von Firmen

Abteilung 10 - Ltg. Seidler
Buchhaltung und Kassenführung

Bezirksgeschäftsstellen

Erfurt
Ltg. Dr. Walter Schumann

Gera
Ltg. Dr. Ehrhardt Setterkorn

Sonneberg
Ltg. Kurt Brauer

Schmalkalden
Ltg. Dr. Wilhelm Kattler

Nordhausen
Ltg. Dr. Jakob Peschken (Wehrmacht)
Ltg. Dr. Wilhelm Schüller

Bezirksfachgemeinschaft Thür. Eisen- und Metallwarenindustrie
Ltg. Paul Henrichs
GF: Dr. Schön, Erfurt

Thüringenhaus Berlin
Ltg. Dr. Walther Schieber,
Vertr. Dr. Mevius, Weimar

Zentralstellen zum Ausgleich aller wirtschaftlichen Bedürfnisse", war offiziell zu vernehmen.[7] Damit koordinierten sie auch die Aufgaben der neugebildeten Ernährungs- und Wirtschaftsämter – das Landesernährungsamt als oberste Stelle für Thüringen stand unter der Leitung des Landesbauernführers Rudi Peuckert – bei den Kreisen, Städten und Gemeinden. Alles umschloß jedoch der Verteidigungsausschuß des Wehrkreises IX und dessen Stab als Führungs- und Kontrollinstrument mit Fritz Sauckel als RVK an der Spitze. Und dies, obwohl es bsw. bei den Ernährungsämtern und für den Reichsnährstand zu Direktunterstellungen beim Generalbevollmächtigten für die Kriegswirtschaft kam. Unmißverständlich waren dazu seine Worte: „Der Reichsverteidigungskommissar als Chef der gesamten zivilen Verwaltung im Wehrkreis IX hat selbstverständlich auch in wirtschaftlichen Fragen Weisungsrecht."[8]

Neben den zivilen Bereichen bestanden im September 1939 in Weimar (Major Schmidt), Eisenach (Major Köllner), Kassel (Oberstltn. König), Gießen (Major Sympther) und Frankfurt am Main (Oberstltn. Klein) Wirtschaftsstellen, über welche Sauckel nicht verfügte.[9] Diese waren an den Wehrwirtschaftsstab und die Waffenämter der Wehrmachtsteile angegliedert und handelten in deren rein militärischen Zuständigkeiten. Die oberste Leitung über diese Stellen lag in der Hand des Wirtschaftsinspekteurs General Strähler von Heidekampf, dessen Sitz in Kassel war.

Die Lage der thüringischen Industrie zu Beginn des Krieges erörterte Sauckel mit einem auserwählten Führerkreis erstmals am 3. November 1939. Im Verlauf dieses Gespräches stellte Thiel fest, daß in der Rüstungsindustrie Arbeiter fehlen und der Rückfluß an Arbeitskräften aus den geschlossenen Betrieben zu Kriegsbeginn[10] den eingetretenen Bedarf, in erster Linie durch Einberufungen verursacht, nicht decke. Gauwirtschaftsberater Walther Schieber nannte in diesem Zusammenhang die Zahl von 12000 Abgängen gegenüber 7000 Zugängen vornehmlich aus der Textilindustrie.[11] Ein Blick auf die Listen erfolgter Betriebsschließungen bzw. erzwungener Arbeitskräftelenkungen belegt dann auch, daß diese Aktion nicht umfassend vorbereitet war. Die meisten Betriebe konnten, was allerdings auch von oberster Stelle abgesegnet worden war, in verminderter Form weiter produzieren. Unerwartet entstanden, neben den Eingriffen in die Luxus- und Textilgüterindustrie, Lücken bei der Sicherung der Rüstungsproduktion und im Transportwesen.[12] Insgesamt gelang es aber, begünstigt durch den Kriegsverlauf, die Organisation und die damit verbundenen Umstellungen auf den Kriegszustand in den Monaten September bis Dezember 1939 zu bewältigen.

Das änderte sich mit dem Scheitern der Blitzkriegsstrategie 1942 und der Umsetzung des Systems Speer zur Optimierung und Maximierung der Kriegswirtschaft.

Totale Kriegswirtschaft (1942 -1945)

Für die deutsche Kriegswirtschaft bildete die Wirtschaft im Bereich der Wirtschaftskammer Thüringen zwischen 1942 und 1945 einen bedeutungsvollen und unverzichtbaren Bestandteil. Das Charakteristische der Fertigungen bestand nicht in der Auslieferung von Finalprodukten und kompletten Systemen wie Panzer, Flugzeuge oder Schiffe, sondern in der Herstellung wichtiger Rüstungs-

Fronturlauber besuchen ihre ehemalige Arbeitsstätte, hier eine feinmechanische Fertigungsabteilung der Firma Carl Zeiss in Jena. Derartige Besuche gehörten zu den von der DAF und der NSDAP organisierten Betreuungsprogrammen, um die Moral beider Seiten gezielt zu stärken. (CZA)

Während des Krieges wurden unter anderem von der Gothaer Waggonfabrik Lastensegler vom Typ Go 242 in großer Stückzahl für die Wehrmacht gefertigt. Das Werk, das seit 1898 im Waggonbau tätig war, fertigte von 1913 bis 1918 und ab 1933 wieder Flugzeuge in einer eigenen Flugzeugbauabteilung. Die Aufnahme zeigt die Montage eines zweimotorigen Tiefdeckers (Lizenz od. Go 241) Anfang der 40er Jahre. Über dem Eingang zur Halle steht als Propagandaschlagzeile die Losung: „Auch Du stehst an der Front!" (GV)

güterkomponenten und sogenannter „dual use Güter"[13] durch zahlreiche Spezialfirmen. Ohne die Entfernungsmesser und die optischen Feuerleitsysteme von Carl Zeiss waren die Superschlachtschiffe der Bismarck-Klasse ebenso blind wie die U-Boote ohne die Seerohre aus Jena. Ohne die Kardangelenke und Gelenkwellen der Rheinmetall AG Sömmerda könnte sich kein Panzer in Bewegung setzen. Auch Ampullen für des Wehrmachtssanitätswesens wurden hauptsächlich von der Thüringer Glasindustrie geliefert.

Das mitteldeutsche Industriegebiet mit dem Gau Thüringen als Ganzem wurde immer mehr zu einem der wichtigsten Rüstungszentren. Die Hauptursache hierfür lag sicherlich in der vergleichsweise guten industriellen Infrastruktur des Gaues. Hochwertiges feinmechanisch-optisches Kriegsgerät konnte eben nur bei Zeiss in Jena gefertigt werden. Ähnlich war die Situation in der Maschinenbauindustrie und der Zella-Mehlis-Suhler Waffenindustrie. Zum Ausbau dieser Industriezweige wurden Bereiche wie die Textilindustrie planmäßig aus Thüringen verlagert. Zudem zogen die gut verdienenden Rüstungsbetriebe Arbeitskräfte aus anderen Industriezweigen an und veränderten so die Industriestruktur zusätzlich.

Die Achillesferse der deutschen Wirtschaft, chronischer Arbeitskräftemangel, ist auch in Thüringen feststellbar. Immer wieder wurden sogenannte AZS-Aktionen (Auskämmen des zivilen Sektors) durchgeführt. So sollten in der Auskämmaktion für den Sommer 1944 8000 Arbeitskräfte für die Rüstung abgestellt werden. Für die einzelnen Industriebereiche bestanden Abgabesätze für freizumachende Arbeitskräfte. Beispielsweise mußten im Sommer 1944 Betriebe der Keramikindustrie 2,5%, der Textilindustrie 3,5% und der Holzindustrie 4% der Arbeitskräfte zum Einsatz in der Rüstungsproduktion freistellen.

Statistisches Material zur Darstellung der Wirtschaftsentwicklung in Thüringen ist äußerst rar. Zudem beeinträchtigen organisatorische Veränderungen in der Industriestatistik die Aussagekraft der Zahlen. Deshalb können in der beigeschlossenen Übersicht zur Industrieerzeugung und Beschäftigtenzahl in den jeweiligen Industriebereichen nur einige Daten der Jahre 1939 und 1944 wiedergegeben werden.

Die tiefgreifenden Verschiebungen in der Thüringer Industriestruktur werden durch die obigen Zahlen eindrucksvoll belegt. Die Anzahl der in der Industrie, ohne Bau- und Lebensmittelindustrie,

Thüringens Industrie 1939/1944

	Industrielle Erzeugung in Mio. RM		Zahl der Beschäftigten	
Jahr	1939	1944	1939	1944
Gesamt	2525,0	2553,0	424 342	389 631
davon Wirtschaftsgruppe				
Bergbau	114,4	136,2	12 437	~ 16 000
Feinmechanik/Optik	151,0	235,5	13 200	19 200
Glasindustrie	97,0	118,8	24 400	16 100
Keramische Industrie	52,3	67,5	17 900	15 900
Metall- und Elektroindustrie	618,7	1061,0	189 699	200 944
Textil- und Bekleidungsindustrie	527,4	212,9	81 300	30 300
Lederindustrie	105,0	69,6	12 300	7 800

Q.: Zusammengestellt von André Beyermann (ThHStAW, Bestand Thüringer Statistisches Landesamt, Nr. 124.)

Beschäftigten verringerte sich im Krieg um rund 8%. Gleichzeitig blieb der Wert der Industrieerzeugung nahezu gleich. Der Ausfall an Arbeitskräften durch Einberufung und Tod wurde durch Zwangsarbeiter also nahezu ausgeglichen. Durch Umlenkung der Arbeitskräfte von der Konsumgüterindustrie zur Metall- und Elektroindustrie konnte deren Beschäftigungsstand um 6% erhöht werden. Beeindruckender ist jedoch die gleichzeitige Steigerung der Produktion um über 70% im Industriebereich. Diese Zahl verdeutlicht selbst bei Beachtung der verlängerten Arbeitszeiten, welche Produktivitätsreserven die hochentwickelte Thüringer Metall- und Elektroindustrie im Kriegsverlauf realisieren konnte. Ganz ähnlich war die Situation in der Glasindustrie.

Zunehmende Luftangriffe der Alliierten erzwangen ab 1943 den Aufbau neuer bombensicherer Produktionsstätten. Mehrere dieser Produktionsstätten der letzten Minute wurden auch im Gau Thüringen aufgebaut.[14] Am bekanntesten sind die Mittelwerk GmbH und die RHEIMAG. Auf die RHEIMAG wird in einem späteren Artikel bei der Darstellung der Gustloff-Stiftung eingegangen. Die Mittelwerk GmbH produzierte in unterirdischen Stollen des Kohnsteins bei Nordhausen die V2. Mit maßgeblicher Beteiligung der Wirtschaftsorganisation der SS wurde die Anlage zum Hauptmontagewerk für die V2 ausgebaut. Den Umfang des Projektes verdeutlicht der Sachverhalt, daß im November 1944 über 14 000 KZ-Häftlinge dort zur Zwangsarbeit herangezogen wurden. Die Verlagerung wurde durch die Enttarnung Peenemündes als deutsches Raketenzentrum und die daraufhin am 18. August 1943 erfolgte verheerende Bombardierung der Wohn- und Teile der Versuchs- und Entwicklungsanlagen durch die RAF notwendig. Die Schäden durch den nächtlichen Luftangriff an lebenswichtigen Einrichtungen des Versuchs- und Entwicklungswerkes erwiesen sich bei Tage betrachtet als nicht so bedeutend. Die wichtigsten Anlagen in Peenemünde blieben mit wenigen Ausnahmen unzerstört oder erlitten nur geringe Schäden, die durch fachgerechte Reparaturen ohne große Verzögerungen zu beheben waren. Dennoch kostete der Angriff ca. 735 Menschen, davon mehr als 500 Zwangsarbeitern, das Leben. Durch die Bombardierung wurde aber klar, daß es künftig keine Fertigung der V2 in Peenemünde mehr geben könne. Das Geheimnis der „verbotenen Insel" war aufgedeckt. Die Fertigung mußte allein schon deshalb verlegt werden. Beschleunigt wurde die Entscheidung zur Verlegung durch Bombardierungen auf die zur V2-Fertigung gehörenden Fabrikanlagen in Friedrichshafen und Wiener Neustadt. Der Geheimdienst wie auch die Luftaufklärung der Alliierten hatte diese Anlagen zwar nicht als Raketenwerkstätten enttarnt, aber durch ihre Nähe zu anderen Fabriken, die zu den strategischen Zielen der RAF gehörten, waren auch diese Betriebe ständig gefährdet.[15]

In den Tagen vom 18. bis 25. August fielen die notwendigen Entscheidungen zur Untertageverlegung der V2-Fertigung im Führerhauptquartier Wolfsschanze in Ostpreußen, unweit der Ortschaft Rastenburg. RFSS Heinrich Himmler gelang es, Hitler davon zu überzeugen, daß die Raketenfertigung unter der Führung der SS und mit Hilfe „starker Einschaltung seiner Kräfte aus den Konzentrationslagern" umgesetzt werden müsse. Von dieser Entscheidung wurde Kriegsminister Albert Speer am 20. August in Kenntnis gesetzt. Himmler übertrug die Aufgabe zur Errichtung der Anlage an den SS-Brigadeführer Dr.-Ing.

Hans Kammler, der an der Errichtung von Vernichtungslagern und Gaskammern mitgewirkt hatte. General Walter Dornberger, der Chef in Peenemünde, erfuhr am 25. August von den Veränderungen und Entscheidungen zur Untertageverlegung. Der Standort wurde am 26. August von Speer in einer Geheimbesprechung, an der Karl Otto Saur, Walter Dornberger, Hans Kammler und Gerhard Degenkolb teilnahmen, bestimmt. Die Anlage, die schon bald als „Mittelwerk" bezeichnet wurde, sei in einem Stollensystem nahe der Stadt Nordhausen errichtet werden.[16] Die Entscheidung für diesen Standort, der seit 1917 zunächst von der BASF zur Gipsgewinnung genutzt

General Walter Dornberger zusammen mit RFSS Heinrich Himmler 1942 auf dem Versuchsgelände in Peenemünde. Es war das Jahr, in welchem sich Himmler für die Raketenentwicklung und deren Serienfertigung zu interessieren begann. (Ausschnitt/ WS)

wurde, ab 1935 aber von der Wirtschaftlichen Forschungsgesellschaft mbH (Wifo) im Rahmen eines Untersuchungs- und Ausbauprogramms des Reichswirtschaftsministeriums zur Bereitstellung unterirdischer Rohstoff- und Materiallager bis 1943 mit 46 Kammern auf einer Fläche von 120 000 m² systematisch aufgefahren wurde, fiel folgerichtig. Der vorhandene Ausbaugrad erlaubte eine rasche Verlegung der Raketenfertigung in den Kohnstein bei Niedersachswerfen/Nordhausen. Bereits am Tag der Entscheidung über den Standort traf der erste Häftlingstransport aus dem KZ Buchenwald zur Errichtung der Untertageanlagen ein. Zugleich entstand das Lager Dora als Außenlager des Konzentrationslagers Buchenwald, in dem die Häftlinge, die für die Errichtung der unterirdischen Fabrik benötigt wurden, unterkamen. Das Außenlager Dora entwickelte sich schnell zu einem der gefürchtetsten Arbeitslager der SS. Die Zahl der Häftlinge erreichte ihr Maximum von etwa 12 000 im Februar 1944. Die Sterblichkeit lag aufgrund der außerordentlich hohen physischen und psychischen Belastungen, die Arbeitshetze und Grausamkeit der SS, sehr hoch. Unter diesen extremen Bedinungen gelang es der SS, Ende Dezember 1943 die ersten drei Raketen fetigzustellen und nach Peenemünde, wo Teilbereiche der Entwicklung und Erprobung weiterhin bestanden, für Testabschüsse zu überführen. Im Januar 1944 wurde die Produktion im Mittelwerk auf 52 Raketen gesteigert. In den Folgemonaten kam es zu weiteren Steigerungen, die mit dem Ausbau der Anlage und verschiedenen Veränderungen im Umgang mit qualifizierten Häftlingen, die an den Fertigungsanlagen beschäftigt waren, zu tun hatten. Das angestrebte monatliche Fertigungssoll betrug 600 V2-Raketen. Im Herbst 1944 erreichte die Fertigung diese Sollzahl und in den ersten Monaten 1945 kam es mit fast 700 hergestellten Raketen zu einer letzten Steigerung. Der erste Einsatz einer V2 als Kriegsrakete erfolgte mit dem Ziel London am 8. September 1944.[17]

SS-Brigadeführer Dr.-Ing. Hans Kammler, der Verantwortliche für Dora. (WS)

Im Zusammenhang mit der V2-Fertigung im Mittelwerk und dem Außenlager „Dora" des KZ Buchenwald soll an dieser Stelle noch auf eine weitere unterirdische Produktionsstätte für die V2 mit einem KZ-Außenlager hingewiesen werden. Es trug den Namen „Laura", wie alle mit der V2 in Verbindung stehende Lager weibliche Vornamen erhielten, und befand sich in der Gemarkung „Fröhliches Tal" der Gemeinde Schmiedebach (bei Lehesten). Die Errichtung des Außenlagers erfolgte am 21. September 1943 mit der Überführung von 209 Häftlingen für ein V-Werk, in welchem Teile und Baugruppen hergestellt und geprüft werden sollten. Der höchste Häftlingsbestand wurde bereits im Dezember 1943 mit knapp 1200 erreicht. Es war die Zeit des Ausbaus, der größten Arbeitssklaverei und auch der höchsten Sterberate, die bis März 1944 hoch blieb. „Laura", errichtet auf dem Gelände eines früheren Schieferbergwerks

Untertägige Rüstungsanlagen und –projekte im Raum Jena-Rudolstadt-Sitzendorf-Eisfeld-Sonneberg-Pößneck 1944/45

Lfd. Nr.	Namer der Anlage	Standort	Deckname	Verlagerter Betrieb	Fertigung	Anmerkung
01	Glückauf	Unterloquitz	Schildkröte	Marinewerft Kiel	Lagerung	*Geilenberg
02	Wagnersglück	Marktgölitz	Molchfisch	W.H. Gessner, Rednitz/Oder	Kleingetriebe	*Geilenberg
03	Vereinigte Reviere	Großkamsdorf	Schneehase	BMW, Markirch	Flugmotoren	*betriebsklar
04	Staatsbruch	Lehesten	Kaulquappe	Schott&Gen.	opt. Gläser	betriebsklar
05	Eich-Berg	Eisfeld		Sardine Griebel, Sonneberg		
06	Kolditz	Marktgölitz	Anke			*TAM lehnt ab
07	Kirchberger Glück	Reichenbach	Rotfeder	Klöckner-Deutz, Brünn Reinecker, Chemnitz	Einspritzpumpen, Regler Innenschleifmaschinen	
08	Bocksberg	Großneundorf	Kranke			*TAM lehnt ab
09	Brand I	Unterloquitz	Zingel			
10	Hartmann	Reichenbach				*Geilenberg
11	Blaues Glück	Roda	Lanzettfisch	Bruhn-Werke, Schalkau		*Geilenberg
12	Schwarzatal	Böhlscheiben	Gurami	Transavia, Lauenburg/Pomm.	Kleingetriebe	betriebsklar
13	Gutglück	Limbach	Klumpfisch	Aeromaschinen, Bayreuth	Kleingetriebe, Werkzeuge	
14	Anhydrit	Krölpa	Pikrit	Arado, Brandenburg AR 234		im Bau
15	Pieterberg ?	Sonneberg		Schleierschwanz		
16	Rentschenbruch	Probstzella	Rutte	Paul Leistritz, Nürnberg Feinapparatebau, Gablonz	Druckölpumpen	
17	Hilfe Gottes	Marktgölitz	Meduse			
18	Achterstreichen	Marktgölitz	Schnecke			
19	Gefundenes Glück	Marktgölitz				
20	Kühler Morgen	Röttersdorf	Hausen	Maschinen- u. Gerätebau, Wöllersdorf		
21	Örtelsbruch	Lehesten	Rotbutt (Laura)	HVA Peenemünde	V2-Triebwerksprüfung Flüss. Sauerstoffproduktion	in Betrieb
22	Koselstein	Wurzbach	Lungenfisch	Klöckner-Deutz-Feinbau	Einspritzpumpen	
23	Mühlenbruch	Reichenbach	Unke	Stolzenberg, Berlin-Reinickendorf		*Geilenberg
24	Fortuna	Reichenbach	Orfe			
25	Herrenbruch	Probstzella	Lingula			
26	Friedrich(s) Hoffnung	Probstzella	Pecten	Wirths-Bach & Co., Meschede		
27	Porzellansand-Grube	Großeutersdorf	Lachs	Messerschitt; AGO	Me 262 Montage	betriebsklar
28	Rothensteiner Höhlen	Rothenstein	Albit	CZ Jena Optik, Feinmechanik Geraer techn. Werkstätten		teilweise in Betrieb
29	?	Jena	Ringelnatter	Schott& Gen.	Ultrarotgeräte	im Bau
30	?	Jena-Burgau	Schnäpel	Zeiss-Werke		im Bau
31	Buntsandstein	Schwarza	Meerschaum	Torpedo-Arsenal MItte, Rudolstadt	Torpedos	im Bau
32	Heidecksburg	Rudolstadt	Ortrud			
33	Felsenkeller	Rudolstadt	Rosalie			

TAM = Torpedo-Arsenal Mitte; HVA = Heeresversuchsanstalt

* Zeitweilig gesperrt oder vorgesehen für das Geilenberg-Programm zur Sicherung der Mineralölindustrie.

Q.: Klaus W. Müller u. Willy Schilling: Deckname Lachs, S. 23.

(Örtelsbruch), wurde letztlich ausgebaut, um vor allem die Triebwerke der V2 auf ihre Funktionsfähigkeit hin zu prüfen. Die Triebwerke selbst kamen aus drei verschiedenen Produktionsstätten. Im Bergwerk wurden die Tankanlagen mit den flüssigen Treibstoffkomponenten, eine Mischung aus Brennspiritus (Alkohol) und flüssigen Sauerstoff, neben den erforderlichen Reparaturkapazitäten für defekte Raketentriebwerke untergebracht. Die Brennversuche erfolgten auf einer entsprechenden Anlage. Der Brennstrahl entwickelte eine ungeheure Kraft und Hitze und maß etwa einen Meter im Durchmesser und 30 bis 50 Meter in der Länge. Auch „Laura" gehörte zu den rücksichtslosen Maßnahmen der „totalen" Kriegswirtschaft, die brutal und ohne Rücksicht auf die Opferzahl der eingesetzten Häftlinge und Zwangsarbeiter vorangetrieben wurde.

Als zweite große unterirdische Rüstungsfabrik, die den Stand beginnender Arbeitsfähigkeit erreichte, ist die Flugzeugfabrik im Walpersberg bei Großeutersdorf/ Kahla zur Herstellung des ersten einsatzfähigen Düsenjägers der Welt, der Me 262, zu nennen. Die Anlage führte den Decknamen

Lachs. Sie war nicht das einzige Projekt in diesem Raum Thüringens, sondern eines von 41 geplanten, von denen bereits 33 Untertageanlagen, unabhängig von ihrer Bestandsform, Zuweisungen für Ausbau und/oder kriegswirtschaftliche Nutzung besaßen.[18]

Die Voraussetzungen, die zum Ausbau des Walpersberges bei Kahla führten, waren die gleichen wie die für den Ausbau des Kohnstein. Auch beim Walpersberg handelte es sich um ein ehemaliges Bergwerk aus dem Jahre 1897, das im Rahmen des Höhlenprogramms erfaßt und zur kriegswirtschaftlichen Nutzung vorgesehen wurde. Ebenso verhielt es sich mit dem im Rothensteiner Trompeterfelsen erfaßten Hohlraum, der unter dem Decknamen Albit geführt wurde. Die Zuweisung für die kriegswirtschaftliche Nutzung erfolgte je nach Bedarf und Dringlichkeit. Am 5. März 1944 legte der Jägerstab, der zur Forcierung des Jagdflugzeugbaues und zur Sicherung der Produktion wenige Tage zuvor gebildet worden war, Hitler einen Entwurf zur Steigerung der Jägerproduktion und der Absicherung der Produktionsstätten vor. Hitler akzeptierte dieses Vorlage zur Verlegung der Jägerproduktion bei gleichzeitiger Aufrechterhaltung und Steigerung der Fertigungszahlen. Gauleiter Sauckel, der als Stiftungsführer der Gustloff-Stiftung schon über Jahre eine Möglichkeit zur Ausweitung der Fertigungsprofile der thüringischen Rüstungsschmiede suchte, schlug daraufhin Hermann Göring als Chef der Luftwaffe am 8. März vor, innerhalb der NS-Industriestiftung „Gustloff-Werke" die Jägerfertigung in Thüringen mit größter Intensität in unterirdischen Fabrikanlagen anlaufen zu lassen. Das Werk sollte diesen Vorgaben entsprechend bombensicher in den Stollen der Porzellansandgrube der Kahlaer Porzellanfabrik bei Großeutersdorf untergebracht werden. Für diese Grube hatten sich zuvor schon andere Firmen und Stellen entschieden, doch da es zu keinen konreten Zusagen gekommen war, verfügte Sauckel über diese Anlage. Was noch fehlte waren die technischen und finanziellen Voraussetzungen. Diese Probleme wurden bis Juni

Diese Aufnahmen zeigen den für die Firma CZ Jena in Rothenstein, zwischen Jena und Kahla gelegen, ausgebauten Felsenkeller, eine ursprünglich natürliche Höhle im Buntsandstein. Zu dieser Anlage führte ein Anschlußgleis der Reichsbahn vom Haltepunkt Rothenstein der Saalbahnstrecke Großheringen-Saalfeld. In den fertigen Stollen befanden sich bereits Poliermaschinen und Lagereinrichtungen für Rohstoffe und Halbprodukte. (CZA)

Wichtige Rüstungsunternehmen in Thüringens

Ort	Unternehmen
Allstedt	Mansfeld AG
Altenburg	Hugo Schneider AG (HSAG)
Arnstadt	Polte AG
Breitungen	Metallwarenfabrik Scharfenberg & Teubert GmbH
Eisenach	Eisenacher Karosseriewerke Assman GmbH; Hugo Schneider AG; Dixi-Werk
Eisfeld	Pulver- und Pyrotechnische Fabrik GmbH
Erfurt	Waffenfabrik Erma, B. Geipel GmbH; Olympiawerk (Bürotechnik);Focke-Wulf Flugzeugbau GmbH Erfurt-Nord; Telefunken; Berlin-Erfurter MF; Feima
Gotha	Gothaer Waggonfabrik
Ilmenau	Feinmechanisch-elektrotechnische Produkte
Jena	Carl Zeiss; Schott &. Gen.
Langewiesen	Hugo Schneider AG
Meuselwitz	Hugo Schneider AG
Mühlhausen	Leder- und Lederwarenfabrik Otto Stephan
Oberlind	August Pfeffer
Oberweißbach	Hugo Schneider AG Werk
Ohrdruf	G.J. Ensink & Co.
Plauen	Vogtländische Maschinenfabrik (VOM)
Pößneck	Lederwarenfabrik Richard Erhardt
Rositz	Dieselöl
Ruhla	Gebr. Thiel GmbH; Schlothauer GmbH
Saalfeld	Optische Anstalt Saalfeld GmbH
Schmalkalden	Metallwarenfabrik Schmalkalden
Sömmerda	Munitionsfabrik Selve-Kornbiegel, Dornheim AG
Suhl	Waffenfabrik Sauer & Sohn; Remo Gewehrfabrik Gebr. Rempt; Luch & Wagner; Waffen- und Fahrradfabrik C. G. Haenel; Waffenfabrik Heinrich Krieghoff; Walther Steiner, Eisenkonstruktionen; Waffenfabrik Fritz Kiess & Co. GmbH
Taucha	Hugo Schneider AG Werk
Unterwellenborn	Eisenwerk Maximillianshütte
Weimar	Weimarwerke
Zeitz	Lederwarenfabrik Albin Scholle; Treibstoffe (Lützkendorf)
Zella-Mehlis	Gewehrfabrik Fritz Wolf; Gewehr- und Fahrradteilfabrik Hermann Weihrauch; Karl Walter

1944 endgültig gelöst. Mit Hilfe und wirksamer Unterstützung von Göring, Milch, Speer und weiteren hochrangigen Personen erwarb die NS-Stiftung „Gustloff-Werke" von der AEG die AGO-Flugzeugwerke Oschersleben und begann zeitgleich mit dem Ausbau des Walpersberges zur unterirdischen Flugzeugfabrik. Nach der ursprünglichen Planung bestand die Absicht, in dieser Fabrik die Jäger FW 190 und TA 152 zu fertigen. Am 17. Oktober wurde jedoch verfügt, im Walpersberg statt der alten Propellermaschinen, den neuartigen Strahljäger Me 262 zu montieren.[19]

Zu diesem Zeitpunkt war der Stollenausbau bereits soweit vorangetrieben worden, daß mit dem Einbau von Fertigungs- und Montageanlagen begonnen werden konnte. Freilich waren die großen Montagehallen im Inneren des Berges noch nicht vollendet. Schließlich hatte der Ausbau des Stollensystems und der notwendigen Außenanlagen mit Hilfe von ca. 10 000 Zwangsarbeitern, die bis Dezember fortlaufend in Lagern rund um Kahla angesiedelt wurden, erst am 11. April begonnen. Dennoch konnte mit Hilfe von provisorischen Montagehallen an die Fertigung der Me 262 herangegangen werden. Am 21. Februar 1945 erfolgte der erste Start einer Me 262 vom Flugplatz auf dem Walpersberg zum Fliegerhorst Zerbst. Dort wurde die Maschine weiter ausgerüstet und befaffnet. Zur Aufnahme der Serienproduktion kam es allerdings nicht mehr.

Eine Zäsur in der Kriegswirtschaft stellte eine am 10. August 1944 in Straßburg stattgefundene Tagung dar. Unter dem Vorsitz von Dr. Friedrich Scheidt stellten die Teilnehmer den Krieg als verloren fest. Hier wurden auch Maßnahmen für die Sicherung der Nachkriegsproduktion angeregt und beschlossen.

Zum Jahresbeginn 1945 wurde der Thüringer Raum immer mehr zum Rückzugsbereich für Staat und Wirtschaft. Viele Zentralbehörden setzten sich ob des Frontverlaufes und der hohen Zahl an Bombenangriffen aus Berlin ab. Den Auftakt bildete Ende Februar ein „Arbeitsstab Thüringen" des Wirtschaftsministeriums mit Wirtschaftsminister Walter Funk an der Spitze, der zwischenzeitlich in Bad Salzungen Quartier nahm. Auch die Reichsgruppe Industrie und die Wirtschaftsgruppen konzentrierten ihre Absatzbewegungen auf den mitteldeutschen Raum. Die Hauptgeschäftsführung, die Zentralverwaltung und die Statistische Abteilung der Reichsgruppe Industrie verlagerten ihre Geschäftstätigkeit vorerst nach Gera, während die Abteilung Geld- und Kreditfragen in Ilmenau unterkam. Karl Albrecht, früher Geschäftsführer der Wirtschaftsgruppe Feinmechanik-Optik und eng mit dem Zeiss-Konzern verbunden, wirkte nach dem Einmarsch der Amerikaner ab Mai 1945 als Verbindungsmann zwischen Reichsgruppe Industrie, Wirtschaftsgruppen und amerikanischen Wirtschaftsoffizieren. Die Akteure des wirtschaftspolitischen Überlebensprogrammes der deutschen Industrie gingen mit den Amerikanern neue Partnerschaften ein und zogen sich mit diesen nach der Übergabe Thüringens an die sowjetische Besatzungsmacht in die westalliierten Besatzungszonen zurück.[20]

Fritz Sauckel: Fronvogt Europas

Mit der am 21. März 1942 erfolgten Bestellung zum Generalbevollmächtigten für den Arbeitseinsatz durch Hitler wurde Sauckel zu einem Machtfaktor in der deutschen Kriegswirtschaft, zum „Menschendiktator" und „Fronvogt Europas". Mit den umfassenden Vollmachten, die der Reichsstatthalter von Thüringen für seine Tätigkeit von Hitler erhielt, war Sauckel dem neuen Generalbevollmächtigten für Rüstung, Albert Speer, gleichgestellt. Sauckels Arbeitsbereich umfaßte neben der Lenkung des deutschen Arbeitseinsatzes und der Lohnpolitik auch die Heranziehung ausländischer Arbeitskräfte. Bis dahin war Sauckel auf Reichsebene eher zweitrangig. Nach Speers Bekunden sorgte vor allem der Sauckel eng verbundene Reichsorganisationsleiter der NSDAP, Martin Bormann, für dessen Bestellung zum GBA. Zudem erforderte die katastrophale Situation im Bereich des deutschen Arbeitseinsatzes „die Berufung einer energischen, entscheidungsfreudigen und hochgradig leistungsorientierten Persönlichkeit, die über Rückhalt in der NSDAP und über Erfahrungen in der Politik, der Verwaltung und der Wirtschaft verfügte."[21] Durch Zusammenfassung der zersplitterten Arbeitseinsatzorganisation und Ausnutzung der ihm übertragenen Machtvollkommenheit konnte Sauckel in überraschend kurzer Zeit von April bis November 1942 die Beschaffung von 2 769 652 Arbeitskräften für die deutsche Wirtschaft melden. Ein wichtiger Faktor für diesen Erfolg bestand im Arbeitsstab des GBA. Von diesem Arbeitsstab stammten allein 12 Mitarbeiter aus Thüringen. Beispielhaft für alte Thüringer Weggefährten aus den Kampfjahren gehörten zu diesem Kreis der langjährige Reichstreuhänder der Arbeit Dr. Heinrich Wiesel, der Beauftragte für die Landwirtschaft und Kriegsernährungswirtschaft Landesbauernführer Rudi Peukert und der Beauftragte für Industrie- und Wirtschaftsfragen, der Direktor der BSW GmbH Suhl, Karl Beckurts.

Im weiteren Kriegsverlauf kam es zwischen Sauckel und Speer zu tiefgreifenden Differenzen. Beide verfolgten im Hinblick auf den Arbeitseinsatz grundsätzlich konträre Strategien. Speer präferierte die „Idee einer europäischen Produktionsplanung". Die Arbeitskräfte der besetzten Länder sollten in ihrer Heimat für die deutsche Kriegswirtschaft arbeiten. Dagegen war Sauckel und der Großteil der deutschen Industrie für den Einsatz ausländischer Arbeitskräfte im Reich. Aufgrund der besseren Lenkungs- und Über-

Merkblatt

Wie verhalten wir uns gegenüber den Polen?

Haltet Abstand von den Polen!

Sie gehören einem Volke an, daß noch vor wenigen Monaten 58 000 Deutsche ermordet hat.

Werdet nicht zu Verrätern an der deutschen Volksgemeinschaft!

Die Polen gehören nicht zur deutschen Volksgemeinschaft. Wer sie wie Deutsche behandelt oder gar noch besser, der stellt seine eigenen Volksgenossen auf eine Stufe mit fremdrassigen. Das gleiche gilt auch für den deutschen Gruß. Wenn es nicht zu vermeiden ist, daß sie mit euch unter einem Dach wohnen, dann bringt sie so unter, daß jede engere Berührung mit eurer Familie ausgeschlossen ist.

Laßt Polen nicht mit an eurem Tisch essen!

Sie gehören nicht zur Hofgemeinschaft, noch viel weniger zur Familie. Ihr sollt ihnen zwar genügend zu essen geben, sie sollen aber getrennt von euch essen.

Bei euern Feiern und Festen haben die Polen nichts zu suchen!

Wir wollen in unseren Feiern und Familienfesten unter uns sein. Die Polen sind ein fremdes Volk. Sie werden unter sich ihre eigenen Feiern veranstalten.

Nehmt die Polen nicht in eure Gasthäuser mit!

Sie werden es euch nicht danken. Es wird dafür gesorgt werden, daß bestimmte Gasthäuser an einem Tag der Woche ausschließlich den Polen zur Verfügung stehen.

Gebt den Polen auch sonst keine Vergünstigungen!

Wenn ihr glaubt, durch Geschenke ihre Arbeitsfreudigkeit zu steigern, so irrt ihr euch. Jede weichliche Behandlung schwächt erfahrungsgemäß ihren Willen zur Arbeit.

Seid gegenüber den Polen selbstbewußt!

Die deutschen Soldaten haben im Polenfeldzug die „polnische Wirtschaft" kennen gelernt. Seid stolz auf eure Überlegenheit in jeder Beziehung. Die Polen sind nicht nach Deutschland geholt worden, damit sie hier ein besseres Leben führen als in den primitiven Verhältnissen ihrer Heimat, sondern damit sie durch ihre Arbeit den unermeßlichen Schaden wiedergutmachen, den der polnische Staat dem deutschen Volke zugefügt hat. Ihr habt die Polen nicht ehrlos zu behandeln, aber laßt keinen Zweifel daran, daß ihr die Herren im eigenen Lande seid.

Haltet das deutsche Blut rein!

Das gilt für Männer wie für Frauen!
So wie es als größte Schande gilt, sich mit einem Juden einzulassen, so versündigt sich jeder Deutsche, der mit einem Polen oder mit einer Polin intime Beziehungen unterhält. Verachtet die tierische Triebhaftigkeit dieser Rasse. Seid rassenbewußt und schützt eure Kinder. Ihr verliert sonst euer höchstes Gut: eure Ehre.

Größte Vorsicht im Umgang mit Kriegsgefangenen!

Der Kriegsgefangene ist unser Feind geblieben. Er handelt als Soldat nach den ihm vor seiner Gefangennahme gegebenen Befehlen, die ihm vorschreiben, auch in der Gefangenschaft dem Feind zu schaden, wo er kann. Für den Umgang mit Kriegsgefangenen gilt deshalb alles, was schon gesagt ist, in verschärftem Maße.

Denkt vor allem an die Spionagegefahr!

Jede Anbiederei und Vertrauensseligkeit bietet der Spionage Vorschub. Nehmt keine Briefe der Kriegsgefangenen mit. Erfüllt auch sonst keine kleinen Gefälligkeiten. Führt keine unnötigen Unterhaltungen, sondern sprecht kurz und dienstlich mit ihnen. Schwerste Strafe trifft den, der fahrlässigen Landesverrat begeht.

Deutsche,

seid zu stolz, euch mit Polen einzulassen!

Druck: [illegible], Weimar

wachungsmöglichkeiten sah Sauckel hier eine höhere Effizienz des Arbeitseinsatzes. Im weiteren Kriegsverlauf büßte der GBA immer mehr an Einfluß ein. Zum einen lag dies an dem stetigen Wachstum der Macht Albert Speers, zum anderen an den militärischen Rahmenbedingungen, dem immer kleiner werdenden deutschen Einflußbereich. Dennoch war die Gesamtleistungsbilanz des GBA beachtenswert. Allein die Anzahl der Kriegsgefangenen und der ausländischen Zwangsarbeiter in der deutschen Kriegswirtschaft stieg vom Mai 1942 bis August 1944 um 3,6 Millionen an. Hinter dieser Zahl standen auch 3,6 Millionen Einzelschicksale. Pauschalierungen und Verallgemeinerungen sind hier fehl am Platze. Es gilt zu differenzieren. Die Situation eines russischen Kriegsgefangenen in einem SS-Unternehmen unterschied sich sicherlich stark von der Lage eines holländischen Zwangsarbeiters bei Carl Zeiss Jena. Zudem ist festzustellen, daß Sauckel zumindest in seinen Anweisungen und Richtlinien als GBA das Wechselverhältnis von ausreichender Ernährung, Leistungsfähigkeit und Arbeitswilligkeit erkannte und beachtete. Während der offizielle Verpflegungssatz der deutschen Zivilbevölkerung und der nichtsowjetischen ausländischen Zivilarbeiter im März 1944 bei schwerer Arbeit bei 2603 Kalorien pro Tag lag, waren es bei den sowjetischen Kriegsgefangenen und Zivilarbeitern immerhin noch 2375 Kalorien.

Unter dem 15. März 1943 veröffentlichte Sauckel seine erste Jahresbilanz als GBA*

„neue fremdvölkische Arbeitskräfte“ 3.638.056

der deutschen Kriegswirtschaft „zugeführte“ Gefangene 1.622.829

* Die vom IMT 1945 erhobene Zahl lautete: 12 Mio.

Aus einer Akte der Stadtverwaltung Gera aus dem Jahr 1942 über die Verpflegungssätze für Kriegsgefangene und Fremdarbeiter:

„Diese erhalten einschließlich der Langarbeiterzulage jede Woche 2600 g Brot, 5250 g Kartoffeln, 250 g Pferde- oder Freibankfleisch, 110 g Zucker, 130 g Magarine, 150 g Nährmittel“.

In allen Wirtschaftsbereichen wurden Ausländer verschiedener Nationen als Arbeitskräfte eingesetzt und dabei in drei Kategorien eingeteilt: Fremdarbeiter „West“, Fremdarbeiter „Ost“ und Polen. Die Fremdarbeiter West kamen aus den westeuropäischen Ländern, insbesondere aus Begien, Holland, Frankreich, Luxemburg; die Fremdarbeiter Ost vor allem aus den besetzten Gebieten der Sowjetunion, aber auch aus dem besetzten Jugoslawien. Für die aus Polen zugeführten Zwangsarbeiter gab es gesondert das „P“ als Kennzeichnung. Für Fremdarbeiter Ost und Polen galten besonders strenge Regelungen, die bereits am 8. März 1940 von Himmler in einem entsprechenden Papier festgeschrieben worden waren. Bei Verstößen gegen diese Regeln, die unter anderem das Verhalten gegenüber Deutschen betrafen, gab es einen breit gefächerten Katalog an Bestrafungen, der mit Arbeitserziehungslager (AEL) oder „Sonderbehandlung“, was nichts anderes als Hinrichtung bedeutete, endete. Diese drastischen Androhungen bestanden unter anderem, weil Fremdarbeiter Ost und Polen – von bestimmten Sonderregelungen abgesehen – als „nicht eindeutschungsfähig“ betrachtet wurden. Daran schloß der Geheimerlaß Sauckels vom 22. August 1942, der die sogeannten Sauckel-Aktionen in den besetzten Gebieten zur Rekrutierung von Zwangsarbeitern einleitete, ebenso an, wie die Verfügung Himmlers vom 27. Juli 1943 „Betr. Behandlung der schwangeren ausländischen Arbeiterinnen und der im Reich von ausländischen Arbeiterinnen geborenen Kinder.“ In weiteren Bestimmungen, die nachfolgend von Himmler und anderen erlassen worden waren, erfolgten Festlegungen, wie mit erkrankten und arbeitsunfähigen Zwangsarbeitern umzugehen sein. Nach ihrer Selektion erfolgte, sofern sie nicht innerhalb einer bestimmten Zeit, in der Regel drei Wochen, wieder gesundeten, ihre „Euthanasie“. Das betraf letztlich auch Italiener, die nach den September-Ereignissen 1943 als Kriegsgefangene und Zwangsarbeiter von den deutschen Einsatzkommandos unter Sauckels Federführung und in Abstimmung mit der SS und zuständigen Wehrmachtsverbänden für die Kriegswirtschaft rekrutiert wurden.

Gesetzsammlung für Thüringen

1943 | Ausgegeben in Weimar am 28. August 1943 | Nr. 6

Inhalt: Landespolizeiverordnung über ausländische Zivilarbeiter und -arbeiterinnen aus dem Osten. Vom 30. Juli 1943. S. 19. — Zehnte Verordnung zur Bekämpfung des Kartoffelnematoden. Vom 7. August 1943. S. 21.

[Nr. 15] **Landespolizeiverordnung über ausländische Zivilarbeiter und -arbeiterinnen aus dem Osten**

Vom 30. Juli 1943

Auf Grund der §§ 32 flg. LVO. wird folgende Landespolizeiverordnung erlassen:

Polnische Arbeitskräfte und Ostarbeiter

§ 1

Polnische Arbeitskräfte im Sinne dieser Polizeiverordnung sind Zivilarbeiter und Zivilarbeiterinnen polnischen Volkstums, die nach dem 1. September 1939 aus dem Osten zum zivilen Arbeitseinsatz in das Reich gekommen sind.

Ostarbeiter sind diejenigen Arbeitskräfte nicht deutschen und nicht finnischen Volkstums, die im Reichskommissariat Ukraine, im Generalkommissariat Weißruthenien oder in

Oberärmel eines jeden als Oberkleidung dienenden Kleidungsstückes getragen werden, wenn der Ostarbeiter eine Bescheinigung mit sich führt, daß der Betriebsführer (Haushaltungsvorstand) auf Grund der Führung des Ostarbeiters diese Tragweise gestattet. Die Bescheinigung muß von der zuständigen Dienststelle der Deutschen Arbeitsfront (dem Betriebsobmann) oder des Reichsnährstandes (dem Ortsbauernführer) gegengezeichnet sein.

Die zur gesundheitlichen Betreuung der Ostarbeiter eingesetzten sowjetischen Ärzte und Ärztinnen sind auf Antrag der Arbeitsämter von der Verpflichtung zum Tragen des Kennzeichens nach Abs. 1 und 2 zu befreien und haben dafür ständig eine in den Farben des Kennzeichens „Ost“ gehaltene Armbinde mit der Aufschrift „Ostarzt“ zu tragen. Dieses Kennzeichen muß von der Kreispolizeibehörde abgestempelt sein.

§ 4

Den polnischen Arbeitskräften sowie den

Französische Kriegsgefangene und sowjetische Ostarbeiter in Arbeitslager der Erfurter Firma Metallwerk Stübgen & Co. Die Aufnahme entstand 1945. (ThHStAW)

Blick über das große Fremdarbeiterlager am Beutenberg in Jena. Hier wohnten vor allem Arbeitskräfte der Firma Zeiss und Schott. (CZA)

Die Tätigkeit Sauckels als „Fronvogt Europas" steht in der neuesten Geschichte keineswegs als der Präzedenzfall da. Bereits 1916 hatte der deutsche Jude Walther Rathenau als Leiter der Rohstoffabteilung im Kriegsministerium den Einsatz von 700 000 Belgiern als Zwangsarbeiter in der deutschen Industrie befürwortet.

Natürlich läßt sich die Tätigkeit des Thüringer Reichsstatthalters auch in seinem Heimatgau nachvollziehen. Bereits im Jahr 1942 wurden der Rüstungsindustrie in Thüringen nach Abzug der Einzichungen zur Wehrmacht netto 70 000 in und ausländische Arbeitskräfte zugeführt. Damit waren insgesamt rund 150 000 ausländische Arbeitskräfte und somit jeder vierte männliche Beschäftigte im Gau Thüringen Ausländer. Die nachfolgenden Zahlen geben einen Überblick über die im Gau Thüringen beschäftigten Ausländer

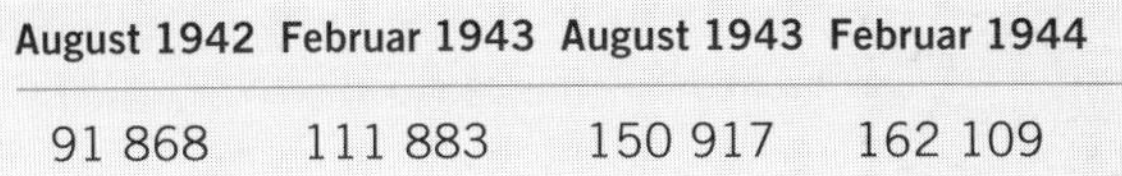

August 1942	Februar 1943	August 1943	Februar 1944
91 868	111 883	150 917	162 109

Der Einsatz dieser Arbeitskräfte erfolgte im gesamten Spektrum der Kriegswirtschaft einschließlich der Ernährungs- und Landwirtschaft. Die nachfolgende Übersicht über den Einsatz ausländischer Arbeitskräfte in ausgewählten Wirtschaftsbereichen des Gaues für den Februar 1944 verdeutlicht dies eindrucksvoll.

Wirtschaftsbereich	ausl. Arbeitsk.
Landwirtschaft	47 230
Metallwarenindustrie	26 423
Maschinen- und Fahrzeugbau	25 701
Feinmechanik/ Optik	7 333
Keramische Industrie	5 462
Reichsbahn	4 239
Gast- und Schankwirtschaftsgewerbe	1 761
Theater, Musik, Film	129

Noch vor der arbeitskräfteintensiven Landwirtschaft, in der allerdings vor allem Kriegsgefangene eingesetzt wurden, beanspruchte in der Summe der einzelnen Branchen die Thüringer Industrie ausländische Arbeitskräfte. In zusammengefaßt 170 Industriebetrieben betrug die Beschäftigung von Ausländern (Zwangsarbeitern) jeweils mehr als 100, in den nachfolgend aufgeführten 17 Unternehmen sogar mehr als 1000.

Unternehmen	Fremdarbeiter West	Ost
Gustloff-Werke, Weimar	5024	955
Rheinmetall-Borsig, Sömmerda	4239	—
Carl Zeiss Jena	4150	1001
HUSAG, Altenburg	3873	1391
BMW, Eisenach	2386	842
Porzellanfabrik Kahla-Hermsdorf	2356	1216
Gustloff-Werk, Suhl	2061	753
BMW Flugzeugmotorenwerke Eisenach	2033	300
Gothaer Waggonfabrik	1986	787
Glaswerk Schott & Gen., Jena	1742	522
Poltewerke Arnstadt	1550	343
Zieh- u. Stanzwerke Schleusingen	1386	832
Feinmechanische Werke Erfurt	1317	655
HUSAG, Meuselwitz	1311	—
Reparaturwerk Erfurt	1245	428
Siemens-Schuckert Neuhaus-Schierschnitz	1195	784
Siemens & Halske, Gera	1067	710
Summe	38921	11519

Allein bei der REIMAHG, zu der Sauckel ein besonderes Verhältnis als Stiftungsführer besaß, waren noch im März 1945 weit mehr als 10 000 ausländische Zwangsarbeiter und 240 Kriegsgefangene beschäftigt. Das ist der höchste Stand, der dokumentiert wurde und die Fertigungsstätten für die Werke Krölpa und Großkamsdorf einschließt. Viele der Fremdarbeiter Ost und West, wie die Zwangsarbeiter offiziell im Dritten Reich bezeichnet wurden, kamen durch die zum Teil unmenschlichen Verhältnisse, untern denen sie existierten, ums Leben. Darin sah der IMG in Nürnberg 1946 eine wesentliche Schuld Sauckels in Verbindung mit seiner Funktion als GBA, was zu seiner Verurteilung als Kriegsverbrecher und Hinrichtung führte.[22]

Thüringer Unternehmen und Kriegswirtschaft

Nachfolgend soll an einigen Beispielen gezeigt werden, wie sich verschiedene Unternehmen auf die Bedingungen der Rüstungs- und vor allem der totalen Kriegswirtschaft einstellten. Das galt sowohl für die zunehmende Herstellung von Kriegsgütern als auch für strukturelle und personelle Entscheidungen etwa bei der Übernahme „arisierter" oder rüstungsrelevanter Unternehmen und deren Integration oder durch die massenhafte Beschäftigung „billiger" Zwangsarbeiter im Unternehmen. Zahlreiche weitere Aspekte treten zudem sichtbar an die Oberfläche. Dazu gehört auch das übersteigerte Streben nach Rüstungs- und Kriegsgewinnen durch Ausbeutung fremder Ressourcen und die bedingungslose Unterstützung der Wirtschaftspolitik des NS-Regimes durch Unternehmer, Rüstungsmanager und Wirtschaftsfunktionäre.

Hescho

Die Porzellanindustrie Thüringens bildete von alters her einen bedeutenden strukturellen Wirtschaftszweig. Seit der Nacherfindung des Porzellans wurden vor allem in kleineren und mittelgroßen Fabriken traditionell Zier-, Haushalts- und Hotelporzellane erzeugt. Die Produkte von Gebrauchsporzellanen, mehr noch von Zierporzellan, zählen zu den Luxusgütern. Die größten Hersteller von Gebrauchsporzellanen waren zwei große Fabriken in Kahla. Die Porzellanfabrik Lehmann & Söhne, deren Erzeugnisse zu ca. 90 % nach Übersee exportiert wurden, überlebte die Weltwirtschaftskrise von 1929 nicht. Anders die Porzellanfabrik Kahla AG. Auch dieses Unternehmen schrieb rote Zahlen im Bereich der Herstellung von Gebrauchsporzellan, aber sie verfügte mit der Hescho als Produzent von Elektroporzellanen über ein erfolgreiches Tochterunternehmen auf einem innovativen Wachstumsmarkt mit marktbeherrschender Stellung.[23]

Die Kahlaer Porzellanfabrik wurde 1844 von Christian Eckardt gegründet und nach wechselvoller Geschichte 1888 zur Aktiengesellschaft umgebildet. Es war eine Zeit des Wachstums. Im November 1889 kam es zur Gründung einer Filiale in Hermsdorf-Klosterlausnitz, die im Sommer 1892 die Fertigung von Haushalts- auf Elektroporzellan umstellte. Der Produktionsschwerpunkt lag nun bei der Herstellung von Telegrafenglocken und verschiedenen Isolatoren, die in großem Maße für die Errichtung der Hochspannungsleitungen zur Übertragung von Elektroenergie benötigt wurden.

Was die Produktion von Isolatoren betraf, so war die Kahlaer Aktiengesellschaft mit ihrer Hermsdorfer Fabrik Marktführer in Deutschland. Diese Monopolstellung sollte natürlich gefestigt und weiter ausgebaut werden. Und dazu bot sich gerade in Hermsdorf eine gute Gelegenheit. Am 20. Mai 1922 kam es zwischen der Porzellanfabrik Kahla AG und der H. Schomburg & Söhne AG, einem hier ansässigen Familienunternehmen, welches gleichfalls, vorrangig für den italienischen Markt, Isolatoren fertigte, zum Abschluß eines Interessengemeinschaftsvertrags. Im September 1922 wurde daraufhin die Hermsdorf-Schomburger-Isolatoren-Gesellschaft m.b.H. gegründet. Die Aufgabe dieser Gesellschaft bestand in der

Koordination der Zusammenarbeit der Porzellanfabriken innerhalb der Interessengemeinschaft.

Dieses Modell funktionierte fünf Jahre, dann – genau am 5. Juli 1927 – fusionierten die Kahla AG und die H. Schomburg & Söhne AG miteinander unter dem Dach der Hescho, die als eine Tochtergesellschaft der Porzellanwerk Kahla AG fortbestand. Mit der Fusion der Fabriken kontrollierte Kahla rund 40 Prozent des deutschen Elektroporzellanmarktes; rechnet man die weiteren Fabriken hinzu, die zum Gesamtkonzern der AG gehörten, lag der Prozentsatz bei ca. 80 von 100 Prozent.[24]

Im Jahr 1930 wurden in Hermsdorf umfangreiche Versuchs- und Forschungsarbeiten zur Entwicklung eines Hochfrequenzisolierstoffes begonnen. Die hierbei erreichten Erfolge führten in der ersten Hälfte der dreißiger Jahre zu einem tiefgreifenden Strukturwandel des Hermsdorfer Werkes. Infolge des allgemeinen Wirtschaftsaufschwunges in Deutschland konnten im Winter 1936/37 bei der Hescho erstmals saisonbedingte Entlassungen und Kurzarbeit vermieden werden. Das Unternehmen produzierte eine Vielzahl von Bauteilen für die Hochspannungs-, Niederspannungs-, Hochfrequenz- und Kondensatortechnik. Kondensatoren, Spulenkörper, Wellenschalter, Grundplatten und Sockel fanden in den verschiedensten Geräten, angefangen vom Volksempfänger bis hin zum stärksten Großsender, Verwendung.

Im Zusammenhang mit dem Autarkie- und Rüstungsprogramm als Bestandteil des Vierjahresplanes waren die Hermsdorfer Produkte von großer strategischer Bedeutung. Das Hartporzellan kam als Austauschstoff für Kupfer, Blei, Nickel, Messing, hochlegierte Stähle und Hartgummi in Frage. Rohre, Stand- und Transportgeräte sowie Säurepumpen für die chemische Industrie konnten aus Hartporzellan hergestellt und durch den Einsatz neuer keramischer Werkstoffe Importe von Glimmer und Quarz substituiert werden. Die mit den neuen Werkstoffen mögliche Verkleinerung von Geräten und Apparaten führte wiederum zu Metalleinsparungen.

Unter diesem Zeichen firmierte das Hermsdorf-Schomburger Werk. (WS)

Für die deutsche Rüstungswirtschaft bildete die Hescho einen unverzichtbaren Faktor. Der Großteil der Kapazitäten wurde für die Produktion von Rüstungsmaterial eingesetzt. Der nationalsozialistische Musterbetrieb, diese Anerkennung wurde dem Unternehmen am 30. April 1939 zuteil, gehörte zu der kleinen Zahl deutscher Unternehmen, die in der Lage waren, Produkte der Hochfrequenztechnik in Massenproduktion herzustellen. Benötigt wurden diese Bauteile vor allem für die Elektroausrüstungen von Flugzeugen, U-Booten sowie Funk- und Radaranlagen.

Die strategische Bedeutung des Unternehmens als Rüstungslieferant bildete auch einen Grund dafür, daß der Exportanteil am Gesamtumsatz des Unternehmens relativ gering blieb. Zur Produktion wurden auch hier ausländische Zwangsarbeiter herangezogen. Bereits 1940 wurden die ersten 100 besarabischen Arbeiter in Hermsdorf eingesetzt. Die Gesamtzahl der zwischen 1940 und April 1945 im Hermsdorfer Werk tätigen Fremdarbeiter, die aus 15 Nationen kamen, betrug 3588. Mehr als die Hälfte davon kamen aus der Sowjetunion. Anfang Mai 1944 wurden 43 ausländische Arbeitskräfte beschäftigt, die noch keine 16 Jahre alt waren.

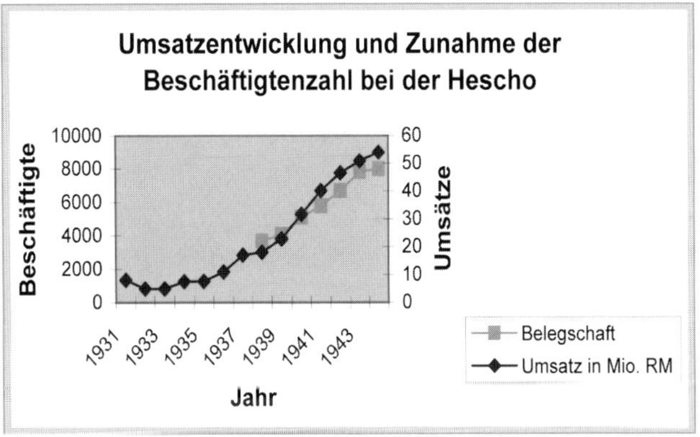

Im Frühjahr 1945 wurde die Hescho von den einrückenden Amerikanern besetzt. Wie in vielen anderen Thüringer Unternehmen fielen ihnen auch hier umfangreiche Forschungsergebnisse in die Hände. Die Arbeiten zu neuen Kondensator- und Keramikwerkstoffen auf Basis von Oxiden der Erdalkalimetalle und der sogenannten Seltenen Erden waren für die amerikanische Elektrotechnikindustrie von unschätzbarem Wert.

NS-Industriestiftung „Wilhelm Gustloff"

In Anlehnung an das Vorbild der Jenaer Carl-Zeiss Stiftung entwickelte Gauleiter Fritz Sauckel 1936, im Vorgriff auf die beabsichtigte „Arisierung" jüdischer Unternehmen, die „Wilhelm-Gustloff-Stiftung" als ein mögliches Zukunftsmodell der nationalsozialistischen Wirtschaftsordnung. 1938/39 wurde aus dem zur Nationalsozialistische Industriestiftung umfirmierten Unternehmen der weit größere Rüstungskonzern gezimmert, der als ein Zukunftsmodell nationalsozialistischer Wirtschafts- und Unternehmensform betrachtet wurde und damit auch als Vorbild für das gesamte Dritte Reich galt.

Kernstück der Industriestiftung war das frühere Familienunternehmen Simson & Co. KG Suhl, eine Kommanditgesellschaft. Die Wurzeln der Firma gehen auf das Jahr 1855 zurück. Bis zum Ersten Weltkrieg wurden Halbfabrikate für die Jagdgewehr-Fertigung, Jagdgewehre und Fahrräder produziert. Während des Ersten Weltkrieges fertigte man vorwiegend Infanteriegewehre, Handgranaten und Zünder. Nach Abschluss des Versailler Vertrages erhielt die Firma Simson von der Interalliierten Kontrollkommission die Erlaubnis, als einziger deutscher Hersteller Handfeuerwaffen produzieren zu dürfen. Allein schon diese Tatsache führte zu schwerwiegenden Anschuldigungen und Auseinandersetzungen mit anderen Herstellern, die keine Konzession erhalten hatten. Daneben wurden bei Simson & Co. Automobile, Eisenbahnteile, Kinderwagen, Kühlschränke und Sportgewehre gefertigt.

Zu außerordentlich günstigen Konditionen schloß die Firma Simson 1925 mit dem Reichswehrministerium einen Rahmenvertrag über die Lieferungen von Maschinengewehren ab. Dieser Abschluss wurde von weiten Kreisen der Waffenindustrie erneut heftig kritisiert und von Fritz Sauckel propagandistisch ausgeschlachtet. Sauckels Angriffe richteten sich dabei nicht primär gegen den Vertrag, sondern gegen das jüdische Unternehmen und die jüdischen Besitzer. Deshalb verwundert es auch nicht, daß der Thüringer Gauleiter und Reichsstatthalter, nachdem er seine Machtstellung festigen konnte, die erste Möglichkeit, die sich im Sommer 1933 bot, zu nutzen versuchte, um juristisch gegen die Familie Simson vorzugehen. Seinen Bemühungen blieb aber zunächst der Erfolg versagt.

Die Umwandlung der Firma Simson & Co. Suhl in eine Kommanditgesellschaft erfolgte zum 1. Januar 1930.

Kommanditisten:

Julius Simson sen., Gotha
Arthur Simson, Suhl
Dr. Julius Simson jun., Berlin Charlottenburg

Im Januar 1934 gelang es dann doch, in der Sache einen ersten Zwischenerfolg zu verbuchen. Dem war eine Umbenennung des Werkes Berlin-Suhler-Waffen- und Fahrzeugwerke GmbH (Simson & Co.) vorausgegangen, die die fortbestehenden Besitzverhältnisse durch eine juristische Konstruktion anonymisieren sollte. In einem nahezu undurchschaubaren Intrigenspiel kämpften nun die verschiedensten Interessenten, und dies waren mehr als nur der enge Führerkreis um Fritz Sauckel in Thüringen, um die endgültige Vorherrschaft bei Simson. Neben der Familie Simson waren vor allem Sauckel und das Reichswehrministerium an der Firma interessiert. Den Zuschlag für das von Sauckel vorgeschlagene Enteignungs- und Verwaltungsmodell gab Hitler letztlich selbst. Dem hatte der Thüringer Gauleiter allerdings kräftig vorgearbeitet und Fakten geschaffen, die politisch zu diesem Zeitpunkt – Deutschland bemühte sich um Anerkennung und außenpolitische Erfolge, die Olympischen Spiele standen an und die Welt blickte argwöhnisch auf die innerdeutschen Verhältnisse – so noch nicht gewünscht und deshalb schnell zu einer Entscheidung geführt werden mussten.

Das von Fritz Sauckel aufgegriffene Modell einer Stiftung knüpfte direkt an die in Jena bestehende Unternehmensform der Carl-Zeiss-Stiftung an, einer statuarisch geregelten Industriestiftung, die der öffentlichen Kontrolle unterlag und die Besitzverhältnisse des Unternehmens als juristische Person satzungsgerecht zu wahren hat. „Der Führer und Reichskanzler hat mir", so formulierte Fritz Sauckel, „wiederholt persönlich umfassende Vollmacht gegeben, die Simsonangelegenheit mit allen geeigneten Mitteln durchzuführen, um das Ziel, dieses Werk in eine nationalsozialistische Stiftung etwa nach Art der Carl-Zeiss-Stiftung umzuwandeln, zu erreichen."[25]

Trotz dieser Beteuerung gab es erhebliche Widerstände gegen Sauckels Vorgehen. „Alte Generäle, Ministerialräte und sonstige hohe Regierungsbeamte, ja sogar auch ahnungslose Angehörige der Partei in führender Stellung, wurden veranlasst, sich für die persönlichen Interessen der Simsons einzusetzen."[26] Die Sache war letztlich auch vertrackt und rechtlich eigentlich eine Unmöglich-

Wilhelm Gustloff, Namensgeber der NS-Stiftung, führte bis zu seiner Ermordung 1936 die Landesgruppe der NSDAP in der Schweiz. (WS)

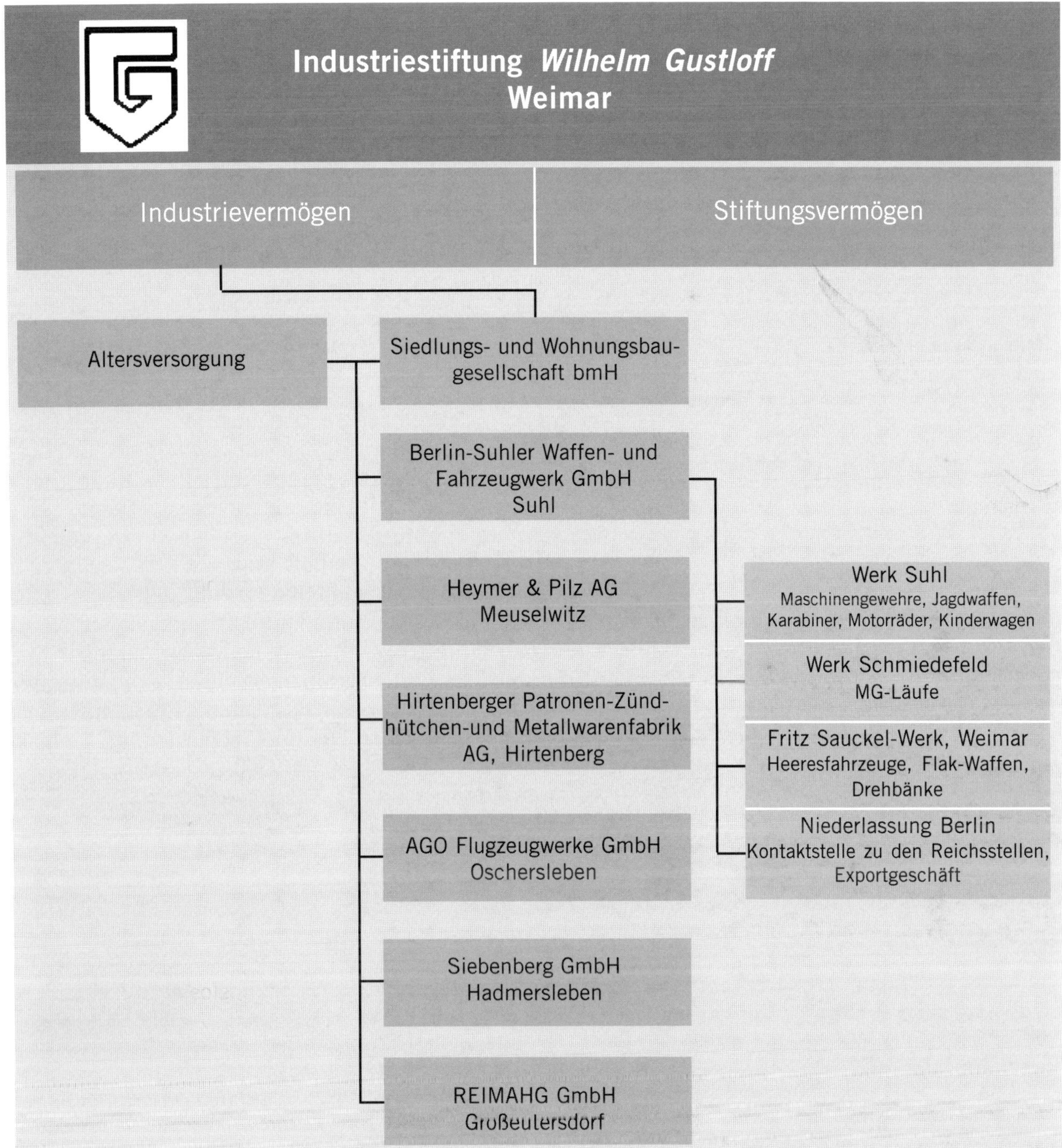

keil. Aber – die Dinge waren auf halblegaler Weise bereits soweit vorangetrieben worden, daß ein Rückzug aus politischer Sicht mehr geschadet als genutzt hätte. Der Ausweg bestand aus der Sicht aller Beteiligten allein darin, ein quasilegales juristisches Konstrukt zu entwickeln, um die Familie Simson aus dem Unternehmen herauszudrängen. Mit Hilfe von Hitlers Wirtschaftsberater Wilhelm Keppler und der Deutschen Revisions- und Treuhand AG wurde die Übervorteilung des Reiches durch die Familie Simson zwischen 1924 und 1933 festgestellt. Die dadurch aufgelaufene „Schuld" in Höhe von 9,75 Mio. RM sollte durch Übergabe der Firma und Zahlung eines Restbetrages im Höhe von 1,75 Mio. RM abgegolten werden. Soviel zum gefundenen juristischen Konstrukt.

Am 28. November 1935 wurden die Berlin-Suhler- Waffen- und Fahrzeugwerke Simson & Co. KG (BSW) zunächst an Fritz Sauckel privat übereignet. Auch dies geschah aus juristischem Kalkül, um umgehend als Stiftungsbetrieb in die neu gegründete Wilhelm-Gustloff-Stiftung eingebracht zu werden. Hitler ernannte am 10. September 1936 Sauckel zum Stiftungsführer. Die Umbenennung der Gustloff-Stiftung in Nationalsozialistische Industriestiftung „Wilhelm Gustloff" erfolgte am 25. März 1939.

Bereits im Februar 1936 begann die Expansion der Stiftung. Die BSW kaufte vom Flick-Konzern

Nationalsozialistische Industriestiftung „Wilhelm Gustloff", Weimar (1940)

Stiftungsführer
Fritz Sauckel

Mitglieder des Verwaltungsrates
Dr. Walther Schieber (Vorsitzender)
Dipl.-Ing. Friedrich Brommer
Dr. Erich Buchmann
Dipl.-Ing. Walter Held
Dipl.-Ing. August Kotthaus

Mitglieder des Vorstands
Karl Beckurt (Vorsitzender)
Dr. Herbert Hoffman, Berlin
Dipl.-Ing. Werner Heynen, Suhl
Walter Hornig, Weimar
Dipl.-Ing. Hans Braun, Hirtenberg
Heinrich Leuschner, Meuselwitz

Q.: ThHStA Weimar, Wilhelm-Gustloff-Werke, NS-Industriestiftung, Weimar, Nr. 15, Bl. 44.

das Weimarer Werk der Waggon- und Maschinenfabrik AG. 1937 wurde die Heymer & Pilz AG Meuselwitz aufgekauft und ein Zweigwerk in Schmiedefeld aufgebaut. Unmittelbar nach der Eingliederung Österreichs an das Deutsche Reich, das nun als Großdeutsches Reich firmierte, wurde die Hirtenberger Patronen-, Zündhütchen und Metallwarenfabrik in den Gustloff-Konzern eingegliedert. „Die Entscheidung zu Gunsten der Wilhelm-Gustloff-Stiftung traf dann Generalfeldmarschall Göring auf der Dampferfahrt von Linz nach Wien. Er befahl, dass die Wilhelm-Gustloff-Stiftung das Werk übernehmen solle."[27]

Weitere Produktionsstätten entstanden in Meiningen, Greiz und Lodz (Polen) sowie im Konzentrationslager Buchenwald bei Weimar. In Weimar wurde ab 1939 eine Werkzeugmaschinenfabrik aufgebaut, in der 2400 Beschäftigte jährlich 2720 Drehbänke herstellen sollten. Drehmaschinen zählten zu den dringend benötigten Produktionsmitteln zur Steigerung der Kriegsgüterproduktion. Die Mercedes-Büromaschinenfabrik Zella-Mehlis, die bis Kriegsende vom Gustloff-Generaldirektor Bekurts verwaltet wurde, gehörte ebenfalls zum Gustloff-Konzern.

Nach dem Beginn des Zweiten Weltkrieges wurden die Gustloff-Werke für die nationalsozialistische Rüstungswirtschaft immer bedeutender. Besonders bei Maschinengewehren, Granatwerfern und Flakgeschützen besaßen die Produktionsstätten der Stiftung eine Ausnahmestellung. Immer-

Am 26. August 1939 erfolgte die Grundsteinlegung für das Fritz-Sauckel-Werk des Gustloff-Konzerns in Weimar. (ThHStAW)

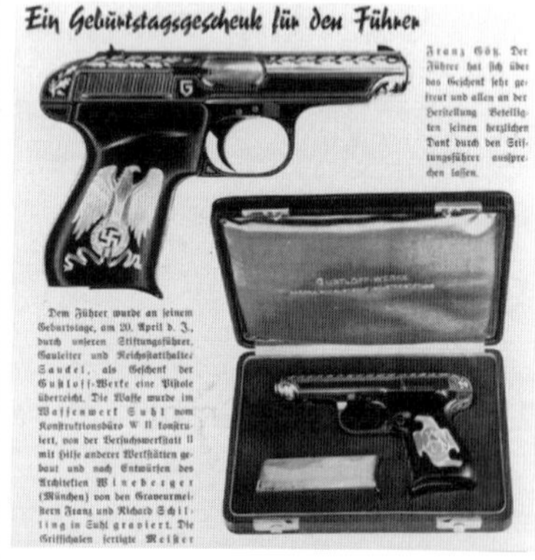

Ein Geburtstagsgeschenk für den Führer

Dem Führer wurde an seinem Geburtstage, am 20. April d. J., durch unseren Stiftungsführer, Gauleiter und Reichsstatthalter Sauckel, als Geschenk der Gustloff-Werke eine Pistole überreicht. Die Waffe wurde im Waffenwerk Suhl vom Konstruktionsbüro W II konstruiert, von der Versuchswerkstatt II mit Hilfe anderer Werkstätten gebaut und nach Entwürfen des Architekten Wineberger (München) von den Graveurmeistern Franz und Richard Schilling in Suhl graviert. Die Griffschalen fertigte Meister Franz Götz. Der Führer hat sich über das Geschenk sehr gefreut und allen an der Herstellung Beteiligten seinen herzlichen Dank durch den Stiftungsführer aussprechen lassen.

Zu Hitlers Geburtstag 1940 überreichte ihm Sauckel als besonderes Geschenk diese im Gustloff-Konzern entwickelte und in Handarbeit gefertigte Pistole. (ThHStAW)

Ein Lehrling aus der zum Gustloff-Konzern gehörenden Maschinenfabrik Meuselwitz präsentiert ein Modell einer neu entwickelten Leit- und Zugspindeldrehmaschine, die zukünftig im neuen Werk des Konzerns hergestellt werden soll. (ThHStAW)

Karl Beckurt, Generaldirektor und Vorstandsvorsitzender des Gustloff-Konzerns, begrüßt zum Richtfest des im Bau befindlichen Werkes in Meiningen am 4. Mai 1940 Thüringens Gauleiter und NS-Stiftungsführer Fritz Sauckel. (ThHStAW)

hin wurden in den Stiftungsbetrieben rund ein Viertel der Maschinengewehre des Heeres hergestellt. Herstellungsanteile bestanden auch am Karabiner 98 K, der zur Standardausrüstung der Landser gehörte.

Anfang Juni 1944 übernahmen die Gustloff-Werke die AGO (Aktien Gesellschaft Otto) Flugzeugwerke GmbH Oschersleben/Bode. Dies bedeutete den seit längerer Zeit angestrebten Einstieg des NS-Konzerns in ein neues Geschäftsfeld – den Flugzeugbau. Mit der Gründung der Betriebsgruppe „Reichsmarschall Hermann Göring“ (REIMAHG) innerhalb des Gustloff-Konzers mit dem Decknahmen „Lachs“ – die Produktionsstätten befanden sich in Großeutersdorf bei Kahla, Großkamsdorf und Krölpa – avancierte der Gustloff-Konzern zu einem wichtigen Baustein des kurzfristig und überstürzt angesetzten sogenannten Jägerprogramms zur Herstellung von Hochleistungsflugzeugen für die deutsche Luftwaffe. Das OKW versprach sich zusammen mit der Führung der Luftwaffe von diesem Programm eine wirksamere Sicherung des deutschen Luftraums, eventuell sogar die Rückeroberung der Lufthoheit, die seit längerer Zeit bei den Alliierten lag.

REIMAHG
Gefolgschaftsbetreuung

Modellzeichnung des Strahljägers Me 262. (WS)

Ursprünglich sah die Planung vor, im Walpersberg bei Großeutersdorf den Standardjäger TA 152 zu montieren, der zuvor schon von der AGO gefertigt wurde. Die hohe Dringlichkeit zur Beschleunigung und Einführung der Massenproduktion des neuentwickelten und bisher in einer Waldfabrik bei Leipheim von Messerschmidt in kleiner Serie produzierten ersten einsatzfähigen Düsenjägers der Welt, der Me 262, verlangte aber die Verlegung der Produktion in geeignetere und bombensicherere Anlagen. Da der Ausbau des Walpersberges seit April 1944 mit enormem Kraftaufwand soweit vorangetrieben worden war, daß nun eine umfassende Produktionsstätte in dem bereits ausgebauten ca. 7 km langen Stollensystem eingerichtet werden konnte, wurde von den zuständigen obersten Reichsstellen der Beschluß gefaßt, den dringend benötigten Strahljäger, der zu den „Wunderwaffen“ des Dritten Reiches gehörte, hier auf Serie zu legen.

Am 12. Oktober 1944 wurde Gauleiter Fritz Sauckel vom Führer Adolf Hitler zum Anlaufbeauftragten für die Hochleistungsflugzeuge, Gruppe Kahla, bestimmt. Es war vorgesehen, die REIMAHG zum einzigen Werk Großdeutschlands auszubauen, in welchem der Strahljäger Me 262 komplett unterirdisch hergestellt werden sollte. Den Umfang des Projektes verdeutlicht allein die Tatsache, daß rund 20 000 Personen, Deutsche und Fremdarbeiter, im letzten Kriegsjahr für diese Aufgabe mobilisiert und in den REIMAHG-Werken tätig waren.

Die Fertigung der Me 262 lief im Februar 1945 an. Am 21. startete die erste im Werk noch vollständig aus zugelieferten Teilen montierte Maschine. Die nächsten Maschinen, die zusammengebaut wurden, enthielten bereits in den Stollen des Werkes hergestellte Teile. Insgesamt wurden in den Tagen vom 21. Februar bis zum 4. April, dem Tag, an welchem die Produktion durch die herannahende Front zum Erliegen kam, 27 Flugzeuge montiert.[28] Die angepeilten Produktionsziffern konnten nicht erreicht werden, da die Front schneller als ursprünglich 1944 angenommen, Mitteldeutschland und Thüringen erreichte. Am 12. April marschierten die Amerikaner in Kahla ein und besetzten das REIMAHG-Werk bei Kahla/Großeutersdorf.

Der Abhängigkeit von der Militärproduktion waren sich die Geschäftsführung der NS-Industriestiftung und Fritz Sauckel als Stiftungskommissar durchaus bewußt. Aus diesem Grund wurden von der Stiftung bereits sehr früh Anstrengungen unternommen, um die Zivilproduktion auszubauen und neue Fabrikate auf diesem Sektor zu entwickeln. In einem am 15. Februar 1940 von Walther Schieber an Fritz Sauckel ausgefertigten Brief heißt es bezüglich der Anordnung des Oberkommandos des Heeres (OKH) zur Verfügung der Stillegung der Fahrrad- und Kinderwagenfertigung: „Es wird alles versucht, um beim OKH eine Zurückziehung dieser Verfügung zu erreichen."[29] Dies gelang zwar nicht, doch wurde im Zuge der Klärung erst Anfang 1941 die Kinderwagenfertigung im Gustloff-Werk eingestellt.

Mit der Übernahme von Simson durch die Naziführung gemeinsam mit dem Heereswaffenamt und die Etablierung der Stiftung ergaben sich tiefgreifende Umwälzungen. Der Umsatz pro Mitarbeiter stieg von 4350,00 RM im Jahr 1935 auf 5400,00 RM im Jahr 1936. Gleichzeitig stieg der Durchschnittslohn von 0,86 auf 0,96 RM pro Arbeitsstunde. Parallel dazu sanken aber die Preise für die abgesetzten Militärgüter deutlich, wobei allerdings vice versa der Umfang der Produktion deutlich anstieg. Im Jahr 1928 zahlten die Abnahmestellen für ein Maschinengewehr M 13 einen Preis von 2772,00 RM und 1933 immer noch 2307,00 RM. 1936, als die Aufrüstung Deutschlands offengelegt und die Kriegsfähigkeit hergestellt wurde, betrug der Aufkaufpreis noch ganze 311,00 RM. Der Produktionsausstoß stieg allerdings in gleicher Zeit ebenso deutlich an.

Von großer Bedeutung für die öffentliche Akzeptanz der NS-Stiftung, die ja für viele sichtbar zumindest auf eine recht fragwürdige Art entstanden war, gestaltete sich die Errichtung der Stiftungsgrundsätze, die zugleich als ideologisches Instrument des nationalen und sozialen Gedankens im NS-Staat angelegt waren. Die Ausformung der Stiftungsgrundsätze bildete sowohl ein Stück

Kernpunkte des Stiftungsstatutes

- Errichtung eines ständigen Amtes zur weltanschaulichen Schulung der Gefolgschaft.
- Sicherstellung der Altersversorgung der Betriebsgefolgschaft.
- Die Werksangehörigen werden an erwirtschafteten Betriebsgewinnen beteiligt.
- Das Heimstätten- und Siedlungswesen wird über das Unternehmen gefördert.
- Gefördert aus betrieblichen Fonds werden Mutter und Kind.
- Die Lehrausbildung wird gefördert.
- Soziale und kulturelle Einrichtungen für die Belegschaft und Organisationen der NSDAP werden mit Mitteln unterstützt.
- Im Unternehmen wird die Sicherung gesunder Arbeitsbedingungen gewährleistet.
- Die Belegschaft besteht aus Gefolgsleuten des Führers und treuen Mitgliedern der Volksgemeinschaft.

Sozialdemagogie als auch ein praktisches Muster, was unter Volksgemeinschaft verstanden wurde. Die Parallelen zur Sauckel-Marschler-Spende und -Stiftung bestehen nicht zufällig, doch die Industriestiftung erreichte in ihrer rechtlichen und wirtschaftlichen Bedeutung eine völlig neue Qualität. Sie verband zwei Komponenten in sich, zum einen die soziale und juristische Idee Abbes, zum anderen die rassenideologische und machtpolitische Komponente, die der Sauckel-Marschler-Stiftung zugrunde lag.

Gemäß den Grundsätzen wurden der Belegschaft soziale Leistungen gewährt, die sich durchaus sehen lassen konnten. Dazu gehörten Wohnungsbeihilfe für das 4. und jedes weitere Kind unter 16 Jahren von 10 RM monatlich, 25 RM Geburtenhilfe bei einem Monatsverdienst von bis zu 300 RM, Verbesserung der Leistung der Krankenkasse (Beitragsteilung 1/3 Firma 2/3 Versicherter auf hälftige Teilung) und Hausgeld bei Krankenhauspflege für kinderreiche Familien. Die damit verbundenen Zwänge lagen in einem unbedingten Treuebekenntnis zu Adolf Hitler als Führer, der NSDAP als Staatspartei und zum Staat selbst, was eine Unterordnung und Anpassung gemäß den Grundsätzen der Herrschaftsorganisation verlangte. Außerdem mußte jedes Gefolgschaftsmitglied deutschblütig sein. Bei Verstößen oder individuellen Entscheidungen, bsw. einer Kündigung, verfielen die Ansprüche aus dem Statut. Auf diese Weise gelang es, große Teile der Arbeiterschaft an das Unternehmen zu binden, zu führen und zu verführen.[30]

Exkurs: REIMAHG

Die Gründung der Betriebsgruppe **Rei**chs**ma**rschall **H**ermann **G**öring GmbH, kurz REIMAHG, durch die Nationalsozialistische Industriestiftung „Gustloff-Werke" (=Gustloff-Konzern) war einer der letzten Versuche zur Abwehr der drohenden Kriegsniederlage Deutschlands auf kriegswirtschaftlichem und waffentechnischem Gebiet. Die Produktion des Hochleistungsflugzeuges Me 262 hatte inzwischen zusammen mit den Panzerabwehrgeschützen die höchste Dringlichkeitsstufe zur Fertigung kriegswichtiger Güter erhalten. Noch im Sommer 1943 beurteilte die hohe Generalität (Keitel/ OKW) einschließlich Hitler und Göring als Luftwaffenchef die Kriegslage trotz der zahlreichen Verluste an der Ostfront, die Kapitulation der Heeresgruppe Afrika und die Landung der Westalliierten auf Sizilien noch nicht als kriegsentscheidenden Wendepunkt. Ebenso unterschätzte die Führung die zunehmenden Bombardements deutscher Städte. Die sich völlig verändernde strategische Lage und der unaufhaltsame Verlust deutscher Feuerkraft wurden vor allem als waffentechnisches und taktisches Problem begriffen. Die Rückgewinnung der verlorenen Schlagkraft durch die Mobilisierung aller vorhandenen Reserven und der umgehende Fronteinführung modernster Waffensysteme sollte Abhilfe schaffen. Für die Kriegswirtschaft bedeutete dies eine drastische Erhöhung der Lieferungen und kürzere Fertigungszeiten bei gleichzeitiger Einsparung oder Substitution von Personal und Materialien. Bei den Waffensystemen wurde zunächst noch der bewährten Technik mit entsprechenden Modifikationen der Vorrang gegenüber völlig neuen Systemen eingeräumt.

Im Bereich der Luftrüstung orientierte sich die deutsche Führung auf zwei strategische Schwerpunkte. Zunächst sollten die britischen Nachtangriffe auf deutsche Städte und Kriegsanlagen wirkungsvoller bekämpft werden. Zum zweiten rechnete das OKW mit der Eröffnung einer zweiten Front. Zu deren wirksamer Abwehr sollten taktische Bomber, sogenannte Blitzbomber, eingesetzt werden. Diese sollten auch zur Verstärkung der Frontfliegerkräfte genutzt werden können. Zur Abwehr der alliierten Bomberflotten wurde deshalb vom Reichsluftfahrtministerium (RLM) das Jägerprogramm aufgelegt, das als erste Maßnahme eine enorme Steigerung der Fertigungszahlen des Standardjägers Me 109 und seiner verschiedenen Modifikationen vorsah. Diese Entscheidung fiel, obwohl die Fachleute wußten, daß die Maschine technisch nicht mehr den gewachsenen Anforderungen des Krieges entsprach und auch der erhöhten Massenfertigung Grenzen gesetzt waren. Im Bereich der Kampfflugzeuge fehlte zudem mit dieser Entscheidung weiterhin der geforderte Blitzbomber und für die vorhandenen Typen galt, daß auch sie in Menge und Technik nicht mehr auf dem neuesten Stand der Kriegsführung waren.

Obwohl durch die getroffenen Entscheidungen im zweiten Halbjahr 1943 die Jägerproduktion erstmals die von Bombern überstieg – und das trotz erheblicher Versorgungsschwierigkeiten mit Materialien –, mißlang der Versuch, aus der strategischen Defensive, in welche die deutsche Luftwaffe gekommen war, herauszukommen. Das führte zum Umdenken. Im Herbst 1943 fielen erste Entscheidungen zur weitgreifenden Umstellung der strategischen Luftrüstung. Ursprünglich hatte im Zuge der Blitzkriegsstrategie und des Rüstungsvorlaufes der deutschen Wehrmacht niemand in der Truppenführung mit Massenbombardements auf deutsche Städte gerechnet, wie sie unter anderem im Sommer 1943 auf Hamburg und im November auf Berlin erfolgt waren.[31] Diesen Angriffen konnte von deutscher Seite zunehmend nur mit modernster Technik begegnet werden. Doch bisher hatte die deutsche Seite die Innovationen, die reichlich vorhanden waren, nicht mit der erforderlichen Konsequenz und Dringlichkeit bedacht. Nun aber, unter den schwierigen Bedingungen der schon vollzogenen Kriegswende, setzte der Versuch ein, in einem weitreichenden Kraftakt neue Waffensysteme zum unmittelbaren Kampfeinsatz zu bringen, Wirtschaftskapazitäten zu bündeln und die Fertigung auf erfolgversprechende Prototypen und Serienbauten zu konzentrieren. Die REIMAHG bildete bei diesem Vorhaben den Hoffnungsträger für die Fertigung der Jägerversion der Me 262, dem ersten einsatzfähigen Strahljäger der Welt, der über zwei Strahltriebwerke aus den Junkers-Werken verfügte und eine durchschnittliche Reisegeschwindigkeit von 845 km/h erreichte. Diese lag somit zirka 200 km/h über dem Wert, den eine britische „Mosquito", eingesetzt als Jagdschutz nächtlicher Bomberpulks der RAF, oder eine amerikanische „Ligthning" fliegen konnten.

Erste Maßnahmen zur Verstärkung der Luftrüstung waren von Hitler und Göring zwar schon im

Juni 1941 eingeleitet worden, doch forderten diese zunächst lediglich eine höhere Auslieferungsrate der Standardjäger Messerschmitt Me 109 und der aufkommenden Focke Wulf FW 190. Generalfeldmarschall Erhard Milch und Generalluftzeugmeister Ernst Udet wurde die Durchsetzung dieses Führerbefehles übertragen. Beide bereisten die deutsche Luftfahrtindustrie, um sich ein eigenes Bild über die Verhältnisse und Möglichkeiten zu verschaffen. Am 7. August 1941 weilten sie auch bei Messerschmitt in Augsburg. Obwohl ihnen die neuesten Entwicklungen vorgestellt wurden, drängten sie vor allem auf höhere Ausstoßraten der Me 109 für den Luftkrieg.

Eine Wende bei der Beurteilung der Neuentwicklungen kam – wie schon kurz ausgeführt – erst 1943 unter dem Druck der deutlich veränderten Kriegsverhältnissen zustande. Am 22. Mai flog der General der Flieger Adolf Galland, der nach dem Tod von Oberst Werner Mölders (Nov. 1941) dessen Amt als Inspekteur der Jagdflieger übernommen hatte, auf dem Versuchsgelände

General Adolf Galland. Sein Aufstieg begann als Schlachtflieger der Legion Condor 1936/37 in Spanien. (WS)

Erprobung eines Vorserienmusters der Me 262 auf dem Versuchsgelände der Messerschmitt AG auf dem Lechfeld bei Augsburg. (WS)

Lechfeld der Messerschmitt AG bei Augsburg eine Me 262 und zeigte sich von den Flugleistungen der Maschine begeistert. Galland erkannte in dem neuen, von zwei Luftstrahlturbinen angetriebenen Jagdflugzeug sofort eine geeignete Waffe gegen die von der britischen Royal Air Force (RAF) und der amerikanischen United States Air Force (USAF) entwickelten strategischen Bombenangriffen auf Deutschland, denen dauerhaft weder mit den vorhandenen Jagdfliegerkräften noch mit der Flak beizukommen war. Entsprechend bemühte er sich beim Reichsluftfahrtministerium, insbesondere bei Milch, der für die gesamte Ausrüstung der Luftwaffe nach Udets Tod verantwortlich war. Eine günstige Gelegenheit bot die am 26. November 1943 durchgeführte Vorstellung neuer Flugzeuge und Bewaffnung in Insterburg/ Ostpreußen unter Anwesenheit Hitlers, Görings und einer größeren Anzahl staatlicher, militärischer und wirtschaftlicher Spitzenkräfte. Auch die Me 262 wurde vorgeführt. Die als Jagdflugzeug ausgelegte Maschine mit drei Maschinengewehren (MG 151/20) imponierte dem Reichskanzler. Hitler, der nach der Niederlage der VI. Armee bei Stalingrad und der großen Panzerschlacht im Kursker Bogen aber vor allem eine Stärkung der Frontfliegerkräfte sowie der taktischen Bomberverbände wünschte, richtete an Messerschmitt die Frage, ob die Me 262 auch Bomben tragen könne. Messerschmitt bejahte, was zur Folge hatte, daß der Führer entschied, die Me 262 nicht als Jäger, sondern als Blitzbomber zu bauen. Eine in sich folgenschwere Entscheidung, da die Maschine konstruktiv nicht als Bomber ausgelegt worden war. Allein durch die Zuladung der Bombenlast würde das Flugzeug ca. 200 km/h an Geschwindigkeit und zudem an Reichweite einbüßen. Beides würde die

Adolf Galland im Gespräch mit Göring während einer Inspektionsreise nach einer Flugvorführung neuester Muster bei der Messerschmitt AG. (WS)

Vorteile der Maschine gegenüber feindlichen Jagdflugzeugen vollständig aufheben. Hinzu kam, daß die Bombenaufhängung überhaupt erst entwickelt werden mußte, was eine weitere Verzögerung von etwa sechs Monaten bis zur Truppeneinführung nach sich zog. Galland und andere erfahrene Flugoffiziere seines Amtes versuchten noch, die Entscheidung Hitlers zu korrigieren, doch zunächst blieb es bei dem Versuch. Das Flugzeug sollte zum Blitzbomber umgestaltet werden.

Die fortgesetzten Bombardements auf deutsche Städte und militärisch bedeutsame Industriegebiete erzwangen jedoch in den Folgemonaten ein Umdenken bei den erforderlichen möglichen Maßnahmen zum Schutz des deutschen Luftraumes und zum Objektschutz, da die bisherigen Entscheidungen keinen meßbaren strategischen Nutzen erbracht hatten. Es wurde immer offensichtlicher, daß geeignete Jagdfliegerkräfte über Deutschland den angloamerikanischen Bomberströmen entgegengestellt werden mußten; zudem genügte die Dezentralisierung der Fertigungsstätten von Jagdflugzeugen nicht als Schutzmaßnahme. Die 1943 noch uneinheitliche Auffassung bei der Luftwaffenführung, ob verstärkt defensiv oder offensiv gegen diese Luftangriffe vorzugehen sei, der auch Hitlers Entscheidung vom November 1943 zugeordnet werden muß, vereinheitlichte sich letztlich durch die nachgewiesene Erfolglosigkeit der Defensivmittel und führte zur Errichtung des Jägerstabes am 1. März 1944. Damit verbunden war eine Konzentration auf der Führungsebene zur Sicherung der Rüstungsproduktion von Jagdflugzeugen, was zuvor vom Luftwaffengeneralstab, dem Generalluftzeugmeister und dem Planungsamt mit Hauptausschüssen in einem Auftragsverfahren über mehrere Stufen organisiert erfolgte. Klar war auch, daß die Rüstungsindustrie gegenüber den zahlreichen Bombenangriffen in besonderer Weise geschützt werden mußte, um produzieren zu können. Die Pläne zur Dezentralisierung der Industriestandorte, ebenso die zur Verbunkerung oder zur Errichtung unterirdischer Produktionsstätten in alten Bergwerksstollen lagen schon längere Zeit bereit. Angestrebt wurde die bombensichere Unterbringung ganzer Fabriken.

Das war die Stunde Sauckels und der Nationalsozialistischen Industriestiftung „Wilhelm Gustloff". Sauckel unterbreitete Göring am 8. März 1944 in einem Brief den Vorschlag, innerhalb der Gustloff-Werke die Jägerfertigung mit größter Intensität in Thüringen aufzunehmen. Göring stimmte den Plänen Sauckels zu. Das Werk sollte gemäß den Weisungen Hitlers bombensicher in den Stollen der (alten) Porzellansandgrube der Kahla Porzellan AG bei Großeutersdorf untergebracht werden. Für diese Grube hatten sich zuvor schon andere Firmen und Stellen, so die Firmen Junkers/ Dessau und Zeiss/ Jena, das Heeresbekleidungsamt, die Luftwaffe und die Organisation Todt interessiert, ohne das Entscheidungen gefallen waren. Damit verfügte Sauckel über ein geeignetes Objekt und durch seine Funktionen auch über die ausreichende Macht, die Porzellangrube in kürzester Zeit zu einer Rüstungsfabrik für Jagdflugzeuge ausbauen zu lassen. Was noch fehlte, waren die technischen und finanziellen Voraussetzungen zur Errichtung dieser Fabrikationsanlage. Beide Probleme wurden bis Anfang Juni 1944 gelöst. Der Gustloff-Konzern erwarb mit wirksamer Unterstützung Görings, Milchs, Speers und anderer von der AEG die AGO-Flugzeugwerke Oschersleben und überführten Teilbereiche der 18 übernommenen Betriebs- und Fabrikstätten in die neu entstandene Betriebsgruppe REIMAHG, die wiederum innerhalb der Nationalsozialistischen Industriestiftung „Wilhem Gustloff" bestand. Die Übernahme der AGO vollzog sich aus einer Reihe von Ursachen nahezu reibungslos. Der gesamte Investitionsaufwand wurde von der Generaldirektion des Gustloff-Konzerns auf etwa 50 Mio. RM geschätzt. Davon sollten das Reich den Erwerb der Liegenschaften und den Gesamtausbau der Stollen des Walpersberges und der Anlage bei Hadmersleben tragen. Die Stiftung ihrerseits würde wiederum vom Reich die Anlagen pachtweise übernehmen.[32]

Mit der Übernahme der AGO-Flugzeugwerke GmbH Oschersleben verfügten die Gustloff-Werke über die notwendige Fertigungstechnik und zugleich über die Aufträge zur Fertigung, denn die AGO-Werke produzierten die Jäger FW 190 und TA 152. Der Ausbau der Porzellansandgrube bei Kahla/ Großeutersdorf war schon vor der Entscheidung zur Übernahme der AGO-Werke gefallen und hatte bereits am 11. April 1944 begonnen. Zunächst wurde daran gedacht, die Produktion der FW 190 bzw. der TA 152 nach dem Walpersberg bei Kahla zu verlegen, doch da das in Oschersleben stark gefährdete Werk bereits zum Teil in das Bergwerk Hadmersleben ausgelagert worden war, wurde mit der Focke-Wulf-Gruppe die Beibehaltung der vorgesehenen Produktionsstandorte vereinbart. In Großeutersdorf sollte dagegen im September mit einer Teilproduktion (Rumpf- und Flächenbau) für die TA 152 begonnen werden, die bis zur kompletten Fertigung ausgebaut werden sollte. Dieses Vorhaben wurde jedoch vom Jägerstab gestoppt. Sauckel erteilte daraufhin dem zuständigen Betriebsführer Roloff am 17. Oktober 1944 den Auftrag, umgehend die Voraussetzungen zur Produktion der Me 262 zu schaffen. Vorausgegangen war diesem Auftrag der Führererlaß über den sofortigen Bau von Hochleistungsflugzeugen und Sauckels Ernennung zum Beauftragten für den Produktionsstandort Kahla/ Großeutersdorf. Dazu gehörte die sofortige Verlegung aller verbliebenen Betriebsteile der AGO nach Kahla/ Großeutersdorf und nach Hadmersleben in die bombensicheren Stollenanlagen. Die schon

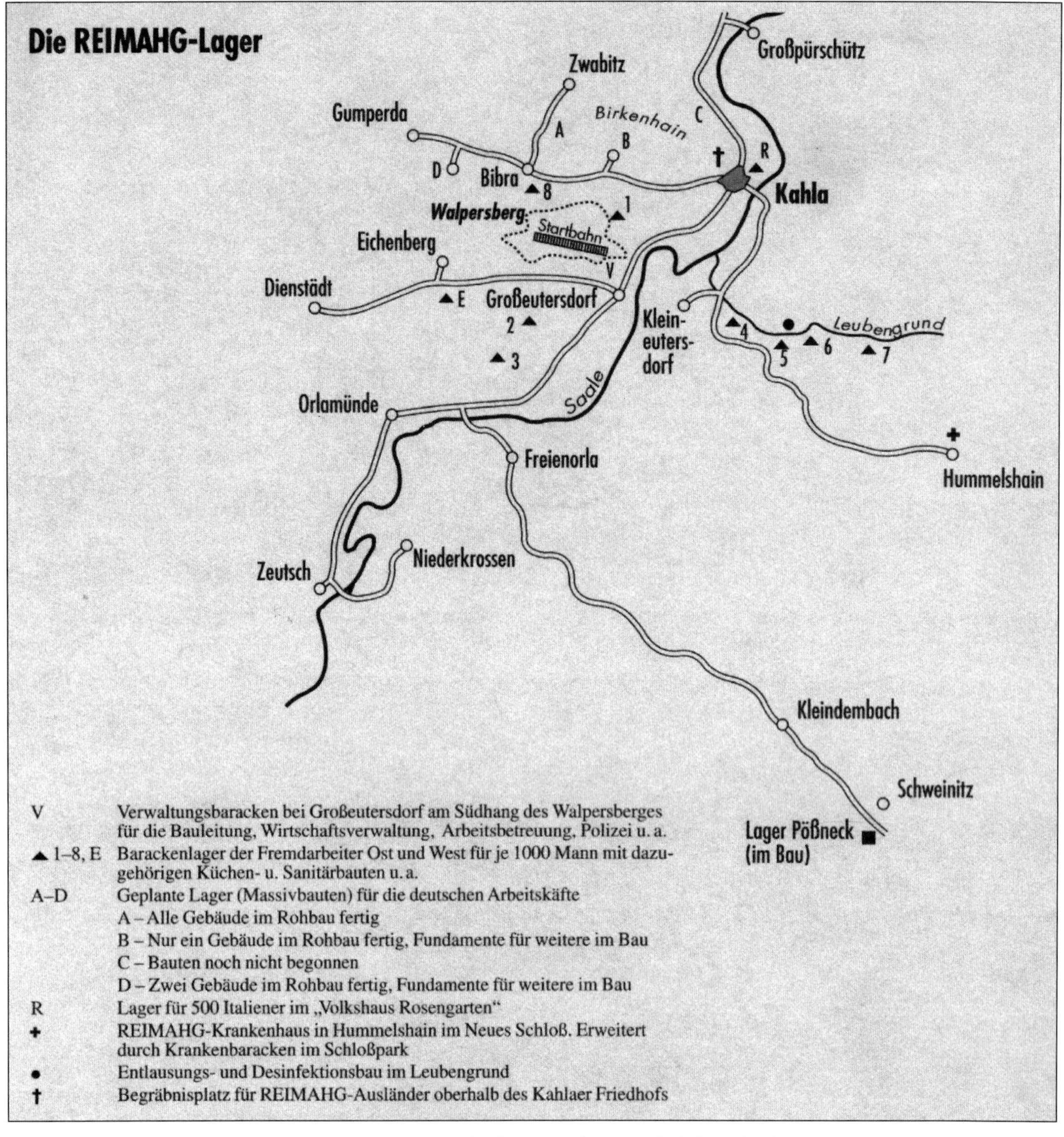

angelaufenen Maßnahmen zur Montage und Teilfertigung der TA 152 wurden umgehend eingestellt und die schon installierten Fertigungsanlagen an andere Unternehmen, die die Produktion fortsetzten, abgegeben. Die Betriebsgruppe REIMAHG konzentrierte ihre gesamten Aktivitäten nunmehr ausschließlich auf die Fertigung der Me 262 in engster Abstimmung mit der Messerschmitt AG. Unter den gegebenen Verhältnissen gab es nur ein Ziel: schnellstmöglicher Anlauf der Fertigung. Bereits für den Monat April des Jahres 1945 sah die Rahmenplanung einen Ausstoß von 1250 im Walpersberg montierten Maschinen vor. Das bedeutete, daß innerhalb eines halben Jahres die Montage- und Fertigungsbereiche bei gleichzeitig fortlaufendem Ausbau des Stollenwerks, produktionsfähig gemacht werden müßten. Das angestrebte Produktionsvolumen sollte dabei deutlich über dem der Messerschmitt-Werke liegen. Nach erfolgreichem Serienanlauf sah die Planung weiter vor, die gesamte Me 262-Fertigung in das Stollenwerk zu verlegen, da die Fertigungsstätten der Messerschmitt-Werke nicht ausreichend gegen Bombenangriffe geschützt waren und darüber hinaus durch die dezentrale Lage der Fabrikanlagen der angestrebte Massenausstoß durch die komplizierteren Transportverhältnisse nicht hätten umgesetzt werden können.

Die Bauausführung für die REIMAHG lag in der Hand der eigens dafür gegründeten REIMAHG-Bau GmbH, die als Tochterunternehmen der REIMAHG-Gruppe innerhalb des Gustloff-Konzerns gebildet worden war. Die REIMAHG-Bau entstand als Generalauftragnehmer, als Auftraggeber fungierte wie vorgesehen das Großdeutsche Reich. Die AGO-Flugzeugwerke als Branchenunternehmen gingen zum Teil in den Bereich Technische Oberleitung/ Fertigung FW 190, TA 152 und Me 262 auf. Zum Geschäftsführer der REIMAHG-Bau ernannte Fritz Sauckel Gauwirtschaftsberater Otto Demme. Diesem unterstand die Bauleitung und die Technische Oberleitung der Fertigungsbereiche gleichermaßen. Die gesamte Ausbaukonzeption, die während der Bauphase mehrfach modifiziert wurde, sah von Anfang an den Anlauf der Flugzeugfertigung in einem Gleitverfahren an die Baufertigstellung und den gleitenden Übergang zur Serienproduktion vor. Mit Hilfe dieses Organisationsschemas konnte eine maximale Abstimmung zwischen beiden Organisationsbereichen erreicht werden, um flexibel auf alle Erfordernisse und Veränderungen reagieren zu können. Die unmittelbare Projektleitung war dem Weimarer Architekten Ernst Flemming übertragen worden. Ihm unterstanden alle 95 bekannten Firmen, die am Baugeschehen beteiligt waren. Neben den Planungsunterlagen und logistischen Vorbereitungen begannen die praktischen Arbeiten mit der Errichtung von Barackenlagern und Unterkünften für zunächst 15 000 Arbeitskräfte, davon etwa 10 000 ausländische Zwangsarbeiter und 80 Häftlinge. Als Zeitzeuge beschreibt der damalige Stadtbaumeister Kahlas, Albert Meyer, den Arbeitsverlauf mit den Worten: „Geradezu typisch für die REIMAHG war dabei, daß die Arbeiten an allen Plätzen überall zugleich begannen und kaum etwas wirklich fertiggestellt wurde.“ Dennoch: Die erbrachten Bauleistungen waren enorm, und da die Zeit drängte, gab es praktisch keine Alternative zu dieser Arbeitsmethode. Zwar kam es nicht mehr zur Serienfertigung, doch der Produktionsanlauf hatte schon begonnen. Am 21. Februar 1945 gegen 13.35 Uhr startete die erste Me 262 aus der REIMAHG-Produktion, und bis Kriegsende wurden weitere 26 Maschinen gefertigt.

Der Walpersberg, genauer gesagt, das alte, beim Bergamt als Porzellansandgrube Großeutersdorf registrierte Bergwerk der Kahla Porzellan AG, bestand aus einem Netz von mehr oder weniger rechtwinklig zueinander verlaufender Stollen von etwa 3,50 m Breite und 4 m Höhe auf einer Sohle mit zwei Zugängen und einem Luftschacht. Das alte Stollennetz sollte zunächst begradigt und die Stollen auf 5 m verbreitert werden. Vorgesehen waren bei diesen Baumaßnahmen auch Sicherungen und die Betonierung der Sohle. Gleichzeitig sollten mehrere neue Zugänge von außen geschaffen und zur Komplettierung des alten Grubennetzes etwa 12 neue Stollen in regelmäßigen Abständen von 100 m parallel zueinander vorgetrieben werden. Das dabei entstehende regelmäßig verlaufende Stollenwerk sollte nun durch fünf durchgehende Verbindungsstollen zu einem Netzwerk verbunden werden. An der westlichen Begrenzung des alten und im Nordteil ergänzten Systems wurde mit dem Stollen 21 der Berg erstmals in ungebrochener Linie von Nord nach Süd in einer Länge von 460 Metern durchschlagen. Von diesem Querstollen aus sollten weitere 59 parallel verlaufende Stollen angelegt werden; dazu, als Verkehrsstollen, die fünf in der Berglängsachse verlaufenden – drei geradlinig in der Mittelachse und zwei seitlich einfassende. Als Zugänge, verteilt um den Berg, waren vorerst 27 Ein- bzw. Ausgänge vorgesehen. Realisiert wurden acht, sieben dem Dehnatal zugewandt, einer (Stollen 21) auf der Seite des Reinstädter Grundes. Auf der Höhe der Stollensohle, so die Planung, sollte eine um den Berg verlaufende Straße die Verbindung über die Zugänge ermöglichen.

Nach dem vorläufigen Plan vom 25. Juli 1944 sollten die neuen Stollen ab Nr. 21 bis Nr. 34 sechs Meter breit und vier Meter hoch ausgeführt werden. Einige weitere Stollen sollten bis neun, andere bis fünfzehn Meter aufgeweitet werden, um Fertigungsstraßen aufnehmen zu können. Diese größeren Stollen wurden von vornherein als Kran- und Montagehallen konzipiert. Eine Zwischenbilanz vom 31. Dezember 1944 weist für die Halle 33 (Stollen) eine Erschließungslänge von 50 Metern und für die Halle 34 von rund 125 Metern aus; für die Hallen 35 und 36 existierten vorerst nur Richtstollen mit gut 150 Metern Länge. Mit der Fertigstellung der unterirdischen Fabrik sollte eine Arbeitsfläche von rund 150 000 m² für die Rüstungsgüterproduktion bereitstehen. Das Stollensystem selbst umfaßte dabei eine Strecke von rund 30 km.

Die gesamten Stollenkilometer, die im Walpersberg während der elfmonatigen Bauphase, ob als Voll- oder Teilausbruch oder als Begradigungsarbeit erbracht wurden, betrugen maximal 15 km. Weitgehend bergmännisch fertiggestellt wurden allein die Strecken, die zur Fertigung der Me 262 vorgesehen waren, wobei die Montagehallen noch nicht ausgebaut waren. Sie umfaßten die Stollen der alten Porzellansandgrube bis zur Halle 36. Im ursprünglichen Teil der Anlage, von Stollen 1 bis 20, betrug die Fertigungsfläche mindestens 15 000, im Bereich der Stollen 21 bis 36 (Kranhalle) ca. 59 900 und in dem nördlich davon ansetzenden Stollensystem nochmals 11 500 m².

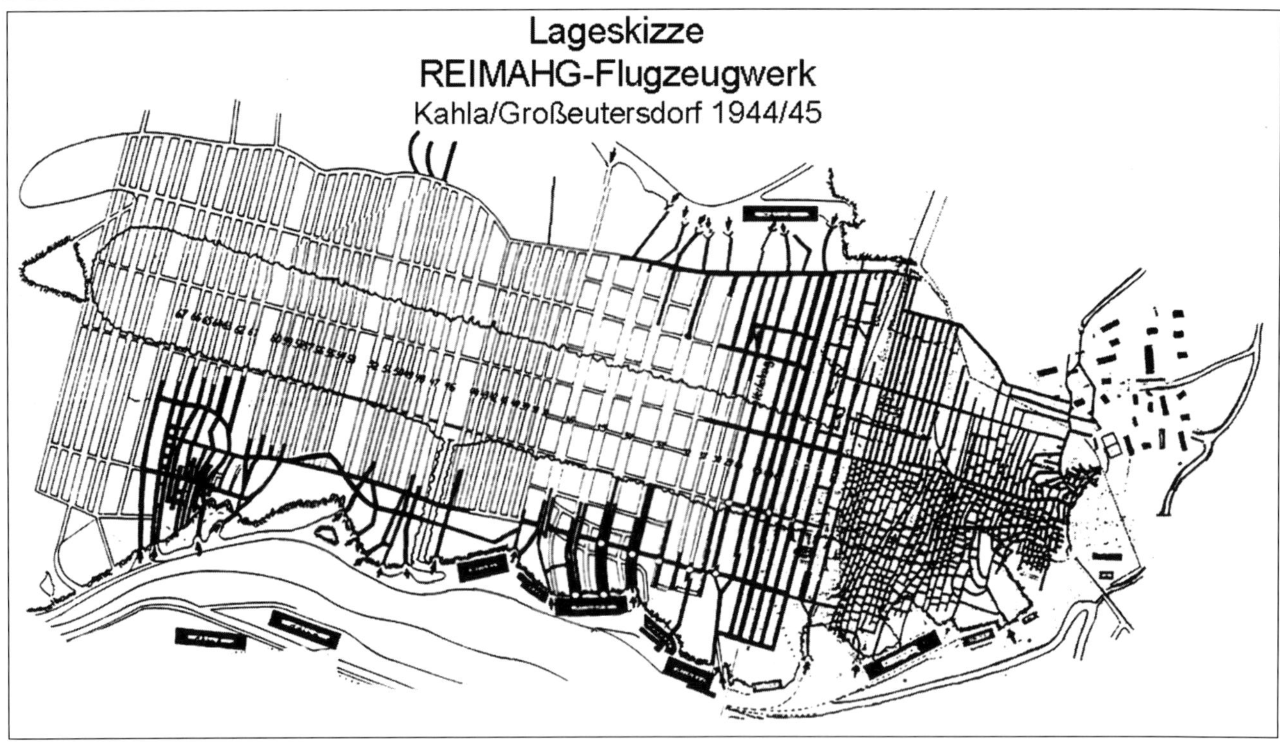

Die Planzeichnung entspricht dem genehmigten zweiten Entwurf des Weimarer Architekten Ernst Flemming für den gesamten Komplex der REIMAHG im und um den Walpersberg. Gut sichtbar sind die Teile der alten Porzellansandgrube. (WS)

Für die anderen Teile des weit größeren Stollensystems einschließlich der „Alten Melzerschen Sandgrube", die in die Ausbauplanung einbezogen waren, also für die Stollen ab 37, wären noch viele Arbeitsmonate bis zur Fertigstellung notwendig gewesen.

Im Stollensystem untergebracht wurden im Verlauf der Fertigstellung neben einigen Verwaltungs- und Unterkunftsräumen vor allem Werkstätten für Grob- und Feinmechanik, die Schmiede, die Klempnerei, eine Tischlerei, eine Sattlerei, das Maschinenhaus, drei Glühöfen, Magazine für Bleche, Hölzer, Farben und sonstige Materialien sowie für Betriebsstoffe. Außerdem befanden sich eine große, vollständig geflieste Betriebsküche mit den erforderlichen Nebenräumen, ein Speisesaal sowie Wasch-und Toilettenanlagen untertage. Die Belüftung aller dieser Räume blieb unabhängig von der Belegung ein ungelöstes Problem. Dagegen wurden einige der Werkstätten zum Schutz vor herabrieselndem Sand mit einem Deckenfutter aus Betonformsteinen versehen. Dies war nötig, da die Stollen entgegen der urspünglichen Annahme viele Einschlüsse und Schichten aufwiesen, die durch die fortlaufenden Sprengungen immer wieder Rieselungen bewirkten.

Die REIMAHG umfaßte neben den untertägigen Anlagen auch übertägige Bauten, die für den Fabrikbetrie notwendig waren oder als Notbauten zur Beschleunigung der Inbetriebnahme errichtet wurden. Zu diesem Komplex gehörten der Flugplatz, die Bahnanschlüsse sowie einige Straßenverbindungen. Von den Hochbauten sind die Bunker und die Lager zur Unterbringung der REIMAHG-Arbeiter regulär vorgesehene Einrichtungen, während die auf dem Außengelände errichteten großen Montagehallen zu den Provisorien gehörten. Als zusätzliche Bauwerke kamen Materiallager und Gebäude in Kahla und den umliegenden Ortschaften, die von der REIMAHG belegt wurden, hinzu.

Ursprünglich waren von den Planern der Anlagen mehrere Flugplätze in der Umgebung des Walpersberges vorgesehen, deren Rollbahn 1200 x 30 Meter betonierte Fläche betragen sollte. Aber für dieses Vorhaben fanden sich keine geologisch geeigneten Flächen in der hügeligen Landschaft des mittleren Saaletales. Als Ersatzmöglichkeit blieb nur das Plateau des Walpersberges. Die dortigen Verhältnisse waren allerdings ebenfalls alles andere als optimal. Zunächst mußte der dortige Wald vollständig gerodet werden. Es folgten umfangreiche Planierungsarbeiten, um die gerodete Fläche einzuebnen und anschließend zu betonieren. Die Startbahn erstreckte sich über den gesamten Bergrücken und hatte eine Ausdehnung von zirka 1000 x 30 m. Die Randzonen wurden mit Feinsplitt abgedeckt. Für den Start der Me 262 war diese Piste zu kurz. Obendrein fiel sie an beiden Enden flach ab. Diese Gegebenheiten verursachten Startschwierigkeiten, da die die Piloten die Piste nicht richtig einsehen und nur mit Startraketen verlassen konnten. Zudem konnte auf dieser Piste nicht gelandet werden, da sie für eine Landung der Me 262 einfach zu kurz bemessen war. Für die Werkpiloten von Messerschmitt ein hohes Risiko, zumal die Triebwerke nicht immer zuverlässig arbeiteten und allein die erforderliche Rollstrecke bis zum Abheben der Maschine ungefähr 800 Meter betrug.

Um die fertig montierten Flugzeuge zur Startbahn zu bringen, wo sie endgültig für den Abflug ausgerüstet wurden, sah die Planung einen doppelgleisigen Schrägaufzug vor. Der Aufzug befand sich etwa 200 Meter entfernt von dem die Montagehalle verschließenden Bunker. Er besaß eine waagerechte Plattform, die bis auf die Höhe der die Stolleneingänge verbindenden Straße abgesenkt werden konnte und so die Flugzeuge auf die etwa 80 m höher liegende Startbahn beförderte. Am oberen Ende des Schrägaufzuges, in einer Bucht zwischen diesem und der Piste, wurden die Flugzeuge betankt und der Prüflauf der Triebwerke vorgenommen. Außerdem befand sich an dieser Stelle eine Kompensierscheibe für die Kompaßanlagen. Hier wurden die Maschinen unmittelbar zum Erstflug, der sie nach dem 130 Kilometer entfernten Zerbst führte, startklar gemacht. Auf dem Fliegerhorst Zerbst erfolgte die endgültige Aufrüstung der Maschinen mit Munition, Funk- und Radargeräten und der notwendige Einflugbetrieb.

Zu den betriebstechnisch wichtigsten Bauten der REIMAHG gehörte der Bahnanschluß, weil der überwiegende Teil der Baustellenversorgung wie auch die Anlieferung von Flugzeugteilen über die Reichsbahn abgewickelt werden mußte. Drei Bahnprojekte sah die Planung vor. Alle drei Projekte wurden auch begonnen, keines davon aber beendet. Vorgesehen war die Errichtung von zwei Abzweiggleisen von der Bahnstrecke Großheringen – Saalfeld. Die Südanbindung von Orlamünde aus bildete die Hauptversorgungslinie, während der Nordanschluß zum Reinstädter Grund als Schmalspurbahn ausgeführt werden sollte. Als drittes Bahnprojekt sollte eine 4 bis 5 km lange Schmalspurbahn als Betriebsbahn errichtet werden. Teile der Betriebsbahn wurden während der Bauarbeiten bereits auf dem Plateau, in den Stollen und zwischen den Zugängen genutzt.

Die Hauptbahnlinie von Orlamünde aus verlief in einem flachen Bogen über die Reichsstraße 88 und endete am Berg. Ab der Reichsstraße 88 mußte ein Damm für die Bahntrasse aufgeworfen und das Dehnatal überbrückt werden. Umfangrei-

Die Aufnahme zeigt große Teile der Außenanlagen der REIMAHG am Walpersberg. Deutlich zu erkennen ist das als Hochbunker ausgebaute Verwaltungsgebäude und die davor verlaufende Werkstraße. (WS)

Blick entlang der Werkstraße, auf der auch die Gleise der Werkbahn verlaufen. Im Hintergrund ist eine der provisorischen Montagehallen zu sehen. (Repro Lachs)

Die Aufnahme der englischen Luftbildaufklärung vom 19. März 1945 zeigt die Ausdehnung der Gesamtanlagen der REIMAHG um und auf dem Walpersberg, auf dessen Scheitel sich die Startbahn für die Me 262 befindet. Gut zu erkennen ist auch das Zwangsarbeiterlager auf der Bibraer Wiese am oberen Bildrand. (Repro Lachs)

che Bauleistungen erfolgten im Bahnhofsbereich von Orlamünde und im Haltestellenbereich Großeutersdorf, um Verlade-, Lager- und Abstellkapazitäten zu schaffen. Für die REIMAHG war ein eigener Güterbereich in Orlamünde und ein Güterbahnhof in Großeutersdorf vorgesehen. Bei Kriegsende war keine der Anlagen vollendet. Allein die Schmalspurbahn war in Teilstücken bis Großeutersdorf betriebsfähig, da sie zur Versorgung der Baustelle eingesetzt wurde.

Die Hochbauten der REIMAHG müssen in mehrere Gruppen eingeteilt werden. Die für die Fertigung notwendigen Montagehallen, Bunker und Nebengebäude bildeten eine Gruppe. Eine weitere bildete das gesamte Lagersystem zur Unterbringung der benötigten Arbeitskräfte. Dazu kamen Baustelleneinrichtungen und Provisorien. Diese befanden sich zum großen Teil auf den Geländeflächen der Großeutersdorfer Flur bis hin zum Walpersberg. Zum Baustab gehörten die Werksleitung, das Bau- und Vermessungsamt, die Wirtschafts- und Personalabteilung, die Post-und Postzensurstelle sowie die Unterkünfte für das technische Leitungspersonal. Zudem befand sich auf diesem Areal eine Krankenbaracke neben dem offiziell als REIMAHG-Krankenhaus genutzen Neuen Schloß in Hummelshain.

Zu den wichtigsten Fertigungsanlagen gehörten die fünf großen Montagehallen mit den Abmessungen von je 100 x 20 m, die zusätzlich aufgestellt und einbetoniert wurden, um den Montagebetrieb bis zur Fertigstellung der ensprechenden unterirdischen Montagehallen abzusichern. Diese provisorischen Montagehallen waren aber nicht bombensicher. Weiter befand sich auf dieser Seite des Berges ein Wohnbunker mit zwei Meter starken Wänden und Decken in Eisenbetonausführung mit 76 Zimmern und einem Saal. Die Zimmer waren für die militärische Bewachung des Werkes als Unterkünfte für 280 SA-Männer, 80 Mann der flämischen SS und für die zahlreichen Funktionsträger der NSDAP, der Gestapo und der Werksorganisationen (Deutsche Arbeiterfront, Feuerwehr, Luftschutz, Volkssturm) vorgesehen.

Der Aufbau des Werkes Kahla/ Großeutersdorf wurde praktisch in einer Bewegung begonnen. Mit der Sicherung der Unterkünfte für die ersten Arbeitskräfte begannen die Arbeiten sowohl am Werk selbst als auch an den Unterkünften und Transportwegen. Die gesamten Bauleistungen begannen mit der Schaffung der Unterkünfte für die erste Etappe der Arbeiten. Diese umfaßten die Baustellenerrichtung und den Baubeginn. Die Bautätigkeit setzte im April 1944 mit der Anweisung des NSDAP-Kreisleiters Paul Müller aus Jena ein, das von der DAF verwaltete „Volkshaus Rosengarten" in Kahla in kürzester Frist zur Aufnahme von 500 italienischen Arbeitskräften herzurichten. Das erforderliche Material wurde geliefert. Die Bereitstellung hatte innerhalb von zwei Tagen zu erfolgen. Dieser Termin wurde mehr schlecht als recht gehalten. Das Lager Rosengarten war damit das erste Zwangsarbeiterlager der REIMAHG. Für den hohen Arbeitskräftebedarf waren weitere acht Lager (1 bis 7) mit je 1000 Schlafplätzen für Zwangarbeiter und vier Lager (A bis D) für ständig benötigte deutsche Arbeitskräfte in der gleichen Größe vorgesehen. Dazu kam für russische Kriegsgefangene ein Zeltlager bei Bibra (Lager 8) und das Lager E, eigentlich als Ersatz- bzw. Reservelager gedacht, das ebenfalls für Zwangsarbeiter hergerichtet wurde. Weitere Unterkünfte befanden sich in Kahla, Orlamünde, Kleindembach und anderen Umlandgemeinden. Nicht alle Fremdarbeiter bewohnten die Lager. Ein kleiner Teil, zumeist Personen, die schon kurz nach Kriegsbeginn mit ihren Familien gekommen waren, besaßen Privatquartiere oder bewohnten Gästezimmer in verschiedenen Gasthäusern.

Die Unterbringung der Zwangsarbeiter erfolgte in einfachen Baracken. Die Unterkünfte für die deutschen Arbeitskräfte wurden als Massivbauten ausgeführt. Alle Lager verfügten über eine eigene Küche. Geplant waren neben den eigentlichen Wohnunterkünften auch Sanitär- und Gemeinschaftsräume sowie Werkstätten für Kleinreparaturen (Schuhwerk, Scheiderei). Die Lager 1 bis 8 und E für Zwangsarbeiter wurden vollständig fertiggestellt und voll belegt. Die für die deutschen Arbeitskräfte vorgesehenen Lager A bis D wiesen dagegen große Unterschiede in der Bauausführung auf. Rohbaufertig waren zum Beispiel alle Gebäude des Lagers A, während die Bauarbeiten im Lager C überhaupt noch nicht begonnen hatten. In den Lagern B und D befanden sich einzelne Gebäude im Rohbau. Aus diesem Grunde wurden die deutschen Arbeitskräfte, sofern sie nicht in Provisorien der Firmen, beim Baustab oder im Stollen Unterkunft fanden, in Kahla und auf die umliegenden Ortschaften verteilt und zwangseinquartiert. Die REIMAHG, die über ein eigenes Wohnungsamt verfügte, was auch notwendig war bei der hohen Zahl an ortsfremden Arbeitskräften, nutzte ihre besondere Stellung als dringliches Rüstungsvorhaben aus und nahm eine Reihe von Gebäuden auf der Grundlage des Reichsleistungsgesetzes in ihren Besitz. In Kahla waren dies u. a. die alte Schule, wo sich die Verwaltung einquartierte, und die zu Wohnungen ausgebauten Gebäude der ehemaligen Oberen Fabrik, in denen zirka 150 Angehörige der SA, der OT und der Gestapo Unterkunft fanden. Für Thüringens Reichsstatthalter Sauckel wurde zudem auf dem Walpersberg ein nordisches Blockhaus errichtet, damit er bei seinen Kontrollbesuchen als Stiftungsführer eigene Räume zur Verfügung hatte. Darüber hinaus entstanden eine Vielzahl von kleinen Magazinen und Lagern für Baumaterialien und Lebensmittel, zum Teil in beschlagnahmten öffentlichen Gebäuden der umliegenden Ortschaften, zum Teil in Form neu errichteter Baracken auf öffentlichem Gelände, so auf dem Sportplatz Kahlas, dessen Spielfläche insgesamt für Lagerzwecke überdacht wurde.

Große Probleme bei der hohen Konzentration von Menschen in solchen Massenlagern verursachten die Trinkwasser- und Abwasserversorgung sowie der Seuchenschutz. Desinfektionen gehörten deshalb zu den Lagerbauten. Das Trinkwasserproblem, schon für die Bewohner der Stadt Kahla nicht optimal gelöst, wurde von der REIMAHG-Verwaltung ebenso wie das Abwasserproblem nicht ausreichend bewältigt. Der Bau der Lager 4 bis 7 im Leubengrund dürfte deshalb gewählt worden sein, weil auf andere Weise die Trinkwasserversorgung nicht ausreichend hätte erfolgen können. Obwohl Kläranlagen für die Abwässer vorgesehen und einige Anlagen bereits errichtet worden waren, erfolgte die Einleitung der Abwässer vorerst direkt in die Saale oder ihr zufließende

Bäche. Wo aufgrund fehlender Kanäle, Bäche oder durch Bauverzögerungen keine Ableitung geschaffen werden konnte, wurden einfache Latrinen und Sickergruben als Ersatz errichtet. Damit stieg freilich die Seuchen- und Infektionsgefahr. Viele der körperlich ausgezehrten Zwangsarbeiter erkrankten und verstarben häufig aufgrund der mangelnden Hygiene an Ruhr und Typhus.

Die REIMAHG-Arbeiter rekrutierten sich aus vier Gruppen: den deutschen Arbeitskräften, ausländischen Fremd- bzw. Zwangsarbeitern, Häftlingen aus dem Konzentrationslager Buchenwald und aus Mädchen und jungen vom BDM und der HJ, die für Arbeitseinsätze herangezogen wurden.

Beschäftigte bei der REIMAHG nach einer amtlichen Mitteilung vom 30.12.1944[33]

Arbeitsstätten	Deutsche	Ausländer
Untertage	660	2450
Übertage	600	2400
Startbahn	60	900
Bahnbau	30	500
Siedlungsbau	500	1600
Lagerverwaltung	320	1200
Fertigung	600	1100
Summe	2770	10150
Gesamt	12920	

Der dokumentierte Höchststand an Zwangsarbeitern betrug zirka 12000 aus mehr als zehn Nationen.

Die deutschen Kräfte waren zumeist Fachkräfte der hier tätigen Firmen sowohl beim Bau als auch bei der Montage und in den Werkstätten. Außerdem bestand der gesamte Planungs- und Verwaltungsapparat aus deutschem Personal (ausgenommen bestimmte Bereiche der Ausländerbetreuung und Mitverwaltung der Lager) sowie die Wach- und Sicherheitsorgane, wobei Wachaufgaben zusätzlich von einer 80köpfigen Mannschaft flämischer SS wahrgenommen wurden. Die übergroße Zahl der hier eingesetzten Arbeitskräfte, hauptsächlich im Baustellen- und Versorgungsbereich, umfaßte ausländische Zwangsarbeiter aus Polen, Belgien, Holland, der Ukraine, Kroatien, Slowenien, Lettland, Estland, Italien, Frankreich und anderen Ländern. Die genauen Zahlen sind nicht belegt, doch kann aus den vorliegenden Dokumenten entnommen werden, daß zirka 15 000 Zwangsarbeiter und 5000 Deutsche insgesamt während der Bauzeit bei der REIMAHG beschäftigt waren.

Als dritte Gruppe wurden jugendliche bei der REIMAHG eingesetzt, was die komplizierte Arbeitskräftelage verdeutlicht. Diese Einsätze können nur als ein letztes Mittel verstanden werden. Bekannt wurden Einsätze von Hundertschaften aus Jena und Pößneck. Zumeist arbeiteten diese Jugendlichen in mehrtägigen Einsätzen, da die ursprünglich praktizierten An- und Rücktransporte mit zu hohen Strapazen für die jungen Menschen verbunden waren.

Die Arbeitsbedingungen bei der REIMAHG waren allgemein sehr schwer und die Ernährung außerordentlich schlecht. Der Arbeitstag betrug mindestens 10 Stunden, wobei die Zwangsarbeiter zum Teil einen Anmarschweg von bis zu sechs Kilometern zur Arbeitstelle zurücklegen mußten. Der Arbeitstag begann um 7.00 Uhr. Die Folgen der zum Teil brutalen Arbeitsantreiberei, der Schwere der Arbeit, der schlechten Ernährung und der schon geschilderten unhygienischen Verhältnisse in den Lagern führte zu Erkrankungen und einer hohen Sterberate unter den Zwangsarbeitern. Dazu kamen die Toten, die durch verrohte SS-Führer und brutale Methoden der Disziplinierung ihr Leben verloren. Standesamtlich beurkundet wurden 991 Todesfälle, darunter 442 Italiener, 146 Belgier, 123 Slowaken und 105 Sowjetbürger. Allerdings wurden nicht alle Opfer der REIMAHG ordnungsgemäß erfaßt, so daß die Gesamtzahl der Verstorbenen über 1000 liegt.

Lfd. Nr. ....

REIMAHG
Gefolgschaftsbetreuung

Todesmeldung

Name: .... Vorname: .... Nation: ....
geb.: .... Wohnung (Lager): ....
beschäftigt bei Firma: .... Kol. Nr.: ....
Todestag: .... Todesursache: ....
abgeholt vom Lager am: ....
beerdigt am: .... Ort: .... durch: ....
Bemerkungen: ....
Ueberprüft: ....

Die Bürokratie der REIMAHG funktionierte, wie die Todesmaschinerie des Dritten Reiches überhaupt, selbst unter den Bedingungen des „totalen" Krieges, perfekt.

Die REIMAHG verfügte für die Fremdarbeiter über einen eigenen Friedhof, der in Kahla oberhalb des städtischen Friedhofs angelegt wurde. Lediglich die ersten etwa 30 Verstorbenen erhielten ein ordentliches Begräbnis im Sarg und ein Einzelgrab. Dann wurden Massengräber angelegt, die jeweils etwa 15 Leichen aufnahmen. Für die Beerdigung der Verstorbenen stand in Kahla ein

Friedhofskommando aus russischen Männern und Frauen zur Verfügung. Täglich wurden die Verstorbenen mit LKWs aus den verschiedenen Lagern angefahren, um bestattet zu werden. Die Lagerung der Leichen erfolgte bis zur Errichtung einer eigenen provisorischen Leichenhalle in der Friedhofskapelle Kahlas. Das Kahlaer Standesamt beurkundete 309 Sterbefälle der REIMAHG. Auf dem REIMAHG-Friedhof in Kahla fanden insgesamt über 650 Fremdarbeiter, vor allem Italiener und Jugoslawen, aber auch Sowjetbürger, Polen, Belgier, Holländer und Franzosen, ihre letzte Ruhestätte. Auch in den Umlandgemeinden bestattete die REIMAHG ihre Toten, so in Hummelshain und Großeutersdorf, Eichenberg, Knau und Langendembach. Um die würdelose Form der Beisetzung gab es mehrfach Auseinandersetzungen mit den Verantwortlichen des Unternehmens und der Stadt. Allerdings ohne Erfolg. Lediglich die Aufstellung eines Schildes „Das Betreten des Reimahg-Friedhofes ist verboten" wurde erreicht. Tags darauf stand handschriftlich darunter: „Unsere Schande!"

Bereits im August 1944, der Baubeginn lag inzwischen etwas mehr als drei Monate zurück, wurden auf englischen Luftbildaufnahmen erstmals die eingetretenen Veränderungen um den Walpersberg registriert. Die großen Schurfe und Halden um und auf dem Berg, die ohne Tarnmaßnahmen blieben, leuchteten in dem hellgelben Sandstein weithin und waren so gut sichtbar. Nun folgten regelmäßige Überflüge mit Luftbildaufklärern, deren Aufnahmen in den zentralen Auswertungsstellen aufmerksam geprüft wurden. Vorerst war zwar klar, daß es sich um ein unterirdisches Bauvorhaben handeln dürfte, unklar blieb hingegen der Zweck. Dieser wurde erst am 19. März 1945 erkannt, als die Luftaufnahmen zwei abgestellte Strahljäger Me 262 erkennen ließen.

Das finale Produkt der REIMAHG, die Me 262. Das Foto zeigt den Prototyp des Strahljägers. Die Maschine kam in den letzten Kriegsmonaten unter Adolf Galland noch zum Einsatz und erzielte einige Erfolge. In größeren Einheiten eingesetzt, hätte sie die Luftüberlegenheit der Alliierten durchaus einschränken können. (Repro Lachs)

Der Anlauf zur Montage von Me 262 hatte im Januar mit Unterstützung von Fachleuten der Messerschmitt AG begonnen, und im Februar kamen die ersten Maschinen zur Auslieferung. Insgesamt montiert wurden bis zur Einstellung aller Arbeiten im April 27 Maschinen. Weitere fünf Maschinen wurden nach der Besetzung des Werkes für die USA aus den zahlreich vorhandenen Teilen zusammengebaut.[34] Durch die Luftaufklärung waren die Alliierten noch vor ihrem Einmarsch in Kahla genauestens über die REIMAHG informiert. Sie kannten die Ausdehnung der Anlage einschließlich der vielen umliegenden Lager für die Arbeitskräfte und Hilfsdienste. Zu einer Bombardierung kam es jedoch nicht mehr, wie es der Stadt Nordhausen am 3. April widerfuhr, ganze acht Tage vor dem Einmarsch der US-Truppen. Zwar galt dieser Bombenangriff dem Mittelwerk, wo die V2 hergestellt wurde. Getroffen wurden aber vor allem die alte Reichsstadt und ihre Bewohner. Zirka 8800 Menschen fielen den alliierten Bomben zum Opfer, davon etwa 1000 KZ-Häftlinge; 49 Prozent des Wohnungsbestandes lag in Trümmern. Militärisch machte dieses Bombardement keinen Sinn, wie schon im Fall von Dresden oder Jena im Februar und März 1945. Kahla und den umliegenden Ortschaften blieb dieses schwere Schicksal erspart.

Wenige Tage vor der Besetzung des Werkes durch US-Truppen gab der Jenaer Stadtkommandant an das Volkssturmbataillon der REIMAHG, dem der Major der Luftwaffe Georg Potzler, ein gebürtiger Kahlaer, vorstand, den Befehl, die Ausländer „unschädlich" zu machen. Geplant war, die Zwangsarbeiter in die Stollen zu treiben und anschließend die Eingänge zu sprengen. Potzler folgte diesem Befehl nicht. Daraufhin entschloß sich die Führung zur Evakuierung der Fremdarbeiter und Häftlinge. Ein Teil trat den Weg an. Anfangs wurden die Kolonnen von Angehörigen der SS begleitet; später von Männern des Volkssturms. Auch diese letzte Aktion kostete noch vielen Menschen das Leben, bevor am 12. April 1945 in den Nachmittagsstunden die Amerikaner einrückten und das Werk besetzten.[35] Von den deutschen Verwaltungskräften versuchten jene, die besonders belastet waren, sich in Sicherheit vor den Amerikanern, vor allem aber vor dem Zorn der Fremdarbeiter zu bringen, nachdem am 11. April „Feindalarm" gegeben worden war. Sie packten ihre Autos mit Lebensmitteln voll und verschwanden fluchtartig.

Thüringische Zellwolle AG

Die Thüringische Zellwolle AG Schwarza ist ein Produkt der Autarkiepolitik des Dritten Reiches. Bereits in einer Verordnung über die Sicherung der deutschen Rohstoffbasis aus dem Jahr 1934 sind die Ziele dieser Politik definiert. Im Falle einer Abschnürung vom Weltmarkt sollte der Bedarf an Rohstoffen aus eigener Produktion oder durch eigenproduzierte Ersatzstoffe gedeckt werden. Eine große Rolle spielte dabei die Zellwolle (Kunstfasern, die durch besondere Verfahren einen wollähnlichen Charakter erhielten), die sich gut als Ersatz von Baumwolle und Wolle eignete. selbst verkehrsgünstig gelegen ist und die Lage an der Saale den hohen Wasserbedarf des Werkes ohne Probleme absicherte.

Die Finanzierung des Unternehmens ruhte auf vier Säulen. Als Anschubfinanzierung statteten sieben Gründungsunternehmen die Gesellschaft mit einem Aktienkapital von 500 000 RM aus. Nur ein Gründungsunternehmen, die Greizer Kammgarnspinnerei AG, stammte aus dem Bereich der chemischen oder textilen Industrie. Die anderen Gründer wurden von der Gauleitung unter Druck gesetzt, die Mittel für das Vorhaben bereitzustellen. Die zweite Säule der Finanzierung des Unternehmens bestand in Anschlußkrediten von Großbanken. Insgesamt 9,5 Mio. RM wurden so an die Zellwolle AG ausgereicht. Eine weitere Finanzierungsquelle bestand im Verkauf von Zellwolle-Aktien an Firmen der Textilindustrie. Bis 1939 wurden an über 200 Textilfirmen Aktien der Thüringischen Zellwolle AG im Nennwert von 16 Mio. RM verkauft. Für die Textilfirmen bot die Zeichnung von Aktien der Zellwollewerke die Möglichkeit, zusätzliche Kontingente an Zellwolle zu erhalten. Die Zellwolle finanzierte sich zudem aus nicht ausgeschütteten Gewinnen. Im Jahr 1943 bilanzierte das Unternehmen seine technische Anlagen mit einem Neuwert von 42,8 Mio. RM mit 15,5 Mio. RM. Auf diese Weis wurden die Anlagen bis auf 36% des Anschaffungswertes abgeschrieben. Mit all diesen Finanzierungsmaßnahmen gelang es der Zellwolle AG das Grundkapital, ausgehend von einer halben Million im Jahr 1935 auf 36 Mio. RM im Jahr 1945 zu erhöhen.

Dr. Walther Schieber, Betriebsführer der Zellwolle AG und ab 1939 Gauwirtschaftsberater. (WS)

Grundsteinlegung für die Zellwolle AG in Schwarza. (WS)

Noch in der Weimarer Republik wurden die Entwicklungsarbeiten und die Vorbereitungen zur großtechnischen Produktion von den IG Farben abgeschlossen. Bereits Ende 1933 plante Hitler zur Absicherung der textilen Rohstoffversorgung den Bau einer Reihe von Zellwollefabriken. Für den Thüringer Gauleiter Sauckel war klar, daß alles versucht werden mußte, eine dieser Zellwollefabriken nach Thüringen zu bekommen. 1934 begann mit massiver staatlicher Einflussnahme die Gründung von Zellwolle-Aktiengesellschaften. Am 29. Juni 1935 wurde die Thüringische Spinnfaser AG Weimar gegründet, die am 11. März 1936 in die Thüringische Zellwolle AG Schwarza umbenannt wurde. Die Wahl fiel auf den Standort Schwarza. Zu den Gründen gehörte, daß die Region noch viele Arbeitslose aufwies, Schwarza

Bereits im Jahr 1939 besaß die Zellwolle AG fünf Tochtergesellschaften mit insgesamt 8,63 Mio. RM Stammkapital und Beteiligungen an

So sah der Künstler das wachsende Werk der Thüringer Zellwolle AG in Schwarza ...

... und so sah die Wirklichkeit aus. Das Werk selbst war auf dem Stand der neuesten Technik seiner Zeit. (WS)

Altersversorgungskasse
DER
THÜRINGISCHEN ZELLWOLLE
AKTIENGESELLSCHAFT
V. V. a. G.
Satzung

Titelblatt der Satzung mit Firmenlogo. (WS)

Der Betriebsführer Schieber spricht zur Eröffnung eines Betriebs- und Kinderfestes 1940 zu den Angehörigen der Betriebsgemeinschaft und ihren Familien. Die kulturelle und geistige Betreuung der Betriebs- und Volksgemeinschaft gehörte von Anfang an zu den Herrschaftsvorstellungen und -instrumenten des NS-Regimes. (WS)

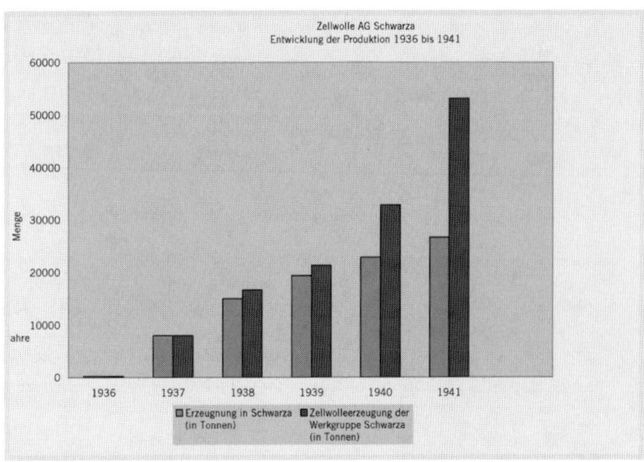

weiteren sechs Firmen mit einem Stammkapitalanteil von 1 Mio. RM. Im Verlauf des Zweiten Weltkrieges kamen dann noch Unternehmen in Pabianice (Polen) und Paris hinzu. Entsprechend entwickelte sich das Produktionsaufkommen an Zellwolle und der Anteil an der deutschen Gesamtproduktion.

Anteil der Zellwolle AG Schwarze an der Gesamterzeugung deutscher Zellwolle (in %)

1936	1937	1938	1939	1940	1941
0,6	8,1	11,1	10,7	13,4	18,5

Q.: Gisela Kahl: Zellwolle, S. 112.

Neben der wirtschaftlichen Bedeutung der Zellwolle AG durch die Substituierung von Importrohstoffen gab es im Produktionsprogramm auch Produkte mit eindeutig militärischer Bedeutung. Zellumin, ein Gummiaustauschstoff, eignete sich zur Produktion von Gasplanen, Gasmasken, Schwimmwesten und Schlauchbooten. Außerdem begannen im Jahr 1939 Versuche zur Herstellung von Stricksachen für die Wehrmacht, die zur Winterausrüstung gedacht waren.

Am 1. Mai 1939, dem Tag der Arbeit im Dritten Reich, wurde die Zellwolle AG mit der „Goldenen Fahne" der Deutschen Arbeitsfront ausgezeichnet und führte künftig den Titel: Nationalsozialistischer Musterbetrieb.

Ähnlich wie bei der Gustloff-Stiftung, aber juristisch auf einer modernen Betriebsordnung basierend, gewährte auch die Zellwolle AG in Schwarza ihrer Belegschaft Sozialleistungen, die aus be-

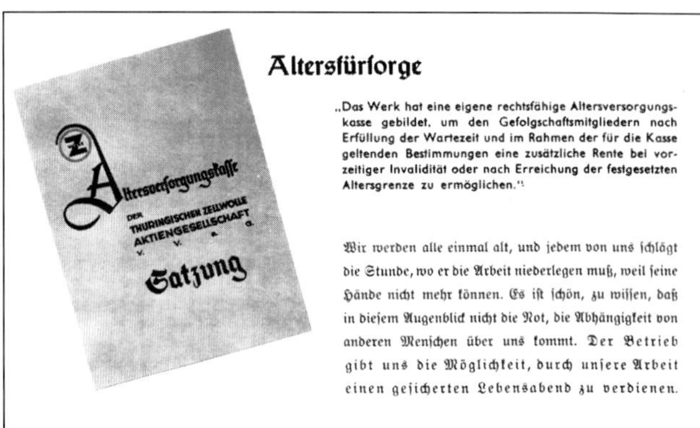

Altersfürsorge

„Das Werk hat eine eigene rechtsfähige Altersversorgungskasse gebildet, um den Gefolgschaftsmitgliedern nach Erfüllung der Wartezeit und im Rahmen der für die Kasse geltenden Bestimmungen eine zusätzliche Rente bei vorzeitiger Invalidität oder nach Erreichung der festgesetzten Altersgrenze zu ermöglichen."

Wir werden alle einmal alt, und jedem von uns schlägt die Stunde, wo er die Arbeit niederlegen muß, weil seine Hände nicht mehr können. Es ist schön, zu wissen, daß in diesem Augenblick nicht die Not, die Abhängigkeit von anderen Menschen über uns kommt. Der Betrieb gibt uns die Möglichkeit, durch unsere Arbeit einen gesicherten Lebensabend zu verdienen.

trieblichen Mitteln finanziert oder mitfinanziert wurden. Zu den Angeboten gehörten ein betriebseigenes Schwimm- und Wellenbad, ein Sportplatz und Betriebskindergärten. Allein im Jahr 1940 gab die Thüringische Zellwolle AG für soziale Zwecke insgesamt 867 589,06 RM aus. Widersprüche wie moderne Technik und hohe Sozialleistungen auf der einen Seite, Zwölf-Stunden-Schichten und die Ausbeutung von ausländischen Arbeitskräften – das Unternehmen beschäftigte 1208 Fremdarbeiter – auf der anderen Seite sind auch für die Thüringische Zellwolle AG charakteristisch.[36]

Im Widerstand

„Wenn Hitler geht – kommt der Frieden!"

Während der Formierung des NS-Regimes schaltete – was bereits im ersten Band skizziert wurde – die nationalsozialistische Reichsregierung jede parlamentarisch-demokratische und politische Opposition aus und errichtete (auch strukturell) einen totalitären Einparteienstaat. Jeder Widerstand gegen dieses Herrschaftssystem, das die Naziführung fortwährend festigte, wurde entschieden und mit allen Mitteln bekämpft. Dennoch, und trotz der Gefahr, in diesem ungleichen Kampf das Leben verlieren zu können, formierte sich zugleich in ganz Deutschland eine aus dem Untergrund heraus handelnde – und damit aus staatlicher Sicht illegale – Widerstandsfront gegen das NS-Regime und die von ihm ausgehende Kriegsgefahr, die 1939 zur Wirklichkeit wurde.

Das Spektrum der im Widerstand stehenden Kräfte war, über die Zeit und insgesamt betrachtet, weit gefächert. Es umfaßte als stärkste Gruppe ehemalige Mitglieder aus nahezu allen Parteien, Organisationen und Verbänden der verbotenen Arbeiterbewegung, dazu Angehörige der Kirchen und Glaubensgemeinschaften sowie Angehörige des Bürgertums, die sich in kleinen Kreisen organisierten und mehr oder weniger aktiv hervortraten. Als besondere Gruppe entwickelte sich ab 1941 die militärische Opposition, die sich über die Wehrmachtsstrukturen entfaltete.

Angesichts der 1932 bestehenden realen Gefahr für den Bestand der Weimarer Demokratie, hätte davon ausgegangen werden können, daß alle antifaschistischen Kräfte über die in der Tat tiefen ideologischen Gräben hinweg ihre Anstrengungen zum Erhalt der Weimarer Republik und gegen den aufkommenden deutschen Faschismus sowie die damit verbundene Kriegsgefahr hätten bündeln müssen. Doch dem war nicht so!

Die Deutschen erwiesen sich 1932 als eine gespaltene Nation. Etwa zwei gleichgroße Lager rivalisierten um die politische Führung im Reichstag, wobei die antifaschistisch und demokratisch orientierten Kräfte formal über eine arithmetische Mehrheit gegenüber der NSDAP als dem politischen Gegner verfügten. Aber letztlich fehlte diesem in sich zerrissenen Lager aus bürgerlichen Demokraten und der Linken gleichermaßen die Einsicht in die Notwendigkeit einheitlichen Handelns zum Schutz der Republik, während deren Feinde alle sich bietenden Möglichkeiten zur Errichtung ihres eigenen Herrschaftssystems ausnutzen.

Mit der sogenannten Reichstagsbrandverordung und der „Heimtückeverordnung" vom 21. März legte das Regime die Grundlage ihrer dauerhaften Verfassungswirklichkeit und der zunehmenden Terrorherrschaft. Neben den Instrumenten staatlicher Restriktion, die zunächst noch bei den Innen- und Justizministerien der Ländern lagen und im Sinne der neu ergangenen Verodnungen angewandt wurden, entstanden mit den Sondergerichten, dem Volksgerichtshof und der Einbindung der SS in Aufgaben der inneren Sicherheit neue Organe, die ausschließlich auf Ausnahmerecht aufbauten. Die SS verselbständigte sich ab 1934 aus der Kontrolle der SA und des Staates heraus zu einem eigenen Machtinstrument des Regimes. Dabei entwickelte sie das von ihr beherrschte KZ-System, das ursprünglich zur „vorbeugenden Inhaftierung und Umerziehung" politischer Gegner und mißliebiger Personen gedacht war, zu einem systemtragenden dauerhaften Instrument der Erniedrigung und Vernichtung von Menschen. „Eine Tyrannei, einmal zur Macht gelangt und nicht gestürzt, kann der Mittel, die sie gebraucht, um die Herrschaft zu erringen, nicht mehr entraten. Der Terror muß zum System der Aufrechterhaltung der Herrschaft ausgebaut werden, weil niemals ein System der totalen Rechtlosigkeit oder des systematischen Unrechts gegen einzelne und Gruppen auf Dauer ohne aktive Widersacher bleibt..."[1] Und in der Tat, mit, trotz und wegen der Tyrannei regte sich über alle Jahre, die das NS-Regime bestand, Widerstand gegen dessen Herrschaft.

Was den Widerstand der politischen Linken betraf, so war dieser von vornherein indiziert und basierte auf einem gesellschaftspolitischen Gegenentwurf zum Kapitalismus, der das NS Regime als ökonomisches Prinzip trotz vorbestimmter Eingriffe ins Wirtschaftsleben trug. Was den bürgerlichen, militärischen und konfessionellen Widerstand betraf, so entwickelte sich dieser vor allem von innen heraus mit der zunehmenden Radikalisierung des Systems und erreichte 1944 mit der Aktion vom 20. Juli seinen Höhepunkt.

Durch die Radikalität der Machtübernahme – mit der restlosen Zerschlagung der politischen Opposition – geriet der Widerstand von Anfang an zu einem vom Volk isolierten Instrument des politischen Kampfes, da er illegal geführt werden mußte und ihm die gesellschaftliche Plattform fehlte.[2] Aufgrund dieser Bedingungen entwickelte und konnte sich keine breite Widerstandsbewegung im Volk entwickeln, zumal die soziökonomischen Rahmenbedinungen nach überstandener Weltwirtschaftskrise, aber auch die systemeigene Anstrengungen die Festigung des NS-Regimes förderten.

Aus dieser Tatsache kann und darf aber nicht abgeleitet werden, daß das deutsche Volk in seiner Mehrheit den Terror legitimierte. Das Volk war vielmehr durch die politischen Kämpfe während der Weimarer Republik in sich gespalten. Es hoffte beim Machtantritt der NSDAP auf eine deutliche Verbesserung der Lebensverhältnisse und der politischen Zerrissenheit der Gesellschaft. Stabilität sollte die Instabilität, die seit 1930 geherrscht hatte, ablösen. Was den wahren Charakter des NS-Regimes und der NSDAP als Staatspartei betraf, so erlagen breite Wählerschichten der Propaganda und den Versprechungen der Nazis. Sie erkannten die von der NSDAP ausgehende Gefahr eines diktatorischen Regimes ebensowenig wie die reale Zielstellung eines Angriffskrieges, der von Deutschland ausgelöst werden sollte. Die scheinbaren und wirklichen Erfolge des Regimes bis 1939 verstärkten den Effekt und veranlaßten immer mehr Deutsche, die Politik des Regimes zu akzeptieren oder sogar zu unterstützen. Der programmatischen wie praktischen Organisation des Widerstandes wurde zugleich durch diese Prozesse die organisatorische Basis entzogen.[3]

15. Jahrg. / Nr. 113 / 10 Pf. Berlin, Donnerstag, 26. Mai 1932

Die Rote Fahne

Zentralorgan der Kommunistischen Partei Deutschlands (Sektion der Kommunistischen Internationale)

Begründet von Karl Liebknecht und Rosa Luxemburg

Feiger Ueberfall der Nazis im Landtag auf die Kommunisten

Antifaschistische Aktion!

Aufruf des Zentralkomitees der KPD. an die deutsche Arbeiterklasse!

Im Zentralorgan der KPD wurde der Aufruf zur Antifaschistischen Aktion erstmals veröffentlicht. (WS)

Eine programmatische und organisatorische Konzeption zur Abwehr der Nazidiktatur, angeboten von der KPD, bestand in der Herstellung der Aktionseinheit der Arbeiterklasse. Doch insbesondere die Führung der SPD lehnte ein solches politisches Bündnis ab und wies es als bloßen strategischen Schachzug zurück. Die Volksfrontangebote, die über die Arbeiterbewegung hinaus

Die zwei antifaschistischen Wahlplakate von KPD und SPD aus dem Jahr 1932 verdeutlichen die unterschiedlichen Strategien der Arbeiterparteien im Umgang mit dem nach der Macht greifenden Nationalsozialismus. (WS)

auch für antifaschistisch eingestellte und linksbürgerlich-demokratische Kräfte offen sein sollte, nachfolgend von der KPD (und der Komintern) entwickelt, kamen letztlich zu spät, um überhaupt noch umgesetzt werden zu können.

Die SPD setzte bei ihrem Abwehrkampf gegen den aufkommenden deutschen Faschismus noch 1933 auf Verfassungstreue und -rechte, was sich als tödlicher Irrtum in ihrer Strategie zur Abwehr der nach der Macht greifenden NSDAP erwies. Bei den bürgerlich-demokratischen Kräften wurde gleichfalls auf die Verfassung der Weimarer Republik gebaut; bei den profaschistischen und nationalistischen Kräften glaubte man an Mitgestaltungsspielräume und -möglichkeiten, wie sie in der Endphase der Republik unter taktisch bestimmten Voraussetzungen kurz bestanden. Doch die Verhältnisse hatten sich rasch verändert, und alle parteipolitischen Vorstellungen der Konservativen und Nationalen erwiesen sich als politische Illusion.

Der sich ab 1933 formierende Widerstand ging quer durch alle gesellschaftliche Schichten. Er umfaßte Arbeiter, Angestellte, Beamte und Militärs ebenso wie Mitglieder, Funktionäre und Politiker verbotener Organisationen, Jugendliche und Intellektuelle; selbst innerhalb der Nazibewegung fanden sich einzelne, die Widerstand leisteten. Zudem gab es zahlreiche Formen passiven Widerstandes, etwa durch Hilfeleistungen für ehemalige Schutzhäftlinge, Zwangsarbeiter und für Juden, die versteckt und ernährt wurden. Auch die Deserteure der Wehrmacht müssen als Träger passiven Widerstandes verstanden werden – ähnlich den Zeugen Jehovas, die grundsätzlich den Wehrdienst verweigerten –, da sie den Krieg moralisch und praktisch in Frage stellten.

Die Form des inneren Exils, die vor allem von Intellektuellen, Akademikern und Freiberuflern gewählt wurde, charakterisiert eine spezielle Haltung mit zahlreichen Facetten individueller Möglichkeiten und Verhaltensweisen zur Vermeidung persönlicher Gefolgschaft.Gedacht sei dabei an die Leipziger Schriftstellerin Lene Voigt („Säks´sche

Ricarda Huch trat 1933 aus Protest gegen den Nationalsozialismus aus der Preußischen Akademie der Künst aus und siedelte 1936 nach Jena über. Hier entstanden unter anderem ein Band Erinnerungen unter dem Titel „Frühling in der Schweiz" und ein Gedichtband „Herbstfeuer". Zu ihrem 80. Geburtstag 1944 erschien in der Thüringer Gauzeitung eine kurze Würdigung ihres Schaffens von Albert Soergel (Foto um 1930 von Wanda von Debschitz-Kunowski, Berlin)

Glassiger", 2 Bde., 1925/ 27), den Bildhauer und Schriftsteller Ernst Barlach, der trotz erlittener Repressalien nicht zum Verlassen der Heimatscholle zu bewegen war, oder auch an die Schriftstellerin Ricarda Huch, die ihren Wohnsitz nach Jena verlegte und in der Saalestadt das Kriegsende erlebte. Unabhängig von der Schwere ihres persönlichen Schicksals vermieden jene Personen, die sich ins innere Exil zurückzogen, in der Regel jede direkte Teilnahme am aktiven Widerstand. Bei bestimmten Personen, die unter Polizeiaufsicht standen oder anderen Reglementierungen, etwa aus rassenpolitischen Gründen, als Beispiel soll der Dresdner Romanist Victor Klemperer genannt sein, der seine Hochschulprofessur aufgrund seiner jüdischen Abstammung verlor und als Bewohner eines Judenhauses bis zum 13. Februar 1945 permanent von Deportation bedroht war, unterworfen waren, beruhte dieses Verhalten auf objektiven Zwängen. Häufig war es jedoch eine (erzwungene) pragmatische Haltung des Abwartens oder der Ohnmacht, wie beim Geraer Kunstmaler Otto Dix, der 1933 Ausstellungsverbot erhielt, sowie der beklemmenden sozialen Lage der Betroffenen.

Zu den verbotenen Parteien des politisch linken Lagers, die aktiven Widerstand organisierten, gehörten die KPD, SPD und die SAPD. Dazu kamen politische Abspaltungen und Splittergruppen, wie die KPO oder die vornehmlich in Süddeutschland vertretene Organisationen Internationaler Sozialistischer Kampfbund (ISK), die Sozialistische Arbeiterpartei (SAP) und die Bewegung Neu Beginnen neben zahlreiche Jugendbewegungen.

Der kirchliche Widerstand begrenzte sich bei der evangelischen Kirche vor allem auf die im Pfarrernotbund und der Bekennenden Kirche vereinten Mitglieder sowie auf kleinere, meist örtlich agierende Zirkel oder Kreise wie dem „Häuschen" von Pfarrer Walter Korth aus Probstzella. Die Mitglieder des Kreises der Bekennenden Kirche verstanden sich aber nicht unmittelbar als aktive Widerstandsorganisation, sondern als ein Zirkel von Theologen und Christen, die sich gegen die Vereinnahmung durch das System wehrten und dabei theologische Positionen vertraten, die im Widerspruch zu gesellschaftspolitischen Grundlagen des NS-Regimes standen.

Mit dem Konkordat zwischen dem Dritten Reich und dem Vatikan vom 20. Juli 1933 sicherte sich die katholische Kirche ihre gesellschaftliche Stellung in Deutschland, gab damit aber politische Positionen und Organisationen preis und stabilisierte faktisch dadurch auch das faschistische Regime nach innen und außen. „Öffentlicher Widerstand aus christlicher Gesinnung wurde aber nur von einzelnen Personen, Pfarrern wie engagierten Laien, geleistet, die sich zu Wort meldeten, um Unrecht beim Namen zu nennen. Die Konsequenzen, die sie damit bewusst auf sich nahmen, hatten sie allein zu tragen." Die Opfer aus diesem Kreis des kirchlichen Widerstand betrugen etwa 900 Personen, von denen 12 mit dem Tod bestraft wurden.[4] Viele wurden zudem Opfer des Krieges durch gezielte Einberufungen und konfessionsbedingte Fronteinsätze.

Eine Besonderheit unter den Christen stellte die Glaubensgemeinschaft der Zeugen Jehovas dar. Die Ernsten Bibelforscher, wie sie auch genannt wurden, verweigerten konsequent den Hitlergruß und den Wehrdienst. Bereits 1933 verbot das NS-

Regime die Organisation und stellte die Fortsetzung ihrer religiösen Aktivitäten unter Strafe. Von den zirka 25 000 Mitgliedern der Gemeinschaft in Deutschland, setzte etwa die Hälfte im Untergrund ihre Glaubensarbeit in kleinen Bibelkreisen fort. Diese wurden unerbittlich verfolgt. Zirka 10 000 wurden in Haft genommen, wovon etwa 1200 in den Gefängnissen, Zuchthäusern und Konzentrationslagern ihr Leben verloren. Unter den Todesopfern bildeten die Wehrdienstverweigerer eine größere Gruppe. Eine zweite größere Gruppe leistete über die religiöse Bibel- und Verkündigungsarbeit hinaus in den Jahren 1936 bis 1938 aktiven politischen Widerstand durch Flugblattaktionen und die Weitergabe von Informationen ins Ausland über Untaten und Verbrechen des NS-Regimes.[5]

Die Gruppe des individuellen Widerstands ist in ihrem Umfang nicht genau einzuschätzen, zumal die Zuordnung beziehungsweise deren Abgrenzung häufig nur schwer vorgenommen werden kann. Neben ihren bekanntesten Vertretern, dem Kreis um die Geschwister Hans und Sophie Scholl, die Gruppe der „Edelweispiraten" oder der Hitler-Attentäter wie Georg Elsner, gab es einen großen Kreis individueller Helfer, die Menschenleben unter Einsatz ihres eigenen Lebens retteten. Zu diesem Kreis kann die Jugend- und Studentenopposition ebenso gerechnet werden wie die aus der sozialistischen Jugendbewegung inspirierten Jungkommunisten, Mitglieder der Sozialistischen Arbeiterjugend und konfessioneller Gruppen, die ohne Anbindung an eine politisch-programmatisch geführte Widerstandsbewegung oder eine illegale Parteiorganisation aktiv waren. Auch Einzelpersonen, die menschlich handelten, Kenntnisse über Widerstandskämpfer und geplante Aktionen besaßen und diese nicht an amtliche Stellen übermittelten oder Bedrängte – ob Juden oder politisch Illegale – in humanitärer Weise unterstützten, sind diesem Kreis zuzuordnen. Wirklich viele waren es jedoch nicht, die so handelten.

Ein aus unterschiedlichen Motiven sich formierender Widerstand entstand auch in den Reihen der traditionellen Eliten. Während sich die aktive Beamtenschaft fast vollständig zusammen mit den führenden Vertretern der Wirtschaft und des Kleinbürgertums dem Regime verschieb, und es in der Folge bis zum bitteren Ende maßgeblich stabilisierte und trug, entwickelte sich in militärischen Kreisen, basierend auf preußisch-vaterländischen Traditionen und der Grundlage eines damit verbundenen humanistisch-philosophischen Kulturbegriffs, eine mehrschichtige Opposition mit dem Kreisauer Kreis, dem Goerdeler-Kreis, den Solf-Kreis, der Strassmann-Gruppe, dem Freiburger Kreis und der Bewegung um Generaloberst Ludwig Beck, Generalleutnant Friedrich Olbricht und

Helmuth James Graf von Moltke (hingerichtet 23.1.1945), gründete nach 1933 den Kreisauer Kreis, eine christlich-konservativ ausgerichtete Gruppe des deutschen Widerstandes, die mit alle großen Widerstandsorganisationen in Kontakt oder Fühlung stand. Die Mitglieder strebten nach sozial gerechteren Ordnung und demokratische Erneuerung Deutschlands. (WS)

Oberst Claus Graf Schenk von Stauffenberg. Die Militärs vom 20. Juli 1944 und alle sie tragenden Kräfte unternehmen für Deutschlands Zukunft den Versuch, Hitler und das NS-Regime zu stürzen. Für das Scheitern bezahlten viele mit ihrem Leben.

Claus Graf Schenk von Stauffenberg. Er legte die Bombe, die Hitler im FHQ Wolfsschanze am 20. Juli 1944 hätte töten sollen. Noch am gleichen Tag wurde er zusammen mit drei Vertrauten in Berlin standrechtlich erschossen. (WS)

Die Aktionen „Gitter" der Gestapo, die 1944 als Folgereaktion auf das Attentat zu Massenverhaftungen, Hinrichtungen und Verschleppungen – im Zuge der Sippenhaft auch von unbeteiligten Familienangehörigen – führte, waren die unmittelbare Reaktion der NS-Machthaber auf die gescheiterte Aktion. Von der Gestapo und anderen Sicherheitsorganen des Regimes wurden etwa 1000 Personen im Zusammenhang mit dem Hitler-Attentat verhaftet und zirka 200 hingerichtet. Einige nahmen sich selbst das Leben, um der zügellosen Rachejustiz des Regimes und dessen Blutrichter Roland Freisler vorzugreifen. Die Attentäter um Stauffenberg beabsichtigten mit dem Anschlag auf Hitler, das NS-Regime zu stürzen und eine Übergangsregierung an die Spitze des Staates zu stellen, um den Krieg umgehend zu

Geplante Übergangsregierung vom 20. Juli 1944

Reichsverweser oder Reichspräsident
Generaloberst Ludwig Beck oder
Generalfeldmarschall Erwin von Witzleben

Reichskanzler
Carl Friedrich Goerdeler oder
Julius Leber

Vizekanzler
Wilhelm Leuschner

Staatssekretär
Peter Graf York von Wartenberg

Oberbefehlshaber der Wehrmacht
Generalfeldmarschall Erwin von Witzleben

Inneres
Julius Leber

Äußeres
Ulrich von Hassell

Weitere Personalvorschläge bestanden für die Ressorts Justiz, Wirtschaft und Arbeit.

Widerstand: Zur Bestimmung eines schwierigen Begriffes

„Die Bezeichnung Widerstand faßt als Oberbegriff verschiedenartige Einstellungen, Haltungen und Handlungen zusammen, die gegen den Nationalsozialismus als Ideologie und praktische Herrschaft gerichtet waren. Im weitesten Sinn sind darunter auch die ins Exil geflohenen Antifaschisten ebenso zu verstehen, die wenig oder keine Möglichkeit hatten, etwas ähnlich Entscheidendes gegen die Regierung Hitlers zu unternehmen, wie die Männer, die das Attentat des 20. Juli 1944 unternehmen.
[...]
Im engeren Sinne ist aber zwischen den kritischen bis abweisenden Haltungen der Verweigerung und Selbstbehauptung einerseits und den bewußten Anstrengungen zur Änderung der Verhältnisse andererseits zu unterscheiden. Opposition gegen das Unrechtsregime war noch nicht gleichbedeutend mit persönlichem Einsatz und den damit verbundenen Gefährdungen. Diesen setzte sich jeder aus, der mit Flugblättern, Wandparolen, als Kurier zu Regimegegnern im Ausland aktiv war oder einem Verschwörerkreis angehörte, in dem der Sturz der Diktatur und eine neue Staats- und Gesellschaftsordnung geplant wurde.“

Wolfgang Benz

beenden und wieder demokratische Verhältnisse in Deutschland einzuführen.

Abschließend soll noch auf eine besondere Form des Widerstandes verwiesen sein, die sich in den Gefängnissen und Konzentrationslagern entwikkelte. Dabei handelte es sich um gelebte Solidarität. Auf dieser Basis entstanden Kurierdienste, illegale Lagerkomitees und verschiedene andere Gruppen, die sich mit speziellen Aufgaben des verdeckten Kampfes und gelebter Solidarität beschäftigten, um das Los der Häftlinge wo immer es ging oder es geboten erschien, zu erleichtern und das vorgezeichnete Schicksal nicht tatenlos zu akzeptieren.

Die Bedeutung des Widerstandes im Dritten Reich insgesamt muß sehr differenzert betrachtet und bewertet werden. Zu berücksichtigen sind sehr unterschiedliche Vorstellungen, Organisationsformen und Strategien der Widerstandsbewegungen. Das Spektrum des antifaschistischen Kampfes reicht von der individuellen Ablehnung des Systems durch einfache, aber außerordentlich gefährliche Tätigkeiten, etwa das Verfassen, Drukken oder Verteilen von Flugblättern bis zu den Vorstellungen eines Umsturzes in letzter Sekunde. Die Bedeutung des antifaschistischen Widerstandskampfes kann primär von seiner Wirksamkeit und fehlenden Massenbasis – ganz abgesehen von der Heterogenität und Ambivalenz seiner Träger – beurteilt und bewertet werden. Dies würde seiner historischen Bedeutung als sittlich-moralische Tat zur Wiederherstellung gesellschaftlich-humanistischer Grundnormen für das deutschen Volkes nicht gerecht werden.

Vom illegalen Kampf in Thüringen

Widerstand von Links

Der sich auch in Thüringen gegen das aufstrebende NS-Regime illegal organisierte Widerstand entwickelte sich trotz fortschreitender Verfestigung und Akzeptanz der NS-Herrschaft. Er veränderte mit Kriegsbeginn 1939 zwangsläufig seinen Charakter, indem er die Kriegsverhältnisse zu berücksichtigen hatte, und mündete 1943/44 in seine letzte Phase mit der sich abzeichnenden Kriegsniederlage Hitlerdeutschlands, mit dem Ziel, möglichst noch aus eigener Kraft das NS-Regime zu stürzen, den Krieg so schnell wie möglich zu beenden und erste Voraussetzungen zur demokratischen Erneuerung Deutschlands zu schaffen.

Am konsequentesten entwickelte sich der Widerstand bis 1943 aus den Reihen der verbotenen Arbeiterbewegung. Das verwundert nicht, da die Linke als politisch konstitutive Bewegung insgesamt in der Weimarer Republik in entschiedener Gegnerschaft zur NSDAP und zu ultrakonservativen Gesellschaftstheorien und Bewegungen stand. Bis Anfang 1933 nutzten KPD und SPD als die stärksten parlamentarisch repräsentierten Arbeiterparteien die Tribüne des Thüringer Landtages, um die Politik der Nazilandesregierung vor der Öffentlichkeit zu entlarven. Die bestehenden Mehrheitsverhältnisse im Thüringer Landtag sowie die von der NSDAP und ihren Steigbügelhaltern, dem Thüringer Landbund (TLB) und den Deutschnationalen (DNVP), eingeschlagene Verzögerungstaktik bei der parlamentarischen Arbeit verengten jedoch die Wirksamkeit dieser Möglichkeit drastisch. So blieb nur der außerparlamentarische Kampf über die Parteipresse und weitere Formen der Öffentlichkeitsarbeit, etwa die Durchführung von Massenversammlungen und Demonstrationen zur Aufklärung.

Doch auch dabei behinderte die nationalsozialistische Landesregierung die KPD durch zahlreiche Presse- und Versammlungsverbote, die sie kurzfristig und immer wieder aussprach. Das senkte natürlich die Wirksamkeit zur Mobilisierung der antifaschistischen Kräfte deutlich ab. Erschwerend kam hinzu, daß die zwischen beiden Arbeiterparteien anhaltenden ideologischen Auseinandersetzungen weiterhin bestanden und zum Teil auch weiterhin fortgeführt wurden. Der einst von Karl Marx für die Arbeiterbegung formulierte strategische Grundsatz des Klassenkampfes, daß Zahlen nur dann in die Waagschale fallen, „wenn Kombination sie vereint und Kenntnis sie leitet“[6], blieb selbst in dieser dramatischen Phase des Ringens um die Machtfrage weitgehend unbeachtet. Weitgehend, das bedeutete, von der Führung der kommunistischen Bewegung nur halbherzig oder zu spät anerkannt, von den Führern der sozialdemokratischen und sozialistischen Bewegungen mehrheitlich abgelehnt.

In diesem Zusammenhang bleibt festzustellen, daß die Kommunisten den antifaschistischen Kampf über die Parlamente hinaus auch auf die Straßen und in die Fabriken tragen wollten, jedoch auf sich allein gestellt, zu keinem Zeitpunkt ohne die SPD, deren Nebenorganisationen und ihren Einfluß auf die Gewerkschaften über das notwendige Mobilisierungspotential verfügte, um eine Massenbewegung oder einen Generalstreik in Deutschland zu initiieren.

Damit ist die Schwäche der Linken als Ganzes in dieser Phase der Auseinandersetzung um die politische Macht auch für Thüringen hinreichend beschrieben. Doch war die Partei bemüht, die Politik der NSDAP als Demagogie, und damit als taktisches Instrument zur Machtübernahme, zu entlarven und ihren wirklichen Charakter, ihre politischen und wirtschaftlichen Ziele und Konzepte zur Weltherrschaft zu verdeutlichen. Eine der dafür bestimmten Losungen lautete: „Wer Hindenburg wählt, wählt Hitler! Wer Hitler wählt, wählt den Krieg!“ Dies sollte sich bewahrheiten!

Im Abwehrkampf gegen den Nationalsozialismus hoffte – wie schon gesagt – die KPD auch auf die Schlagkraft des Allgemeinen Deutschen Gewerkschaftsbundes (ADGB) als die mitgliederstärkste Dachorganisation der Arbeiter, Angestellten und Beamten. Freilich bestand auch hier, aufgrund der politischen Nähe von SPD-Vorstand und der Führung des ADGB eine ideologische und organisatorische Distanz; zudem verfügte die KPD mit der Revolutionären Gewerkschaftsopposition (RGO) über eine eigene Gewerkschaftsorganisation, was die Sache nicht vereinfachte. Dennoch: Lohn- und Arbeitszeitabbau sowie Massenentlassungen, denen die Reichs- und die Landesregierung nichts entgegensetzten, boten einen gewichtigen gemeinsamen Ansatz und damit eine breite Grundlage für Massenaktionen und eine in der Sache geschlossene Abwehrfront gegen die profaschistisch oder nationalsozialistisch agierenden politischen Kräfte. Dafür, daß eine solche gemeinsame Basis aktionsfähig sein würde, spricht ein auf einer überparteilichen Konferenz von Betriebsarbeitern und Erwerbslosen im Juni 1932 verabschiedeter Beschluß, „daß die gesamte Arbeiterklasse, gleich welcher politischen Richtung, gegen die Regierung der Industriekönige, der Krautjunker, der Adeligen und Barone mobilisiert werden muß. Die Erfahrung lehrt uns, daß gegen den geeinten Willen der Arbeiterklasse sich keine, noch so reaktionär-faschistische Macht behaupten kann.“[7] Der von dieser Konferenz ausgehende Aufruf zur Bildung von (örtlichen und betrieblichen) Kampfkomitees und zu antifaschistischen Demonstrationen blieb nicht ohne Wirkung. In 40 kleineren Betrieben Thüringens kam es daraufhin im Herbst zu entsprechenden Streikaktionen.[8] Das war ein Anfang, wenngleich nicht der gewünschte Massenstreik. Doch zeigte sich dabei das Potential, wenn dieser Weg durch einen Zusammenschluß der Linken zur Abwehr des Nationalsozialismus fortgeführt worden wäre.

Die parteipolitisch-taktische Neuorientierung der KPD auf die Gründung überparteilicher Komitees, die unter dem Banner der Antifaschistischen Aktion die Kräfte vereinen sollten, kam zu spät. Die Aufrufe selbst richteten sich zudem vor allem an die einfachen Mitglieder von SPD, deren Nebenorganisationen und an die freien Gewerkschaften. Die Führer der angesprochenen Organisationen wurden weitgehend übergangen. Ein verhängnisvoller Fehler, wie sich zeigen sollte, weil der hohe Organisationsgrad und die Mitgliederbindung an

Wahlplakat der KPD zur Reichspräsidentenwahl 1932. (WS)

Ernst Thälmann, ab 1920 an der Spitze der KPD in Hamburg, wurde 1924 Mitglied des ZK und übernahm 1925/26 den Parteivorsitz. Er wurde 1933 verhaftet und am 18.8.1944 ermordet. Thälmann trat 1932/33 für die Einheitsfront der Arbeiterklasse ein und rief zur Antifaschistischen Aktion auf. (WS)

die SPD, das Reichsbanner und die Eiserne Front völlig unterschätzt wurde. Da nutzte auch die öffentliche Bekundung des KPD-Vorsitzenden Ernst Thälmann nichts, der wiederholt betonte, die Komitees seien kein „Parteiladen" der KPD, sondern überparteiliche Sammelbecken aller antifaschistischen Kräfte.[9]

Anfang Januar 1933 hatte die Bezirksleitung der KPD den Beschluß gefaßt, innerhalb der Kommunalvertretungen für die SPD-Kandidaten zu stimmen, sofern dadurch Nazi-Mandate verhindert werden können. Doch der Landesvorstand der SPD sprach sich strikt gegen diese Verfahrensweise aus. Die Gründe für die Ablehnung ergaben sich aus den bereits skizzierten Positionen beider Parteien, dem tiefen Mißtrauen und dem Festhalten der SPD-Führung an ihrem Legalitätskurs. Ein letztlich folgenschwerer Fehler, da der Legalitätskurs (die Politik des Stimmzettels) von der Einhaltung der Verfassungsverhältnisse in der bestehenden Republik durch die NSDAP ausging.

Das Bemühen der Kommunisten, in letzter Minute doch noch eine Abwehrfront organisieren zu können, verdeutlicht ein Aufruf vom 31. Januar 1933 an die SPD für gemeinsame Massenaktionen und Streiks gegen die neu ernannte Regierung Hitler-Papen-Hugenberg. In einem bereits illegal vertriebenen Flugblatt wird der Ernst der Lage so beschrieben: „Was bedeutet eine Papen-Hitler-Schacht-Diktatur? Das wäre der Dauerbelagerungszustand gegen das Proletariat."[10] Unter dem Druck der Ereignisse erzielte der Aufruf Teilerfolge. In Mühlhausen traten die Arbeiter der Bergbrauerei in einen halbstündigen Warnstreik. In Suhl demonstrierten noch am gleichen Tag 2000 Menschen und in Salzungen 1000; auch im Dixiwerk Eisenach und in Gotha bildeten sich Einheitsfrontkomitees, um Demonstrationen und Arbeitsniederlegungen vorzubereiten. Dennoch: der SPD-Vorstand blieb bei seinem Kurs und würgte so eine weiterführende Entfaltung der Abwehrfront ab.[11]

Die Haltung der SPD-Führung verdeutlichen zahlreiche Losungen und Artikel im thüringischen Parteiorgan „Das Volk". Am 28. Juli 1932 lautete die Schlagzeile: „Je mehr KPD-Stimmen – um so stärker fühlt sich die Reaktion". Weitere folgten bis November: „RGO unterstützt die sächsischen Textilbarone" oder „Kampf der Lügenflut der Gegner! Die KPD – Meister im Lügen".[12]

Eine solche dauerhaft praktizierte antikommunistische Propaganda durch die SPD in dieser historischen Situation entzog einem gemeinsamen Vorgehen gegen die NSDAP jede Grundlage und zeitigte darüber hinaus über lange Zeit Wirkung auch auf die nachfolgende illegale Arbeit.

Dennoch entwickelten sich, auch unter dem starken Eindruck der aufmarschierenden braunen Kolonne, Ansätze zum gemeinsamen Handeln. „Die Diktatur von rechts", so schrieb „Das Volk" am 13. September 1932, „kann aber nur geschlagen werden, wenn die ganze Arbeiterklasse entschlossen ist, den Kampfboden der Demokratie zu behaupten und sich nicht den Diktaturillusionen von links zu ergeben." Dies erinnert sehr stark an die Worte Carl von Ossietzkys, dem scharfsinnigen Publizisten, Demokraten und Republikaner, der eine Aktionseinheit gegen die braune Flut und gegen den rechten Radikalismus ausdrücklich befürwortete. Am 16. Februar 1933 erklärte er in einer Versammlung der Berliner Ortsgruppe des Schutzverbandes Deutscher Schriftsteller: „Ich gehöre keiner Partei an. Ich habe nach allen Seiten gekämpft, mehr nach rechts, aber auch nach links. Heute jedoch sollten wir wissen, daß links von uns nur noch Verbündete stehn."

Auf dieser Basis hätte eine Aktionsbündnis von SPD, ADGB und KPD und zahlreichen weiteren antifaschistischen Organisationen aufgebaut werden können, wenngleich die Form des Bündnisses und die nicht unberechtigte Angst vor einem verstärkten Einfluß der KPD noch hätte abgeklärt werden müssen. Doch nichts geschah wirklich. Starr hielt der Berliner Parteivorstand der SPD unter Führung von Otto Wels am beschlossenen Legalitätskurs fest und lehnte jede außerparlamentarische Aktion bis hin zum Generalstreik, wie 1920 beim Kapp-Putsch erfolgreich praktiziert, vorläufig, wie von oben nach unten listenreich formuliert wurde, ab. Anders sahen die Dinge an der Parteibasis aus. Hier standen zahlreiche Parteimitglieder und Anhänger zur Abwehr bereit und drängten auch auf außerparlamentarische Aktionen und Streiks. Die warteten auf das entscheidende Signal.

Doch die Führung der SPD bremste und beschwichtigte ihre Mitglieder und Anhänger. Im Dezember 1932 vermerkte ein Polizeibericht im Zusammenhang mit der bevorstehenden Kommunalwahl in Thüringen „besondere Aktivitäten der SPD“ gegen NSDAP und KPD, die in Reden angekündigt wurden.[13] Im November 1932 hatten bereits im Vorfeld der anstehenden Reichstagswahl der Parteivorsitzende Otto Wels gemeinsam mit dem Landesvorsitzenden der SPD Thüringens, Georg Dietrich, in diesem Sinne in Altenburg gesprochen. Was fehlte, war die Initiative zur Schaffung einer überparteilichen Organisation und konkrete Aktionsformen für einen geschlossenen Kampf aller antifaschistischen Kräfte. Während dieser Auftritte, so auch in Jena am 3. November, demonstriete die Eiserne Front mit ihrem Aufmarsch Kampfbereitschaft von SPD und Gewerkschaften. Mehr geschah nicht! Am 31. Januar 1933 gab die SPD-Führung die Losung aus, „kühles Blut und Besonnenheit“ zu wahren.[14]

Bei dieser Taktik blieb die SPD-Führung bis Mitte Februar 1933, während die Parteibasis zunehmend auf Massenaktionen drängte. Auf einer Bundesveranstaltung des Reichsbanners rechtfertigte Otto Wels diese Strategie der Parteiführung nochmals und rief den Anwesenden zu: „Stärker als alle Gewalt ist der Geist.“[15] Auch dies eine folgenschwere Fehleinschätzung.

Noch am 14. März 1933, schon unter illegalen Bedingungen, unterbreitete die KPD der SPD nochmals ein Einheitsfrontangebot in Thüringen. Die SPD-Führung blieb jedoch bei ihrem selbstzerstörerischen Kurs. Die Folge war, daß beide Parteien kampfunfähig gemacht und verboten wurden.

Auf einen illegal zu führenden politischen Widerstand gegen das sich formierende NS-Regime war im Kern keine antifaschistische Partei oder Bewe-

Die KPD –Strukturen

Kommunistischer Widerstand entwickelte sich überall, wo Kommunisten bis 1933 in festen Strukturen organisiert waren. Das Land Thüringen und der größte Teil des Regierungsbezirkes Erfurt bildeten von insgesamt 28 Parteibezirken der KP in Deutschland die Bezirksorganisation Großthüringen mit zirka 11 000 Mitgliedern. Die Geschäftsstelle der Bezirksleitung befand sich seit September 1930 in Erfurt. Zuvor bestand sie in Jena. Die Bezirksorganisation selbst gliederte sich in Anlehnung an Struktur der Stadt- und Landkreise in folgende Unterbezirke, die jeweils eine eigene Unterbezirksleitung hatten: Arnstadt, Eisenach, Erfurt, Gera, Greiz Gotha, Hildburghausen, Jena, Nordhausen, Rudolstadt, Saalfeld, Sondershausen, Sonneberg, Suhl und Weimar. Im Jahr 1927 wurde der Unterbezirk Nordhausen dem Bezirk Halle-Merseburg unterstellt und 1930 erfolgte die Eingliederung des Unterbezirkes Altenburg in die Thüringer Bezirksorganisation. Als Politleiter der Bezirksorganisation Großthüringen fungierte von 1930 bis Anfang 1933 Walter Duddins. Ihm folgte ab Februar Hermann Grosse und ab April Jakob Boulanger, der sich bis zu seiner Festnahme im Juli 1933 um den Aufbau einer illegalen Parteiorganisation bemühte. In diesen letzten Monaten von Dezember 1932 bis Juli 1933 wurden im Parteibezirk Großthüringen folgende fünf Oberinstrukteurgebiete für die illegale Arbeit der Partei mit veränderten Führungsstrukturen und verkleinerten Unterbezirksleitungen gebildet: Erfurt, Jena, Gera, Suhl und Eisenach. An der Spitze eines solchen Obergebietes stand statt einer Leitung ein politischer Leiter. Doch die Arbeitsfähigkeit dieser illegalen Leitungsstruktur konnte, unterbrochen durch zahlreiche Verhaftungen und organisatorische Probleme bei der Parteiarbeit, nur in Grenzen zum Tragen kommen. Mit der Festnahme Boulangers und zahlreicher weiterer Unterführer in ganz Thüringen (einige Beispiele wurden bereits im 1. Bd. aufgeführt) endete zunächst der Versuch, in den vorhandenen Strukturen der Organisation illegal tätig werden zu können, obwohl mit Hermann Danz, Eugen Wiedemeier, Martin Schwantes und Otto Tonseifer in kurzen Abständen bis Mitte 1934 weitere politische Leiter aktiv geworden waren.
Durch Verrat aus den eigenen Reihen, u. a. durch den Reichskurier Erich Thieme, durch erzwungene Aussagen, aber auch als Ergebnis beharrlicher Aufklärungsarbeit der politischen Polizei und Gestapo, wurde der Aufbau einer wirksamen kommunistischen Widerstandsorganisation in den Jahren 1933/34 bis 1936 faktisch neutralisiert. Die Organisation des Widerstandes der Kommunisten verlagerte sich in den Folgejahren auf einzelne Personen, die sich zu Gruppen in den jeweiligen Städten, Gemeinden oder ländlichen Gebieten zusammenschlossen. Erst mit einer veränderten Taktik und neuer strategischer Ausrichtung gelang es in den Jahren 1936 bis 1939/40, nun auch verstärkt im Verbund mit aufrechten Antifaschisten aus der gesamten Arbeiterbewegung früherer Jahre und bürgerlichen Demokraten, ein neues Netzwerk des Widerstandes und der illegalen Arbeit zu entwickeln, das mehrheitlich von Kommunisten getragen wurde. Zur größten und wirkungsvollsten Organisation im Gau Thüringen entwickelte sich die Neubauer-Poser-Gruppe. Gleichzeitig bestanden zahlreiche kleinere, örtlich oder betrieblich aktive Widerstandsgruppen, die bis April 1945 aktiv waren und sich u. a. für die kampflose Übergabe von Städten, Gemeinden und Fabriken einsetzten.

gung wirklich eingestellt, auch nicht die KPD und ihre Nebenorganisationen, was den radikalen Umbruch der staatlichen und gesellschaftlichen Wirklichkeit betraf, obwohl die Partei keine Illusionen hegte. Die illegalen Aktionen, die auch in Thüringen von den Kommunisten und ihren Anhängern, insbesondere durch Mitglieder des KJVD, der RHD und der KPO in allen acht Stadtkreisen, aber auch in vielen größeren Ortschaften der 16 Landkreise – mit den preußischen Gebieten kommen noch drei Stadt- und acht Landkreise dazu – bis 1936 durchgeführt wurden, führten zu zahlreichen Inhaftierungen, Verurteilungen und in ihren Auswirkungen zur nahezu vollständigen Zerschlagung der operierenden Gruppen als Teil der illegalen Organisation.

Für dieses Scheitern gab es verschiedene Ursachen. Zunächst war es den Kommunisten weitgehend gelungen, Mitgliederkarteien zu verstecken oder zu vernichten, vorhandene Gelder auf Parteikonten zu sichern und bestimmte Spitzenfunktionäre abtauchen zu lassen und durch weniger oder regional unbekannte zu ersetzen. Erhalten blieb zudem ein arbeitsfähiger Torso der Organisationsstrukturen, die in die Illegalität hinein übernommen wurde, und das Bemühen, die Mitglieder und Leitungsebenen durch individuelle Kontakte zu beleben und die illegale Arbeit zu entwickeln. Da zu diesem Zeitpunkt noch davon ausgegangen wurde, daß sich das Regime nicht lange würde halten können, richteten sich die Aktivitäten vor allem direkt auf propagandistische Aktionen, die zum Sturz der Naziregierung des Regimes aufriefen. Durch Straßenpropaganda, Aufklärungsschriften, Flugblattaktionen und durch Aufrufe zum Streik, der zum Generalstreik ausgeweitet werden sollte, aber auch durch Losungen wie „Die KPD lebt!“, gedacht als politisches Signal, sollte dies bewirkt werden. Doch die erwartete Wirkung blieb aus. Statt dessen gelang es den staatlichen Behörden zunehmend, auch mit Hilfe von Spitzeln und Denunzianten, den vorhandenen illegalen Widerstand aus den verbotenen Organisationen der Arbeiterbewegung weitgehend zu zerschlagen und zu ersticken.

Damit scheiterte der Versuch, die Herrschaft des Nationalsozialismus in Deutschland von innen heraus durch illegale Kampfaktionen der verbotenen Arbeiterbewegung und aller antifaschistisch-demokratischen Kräfte in der Phase der Formierung und Konsolidierung des Regimes zu brechen. Zugleich gelang es der NSDAP als monopolistische Staatspartei, mit Unterstützung der sich anpassenden Eliten, die Macht in Deutschland fest an sich zu binden und den ursprünglich demokratischen Staat in eine faschistische Diktatur, in Form eines auf die nationalsozialistische Weltanschauung abgestellten Regimes, fest – auch im Volksbewußtsein – zu verankern.

In den Jahren bis 1936/38 festigte sich so nicht nur das Regime, sondern es endete zugleich der politische Widerstand, der geistig an die Klassenkämpfe zum Ende der Weimarer Republik anknüpfte. Der Zeitpunkt hing eng mit der Festigung und dem fortschreitenden Ausbau des NS-Regimes zusammen. Durch den gewachsenen Repressionsapparat des Staates, insbesondere im Bereich von Polizei, Justiz und des SS-Systems, aber auch mit der zunehmend „totalen“ Durchdringung der Gesellschaft durch die NSDAP und ihre Nebenorganisationen, erreichte die politische Organisation des Regimes eine hohe regulierende Schlagkraft; dazu kamen der Wirtschaftsaufstieg Deutschlands – auch wenn er durch Schulden und die anlaufende Rüstungskonjunktur getragen wurde. Die deutliche Absenkung der Arbeitslosigkeit und die damit verbundene spürbare soziale Verbesserung der Lebenslage vieler Menschen und Familien sowie das durch die Austragung der Olympischen Spiele erlangte hohe internationale Ansehen waren weitere Faktoren, die zu einer das Regime insgesamt tragenden positiven Grundstimmung in Deutschland führten, und damit zunehmend zu dessen politischer Akzeptanz in weiten Teilen der Bevölkerung. Diese positive Grundstimmung, unter anderem repräsentiert im „Führerglauben“, hielt – und das zählt zu den erklärbaren Pänomenen des NS-Regimes – faktisch bis 1945 an.

Das Bemühen der Widerstandsbewegung in den ersten Jahren des Naziregimes verdeutlicht auch folgende Tatsache. Von 1933 bis 1936 fanden allein vor dem Oberlandesgericht Jena und dem Sondergericht Weimar 4314 Verfahren statt, von denen vier Fünftel sogenannte „staatsfeindliche“ Äußerungen oder Aktivitäten, also Hochverrat, betrafen.[16] Die Verfahren richteten sich somit vor allem gegen den sich organisierenden, aber weitgehend in Methode und Organisation unstrukturierten politischen und konfessionellen Widerstand.

Diese ursprünglich unerwartete Entwicklung verlangte für den Widerstandskampf neue Strategien. Es galt, die Versprechungen, aber auch die realen Verbesserungen und Fortschritte, die vom NS-Regime gepriesen wurden, als das zu entlarven, was sie wirklich waren, nämlich die Folge einer hemmungslosen Aufrüstung mit dem Ziel, einen Angriffskrieg als Teil einer neuen Konzeption zur Erlangung der Weltherrschaft führen zu können.

Den Deutschen selbst verblieb dabei lediglich die Rolle der „Gefolgschaft" des Führers und einer auserwählten völkischen Führerelite. Entsprechend wurde die Gesellschaft instrumentalisiert. Subjektiv fehlte aber für den größten Teil der Deutschen zu diesem Zeitpunkt die Wahrnehmung für diesen Prozeß. Hier lag ein zentraler Ansatz für den weiteren politischen Widerstand, der sich ab 1938/39 neu orientierte und bis zur Kriegswende 1942/43 seine inhaltliche Ausrichtung erfuhr. Die Maxime des Widerstandes lautete: „Gegen Hitler und Krieg" – und – „für eine demokratische Erneuerung Deutschlands".

Aufgrund der unterschiedlichen Beurteilung der politischen Lage durch den SPD-Parteivorstand 1932/33 ergab sich auch beim Bezirksvorstand der Partei für den Parteibezirk Großthüringen eine entsprechende Sicht. „Die politische Haltung", so beurteilte Herbert Frister, damals Mitglied des Bezirksbildungsausschusses der SPD in Großthüringen, die vorherrschende Haltung, „des letzten Bezirksvorstandes der SPD – die der ‚linken' Mitglieder eingeschlossen – war schwankend, zögernd, ängstlich, unentschlossen. Ein entschlossener Wille zur Führung, zur aktiven Gegenwehr gegen die Nazis fehlte."[17]

In der Tat drückte sich diese Unsicherheit, wie auf die tagespolitischen Ereignisse zu reagieren sei, im Verhalten des Bezirksvorstandes deutlich aus. Die Mitglieder drängten auch in Thüringen auf Aktionen. Eine Mehrheit trat zudem dafür ein, diese auch in Verbindung mit der KPD bis hin zum Generalstreik durchzuführen. Die Ortsgruppe Saalfeld veranstaltete am 30. Januar einen großen Demonstrationszug mit anschließender Kundgebung, an der sich nach Polizeiangaben 500 Kommunisten beteiligten. „Die Redner der SPD", so stellt der Bericht fest, „richteten an die Menge den Appell, nunmehr gemeinsam zusammenzustehen und zusammen zu kämpfen..."[18] Doch diese und ähnliche Aktionen blieben Episode, obwohl der Landesvorstand Mitte Februar einen Beschluß zur möglichen illegalen Parteiarbeit in Thüringen faßte. In der Folge beschränkten sich die Vorbereitungen darauf, „jüngere, aktive Genossen einzusetzen, die die illegale Arbeit vorbereiten sollten..." Diese jungen, weniger bekannten Mitglieder sollten wiederum geeignete, vor allem jüngere Mitglieder für die illegale Arbeit rekrutieren, um die Bezirksorganisation gegebenenfalls als illegales Netzwerk erhalten zu könn.[19] Doch dieses Vorhaben, ebenso wie die fortgesetzte Kassierung von Mitgliederbeiträgen und Hilfsgeldern, um die Organisation finanzieren zu können, gelang nur in sehr engen Grenzen.

Zum Aufbau der SPD-Bezirksorganisation Großthüringen 1932/33

Nahezu identisch mit der KPD, umfaßte die regionale Organisation der SPD den Reichstagswahlkreis XII der Weimarer Republik und firmierte als Bezirksorganisation Großthüringen unter den insgesamt 33 vorhandenen. Der Bezirksvorstand hatte in Weimar seinen Sitz. Die Gliederung der Unterbezirke unterschied sich strukturell etwas von der KPD. So umfasste beispielsweise der Unterbezirk Gera die damaligen Kreise Gera (Stadt und Land), Greiz, Schleiz und den preußischen Kreis Ziegenrück. Für die einzelnen Unterbezirke in Nord-, Ost- und Südthüringen bestanden neben der Parteizeitung „Das Volk" regionale Presseorgane für die Partei und ihre Nebenorganisationen. In Ostthüringen war dies zum Beispiel die in Gera erscheinende „Ostthüringer Tribüne". An der Spitze des Landesvorstandes der SPD stand Georg Dietrich (Erfurt). Politisch galt er als Linker, während der Landesvorstand selbst, insbesondere aber die wichtigsten Mitglieder der Landtagsfraktion der SPD – dazu gehörten August Frölich, Bruno Bieligk, Emil Hartmann – in seiner politischen Ausrichtung weitgehend der Linie des Parteivorstandes in Berlin folgte. Dies führte auch dazu, daß mit dem Verbot der Partei faktisch keine illegale oder operative Leitung entstand bzw. bestand, so daß sich die einzelnen Ortsgruppen, sofern ihre Mitglieder sich überhaupt zur illegalen Arbeit bereit fanden, selbständig handeln mußten. Daraus ergaben sich neue, nach Wohn- und Arbeitsorten geordnete Strukturen.

Im Parteibezirk Großthüringen wurde 1933 weder ein illegaler Landesvorstand noch illegale Bezirksleitungen für die Unterbezirke gebildet. Die Partei zeigte unter der Wucht der Ereignisse dagegen erste Auflösungserscheinungen, vor allem nach der Reichstagswahl vom 5. März 1933. In den folgenden Wochen bis zum offiziellen Verbot der SPD am 22. Juni verstärkte sich diese Tendenz, da weiterhin von der Mehrheit der Parteiführung am alten Kurs festgehalten wurde, obwohl durchaus auch Vorkehrungen zum außerparlamentarischen Kampf und illegalen Widerstand getroffen worden waren. Die SPD verfügte zum Beispiel über zahlreiche getarnte Waffenlager, gut ausgebildete Schutzformationen und ein eigenes Funknetz mit 40 Kurzwellensendern, die die Landesvorstände mit dem Parteivorstand verbanden. Was fehlte, war die strategische Einsicht, den Schutz der Demokratie über den Legalitätskurs zu stellen und das Alarmsignal zum Handeln zu geben, das letztlich aufgrund der Fehleinschätzungen der Parteiführung unter Otto Wels, ausblieb.[20]

Das Ende der Sozialdemokratischen Partei – wie des politischen Parlamentarismus überhaupt – zeichnete sich mit der Reichstagssitzung vom 23. März und der Verkündung des sogenannten Ermächtigungsgesetzes (24.3.) überdeutlich ab. Der ADGB war bereits zur SPD auf Distanz gegangen, die Eiserne Front verboten und die Reichs- und Landtagsmandate für die KPD annulliert. In dieser brisanten Lage hatte sich zudem der Parteivorstand über sein weiteres Vorgehen in zwei Lager aufgespalten. Das Lager um Otto Wels befürwor-

Otto Wels, seit 1913 im Parteivorstand der SPD und seit 1931 deren Vorsitzender. Wels verstab 1939 im amerikanischen Exil. (WS)

Rudolf Breitscheid, seit 1912 Mitglied der SPD, und von 1920-1933 deren Fraktionsvorsitzender im Reichstag. 1933 Emigration nach Frankreich, 1940 von dort ausgeliefert, verstarb er am 24.8. 1944 im KZ Buchenwald während eines Bombenangriffes. (WS)

tete weiterhin den legalistischen Kurs, während eine kleinere Gruppe um Rudolf Breitscheid, Otto Buchwitz und Ernst Reuter für einen Boykott der Reichstagssitzung plädierte, zumal die Fraktion durch zahlreiche Verhaftungen bereits personell geschwächt war. Letztlich nahm die Reichstagsfraktion an der Sitzung teil, konnte aber, trotz mutiger Ablehnung, die Annahme des Ermächtigungsgesetzes nicht verhindern.

Abstimmung im Deutschen Reichstag zum „Gesetz zur Behebung der Not von Volk und Reich" (Ermächtigungsgesetz) vom 23. März 1933

Mit Ja stimmten	– 444 Abgeordnete
Mit Nein stimmten	– 94 Abgeordnete (alle SPD)

Mit diesem antidemokratischen, verfassungsfeindlichen Akt scheiterte die auf Legalität der Verfassungsverhältnisse angelegte Kampflinie der SPD. Von diesem Augenblick an war auch klar, daß es keine Schonung auf rechtsstaatlicher Grundlage für die Partei mehr geben würde. Am 26. April fand im unzerstörten Teil des Reichstages die letzte Reichskonferenz der SPD statt. Zu den Teilnehmern gehörten unter anderem der Parteivorstand sowie Vertreter aller Bezirke (außer Hessen-Kassel) und weiterer Gremien der Partei und ihr angeschlossener Organisationen. Eines der Hauptreferate hielt Otto Wels. Er rechtfertigte den bisherigen Kurs des Parteivorstandes einschließlich der Ablehnung jeder Aktionseinheit mit den Kommunisten und anderen erklärten Nazigegnern der Linken. Zur Begründung dieser Position führte er an, daß „der Ausweg zwischen demokratischen Sozialismus und Bolschewismus" über den legalen Kampf gegen das sich formierende NS-Regime geführt werden müsse.

In dieser und zahlreichen weiteren politischen Äußerungen zeigte sich die Ratlosigkeit der sozialdemokratischen Führung, vor allem aber die Fehleinschätzung der eingetretenen Lage. Die ausgegebene Parole, „Komme, was will – wir bleiben!", war faktisch eine Kapitulation vor den Verhältnissen, zumal die Führung über eine Resolution mit dem Bekenntnis, an den gesetzlichen Möglichkeiten festzuhalten, um der Nation und der Sache des Sozialismus zu dienen, nicht hinaus kam.[21] Am 4. Mai trat der Parteivorstand nochmals zusammen. Es war seine letzte Vollsitzung. Die Anwesenden faßten den Beschluß, sechs Vorstandsmitglieder, unter ihnen Otto Wels, ins Ausland – zunächst ins französiche Saarbrücken – zu schikken, um dort für den Extremfall eine Auslandszentrale als Anlaufstelle aufzubauen. Der Vorstand chrakterisierte diese Maßnahme allerdings immer noch nicht als Auftakt zur illegalen Arbeit, sondern betrachtete sie lediglich als Akt der Vorsicht. Deshalb wurde auch auf die Einrichtung illegaler Organe und Organisationsstrukturen im Inland verzichtet und ausdrücklich betont, daß die Reichshauptstadt Berlin auch weiterhin Sitz des Parteivorstandes bleibe. Dies war erneut eine Fehlentscheidung mit weitreichenden Folgen, was sich schnell zeigen sollte.

In den folgenden Wochen überrollten die Ereignisse die Partei. Teils durch staatliche Repression zerschlagen, teils durch inneren Zerfall (Austritte beamteter Mitglieder, Lehrer, Gewerkschaftsvertreter usw.) zerfielt die SPD. Erhalten blieben örtliche und regionale Kerne, von aufrechten Mitgliedern getragen und geführt, insbesondere auch von Mitgliedern angeschlossener oder assoziierter Organisationen, wie der SAJ, die von sich aus in die Illegalität gingen und antifaschistische Aktionen entwickelten.

Der sich formierende Auslandsvorstand reagierte Anfang Juni in Prag, wo sich die Exil-Vertreter trafen, auf die Ereignisse. Er faßte als Erstes den Beschluß, den Sitz der Partei nach Prag zu verlegen und die zukünftige, letztlich illegale Parteiarbeit von Prag aus zu organisieren. Der vom Prager Vorstand initiierte und am 18. Juni im „Neuen Vorwärts" veröffentlichte Aufruf „Zerbrecht die Ketten" symbolisierte die neue Lagebeurteilung, obwohl eine einflußreiche Gruppe um Paul Löbe, die den noch bestehenden Berliner Vorstand dominierte, gegen den Aufruf und die daraus ersichtlichen Schlußfolgerungen stand. Entsprechend agierte der Berliner Vorstand, der seinerseits am 21. Juni seine letzte Sitzung abhielt. Er verkündete in völliger Verkennung der Lage, die Parteiarbeit auch künftig auf der Grundlage demokratischer Prinzipien weiterführen zu wollen. Er faßte dazu entsprechende Beschlüsse, während zur gleichen Zeit die SPD von Reichsinnenminister Frick „als staats- und volksfeindlich" eingestuft und verboten wurde.

Der Prager Vorstand zeigte deutlich mehr Realismus. Das entscheidende Manko seines Aufrufes bestand allein im Fehlen einer praktischen Lösung, wie unter den gegebenen Umständen gegen das sich entfaltende Hitlerregime vorgegangen werden sollte. Dadurch machte der Vorstand an der Spitze die eigene, straff organisierte und disziplinierte Partei faktisch handlungsunfähig. Die Mitglieder und Funktionäre der Unter- und Nebenorganisationen warteten vergebens auf ein, auf das Signal.

Dem letzten Berliner Vorstand gehörte auch Georg Dietrich an. Obwohl er als Linker in der SPD für kraftvolle Aktionen eintrat, folgte er als disziplinierter Sozialdemokrat den Beschlüssen der Partei. Der Bezirksvorstand verzichtete demzufolge auf die Bildung einer illegalen Leitung. Die zuvor über Wochen groß angekündigte Offensive und Kampfbereitschaft der Sozialdemokratie zum Schutz der Republik blieb aus.

In der Folge strukturierte sich der sozialdemokratische und sozialistische Widerstand vor allem auf der Basis örtlicher und territorialer Parteigruppen, getragen von einfachen Mitgliedern und jungen Funktionären, die sich aus eigenem Antrieb zur illegalen Arbeit gegen das Regime entschieden hatten und sich organisierten. In ganz Thüringen, vor allem von jungen Mitgliedern der SPD, der SAJ und anderer sozialistischer Organisationen, etwa der SAP, initiiert, entstanden solche Gruppen und Zirkel. Ihre Mitglieder bemühten sich zunächst, die Bereitschaft früherer Kampfgefährten für die illegale Arbeit zu ermitteln. Gleichzeitig versuchten sie Netzwerke aufzubauen und erste Hilfsaktionen für bedürftige Familien zu organisieren, deren Familien von Verhaftungen und Entlassungen wegen ihrer Parteizugehörigkeit betroffen waren. Um an Geld zu kommen, da die Parteigelder vom Staat eingezogen worden waren und später unter anderem für die Errichtung des Volkswagenwerk GmbH in Wolfsburg Verwendung fanden, wurden Sammlungen durchgeführt und weiterhin Mitgliedsbeiträge erhoben. Beides war inzwischen verboten, also illegal, und stand unter Strafe. Noch hofften viele der aktiven Mitglieder, daß sich das Regime nicht über eine längere Zeit würde halten können. Für diesen Augenblick wollten sie gerüstet sein. Dem vorzuarbeiten, dienten erste Flugblattaktionen. Die illegalen Sozialdemokraten wollten auf diese Weise ihren Fortbestand als politische Alternative demonstrieren, die terroristische Gewalt des Nationalsozialismus geißelen und vor dessen Ausweitung warnen. Darüber hinaus wurden über geheime Kurierwege Zeitungen und Bücher, die vom Auslandsvorstand der Partei aufgelegt worden waren, über die Grenze geschmuggelt und in Deutschland in Umlauf gebracht. Außerdem befanden sich in einigen Gebieten geheime Waffenlager, die für den Fall der Fälle vorgehalten wurden. Die Waffen stammten vor allem aus früheren geheimen Beständen des Reichsbanners und der Eisernen Front.

Mitgliedschaften der im Widerstand stehenden Vertreter der Arbeiterbewegung Thüringens*

KPD-Nah
Kommunistische Partei Deutschlands (KPD)
Kampfbund gegen den Faschismus
Internationale Rote Hilfe (IRH od. kurz RH)
Kommunistische Partei Deutschlands Opposition (KPDO)
Kommunistische Jugend (KJ)
Kommunistische Arbeiterpartei (KAP)

SPD-nah
Sozialdemokratische Partei Deutschlands (SPD
Sozialdemokratische Partei Deutschlands (Sopade)
Internationaler Sozialistischer Kampfbund (ISK/1926-1938)
Sozialistische Arbeiterpartei (SAP)
Sozialistischer Jugendverband (SJV)
Unabhängige Sozialistische Gewerkschaft (USG)
Freie Arbeiter Union Deutschlands (Faud)

* Erfaßt wurden nur die mitgliederstärksten Organisationen in der Widerstandsbewegung.

Dies waren die wesentlichen Entwicklungsvoraussetzungen, unter denen sich aus den Reihen der Sozialdemokratie und ihr nahestehenden sozialistischen und gewerkschaftlichen Organisationen bis 1936 zahlreiche illegale Gruppen, die aktiven Widerstand leisteten, entwickelten. Oftmals verfügten diese Gruppen über direkte oder indirekte Kontakte zur Auslandsleitung in Prag und zu anderen Widerstandsgruppen in der Region, agierten aber zumeist weitgehend isoliert. Größere Gruppen entstanden naturgemäß in einigen Städten Thüringens, an wichtigen Industriestandorten und in zahlreichen größeren und kleineren Unternehmen.

Zu den Standorten, an denen sich über den anfangs verbreiteten individuellen Widerstand hinaus Gruppen und Zirkel aus der sozialdemokratischen Bewegung

Wehrwirtschaftsführer Paul Henrichs, Mitglied der Geschäftsleitung der Firma Carl Zeiss, geleitet Gauleiter Sauckel während eines Besuches in Jena ins Volkshaus. Die Belegschaft des Unternehmens steht auf dem Carl-Zeiss-Platz Spalier. Im Hintergrund ist Gauwirtschaftsberater Schieber zu erkennen. (CZA)

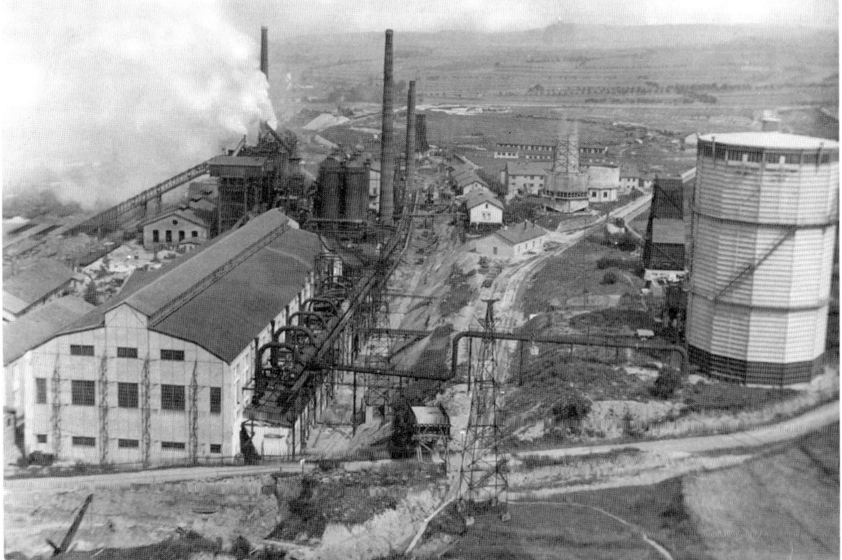

In der Maxhütte in Unterwellenborn bei Saalfeld bestand eine aktive Widerstandsgruppe, die während des Krieges durch die „Arbeite-langsam-Bewegung" und durch Sabotageakte versuchte, die Kriegsproduktion zu stören. Außerdem bemühten sich die Mitglieder um Hilfen für die große Zahl von Zwangsarbeitern, die in mehreren Lagern direkt neben den Fabrikanlagen untergebracht waren. (WS)

heraus formierten, gehörten die Städte Altenburg, Apolda, Erfurt, Eisenach, Gera, Jena, Suhl und Saalfeld mit ihrem Umland. Zu den nennenswerten Unternehmen, in denen illegale Widerstandsgruppen bestanden, deren Mitglieder sich vor allem aus der früheren Arbeiterbewegung rekrutierten, gehörten die Firmen Zeiss und Schott in Jena, die Maximilianshütte in Unterwellenborn bei Saalfeld und die Erfurter Maschinen- und Werkzeugfabrik (ERMA), um nur drei Beispiele an dieser Stelle aufzuführen. Wiederstandsaktivitäten durch Kontaktaufnahme von ehemaligen Sozialdemokraten und Gewerkschaftlern untereinander, die Verteilung von Flugblättern oder die Weiterleitung von Hilfsgeldern lassen sich darüber hinaus durch zahlreiche Verhaftungen und Verurteilungen durch Gestapo und Justiz belegen; Formen des systematisch organisierten und strukturierten Widerstandes, sofern sie nicht bereits im Ansatz zerschlagen oder verraten wurden, sind dagegen weit weniger dokumentiert und noch weniger wissenschaftlich erschlossen. Einige der bekannten Gruppen, auch wenn bisher keine tiefgreifende Untersuchung dazu vorliegt, sollen deshalb im Folgenden als kleine Auswahl zumindest topografisch dokumentiert werden.

In Eisenach arbeiteten mehrere kleine sozialdemokratisch orientierte Gruppen im Widerstand. Karl Hermann, ehemaliger SPD-Innenminister Thüringens in den Jahren 1921-1924, verlegte seinen Wohnsitz 1933 nach Eisenach und bemühte sich am neuen Wohnort intensiv um den Erhalt der SPD als illegale Organisation.[22] Es gelang allerdings nur für eine kurze Zeit. Karl Hermann stand durch seine langjährige Parlamentsarbeit in Verbindung mit Hermann L. Brill und der sozialistischen Bewegung Neu Beginnen. Weiter bestanden Kontakte zu einer Gruppe des Internationalen Sozialistischen Kampfbundes (Hugo Schmidt, Johann Harnisch und Alvin Keßler) – die 1937 von der Gestapo entdeckt und zerschlagen wurde –, zu einer Gruppe der Unabhängigen Sozialistischen Gewerkschaft und zu Vertretern der SAP sowie zu weiteren bis 1938/39 aktiv am Widerstand beteiligten Gruppen. Insbesondere die Gruppe des ISK war bis zur Verhaftung ihrer führenden Mitglieder im Dezember 1937 mit Streuzetteln, illegalen Zeitungen und Parolen öffentlich hervorgetreten.[23]

In Erfurt, der größten Industriestadt des Gaues Thüringen, bestanden in den Jahren bis zum Krieg mehrere Gruppen aus Mitgliedern der SPD und dem Deutschen Metallarbeiterverband (DMV). Zu diesem Kreis gehörten die Gewerkschaftssekretäre Otto Brenner und Otto Koch, etwa 45 Mitglieder der Freien Arbeiter-Union Deutschlands (Faud) und der ISK sowie betriebliche Bündnisse in Werken der Rüstungs- und Zulieferindustrie wie den Olympia Büromaschinen Werk und der Erfurter Maschinen- und Werkzeugfabrik (ERMA). Diese Organisation verfügte ab 1940 über eine Verbindung zur Neubauer-Poser-Gruppe und verteilte von dieser hergestellte Flugschriften in den Werkhallen und Werkstätten.[24]

Die Aktivitäten der Faud-Mitglieder erfuhren durch die Verlegung der Leitung von Berlin nach Erfurt einen bedeutenden Impuls. Verbindungen, vor allem in verschiedene Betriebe, bestanden in den ersten Jahren weit über Erfurt hinaus.

Die ISK-Aktivitäten hielten bis zur Aufdeckung der Organisation 1935 durch die Gestapo an. Die im Widerstand stehenden Erfurter Sozialdemokraten verfügten anfangs über eine illegale Druckerei, in welcher bis zur Entdeckung acht Ausgaben des „Thüringer Volksblatt“ hergestellt wurden.

Unmittelbar vor und nach den Märzwahlen 1933 entwickelte sich auch in Gera, der größten Stadt des Landes Thüringen mit damals zirka 83 000 Einwohnern, getragen von einigen Orts- und Bezirksfunktionären aus den Reihen der verbotenen SPD, SAP und des Reichsbanners eine der größten illegalen Organisationen in der Region, die bis zu ihrer Zerschlagung 1936/37 über ein aktives Netzwerk verfügte. An der Spitze dieser Organisation standen u. a. Jack Greidinger, Karl Wetzel, Herbert Frister, Ernst Heyer und Arthur Schöneburg. Die Gruppe nannte sich selbst „Junge Marxisten“. Illegal vertrieb sie ein von ihr hektografiertes Informationsblatt mit dem Titel „Der Marxist“. Sie verfügte über ein breites Kuriersystem und Kontakte nach Greiz, Saalfeld und in das Gebiet um Lobenstein. Außerdem baute sie eine Kurierlinie über Asch (CSR) zum SOPADE-Vorstand in Prag auf und führte auf diesem Wege illegale Druckschriften ein. Sie stand in engerer Verbindung mit örtlichen Gruppen der KPD, KPO, KJVD und der FAUD – ohne stringente Trennung nach Parteibüchern – und funktionierte als ein strukturiertes System in der Kurier- und Schleußertätigkeit sowie bei der Verteilung der Schriften und Flugblätter nach Berlin sowie in sächsische und thüringische Orte. Ende 1933 umfaßte diese im Kern sozialdemokratische Widerstandorganisation allein etwa 200 Mitglieder, 1935, kurz vor ihrer Aufdeckung gehörten ihr etwa 500

Die Abbildungen zeigen zwei der illegal erschienenen Druckschriften der KPD aus dem Jahr 1933, die in Eisenberg (li.) und Lehesten erschienen. (WS)

und gegen Kriegsende noch zirka 300 Personen an. Der gesamte Widerstand in der Stadt Gera und dem nahen Umland lag noch deutlich höher. In den Jahren 1934/35 fanden nach unvollständigen Erhebungen allein 14 „Hochverratsprozesse" gegen Mitglieder dieser Organisation statt, von denen 115 Personen aus Gera angeklagt und von der NS-Justiz zu 128 Jahren Zuchthaus und 93 Jahren Gefängnis abgeurteilt wurden.[25]

Zu den Verurteilten in den Hochverräter-Prozessen der Jahre 1934 bis 1938 gehörten die früheren Gewerkschaftsvertreter Paul Dobers, Friedrich Thiele, Paul Martin, Franz Lenzner, Konrad Näder, Otto Zeuch, Moritz Dolge, Arno Mattig, Emil Schaller, Johannes Pickl, Marcel Picard, Heinz Solcher, Erich Rech, Herbert Bräutigam, Frieda Koch, Alfred Schwalbe und Otto Thomas. Zu den verurteilten Vertretern aus den Reihen des verbotenen Kommunistischen Jugendverbandes gehörten u. a. Walter Erdmann, Wilhelm Gabel, Rudolf Heimbecher, Erna Krause, Sieglinde Krause, Kurt Lenzner, Herbert Schellenberger, Eugen Selbmann, Alfons Trummer und Rudolf Weise. Und zu den Vertretern aus den Reihen der verbotenen SPD gehörten Erich Beck, Ella Breitfeld, Fritz Dinjus, Heinrich Dörfer, Otto Gläser, Karl Hennig, Hugo Hossack, Hartmut Köcher, Richard Krüger, Otto Neumann, Albert Werner, Karl Wetzel und Erich Wöllner. Karl Wetzel war einer der Unterbezirksleiter der SAJ und Redakteur der illegal vertriebenen Zeitung „Der Marxist".

Nach der Zerschlagung dieser größeren Gruppen, die vor allem propagandistisch und solidarisch aktiv waren, zeigte sich der Geraer Widerstand geschwächt. Mit Kriegsbeginn veränderte sich zudem die Gesamtsituation, aus der heraus Widerstand organisiert und zielorientiert geführt werden konnte. Die neue Lage verlangte nach neuen Methoden und Korrekturen in der Zielsetzung und theoretischen Analyse der Verhältnisse, denn das NS-Regime verfügte inzwischen über feste Strukturen, einschließlich eines verstärkten Spitzelapparates und verbesserter Aufklärungsarbeit der Gestapo, und einen gewachsenen Rückhalt bei der Mehrheit der Bevölkerung.

Widerstand wurde dennoch – oder trotz alledem – auch weiterhin geleistet. Getragen wurde er durch vornehmlich kleine, isoliert voneinander vor allem in Unternehmen sich bildende Gruppen um einen kleinen aktiven Kern. In den Folgejahren entstanden zwischen einzelnen dieser Gruppen, jedoch nicht zwischen allen, lose Kontakte, ohne daß diese zu einem einheitlich handelnden, schlagkräftigen Netzwerk oder einer breit wirkenden Widerstandsfront führten. Auch Verbindungen zu überregionalen Leitungen, etwa dem Netzwerk der KPD-Inlandsleitung, bestanden nicht oder nur indirekt. Diese Kontakte verhinderte der zunehmende Terror des NS-Regimes ebenso wie die fehlende Breite und die personellen wie materiellen Möglichkeiten der bestehenden Widerstandsgruppen. Die Aktivitäten der im Widerstand stehenden Gruppen konzentrierten sich auf wenige Schwerpunkte in ihrem unmittelbaren Umfeld. Diese lassen sich folgendermaßen zusammenfassen:

Schwerpunkte des illegalen politischen Widerstandes in Gera

1. Auf- und Ausbau der illegalen Organisation
2. Analysen zur politischen Situation und Erörterung von Maßnahmen und möglichen Aktionen
3. Abhören von Auslandssendern und Einbeziehung der Informationen in die aktive Arbeit
4. Kontaktaufnahme zu anderen Gruppen, Leitungsebenen, Kriegs- und Zwangsarbeitern, um Solidarität zu üben und die illegale Arbeit zu stärken
5. Durchführung von Propagandaaktionen, um über die Kriegsziele und den wirklichen Kriegsverlauf aufzuklären
6. Störung der Kriegsproduktion durch Sabotageakte und die Initiative „Arbeite-langsam-Bewegung"

Das Ziel dieser Gruppen, zumal sich ihre Aktivitäten weitgehend auf ein Unternehmen beschränkten, konnte nicht der Umsturz des NS-Regimes sein, sondern hier ging es vor allem um einen Beitrag zur Schwächung des aggressiven und verbrecherischen Hitlerstaates und um gelebte Solidarität mit den Opfern des Regimes und deren Angehörigen, zu denen politische Häftlinge und deren Familien, Zwangsarbeiter und Kriegsgefangene, aber auch rassisch Verfolgte gehörten.

Zu den ersten Aktionen des Widerstandes in Gera mit Kriegsbeginn gehörte die Verbreitung eines hektographierten Flugblattes, dessen Text von Werner Petzold stammte und das von Bruno Rother in Gera-Kainsberg, der über einen Abziehapparat verfügte, vervielfältigt wurde. Die Kernaussagen dieses Flugblattes forderten: „Weg mit dem Krieg" und „Sturz der Hitlerdiktatur!" Sie umschreiben damit die Zielrichtung der weiteren illegalen Arbeit der gesamten Linken, die sich in den Folgejahren zunehmend in den aktiven Gruppen durchmischte, so daß eine Differenzierung in kommunistische, sozialdemokratische, gewerkschaftsnahe oder andere Organisationen der verbotenen Arbeiterbewegung nur noch in begrenztem Maße vorgenommen werden kann. Eine deutlichere Bestimmung der Gruppen ergibt sich aus ihrem Wirkungsumfeld, also den verschiedenen Unternehmen, in denen die Gruppenmitglieder aktiv waren. Zu den entsprechenden Firmen der Kriegswirtschaft gehörten der Maschinenbaubetrieb Paul Seifert, die Kolbenringfabrik der Gebrüder Knocke, die Maschinenbaufabrik und Eisengießerei Karl Wetzel, die Technischen Werkstätten und viele mehr. Nach der Verlegung eines Teilwerkes der Firma Siemens & Halske 1941 von Berlin nach Gera entstand auch in diesem Werk eine Widerstandsgruppe, der vor allem Sozialdemokraten angehörten.

Eine Verhaftungswelle, die teils durch Verrat, teils durch ausdauernde Aufklärungsarbeit der Gestapo von September 1940 bis September 1941 andauerte, zerstörte einige Gruppen und lähmte die fortgesetzte illegale Arbeit insgesamt für längere Zeit. Dazu trugen auch zahlreiche Einberufungen erklärter Widerstandskämpfer, häufig nach erfolgten Verurteilungen und Strafvollzug, zur „Strafdivision" 999 der Wehrmacht bei. Die Brigade (Strafdivision) 999 entstand am 6. Oktober 1942 auf dem Truppenübungsplatz Heuberg als sogenannte Bewährungseinheit für das Afrika-Korps, und wurde am 2. Februar 1943 zur Afrika-Division 999 erweitert. Diese wurde im Mai 1943 in Tunesien aufgerieben. Aus den in Deutschland verbliebenen Resten wurden neue Bataillone gebildet, die vor allem in Giechenland, Jugoslawien, ab Mai 1944 auch an der Ostfront und in Rumänien sowie ab 1945 auch an der Westfront zum Einsatz kamen. Neben der „Bewährungstruppe 500", die sich aus verurteilten Wehrmachtsangehörigen zusammensetzte, wurden in die 999er Einheiten „politisch Unzuverlässige" und ursprünglich als „wehrunfähig" ausgesonderte oder verurteilte Personen zur „Bewährung an der Front" dienstverpflichtet. Die Einheiten galten als „Himmelfahrskommando", da sie noch rücksichtsloser geführt wurden als reguläre Truppenteile der Wehrmacht und an den gefählichsten Frontabschnitten zum Einsatz kamen.

Trotz des Aderlasses gelang es 1943, über Fritz Gießner (KPD) und Fritz Roth (SPD), der bei Siemens & Halske eine Widerstandsgruppe leitete, zwischen den noch aktiven Gruppen oder einzelnen Personen Kontakte neu aufzubauen und notwendige Informationen zum illegalen Widerstand auszutauschen. Eine weitere Gruppe bestand bei der Firma Metallwarenfabrik und Gießerei Heinrich Leo. Diese setzte sich aus Sozialdemokraten und Kommunisten zusammen und war vor allem um Aufklärung über die wirkliche Kriegslage durch das Hören von Auslandssendern, insbesondere Radio Moskau, BBC London und den Deutschen Volkssender Moskau bemüht. Die gesammelten Informationen wurden zumeist mündlich weitergegeben, was freilich auch nicht ohne Risiko einer Anzeige und nachfolgenden Verhaftung war.

Ein öffentliches Zeichen für den illegalen Widerstand setzte 1943 Franz Krause (KPD). Er schrieb in einer Nacht quer über den Roßplatz und ebenso über die Humboldtstraße die Losungen „Hitler gib uns mehr Brot – sonst werden wir wieder rot!" und „Wir wollen lieber einen Kaiser von Gottesgnaden, als einen Lump von Bergtesgaden!". Der Schlosserlehrling Kurt Selbmann übernahm die Losungen und brachte sie in seinem Werk an. Die Sache wurde verraten und Selbmann zu einem Jahr Haft verurteilt. Nach der Haftstrafe erfolgte seine Dienstverpflichtung zur „Strafdivision" 999.

Geraer Antifaschisten, die zur Division 999 dienstverpflichtet wurden (unvollständig)

Friedrich Bergner, Walter Böhme, Max Fritzsche, Wilhelm Gabel, Kurt Lenzner, Erich Lobert (gefallen), Bruno Mattheyer, Otto Werner, Kurt Roth, Karl Schäfer, Herbert Schellenberger, Kurt Selbmann, Alfred Trillitzsch, Rudolf Wagner, Karl Wetzel (gefallen)

In Gera-Liebschwitz entstand aus dem Freundeskreis des Schülers Volkmar Harnisch 1940/42 eine Jugendgruppe, die bis zu ihrer Entdeckung durch Verrat im Mai 1944 zunehmend gegen die Kriegspropaganda (insbesondere der HJ) opponierte. Harnisch, der 1940 das Realgymnasium besuchte, hatte in den Jahren bis 1942 einen Kreis von Mitschülern um sich geschart, die vornehmlich aus dem Arbeitermilieu stammten. Zunächst wurden von diesen Jugendlichen aktuellpolitische Fragen diskutiert und erörtert. Zunehmend aber kritisch. So entstand ein kleinerer Kreis, der sich „Anti-Nationale" (in Analogie zu international, Internationale) nannte und aktive Solidarität durch Informationen sowie kleine Lebensmittel- und Arzneizuwendungen gegenüber ausländischen Zwangsarbeitern (Franzosen und sowjetischen Mädchen und Frauen) leisteten und den Krieg ablehnte.

Mitglieder der Jugendgruppe „Anti-Nationale"

- Albert Lempe, Jg. 1923, Dreher, vor 1933 Mitglieder der Roten Falken
- Gerog Uhlemann, Jg, 1927, Maurer
- Gerhard Wittmann, Jg. 1927, Schlosser
- Walter Lechner, Jg. 1927, Fotografenlehrling
- Volker Harnisch, Jg. 192?, Lehrling

Durch den Verrat der Gruppe kam es zu deren Auflösung. Alle Mitglieder sowie der Vater von Volker Harnisch, Otto Harnisch, der selbst aktiv im Widerstand stand, wurden verhaftet und durch das OLG Jena verurteilt. Die Urteile hielten sich insofern in Grenzen, da sich die Mitglieder nicht gegegeneinander beschuldigten, sondern standhaft schwiegen.

Ein letzter Schlag gegen den illegalen Widerstand in einer breit angelegten systematischen Aktion erfolgte nach dem mißlungenen Attentat auf Hitler vom 20. Juli 1944 mit der von Gestapo und Sicherheitsdienst durchgeführten Aktion Gitter bez. Gewitter. Die Aktion umfaßte die Verhaftung „politisch Verdächtiger" und „Unzuverlässiger", insbesondere frühere Funktionäre der Arbeiterbewegung, bekannte Antifaschisten, die bereits einmal verhaftet oder verurteilt worden waren, sowie Verdächtigte oder Denunzierte, denen Kontakte zum Widerstand unterstellt oder vorgehalten wurden.[26]

Aktion „Gitter"
Verhaftungen vom 22. bis 26.8.1944 in Gera

- Barth, Arno Dr., vor 1933 SPD, ohne Urteil bis 11.4.1945 KZ Buchenwald
- Willi Bröter, vor 1933 KPD, ohne Urteil bis 11.4.1945 KZ Buchenwald
- Hermann Drechsler, vor 1933 SPD, ohne Urteil bis 11.4.1945 KZ Buchenwald
- Arno Freitag, vor 1933 KPD, ohne Urteil bis 11.9.1944 KZ Buchenwald
- Fritz Grießer, vor 1933 KPD, ohne Urteil bis 22.11.1944 KZ Buchenwald
- Ernst Heyer, vor 1933 SPD, ohne Urteil bis 11.4.1945 KZ Buchenwald
- Rudolf Jungmann, vor 1933 SPD, ohne Urteil bis 11.4.1945 KZ Buchenwald
- Walter Karthe, vor 1933 KPD, ohne Urteil bis 22.12.1944 KZ Buchenwald
- Helene Keiling, vor 1933 KPD, ohne Urteil bis 14.4.1945 KZ Ravensbück
- Matthäus Zanker, vor 1933 KPD, ohne Urteil bis 4.9.1944 KZ Buchenwald
- Fritz Roth, vor SPD, ohne Urteil bis Mitte September 1944 KZ Buchenwald
- Walter Schmidt, vor 1933 SPD, ohne Urteil bis 4.9.1944 KZ Buchenwald
- Anna Schneider,vor SPD, ohne Urteil bis Mitte September 1944 im KZ Ravensbrück
- Marie Trögel, vor 1933 SPD, ohne Urteil bis 12.9.1944 im KZ Ravensbrück
- Paul Wetzel, vor 1933 SPD, ohne Urteil bis 5.9.1944 im KZ Buchenwald

Unter den gegebenen Umständen und den zunehmend chaotischen Verhältnissen der letzten Kriegsmonate bis zur Einnahme Geras durch amerikanische Truppen am 14. April 1945, konnte durch die wenigen Antifaschisten, die an der Organisation des politischen Widerstandes gegen das Hitlerregime in Gera beteiligt waren, nur noch wenig geleistet werden. Sie waren zwar bemüht, durch Mund-zu-Mund-Propaganda und ein Flugblatt im eigenen Umfeld befindliche Einwohner und Volkssturmleute zur „stillen" Kapitulation zu bewegen. Doch viel konnte auf diese Art und Weise nicht wirklich erreicht werden, zumal Einsatzkommandos der SS und fanatische Nazianhänger jede erkennbare Aktion bis hin zur Anbringung weißer Fahnen als Zeichen des Friedens mit Standgerichten und Erschießungen ahndeten. Auch den Häftlingen des KZ Buchenwald, die auf einem der Todesmärsche vom 5. bis 12. April von der SS durch Gera getrieben wurden, konnte nicht wirklich geholfen werden. Schon die bloße Bereitstellung von Wasser durch unverdächtige Anwohner, um den Durst der ausgemergelten Menschen etwas zu mildern, führte zu zahlreichen Gewaltakten oder Gewaltandrohungen durch die begleitenden Wachmannschaften. Und so galt es, besonnen zu handeln und die vorhandenen Köpfe zu schützen, um mit der absehbaren Zerschlagung des NS-Regimes für den Neuaufbau Deutschlands bereit zu sein.

Gegen Diktatur und Krieg –
Eine Bilanz

- 578 Personen wurden als politische Feinde in Gera inhaftiert und in Gefängnisse, Zuchthäuser oder Konzentrationslager verschleppt
- 77 davon waren Frauen
- 28 Personen wurden ermordet
- 9 starben an den Folgen von Folter und Haft

Hinzu kommen als Opfer des Faschismus die aus rassischen Gründen verfolgten jüdischen Bürger der Stadt sowie die aus Glaubensgründen verfolgten Angehörigen der Gemeinschaft Zeugen Jehovas und weitere Personen, die der Verfolgung unterlagen.

Einen anderen Weg des Widerstandes in Gera beschritt der Sozialdemokrat Hermann Louis Brill. Er gehörte im Gründerjahr der Weimarer Republik zu den Mitgliedern der USPD, und damit zu jenen linken Kräften, die den Gedanken einer sozialistischen Republik mit den Prinzipien der Demokratie verbanden. Über diese revolutionäre Strömung ging jedoch die reale Entwicklung der Republik schnell hinweg, und Brill wechselte mit dem Vereinigungsbeschluß der USPD auf ihrem letzten Parteitag 1922 in die Sozialdemokratische Partei. Dort zählte er zum linken Flügel. Als Landtagsabgeordneter der SPD von 1922 bis 1932 widmete sich der studierte Lehrer und Jurist im Besonderen Fragen der Schul- und Bildungspolitik, Kernfragen zur Stärkung der Demokratie im Staat und der Problematik innerer Sicherheit.[27]

Brills politisch-geistige Weltsicht erlaubte ihm Einsichten, die es ihm schon früh ermöglichten, insbesondere durch die Entwicklungen ab 1930, zum konsequenten Gegner der NSDAP und des

Opfer des Faschismus in und aus Gera*

1 Albrecht, Oswin (*6. 4. 1882), SPD, angeklagt wegen Wehrkraftzersetzung, im Zuchthaus Untermaßfeld am 22. 2. 1945 verstorben.
2 Bergner, Bruno (* 24. 11. 1881), ermordet am 10. 2. 1942 im KZ Dachau.
3 Bergner, Karl (*11. 3. 1912), Mitglied des KJVD, am 12. 4. 1944 vom Volksgerichtshof zu vier Jahren Zuchthaus verurteilt. An einem in der Haft zugezogenen Tbc am 16. 4. 1946 verstorben.
4 Böhnert, Meta (* 20. 6. 1890), KPD, Stadtratsmitglied, 28. 2. 1933 verhaftet und nach Weimar ins Gefängnis verschleppt, verstorben nach der Haftentlassung am 28. 4. 1934.
5 Diener, Rudolf (* 16. 7. 1904), KPD, 1934 bis 1939 Gefängnis und KZ Buchenwald, Ende 1940 erneut verhaftet und im Gefängnis Gera, Amthorstr. Am 13. 3. 1941 ermordet.
6 Donath, Kurt Dr. (*1881), parteilos, am 16. 11. 1944 nach Denunziation ins KZ Buchenwald eingeliefert (Heimtückegesetz), dort am 19. 3. 1945 verstorben.
7 Eckner Willi, parteilos, am 9. 4. 1945 von der SS verhaftet und am 12.4. auf offener Straße erschossen.
8 Erdmann, Walter (*26. 5. 1911), KJVD, im März 1933 verurteilt (VB zum Hochverrat), 6 Jahre Haft, anschließend KZ Buchenwald, am 22. 8. 1945 an den Haftfolgen verstorben.
9 Fleischer, Helene (*11. 6. 1899), KPD, Reichstagsabgeordnete, verurteilt wegen VB zum Hochverrat am 30. 5. 1934, Gräfentonna, Hohenleuben, Mai 1937 KZ Mohringen, Lichtenburg, 1941 erneute Verhaftung, vom Gefängnis eingewiesen ins Landeskrankenhaus Stadtroda (Psychiatrie), dort unter unklaren Umständen am 26. 6. 1941 nach offizieller Mitteilung an Tbc und Herzschwäche verstorben.
10 Frank, Bruno (*20. 8. 1892), parteilos, tschechischer Staatsbürger, am 1. 11. 1944 KZ Buchenwald, danach verschollen.
11 Frister, Erich, SPD, am 2. 12. 1940 im KZ Neuengamme ums Leben gekommen.
12 Gerber, Walter (* 12. 10. 1888), KPD, mehrfach in Haft, am 20. 12. 1939 im Gefängnis in Berlin am Alexanderplatz ermordet.
13 Knauf, Erich (* 21. 2. 1895), SPD, Schriftsteller, 1934 Verhaftung und Überführung ins KZ Oranienburg, 1944 erneut verhaftet und am 2. 5. 1944 hingerichtet (Berlin-Plötzensee?) – Sohn von Heinrich Knauf, einem bekannten SPD-Politiker aus Gera.
14 Koch, Fritz (* 21. 10. 1901), KPD, Verhaftung Februar 1933 und Haft im Geraer Gerichtsgefängnis, von der Gestapo aus gesundheitlichen Gründen nach Weimar überführt, dort am 17. 5. 1933 ums Leben gekommen.
15 Lobert, Erich (* 26. 3. 1909), KPD/ KJVD, erste Inhaftierung vom 25. November 1933 bis 20. Dezember 1933 KZ Bad Sulza, Verhaftung am Februar 1935 und Verurteilung am 25. Mai 1935 zu vier Jahren und sechs Monaten Zuchthaus, 1939 Überführung ins KZ Buchenwald, von dort am 9. Januar 1944 zur Strafbataillon 999, am 10. Oktober 1944 in Albanien gefallen.
16 Löscher, Hugo (*6. 1. 1906), SPD, Verhaftung im Sommer 1941 wegen verbotenen Umgangs mit Kriegsgefangenen und „Ostarbeitern", zweite Verhaftung am 2. Juli 1942, ohne Verfahren ins KZ Buchenwald verschleppt, wo er am 22. 8. 1942 ums Leben kommt.
17 Loth, Walter (*10. 12. 1880), KPD/ RFB/ RHD/ RGO, verhaftet 3. 5. 1934 wegen VB zum Hochverrat, zwei Jahre Gefängnis, inhaftiert im KZ Bad Sulza, an den Haftfolgen am 10. 4. 1936 verstorben.
18 Matteyer, Bruno (* 10. 12. 1880), Syndikalist, verurteilt am 16. 10. 1936 zu einer Gefängnisstrafe, nochmals Hochverratsprozeß 1939, trotz Freispruch ins KZ Dachau, später Sachsenhausen, eingeliefert, nach Entlassung Strafkompanie 999, vermißt.
19 Neubert, Kurt (* 23. 1. 1896), KPD/ RFB/ RHD, verhaftet am 28.Februar 1933, Verurteilt zu einem Jahr und sechs Monaten Zuchthaus. An dem in der Haft zugezogenen Tbc-Leiden am 25. Februar 1935 verstorben.
20 Neubert, Walter (*26. 5. 1901) KPD, mehrere Inhaftierungen, an medizinischen Experimenten am 28. November 1941 im Landesfachkrankenhaus Stadtroda (Psychiatrie) verstorben.
21 Panndorf, Erwin (* 7. 1. 1904), KPD/ KJVD, ging 1930 in die Sowjetunion, Einsatz als Kundschafter der Sowjetunion und Beauftragter des ZK der KPD 1942 in Deutschland, nach seiner Verhaftung im KZ Sachsenhausen von der SS am 10. 12. 1942 ermordet.
22 Petrich, Franz (* 18. 9. 1889), SPD, Reichstagsabgeordneter, Mitglied der Berliner Volksfrontgruppe, verhaftet im September 1938, verurteilt im Juli 1939 durch den Volksgerichtshof zu acht Jahren Zuchthaus, im Februar 1945 im Zuchthaus Sonnenburg ermordet.
23 Petzold, Werner (* 19. 10. 1910), KPD/ KJVD, am 22. 10. 1934 wegen Vorbereitung zum Hochverrat zu zwei Jahren und sechs Monaten Gefängnis verurteilt, in einer Strafkompanie am 17. Oktober 1941 in der Sowjetunion gefallen.
24 Prüfer, Otto (* 3. 2. 1882), Bibelforscher, 1936 bis 1940 KZ Mauthausen, dort am 2. 3. 1940 verstorben.
25 Reimann, Max, SPD / Reichsbanner, Mitglied des Stadtrates, während der „Aktion Gitter" am 22. 8. 1944 ins KZ Buchenwald eingeliefert, dort am 3. 9. 1944 verstorben.
26 Rothe, Otto (* 27. 1. 1884), KPD/ RFB, am 12. 4. 1935 verhaftet, an Mißhandlungen am 25. 4. 1935 verstorben.
27 Saupe, Kurt (* 19. 9. 1894), parteilos, 25. 7. 1940 verhaftet und ins KZ Buchenwald, dann Dachau überstellt, dort am 18. 6. 1942 verstorben.
28 Schäfer, Berta (* 18. 7. 1890), KPD, Stadtratsmitglied, mehrmals nach 1933 verhaftet, letzte Verhaftung am 11. 9. 1944, Oktober 1944 ins KZ Ravensbrück überführt und am 11. 2. 1945 von der SS ermordet.
29 Scheffel, Rudolf (* 6. 6. 1901), KPD, mehrfach ab 1933 verhaftet, letzte Inhaftierung ab 1. 8. 1942, hingerichtet am 8. 9. 1943 in Plötzensee.
30 Schmidt, Christian (* 12. 5. 1880), SPD / Gewerkschaft, mehrfach inhaftiert, letztmalig am 28. 11. 1938, im Bezirksgefängnis Gera nach drei Tagen Haft erschlagen.
31 Schumann, Georg Dr. (* 11.5.1888), SPD, Arzt und Schriftsteller, am 20. 10. 1938 verhaftet, am 26. 10. 1938 verstorben, offiziell durch Selbstmord in der Zelle, nach Aussagen durch einen gezielten Kopfschuß.
32 Simsohn, Julius, rassistisch Verfolgter (Jude), 1938 im KZ Buchenwald inhaftiert, später nach Auschwitz überführt und nicht mehr zurückgekehrt.
33 Sybersky, Egon (* 8. 8. 1911), parteilos, 1937 als rassisch Verfolgter Emigration in die CSR, Internierung nach Einmarsch der faschistischen Truppen in Prag, von dort 1939 nach Gera entlassen, Verhaftung im Dezember 1939, Verurteilung zu zweieinhalb Jahren Zuchthaus, im September 1940 als „Moorsoldat" von den Faschisten im Moor ermordet.
34 Thumann, Friedrich (*3. 11. 1899), Bibelforscher, wegen Wehrdienstverweigerung zum Tode verurteilt (und hingerichtet).
35 Thumann, Walter (*22. 3. 1925), Bibelforscher, wegen Wehrdienstverweigerung zum Tode verurteilt und am 2. 5. 1944 in Halle hingerichtet.
36 Unger, Max, parteilos, verurteilt am 23. 1. 1945 wegen Abhörens ausländischer Sender, am 7. 3. 1945 im Zuchthaus Untermaßfeld verstorben.
37 Wesseling, Johannes (* 30. 11. 1919 Amsterdam), parteilos, wohnhaft Sorgestraße 18, angeklagt wegen Wehrkraftzersetzung, Urteil am 8.11.1944, Hinrichtung im Zuchthaus Brandenburg-Görden am 18. 12. 1944. „Der Verurteilte hat sich gegenüber Arbeitskameraden und Bekannten mehrfach wehrkraftzersetzend geäußert."
38 Wetzel, Karl, SPD / SAJ, wegen Vorbereitung zum Hochverrat verurteilt, am 3. 3. 1944 als Angehöriger des Strafbataillons 999 gefallen.
39 Wilke, Erich (* 6. 8. 1900), KPD, mehrfach verhaftet, am 24. 7. 1934 im Gerichtsgefängnis ums Leben gekommen.
40 Winner, Willi (* 7. 11. 1909), parteilos, wegen Unterstützung von Ausländern am 10.10. 1944 verhaftet und ins KZ Flossenbürg eingewiesen, dort am 20. 2. 1945 verstorben.

* Diese Aufzählung steht als ein lokales Beispiel. Sie enthält auch rassisch Verfolgte und Personen, die als OdF einzustufen sind.

Hermann L. Brill, gehörte dem Thüringer Landtag von 1920 bis 1932 an. Mit der Errichtung des NS-Regimes hielt er einen völligen Neuanfang innerhalb der sozialistischen Bewegung zur Durchsetzung ihrer politischen Ziele für erforderlich. „Neu Beginnen" erschien ihm als ein erster redlicher Ansatz. (WS)

Faschismus zu werden. Mit dem Machtantritt der NSDAP beurteilte er sowohl die reformistische Politik des Parteivorstandes der SPD als auch die auf einen revolutionären Umsturz und die Errichtung eines Räte-Deutschlands nach sowjetischen Vorbild ausgerichtete Zielsetzung der Kommunisten als gescheitert. Deshalb seine Forderung nach einem Neuanfang, der die Kräfte der Arbeiterbewegung in sich vereint und zugleich von innen heraus – und nicht aus dem Exil – den erstarkenden Nazistaat bekämpft. In der Bewegung „Neu Beginnen", der er sich in Gera bis zu seinem Umzug 1934 nach Berlin anschloß, glaubte er, eine Plattform für diesen Neuanfang von Innen gefunden zu haben.

„Die Geschichte von Neu Beginnen ist auf Berlin konzentriert, auch wenn die Gruppe eine Reihe kleinerer Dependancen in Ost-Thüringen, Sachsen und Süddeutschland unterhielt. Sie nahm ihre Anfänge in den Jahren der wachsenden Agonie der Weimarer Republik, war eine der Antworten und Reaktionen darauf. Das mehr und mehr von Defensive, Tolerierung, Loyalität und Legalitätsillusionen gegenuber den wechselnden Reichsregierungen, auch noch gegenüber der NSDAP-Regierung der nationalen Revolution bestimmte Verhalten der SPD förderte innerhalb und außerhalb der Partei den Zusammenschluss von Diskussionszirkeln, die der organisierten Arbeiterschaft einen größeren Widerstandswillen vermitteln wollten."[28]

Den Zielen dieser Bewegung fühlte sich Brill verpflichtet. Sie wurden zu seinem Leitmotiv für den fortgesetzten Widerstand auch nach der weitgehenden Auflösung der Bewegung. Dabei wurde er von der Überzeugung getragen, daß der deutsche wie internationale Faschismus gesetzmäßig in eine Krise geraten würde. Für diesen Moment galt es sich vorzubereiten – geistig-theoretisch und praktisch-organisatorisch.

Hermann Brill führte in Gera bis zu seinem Wegzug im Sommer 1934 einen kleinen Kreis Gleichgesinnter im Sinne von Neu Beginnen. Als jedoch die Berliner Zentrale in der zweiten Jahreshälfte 1934 von der Polizei enttarnt und ausgehoben wurde, zerfiel der Geraer Kreis, der streng konspirativ und ausschließlich theoretisch-konzeptionell gearbeitet hatte. Brill, der sich in Berlin direkt in den Führungszirkel eingefügt hatte, blieb bei dieser Aktion verschont. In der Folge wurde er, der überzeugte Antifaschist, zum theoretischen Kopf einer neuen Widerstandsorganisation, die sich „Zehn-Punkte-Gruppe" nannte und den Kern der Deutschen Volksfront bildete.[29] Das Programm der Gruppe verfaßte Hermann Brill. Es ist von seiner Anlage her als Ausgangspunkt einer sich formierenden, weit gefaßten sozialistischen Widerstandsbewegung auf der Grundlage des Volksfrontgedankens zu verstehen, basierend auf den Erfahrungen und Erkenntnissen, die Brill als linker Sozialist in der USPD und SPD über Jahre erfahren hatte. Die Volksfront selbst als Plattform aller antifaschistischen Kräfte in Deutschland kam jedoch nie zustande, und dort, wo der Volksfrontgedanke die Form praktischer Widerstandsarbeit auch partei- und konfessionsüberschreitend erreichte, handelte es sich stets um kleinere Gruppen, die auf der Basis einer konkreten, illegal operierenden antifaschistischen Kampfgemeinschaft zueinander gefunden hatten.

Eine solche Kampfgemeinschaft, frei von ideologischen Vorbehalten, vollzogen auch einige Geraer Mitglieder der Bewegung Neu Beginnen. Sie schlossen sich eng an die illegale Arbeit des kommunistischen Widerstandes an. Gleiches traf auf Mitglieder der früheren sozialistischen Arbeiterjugendbewegung zu, die vor und mit der Entfesselung des Zweiten Weltkrieges zu bestehenden oder sich neu organisierenden Widerstandsgruppen der früheren Arbeiterbewegung fanden und damit den aktiven Kampf über die theoretischen Auseinandersetzungen zwischen den sozialistischen und kommunistischen Weltsichten stellten. All ihren Mitgliedern war durch die Entwicklung des NS-Regimes klar geworden, daß, sofern überhaupt wirksamer Widerstand mit dem Ziel, das NS-Regime von innen heraus zu schwächen, wirksam werden kann, dies gemeinsam geschehen müsse. Natürlich wurden in diesen Kreisen auch Überlegungen zur staatlichen und gesellschaftlichen Erneuerung Deutschlands unmittelbar nach dem Sturz des Dritten Reiches angestellt und formuliert. Doch den Schwerpunkt der illegalen Arbeit bildete das stete Bemühen, durch geeignete Aktionen – etwa durch die Beschaffung und Weitergabe kriegswichtiger Informationen und gezielter Rüstungssabotage – einen Beitrag zur Schwächung des Regimes zu leisten. Im Verlauf des Krieges wurde zudem endgültig die Illusion überwunden, aus eigener Kraft den Nazistaat stürzen zu können. Dazu fehlte, anders als beim militärischen Widerstand, dem politischen Widerstand der Linken jegliche Voraussetzung, trotz richtiger Ansätze in der verspäteten Akzeptanz des Volksfrontgedankens.

Der weiterreichende Versuch, eine organisatorische Form, eine Leitungsstruktur der potentiellen Träger des Volksfrontgedankens zu schaffen, fand zwar bei den linken Intellektuellen, einer in sich schon breit gefächerten Gruppe, Widerhall, scheiterte aber 1936 an der Ablehnung des Prager Vorstandes der SPD (SOPADE). Volksfront machte aber, von den Möglichkeiten und Bedingungen unabhängig betrachtet, nur dann Sinn, wenn eine breite antifaschistisch-demokratische Führung zum Initiator für eine Massenbewegung werden würde. Daß die realen politischen Verhältnisse in Deutschland mit der Konsolidierung des Regimes einen von Außen bewirkten Umsturz faktisch nicht mehr erlaubte und die darauf abzielende Taktik demzufolge obsolet war, verdeutlichte die immer noch fehlerhafte Analyse des Nationalsozialismus in der Linken. Andererseits bot aber als strategischen Ansatz bei der Überwindung des NS-Regimes und der Errichtung eines demokratischen Deutschlands nach dem Sturz oder Zusammenbruch des NS-Regimes das Volksfrontmodell die wohl günstigste Möglichkeit zum demokratischen Neuanfang.

Die dauerhafte Bewahrung des Volksfrontgedankens innerhalb der sozialistischen Widerstandsfront in Deutschland bildete der 1936 in Paris unter Vorsitz von Heinrich Mann zustande gekommene „Ausschuß zur Vorbereitung der deutschen Volksfront“, auf deren Anregung Hermann Brill sein Zehn-Punkte-Programm aufbaute.

Der Volksfrontgedanke bildete auf diese Weise ein pragmatisches Bindeglied zwischen kommunistischem und sozialistischem Widerstandskampf, dessen theoretischer Ansatz auch bei der bürgerlichen und militärischen Opposition gegen Hitler eine hinreichende Akzeptanz erfuhr. In diesem Zusammenhang ist aus thüringischer Sicht vor allem der Pädagoge Adolf Reichwein zu nennen, der 1930 der SPD beitrat. Er gehörte zu jenen Vertretern der Sozialdemokratie, die im Widerstandskampf die vorgegebenen Parteischranken überwandten, sich in die sozialistische Widerstandsfront einreihten und ihr Leben überparteilich für den Sturz Hitlers und des Nationalsozialismus, und damit für die Zukunft Deutschlands, einsetzten. Reichwein gehörte in diesem Sinne zum Kern des 1940 entstandenen Kreisauer Kreises um Graf Helmuth von Moltke und stand mit Claus Graf Schenk von Stauffenberg, seinem Bruder Berthold und dem Kreis der Verschwörer vom 20. Juli 1944 in engerer Verbindung. Über Angehörige des Kreisauer Kreises, der selbst nur theoretische Analysen über Deutschland nach Hitler vornahm und in programmatischer Form niederlegte, bestanden außerdem Kontakte zum Goerdeler-Kreis und zum kommunistischen Widerstand über die von Anton Saefkow geleitete Gruppe in Berlin, aus der sich die illegale Inlandsleitung der KPD im Wesentlichen konstituierte. Damit bestanden wiederum Kontakte nach Thüringen, Sachsen, ins Rheinland und andere Gebiete, wo aktiver Widerstand durch kommunistische und sozialistische, bürgerliche und christliche Antifaschisten geleistet wurde. Reichwein verfügte darüber hinaus auch durch sein langjähriges Wirken in Jena über direkte Kontakte zu alten Freunden und Weggefährten, die er ebenfalls nutzen konnte.

Der Reformpädagoge Prof. Dr. Adolf Reichwein schloß sich um 1940 dem Kreisauer Kreis an und trat für eine möglichst breite Basis zur geistigen, politischen und sozialen Neuordnung in Deutschland nach Hitlers Sturz ein. Als Angehöriger des Kreisauer Kreises wurde er am 20.11.1944 in Berlin-Plötzensee hingerichtet. (WS)

Das Ideengut von „Neu Beginnen“ und das „Zehn-Punkte-Progamm“ Brills in Verbindung mit der Programmatik des Kreisauer Kreises und anderen Vorstellungen zur Neugestaltung Deutschlands nach Hitler, die auf einen breiten demokratischen Konsens der politisch fortschrittlichen und konstitutiven Kräfte abstellten, beeinflußten die Errichtung einer antifaschistisch-demokratischen Ordnung ab Mai 1945 zumindest bis 1948 nachhaltig. In Thüringen schlugen sie sich in der Arbeit Brills, der das Kriegsende nach mehrjähriger Haft (seit 1938) im KZ Buchenwald erlebte, wo er bereits 1944 die Initiative zur Gründung eines „Volksfront-Komitees“ ergriffen hatte, mit seinen Aktivitäten zum Neuaufbau des Landes und zur

Topographie des politischen Widerstandes im Gau Thüringen 1939 bis 1945*

Stadt oder Gemeinde	nachgewiesene Wiederstandsaktivitäten**	
	1933-1939	1939-1945
Albrechts	AB	AB
Altenburg	AB; KuR	AB
Apolda	AB; KuR	
Arnstadt	AB; KuR	
Bad Salzungen	AB	AB
Eisenach	AB; Kur	BuK
Eisenberg	AB	
Erfurt	AB	AB; O
Friedrichroda	AB	AB
Gera	AB; KuR; O	AB; O
Geraberg	AB	
Gotha	AB; KuR; O	AB; KuR; O
Großbreitenbach	AB	
Greiz	AB; KuR	
Heldrungen	AB	AB
Hermsdorf	AB	AB
Hirschberg	AB	
Ilmenau	AB	
Jena	AB; KuR; O	AB; KuR; O
Langenwetzendorf	AB	
Lobenstein	AB	
Meiningen	AB	
Meuselwitz	AB; KuR	AB
Mühlhausen	AB	
Münchenbernsdorf	AB	AB
Neustadt/ Orla	AB	
Nordhausen	AB	
Ohrdruf	AB	
Pößneck	AB	
Probstzella	KuR	KuR
Ronneburg	AB; KuR	
Roßleben	AB	
Rudolstadt	AB	O
Ruhla	AB	
Saalfeld	AB; KuR	
Schleiz	AB	
Schleusingen	AB	
Schmalkalden	AB	
Schmölln	AB	AB
Sonneberg	AB	AB
Sömmerda	AB; KuR	
Suhl	AB	AB
Tabarz	AB	AB
Tambach-Dietharz	AB	
Teichwolframsdorf	AB	
Waltershausen	AB	
Weida	AB	
Weimar	AB; KuR	AB
Zella-Mehlis	AB	AB
Zeulenroda	AB	AB

* Die Zusammenstellung bildet eine vorläufige, aber durchaus repräsentative Auswahl.
** Aufgenommen wurden nur solche Orte, in denen politisch motivierte Gruppenaktivitäten durch nachfolgende Hochverratsprozesse oder entsprechende Urteile vor Sondergerichten belegt sind.

Zur Bedeutung der Abkürzungen:
AB: Aktivitäten aus den Reihen der verbotenen Arbeiterbewegungen (KPD und KPD-nahe Organisationen, SPD und SPD-nahe Organisationen, Gewerkschaften, nationale und internationale Hilfsorganisationen der Arbeiterbewegung sowie Jugendorganisationen).
KuR: Aktivitäten aus Kirchen und Religionsgemeinschaften. Dazu gehören hervorstechende Aktivitäten der Mitglieder der Bekennenden Kirche und besondere Gruppenaktivitäten (Netzwerke und Flugblattaktivitäten) der Zeugen Jehovas und anderer Regligionsgemeinschaften.
O: Aktivitäten bürgerlich demokratischer, humanistischer und oppositioneller Kreise (O)

Entnazifizierung der öffentlichen Verwaltungen nieder.[30]

Die Entwicklung des Widerstandes in Gera aus den Reihen der früheren Arbeiterbewegung steht als exemplarisches Beispiel, wie sich in einer großen Industriestadt und Hochburg der Arbeiterbewegung bis 1933 der illegale Kampf strukturierte und praktisch vollzog. Die Stadt Gera steht damit auch als Beispiel für alle anderen Städte im Gau mit ähnlichen Voraussetzungen. Dazu gehören vor allem Erfurt, Greiz und Jena oder auch einige kleinere, kreiszugehörige Städte und ländliche Gemeinden mit bedeutenden regionalen Industrieansiedlungen wie das Holzland um Hermsdorf oder der Thüringer Wald. Es gab aber auch Städte, in denen während des Krieges kaum antifaschistische Aktivitäten festgestellt werden können. Dazu zählten unter anderem die Gauhauptstadt Weimar und die Industriestadt Gotha. In Weimar bestand zwar bis Mitte der 30er Jahre eine Gruppe um die Sozialdemokraten Kurt Nehrling und Hans Eberling, neben kleinen Gruppen aus KPD- und KPDO-Mitgliedern, die über Verbindungen nach Gera, Jena, Erfurt, Nordhausen, Berlin und Koblenz verfügte, doch mit der Verhaftung von Eberling im Oktober 1938 kamen deren Aktivitäten zum Erliegen. Unmittelbar nach Kriegsbeginn belebte Kurt Nehrling die erloschenen Aktivitäten der Gruppe. Mit seiner Verhaftung Anfang 1943, er wurde von einem Arbeitskollegen wegen kritischer Äußerungen über den Krieg denunziert, zerfiel die Gruppe. Nehrling selbst, der bei der Polizeiverwaltung als Buchhalter angestellt war, wurde durch ein SS- und Polizeigericht zum Tode verurteilt und im Dezember 1943 im KZ Dachau erschossen.

Neben den Städten entstanden auch auf dem Lande in zahlreichen Kreisen, Widerstandsgruppen. Deren Mitglieder rekrutierten sich zumeist aus Arbeitern, die als Pendler in der Stadt und im industriellen Umland arbeiteten. Dazu kamen Personen, die in der stark wachsenden Rüstungs- und Kriegswirtschaft tätig waren. Dazu gehörten Bauten der Organisation Todt, des Reichsarbeitsdienstes, der Wehrmacht (Munas, Kasernenbauten), der SS oder wehrwirtschaftlicher Maßnahmen (Verlegung von Betrieben, Errichtung von Arbeitslagern usw.). Zumeist knüpften einzelne Personen über frühere Bekanntschaften und Mitgliedschaften in politischen Parteien oder Organisationen entsprechende Kontakte zu den größeren Gruppen, wie dies in der Maxhütte Unterwellenborn oder im Büromaschinenwerk Zella-Mehlis der Fall war, und gaben Informationen über die Zustände in den Betrieben weiter, schleusten Flugblätter ein oder bemühten sich, durch gezielte Aktionen, wie zum Beispiel bei der Hescho Hermsdorf durch die Zerstörung eines Umspannwerkes, die kontinuierliche Fertigung von Kriegsgütern zu stören oder die Gebrauchsfähigkeit ausgelieferter Endprodukte zu mindern. Insgesamt führten derartige Aktionen, die hoch gefährlich waren, jedoch zu keinen signifikanten Produktionsausfällen, was ihre moralische Bedeutung jedoch nicht schmälert.

Aus der Landwirtschaft selbst sind zwar zahlreiche Beispiele humanistischen Handelns gegenüber zum Arbeitseinsatz verpflichteter Zwangsarbeiter und Kriegsgefangener bekannt, aber nur sehr wenige Beispiele aktiven Widerstandes. Insgesamt fehlen aber auf diesem Gebiet umfassendere Studien, um ein geordnetes Gesamtbild zu gewinnen.

Widerstand im Glauben

Über den aus den Kirchen erwachsenden Widerstand in Thüringen ist noch wenig bekannt. Einzelne Personen wie der evangelische Pfarrer Paul Schneider, dem „Prediger von Buchenwald", der 1937 in dieses Konzentrationslager eingesperrt und dort am 18. Juli 1939 ermordet wurde, oder Mitglieder des von Pfarrer Martin Niemöller im September 1933 in Berlin-Dahlem gegründeten Pfarrernotbundes, aus dem 1934 die Bewegung der Bekennenden Kirche hervorgegangen ist, werden hier immer wieder – und zurecht – genannt. Die Kirche selbst, ob evangelisch oder katholisch, rang aber in dieser Zeit vor allem um ihre Selbstbehauptung. Vereinfacht dargestellt, wollte das NS-Regime die organisatorische und geistlich-religiöse Unabhängigkeit der Kirche in das Geflecht der nationalsozialistischen Ordnung einbinden und die Kirche zur Staatskirche umfunktionieren. Die Auseinandersetzungen innerhalb der Kirche mit dieser Problematik, aber auch mit dem Staat und der Staatspartei NSDAP, führte letztlich zu zahlreichen Fragen über das zulässige Verhältnis von Staat und Kirche, die theologische und organisatorische Antworten verlangten und eine (uneinheitliche) Opposition gegen das NS-Regime hervorbrachten.

Seitens der katholischen Kirche glaubten die Bischöfe, dem Problem mit dem Konkordat entkommen zu sein. Bei der evangelischen Kirche verlief die Trennungslinie nicht nur zwischen den konkurrierenden Kräften innerhalb der Kirche, also zwischen der dem Nationalsozialismus nahestehende Vereinigung „Deutsche Christen" und deren Antipoten, der Bekenntniskirche, sondern

Christen im Widerstand
Pfarrer Korth und das „Häuschen"

Auf der Höhe des Pöhlberges hielt Pfarrer Walter Korth (1896-1945) am 10. Mai 1934 (Himmelfahrtstag) einen Waldgottesdienst ab. Zuvor hatte er sich geweigert, am 8. März in seiner Laurentiuskirche ein Flugblatt des Landeskirchenrates mit Positionen der Deutschen Christen zu verteilen. In der Folge wurde Walter Korth am 7. Mai vom Amt suspendiert und am 7. September offiziell in den Wartestand versetzt. Er mußte das Pfarrhaus in Probstzella räumen und fand, mit Unterstützung von 32 Gemeindemitgliedern, die fest zu ihm standen, eine neue Unterkunft im „Häuschen", einer zu Wohnzwecken am Stadtrand ausgebauten ehemaligen Scheune. Das „Häuschen" entwickelte sich zum örtlichen Zentrum der Bekennenden Kirche, der sich viele Christen nach den Bekenntnissynoden 1934 anschloßen. Hier wurden während der gesamten Jahre bis 1945 regelmäßig Gottesdienste, Bibelstunden und Rüstzeiten abgehalten. Im Juli 1939 hielt Walter Korth einen Vertretungsgottesdienst in Lichtentanne, verbunden mit einer Fürbitte für den verhafteten Martin Niemöller. Er wurde verraten und verhaftet. „Der 15. Juli 1939", so schilderte eine Zeitzeugin den Vorgang, „war ein Sonnabend. Ich kam am späten Nachmittag mit dem Fahrrad von meiner Arbeitsstelle in Ebersdorf zu meinen Eltern nach Hause. Wie immer war ich zunächst am 'Häuschen' abgestiegen, um mit unserem Pfarrer den Kindergottesdienst am Sonntagvormittag vorzubereiten. Doch im 'Häuschen' war niemand. Ich machte mich sofort auf zu Frau K. im Ort, die für das leibliche Wohl von Pfarrer Korth zu sorgen hatte. Von ihr erfuhr ich, daß man zwei Stunden zuvor unseren Pfarrer abgeholt und ins Gefängnis nach Gräfenthal gebracht hatte." Am 14. September kam Walter Korth, der zuletzt in Weimarer Gestapohaft saß, wieder frei. Die Gruppe arbeitet unter erschwerten Bedingungen bis zum Ende des Krieges weiter. Walter Korth, der mehrmals für kurze Zeit eingezogen worden war, verabschiedete sich am 20. Februar 1945 von seiner Gemeinde im „Häuschen" und fällt als Obergefreiter am 24. März 1945 am Rhein. Er ist nicht das einzige Opfer der Gruppe. Heinrich Reichenbächer, ein junger Landwirt, der im „Häuschen" das Harmonium spielte und Lesegottesdienst hielt, verlor am 26. November 1944 als Soldat sein Leben.

Der evangelischer Hilfspfarrer Karl Bauer (1907-1943 gefallen) gehörte ab 1934 der Bekennenden Kirche an. Das verhinderte seine für 1935 vorgesehene Anstellung als Pfarrer in Lichtentanne, heute zu Probstzella gehörend, durch den Landeskirchenrat. Statt dessen wurde am 19. Juli 1937 vom Oberstaatsanwalt des Thüringischen Sondergerichtes Weimar Anzeige wegen Vergehens gegen das Heimtückegesetz in Tateinheit mit Kanzelmißbrauch erhoben. Er wurde am 27. Juli verhaftet und für sechs Wochen auf der Burg Wespenstein in Gräfenthal in „Schutzhaft" genommen.

auch durch zahlreiche weitere Glaubensgemeinschaften.

Der kirchliche Widerstand, der mehr ein Widerstehen gegen die Vereinnahmung durch den Nationalsozialismus darstellte, entwickelte sich auf drei Säulen. Die erste und zweite Säule umfassten die organisatorische und theologische Selbstbehauptung beider Kirchen und religiöser Gemeinschaften in Deutschland; die dritte Säule umfasste den individuellen, den persönlichen Einsatz aus christlicher Überzeugung. Die Kirche selbst, einmal als Ganzes gesehen, entfaltete keine von ihr getragene Widerstandsorganisation. Das gilt auch für die Mitglieder der Bekennenden Kirche und des Pfarrernotbundes.

Beispiele für den individuellen Widerstand, aufbauend auf theologischen und caritativen Positionen der Bekennenden Kirche und des Pfarrernotbundes, gab es auch in Thüringen, teilweise sogar in Verbindung mit anderen Widerstandsbewegungen. Zunächst kam es aber 1933 auch bei der evangelischen Kirche zur Gleichschaltung der Kirchenleitung durch „verordnete" Neuwahlen des Thüringer Landeskirchentages, der Umgestaltung des Dienstrechtes und der Einsetzung von Martin Sasse, einem ausgewiesenen Vertreter der Deutschen Christen und Mitglied der NSDAP, als neuen Landesbischof. Unter den besonderen Bedingungen, unter denen die evangelische Kirche in Thüringen organisatorisch bestand, vollzog sich in den folgenden Jahren eine „weit über Thüringen hinausreichende" Straffung der Organisation,[31] die aufgrund der historischen Entwicklung Thüringens bis 1919/20 und darüber hinaus nicht gegeben war. In Thüringen obsiegten somit zunächst die Befürworter einer Reichskirche und vollzogen in der Region, was reichsweit nicht gelungen war.

Die ersten Proteste gegen die evangelische Kirchenführung in Thüringen basierten nicht zufällig auf Positionen der Bekennenden Kirche. In einem Bekenntnisschreiben sprachen die Opponenten 1935 dem Landeskirchenrat die geistliche Führung der Kirchenorganisation in Thüringen ab und bekannten sich zu den Positionen der Bekennenden Kirche. Damit war ein erster Schritt getan. Die organisatorische Basis dieses Protestes bildete in Thüringer die am 27. Juni 1934 in Weimar gegründete „Lutherische Bekenntnisgemeinschaft", deren Gründer sich zur Bekennenden Kirche und dem Pfarrernotbund bekannten. Die Bekenntnisgemeinschaft verstand sich als Erneuerungsbewegung innerhalb der Kirche für Pfarrer und Laien gleichermaßen.

Die nun offen geführten Auseinandersetzungen entfachten einen Kirchenkampf, der zum einen Repressalien gegen die Opponenten und ihre Anhänger bewirkte, zum anderen aber den individuellen Widerstand in Gemeinden und bei Kirchenmännern anwachsen ließen. Illegale Bekenntnisgemeinden entstanden an vielen Orten Thüringens, so in Kaltenwestheim, Probstzella, Röpsen bei Gera, Neuenhof bei Eisenach, Hörschel,

Schloß Wespenstein in Gräfenthal gehörte ebenso wie die Osterburg in Weida zu den zeitweise als Gefängnis genutzten Gebäuden für Schutzhäftlinge, die in der Regel nur einige Tage oder wenige Wochen in Haft genommen wurden. (WS)

Wartha, Meuselwitz, Neuhaus am Rennweg, Ilmenau und Elgersburg. „In der Bekennenden Gemeinde in Jena wirkten unter anderem Helmut Gollwitzer und der Alttestamentler Gerhard von Rad."[32] Auch in Gotha, Arnstadt und Zeulenroda bestanden Bekenntnisgemeinden, doch bildeten diese eindeutig eine Minderheit in der von Anhängern der Deutschen Christen dominierten Kirchenorganisation, die sich zunehmend den nationalsozialistischen Ungeist zu Eigen machte und 1941 alle Nichtarier, die getauft waren, aus der Kirche ausschlossen. Diese Verhältnisse und die damit bestehenden Schwierigkeiten beim Widerstehen verdeutlichen sich, wenn man weiß, daß von etwa 1,4 Mio. evangelischen Kirchenmitgliedern maximal ein Fünftel, und von 730 Geistlichen etwa 160 zur Bekennenden Kirche gerechnet werden können.[33] Um so höher muß der Einsatz Einzelner geachtet werden.

Auch innerhalb der katholischen Kirche kam es, wie schon gesagt, zu keiner strukturierten Widerstandsorganisation. Die Grundlage des Miteinanders von Staat und Kirche wurde durch das Konkordat bestimmt, dessen Wirksamkeit allerdings zunehmend in peripheren Bereichen der Kirchenarbeit verloren ging. Darunter fiel der Umgang mit Ordensleuten und Priestern, das Presse- und Verbandswesen der Kirche usw. Häufig kam es zu Ausweisungen von unliebsamen Kirchenpersonen, verschiedenen Fällen auch zu Verurteilungen und Hinrichtungen. Auffällig im Erscheinungsbild der katholischen Kirche gegenüber der evangelisch-lutherischen in Thüringen erscheint der größere Konservatismus in Geist und Organisation, der sich auch in einer Welle der Begeistung für den Nationalsozialismus ausdrückte. Dennoch wuchsen bei wichtigen Kirchenleuten trotz anfänglicher Zustimmung und bestehender politischer Nähe auch Vorbehalte und Ablehnung. Die eigentliche Kritik am Regime, die als zunehmender kirchlicher Widerstand bezeichnet werden kann, konzentrierte sich jedoch nicht primär auf moralische Kategorien, die politisch-humanistische Grundwerte implizieren, sondern vor allem auf Bereiche des theologischen Selbsterhalts. Der Antifaschismus als Bekenntnis im Widerstand blieb dem Einzelnen in der Kirche, ob Kirchenmann oder Laie, vorbehalten. Wenige nur fanden sich unter dem Dach der Amtskirche zu einem solchen Bekenntnis im Glauben berufen. Zu den, die aus den Reihen der katholischen Kirche in besonderer Weise hervortraten, gehörte Clemens August von Galen, der Bischof von Münster, der im Sommer 1941 mit aller Offenheit gegen die Ermordnung von Kranken durch „Euthanasie" und die Vertreibung von Ordensleuten in seiner Kirche predigte und diese Positionen auch in der örtlichen Kirchenzeitung vertrat. Am 3. August 1941 führte er u. a. aus: „Seit einigen Monaten hören wir Berichte, dass aus Heil- und Pflegeanstalten für Geisteskranke auf Anordnung von Berlin Pfleglinge, die schon länger krank sind und vielleicht

Vatikan schließt Konkordat

Am 20. Juli 1933 schließt die römisch-katholische Kirche zu Rom (Vatikan) mit der Regierung des Deutschen Reiches ein Reichskonkordat ab. Der Vertrag regelt die Rechte der Kirche gegenüber dem Staat. Zwar hatten die deutschen Bischöfe zunächst vor Hitlers Machtübernahme gewarnt, doch wurden diese Vorbehalte auf der Fuldaer Bischofskonferenz am 28. März 1933 vollständig aufgegeben. Mit Abschluß des Konkordates durchströmt die katholische Kirche, dem Zeitgeist gleich, eine Sympathiewelle für den Nationalsozialismus, die faktisch bis Kriegsende, trotz zunehmender Kritik, andauert.

unheilbar erscheinen, zwangsweise abgeführt werden. Regelmäßig erhalten dann die Angehörigen nach kurzer Zeit die Mitteilung, die Leiche sei verbrannt, die Asche könne abgeliefert werden. Allgemein herrscht der an Sicherheit grenzende Verdacht, dass diese zahlreichen unverwarteten Todesfälle von Geisteskranken nicht von selbst eintreten, sondern absichtlich herbeigeführt werden, dass man dabei jener Lehre folgt, die behauptet, man dürfe sogenanntes 'lebensunwertes Leben' vernichten, also unschuldige Menschen töten, wenn man meint, ihr Leben sei für Volk und Staat nichts mehr wert..."[34] Das und weitere Ausführungen dazu waren mutige Worte und eine mutige Tat, die letztlich nicht ohne Wirkung blieben. Nicht die „Euthanasie", aber die „Gasaktionen" in den sechs Tötungsanstalten wurden auf Anordnung Hitlers eingestellt. Ein Erfolg, der auch auf das mutige Eintreten des Bischofs von Münster und einiger weiterer Kirchenmänner zurückzuführen ist und der belegt, daß auch das totalitäre NS-Regime nicht unantastbar war.

Zeugen Jehovas – Ein Beispiel

Vom 13. bis 15. April 1937 verhandelte das Thüringische Sondergericht Weimar für den Oberlandesgerichtsbezirk Jena in der Kreisstadt Schleiz gegen den Maßschneider Willy Fichtelmann und zehn weitere Personen, zum Teil nahe Verwandte, wegen „fortgesetzten Vergehens gegen das Verbot der Bibelforscher". Begründet wurde das Verfahren mit der Verordnung des Reichspräsidenten zum Schutz von Volk und Staat vom 28. Februar 1933 und dem Verbot der Internationalen Bibelforschervereinigung (IBV) in Deutschland, wonach es den Anhängern der Religionsgemeinschaft der Zeugen Jehovas verboten war, Schriften ihrer Zentrale aus den USA zu übernehmen, zu verteilen oder auch in Zusammenkünften zu interpretieren. „Unter die verbotene Betätigung", so heißt es in der Anklageschrift, „fallen also Zusammenkünfte aller Art, die geeignet sind, das Zusammengehörigkeitsgefühl der Mitglieder zu bekunden ..., Werbung jeder Art, Verteilung und Annahme und Weitergabe der Druckschriften, die im Sinne der Vereinigung gehalten sind, Hingabe und Entgegennahme von Zahlungen für diese Druckschriften oder Spenden aller Art für Zwecke der verbotenen Vereinigung, Annahme solcher Spenden für eigene Zwecke im Sinne der Zugehörigkeit..." Das Urteil gegen Fichtelmann, der in Dobareuth wohnte, lautete drei Jahre und neun Monate Gefängnis. Fichtelmann saß bereits seit dem 24. Juni 1936 in Schutzhaft und wurde am 15. Dezember 1939 bedingt begnadigt. Mit ihm zusammen verurteilt wurden seine Ehefrau Helene zu neun Monaten Gefängnis und acht Mitangeklagte, die bis auf zwei Personen alle in Dobareuth wohnten. Die Haftstrafen der Mitverurteilten bewegten sich zwischen zwei Jahren und drei Monaten Gefängnis. Die Anzeige kam aus der Bevölkerung.

Große Opfer für ihre religiöse Überzeugung nahmen die Angehörigen der Religionsgemeinschaft der Zeugen Jehovas, bis 1931 Ernste Bibelforscher genannt, auf sich. Die Angehörigen der Religionsgemeinschaft, die in einer größeren Zahl auch in Thüringen vorhanden waren, berufen sich auf eine eigene Bibelauslegung und folgen strengen Moralvorschriften. Sie lehnen unter anderem den Militärdienst und jede politische Betätigung ab. Das führte dazu, daß diese Religionsgemeinschaft 1933 und die Ausübung von Gottesdiensten und Bibelstunden verboten wurde. In der Folge kam es zu zahlreichen Verhaftungen und Verurteilungen, zum Teil ganzer Familienverbände, die sich in ihren Wohnungen zu Bibellesungen trafen. Insbesondere junge Männer, die konsequent den Wehrdienst verweigerten, wurden nach der Einführung der Wehrpflicht 1935 strafrechtlich verfolgt, in Schauprozessen verurteilt und in Gefängnisse und Konzentrationslager überführt. Zwei solcher Schauprozesse fanden beispielsweise 1937 in Pößneck und in Schleiz statt. Die Pößnecker Bibelforscher leitete der Lehrer Hermann Doberenz. Dafür wurden er und seine Frau verurteilt. Die Frau starb 1940 an den Folgen der Gestapomethoden; Hermann Doberenz, der nach seiner Gefängnisstrafe ins KZ Buchenwald überführt wurde, starb im Mai 1945 an den Folgen der Haft. Zunehmend ab 1939 wurden auch Todesurteile ausgesprochen und die Verweigerer hingerichtet. Freilich betätigten sich die Angehörigen der Religionsgemeinschaft der Zeugen Jehovas nicht oder nur in seltenen Fällen am politischen Widerstand gegen das NS-Regime, dies verbot ja letztlich ihre eigene Lehre, aber durch die Ablehnung des Wehrdienstes und andere strikte moralische Gebote gehörten sie nicht nur zu den Verfolgten, sondern schwächten mit ihrer konsequenten Haltung in einer bestimmten Weise das Regime.[35]

Bürgertum und Widerstand

Auch für den bürgerlichen und individuellen Widerstand, der in Thüringen geleistet wurde, liegen zahlreiche Zeugnisse vor. Dabei handelte es sich vor allem um Formen der Mitmenschlichkeit aus humanistischen Gründen und Überzeugen, aber auch um bewußte Taten gegen das verbrecherische und diktatorische System, die unter Lebensgefahr ausgeführt wurden. Auch hier bleibt anzumerken, daß es noch keine ausreichenden wis senschaftlich-systematische Studien zu diesem Teilkomplex gibt, wohl aber zahlreiche Beispiele. Erinnert sei an Werner Sylten, der zunächst in Bad Köstritz wirkte, danach in Gotha und Berlin, bevor er im Konzentrationslager sein Leben verlor (vgl. S. 74 im Band 1). Er gehört zu jenen couragierten Menschen, die ihr Leben bewußt zur Rettung anderer Menschen, die durch das NS-Regime tödlich bedroht waren, einsetzten. Sylten war ein überzeugter Christ, sein Wirken gelebtes Christentum, das aber nicht auf die Kirche, der er angehörte, allein vertraute, sondern auf seine christlich-humanistische Überzeugung. Deshalb ist Sylten per se auch nicht dem kirchlichen Widerstand allein zuzurechnen, wie er durch die Mitglieder der Bekennenden Kirche ohne Frage geleistet wurde.

Auch einige Ärzte leisteten entsprechend ihrem moralisch-ethischen Selbstverständnis politisch oder rassisch Verfolgten medizinische Hilfe und riskierten auf diese Art ihre Existenz. Der als „roter Doktor" bekannte Schleizer Mediziner Dr. Werner Schmidt gehörte ebenso zu diesem Kreis wie die Geraer Ärzte Dr. Kurt Gröbe, Dr. Kurt Donath, Dr. Walter Mittelstädt, Dr. Klaus Rauh, Dr. Ernst Schäfer, Geheimer Sanitätsrat Dr. Hermann Schomburg und Dr. Sichert. Weitere Beispiele aus Erfurt, Jena oder anderen Orten könnten darüber hinaus noch aufgeführt werden. Die Schicksale dieser Humanisten der Tat sind sehr unterschiedlich in ihrem Verlauf. Aber alle halfen, so gut sie konnten. Werner Schmidt, der zum Strafbataillon 999 eingezogen wurde, lief nach 1941 zur Roten Armee über und wurde aktives Mitglied im Nationalkomitee Freies Deutschland.

Die Geraer Ärzte behandelten in ihren Praxen vor allem bekannte Antifaschisten oder jüdische Mitbürger. In der Praxis von Kurt Gröbe fanden zum Beispiel die ehemalige kommunistische Reichstagsabgeordnete Helene Fleischer und der Geraer Jude Hermann Schomburg die erhoffte medizinische Hilfe. Aus dem Kreis dieser Ärzte erfolgten zudem finanzielle Zuwendungen für betroffene Personen und moralischer Zuspruch. Dr. Ernst Schäfer deckte seine Krankenschwester Elsbeth Meißgeier, die in den sozialdemokratischen Widerstand integriert war. Dr. Donath wurde ob seiner Unterstützung des Widerstandes und betroffener Personen denunziert, wegen Wehrkraftzersetzung verhaftet und 1945 im KZ Buchenwald umgebracht. Dr. Klaus Rauh kam ins KZ Sachsenhausen. Dr. Gröbe, im Krieg verantwortlicher Arzt im Luftschutz, informierte Antifaschisten über Maßnamen, die der Standortkommandant Gera einleitete, und wirkte auf die Standortkommandantur direkt ein, am 14. April 1945 kampflos zu kapitulieren.

In der alten Universitätsstadt Jena entwickelte sich ein besonderer Kreis bürgerlicher Opposition um die Schriftstellerin Richarda Huch und ihren Schwiegersohn Franz Böhm. Beide wohnten seit 1936 in der Saalestadt. Beide waren durch ihre öffentliche Kritik am Antisemitismus bereits auffällig geworden; Richarda Huch allein schon durch ihren demonstrativen Austritt aus der Preußischen Akademie der Künste. Um beide entwickelte sich ein Kreis von Intellektuellen, der von 1939 bis 1945 bestand und über lose Verbindungen zu verschiedenen Widerstandsorganisationen verfügte. Zu diesem Kreis, der in Gesprächsrunden Probleme der Zeit, des Krieges und einer Nachkriegsordnung besprach, gehörten unter anderm die Professoren Erich Gutenberg, Heinrich Gerland (Jurist), Franz Jerusalem (Jurist u. Soziologe), Theodor Lockemann (Bibliothekar), Waldemar Macholz (ev. Theologe), Erich Preiser (Wirtschaftswiss.), Ernst Pape (Nationalökonom), Gerhard von Rad, Hermann Schultze von Lasaulx (Geschichte) und Friedrich Zucker (Altphilologie).

Die Schriftstellerin Ricarda Huch gehörte zu dem Kreis der Intellektuellen, die sich 1933 aus dem öffentlichen Leben zurückzogen und antifaschistisch eingestellt waren. Sie lebte ab 1936 bis 1946 in Jena. (UAJ)

Obwohl im engeren Sinne nicht in Thüringen aktiv, soll an dieser Stelle dennoch an Dr. Arvid Harnack und seine aus den USA stammende Ehefau Mildred, geborene Fish, erinnert werden. Arvid Harnack studierte von 1921 bis 1923 an der Jenaer Universität Jura und legte am Oberlandesgericht seine 1. Staatsprüfung ab. Danach, 1924 promovierte er an der Juristischen Fakultät. Ein Stipendium der Rockefeller-Stiftung ermöglichte ihm einen mehrjährigen USA-Studienaufenthalt. Während dieser Zeit studierte er Nationalökonomie. Das Studium beendete er nach seiner Rückkehr im Sommer 1929 in Gießen mit einer wei-

Arvid Harnack (1901-1942), studierte in Jena Jura und promovierte an der Juristischen Fakultät. Er kämpfte zusammen mit Harro Schulze-Boysen gegen das NS-Regime und wurde nach seiner Verurteilung hingerichtet. (UAJ)

teren Promotion (summa cum laude) im April 1930. Im März 1933, gezwungen durch die politische Entwicklung in Berlin, wo die Harnacks lebten, wechselte er noch einmal in seine Heimatstadt Jena und führte seine juristische Ausbildung mit dem Assessorexamen weiter. Im Anschluß daran wechselte er, einer Berufung folgend, ins Berliner Reichswirtschaftsministerium, in welchem er bis zum Oberregierungsrat aufstieg. Schon früh hatte sich Harnack gegen den Faschismus entschieden. In seiner neuen Stellung in Berlin nutzte er die Möglichkeiten, mit Gleichgesinnten gegen das Regime und den Krieg zu kämpfen. In dem Oberleutnant der Luftwaffe Harro Schulze-Boysen und weiteren Persönlichkeiten fand er geeignete Mitstreiter. Im Jahr 1942 gelang es der Gestapo, die Widerstandsgruppe, die bedeutende Information über die Wehrkraft Hitlerdeutschlands gesammelt und weitergegeben hatte, zu enttarnen und ihre Mitglieder zu verhaften. Über 600 Personen, verstreut über das Reichsgebiet und besetzte Territorien, fielen der Aktion zum Opfer. Arvid Harnack wurde am 22. Dezember 1942 in Berlin-Plötzensee gehängt; auch seine Frau, die zunächst zu sechs Jahren Zuchthaus verurteilt worden war, wurde auf Befehl Hitlers im Februar 1943 hingerichtet, wie so viele dieser bedeutenden Widerstandsorganisation, die vor allem aus Liebe zu Deutschland und aus ihrer humanistischen Gesinnung heraus gehandelt hatten. Arvid Harnack, ebenso seine Frau und Harro Schulze-Boysen gehörten nie einer Partei an.

Widerstand im Gefängnis und Konzentrationslager

Es erscheint kaum vorstellbar, daß auch in Gefängnissen und Konzentrationslagern unter den vor allem aus politischen Gründen Eingekerkerten, Widerstand organisiert und geleistet wurde. Daß dem so war, belegen zahlreiche Dokumente und Zeugnisse ehemaliger Häftlinge. Die Form des Widerstandes richtete sich nach den jeweiligen Gegebenheiten. In der Regel ging es um kleine Hilfen, Verbesserungen der Alltagssituation, um gegenseitige Solidarität und moralische Größe. Es waren auch Bemühungen, da und dort unter Einsatz des Lebens, etwas Sand in das Getriebe der Rüstungsindustrie oder der organisierten Vernichtungsaktionen der Nazis zu streuen, so gut es eben ging.

In Thüringen existierten während des Dritten Reiches drei Konzentrationslager mit Nohra, Bad Sulza und Buchenwald, die jeweils eine unterschiedliche Zeit bestanden. Die Konzentrationslager Nohra bei Weimar und Bad Sulza entstanden 1933 als Provisorien, um die etwa 1000 Personen, die während der Verhaftungswellen vom Frühjahr bis Herbst 1933 in „Schutzhaft" genommen wurden, aufnehmen zu können. Die hohe Zahl der in Haft genommenen Gegner des Nationalsozialismus verkrafteten zu diesem Zeitpunkt die fünf Gefängnisse des Landes nicht. Nohra wurde 1934 geschlossen. Die Einrichtung hatte die ihr zugedachte Aufgabe erfüllt. Bad Sulza, das ebenfalls als Provisorium entstanden war, bestand fort und wurde erst mit der Einrichtung von Buchenwald geschlossen, da in Thüringen zu diesem Zeitpunkt kein besonderer Bedarf mehr an einem eigenen Lager für politische Schutzhaftgefangene bestand. Mit der sogenannten Röhm-Affäre 1934 endeten die Massenverhaftungen „alten Stils" sowieso und die SS übernahm, nun losgelöst von der SA, die zuvor regional entstandenen und unterhaltenen „wilden" und provisorischen Konzentrationslager in ihre verwaltungsrechtliche Zuständigkeit. Für die noch verbliebenen Schutzhaftgefangen in Thüringen genügten künftig die bestehenden Gefängnisse, sofern nicht überhaupt eine direkte Überführung der Schutzhäftlinge in eines der zentralen Konzentrationslager durch die Gestapo angeordnet wurde.

Als Vorbild für das im Entstehen begriffene Lagersystem der SS, zu dem Buchenwald bei Weimar gehörte, galt das KZ Dachau, geführt von Lagerkommandant Theodor Eicke, der am 4. Juli 1934 zum Inspekteur der KZs ernannt wurde. Seit 1933 bestanden die Konzentrationslager Dachau bei München, Sachsenhausen unweit von Berlin, Lichtenburg bei Torgau und Sachsenburg bei Chemnitz neben einigen verstreut eingerichteten kleineren Lagern. Bis 1939 kamen Flossenbürg, Buchenwald, Mauthausen und das Frauenlager Ravensbrück hinzu. Die Gesamtzahl der Häftlinge betrug zu diesem Zeitpunkt 21 400.[36] Mit der Errichtung von Buchenwald fielen die Lager Lichtenburg und Sachsenburg sowie einige weitere kleine Lager weg. Ursprünglich wurden die Lager nur mit politischen Schutzgefangenen belegt. Ab 1937 kamen sogenannte Vorbeugehäftlinge – Gewohnheitsverbrecher, Asoziale – , Juden, Zigeuner, Homosexuelle und Bibelforscher (Zeugen Jehovas) hinzu. Und ab 1938 auch Arbeitsscheue und Personen, die nach einer gerichtlich verhängten Haftstrafe nicht freigelassen wurden. Mit Kriegsbeginn erweiterte sich der Kreis der Lager und der Häftlingskategorien.

Die Errichtung des Konzentrationslagers Buchenwald begann im Juli 1937. Die erste Baracke stand am 15. Juli; am 16. Juli wurde sie mit Häftlingen belegt. Damit begann der Lageralltag. Dem waren administrative Planungen und Entscheidungen seit 1936 vorausgegangen. Die Standortwahl hatte viel mit der regionalpolitischen Interessenlage, der geografischen Mittellage und den besonderen Verhältnissen der Partei- und Behördenorganisation in Thüringen zu tun. Sauckel, der selbst Ehrenmitglied der SS war, besaß zum Schwarzen Orden und dessen Führerschaft ein einwandfreies Verhältnis. Das läßt sich aus dem zahlreich vorhandenen Schriftverkehr mit der höheren Führerschaft, mit Himmler, Kammler, Heydrich und vielen anderen Personen herauslesen. Mit seinen Auffassungen über das „reine“ Führerprinzip vertrat er eine Position, die auch von diesem Kreis konsequent vertreten wurde. Mit Walter Ortlepp besaß er zugleich eine ihm vertraute Person, die zu seiner regionalpolitischen Gruppierung gehörte und in den Organisationsstrukturen der SS einen festen Platz einnahm. Das beeinflußte mit Sicherheit die Entscheidung bei der Standortwahl des KZ Buchenwald positiv.

Mit den ersten Häftlingstransporten nach Weimar begann nicht nur die Rodung des Geländes und der Aufbau des „KL Ettersberg“, so die bis 24. Juli angewandte Bezeichnung des Konzentrationslagers, sondern es entstanden auch bei der Strukturierung der Lagerorganisation eine erste illegale Häftlingsorganisation. Unter den gegebenen Bedingungen konnte der illegale Widerstand natürlich nur in einfachen Hilfeleistungen bestehen, etwa im Zuspruch, in Ermutigungen, im Teilen der kargen Rationen, aber auch in der Übernahme von Verantwortlichkeiten im Rahmen der Häftlingsselbstverwaltung, um in geeigneter Weise die Lage der Häftlinge beeinflussen oder verbessern zu können. Dementsprechend wurde um Einfluß bei der Besetzung von Häftlingsfunktionen gerungen.

Kommunistische Parteifunktionäre wie Walter Stoecker (KPD), Theodor Neubauer (KPD) und Albert Kunz (KPD) waren die ersten, die in den Jahren 1937/38 kleine, streng konspirative Gruppen aufbauten. Die einzelnen Gruppen setzten sich aus drei bis fünf Personen zusammen, die sich in der Regel aus der früheren Arbeit in der Partei kannten. Daraus ergab sich ein landsmannschaftliches Ordnungsprinzip, welches das Eindringen von Spitzeln oder von anderen, für die konspirative und politische Arbeit ungeeigneten Personen in die illegale Organisation weitgehend verhinderte. Die Schwerpunkte der Arbeit bestanden in der Ausschaltung von kriminellen, korrupten oder brutalen Häftlingen bei der Stellenbesetzung von Blockältesten und anderen Vertrauenspersonen der Häftlingsselbstverwaltung, die Grundsicherung der Lebensbedingungen für die Häftlinge, die Sicherung elementarer sanitärer und medizinischer Versorgung und – eine ab 1941 zunehmend an Bedeutung gewinnende Aufgabe – die Organisation von Sabotageakten in den zahlreichen Rüstungsunternehmen, in denen Häftlinge eingesetzt wurden. Das Zentrum der Widerstandsorganisation entwickelte sich im Häftlingskrankenhaus: der Revierbaracke.

Die so verstandene Widerstandsarbeit gewann zunehmend an Stabilität, da mit dem Lagerältesten und zahlreichen Blockältesten und Kommandoführern (Kapos[37]) ein Geflecht von Vertrauenspersonen bestand, ohne daß alle in das Netzwerk der illegalen Organisation eingebunden waren, das Handlungsspielräume eröffnete, die genutz werden konnten. Andererseits standen alle, die Funktionen innerhalb der Häftlingsselbstverwaltung wahrnahmen, in einem unausweichlichen Konflikt für die SS arbeiten zu müssen, Todestransporte, Arbeitskommandos und Verlegungen organisatorisch vorzubereiten und so auch über Leben und Tod mitentscheiden zu müssen.

Die Kontinuität der organisatorischen Tätigkeit der Widerstandsorganisation wurden natürlich häufig durch Zu- und Abgänge bei den Häftlingen, den voranschreitenden Ausbau der Lagerorganisation, während des Kriegsverlaufes eintretende Veränderungen und den anwachsenden Häftlingsbestand durch Kriegsgefangene und Juden sowie andere Minderheiten aus den überfallenen und besetzten Ländern sowie die allgemeine Radika-

Teile der Absperranlagen des KZ Buchenwald mit zahlreichen Postentürmen und Teilen des Elekrozauns. Im Hintergrund sind Häftlingsbaracken zu erkennen. (Repro ThV)

lisierung der Lagerorganisation als Terrorinstrument der SS gebrochen. Dennoch blieb die Organisation in sich stabil und entwickelte sich weiter. Die erste Phase der Entwicklung, in der sich das Organisationsgeflecht allmählich entfaltete, dauerte bis 1941 an. Ab 1941 bis zum Ende des Krieges veränderte sich der Charakter des Konzentrationslagers Buchenwald gegenüber der ursprünglichen Funktion, ein Lager zur Umerziehung vorrangig politischer oder auch krimineller Häftlinge zu sein. Die Wandlungen vollzogen sich in mehreren Schritten bis 1943. Das Lager wurde zunehmend zu einem Sammel- und Durchgangslager „für Massentransporte von Menschen fast aller europäischer Nationen."[38] Bereits seit 1941 diente es als Reserve dringend benötigter Arbeitskräfte, die entweder an die Großindustrie gegen Bezahlung abgegeben wurden oder direkt für die SS in eigenen Unternehmen bis zur physischen Vernichtung schuften mußten.

Auch unter diesen außerordentlich komplizierten Bedingungen bewährte sich die illegale Widerstandsorganisation im Konzentrationslager und in einigen Außenlagern. Aus den zunächst von den Kommunisten, unter Einbeziehung von Sozialdemokraten und anderen aufrichtigen Antifaschisten entstandene Widerstandsnetz, kam es im Sommer 1943 zur Gründung eines illegalen Internationalen Lagerkomitees. Das Internationale Lagerkomitee gab den bestehenden nationalen Widerstandsgruppen, die im Laufe der Jahre als kleine, konspirative Zirkel um einzelne Personen entstanden waren, eine gemeinsame Richtung ihrer Aktivitäten und ermöglichte die Zusammenfassung der Kräfte. Einen besonderen Stellenwert erhielt die langfristige Vorbereitung einer bewaffneten Aktion gegen die SS. Über mehrere Jahre wurden unter größter Geheimhaltung militärische Gruppen formiert, Pläne erarbeitet und Waffen beschafft. Widerstandskämpfer aus elf Ländern waren in den Kreis der illegalen Internationalen Militärorganisation einbezogen."[39]

Einzelfälle der internationalen Solidarität und der vielfältigen illegalen Widerstandsarbeit sollen hier nicht aufgeführt werden. Als Symbol für diese menschlich so großmütige Haltung sei lediglich auf das Schicksal des geretteten Buchenwaldkindes Stefan Jerzy Zweig verwiesen, dessen Schicksal von dem Buchenwaldhäftling und Schriftsteller Bruno Apitz in einem Roman dargestellt wurde.[40] In ähnlichen Aktionen versteckten die Wider-

Das Torgebäude des KZ Buchenwald. Zur Verhöhnung der Häftlinge wurde das schmiedeeiserne Tor mit dem Bibelzitat „Jedem das Seine" geziert. (Repro ThV)

standskämpfer im KZ aber auch russische und englische Kriegsgefangene.

Die gesamte Tätigkeit des Internationalen Lagerkomitees gipfelte 1944/45 in der Herausbildung von Volksfrontaktivitäten und der Bildung von Volksfrontkomitees. Das deutsche Volksfrontkomitee konstituierte sich im Juli 1944. Es bestand aus vier Personen. Der Vorsitz lag in den Händen des Sozialdemokraten Dr. Hermann L. Brill. Die wichtigste Aufgabe dieses Komitees bestand in der Erarbeitung einer Programmschrift „über Voraussetzungen, Wege, Methoden und Bedingungen zur Beseitigung des Faschismus und zur Errichtung eines antifaschistischen, demokratischen und friedliebenden Deutschland".[41] Ein 6-Punkte-Programm wurde zur Plattform der Volksfrontpolitik. Die Gedanken aller Widerstandsgruppen und Komitees, die in eigenen Manifesten und Bekundungen geäußert wurden, mündeten in den Schwur von Buchenwald, den die Häftlinge am 19. April 1945, acht Tage nach dem Abzug der

SS und der Übernahme des Lagers durch die Widerstandsorganisation und sechs Tage nach dem Einzug der Amerikaner leisteten.

Das Vermächtnis des Schwures, den Kampf erst dann einzustellen, „wenn auch der letzte Schuldige vor den Richtern der Völker steht!“ wurde jedoch durch die Nachkriegsentwicklung in Deutschland, Europa und der Welt nur bedingt erfüllt.

Die Neubauer-Poser-Gruppe

An der Spitze der Widerstandsbewegung Thüringens standen während der Kriegsjahre der ehemalige Reichstagsabgeordnete und Staatsminister Thüringens a. D. Dr. Theodor Neubauer zusammen mit dem Jenaer Tischler Magnus Poser.[42] Die von ihnen aufgebaute Widerstandsorganisation war die bedeutendste in der Region Mitteldeutschland neben der von Georg Schumann in Leipzig und dem westsächsischen Raum aufgebauten. Beide hatte das NS-Regime erstmals 1933 verhaftet und zu Zuchthausstrafen verurteilt. Unabhängig voneinander bauten sie nach ihrer Haftentlassung auf dem Gebiet des Gaues Thüringen eine Widerstandsgruppe auf. Im Jahr 1942 vereinigten sie ihre Gruppen zu einer regionalen Widerstandsorganisation mit zahlreichen konspirativen Kontakten zu anderen Gruppen, Organisationen und Personen in ganz Deutschland.

Magnus Poser. (WS)

Dr. Theodor Neubauer. (WS)

Magnus Poser, der nach seiner Verurteilung im April 1934 bis Juli 1936 in der Strafanstalt Ichtershausen in Haft war, baute von 1938 bis 1941 in seiner Heimatstadt Jena eine territorial organisierte Widerstandsgruppe auf. Diese fertigte vor allem Flugblätter an und verbreitete sie.

Theodor Neubauer wurde erstmals im August 1933 verhaftet. Er gehörte zu den Teilnehmern der KPD-Tagung vom 7. Februar 1933 im Sporthaus Ziegenhals und wurde nach seiner Verhaftung von der Staatsanwaltschaft als Zeuge im Reichstagsbrandprozeß (September bis Dezember 1933) vorgeführt, um gegen Georgi Dimitroff im Sinne der Anklage auszusagen. Neubauer bekannte sich zu den politischen Zielen der KPD, bestritt aber deren Beteiligung am Reichstagsbrand. Im Herbst 1934 erfolgte seine politisch gewollte Verurteilung zu sieben Monaten Haft, die er zunächst im Zuchthaus Brandenburg antrat. Danach wurde er in verschiedenen Konzentrationslagern gefangen gehalten, zuletzt in Buchenwald bei Weimar. Im Juli 1939, aufgrund einer Amnestie, erfolgte seine eher überraschende Entlassung aus dem KZ. Er ging nach Tabarz, wo seine Familie bereits wohnte, und begann mit aller Vorsicht mit dem allmählichen Aufbau einer im Raum Gotha wirkenden Widerstandsgruppe. Zudem bemühte er sich um Verbindungen zu anderen Gruppen und Einzelpersonen, die gegen Hitler und das NS-Regime eintraten. Über die notwendigen „Prinzipien“, wie unter den gegebenen Bedingungen der NS-Diktatur wirksamer Widerstand auf der Grundlage einer illegalen Parteiorganisation organisiert werden kann, hatte er sich in den zurückliegenden Jahren fortlaufend Gedanken gemacht. Ergänzend kamen nun Informationen durch konspirative Kontakte, das Abhören deutschsprachiger Programme ausländischer Rundfunkstationen und illegal kursierende Materialien der im Exil fortbestehenden KPD und des letztmalig im Januar 1939 auf der „Berner Konferenz“ gewählten Politbüros hinzu. Neubauer selbst gehörte durch seine persönlichen Aktivitäten zur sich neu formierten operativen Inlandsleitung der verbotenen KPD, zusammen mit Franz Jacob (Hamburg), Anton Saefkow (Berlin), Georg Schumann (Leipzig) und Martin Schwantes (Magdeburg). Sie alle standen an der Spitze eigener Gruppen oder eines Netzwerkes als Teil der kommunistischen Widerstandsbewegung in Deutschland.

Die Erlebnisse der Haftzeit in verschiedenen Zuchthäusern und Konzentrationslagern bestärkte sowohl Neubauer als auch Poser in ihren Grundüberzeugungen und Widerstandswillen. Sie bilde-

Die Berner Konferenz der KPD

fand vom 30.1. bis 1.2.1939 in Draveil bei Paris statt. Sie gilt zugleich als 14. Parteitag. An der Konferenz nahmen 22 leitende KP-Funktionäre teil. Das Hauptreferat mit dem Titel „Die gegenwärtige Lage und die Aufgaben der Partei" hielt Wilhelm Pieck am Eröffnungstag. Als Voraussetzung zum Sturz der Hitlerdiktatur wurde die Schaffung einer Einheits- und Volksfrontbewegung deklariert. Die von den Anwesenden verabschiedete Resolution „Der Weg zum Sturze Hitlers und der Kampf um die neue demokratische Republik" und der Aufruf der KPD „Wir Kommunisten und die deutsche Nation" bildeten Strategie- und Positionspapiere zur Mobilisierung des antifaschistischen Kampfes. Dabei stand der Sturz des Hitlerregimes und die Errichtung einer neuen demokratischen Ordnung über allen Sonderinteressen der politischen Hitlergegner. Das war ein deutliches Signal in Richtung Volksfront und Aktionseinheit, das freilich zu spät kam, um in Deutschland etwas bewirken zu können. Während der Konferenz wurde der bereits 1935 auf der Brüsseler Konferenz gewählte Parteivorstand bestätigt. Ihm gehörten als Mitglieder an: Anton Ackermann, Franz Dahlem, Wilhelm Florin, Paul Merker, Wilhelm Pieck, Walter Ulbricht, Herbert Wehner und der in deutscher Haft befindliche Ernst Thälmann.

ten aber auch das entscheidende Initial, losgelöst von schematischen und abstrakten politisch-ideologischen Prinzipien, neue Inhalte, Ziele und Methoden des Widerstandes zu formulieren und anzuwenden. Um überhaupt unter den bestehenden Bedingungen Widerstand zu organisieren, lebten beide nach ihrer Entlassung völlig unauffällig.

Franz Jacob (1), Anton Saefkow (2), Martin Schwantes (3), Georg Schumann (4). (WS)

Magnus Poser arbeitete als Tischler in Jena, Theodor Neubauer als Mitarbeiter einer Auto-Reparaturwerkstatt in Tabarz. Beide konzentrierten ihre streng konspirative Arbeit zunächst auf den Aufbau einer eigenen Widerstandsorganisation. Diese sollten durch gezielte Flugblattaktionen über das verbrecherische Wesen des NS-Regimes informieren, kriegswichtige Informationen sammeln und nach Möglichkeit an die Alliierten weiterleiten. In der auf Hochtouren laufenden Kriegswirtschaft sollten zudem gezielte Störaktionen die Rüstungsgüterproduktion behindern. Programmatisch traten beide Gruppen für die Errichtung einer deutschen demokratischen Republik ein, die von breiten Volksschichten getragen werden sollte. Das entsprach im Grundzug dem zentralen Gedanken der Dokumente der Berner Konferenz, war aber davon weitgehend unabhängig und aus den praktischen Erfordernissen der bestehenden Verhältnisse entwickelt worden.

Die Verbindung zwischen beiden Gruppen wurde über das in Berlin lebende Ehepaar Emil und Annegret Woelk im Oktober 1941 hergestellt. Emil Woelk[43] kannte Magnus Poser von seiner früheren Arbeitsstätte bei der Firma Zeiss in Jena und als Funktionär des Kommunistischen Jugendverbandes; Annegret Woelk stand noch mit Theodor Neubauer, ihrem ehemaligen Lehrer an der Volkshochschule, in Verbindung.[44] Eine erste Begegnung zwischen Neubauer und Poser, die sich persönlich noch nicht kannten, fand am 1. Januar 1942 in Tabarz statt. Die Reise Posers in den Thüringer Wald war als Neujahrsurlaub Wald getarnt. Am Ende des Meinungsaustausches vereinbarten beide eine enge Zusammenarbeit der von ihnen aufgebauten Gruppen, deren Erweiterung über das gesamte Gebiet Thüringens und die Herstellung von Kontakten zu anderen Widerstandsorganisationen in ganz Deutschland, um den Widerstand zu koordinieren und effektiver ausführen zu können.

Im Juli 1944 gelang der Gestapo die Enttarnung der Widerstandsorganisation. Zahlreiche Mitglieder wurden verhaftet, unter ihnen auch Theodor Neubauer, Magnus Poser und dessen Ehefrau Lydia geborene Orban. Die Verhaftung durch die Gestapo erfolgte am 14. Juli 1944. Zu diesem Zeitpunkt existierte ein umfangreiches Netz kleiner, lokal organisierter und zugleich über Kontaktleute miteinander verknüpfter Widerstandsgruppen, das sich über ganz Thüringen erstreckte. Die Leitungsebene verfügte darüber hinaus über feste Kontakte zur operativen Inlandsleitung der KPD, der von dem ehemaligen Reichstagsabgeordneten Georg Schumann aufgebauten kommunistischen Widerstandsgruppe in Sachsen und der in Berlin bestehenden Saefkow-Bästlein-Jacob-Gruppe. Über diese Verbindungen erfolgte die Abstimmung über Formen und Inhalte des Widerstandes. Außerdem fungierte die Führung als Verbindungszelle zu allen bestehenden Widerstandsbewegungen in Deutschland, insbesondere zu den Kreisen um Oberst Claus Graf Schenk von Stauffenberg und weiteren Kreisen des militärischen und bürgerlichen Widerstandes in Form direkter und indirekter Kontakte.

Die Organisation war so aufgebaut, daß von den örtlichen Oberzentren Erfurt, Jena, Weimar, Gotha, Eisenach, Bad Salzungen, Suhl und Zella-Mehlis konspirative Verbindungen zu Neubauer oder Poser bestanden. Beide verfügten wiederum über eigene Verbindungen zueinander und über solche von den Oberzentren zu einzelnen Unterzentren, die selbst nicht in Verbindung miteinander standen. Den Kontakt zur operativen Inlandsleitung der KPD, die 1943/44 in Berlin bestand, hielt

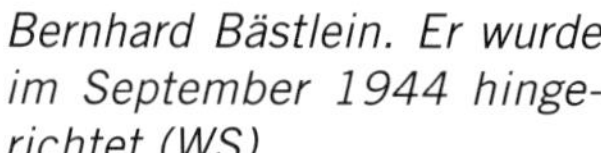

Bernhard Bästlein. Er wurde im September 1944 hingerichtet.(WS)

Lydia Poser. Sie überlebte mit einer Legende. (Foto nach 1945, Privataufnahme)

Theodor Neubauer, der über diese Verbindung zudem Kontakte zu anderen Organisationen in Dortmund und Bielefeld besaß. Die örtlichen Widerstandsgruppen umfaßten in der Regel drei bis fünf Mitglieder, von denen nur einer im Kontakt mit der Leitung stand. Dieser konspirative Umgang diente zum Schutz der Gesamtorganisation.

In der Neubauer-Poser-Gruppe wirkten neben ehemaligen Mitgliedern der KPD, des Kommuni-

Übersicht zu den konspirativen Verbindungen der Neubauer-Poser-Organisation. (CZA)

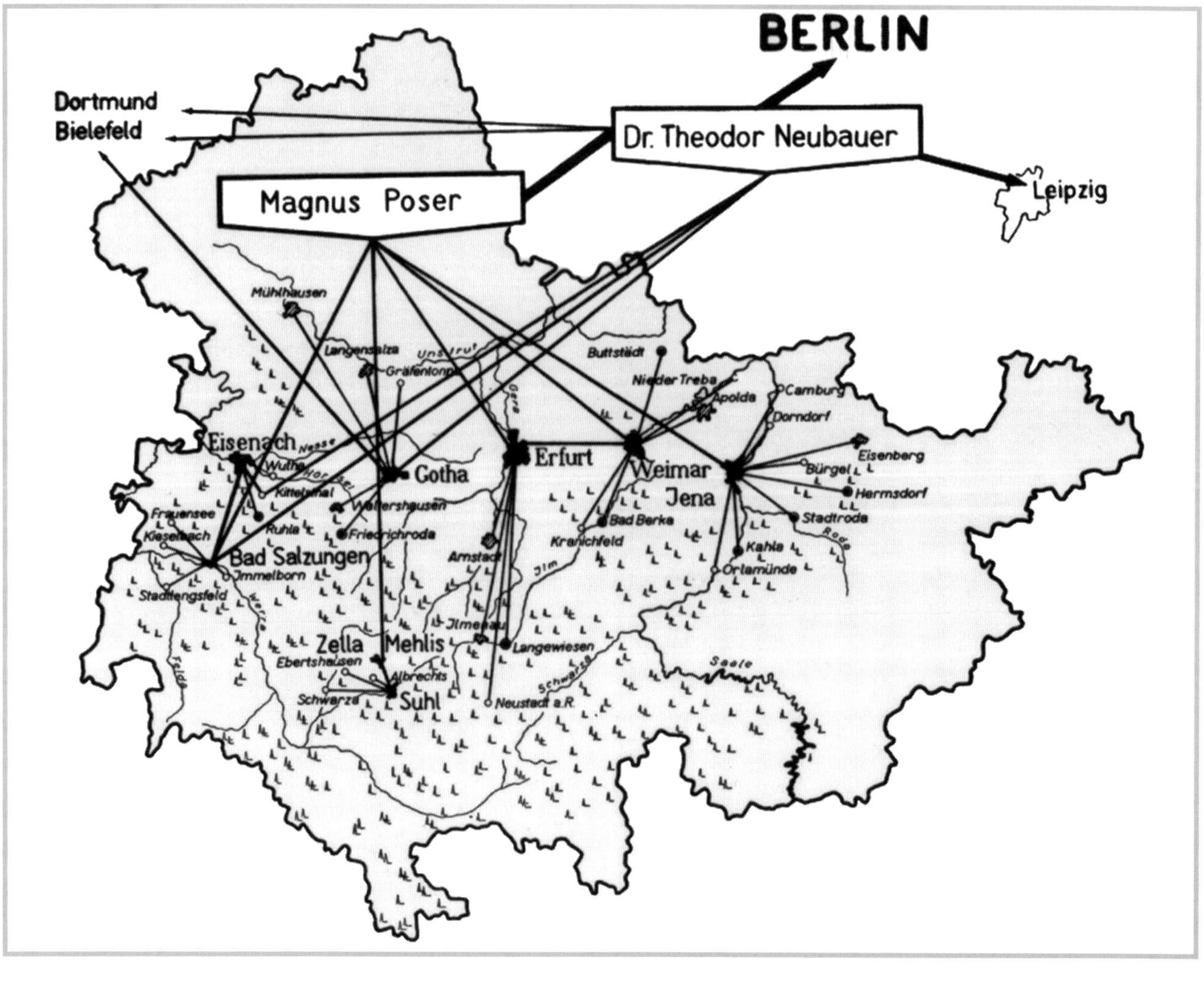

stischen Jugendverbandes Deutschlands auch solche der Sozialistischen Arbeiterjugend, der früheren Arbeitersportbewegung und des Sozialistischen Jugendverbandes, der Jugendorganisation der Sozialistischen Arbeiterpartei, mit. Die Schwerpunkte der illegalen Widerstandsarbeit konzentrierten sich auf fünf Punkte:

1. Schulung der Gruppenmitglieder für ihre Arbeit, zu politischen Fragen und zur aktuellen Kriegslage. Zur Information wurden deutsche Freiheitssendungen des Auslandsrundfunks, insbesondere Radio Moskau und die BBC abgehört und inhaltlich weitergegeben.
2. Aufklärungsarbeit über die Kriegslage und über die Verbrechen des Nationalsozialismus durch illegal angebrachte Parolen auf Straßen, an Häuserfronten oder durch Spruchbänder sowie Flugblattagitation.
3. Organisation antifaschistischer Zirkel in der Wirtschaft, insbesondere in den Rüstungsbetrieben, denen je nach Lage unterschiedliche Aufgaben gestellt wurden.
4. Kontaktaufnahme und Bemühungen zur Zusammenarbeit mit Kriegsgefangenen und Zwangsarbeitern.
5. Erweiterung der personellen und politischen Basis der Widerstandsfront durch Kontakte und Zusammenarbeit mit allen antifaschistisch eingestellten Personen.

Im Hintergebäude Hohe Straße 3 in Jena befand sich die Werkstatt von Ernst Seide, in der die Druckstökke für Flugblätter hergestellt wurden. (WS)

In Jena gelang es der Gruppe, später auch in Erfurt und anderenorts, eine kleine Druckerei einzurichten, die in der Lage war, durch Klischee Druck eine höhere Auflage an Flugblättern herzustellen, als dies mit Schreibmaschine oder Vervielfältigungsapparat bisher möglich war. Fünf solcher Drucksachen sind überliefert. Deren Druckstöcke fertigte Rolf Reitmeier in der Klischee-Anstalt von Ernst Seide. Den Druck übernahm Albert Bauer. Die Auflagenhöhe betrug zwischen 560 bis 1500 Stück. Zwei Flugblätter davon waren in französischer bzw. russischer Sprache abgefasst. Im Einzelnen handelte es sich um folgende Dokumente:

1. „Hitlers Krieg ist verlogen!", ein Flugblatt vom September 1943.
2. „Bericht zur Lage", ein fünfseitiger Schulungsbericht für die Mitglieder der Widerstandsgruppen vom Oktober 1943
3. „Ihr wisst, dass Hitler seinen Krieg verloren hat!", ein Flugblatt, gedruckt im Frühjahr 1944.
4. „Camarades!", ein zweiseitiges Flugblatt in französischer Sprache, verteilt im April/Mai 1944 unter Zwangsarbeitern und Kriegsgefangenen.
5. „Brief an die kriegsgefangenen Rotarmisten, Ostarbeiter und Ostarbeiterinnen", erschienen in russischer Sprache und verteilt im Juni/Juli 1944.

Alle Texte, mit Ausnahme des russischen, der von Willi Arnold verfaßt worden war, stammten von Theodor Neubauer. Papier für die illegalen Druckschriften „beschaffte der Direktor der Jenaer Sozialversicherungsanstalt Rudolf Koch. Hermann Müller, als Feuerwehrmann bei Zeiss dienstverpflichtet, ‚organisierte' Matrizen, Vervielfältigungspapier und Tusche. Die Flugblätter gingen nach Berlin, Leipzig, Chemnitz, Dortmund, Erfurt, Gotha, Zella-Mehlis und in andere Orte; einige Exemplare gelangten selbst in das KZ Buchenwald."[45]

Auszüge aus zwei Flugblättern der Neubauer-Poser-Gruppe

Hitlers Krieg ist verloren! Nur Kindsköpfe träumen noch vom Sieg!

Das katastrophale Scheitern der deutschen Sommeroffensive im Osten, die Landung der Engländer und Amerikaner auf Sizilien, der Sturz Mussolinis haben die letzte Phase dieses Krieges eingeleitet, der mit dem Zusammenburch des nationalsozialistischen Regimes enden wird.
[...]
Zerstoben sind die Illusionen, die Träume von der Welteroberung und fetter Beute. Das Volk durchschaut die Lügengewebe der Goebbelspropaganda und erkennt, wie schamlos es betrogen wurde. Ins Riesenhafte sind die Gegensätze gesteigert zwischen Reichtum, Macht, Schiebertum und Korruption auf der einen Seite und Not, Elend Sklaverei auf der anderen Seite.
[...]
Jetzt naht das Ende. Millionen Tote und Verwundete an den Fronten, Verwüstung eines großen Teiles der deutschen Industrie, Hunderttausende Tote an der Heimatfront und grenzenloses Elend: das ist die Bilanz dieses verbrecherischen Krieges.
[...]
Schluß mit dem Krieg! Tod den Kriegsverbrechern!
Auflösung der National-Sozialistischen Partei und aller ihrer Organisationen!
Errichtung einer Regierung der Werktätigen für Frieden, Freiheit, Brot!
Bündnis mit Sowjetrußland und den befreiten Völkern Europas im Rahmen einer sozialistischen Weltunion!
September 1943

[...]
Deutsches Volk!
Hitler und seine Partei wollen Euch glauben machen, daß, wenn sie gestürzt werden, ganz Deutschland zugrunde gehen muß. Das ist die größte *Lüge!* Ein so großes und fleißiges, ein so ehrliches und intelligentes Volk wie das deutsche kann nie zugrunde gehen!
[...]
Deutsches Volk, wach endlich, endlich auf! Nimm Deine Zukunft in Deine eigenen Hände und laß Dich nicht mehr von Verbrechern führen, die immer nur ihre eigenen Interessen zu verteidigen wußten!
Denke daran!
Wir wollen weiterleben! Nach jedem Krieg beginnt der Aufbau! Es wird diesmal sehr schwer sein. Das wissen wir. Aber sorgen wir dafür, daß diesmal das arbeitende Volk nicht allein die Zeche bezahlt! Dann wird jede Arbeitsstunde nicht mehr dem Krieg und der Vernichtung dienen, sondern dem Frieden und der Zukunft- unserer Kinder. [...]
März 1945

Mitglieder der Neubauer-Poser-Gruppe*

Nr.	Name	Ort
1.	Anweiler, Annemarie	Jena
2.	Arnold, Willi	Jena
3.	Auer, Judith	Jena, Berlin
4.	Bauer, Albert	Jena
5.	Brendel, Paul	Jena
6.	Dünnebeil, Oskar	Erfurt
7.	Ellenberger, Albert	Gotha
8.	Eyermann, Richard	Bad Salzungen
9.	Feuerstein, -	Jena
10.	Fuchs, Arthur	Bad Salzungen
11.	Fuchs, Melitta	Bad Salzungen
12.	Gempe, Kurt	Jena
13.	Jahn, Hermann	Erfurt
14.	Kirchner, Dr.	Jena
15.	Koch, Hugo	Gotha
16.	Koch, Rudolf	Jena
17.	Köhler, Fritz	Suhl/Zella-Mehlis
18.	Konopatzki, Walter	Bürgel
19.	Krahn, Paul	Jena
20.	Luther, Martin	Immelborn, Salzungen
21.	Meister, Hugo	Gotha
22.	Niebergall, Heinrich	Bad Salzungen
23.	Oberländer, August	Kittelsthal
24.	Poser, Lydia	Jena
25.	Protzmann, Karl	(Gotha)
26.	Rambusch, Änne	Jena
27.	Raßmann, Hans	Suhl
28.	Reitmeier, Rolf	Jena
29.	Rudloff, August	Eisenach
30.	Schiek, Otto	Eisenach
31.	Schimpf, Gertrud	Erfurt
32.	Schmidt, Helmut	Jena
33.	Simon, Hugo	Stadtlengsfeld
34.	Unger, Kurt	Jena
35.	Vogel, - Dr.	Vierzehnheiligen
36.	Wallmüller, Conrad	Weimar
37.	Wehner, Rudi	Jena
38.	Wohlfahrt, Jakob	Bad Salzungen
39.	Wolf, Fritz	Zella-Mehlis
40.	Zier, Kurt	Jena

* Die hier aufgeführten Personen bilden eine rekonstruierte Ebene der Organisation mit direkten Kontakten zu Magnus Poser und Theodor Neubauer. Insgesamt umfaßte die Organisation mit ihren konspirativen Untergliederungen bis zu 600 Personen. Allein im Unterbezirk Suhl kam es am 3.9.1943 zur Verhaftung von 37 Widerstskämpfern und am 8.6.1944 wurden nochmals 50 festgenommen. Bis zum 5. April 1945 starb mehr als die Hälfte von ihnen durch den noch wütenden Naziterror.

Ein letztes Flugblatt mit der Aufforderung an alle Deutschen, den Krieg umgehend zu beenden, erschien im März 1945. Angefertigt wurde es von den wenigen, die bei der umfangreichen Verhaftungsaktion der Gestapo kurz vor und nach dem Attentat auf Hitler am 20. Juli 1944 – Aktionen „Gitter“ – unentdeckt geblieben waren und ihre illegale Tätigkeit fortgesetzt hatten. Das Flugblatt wurde in Jena gedruckt.

In den letzten Kriegstagen traten die Widerstandskämpfer, zusammen mit anderen beherzten Persönlichkeiten, offen dafür ein, daß Städte wie Eisenach und Gotha kampflos übergeben werden. Sie verhinderten in Unterbreizbach die Sprengung des lebenswichtigen Kraftwerkes und halfen geflüchteten Häftlingen, die sich auf dem von der SS durch Thüringen angeordneten Todesmärschen befanden. Es waren keine massenhaften Aktionen, aber mutige Aktionen, denen die hohe moralische und sittliche Anerkennung nicht verweigert werden kann. Viele Helfer fielen selbst in diesen letzten Stunden des NS-Regimes noch fanatischen Sondergerichten und Erschießungsaktionen zum Opfer, unter ihnen auch der Gothaer Kampfkommandant Josef von Gadolla und der Wehrmachtshauptmann Kurt von Westernhagen in Greiz, der seinen Soldaten empfahl, sich in Kriegsgefangenschaft zu begeben.

Alltag und Krieg

„Auch Du stehst an der Front!“

Von der „Volks- zur Wehrgemeinschaft“

Natürlich veränderten die Kriegsvorbereitungen und die Folgen der anhaltenden Kriegsführung auch den Alltag der Deutschen ab 1938 nachhaltig. Doch in der Wahrnehmung zeigten sich diese Veränderungen erst mit der zunehmenden Länge des Krieges, dem Scheitern der Blitzkriegsstrategie in den Weiten der Sowjetunion und der sich ab 1944 deutlich ankündigenden totalen militärischen Niederlage Hitlerdeutschlands auf eigenem Staatsgebiet.

Eine der Ursachen, warum die Veränderungen im Alltagsleben der Deutschen nur allmählich wahrgenommen wurden, bestand in der früh vollzogenen Militarisierung des Alltagslebens. Äußerlich kennzeichnete diesen Prozeß die – in mehrfacher Hinsicht sowohl geistig als auch praktisch vollzogene – Uniformierung der Gesellschaft und die umfassende Anwendung des allgegenwärtigen Führer-Gefolgschafts-Prinzips.

Als ein wesentliches Grundelement zur Stabilisierung des NS-Regimes, und damit auch für die Nachhaltigkeit eines funktionierenden Alltagslebens wirksam, erwies sich der in breiten Kreisen der Bevölkerung ausgelöste Mentalitätswechsel von der politischen Konfrontation konkurrierender Parteien am Ende der Weimarer Republik zum Einparteienstaat. Das Kernstück dieser stabilen Alltagsgesellschaft bildete die Volksgemeinschaft. Daß die Anpassung und Einbeziehung breiter Bevölkerungsschichten gelang, stand in erster Linie mit der Überwindung der Folgen der Weltwirtschaftskrise, der zunehmenden Verbesserung der Beschäftigungssituation, dem Rückgang der Arbeitslosigkeit und der Stabilisierung der sozialen Verhältnisse im Land verbunden. Dies war per se kein Verdienst des NS-Regimes, doch verstand es das Regime, diese Entwicklung für sich in Anspruch zu nehmen und politisches Kapital daraus zu schlagen. „Arbeit und Brot“ hatte der „Führer“ versprochen. Und in der Tat, spätestens 1938 – von fortbestehenden Strukturproblemen abgesehen – brummte die deutsche Wirtschaft, insbesondere die Produzenten und Zulieferer von Rüstungsgütern aller Art. Sie suchten händeringend nach Facharbeitern und Produktionshelfern, um die vorhandenen Aufträge erfüllen zu können. Daß es sich bei der Erholung der deutschen Wirtschaft letztlich um eine auf Kredit finanzierte Rüstungskonjunkur handelte, blieb der breiten Volksmasse verborgen, wie die daraus resultierenden Zwangsläufigkeit, die zum Krieg führte.

Es war vor allem dieser Aufstieg aus der Krise zur scheinbaren Vollbeschäftigung in so kurzer Zeit, der dem Regime Glaubwürdigkeit und Akzeptanz aus dem Blickwinkel breiter Bevölkerungsschichten verlieh und damit auch die notwendige Haltbarkeit der politischen Ordnung bis 1945. Hitler und seine Partei hatten den Deutschen Wohlstand und einen führenden Platz in der Welt versprochen. Und für kurze Friedensjahre schien die Entwicklung genau so zu verlaufen, wie dies immer wieder von der Propaganda und den führenden Politikern in die Öffentlichkeit getragen wurde. Im Jahr 1940 formulierte Hitler seine Sicht der Dinge, was er unter Volksgemeinschaft verstand, so: „Über Klassen und Stände, Berufe und Konfessionen und alle übrige Wirrnis des Lebens hinweg erhebt sich die soziale Einheit der dt. Menschen ohne Ansehen des Standes und der Herkunft, im Blute fundiert, durch ein tausendjähriges Leben zusammengefügt, durch das Schicksal auf Gedeih und Verderb verbunden.“[1] Sicher – im Volk selbst wurde manches anders gesehen oder beurteilt. Aber die gewünschte Akzeptanz, die gewünschte Wirkung insgesamt, nämlich mit dem Konzept der Volksgemeinschaft die Bereitschaft der Masse zu fördern, „für übergeordnete Ideale“, für die Ziele der nationalsozialistischen Politik einzustehen, letztlich auch Opfer zu bringen, sich den Forderungen des Staates als Gemeinschaft weitestgehend widerspruchslos anzupassen, wurde erreicht.[2]

Auf dieser Grundlage, natürlich verbunden mit vielen weiteren Faktoren, vollzog sich der Übergang von der Volks- zur Wehrgemeinschaft. Die das Gesellschaftsmodell tragenden Interessengegensätze blieben dabei unangetastet. Wo diese als soziale oder politische Frage dennoch konfrontativ aufschienen, wurden sie auf den „blutmäßigen“ Gemeinschaftswillen des deutschen Volkes und auf das vorherrschende Feindbild zum Schutz des deutschen Volkes vor der Vernichtung durch den (jüdischen) Weltfeind projiziert. Am Verlauf des Krieges und der Radikalisierung der Kriegsführung läßt sich das ebenso nachvollziehen, wie am systematisch vollzogenen Völkermord an den europäischen Juden, Zigeunern, Fremdvölkern und Kriegsgefangenen, am System der Zwangsarbeit und der Vernichtung sogenannten lebensunwerten Lebens.

Die Maßnahmen, die bereits vor Kriegsbeginn für den Kriegsfall beschlossen wurden, waren vielgestaltig. Eine zentralen Entscheidung umfaßte die Wiederherstellung der Wehrhoheit des Deutschen Reiches, eine weitere die Bekanntgabe des Vierjahresplanes und die systematische Förderung der Rüstungswirtschaft. An beiden Vorgängen erkannte das deutsche Volk, instrumentalisiert als Volksgemeinschaft, noch nichts Verwerfliches. Armeen besaßen alle souveränen Staaten auf der Welt. Und die für Deutschland diesbezüglich geltenden Beschränkungen basierten auf den als ungerecht empfundenen Regelungen des Versailler Vertrages. Die sozialen Wirkungen der eingetretenen Rüstungskonjunktur stabilisierten Deutschland zudem sichtbar innenpolitisch und stärkten es außenpolitisch. Diese Entwicklung ermöglichte die Vorkriegspolitik der Naziregierung, die eigentlich schon eine vorgezogene Kriegspolitik war, öffentlich aber als Friedenspolitik dargestellt und vom Volk auch als solche verstanden wurde. Das offiziell postulierte Ziel dieser Politik lautete, die Souveränität und das Existenzrecht Deutschlands und des deutschen Volkes auf Dauer zu sichern.

Dem deutschen Volk in seiner großen Mehrheit erschien diese Politik vor dem Hintergrund der europäischen Entwicklung durchaus glaubhaft. Als dann der Krieg entfacht wurde, war das deutsche Volk geistig und praktisch darauf vorbereitet. Der Krieg erschien als logische Konsequenz, und so wurde es dem deutschen Volk von Hitler und der Naziführung auch verkündet: Nun werde den dreisten Angriffen auf die Souveränität Deutschlands zur dauerhaften Sicherung des „Friedens" entschieden, das heißt bewaffnet, mit militärischen Mitteln entgegengetreten und damit ein für allemal den wirklichen Kriegstreibern und Feinden Deutschlands das Handwerk gelegt.

Der Kriegsverlauf bis zum Winter 1942 spielte dem NS-Regime in die Hand. Bis zu diesem Zeitpunkt erlebte die Bevölkerung den Krieg als eine Folge von siegreichen Feldzügen. Die gewachsenen Anforderungen an die eigene Person, insbesondere im Arbeitsleben, und die zunehmenden Reglementierungen im Alltag wurden als vorübergehende Erscheinungen gesehen. Die Kriegsopfer, Gefallene, dauerhaft Verstümmelte, die Toten und Verletzten der zunehmenden Bombardierungen, sie wurden als schicksalhaft, häufig auch als Hel-

Alltag im Krieg

Ereignisse in Stichworten

1939
Erster britischer Luftangriff (4.9.); Lebensmittelrationierung (5.9.); erstes Wunschkonzert der Wehrmacht (28.10.).

1940
Registrierung aller Bronzeglocken als Buntmetallreserve (19.3.); erste Bild-Funk-Verbindung zwischen Deutschland und Japan (19.3.); erste britische Bomben fallen auf Berlin (28./29.8.); HJ-Luftschutzdienst (17.9.); Ufa-Propagandafilm „Jud Süß" läuft an (24.9.).

1941
Verfügung zur Einrichtung von Kriegerfriedhöfen (16.3.); Einführung der Hauptschule als neuer Schultyp (28.4.); Hamburg und Bremen werden bombardiert (8./9.5.); erster von Konrad Zuse konstruierter programmgesteuerter Rechenautomat (12.5.); 1000-Meter-Weltrekordlauf von Rudolf Harbig (24.5.); Bombardierung des Ruhrgebietes (12.6.); 82 Tonnen Bomben fallen auf Berlin (12./13.8.); Antiqua ersetzt die bisherige Frakturschrift (1.9.); Verordnung über „Eisernes Sparen" (30.10.); erster Ufa-Farbfilm mit Marika Rökk kommt in die Kinos (31.10); Reichskleidersammlung „Wintersachen für die Ostfront" (20.12.).

1942
In allen Gaststätten wird ein einfaches „Feldküchengericht" markenfrei an Mon- und Donnerstagen angeboten (12.1.); „Landwacht" (17.1.); 17jährige können ab sofort auch ohne elterliche Zustimmung als Freiwillige zur SS (18.2.); Ernte-Zwangsverpflichtungen von örtlichen Arbeitskräften möglich (7.3.); das Schulfach Religion bleibt unbenotet (9.3.); Kürzung der Lebensmittelrationen (6.4.); künftig können nur noch kriegswichtige Bücher erscheinen (1.6.); FC Schalke 04 gewinnt die deutsche Fußballmeisterschaft (5.7.).

1943
Friseurverbot für Frauen, deren Haare länger als 15 cm sind (1.1.); Schüler werden als Flak- und Marinehelfer eingesetzt (26.1.); Stillegung von „nicht lebenswichtigen" Geschäften, Gaststätten und Handwerksbetrieben (30.1.); 42000 Oberschüler werden zur Heimat-Flak eingezogen (15.2.); zum 25jährigen Ufa-Jubiläum kommt der Farbfilm „Münchhausen" mit Hans Albers in die Lichtspieltheater (5.3.); ab sofort beträgt die wöchentliche Fleischration pro Person 250 g (31.5.); Freiwillige zur Wehrmacht können sich ab sechzehneinhalb ohne Einwilligung der Eltern melden (1.9.); das Jugendstrafrecht gilt ab dem 12. Lebensjahr (6.11.); der Ufa-Farbfilm „Große Freiheit Nr. 7" wird in Prag uraufgeführt, wird aber von Goebbels nicht freigegeben (15.12.).

1944
„Die Feuerzangenbowle" mit Heinz Rühmann in der Hauptrolle kommt in die Kinos (28.1.); Rauchverbot in Straßenbahnen (3.3.); Einführung des Hitlergrußes auch in der Wehrmacht (24.7); alle Reichsmeisterschaften im Sport abgesetzt (2.8.); Einstellung der Beförderung von Päckchen und Drucksachen (14.8.); Die Wochenarbeitszeit beträgt 60 Std. (7.9.); „Volkssturm" (25.9.); US-Truppen in Aachen (21.10.); Wehrmachts-Helferinnen-Korps aufgestellt (29.11.)

„Landser“ mit modernen Waffen auf dem Vormarsch. So sahen es die Berichterstatter der Propagandakompanie, und so übermittelten sie es auch in die Heimat. (WS)

den, „gefallen für Führer, Volk und Vaterland“, hingenommen. Die anhaltende Propaganda versprach, kein Opfer sei für umsonst, sondern es stehe für Deutschlands Zukunft, für Gesetz und Vaterland.

Der Alltag der Bevölkerung verlief bis 1944, trotz zahlreicher kriegsbedingter Einschränkungen, in einer bestimmten Regelmäßigkeit. Der Volksempfänger informierte mit unterschiedlichen Fanfarenklängen und Erkennungsmelodien über die Lage an den Fronten. Er übertrug wichtige Reden der NS-Führer, die häufig, organisiert durch die NSDAP und ihre Nebenorganisationen, von den Volksgenossen gemeinschaftlich anzuhören waren. Das Zwischenprogramm bestand vor allem aus unterhaltsamer Musik und populären Filmschlagern bekannter Künstler. Die Ufa, der staatseigene Filmkonzern, produzierte zahllose Spielfilme, die das Volk bei guter Laune halten sollten, was auch gelang. Auch politisch gewünschte Durchhalte- und Propagandafilme kamen aus der Ufa-Produktion in die Lichtspieltheater. Täglich erschienen zahlreiche Tageszeitungen. Die Verlage veröffentlichten weiterhin Bücher. In den Schulen wurde Unterricht erteilt. An ausgewählten Universitäten bildeten sich Studenten. Auch die Theater in den Metropolen wurden weiterhin bespielt. Und der Sport, zwar deutlich reduziert, war nicht gänzlich aus dem Alltag verschwunden. Mit den Angehörigen im Felde und in der Heimat wurden Feldpostbriefe getauscht. Gelegenlich gab es Heimaturlaub.

Diese scheinbare Normalität der ersten Kriegsjahre änderte sich mit den zunehmenden Luftangriffen auf deutsche Städte und Industriestandorte. Sie änderte sich jedoch fundamental mit dem von Goebbels verkündeten „totalen Krieg“ und nochmals unmittelbar nach der Errichtung der Zweiten Front Anfang Juni 1944. Nun schob sich die Kampflinie unaufhaltsam auf deutsches Territorium zu. Die Mobilisierung der letzten Reserven mit der Aufstellung des Volkssturms, der Schließung der Theater usw. brachte für jeden, der mit gesundem Menschenverstand die eingetretene Lage beurteilte, die Erkenntnis, der Krieg kann nicht mehr gewonnen werden. Dieser Krieg ist verloren. Dennoch verweigerte das deutsche Volk Hitler auch in dieser Lage nicht die Gefolgschaft.

Auf Heimaturlaub. Glückliche Stunden mit der Familie, mit den Kindern. „In der Heimat, da gibt's ein Wiedersehn!“ – eine bange Hoffnung, mehr nicht. (WS)

Vieles bewirkte diese Haltung: Der Glaube an den „genialen“ Führer und an seine Unfehlbarkeit, die Angst vor Justiz, SS und Gestapo, der antrainierte Gehorsam und die fehlenden gesellschaftlichen Alternativen, um aus dieser Lage ausbrechen zu können. Opposition gab es nur im Verborgenen und mit größter Gefahr für Leib und Leben. Und: Die pausenlose Propaganda versprach

Thüringer Heimatgrüße

Soldatenbrief des Gaues Thüringen der NSDAP.
Herausgegeben von der Kreisleitung Schleiz

Folge 8 | September | 1944

Die Truppenbetreuung aus der Heimat war ein fester Bestandteil der politischen Aktivitäten des NS-Regimes. Die Kreisleitungen der NSDAP, hier ein Beispiel aus Schleiz, versandte Soldatenbriefe. (WS)

Am Rande ihrer Auftritte vor Wehrmachtsangehörigen, besuchte die bekannte Ufa-Schauspielerin Carola Höhn, wie so viele andere populäre Künstler auch, eine Einheit der Luftwaffe auf einem nicht näher beschriebenen Frontflugplatz. (CZA)

eine Wende durch deutsche Wunderwaffen. Und so existierte und funktionierte der Deutsche bis zum endgültigen Zusammenbruch des NS-Regimes 1945. Tausend Jahre sollten es sein, zwölf wurden es!

Lange bevor die Frontlinien der Alliierten Streitkräfte die deutschen Grenzen überschritt, erreichte der Krieg aus der Luft Deutschland. Der Bombenkrieg über dem ganzen Reichsgebiet wurde, anders als im Ersten Weltkrieg, zu einer dauerhaften Erscheinung der strategischen Kriegsführung. Und so begann der Krieg auch in Thüringen lange bevor die Front im April 1945 über das Land hinwegrollte.

Im Jahr 1933 veröffentlichte der bekannte Reportagezeichner Theo Matejko seine apokalyptischen Visionen über einen möglichen Bombenkrieg in naher Zukunft. Seine Darstellungen wirkten auf den unvoreingenommenen Betrachter schockierend, obwohl sich nur wenige das ganze Ausmaß der Grauenhaftigkeit eines möglichen Luftschlags zu diesem Zeitpunkt vorzustellen vermochten.[3]

In den Vorkriegsjahren hatten die Luftstrategen aller Länder, die Flugzeugbau betrieben, keine klaren Vorstellungen darüber, welche Rolle die entstehenden Bomberflotten in strategischer und taktischer Hinsicht in einem zukünftigen Krieg übernehmen sollten. Klar war den Strategen dagegen, daß der Krieg in das gegnerische Hinterland getragen werden müsse, um den Feind weitgehend bei der Truppenversorgung zu stören. Unklar war hingegen, inwieweit Bomben auch gegen zivile Einrichtungen und Zivilisten zum Einsatz gebracht werden sollten. Für Bombardements auf ungeschützte Städte und zivile Objekte sprach der Aspekt physischer und psychischer Terrorisierung der Bevölkerung. Die Wirksamkeit eines solchen Infernos, das es bis dato noch nicht gegeben hatte, konnte allerdings nur ungenau bestimmt werden. Gegen eine solche Strategie bestanden allgemein noch in den dreißiger Jahren erhebliche Bedenken.[4] Das änderte sich auf deutscher Seite mit dem Einsatz der Legion Condor im spanischen Bürgerkrieg 1936 bis 1939 und der Zerstörung der Stadt Guernica y Luno.

Die zentralen Fragen über die zukünftigen militärstrategischen Funktionen der entstehenden Bomberflotten hatte in den zwanziger Jahren der italienische Luftwaffengeneral Dehout in den Raum gestellt. Seine Vorstellungen beeinflußten die Überlegungen aller Militärführungen in den führenden europäischen Staaten, wobei auch die Forderung nach der Unterstellung der Luftflotten

„Die ersten Einschläge", so lautet der Titel dieses Kunstblattes von Theo Matejko, das 1933 entstand und auch veröffentlicht wurde. (Repro TMB)

unter die jeweilige Heeresleitung zur Disposition stand und kontroverse Diskussionen in den Oberkommandos und Luftwaffenstäben auslöste.

Diese Vorüberlegungen führten bei den Hauptkriegsgegnern Großbritannien, Sowjetunion, USA und Deutschland zu unterschiedlichen Ansätzen, wie ein *moderner* Luftkrieg zu führen sei. Der englische Luftmarschall Arthur Harris – der als Bomber-Harris bekannt wurde – setzte bei der Royal Air Force (RAF) die Schaffung einer schweren und weitreichenden, also strategischen Bomberflotte durch. Zu Kriegsbeginn 1939 versprach er seinem höchsten Dienstherrn, Premierminister Winston Churchill, allein mit diesem Potential die Kapitulation Deutschlands herbeizuführen.[5] Dabei nahm Harris von vornherein in Kauf, daß mit den Flächenbombardements ganze Städte und ihre Bevölkerung vernichtet würden. Die damit verbundene Doktrin unterstellte zudem, daß durch die Bombardements die Kampfmoral und das Wirtschaftspotential des Gegners erheblich geschwächt werden würde. Taktisch betrachtet, leitete sich eine solche Entscheidung zudem aus der geographischen Lage Großbritanniens als Insel ab. Die Sowjetunion verfügte in den ersten Kriegsjahren dagegen über keine strategischen Bomberverbände. Ihre Luftwaffe bestand vornehmlich aus taktischen Flugzeugen zum Schutz des Luftraums und zur Unterstützung der Bodentruppen. Bei den USA ermöglichte das außerordentlich hohe Wirtschaftspotential ein flexibles Reagieren auf die Entwicklung des asiatischen und europäischen Kriegsschauplatzes. Die Air Force der USA (USAAF) entwickelte sich im Verlauf des Krieges zur leistungsfähigsten Luftwaffe der Alliierten Streitkräft und verfügte sowohl über taktische wie strategische Bomberflotten.

In Deutschland bestanden 1939 zwei Lager. Was die strategische Luftrüstung betraf, so wurde letztlich 1941 endgültig auf den Bau eines strategischen Langstreckenbombers verzichtet. Dieser Entscheidung gingen Fehlschläge bei der Entwicklung, fehlende Material- und Industriekapazitäten sowie militärstrategische Überlegungen voraus, bei denen aufgrund der Blitzkriegstaktik eine solche Waffe für entbehrlich gehalten wurde. Mit dem Scheitern des Luftkriegs 1941 gegen Großbritannien wurde diese Entscheidung als Schwäche erkannt, konnte aber nicht mehr ausgeglichen werden. Spätestens zu diesem Zeitpunkt zeichnete sich klar ab, daß in einem modernen Krieg auf strategische Bomberflotten, unabhängig von der Bestimmung konkreter Einsatzziele, nicht verzichtet werden konnte. Was die Befehlsstrukturen für den Luftkrieg anbelangte, von operativen Einheiten beim Heer und der Marine abgesehen, agierten die Luftwaffenstäbe, mit Ausnahme der sowjetischen Fliegerkräfte, wo die Befehlsstrukturen etwas anders organisiert waren, unter einem eigenen Luftwaffenkommando.

Der Thüringer Bevölkerung blieb bei allen Unsicherheiten zu Beginn des Krieges zunächst noch die Hoffnung, daß man insbesondere durch die zentrale geographische Lage des Gaues im mitteldeutschen Raum vor Luftangriffen aufgrund der begrenzten Reichweite der Bombenflugzeuge geschützt war. Sollte es aber zu entsprechenden Angriffen kommen, so wurde angenommen, daß sich diese in erster Linie gegen militärische Objekte, Verkehrszentren oder Industrieanlagen richteten würden. Militärisch betrachtet bestand zudem ein Netz zur Luftverteidigung durch Flakeinheiten und stationierte Jagdflugzeuge.

Zum Selbstschutz der Zivilbevölkerung war bereits im Juni 1935 das Reichsluftschutzgesetz erlassen und eine allgemeine Luftschutzpflicht für jeden Deutschen ausgerufen worden. Mit Ausbruch des Krieges entwickelte der bereits 1933 gegründete Reichsluftschutzbund – der dem Reichsminister für die Luftfahrt und Oberbefehlshaber der Luftwaffe Hermann Göring bis 1944, danach der NSDAP unterstand – weitere Aktivitäten zum Ausbau seiner Organisation. Für jedes Wohnhaus wurde ein Luftschutzwart bestellt, der für die Durchführung aller Verordnungen verantwortlich war. Dazu gehörte es, die Hausbewohner in der Bekämpfung von Brandbomben zu unterrichten und die Kontrollen über ständig bereitstehende Löschmittel und notwendiges Handwerkszeug auszuüben. Dazu gehörten unter anderem gefüllte Wassereimer und -behälter, eine Handpumpe, Sandtüten, Sandkästen, Schaufeln, Feuerpatsche und Einreißhaken. Außerdem war der zuständige Luftschutzwart für die Nutzbarkeit des Luftschutzkellers verantwortlich. Zu den vorgeschriebenen Maßnahmen gehörten weiter die Entrümpelung der Dachböden von brennbaren Materialien und das unverzügliche Aufsuchen der zugewiesenen Keller oder Bunker durch die Anwohner bei Luft- umgangssprachlich Fliegeralarm.

In der Praxis funktionierte dieses System freilich nicht umfassend. Die Bausubstanz vieler Keller erwies sich als unzureichend. Das führte zunehmend dazu, obwohl offiziell verboten, daß viele den Aufenthalt in der freien Natur der Gefährdung, in einem unsichereren Keller verschüttet zu werden, vorzogen. Natürlich nur, sofern diese Alternative überhaupt bestand.

Tiefe, relativ sichere Keller unter alten Häusern, wie z.B. die bekannten Höhler unter einem Teil der Altstadt von Gera oder alte Lagerstollen in der Kleinstadt Kahla[6], galten als Ausnahme und wurden besonders in den letzten Kriegstagen, hoffnungslos überfüllt, zum ständigen Aufenthaltsort vieler Einwohner und Flüchtlinge.

Dort, wo die bautechnischen Voraussetzungen vorhanden waren, wurden sofort nach Kriegsbeginn öffentliche Luftschutzräume eingerichtet. Das betraf größere Keller stabiler und gut zugänglicher Gebäude. In Jena gehörten das Universitätshauptgebäude und die Universitätsbibliothek dazu. Häufig, wie in Kahla, wurden auch Felsenkeller oder alte Lagerstollen für diese Aufgabe eingerichtet. Auf diese zentralen Luftschutzkeller wiesen genormte gelb-rote Schilder in den Straßen hin. An den Häuserwänden wurden zudem weiße Pfeile und die Abkürzung LSR für den Hinweis *Luftschutzraum* aufgemalt, um die Lage oder den Notausstieg aus dem jeweiligen Raum anzuzeigen. In Straßenzügen mit geschlossener Bebauung wurden zudem Kellerdurchbrüche zu den Nachbarhäusern gebrochen und durch eine Leichtbauwand wieder verschlossen. Diese Durchbrüche dienten für den Fall eines Treffers als Notverbindung und Fluchtweg, damit der Keller nicht zur tödlichen Falle wurde.

In den 30er Jahren wurden die Deutschen auf einen möglichen „Gaskrieg“ vorbereitet. Mehrfach, auch von den Alliierten erwogen, kam es letztlich nicht dazu. (WS)

Ein besonderes Problem bestand in der Bereitstellung ausreichender Schutzräume an Stellen, wo zahlreiche Menschen konzentriert waren. Das traf auf Großunternehmen wie Zeiss und Schott in Jena, die Hescho in Hermsdorf oder die Maxhütte in Unterwellenborn ebenso zu wie auf Kliniken und große Schulen. Für die besonders kriegswichtigen Unternehmen wurde das Problem durch den Bau von bombensicheren Stahlbetonhochbunkern gelöst. Im Gau Thüringen verfügten alle selbständigen Stadtkreise über solche Bauten, wobei die Anzahl der vorhandenen Schutzbunker durch die laufende Verschärfung des Bombenkrieges den erforderlichen Bedarf nicht decken konnten. Für die Schulen löste man das Problem, indem die in unmittelbarer Nähe wohnenden Kinder bereits bei Voralarm nach Hause geschickte wurden. Die restlichen Schüler suchten bei Luftalarm zusammen mit ihren Lehrern den nächstgelegenen Schutzraum oder Bunker auf.

Ab 1943 dehnte die RAF ihre schweren Nachtangriffe auf die weiter östlich gelegenen deutschen Großstädte, vor allem auf Berlin, aus. Das kam nicht von ungefähr. In der Konferenz von Casablanca im Januar 1943 hatten zuvor US-Präsident Franklin Roosevelt und der britische Premierminister Winston Churchill sich in längeren Verhandlungen auch mit strategischen Fragen der weiteren Luftkriegsführung befaßt. In der *Casablanca Directive* der Stabschefs wurden die weiteren Luftkriegsziele danach vereinbart. Zur Strategie der Luftkriegsführung beider Seiten heißt es dazu wörtlich: „Es ist Ihr vordringliches Ziel, die fortschreitende Zerstörung und Desorganisation der deutschen militärischen, industriellen und wirtschaftlichen Systeme sowie die Untergrabung der Moral des deutschen Volkes bis zu einem Grade zu erreichen, daß seine Fähigkeit zum bewaffneten Widerstand entscheidend geschwächt ist."[7]

Folgerichtig wurde das Jahr 1943 zum Jahr der *1000-Bomber-Angriffe* auf Deutschland. Die Luftangriffe nahmen sowohl an Häufigkeit als auch an Intensität und Heftigkeit deutlich zu. Im Juli 1943, mit einem grauenhaften Bombenangriff auf die Hansestadt Hamburg, kamen erstmals neue Abwurftechniken von Flüssigkeitsbrandbomben, Sprengbomben und Luftminen in großem Maße zum Einsatz. Als unmittelbare Folge dieses verheerenden Angriffs begann die Organisation Todt unter Einbeziehung von Kräften des Reichsarbeitsdienstes mit allen ihr zur Verfügung stehenden Mitteln an kriegswichtigen Standorten neue Schutzbauten zu errichten und vorhandene zu verstärken. In kleineren Städten und ländlichen Standorten kam es aufgrund der gewaltigen Großbrände (Feuersturm) durch die Bombardements und den darauf basierenden Erkenntnissen, freilich hoffnungslos verspätet, zum Bau betonierter Löschwasserbecken und zum Aushub sogenannter Splittergräben nach einheitlich vorgegebenen Maßen und Plänen. Auch der Selbstbau von Erdbunkern und Deckungslöchern in privaten Gärten nahm zu, obwohl diese bei einem Treffer noch weniger Sicherheit boten als ein durchschnittlicher Wohnhauskeller.

Für den Bau von Stahlbetonhochbunkern (und Flaktürmen zur Luftabwehr) fehlte es ab 1943 bereits merklich an den erforderlichen Baustoffen, vor allem an Armierungsstahl, Zement und an Arbeitskräften. Der zivile Sektor der Wirtschaft war, was Schutzvorrichtungen betraf, von Anfang an unzureichend bedient worden. Unter den gegebenen Bedinungen eine Schwäche der deutschen Kriegsführung, die in dem erforderlichen Umfang nicht mehr behoben werden konnte.[8]

Mit der Fähigkeit, Brände zu werfen und Feuerwalzen zu entfachen, wie dies die britische RAF ab 1943 verstärkt betrieb, verlor die vorgeschriebene Ausrüstung zur Brandbekämpfung in Wohnhäusern, wie sie zu Kriegsbeginn überall vorhanden war, zumindest zum Teil ihre Nützlichkeit. Die anfängliche Ausrüstung war mehr oder weniger nur für das Löschen der Thermit-Stabbrandbomben geeignet, aber so gut wie nutzlos gegen die immer wirksameren Angriffstechniken mit erschreckenden Zünd- und Brandmitteln aus Phosphorbrandbomben und -kanistern. Das Feuer wurde zum Hauptkampfmittel des englischen Luftkrieges gegen die Zivilbevölkerung, die Sprengbombe rangierte an zweiter Stelle. Trotz der Aussichtslosigkeit, gegen die Großbrände etwas Entscheidendes ausrichten zu können, schulte die Luftschutzorganisation fortlaufend die Bevölkerung, insbesondere die Luftschutzwarte, im Umgang mit den neuen Brandbomben und -mitteln. Verstärkte Schulungen erfolgten auch in Erster Hilfe. Manches Menschenleben konnte auf diese Weise gerettet werden.

Die Aufklärung der Bevölkerung über die aktuellen Gefahren des Bombenkrieges erfolgte nicht erst in den 1940er Jahren, sonders bereits mit Kriegsbeginn. In Wanderaustellungen wurden Originale englischer Spreng- und Stabbrandbomben – letztere auch mit gekennzeichneten Sprengsätzen, um die Menschen von Löschversuchen abzuschrecken – gezeigt und ihre Wirkungen und Bekämpfungsmöglichkeiten demonstriert. In gleicher Weise wurde mit Phosphorkanistern, die als Brandbeschleuniger abgeworfen wurden, und selbstzündende Brandblättchen verfahren.[9] Vorgestellt wurden ferner mit Sprengzündern versehene Füllfederhalter, Drehbleistifte und ebenso präpariertes Kinderspielzeug.

Die umfassende Organisation des Luftschutzes, in Verbindung mit anderen Hilfsoranisationen, von der Feuerwehr bis zum Roten Kreuz, funktionierte faktisch bis zum letzten Kriegstag. Unbestritten leistete sie gegenüber der Bevölkerung und den zahlosen Opfern des Bombenkrieges Beachtliches unter schwierigsten, oft lebensgefährlichen Bedingungen. Auch die in den Luftschutz eingebundenen Jugendlichen der HJ bewährten sich bei vielfältigsten Aufgaben an der *Heimatfront,* ob als Luftlagebeobachter oder Melder, auf Gebäuden oder in Befehlsständen, bei Hilfeleistungen in Krankenhäusern und Lazaretten oder bei der Betreung der Alten und Hilflosen in den öffentlichen Luftschutzkellern.

Mit der Sudetenkrise 1938/39 setzte zunehmend auch in Thüringen Kriegsangst ein, die durch die verstärkten Schulungen und Übungen des Luftschutzes und nicht zuletzt mit der Ausgabe der Volksgasmaske verstärkt wurde. Auf den Höhen südlich der Kleinstadt Pößneck wurden in Richtung Vogtland schwere 8,8 cm-Flakgeschütze der in Gotha stationierten militärischen Einheiten in Stellung gebracht. Anschließend wurde mehrmals Probealarm ausgelöst und wiederholt Scheinwerferübungen durchgeführt. Unter der Bevölkerung kursierte zeitgleich das Gerücht, daß General Charles de Gaulle, als Vertreter Frankreichs und Garantiemacht der Tschechoslowakischen Republik, deren Territorium als Frankreichs „Flugzeugträger“ bezeichnet habe. Denn: Von dort könne man schnell Ziele im mitteldeutschen Raum und Berlin bombardieren.[10] Da kam schon Angst unter der Bevölkerung auf, auch wenn sich der Sachverhalt bald darauf als Gerücht erwies.

Die Lützendorf-Kaserne in der Gauhauptstadt Weimar gehörte zu den militärischen Bauwerken, die im Zuge der Einführung der Wehrpflicht und den Kriegsvorbereitungen der Wehrmacht entstanden. (JK)

Kriegsschauplatz Thüringen

Militärische Luftziele

Thüringen verfügte zu Kriegsbeginn über eine beachtliche Zahl von militärischen Anlagen und wehrwirtschaftlich bedeutenden Objekten. Von der Bevölkerung wurden diese Einrichtungen als mögliche Ziele feindlicher Luftangriffe angesehen. Im Verlauf des Krieges zeigte sich aber, daß diese Auffassung nur bedingt richtig war. Mehr und mehr schlugen die Bomben in Wohngebiete ein, statt militärstrategische Anlagen und Einrichtungen zu treffen. Das beruhte zu einem Teil auf der engen Verzahnung von Industrie-, Bahn- und Wohngebieten, zum anderen auf der veränderten strategischen Ausrichtung der Bombardements. Freilich, eine scharfe Trennung von zivilen und militärischen Zielen konnte häufig überhaupt nur begrenzt erfolgen. Aber: nach englischen Vorstellungen galt die Bombardierung der Rüstungsarbeiter von vornherein als ein legitimes Mittel der Kriegsführung. Bei Großangriffen kam hinzu, daß die nachkommenden Wellen meist ohne Sicht ihre todbringende Fracht nur noch in riesige Rauch- und Staubwolken werfen konnten. In Thüringen erlitten zahlreiche Städte, Rüstungswerke, verkehrstechnische Anlagen und militärische Anlagen erst in den letzten Kriegswochen und -tagen erhebliche Zerstörungen.

Eine Vielzahl von Garnisonsstädten mit ihren alten und neu errichteten Kasernenanlagen und Depots in Apolda, Eisenach, Erfurt, Gotha, Jena, Meiningen, Mühlhausen, Nordhausen, Ohrdruf (mit Truppenübungsplatz), Saalfeld, Rudolstadt und Weimar boten sich als militärische Ziele an. Diese Anlagen spielten jedoch als Angriffsziele der Bomberflotten keine zentrale Rolle. Sie blieben weitgehend unbeschädigt. Dabei fällt auf, daß die USAAF außerhalb der Frontgebiete in viel größerem Umfang industrielle als rein militärische Objekte ins Visier nahm. Es gab natürlich Prioritäten, und obwohl die Kasernen als Ausbildungsstätten und Sammelunterkünfte für das Ersatzheer dienten, war ihre unmittelbare Bedeutung als Angriffspunkt wenig effizient. Zu viele Faktoren sprachen gegen ein solches Vorgehen. Es hatte aber auch etwas mit politischen Überlegungen zu tun!

Neben den Heereseinrichtungen verfügte vor allem die Luftwaffe im Gau Thüringen über zahlreiche Einrichtungen und Flugplätze, verstreut über den ganzen Gau. Diese Anlagen dienten verschiedenen Zwecken. Weitere Einrichtungen der Luftwaffe bestanden mit den Luftzeugämtern, den dazugehörenden Materiallagern und Industrieflugplätzen.

Die Aufnahme zeigt Teile der Außenanlage des unterirdischen REIMAHG-Werkes bei Kahla/ Großeutersdorf. Das zum Gustloff-Konzern gehörende Rüstungsunternehmen gehörte zu den 1944 aufgeklärten militärstrategischen Luftzielen. Es wurde aber nicht mehr angegriffen. (Repro Lachs)

Zu Kriegsbeginn gab es Fliegerhorste, also voll ausgebaute Flugplätze mit Kasernen und Ausbildungsstätten, in Altenburg, Erfurt-Bindersleben (Leithorst), Gotha, Jena-Rödigen, Nordhausen und Weimar-Nohra (Leithorst). Insgesamt verfügte die Luftwaffe im Gau über etwa zwanzig Flugplätze für all ihre Belange. Drei von ihnen waren Industrieflughäfen. Diese waren: Gotha, für die Gothaer Waggonfabrik AG, Altenburg und Kölleda, für die Junkers-Werke als Lizenznehmer mit dem dazugehörigen Einflugebetrieb. Der Flugplatz Erfurt-Nord diente als Industrieflughafen für das dortige Reparaturwerk. Unterschieden wurde bei den Fliegerhorsten zwischen Einsatzhäfen 1. und 2. Ordnung, wie Alperstedt und Wenigenlupnitz. Zunehmende Bedeutung gewannen die Horste und Stützpunkte für die Tag- und Nachtjagdverbände, die unter anderem Erfurt-Bindersleben, Altenburg und Langensalza nutzten. Ferner gab es Schatten- und Notlandeplätze, wie Röhrensee und Schöngleina, die als Ausweichplätze bei Bedarf zur Verfügung standen.

Neben diesem dichten Netz an Luftwaffenstandorten gerieten 1943/44 alle Flugzeugwerke in das Blickfeld der strategischen US-Luftflotte, die mit der systematischen Zertörung der deutschen Schlüsselindustrien gemäß der Casablanca Directive betraut worden war. Die Reihenfolge, nach welcher bei der Zerstörung der entsprechenden Anlagen vorgegangen werden sollte und wurde, war folgende:

1. *U-Boot-Produktionsstätten*
2. *Flugzeugindustrie*
3. *Transportwesen und Hauptverkehrsknotenpunkte*
4. *Ölraffinerien und Hydrierwerke zur Treibstoffherstellung*
5. *Kugellagerwerke und andere feindliche Kriegsindustrie*

Gemäß dieser strategischen Planung wurde ab 1943 gehandelt. Die großen Zerstörungen auf den thüringischen Flughäfen erfolgten dennoch erst im März/April 1945, und zwar nicht durch strategische Bombardements, sondern durch Angriffe der amerikanischer Jagdbomber, die in großer Zahl die an den Rändern der Flugplätze wegen Treibstoffmangels abgestellten deutschen Jagdflugzeuge bei kaum noch vorhandener Gegenwehr zerstörten.

Hinsichtlich der deutschen Jägerproduktion erweckte 1944 der Walpersberg bei Kahla/ Großeutersdorf das besondere Interesse der Alliierten.[11] Seit April 1944 unternahm die deutsche Rüstungsindustrie mit Unterstützung aller für die Kriegswirtschaft relevanten Entscheidungsträger den Versuch, in kürzester Zeit eine unterirdische Flugzeugfabrik als bombensichere Industrieanlage aufzubauen. Geplant war die Serienfertigung des neu entwickelten Strahljägers Me 262 durch die REIMAHG, ein dem Gustloff-Konzern angeschlossenes Unternehmen, als Lizenznehmer von Messerschmitt. Die Me 262 gehörte zu den sogenannten Wunderwaffen. Das Flugzeug selbst war der erste einsatzfähige Düsenjäger der Welt.

Als im Februar 1945 die Startbahn auf dem Rücken des Berges in Betrieb genommen werden konnte, um die fertiggestellten Me 262 durch Einflieger der AGO-Werke Oschersleben nach Zerbst zur endgültigen Ausrüstung zu überführen, wurde von Alliierter Seite ernsthaft eine Bombardierung der Anlage erwogen. Letztlich kam kein Angriff zustande, vermutlich, weil das Objekt als wissenschaftlich-technologische Spitzenleistung unversehrt übernommen und als Kriegsbeute ausgeschlachtet werden sollte. Da die amerikanischen Bodentruppen ohnehin bereits zum Planungszeitpunkt des Bombenangriffs bei Gotha standen, und ihnen kein ernsthafter Widerstand entgegengesetzt werden konnte, erübrigten sich weitere Überlegungen ohnehin von selbst.

Zu den unmittelbaren Zielen von Luftangriffen im Gau Thüringen gehörten natürlich auch alle Industriestandorte, deren Fabrikanlagen direkt oder indirekt zum Komplex der Kriegswirtschaft gerechnet werden konnten. Eine eindeutige Definition dieses Komplexes läßt sich nicht formulieren, da unter den Bedingungen der „totalen" Kriegsführung und der auf das deutsche Hinterland ausgerichteten strategischen Luftkriegsführung der angloamerikanischen Streitkräfte praktisch fast jede Aktion als militärisch notwendig bestimmt werden konnte. Aus diesem Blickwinkel betrachtet, gab es praktisch keine Stadt in Thüringen, in der nicht für die Rüstung gearbeitet wurde und die aus diesem Grunde als Angriffsziel für die Alliierten in Frage kam. Zudem stieg ab 1943/44 die Zahl der in Thüringen konzentrierten Rüstungsbetriebe durch die vom Ministerium Speer durchgeführten Teilungen und Verlagerungen von Schlüsselindustrien aus den besonders bombenbedrohten Großstädten sowie durch die zunehmenden Rückverlagerungen von Betrieben aus den ehemals besetzten westlichen und östlichen Gebieten deutlich an. Womöglich mußten für diese Aufgabe Räume in Fabriken, nahezu produktionsunabhängig, freigemacht werden, um neue Mieter unterbringen zu können. Fast jeder ansässige Betrieb hatte damit andere Fertigungen oder Einlagerungen in seinen Werken, so daß in der Folge von seinem Fabrikgelände höchst unterschiedliche Produkte ausgeliefert wurden.

In der Mauxion-Schokoladenfabrik Saalfeld wurden so zum Beispiel neben den Süßwaren auch Zylinderlaufbuchsen für Flugzeugmotoren im Rahmen des Jägernotprogramms hergestellt.[12] In der Berger-Schokoladenfabrik Pößneck erfolgte zeitweise die Herstellung von Laufrädern für Flugzeuge und in der Tuchfabrik Wölfel & Sohn, gleichfalls in Pößneck gelegen, stellte Philips-Valvo Tournister-Funkgeräte her.[13] Außerdem fanden in Pößneck zwei stillgelegte Textilfabriken als Lager des Luftzeugamtes, vollgestopft mit riesigen Mengen Materialen für den Flugzeugbau und sonstigen Ausrüstungsgegenständen für die Luftwaffe, Verwendung. Ein ruhendes Spinnereigebäude wurde Wäschelager der Wehrmacht usw. Diese Beispiele stehen für die große Zahl von Aktionen zur Um- und Auslagerung von Kapazitäten unterschiedlichster Art, vorwiegend für den Rüstungssektor. Im Verlauf des Jahres 1944 wuchsen die entsprechenden Kapazitäten stetig weiter an, so daß schließlich in fast allen größerenen Ortschaften des Gaues entsprechende Einrichtungen zu finden waren. Hinzu kam ab 1943 der anlaufende Bau zahlreicher untertägigen Fabrikanlagen in Nordthüringen, am Südharzrand und im südlichen Thüringen.

Die Mehrzahl der regionalen Industrieanlagen blieben dennoch bis auf eine begrenzte Anzahl zu dieser Zeit von gezielten Bombardierungen weitgehend verschont. Erwartet wurde beispielsweise die Bombardierung der Maximilianshütte in Unterwellenborn bei Saalfeld. Das Unternehmen war Thüringens einziger Hochofenbetrieb zur Eisen- und Stahlproduktion. Zu erwarten war weiter, daß die Bekleidungsindustrie, mit Tuch- und Lederfabriken in Pößneck, Gera, Greiz, Hirschberg und in vielen anderen Orten, die hochmoderne Thüringer Zellwolle AG in Schwarza bei Rudolstadt[14] und die nachgeordneten Fabriken, in denen Wäsche, Uniformen und Zulieferungen für Rüstungsgüter gefertigt wurden, durch gezielte Luftangriffe bedroht waren. Alle diese Industrieobjekte gehörten jedoch nicht zu den primären strategischen Zielen der Alliierten Bomberkommandos.

Zur wichtigsten Branche der Kriegswirtschaft gehörte die Metallverarbeitung. Verteilt über ganz Thüringen bestanden in Größenordnungen entsprechende metallverarbeitende Fabriken. Die bedeutendsten Werke unter ihnen waren die zur Nationalsozialistischen Industriestiftung „Wilhelm Gustloff" gehörenden Waffenwerke in Suhl, Zella-

Mehlis, Weimar und Buchenwald bei Weimar. Aus diesen Werken kamen Infanterie-Handwaffen, Bordwaffen für die Flugzeuge und leichte Flakgeschütze. Zu den regionalen Herstellern gehörte auch das Unternehmen Rheinmetall in Sömmerda. Fahrzeuge, Motorräder und Flugzeugteile lieferte BMW Eisenach. Flugzeuge für die Luftwaffe wurden in Gotha, Kölleda, Altenburg, in Sonneberg beim Flugzeugbau Robert Hartwig und im Walpersberg bei Großeutersdorf gefertigt. Am Flugplatz Erfurt-Nord bestand ein bedeutendes Reparaturwerk der Luftwaffe. Große Bedeutung für die Rüstungs- und Kriegsgüterindustrie kam als Zulieferer und Finalproduzent der heimischen Elektroindustrie zu. Wichtige Fabriken dieses Industriezweigs befanden sich in Erfurt, Gera, Ilmenau und vielen Ortschaften des Thüringer Waldes. Dazu kamen mit Zeiss und Schott zwei Großunternehmen der Glas- und optischen Industrie mit kriegswirtschaftlicher Bedeutung.

Auch die Marine war in Thüringen vertreten. 1942 verlagerte sie ihr Torpedoarsenal Mitte (TAM) von Kiel nach Rudolstadt. Die erforderlichen Gebäude und Anlagen wurden im Zuge der Verlegung auf den Saalewiesen am Ostrand der Stadt völlig neu erbaut. In einer der zahlreichen Maschinenfabriken Geras wurde ebenfalls für die Marine gearbeitet und U-Bootteile gefertigt.[15] Munitionsfabriken (Muna) befanden sich in Oberndorf bei Bad Klosterlausnitz und nahe Tannroda; Munitionslager bestanden unter anderem in Crawinkel und Gehren.[16] Ein großes Treibstofflager befand sich nahe Münchenbernsdorf.

In Rudolstadt errichtete die Marine ein neues Torpedoarsenal, nachdem das in Kiel durch alliierte Luftangriffe als nicht mehr sicher angesehen wurde. In der großen Anlage wurden Torpedos montiert und gelagert. (LH)

Leitungsfähige Transportwege sind im Krieg von enormer Bedeutung. Über sie wird die Truppenversorgung und der Nachschub an Waffen, Munition, Gerät und Treibstoffen, um nur einige Versorgungsgüter zu nennen, gesichert. Als wichtige Verkehrsknotenpunkte der Reichsbahn galten vor allem Erfurt, Gera, Jena, Meiningen, Nordhausen und Saalfeld. In den genannten Städten befanden sich zudem beachtliche Reparaturkapazitäten der Reichsbahn (Reichsbahnausbesserungswerke). Mit dem Hermsdorfer Kreuz verfügte Thüringen außerdem über einen wichtigen Verkehrsknoten der Reichsautobahnen.

In der Summe bot also der Gau Thüringen zahlreiche militärische Anlagen und Rüstungsbetriebe als mögliche Angriffsziele. Insgesamt liegt deren Zahl noch weit höher.

Die Heimatflak

In Erwartung von Luftangriffen wurde zur Flugabwehr an besonders schützenswerten Orten leichte und schwere Flakeinheiten in Stellung gebracht. Mit der sich im Laufe der Jahre verändernden Luftkriegssituation erfolgten entsprechende Modifizierungen. So wurde die Zahl der Geschütze erhöht, die technische Ausrüstung verbessert und Stellungen ausgebaut. Mit der Verwendung von Radartechnik wurde begonnen. Schwere Batterien, vorwiegend ausgerüstet mit 8,8 cm-Geschützen, standen bis Kriegsende unter anderem in Erfurt, Gotha, Weimar und Jena.

Zur Flakartillerie, die dem Schutz der Städte und Fabriken dienen sollte, gehörte ein umfangreiches Nachrichtensystem. Nach dem damaligen technischen Standard erforderte dieses System vom ersten Beobachtungsposten über die zentralen Befehlsstellen bis hin zu den zahlreichen Batterien einen großen Personalaufwand. Mehr und mehr wurde dieser durch junge Frauen, die als Nachrichtenhelferinnen („Blitzmädchen") eingesetzt wurden, gesichert. Die auf diese Weise freigelenkten jungen Männer kamen an die Front. Zur dauerhaften Überwachung des Luftraums bestand ein flächendeckendes Netz von Beobachtungsposten – und eine wachsenden Zahl von Funkmeß-

Schwere und leichte Flak, hier abgebildet als fahrbare Feldgeschütze auf Werbepostkarten der Wehrmacht, bildeten die Standardausrüstung für die Luftabwehr. (WS)

stationen –, die auch dem örtlichen Luftschutz dienten.

Große Bedeutung für die Übermittlung der Luftlage sowohl für militärische Einheiten als auch für die Zivilbevölkerung kam dem 1943 eingeführten Drahtfunk zu. Dabei ermöglichte eine mit dem Telefonnetz verbundene Antenne das Abhören der aktuellen Luftlagemeldungen über das Radio im Langwellenbereich. Standort und Richtung der Feindflugzeuge konnten auf diese Weise auf einer mit Planquatraten und Zeitangaben versehenen speziellen Karte verfolgt und entsprechende Rückschlüsse auf einen möglichen Angfriff gezogen werden. Der Drahtfunk hatte neben der Sachinformation auch eine psychologische Wirkung auf die in den Luftschutzkellern Wartenden. Er ermöglichte einen Überblick über die Einflugrichtung der Angriffsformationen und die Anzahl der Verbände (Angriffswellen), was die erhebliche nervliche Anspannung etwas mindern konnte.

Zu den zahlreichen Unternehmen im Gau, die besonders wichtige Rüstungsgüter erzeugten, gehörten die Stiftungsbetriebe Zeiss und Schott in Jena. Aufgrund ihres monopolisierten Anteils an speziellen optischen und feinmechanischen Systemen und Baugruppen für alle Waffengattungen (Bombenzeilgeräte, Periskope, Zielfernrohre; Scheinwerferglas usw.), besaßen die Fabrikanlagen eine besonders hohe Schutzwürdigkeit. Aus diesem Grunde erhielt die Saalestadt schon zu Kriegsbeginn einen starken Flakschutz. Die Flakuntergruppe Jena soll deshalb nachfolgend als Beispiel einer Flakverteidigung beschrieben werden, deren Aufbau im Prinzip auch auf andere Orte und Objekte mit ähnlich kriegswirtschaftlicher Bedeutung zutraf.

Die Flakuntergruppe Jena gehörte zum Luftgau III mit dem Generalkommando in Berlin.[17] Ihr Befehlsstand lag in der Villa Seebohm in Zwätzen. Die Untergruppe bestand aus schweren und leichten Batterien. Die Stellungen dieser Batterien befanden sich an den Saalehängen und auf den umgebenden Höhenlagen. Den Kern der Verteidigung bildeten fünf schwere 8,8 cm-Batterien der 432. Flakabteilung (Flakregiment 12 der 14. Flakdivision Leipzig-Schönau) mit insgesamt 30, ab 1944 mit 40 Geschützen. Die 1. Batterie lag am Flugplatz Rödigen, die 2. nahe dem Gut Remderoda, die 3. am Dorf Coppanz, die 4. in Jena-Priesnitz und die 5. auf den Kernbergen.[18] Zu diesen Einheiten kamen noch zwei Sperrfeuerbatterien der schweren Heimatflak (212/IV und 241/IV), die bis zum 30. November 1943 auf der Ammerbacher Platte, danach am Jenaer Steiger und in Winzerla standen.[19]

Mit diesem Verteidigungsring konnte der Luftraum um Jena weiträumig gegen hochfliegende Luftziele abgesichert werden. Gegen tieferfliegende Ziele, die etwa über das Mühltal (Richtung Weimar) oder der Saale folgend einflogen, richtete sich die Feuerkraft der 2. leichten Batterie der 736. Flakabteilung. Diese besaß Stellungen am

Drei Pößnecker Oberschüler 1943 als Lufwaffenhelfer an ihrem 8,8 cm-Geschütz in Coppanz. Immer mehr Jugendliche wurden zur Heimatflak eingezogen. (WV)

und auf dem Zeiss-Hochhaus (Stadtzentrum), bei Schott & Gen. (Jena-Süd), am Landgrafen (Jena-West), der Sophienhöhe (Jena-Ost), am Ehrenhain und am Stadion (Saaleaue). Die 4. und 5. Batterie der leichten Heimatflak standen am Ehrenhain, Wilhelmshöhe (Jena-Ost) und auf der Ammerbacher Platte (Südrand). Daneben verfügte die Flakuntergruppe Jena noch über eine Sperrballonkette, die das Tal zusätzlich gegen Tieffliegerangriffe schützen sollte, und zahlreiche Nebelgeräte, die je nach Gefahren- und Wetterlage Jena vollständig vernebeln konnten. Zur Verstärkung der Luftabwehr wurde 1943 für einen nicht näher bekannten Zeitraum ein Eisenbahnflakzug mit 10,5cm-Geschützen am Westbahnhof aufgefahren, vermutlich zum vorübergehenden Ausgleich für die ausgefallene Feuerkraft der 432. Flakabteilung, als in deren Stellungen die 8,8 cm-18-Kreuzlafetten-Geschütze gegen fabrikneue 8,8 cm-37-Sockelgeschütze ausgetauscht wurden.[20]

So geschützt wurden nicht alle wichtigen Industriestandorte. Die ostthüringische Industiestadt Gera blieb beispielsweise während der gesamten Kriegszeit ungeschützt, ebenso Rudolstadt mit dem militärisch wichtigen Torpedoarsenal Mitte. Allein daran verdeutlicht sich, daß die Verteidigungskräfte für einen flächendeckenden Schutz nicht ausreichten.

Nach den englischen Spezialangriffen Mitte Mai 1943 auf die Eder-, Möhne- und Sorpetalsperren und den dadurch ausgelösten Überflutungen mit mehreren tausend Toten, erhielten auch die Bleiloch- und die Hohenwarte-Sperrmauern neben

Die Bleilochtalsperre wurde nach den Angriffen auf verschiedene andere Talsperren mit ...zig tausend Toten unter anderem mit Sperrballons geschützt. (RBP)

Nach einem schweren Flaktreffer geland der Besatzung dieser B-17 nahe Jenas noch eine Notlandung. Der Abschuß ereignete sich Ende März / Anfang April 1945. Die Maschine gehörte zur 8. US-Luftflotte und nannte sich Devil's Mate (Gehilfe des Teufels). (WV)

den zur Abwehr von Flugzeugtorpedos vorhandenen Torpedonetzen Flakschutz durch 2 cm-Vierlingsgeschütze und Sperrballone.[21]

In den letzten Kriegsmonaten wurden zur Verstärkung der Luftabwehr schienengebundene Flakwagen eingesetzt, die hauptsächlich mit 2 cm-Vierlingsgeschützen bestückt waren. Sie wurden an Personen- und Güterzüge angehangen, um angreifende amerikanische Jagdbomber abzuwehren, da diese rücksichtslos auf jeden Zug schossen, den sie entdeckten, selbst auf gut gekennzeichneten Lazarettzüge.

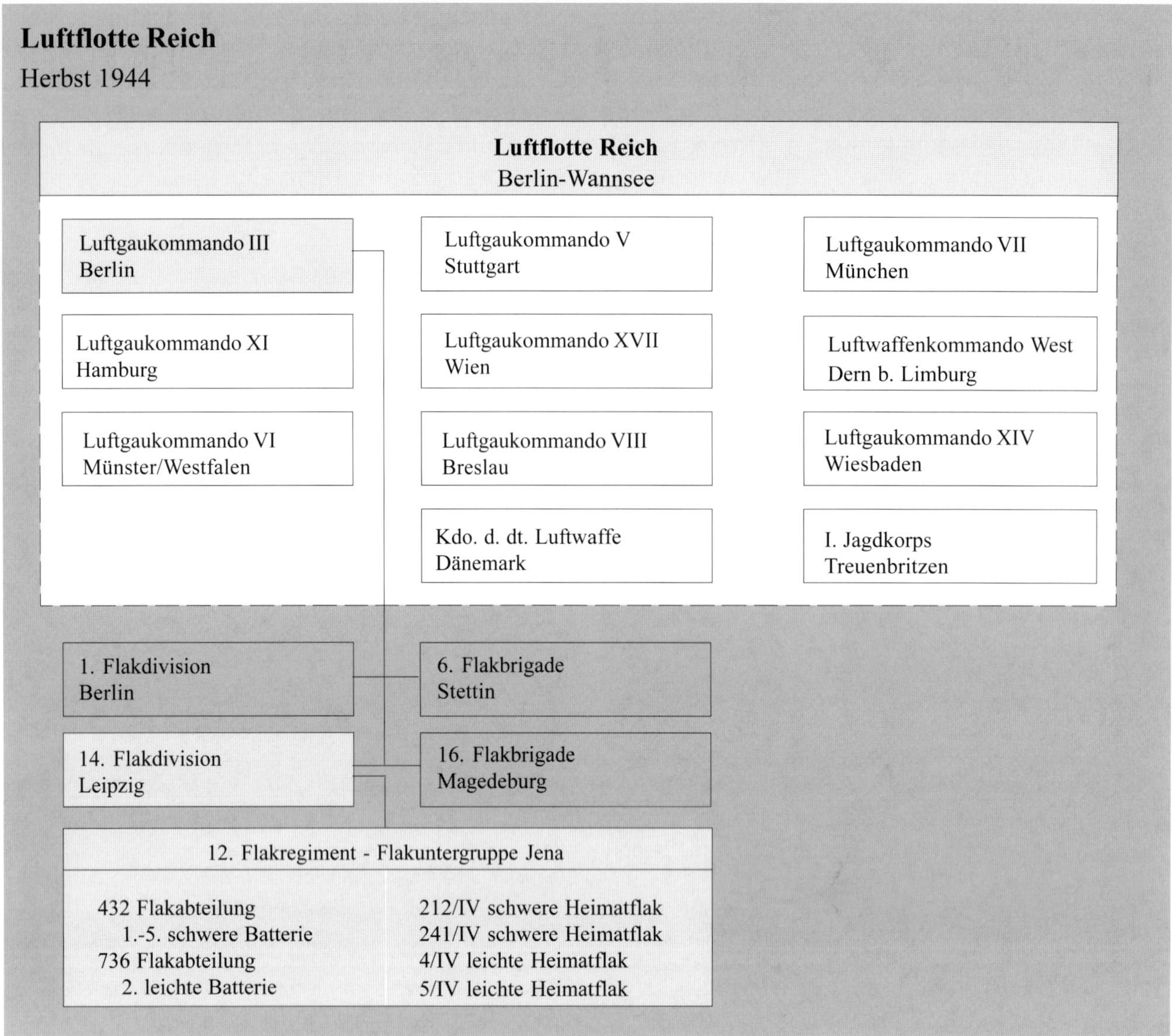

Zu den genannten Flugabwehrformationen gehörten auch zahlreiche Scheinwerferbatterien, deren Aufgaben das unerbittliche Festhalten eines entdeckten Feindflugzeuges am Nachthimmel war. Mit der zunehmenden flächendeckenden Luftraumkontrolle durch Funkmeßgeräte und dem Ausbau der Nachtjagd durch deutsche Nachtjäger wurden die Scheinwerfer auch als Orientierungshilfen für die Nachtjäger mittels bestimmter Lichtzeichen, zum Beispiel für die Auffindung des Flugplatzes, eingesetzt. Innerhalb des Gaues Thüringen benutzten die Nachtjäger vorzugsweise Erfurt-Bindersleben und Langensalza als Flugplätze. Einer der Gründe ist darin zu sehen, daß Erfurt-Bindersleben der Standort für ein „schweres“ Funkfeuer mit dem Decknamen *Dora* war. Ein weiteres mit dem Decknamen *Drohne* befand sich am Südharz. Der Nachtjagd dienten außerdem noch die Funkmeßstellungen 2. Ordnung *Ricke,* südlich von Weimar, und *Mistkäfer,* östlich von Altenburg, als Orientierungshilfen. Alle weiteren standen schon außerhalb des Gaues.[22]

In nordöstlicher Richtung lehnte sich Thüringen an den sehr starken Flakgürtel des Großraumes Halle-Leuna-Merseburg-Leipzig-Böhlen zum Schutz der dortigen Hydrierwerke und des Buna-Werkes Schkopau und im Osten an die Flakstellungen bei Zeitz-Tröglitz-Rositz an. Allein in diesem Raum standen ab 1944 etwa 1000 schwere Flakgeschütze der Kaliber 8,8 cm, 10,5 und 12,8 cm. Weiter in südöstlicher Richtung folgten im Raum Chemnitz, der mit dem Raum Halle-Leipzig zu den im mitteldeutschen Raum am stärksten bombardierten Industriegebieten gehörte, die nächsten schweren Flakstellungen.

Der Bombenkrieg

Bereits im Jahre 1940 schrillten, zur großen Überraschung der Bevölkerung, auch in Thüringen erstmals die Sirenen und meldeten Luftalarm. Die Feindeinflüge, die 1940 meist nur von einzelnen Maschinen oder sehr schwachen Verbänden während der Nachtstunden bis in das mitteldeutsche

Industriegebiet erfolgten, lösten in der Tat mit den ersten Toten unter der Zivilbevölkerung die beabsichtigte Verunsicherung aus. Die Folgen dieser ersten Angriffe hielten sich dennoch in engen Genzen. Unter der Bevölkerung wurde darüber spekuliert, welche Absichten die Briten mit diesen Abwürfen verbinden und mit welcher Genauigkeit ausgewählte Ziele getroffen werden können. Hinterfragt wurde, ob es sich dabei um gelegentliche Zufallstreffer oder um reinen Terror zur Herbeiführung einer Massenpsychose handle.

In der Nacht vom 31. August zum 1. September 1940, also genau ein Jahr nach Kriegsbeginn, erfolgte zum Beispiel an der Landstraße von Pößneck nach Herschdorf ein erster Abwurf von Sprengbombe. Eine Bombe traf die Hochspannungsleitung der Zeisswerke, die vom werkseigenen Conrod-Wasserkraftwerk bei Ziegenrück nach Jena verlief. Die Frage nach den Gründen dieser Aktion, die zum einen für die Piloten außerordentlich gefährlich, zum anderen vom erzielten Schaden ohne Bedeutung war, blieb letztlich offen. Statt dessen kursierten unter der Einwohnerschaft zahllose Gerüchte und Spekulationen. Die Vermutungen reichten von der Annahme zielgenauer Bombenwürfe bis zur kategorischen Feststellung eines Fehlwurfs. Als eigentliches Ziel, so die Annahme, sollte wohl die Stadt Pößneck oder die 15 km entfernte Maximilianshütte Unterwellenborn getroffen werden. Wahrscheinlich warf das gleiche Flugzeug etwa zur gleichen Stunde auch noch eine Sprengbombe auf das in der Nähe liegende Walddörfchen Langendembach ab.

Was diesen Abwurf betraf, so ist es am wahrscheinlichsten, daß der Pilot durch ein Fahrzeuglicht zum Abwurf der Bomben veranlaßt wurde. Heute weiß man aber auch, daß die Royal Air Force in dieser Zeit durch vorgegebene Kurse von Einzelfliegern ein neues Funkleitstrahlverfahren entwickelte, daß später mit großer Zielgenauigkeit bei Nachtangriffen Verwendung fand.[23] Es kann allerdings auch angenommen werden, daß sich der Pilot lediglich seiner Bombenlast entledigen wollte, um Flugbenzin für den langen Rückflug zu sparen.

Die Bombeneinschläge bei Herschdorf lösten am nächsten Tag eine wahre Völkerwanderung aus. Viele wollten sich augenscheinlich von dem Geschehen ein Bild machen. Es wurde erregt diskutiert, und ebenso eifrig wurden die Felder nach Bombensplittern abgesucht. Einige suchten sogar, ausgerüstet mit Hacke und Spaten, nach sammelwürdigen Relikten. Die Szene erweckte den Eindruck, als käme eine solche Gelegenheit nie wieder. Die durch den Abwurf verursachten Schäden

In großen Höhen flogen am Tage die Bomberformationen der USA-Air Force ihre Zielgebiete in Deutschland an. Am Zielpunkt angekommen, klinkten sie ihre Bomben, die wie Teppiche zur Erde sanken, aus. (WS)

an der Hochspannungsleitung wurden umgehend beseitigt, ein Phänomen, das auch aus Berlin und anderen Großstädten bekannt ist, in denen schon kurz nach der Entwarnung die Nahverkehrsmittel oder Wasser- und Gasleitungen wieder in Betrieb genommen werden konnten.

Am 17. August 1940 kam es in Weimar zu einem nächtlichen Bombenwurf durch die RAF. In einer 1943 vorgelegten Sammlung des Auswärtigen Amtes zur Dokumentation der englischen „Terror"-Luftkriegsführung gegen die deutsche Zivilbevölkerung heißt es darüber: „Nächtlicher Angriff auf die Stadt Weimar, die keinerlei militärische Ziele enthält. Bomben schweren Kalibers gingen in den Park neben Goethes Gartenhaus nieder, wo eine Anzahl Bäume zerfetzt wurden. Die unmittelbare Nähe der Einschläge neben dieser nationalen Gedenkstätte beweist, daß sie selbst das Ziel gewesen sein muß. Ferner Bombenabwurf in der Allee nach Belvedere, unmittelbar neben dem dort liegenden Roten-Kreuz-Haus. Beschädigung eines Reservelazaretts im Innern der Stadt. Es war eine helle Mondnacht, die das

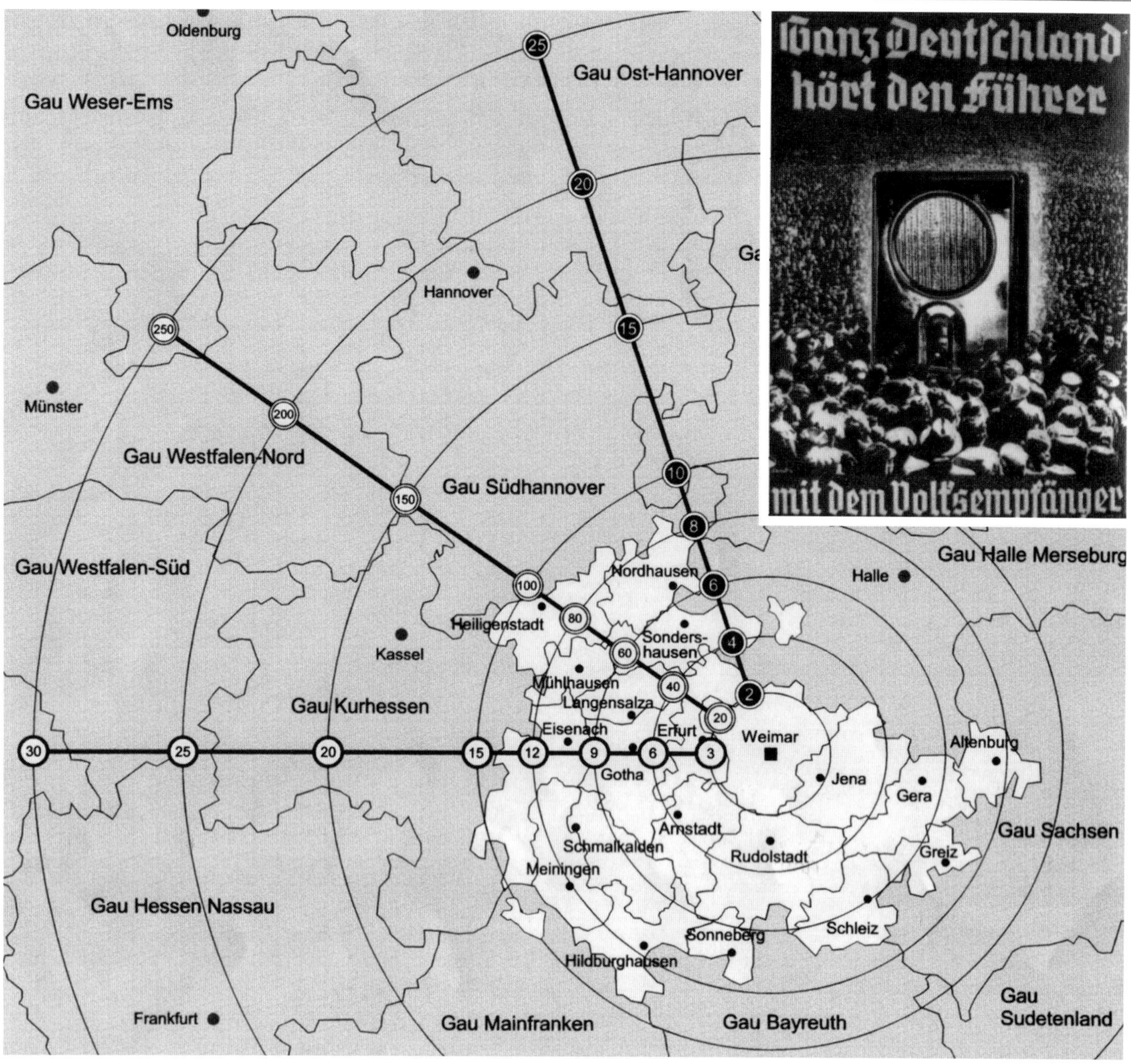

Karten wie diese, mit Vorwarnzeiten und Einflugrichtungen, wurden in den Tageszeitungen abgedruckt. Jeder Volksgenosse konnte sich auf diese Weise schnell über die von anfliegenden Bomberverbänden ausgehende Gefahr informieren. Die aktuellen Informationen erhielt er aus der Luftlagemeldung des Rundfunks. So erfüllte der Volksempfänger, der faktisch in fast allen Haushalten vorhanden war, eine über die Propaganda hinausreichende, lebenswichtige Funktion. (WS)

Gelände und besonders auch das helle Gartenhaus im Goethe-Park klar erkennen ließ.“[24]

Ähnliche Vorfälle wiederholten sich bis 1942 häufiger, bevor es zunehmend zu den wirklichen Großangriffen kam. Die scheinbar wahllos wirkenden Einzelflüge und Bombenabwürfe führten neben der aufkommenden Angst vor Luftangriffen vor allem aber zu der Erkenntnis, daß die Royal Air Force, entgegen der von Göring abgegebenen Zusicherung, daß das deutsche Reichsgebiet gegen Luftangriffe aus England gesichert sei, ohne größere Probleme ein- und ausfliegen könne.

Die RAF dehnte 1941/42 mehr und mehr ihre nächtlichen Angriffe gezielt auf die geschlossenen Wohngebiete der Großstädte aus. Dadurch wurde die Bomberstrategie für jedermann deutlich erkennbar. Geflogen wurden die Angriffe 1942 bereits mit mehreren hundert Bombern, so der Angriff vom 31. Mai auf Köln mit 886 Flugzeugen. Allein bei diesem Angriff fielen gezielt 1459 t Bomben auf das Zentrum der Stadt. Im Zielgebiet lagen jedoch keine militärstrategischen Objekte. Spätestens mit diesem Angriff zerplatzte die Hoffnung der deutschen Bevölkerung, daß die Wohngebiete nicht zu den Zielobjekten der Bombenangriffe gehören würden.

Der Gau Thüringen blieb allerdings zu diesem Zeitpunkt von solchen schweren Luftangriffen verschont. Erst mit dem Eingreifen der 8. strategischen US-Luftflotte Mitte 1943 sollte sich dies drastisch ändern. Die 8. USAAF wurde zu Beginn des vierten Kriegsjahres nach Großbritannien verlegt. Zunächst ohne jede Erfahrung im Bombenkrieg, widmete man sich vorrangig der Ausbildung der noch unerfahrenen Piloten. Die Ausrüstung selbst entsprach mit den schweren viermotorigen Bombern B-17 „Flying Fortress" (fliegende Festungen) und B-24 „Liberator"(Befreier), die durch ihre starke Rundumbewaffnung bekannt wurden, den modernsten Anforderungen. Erste Erfahrungen im strategischen Bombenkrieg sammelte die US-Luftflotte im belgischen und französischen Luftraum, bevor die Einsätze auf das deutsche Reichsgebiet ausgedehnt wurden.[25]

Durch das massive Eingreifen der amerikanischen Luftstreitkräfte, die sich 1942 in England formiert hatten und von dort ihre ersten Einsätze flogen, änderte sich ab 1943 auch für Mitteldeutschland das bisherige, relativ ruhige Luftkriegsbild radikal. Am Tage erschienen die mächtigen Bomberverbände der 8. USAAF in ihren gestuften Angriffsformationen, des nachts die Bombenflieger der RAF in ihren „Lancaster"-Bombern. Die Aufgabe der USAAF bestand vorrangig in der Zerstörung deutscher Industriezentren und -anlagen. Das schonte freilich die Zivilbevölkerung in den dicht besiedelten Industriestädten nicht.

In parademäßigen Formationen erschienen die großen Verbände mit ihren viermotorigen Bombern, Kondensstreifen in einer gewaltigen Breite hinter sich herziehend, in großen Höhen am Tageshimmel. Ihre Angriffe richteten sich entsprechend ihres Tagesbefehls auf die Zerstörung von Kugellagerfabriken, Flugzeugwerken, Treibstoffanlagen und die Gummiindustrie. Nach der Invasion 1944 wurden verstärkt auch Bahnanlagen und Verkehrswege bombardiert. Zusammen mit der RAF, die ihrerseits ihre nächtlichen Flächenbombardements auf Großstädte und Industriegebiete forcierte, ergänzten sich beide Luftflotten strategisch, so daß die physische und psychische Belastung der deutschen Zivilbevölkerung durch häufigen Luftalarm extrem wuchs. Gesteigert wurde die Anspannung zusätzlich durch verschiedene Einflugtaktiken der Verbände, bei denen die Luftabwehrkräfte aufgrund der großen Reichweite der Flugzeuge oftmals erst sehr spät den eigentlichen Zielraum bestimmen und warnen konnte.

Ein Angriffsschwerpunkt zur militärischen Schwächung der deutschen Wehrmacht bestand in der verstärkten Bekämpfung bedeutender synthetischer Treibstoffanlagen im mitteldeutschen Braunkohlenrevier Halle-Lützkendorf-Merseburg-Leuna-Leipzig-Böhlen-Zeitz-Rositz. Dieses Industriegebiet wurde faktisch ab dem Jahr 1944 zumindest einmal monatlich bombardiert. Durch die ungenauen englischen Nachtangriffe erlitten vor allem die Städte Halle und Leipzig bei diesen Aktionen unzählige Treffer und Zerstörungen.

Am 27. Mai 1943 erlebte Jena einen spektakulären Luftangriff. Sechs englische Mosquito-Schnellbombern näherten sich bei ausgehendem Tageslicht gegen 21.31 Uhr im Tiefflug der Saalestadt und griffen die Zeisswerke an.[26] Obgleich die angerichteten Schäden als gering bezeichnet werden können, löste dieser Angriff durch seinen Überraschungseffekt nicht nur einen Schock und große Verunsicherung unter der Zivilbevölkerung aus, sondern stellte auch das Oberkommando der Luftwaffe vor die Frage, wie es geschehen konnte, daß die Engländer mit dieser Aktion bei Tageslicht unentdeckt bis nach Mitteldeutschland einfliegen konnten. Zehn Tage zuvor hatte die RAF mit ihren Spezialangriffen auf die Möhne-, Eder und Sorpetalsperren bereits in spektakulärer Weise bewiesen, daß es ihr selbst bei Dunkelheit gelang, relativ kleine Ziele zu finden und diese mit katastrophalen Folgen zu zerstören. Militärisch, insbesondere was die Sicherheit des deutschen Luftraums betraf, ein Fanal.

Bei dem Jenaer Angriff setzte die Abwehr um 21.50 Uhr ein. Das auf dem Zeiss-Hochhaus stehende leichte Flakgeschütz eröffnete das Feuer auf die tief fliegenden Mosquitos. Die anderen Batterien, die zum Schutz des Luftraumes über Jena in Stellung waren, schlossen sich dem Abwehrfeuer an, obwohl sie selbst unter Beschuß der Tiefflieger standen. Dabei schoß die auf der Ammerbacher Platte stehende schwere Heimatflakbatterie (sinnloses) Sperrfeuer weit über die Angreifer hinweg. Die Treffer der leichten Geschütze führten dagegen zu drei Abschüssen, von denen eine Maschine bei Vierzehnheiligen (nordwestlich von Jena) niederging. Zwei weitere, der insgesamt sechs Maschinen, wurden auf dem Rückflug beschädigt und stürzten ab. Nur ein Flugzeug kehrte nach England zurück.[27] In Jena verloren durch diesen Angriff zwölf Personen ihr Leben. Beschädigungen durch Bombenteffer erhielten das Zeiss-Hauptwerk, einige Häuser nahe der Paradiesbrücke, Gebäude des Zeiss-Südwerks und die Südschule im Südviertel, einem gemischten Wohn- und Industriegebiet der Saalestadt.[28] Der Mosquito-Angriff auf die Zeisswerke kam einem Menetekel gleich. Er beendete den Zustand, in Thüringen vor derartigen Attacken aus der Luft relativ sicher zu sein, obwohl sich derartiges vorerst nicht wiederholte.

Als Reaktion auf den Tieffliegerangriff wurden auch bei den in Jena liegenden Flakbatterien Umstellungen vorgenommen. Die schwere Heimatflakbatterie (Sperrbatterie) auf der Ammerbacher Platte wurde nach Winzerla verlegt, die leichten Flakgeschütze teilweise räumlich neu plaziert, und die 8,8 cm-Truppenbatterien auf den Saalehöhen erhielten fabrikneue Sockelgeschütze. Mit großer Wahrscheinlichkeit dürften auch die Sperrballons neu verteilt und in ihrer Gesamtzahl erhöht worden sein. Die ursprüngliche Ballonkette war ja offensichtlich von den Mosquitos problemlos durchflogen worden.

Das Jahr 1943 verlief für Thüringen noch relativ glimpflich. Wenn Berlin, Halle, Leipzig oder Nürnberg Ziele waren, wurde Thüringen häufig überflogen, aber seltenener gezielt angegriffen. Im Oktober und am 4. Dezember fanden schwere Nachtangriffe auf Leipzig statt. Insgesamt wuchs die Zahl an Überflügen und die stundenlangen Aufenthalte in den Luftschutzkellern am Tage wie in der Nacht. Auch das zehrte an den Nerven. Dazu kamen die angstmachenden Informationen Ausgebombter aus den schwer heimgesuchten Städten des Ruhrgebietes, des Großraums Hamburg und Berlin, die in den Gau Thüringen einreisten beziehungsweise evakuiert wurden.

Mit dem Jahreswechsel 1943/44 nahmen die Angriffe auf Städte, Industrieanlagen und Verkehrswege durch die 8. US-Luftflotte stetig zu.[29] Die Bombardements galten vor allem Rüstungsunternehmen im Flugzeugbau und der Zulieferindustrie. Das machte Sinn, denn die amerikanischen Verbände hatten bei verschiedenen Tagesangriffen schwere Verluste hinnehmen müssen.

Am 20. Februar 1944 griffen amerikanische Bomberverbände die Flugzeugwerke in Leipzig, Bernburg und Oschersleben an. In Leipzig befanden sich mit der Junkers Flugzeug- und Motorenfabrik AG, Werft Leipzig, der Mitteldeutschen Motorenwerk GmbH, der Erla Maschinenwerke GmbH

Aus dem Kriegstagebuch der 8. USAAF

12. Mai 1944

Die Ziele flogen insgesamt 814 Bomber an, davon 572 B-17 »fliegende Festungen« und 242 B-24 »Liberators«. Begleitet wurden sie von 735 Jägern (153 P-38 »Lightnings«, 201 P-47 »Thunderbolts« und 381 P-51 »Mustangs«).

Angegriffen wurden: Merseburg (Leuna) mit 238 Maschinen, Lützkendorf mit 87, Zwickau mit 74, Brüx mit 140, Chemnitz mit 11, Gera mit 14, Hof mit 15 und Zeitz mit 16 Maschinen. Die restlichen 20 Maschinen bekämpften kleinere Gelegenheitsziele. Insgesamt warf die Flotte 1687,7 t Bomben ab und verlor dabei 55 Bomber, von denen neun völlig irreparabel zurückgekommen und 412 durch Treffer unterschiedlich starke Beschädigungen aufwiesen. Sieben der 735 Jäger wurden über Deutschland abgeschossen, 13 kamen in beschädigtem Zustand zurück.

Gera in Flammen. Diese Aufnahme entstand unmittelbar nach dem Angriff der Air Force-Bomber am 6. April 1945. Es gibt nur wenige Aufnahmen, die das unmittelbare Geschehen während oder nach Bombardierungen zeigen. Für alle Volksgenossen galt bei Strafandrohung striktes Fotografierverbot. (Foto W. Musche, Gera)

Die Folgen der schweren Flächenbombardierungen zeigten sich, wie hier in Gera, überall in den Industriestädten und -gemeinden in den Zentren und Wohngebieten. (KWM)

und den Vereinigten Flugmotorenwerken GmbH nennenswerte Ziele. Weitere Zielobjekte im Großraum Leipzig waren eine Teilfertigung der Junkers Flugzeug- und Motorenfabrik AG in Bernburg/Saale und die AGO Flugzeugwerke als Lizenznehmer zur Fertigung des deutschen Jagd- und Kampfflugzeuges FW 190 in Oschersleben. Von den 584 Bombern, die diese und andere Werke angriffen, flogen 87 B-24 nach Gotha. Dort warfen sie ca. 200 t Bombenlast auf die Waggonfabriken, da diese auch Flugzeuge fertigte. Bereits am 24. Februar folgte ein weiterer Angriff auf die ehemalige Residenzstadt. Diesmal warfen 169 B-24 »Liberator«-Maschinen 372 t Bomben über dem Stadtgebiet ab; 44 Maschinen dieser Angriffswelle flogen nach Eisenach weiter und klinkten hier 116 t Bomben aus. Ein Angriffsziel bildete das BMW-Flugmotorenwerk.

Am 12. Mai erfolgten nicht zum ersten Mal schwere Bombenangriffe auf die Treibstoffwerke in Merseburg, Leuna, Lützkendorf, Zeitz, Böhlen und Brüx. Auch auf die Industriestädte Zwickau, Chemnitz und Gera fielen an diesem Tag Bomben. Aus der Flotte von 814 Flugzeugen warfen in den Mittagstunden 14 B-17-Bomber 25 t auf den Bahnhof von Gera. Am Südbahnhof wurden Gleis- und Bahnanlagen beschädigt. In der Folge kam es zu einer Unterbrechung der Bahnverbindung zum Hauptbahnhof. Weitere Schäden entstanden an Wohnhäusern und den in der Nähe der Bahnhofsanlagen liegenden Fabriken. Im Kriegstagebuch des Rüstungskommandos IX (Weimar) wurden die in Gera eingetretenen Schäden folgendermaßen dokumentiert: „Der Angriff in der Mittagstunde erfolgte durch rd.50 Flugzeuge aus ca. 4000 m Höhe und sollte offenbar die Bahnstrekke von Gera-Süd nach Gera-Ost treffen. Dabei wurden jedoch (nahe Südbahnhof) sechs Industriebetriebe beschädigt, die mit verschiedensten Rüstungsaufträgen beschäftigt waren. Der schwerste Treffer schlug in der Firma Kurt Hässner ein und tötete im Luftschutzkeller 21 Facharbeiter. Ferner gab es 11 Verletzte. Weitere Bombenwürfe auch in Triptis, Neustadt, Saalfeld."[30]

Und zu den in der Firma Rudolf Jahr angerichteten Schäden wurde an gleicher Stelle vermerkt: „Zwei Bomben auf Fabrikgrundstück. Ein Volltreffer in Kraftverteileranlage und Werkzeugbau, dadurch mechanische Fertigung stillgelegt, Anlauf ca. 14 Tage. Betroffen: U-Bootfertigung mit 22%, Jägerstab mit 60%, Panzer mit 10%, Rest Verschiedenes."

Allein an dieser Schadensaufnahme kann ermessen werden, welche Folgen derartige Angriffe mit mehreren hundert Bombern hatten. Das Beispiel verdeutlicht aber auch, daß die Mengenangaben über Bomber und Bombenlast auf deutscher Seite nur geschätzt wurden. Was die Beseitigung der Schäden anbelangte, so überrascht die Schnelligkeit, mit der diese abgestellt wurden. In Gera konnten zum Beispiel bereits am Abend die ersten Züge wieder in Richtung Osten und Süden fahren, wenn auch noch nicht vom Hauptbahnhof aus.

Wer keinen direkten Einblick in die tatsächlichen Kriegsgeschehnisse hatte, und das war die übergroße Mehrheit der deutschen Bevölkerung, mußte von den öffentlichen Bekanntmachungen leben. Der Wehrmachtsbericht, soweit er über die vorhandenen Medien verbreitet wurde, lieferte nur allgemeine Angaben. Am 13. Mai vermerkte er zu den Angriffen am Vortag in seiner nüchternen Formensprache: „Starke nordamerikanische Bomberverbände richteten am gestrigen Tage Angriffe gegen mehrere Orte in Mitteldeutschland und gegen Brüx, die Schäden und Verluste unter der Bevölkerung zur Folge hatten. In heftigen Luftkämpfen und durch Flakartillerie wurden 91 nordamerikanische Flugzeuge, darunter 78 viermotorige Bomber, abgeschossen."[31]

In einem Bericht an das OKW werden die Folgen dieses Angriffes, konkret der Verlust an vorhandenem Benzin, mit folgender Bilanz ausgewiesen:

Leuchtspurgeschosse der leichten Flak erhellen den Himmel über Gotha. Die Aufnahme entstand 1940 während der ersten Feindangriffe überhaupt. (GV)

Brüx	zu 100 %
Tröglitz	zu 100 %
Böhlau	zu 50 %
Leuna	zu 60 %
Ausfall gesamt in Tonnen	
Benzin	etwa 25 000

In dem Bericht wird weiter vermerkt, daß die Versorgung der Wehrmacht mit Mineralöl zunächst noch gesichert sei, „aber weitere Angriffe in diesem Umfang [...] die OKW-Reserven bald erschöpfen und zum Erliegen der Treibstoff-Versorgung führen“ werden.[32]

Die zahlreichen Überflüge nach oder aus dem Raum Merseburg-Leuna, Halle oder Zeitz lösten häufig während des Überfluges Abwehrfeuer der schwere Flak bei Jena aus. Die bei Coppanz in Stellung befindliche 3. Schwere Flakbatterie der 432. Flakabteilung feuerte an diesem Tag ebenfalls mit ihren acht 8,8 cm-Geschützen. Ein Pößnecker Luftwaffenhelfer notierte dazu in seinem Tagebuch: „642 Schuß auf Kampfverbände mit Fortress II“.[33]

Für die Bevölkerung Thüringens begann mit den massiven Schlägen der alliierten Bomberkommandos ab Mai 1944 bis zum Kriegsende eine Zeit dauerhafter physischer und psychischer Belastungen. Bereits am 28. Mai 1944 griff die 8. US-Luftflotte erneut mit starken Kräften Flugzeug- und Treibstoffwerke im Chemiedreieck Halle-Merseburg-Lützkendorf-Böhlen an. Auf die Hydrierwerke von Zeitz-Tröglitz fielen aus 187 Langstreckenbombern 447,3 t Bomben. Sechs „fliegende Festungen“ (B-17) griffen die Bahnanlagen von Gera an und warfen 11,4 t Bomben ab. Und neun schwere B-24-Bomber, die Saalfeld anflogen, klinkten 24 t Splitter- und Brandbomben aus.

Am 7. Juli war die kleine Industriegemeinde Kölleda das Ziel von 102 B-17-Bombern. Sie warfen 221 t ab. Der Angriff galt den Fabrikanlager der hier angesiedelten Lizenzproduktion von Junkers-Flugzeugen und dem Luftzeugamt. An diesem Tage wurden von insgesamt 939 eingeflogenen Bombern 37 und von 656 begleitenden Jägern sechs abgeschossen. Drei Bomber erreichten schrottreif ihren Heimatflugplatz und 390 mit unterschiedlichen Beschädigungen. Für die Air Force war dies ein verlustreicher Einsatz, auch wenn der letztlich ohne nachhaltige Konsequenzen fortgesetzt wurde. Die Flakbatterie in Coppanz feuerte laut Tagebuchaufzeichnungen an diesem Tag 141 Schuß auf Kampfverbände mit »Liberators«, am 29. Mai 38 Schuß auf »Fortress II« (B-17) und »Mustangs« (P-51) und am 29. Juni 88 Schuß auf Kampf- und Jagdverbände.

Der 20. Juli 1944 war erneuter Großeinflugtag nach Mitteldeutschland. Insgesamt erhoben sich 1077 Bomber in die Luft, von denen 318 Ziele in Thüringen ansteuerten. Der gigantische Verband teilte sich über Thüringen in kleinere Einheiten auf. Erneut lautete der Auftrag, Flugzeugfabriken und Zulieferwerke, Flugplätze und Werften sowie Reichsbahnanlagen und Verkehrsknotenpunkte anzugreifen.

Angriffsziele	**Flugzeuge** Anzahl –	Typ	**Ladung** in Tonnen
Erfurt-Nord	123	B-24	312
Erfurt-Bindersleben	11	B-24	29
Gotha	72	B-17	197
Kölleda	23	B-17	58
Nordhausen	36	B-17	90
Gelegenheitsziele darunter	143		
Rudolstadt	12	B-17	23
Schmalkalden (?)	80	B-24	246
Bad Salzungen	10	B-24	30
Bad Berka	21	B-24	27
Wernshausen	10	B-24	28

Ein Ziel in Rudolstadt dürfte das Torpedoarsenal am östlichen Stadtrand gewesen sein. Die Mehrzahl der Bomben schlug aber weiter westlich, unweit vom Krankenhaus ein. Eine Bombe traf das Gelände des TAM und tötete sieben Lehrlinge. Sie hatten sich entgegen der Vorschrift vor dem Eingang eines Schutzraumes aufgehalten, um den Angriff zu beobachten. Insgesamt wurden an diesem Tage 1040 t Bomben von der 8.USAAF auf thüringischen Boden abgeworfen.

Nach eigenen Angaben verloren die USA-Air Force bei diesem Angriff 19 Bomber und 8 Jagdflugzeuge. 372 Bomber kehrten beschädigt zurück, einer landete in schrottreifem Zustand. Trotz dieser Verluste stieg die Gesamtkampfkraft der 8. Luftflotte laufend weiter. Die Gesamtzahl anfliegender Bomber wurde immer größer. Allein die Leuna-Werke mußten wöchtlich mindestens einen Angriff verkraften; bei den Treibstoffwerken im Großraum Halle-Merseburg-Leipzig-Böhlen-Zeitz lag die Angriffshäufigkeit in etwa in der gleichen Größenordnung.

Am 28. Juli wurden über diesen Chemiekomplex von 652 B-17-Bombern 1600 t Spreng- und Brandbomben abgelassen und am 29. Juli nochmals von 569 Bombern 1410 t.

Die Gauhauptstadt Weimar erlebte unter anderem am 24. August 1944 einen Luftangriff durch 129 Bomber. Diese entluden 303 t über den Gustloff-Werken des KZ Buchenwald. Bei diesen Angriffen verloren 303 KZ-Häftlinge ihr Leben. Unter den Opfern befanden sich der ehemalige Reichstagsabgeordnete und SPD-Fraktionsvorsitzende Dr. Rudolf Breitscheid und die Tochter des italienischen Königs Victor Emanuel III., Mafalda Prinzessin von Hessen.[34] Elf Maschinen bombardierten am gleichen Tag den Flugplatz von Nordhausen und 185 flogen mit 437 t nach Leuna-Merseburg. Von den insgesamt angreifenden Bombern dieses Tages wurden 26 abgeschossen und 547 kehrten mit unterschiedlichen Beschädigungen nach England zurück.

Der Luftkrieg eskalierte aus alliierter Sicht mehr und mehr. An eine wirksamere Luftabwehr gegen einen materiell überlegenen Gegner war nicht mehr zu denken. Vor allem blieben die vielfach angekündigten neuen Waffen aus, die zum Teil als Prototypen oder in kleinen Stückzahlen vorhanden waren. Die noch bestehende Störanfälligkeit und fehlende Fertigungskapazitäten in der Industrie, dazu die schwierigen Verkehrsverhältnisse, verhinderten deren Massenfertigung.

Eine letzte Kraftanstrengung zur Steigerung der Rüstungsproduktion unternahm die deutsche

Auch das Zentrum der Gauhauptstadt Weimar wurde trotz seiner kulturellen Bedeutung, hier der durch Bombentreffer 1945 zerstörte Markt, nicht verschont. (ThHStAW)

Kriegsmaschinerie 1944. Bisher verteilte Zuständigkeiten wurden gestrafft und zentralisiert, Befugnisse auf Sonderstäbe übertragen. Ein solches Organ bildete der neu geschaffene Jägerstab. Neben der Festlegung der Produktions- bzw. -Fertigungszahlen der verschiedenen Flugzeugtypen entschied der Jägerstab auch über die Verlegung von Flugzeugfabriken in unterirdische Fertigungsanlagen in Absprache mit dem Ministerium Speer. Solche Anlagen, von denen zahlreiche in Thüringen errichtet wurden, bildeten zunehmend Zielkoordinaten der amerikanischen und englischen Bomberflotten.[35] Trotz dieser Angriffe gelang es der deutschen Kriegswirtschaft, die Flugzeugfertigung ein letztes Mal zu steigern. Durch die konstant weitergeführten Bombardements auf sämtliche Hydrierwerke Deutschlands – die Behebung der Schäden wurde immer schwieriger –, brachte diese Produktionssteigerung wenig Nutzen, der Luftwaffe ging schlicht das Flugbenzin aus. Die Kampfflugzeuge wurden so am Boden gehalten und fielen als militärischer Faktor aus.[36]

Durch diese Entwicklung verlor die deutsche Luftabwehr über Mitteldeutschland an Schlagkraft. Dennoch setzte sie den deutlich intensivierten Angriffen der USAAF auf die mitteldeutsche Industrie erbitterten Widerstand durch die noch einsatzfähigen Jagdgeschwader und durch den Einsatz der Heimatflak entgegen. Das belegt auch eine Bilanz des Angriffs vom 7. Juli 1944. Aufgestiegen waren insgesamt 1129 Air Force-Bomber. Den mitteldeutschen Raum erreichten 939 Maschinen. Diese warfen eine Bombenlast von 2232,1 t ab. Die Langstreckenbomber wurden von 656 Jagdflugzeugen begleitet. Nach US-Angaben wurden bei diesem Angriff von der deutschen Abwehr 37 Bomber und sechs Jäger abgeschossen; 390 Maschinen wiesen durch Treffer verursachte Beschädigungen auf. Die Zahl der Verwundeten und Toten, die die Heimatflugpläte erreichten, betrug 387. Von den insgesamt 344 Vermißten rettete sich wahrscheinlich ein großer Teil mit dem Fallschirm und geriet somit in deutsche Gefangenschaft. Wenn auch eine Verlustquote von vier bis fünf Prozent an Flugzeugen materiell relativ schnell ausgeglichen werden konnte, so stellte sich auf längere Sicht auch für die personalmäßig gut ausgestatteten US-Luftstreitkräfte das massive Problem, die ausgefallenen kampferprobte Piloten, Funker, Navigatoren und Techniker zu ersetzen.

Der deutsche Wehrmachtsbericht vom 8. Juli meldete zum Großangriff des vorangegangenen Tages folgendes: „Ein starker nordamerikanischer Bomberverband flog gestern vormittag nach Mitteldeutschland ein und warf Bomben auf mehrere Orte. Besonders im Stadtgebiet von Leipzig entstanden Gebäude- und Personenverluste. Weitere nordamerikanische Bomber griffen, von Süden einfliegend, einige Orte in Oberschlesien an. Luftverteidigungskräfte vernichteten bei diesen Angriffen 92 feindliche Flugzeuge, darunter 71 viermotorige Bomber."

Aus Erfahrung wußten die Deutschen, daß allein die Nennung einer Stadt bedeutete, daß der Angriff verheerend gewesen sein mußte. Sie wußten aber auch, daß die tatsächlichen Verluste des Gegners eine sehr unsichere Angabe war.

Im letzten Quartel des Jahres 1944 führte die 8. USAAF nach eigenen Angaben unter anderem die nachfolgend aufgeführten Angriffe auf Thüringer Städte aus. Ausgerechnet am Heiligen Abend 1944 demonstrierte die US-Air Force nochmals und besonders nachdrücklich ihre ganze Kampfkraft. Das Luftflottenkommando schickte 1845 schwere Bomber in den Luftraum hinter die deutschen Linien an der Westfront, quer über die Eifel, zu den Industriezentren an Rhein und Ruhr. Die mitgeführte Bombenlast betrug 5052 t. Eines der militärischen Ziele bestand in einer Luftoperation gegen die von der deutschen Wehrmacht begonne Ardennen-Offensive.

Zielort	**Anflugtag**	**Flugzeuge**		**Bomben**
		Anzahl –	Typ	in Tonnen
Eisenach	11.09.44	71	B-17	177,5
Altenburg	13.09.44	7	B-17	17,0
Eisenach	13.09.44	12	B-24	28,4
Gera	13.09.44	7	B-17	27,5
Eisenach	17.09.44	Keine Angaben		
Nordhausen	07.10.44	24	B-17	57,0
Apolda	21.11.44	10	B-17	24,8
Gera	30.11.44	21	B-17	52,0
Gotha	30.11.44	22	B-17	52,5
Ohrdruf	30.11.44	10	B-17	22,5
Rudolstadt	30.11.44	17	B-17	42,0
Saalfeld	30.11.44	12	B-17	30,0
Nordhausen	12.12.44	10	B-17	30,0

An den 110 Kriegstagen des Jahres 1945, die Thüringen noch zu überstehen hatte, nahm die Zahl und Schwere der auf Thüringen geflogenen Angriffe dem Vorjahr gegenüber zu. In dieser Zeit warfen insgesamt 1434 strategische Bomber der 8. USAAF 3711 t Bomben ab. Das entspricht der dreifachen Menge. Dazu kamen 1945 die noch nicht zu beziffernde Bombentonnage der 9. Taktischen Luftflotte der US-Streitkräfte, die mit Beginn der Bodenkämpfe im Frontbereich auf thüringisches Gebiet fielen, und die nächtlichen Abwürfe der britischen RAF.

Die Endphase des Krieges für die Region Thüringen leiteten die Kämpfe Mitte Januar 1945 ein. Die US-Truppen standen auf breiter Front an der Westgrenze des Deutschen Reiches, an verschiedenen Abschnitten hatten sie die Reichsgrenze bereits überschritten. Mit aller Macht drängten sie weiter ostwärts zum Rhein. Nachdem auch dieses Hindernis überwunden war und die deutsche Luftwaffe praktisch kaum noch Gegenwehr leisten konnte, verstärkten RAF und USAAF ihre Luftoperationen. Bei den vorgetragenen Angriffen gingen immer weniger Maschinen verloren. Die schweren Bomberverbände erschienen immer häufiger über Thüringen oder überflogen das Gebiet in ungestörter Geschwaderordnung in Richtung Sachsen, Sachsen-Anhalt oder Bayern. Ab Anfang April, nachdem die amerikanischen Truppen die Westgrenze Thüringens erreicht hatten, überließen sie die Luftangriffe den Frontfliegerkräften der 9. Taktischen Luftflotte. Von diesem Augenblick an veränderte sich das Angriffsschema durch den Einsatz von Tieffliegern, die häufig auf alles schossen, was sich bewegte, und Jagdbomber, die einzelne Ziele direkt bekämpften.

In Pößneck, das zahlreiche Luftangriffe erlebte, erlitt unter anderem die Kammgarnspinnerei Horn & Co. am 8. April 1945 einen Volltreffer. (KWM)

Zur Unterstützung der heranrückenden Front an die Grenzen des Trutzgaues flog am 6. Februar 1945 eine Armada von 1310 Bombern und 780 Begleitjägern der Air Force einen konzentrierten Angriff vor allem auf Bahnknotenpunkte im Raum Mitteldeutschland. Der Bomberstrom teilte sich an einem vorbestimmten Punkt in zwei Angriffsformationen mit 420 und 474 Maschinen. Als Ziele wurden die großen Güterbahnhöfe in Magdeburg und Chemnitz angesteuert. Eine kleine Formation von 116 Bombern warf ihre Last auf Objekte in der Nähe der thüringischen Grenze ab. 311 B-17-Bomber wandten sich ausschließlich Thüringen zu und bombardierten, aufgeteilt in einzelne Verbände, die in der nebenstehenden Übersicht aufgeführten Städte.

Zielort	Flugzeuge	Bomben in Tonnen
Eisenach	13	33,0
Eisfeld	34	85,0
Friedrichroda	11	27,5
Gotha	88	216,5
Greiz	22	55,0
Ohrdruf	35	91,0
Saalfeld	49	122,5
Schmalkalden	33	77,0
Waltershausen	12	30,0
Steinbach	2	6,7
Pößneck*	–	1,5

* Restabwurf beim Heimflug.

Drei Tage später, am 9. Februar, folgte ein erneuter Luftangriff. Insgesamt 245 schwere Bombern bekämpften Bahnhöfe und Anlagen der „Militärindustrie". Zu den angeflogenen Städten gehörten Eisenach, Erfurt, Jena und die Gauhauptstadt Weimar, die einen Großangriff erlebte. Am 14. Februar warfen 23 B-17-Flieger Bomben auf Sonneberg, und am 22. Februar wurde die alte Reichsstadt Nordhausen von 30 Bombern heimgesucht. Am 23. folgten noch einmal konzentrierte Angriffe auf Bahnanlagen in Gera und Weimar. Gera flogen 46 »Liberators« mit 107,8 t Bombenlast an und Weimar 57 Schnellbomber des gleichen Typs mit 135,7 t. Am gleichen Tag klinkten 49 strategische B-17-Bomber über Meiningen (145,5 t), 12 über Hildburghausen (33 t) und 25 über Jena (59,5 t) ihre tödliche Fracht aus. Zwei Tage später erlebte Erfurt einen schweren Nachtangriff der RAF mit vielen Opfern und großen Zerstörungen.

Im März setzten sich die Bombardierungen der 8. US-Luftflotte in Thüringen in gleicher Weise wie im Februar fort. Das Tagebuch der Luftflotte nennt folgende Städte, über denen insgesamt 1481,1 t Bombenlast abgeworfen wurden: Saalfeld, Altenburg, Erfurt, Jena, Meiningen, Bad Berka, Weimar und Gotha.

Am 17. März wurde J e n a , die altehrwürdige Universitäts- und Industriestadt Thüringens, von 71 „Fliegenden Festungen"

Dokumentation

Inferno aus den Wolken

Von Giesela Kroll*

Am 9. Februar 1945 verließ ich morgens das Haus Moltkestraße 3 in Jena. Zuvor hatte ich meiner Wirtin, Frau Dr. Roth, gesagt, daß ich die Absicht hätte, in die Universitätsbibliothek von Jena zu gehen, um dort im Lesesaal Bücher zu entleihen und zu lesen. Während meines Aufenthalts dort gab es gegen Mittag Fliegeralarm. Ich erinnere mich noch genau, daß eine junge Dame von der Ausleihe sagte, daß man nicht in den Luftschutzraum zu gehen brauche, da die Stadt Jena wegen der Zeiss-Werke international geschützt sei. Die Flugzeuge würden Jena nur überfliegen. Man blieb also im Lesesaal.
Ich erinnere mich an eine rege Ausleihe von Büchern. Unter den Benutzern der Bibliothek war auch Professor Dr. Heinrich Gelzer. Ein Tischnachbar hatte mich auf ihn aufmerksam gemacht, da ich gesagt hatte, daß ich Ende Januar 1945 aus Breslau geflüchtet sei und mein Studium der Fächer Deutsch, Englisch, Französisch in Jena zu Ende führen wollte.

Das Haupt- und Lesesaalgebäude der Jenaer Universität aus dem Jahr 1858. (UAJ)

Das Haupt- und Lesesaalgebäude nach seiner Zerstörung im Februar 1945 durch amerikanische Bomben. (WS)

Ich fragte Professor Gelzer, ob ich bei ihm weiterstudieren dürfte, worauf er mich fragte, wer denn in Breslau mein Lehrer gewesen sei. Als ich antwortete, es sei Professor Neubert gewesen, erwiderte er – so wörtlich: „Wenn Sie bei Neubert waren, dann nehme ich Sie. Kommen Sie am Mittwoch um 9.30 Uhr in mein Seminar." Ich bedankte mich. Ich war froh, daß ich einen Neuanfang gefunden hatte.
Kurz darauf verließ ich die Universitätsbibliothek, obwohl es noch keine Entwarnung gegeben hatte. Da ich an diesem Tage noch nichts gegessen hatte, war die Mensa mein Ziel. Ich ging etwas bergan durch eine wunderschöne Baumallee und freute mich, die uralten Bäume zu sehen. Oben angekommen, sah ich Jena im Tal liegen. Die Sonne schien. Ich freute mich über den schönen Tag. Aber da entdeckte ich plötzlich hoch oben am Himmel einen silberglänzenden Bombenteppich. Bombenteppiche kannte ich bisher nur aus Schilderungen von Menschen, die schon Bombenangriffe miterlebt hatten.
Nun hatte ich gerade noch Zeit, in den neber der Mensa angelegten sogenannten Rettungsgraben zu eilen. Ein Pfeil wies auf ihn hin. Kaum war ich in dem Rettungsgraben, in dem sich bereits zahlreiche Menschen befanden, als eine furchtbare Detonation zu hören war. Jemand rief, daß am anderen Ende des Grabens eine Mutter mit ihren Kindern getroffen worden sei. Ich verließ den Rettungsgraben und sah, wie die Stadt brannte.
Nun kann ich mich nur noch an wenige Bilder erinnern, die sich mir eingeprägt haben. Ich sah die Universitätsbibliothek, die nur noch ein Trümmerhaufen zu sein schien, und ich sah, wie eine mit einem weißen Tuch bedeckte Bahre hinausgetragen wurde. Dann steht vor mir das Bild einer brennenden Kirche; die Flammen schlugen hoch empor. Sie schlugen auseinander, und jedesmal, wenn sie auseinanderschlugen, sah ich einen noch – wie es schien – unversehrten Kruzifixus. Dann wurde es wieder von den Flammen zugedeckt.
Als ich am späten Nachmittag die Wohnungstür aufschloß, sah ich im trüben Lampenlicht am hinteren Ende des Korridors Frau Dr. Roth in Hut und Mantel stehen. Sie fragte mich – so wörtlich: „Wo kommen Sie denn her?" Im Rundfunk sei gemeldet worden, daß aus der Universitätsbibliothek niemand mehr herausgekommen sei. Man habe die Studenteneltern aufgefordert, der Polizei zu melden, falls sie wüßten, daß ihre Studenten sich dorthin am Vormittag begeben hätten.
Dann bat mich Frau Dr. Roth, in ihr Wohnzimmer zu kommen. Dort wurde kein Licht gemacht. Wir saßen in der immer dunkler werdenden Stube am warmen Kachelofen, ohne ein Wort miteinander zu sprechen und ohne uns zu sehen, bis sie plötzlich sagte: „Nehmen Sie doch mal die alte Familienbibel aus dem Bücherschrank und schlagen Sie sie auf und lesen Sie die Stelle vor, auf die Ihr Blick gerade fällt."
Ich schlug Jeremia Kapitel 39, Vers 18 auf und las: „Denn ich will dich entkommen lassen, daß du nicht durchs Schwert fallest, sondern du sollst dein Leben wie eine Beute davonbringen, weil du mir vertraut hast, spricht der Herr."[2]

*Aus der Erinnerung handschriftlich aufgezeichnet.

Dokumentation

Jena am 19. März 1945 im Feuersturm nach einem verheerenden Bombardement auf den historischen Stadtkern. (WS)

Die Bomben trafen vor allem den spätmittelalterlichen Stadtkern rund um die Stadtkirche, Rathaus und Rathausgasse, große Teile der Leutrastraße und der Löbderstraße. (WS)

Auch der Gebäudekomplex des sich an die Altstadt anschließenden Hauptwerkes der Firma Carl Zeiss wude, wie die Aufnahme des Innenhofes zeigt, von Bomben getroffen und von Bränden verwüstet. (CZA)

mit einer Bombenlast von 220,1 t heimgesucht. Zwei Tage später erfolgte ein weiterer Angriff mit 197 Maschinen und 563,1 t Bombenlast. Beide Angriffe, insbesondere der zweite, zerstörten große Teile des historischen Stadtzentrums vollständig. Militärisch betrachtet machten diese Angriffe zu diesem Zeitpunkt keinerlei Sinn. Im Kriegstagebuch der 8. Luftflotte wurde dennoch erstmals ausdrücklich die Zerstörung der „Zeiss Works (and) Optical Works“ als Begründung aufgeführt. Die Zeiss- und Glaswerke Jenas gehörten fraglos als Bau- und Systemgruppenlieferanten zu den wichtigen Rüstungsunternehmen im Dritten Reich. Ihre Zerstörung im März 1945, als praktisch der gesamte Versand von Militärtechnik bereits zusammengebrochen war, verweist auf ein besonderes Motiv dieser Aktion.

Die im Februar und März auf Jena von 304 Fernbombern abgeworfene Bombenlast betrug zusammen 783,2 t. Dabei verloren 709 Menschen ihr Leben und 2000 wurden verletzt.[37] Am 9. April, wenige Tage vor der Besetzung der Saalestadt durch amerikanische Truppen, erfolgte nochmals ein Luftangriff. Dieses Mal jedoch von der in Aktion getretenen 9. US-Luftflotte, die den Landverbänden „vorarbeitete“.

Schlimmer noch als Jena traf es die kleinen Textil- und Industriestadt Plauen am Randes des thüringischen Vogtlandes. Allein durch die 8.US-Luftflotte erfolgten zehn Angriffe mit insgesamt 955 B-17-Bombern und einer Bombenlast von 2644,5 t. Neun dieser Angriffe ereigneten sich zwischen dem 23. Februar und dem 8. April 1945. Drei Angriffe mit 1085 t Bombenlast galten der Vogtländischen Maschinenfabrik AG (VOMAG). Das Unternehmen war Hersteller gepanzerter Militärfahrzeuge. Der erster Angriff auf die VOMAG erfolgte am 17. März 1945. Weitere Ziele dieses Angriffs waren die zweifellos wichtigen Bahnhöfe. Ein Teil der fast 1000 t galt Zielen im unmittelbaren Stadtbereich. Auch bei der Zerstörung der VOMAG dürften andere Interessen zugrundegelegen haben als rein militärische. Das gilt auch für den letzten großen Angriff in der Nacht vom 10. zum 11. April durch einen Bomberverband der Royal Air Force. Noch einmal fielen über 1000 t Bomben auf die bereits schwer zerstörte Stadt. Zurück blieb eine reine Trümmerlandschaft. Plauen wurde bereits vier Tage später von amerikanischen Truppen eingenommen.

Die am schwersten durch den Luftkrieg zerstörte Stadt des „Trutzgaues“ war Nordhausen. Am Südhang des Harzes gelegen, gehörte die mittelgroße Kreisstadt zwar zum NSDAP-Gau Thüringen, aber verwaltungsrechtlich zum Regierungsbezirk Erfurt der preußischen Provinz Sachsen. Das änderte sich am 1. April 1944. Der Regierungsbezirk wurde „vorläufig“ zusammen mit dem Kreis Schmalkalden, der zu Hessen-Nassau gehörte, zu einer eigene Provinz erhoben und Fritz Sauckel als Oberpräsidenten unterstellt.

Nordhausens Schicksal ist mit dem von Plauen durchaus vergleichbar. Durch ein gnadenloses Flächenbombardement der RAF am 3./4. April verlor die Stadt 50 Prozent ihres Wohnungsbestandes. Im Zentrum der Stadt lag der Anteil an vernichtetem Wohnraum deutlich höher. Allein die Zahl der Todesopfer dieses Bombardements betrug zirka 8000. Da es für ein derartiges Inferno unmittelbar vor den anrückenden amerikanischen Truppen ebenfalls keine militärische Notwendigkeit gab, kann dieser letzte Angriff faktisch nur als eine Reaktion auf den Beschuß Großbritanniens mit V 2-Raketen gewertet werden. Kurz zuvor war nämlich bekannt geworden, daß die sogenannte Vergeltungswaffe „V 2“ im Mittelwerk, einer unterirdischen Fabrikanlage im Kohnstein bei Nordhausen produziert wurde. Den Produktionsstätten konnten die Bomben allerdings nichts anhaben.

Als letzter Angriffstag der strategischen 8. US-Luftflotte mit einem Ziel auf thüringischem Gebiet kann der 6. April gelten. 646 schwere Bomber flogen in den Raum Halle-Leipzig ein, um Bahnanlagen zu zerstören. Ein Verband von 109 B-17-Bombern scherte aus, nahm Kurs auf Gera und bombardierte die ostthüringische Industriestadt. Die abgeworfene Bombenlast betrug 311,4 t. Die historische Innenstadt Geras wurde durch diesen Angriff ganz erheblich zerstört. Über der Stadt stand eine weithin sichtbare Rauchsäule.

Insgesamt erfolgten ab 1944 auf Gera 12 Luftangriffe. Dabei wurden 558 Zivilisten getötet, 1885 Wohungen ganz oder teilweise zerstört und weitere erhebliche Schäden angerichtet. Am 12. April standen die amerikanischen Truppen vor der Stadt. Eine geschlossene Abwehrfront, ob aus regulären Truppen oder Kräften des Volkssturms, bestand nicht. Das Tempo des Vormarsches bestimmten allein die Alliierten durch ihren Troß, der den Kampftruppen folgte und deren Versorgung sicherte.

Ein besonders tragisches Kapitel des Luftkrieges über Deutschland bildet die Zerstörung des barokken Dresdens durch englische und amerikanische Bomber. Zwei Angriffe, in der Nacht vom 13. zum 14. Februar von der Royal Air Force ausgeführt, hatte die Stadt in Brand gesteckt. Die großen Wasserflächen der thüringischen Bleiloch- und Hohenwarte-Stauseen dienten am 14. Februar den am Tag anfliegenden Bombern der 8. Luftflotte als

Orientierungspunkte bei ihrem nachfolgenden Angriff auf die Stadt an der Elbe. Mehr als 300 viermotorige schwere Maschinen und zahllose Begleitjäger gehörten der Angriffsformation am Tage an.[38] Der Rückflug führte die Maschinen wieder entlang der thüringisch-bayerischen Grenze in Richtung Koblenz.

Am 16. April 1945 erklärte Generalmajor Carl Spaatz, der Befehlshaber der 8. US-Luftflotte, den strategischen Bombenkrieg für beendet. Trotz dieser Erklärung wurden weiterhin Ziele in Bayern, Niederösterreich und anderswo von Verbänden dieser Luftflotte bombardiert. So bewegte sich am 17. April nochmals ein großer Bomberverband von fast 1000 Maschinen über das südliche Thüringen hinweg. 590 Bombenflugzeuge schwenkten ab und bewarfen erneut die sächsische Landeshauptstadt Dresden mit ihrer tödlichen Last. Die übrigen Maschinen griffen Städte des angrenzenden Sudetenlandes und der Tschechoslowakei an. Hier standen noch Einheiten der deutschen Wehrmacht. Das endgültige Ende der stategischen Flächenbombardements der RAF und der USAAF erfolgte am 25. April 1945.

Eines der offiziellen Plakate, mit denen für den Volkssturm aufgerufen und geworben wurde. Die Armbinde führt die Aufschrift „Deutscher Volksturm Wehrmacht". (WS)

Volkssturm – Hitlers letztes Aufgebot

Nach der verheerenden Niederlage vor Stalingrad, die die Kriegswende einleitete, gelang es der deutschen Wehrmacht nicht mehr, die militärische Defensive dauerhaft umzukehren. Die von der deutschen Wehrmacht an der Ostfront im Sommer 1943 eingeleitete Offensive führte zwar zur größten Panzerschlacht des Krieges, aber nicht zu dem erhofften militärischen Erfolg. Im Gegenteil – durch raumgreifende Operationen der Sowjetarmee wurden die deutschen Truppen abgefangen und nach Westen zurückgedrängt. Spätestens im Herbst 1943 wurde für jedermann ersichtlich, daß sich das Kriegsgeschick gegen Deutschland wendete. Die militärische Lage des Deutschen Reiches verschärfte sich in den folgenden Monaten auf dramatische Weise weiter. Der Afrikafeldzug scheiterte und Italien fiel als Verbündeter Deutschlands aus. Im Atlantik kehrte sich der U-Boot-Krieg zugunsten der Alliierten um. Großbritannien und die Sowjetunion erhielten zunehmend umfassende militärisch-technische Unterstützung durch die USA. Zudem operierten US-amerikanische Luftstreitkräfte mit strategischen Luftflotten über den von Hitlerdeutschland besetzten Gebieten, aber auch über den Luftraum des Deutschen Reiches selbst, der zunehmend von ihnen beherrscht wurde. Die deutsche Rüstungsindustrie konnte den anhaltenden Materialbedarf der Wehrmacht trotz enormer Steigerungen nicht mehr vollständig ausgleichen. Aus dieser im Grunde hoffnungslosen Lage sah die Führung des Dritten Reiches – wesentlich durch ihre radikale Weltanschauungspolitik bestimmt – nur noch einen Weg, die vollständige Mobilisierung der *Volksgenossen* zur letzten Schlacht, die entweder den Sieg der deutschen Rasse oder ihre Niederlage bringen sollte.

Am 25./26. September 1944 bestimmte Hitler durch Führererlaß – mitgezeichnet von Martin Bormann, Wilhelm Keitel und Dr. Hans Heinrich Lammers – die Aufstellung des Volkssturms aus Männern zwischen 16 und 60 Jahren, die bisher nicht kriegsverwendungsfähig oder uk (unabkömmlich) gestellt waren.

Eidesformel für den Volkssturm*

„Ich schwöre bei Gott diesen heiligen Eid, daß ich dem Führer des Großdeutschen Reiches, Adolf Hitler, bedingungslos treu und gehorsam sein werde. Ich gelobe, daß ich für meine Heimat tapfer kämpfen und lieber sterben werde, als die Freiheit und damit die soziale Zukunft meines Volkes preiszugeben."

*Am 12.11.1944 fanden im ganzen Reich öffentliche Kundgebungen und Vereidigungen statt.

Am selben Tag (25.9.1944), an dem Hitler den Erlaß über die Bildung des Volkssturms verkündete, ernannte er Reichspropagandaminister Joseph Goebbels – der auch Gauleiter von Berlin war – zum Reichsbevollmächtigten für den totalen Kriegseinsatz. Als Reichsbevollmächtigter erhielt Goebbels die Vollmacht, „den gesamten Staatsapparat einschließlich Reichsbahn, Reichspost und aller öffentlichen Anstalten, Einrichtungen und Betriebe mit dem Ziel zu überprüfen, durch einen restlosen rationellen Einsatz von Menschen und Mitteln, durch Stillegungen oder Einschränkungen minder kriegswichtiger Aufgaben und durch Vereinfachung der Organisation und des Verfahrens das Höchstmaß von Kräften für Wehrmacht und Rüstung freizumachen.“[39] (In diesem Zusammenhang sei hier nur darauf hingewiesen, daß Thüringens Gauleiter Fritz Sauckel in seiner Eigenschaft als Reichsbevollmächtigter für den Arbeitseinsatz bereits am 10. Juni die Meldepflicht für Männer von 16 bis 65 und Frauen von 17 bis 45 Jahren – ab 28. Juni bis 50 – Jahre nach einem Aufruf des zuständigen Arbeitsamtes für „Aufgaben der Reichsverteidigung“ verordnet hatte.[40] Künftig entschied ein „Arbeitsstab zur Festlegung der Kräftebilanz“, dem Mitarbeiter des Heeresersatzamtes, des OKW, des Ministeriums Speer, von Sauckels Dienststelle für den Arbeitseinsatz und des Propagandaministeriums angehörten, im kleinen Kreis über die Bereitstellung von Menschen für den Kriegseinsatz.) Zu den ersten Maßnahmen, die Goebbels in seiner neuen Funktion verordnete, gehörte die Schließung aller Theater, Varietés und Kabaretts sowie 18 von insgesamt 25 Zirkussen. Von den zahlreich vorhandenen Orchestern blieben ganze neun erhalten.[41]

Front und Heimatfront begegnen sich in den Rüstungsbetrieben. Es gehörte zu den üblichen Betreuungsprogrammen der NSDAP, Fronturlauber an ihren ehemaligen Arbeitsplätzen zu begrüßen. (CZA)

Da immer mehr Männer an die Front müssen, werden immer mehr Frauen in der Rüstungsindustrie angelernt. (CZA)

Die NSDAP-Gau-, Kreis- und Ortsgruppenleitungen erhielt in der Folge neue Aufgaben bei der Organisation des totalen Kriegseinsatzes im ganzen Reichsgebiet. In seinen Ausführungsbestimmungen vom 27. September 1944 legte Bormann fest, daß der Volkssturm von den Hoheitsträgern der NSDAP kreis- und ortsgruppenweise in Bataillonen und Kompanien aufzustellen sei. Weiter wurde verfügt, daß zur Regelung aller organisatorischen Fragen beim Gauleiter ein „Gehilfe“ zu ernennen ist; die Führung und Ausbildung der Volkssturmmänner soll von fronterfahrenen Politischen Leitern oder entsprechend geeigneten Personen aus Gliederungen, Polizeidienst usw. übernommen werden. Und die Ausbildung habe mindestens einmal in der Woche außerhalb der Arbeitszeit zu erfolgen.

Bormanns zweite Ausführungsbestimmung vom 12. Oktober 1944 nahm neben den Gauleitern auch die Kreisleiter für die Erfassung, den Auf- und Ausbau sowie die Organisation des Volkssturms in die Pflicht.[42]

Die dem Volkssturm gestellte Aufgabe bestand ausschließlich in der Verteidigung des deutschen Territoriums vor den anrückenden Alliierten Streitkräften. Der Führererlaß bestimmte ferner, daß die Gauleiter, die bereits 1942 durchweg zu Reichsverteidigungskommissaren ernannt worden waren, für die Aufstellung und Führung des Volkssturms in ihrem Gau die Verantwortung tragen. Eine solche Befehlsordnung lag nahe, verfügte doch die NSDAP in jedem Gau über ein engmaschiges Organisationssystem. Den Verfügungen entsprechend wurde der Volkssturm organisiert und aufgebaut. Dabei wurde jedoch über die bereits bestehenden Formen der Einbeziehung von Mädchen und Frauen in den Militärdienst hinaus auf die Aufstellung weiblicher Kampftruppen verzichtet.

Für die militärische Führung des Volkssturms setzte Hitler Heinrich Himmler ein. Mit der politischen und organisatorischen Leitung wurde Reichsleiter Martin Bormann beauftragt. Ein Großteil der für den Volkssturm rekrutierten Personen,

Waffenübergabe an Hitlers letztes Aufgebot, ob als Wehrmachtsjahrgang oder Angehöriger des Volkssturms. (WS)

Aufruf des Gauleiters Fritz Sauckel an die gesamte Bevölkerung des „Trutzgaues Thüringen“ vom 20. Februar 1945 zur Verteidigung des nationalsozialistischen Reiches in der Gauzeitung. (WS)

Thüringer Gauzeitung

DER NATIONALSOZIALIST

Amtliches Organ der Gauleitung Thüringen der NSDAP. und der Thüringischen Staatsregierung

Nummer 43 WEIMAR, Dienstag, den 20. Februar Jahrgang 1945

Alles für das nationalsozialistische Reich!

Aufruf von Gauleiter Fritz Sauckel an die gesamte Bevölkerung des Trutzgaues Thüringen

Der Feind will das deutsche Leben vernichten

Der Wilson-Schwindel brachte nur Not und Elend

Unsere Rettung: treue Gefolgschaft dem Führer

Der Zerfall des Reiches war unaufhaltsam

Wir werden unsere Gefallenen nicht verraten

Erst Adolf Hitler brachte wieder Arbeit und Brot

Der Führer tat alles, um den Frieden zu retten

insgesamt zirka sechs Millionen, kamen aus den Lagern der Hitlerjugend, galten als zu alt oder waren aus gesundheitlichen Gründen vom Kriegsdienst befreit worden. Dennoch wurden sie alle in drei Aufgeboten einberufen. Das erste Aufgebot umfaßte alle Männer, die aus Alters- oder Gesundheitsgründen vom Dienst befreit worden waren. Es galt den Jahrgängen 1884 bis 1924. Das zweite Aufgebot stellte einen großen Teil jener Männer unter Waffen, die bisher als *unabkömmlich* (uk) galten. Und das dritte Aufgebot betraf die noch nicht wehrfähige Jugend der Jahrgänge 1924 bis 1928. In der Tat erfaßten vor allem der erste und dritte Aufruf im wahrsten Sinne des Wortes das „letzte Aufgebot“ Hitlers.

Die Ausbildung der Volksfront-Kämpfer sollte neben den täglichen 12 bis 16 Arbeitsstunden, die zu diesem Zeitpunkt geleistet wurden, stattfinden. Da blieb nicht viel Zeit, zumal bei den häufigen Luftangriffen und Überflügen. Deshalb verwundert es auch nicht, daß die Ausbildung im großen und ganzen dürftig ausfiel. Einheiten, die bereits als Feuerwehr, Mitglieder des NSKK oder NSFK, als Luftschutzhelfer oder in Lagern der Hitlerjugend, der SA und durch weltanschauliche Lager und Reservedienste militärisch vorgebildet waren, verfügten noch einigermaßen über entsprechende Vorkenntnisse. Das Gros der sechs Millionen aber nicht. Oftmals wurde die Ausbildung an Beutewaffen durchgeführt, für die es aber weder Ersatzteile noch ausreichend Munition gab. Zudem fehlte es an Uniformen und Bekleidungsgegenständen überhaupt. Alles zusammen führte zu einer deutlichen Herabsetzung des Kampfwertes, obwohl die Menge der im Volkssturm nochmals zusammengepreßten Menschen enorm war. Der Einsatzschwerpunkt des Volkssturms lag letztlich auch weniger im organisierten militärischen Kampf, trotz entsprechender Propaganda in der „Wochenschau“ und den Meldungen des „Großdeutschen Rundfunks“, sondern in Schanzarbeiten, Panzersperrenbau, in der vorsorglichen Verminung von Brücken und Verkehrsanlagen, in der Errichtung von Notunterkünften und Unterstützung bei Evakuierungen und Verlegungen, Objektschutz und Gefangenenbewachung und so weiter. Der Kampfeinsatz – in Zusammenarbeit mit der Wehrmacht und den jeweiligen Kampfkommandanten – und das letztlich zwangsläufige Scheitern dieser Kampfformation bildeten den letzten Akt vor der Besetzung und Kapitualtion Deutschlands. Allerdings bleibt anzumerken, daß der Volkssturm, der sich den Alliierten an der Westgrenze entgegenstellte, im Unterschied zu den Einheiten an der Ostfront, kaum Schlagkraft entwickelte. Dies hat mit dem Schreckensbild des bolschewistischen Untermenschen, das die nationalsozialistische Propagada von Anfang an verbreitet hatte, zu tun, und mit der Furcht vor der Rache für die Ver-

Am 16. April 1945, 14 Tage vor seine 17. Geburtstag, fiel der Lehrling Werner Kießling (lks.) aus Greiz für „Führer, Volk und Vaterland". Zusammen mit seinen Volkssturm-Kameraden stellte er sich den anrückenden US-Truppen am Ufer der Weißen Elster entgegen, während die Wehrmacht sich nach der Brückensprengung absetzte. (VW)

brechen, die auf besetzten Gebieten geschehen waren. Zumindest unterschwellig war dies vielen Deutschen durchaus bekannt. Ein solches Schrekkensbild fehlte gegenüber den westlichen Alliierten.

Gemäß dem Führererlaß vom 25. September 1944 und den nachfolgenden Bestimmungen und Weisungen zur Organisation des Volkssturmes erfolgte auch im Gau Thüringen dessen Aufstellung entsprechend der vorgegebenen Gliederung in Gruppen, Züge, Kompanien und Bataillone. Die Aufstellung des Volkssturms für den Trutzgau Thüringen verkündete Gauleiter Fritz Sauckel als Verantwortlicher in einer Rede am 19. Oktober. Als „Gehilfe" zur Organisation des Volksstums berief Sauckel den SA-Führer Georg Feig. In dieser Funktion als „Gaustabsführer" für den Volkssturm schlug Feig unter anderem die Bataillons- und Kompanieführer vor, die von Sauckel ernannt wurden. Mit der Ernennung Feigs gehörte Thüringen zu den insgesamt 17 von 42 Gauen, in denen ein Angehöriger der SA die organisatorische Leitung des Volkssturms übertragen erhielt. Unterhalb dieser Kommandoebene – bei den Zügen und Gruppen – wurden mehrheitlich Reservisten mit entsprechenden militärischen Vorkenntnissen mit der Führung beauftragt. Die Mitwirkung von Hoheitsträgern der Partei, insbesondere der Kreis- und Ortsgruppenführer der NSDAP, stellte insofern ein Problem dar, da dieser nicht der Befehlsgewalt eines Volkssturmkommandanten unterstellt sein sollte. Oft nahmen sie deshalb Aufgaben im Bereich der Zivilorganisation in den Verteidigungsstäben wahr.

Kriegsende

Die militärische Besetzung Thüringens erfolgte zwischen dem 1. und 16. April 1945; die vollständige Einstellung aller militärischen Handlungen bis zum 20. April 1945. Danach begann das Besatzerregime.

Am 1. April 1945, es war Ostern, erreichte die 3. US-Armee unter dem Befehl von General George S. Patton die hessisch-thüringische Landesgrenze. Durch einen Blitzvorstoß am 4. April gelangten einige Einheiten in den Raum Ohrdruf-Gotha-Arnstadt. Schlagartig hörten ab diesem Moment die strategischen Luftangriffe, die das Territorium des Gaues Thüringen zur Hauptluftangriffszone gemacht hatten, auf. Statt dessen beherrschte im Zusammenspiel mit den anrückenden Fronttruppen die 9. taktische USAAF mit ihren zweimotorigen Bombern die Szenerie. In rollenden Einsätzen bombardierten und beschossen sie alle Verkehrswege und die zurückweichenden deutschen Wehrmachtseinheiten. Diese Angriffe aus nächster Nähe dienten nicht nur militärischen Zwecken, sondern sollten vor allem auch die Mo-

Alltag im Krieg
Ereignisse in Stichworten

1945
Aufruf zur Aktion „Volksopfer", eine Kleiderspende für Wehrmacht und Volkssturm (5.1.); Evakuierung Ostpreußens beginnt (23.1.);Uraufführung des Ufa-Farbfilms „Kolberg", der an den Durchhaltewillen des deutschen Volkes appelieren soll (30.1.); „Volkssturm-Hilfsdienst" für Frauen und Mädchen angeordnet (12.2.); Bombardierung Dresdens, das keine Flugabgwehr hat, in zwei Nachtangriffen und einem Tagangriff mit etwa 60 000 Opfern (13./14.2.); Hitler genehmigt probeweise die Aufstellung eines Frauenbataillons (26.2.); Einberufung des Jahrgangs 1929 zur Wehrmacht (5.3.); Hitler erläßt den „Nero-Befehl" (19.3.); Argentinien erklärt als 59. und damit letzter Staat Deutschland den Krieg (27.3.); die für April festgelegte (normale) Lebensmittelration pro Woche beträgt 1700 g Brot, 250 g Fleisch, je 125 g Fett und Zucker sowie 225 g Nährmittel (28.3.); der „Werwolf" als operative Partisanenorganisation von Goebbels ausgerufen (1.4.); KZ Buchenwald befreit (11.4.); Magdeburg und Leipzig von amerikanischen Truppen besetzt (18./19.4.); bei Torgau an der Elbe treffen sowjetische und amerikanische Truppen zusammen (25.4.); Hitler nimmt sich im Berliner Führerbunker das Leben (30.4.); Kapitulation Berlins (2.5.); Deutschland kapituliert bedingungslos (7.bis 9.5.) – für Deutschland ist der Krieg zu Ende.

Dokumentation

Aus dem Kriegstagebuch eines Volkssturmmannes*

Von Robert Kutschbach

Der Monat März 1945 steht im Zeichen sehr starker Luftangriffe auf den mitteldeutschen Raum. Am Montag, den 5.3. wird Jena in der Mittagsstunde angegriffen. Im Postamt werden u.a. die Telefonkabel zerstört, so daß jede fernmündliche Verbindung unterbrochen ist. Das LS-Warnkommando Jena kann also keine Luftschutzmeldungen und Warnbefehle mehr an die angeschlossenen Warnstellen durchgeben. Die Stromzuführung, usw. fällt auch aus und damit die Möglichkeit, die LS- Sirene auszulösen, um bei Fliegeralarm die Einwohner der Stadt Kahla, die Betriebe und die umliegenden Dörfer zu warnen. Die Flaksender im Rundfunk können auch nicht gehört werden. Helfend wie so oft greift der WLS der Porzellanfabrik ein, denn unsere eigene Stromerzeugung ist noch in Ordnung. Die örtliche LS-Leitung und die Polizei sind nicht in der Lage, sich zu helfen. Am selben Abend nahm ich mit dem Befehlsstellwerk der Reichsbahn Kahla Süd-Verbindung auf und lasse mir über Saalfeld die LS-Meldungen und Befehle durchgeben, die Warnkommando „Jena Süd" (Saalfeld) wegen der unterbrochenen Verbindung nunmehr vom „Wako Ilmenau" bekommt. Somit ist wenigstens für die erste Nacht das Überraschungsmoment ausgeschaltet und wir können mit unserer erst kürzlich eingebauten Sirene warnen. Die Selbstwählanlage im Postamt Kahla ist auch mit Hilfe der Porzellanfabrik in Betrieb gehalten worden und Hans G., unser Elektromeister, hat die Akku-Station dort versorgt, so können wir innerhalb des Netzes Kahla wenigstens telefonieren und die Großbetriebe REIMAHG und Zeiss/ Abt. Rothenstein sowie die Dörfer über alles Notwendige unterrichten. Als Werkluftschutzleiter beziehe ich mit meinem Stellvertreter Hans G. im Befehlstand meinen Posten. Wir ahnen natürlich nicht, daß wir fast eine Woche, mit nur kurzen Unterbrechungen, hier verweilen müssen. Im Radio bekommen wir den Flaksender "Prima Donna" und können seine Meldungen an Hand der Karte auswerten. Wir wachen, essen und schlafen im Bunker, der in der letzten Zeit vergrößert wurde und einen neuen Notausgang bekam. Alle Einrichtungen bewähren sich nun im Ernstfall gut, die maschinelle Belüftung, die Wasserversorgung, Heizung, Notbeleuchtung usw. Ein Alarm jagt den anderen, die Männer vom WLS sind fast dauernd vollzählig zur Stelle. Der Zustrom der Schutzsuchenden im Bunker wird von Alarm zu Alarm größer. Über 250 Menschen finden sich ein, es entsteht bisweilen eine beängstigende Fülle in den Schutzräumen. Die Disziplin unter den Leuten ist gut (einige Ausnahmen sind bald erzogen); wir sprechen ihnen Mut zu und ich verweise auf die solide und sachgemäße Bauweise und Konstruktion der Anlage und auf die 10 m starke Deckung des festgewachsenen Bodens, der als Schutz über der gesamten Schutzraumanlage liegt.

Am Sonnabend, den 10. 3. ist das „Warnkommando Jena" wieder telefonisch erreichbar und wir gehen nach 120 Stunden fast ununterbrochener Bereitschaft zum ersten Male wieder heim, um zu baden und zu schlafen. Die Tage werden immer unruhiger und während der Nächte ist oft ein und zwei Mal Alarm. Am Ostersonnabend bin ich mit Bekannten im Löwen, als ich nach Hause komme, ist H.-U. als Arbeitsdienstmann für ein paar Stunden mit dem Fahrrad von Zeulenroda herübergekommen, er muß in derselben Nacht wieder zurück fahren, weil es keinen Osterurlaub gibt. Mutti füttert und verproviantiert ihn für die Feiertage gut und um 4 Uhr morgens fährt er mit seinen beiden Kameraden zurück, wir haben uns sehr gefreut, das er bei uns war. Wohin wird ihn das Schicksal verschlagen haben, hoffentlich ist er heim gekommen und hoffentlich sehen wir uns alle gesund wieder. Der erste Osterfeiertag verläuft ruhig, ich ruhe mich aus, Gertrud ist bei uns, am Abend trinken wir eine Flasche Wein. Kurz vor Mitternacht ruft der Bataillons-Führer an und erteilt mir den Befehl, meine Kompanie 2/350 zu alarmieren und die für die Wehrmacht vorgesehene Stellung am Ostufer der Saale festzulegen und mit dem Ausbau derselben zu beginnen. Während ich den Befehl aufnahm, wird in der Stadt mit der LS-Sirene „Feindalarm" gegeben. Als ich nach einigen Minuten zum Alarmplatz meiner Kompanie eile (Anger an der Saalebrücke in Kahla.-Löbschütz), wird bereits wieder entwarnt, die Auslösung des Alarms beruhte unverantwortlicher Weise auf einem Mißverständnis (verantwortlich dafür war Bataillonsführer Hptm. M. vom Bataillon 354). Unter der Einwohnerschaft herrscht große Aufregung. Gegen 1/2 2 Uhr am 2.4. (2. Feiertag) steht meine Kompanie, ich gebe den Alarmbefehl bekannt, weise die Zugführer in ihre Abschnitte ein, 1. - 3. Zug rücken zum Schanzen ab, der 4. Zug ist Kompaniereserve und liegt im Thüringer Hof. Er stellt die Posten auf der Brükke und an den Ortsausgängen. Der Verlauf der Stellung war bereits am Karfreitag festgelegt worden mit dem Bataillonsführer und den Kompanieführern. Die Stellung läuft im Anschluß links am 3./351 über Grundstück Schindhelm, Straße Kahla-Neustadt, Grundstück Hellbach zur Ascherhütte mit Front zur Saale, wo sie am Fußweg entlang bis zur Brücke, durch das Sägewerk Becker bis zur Fußgängerbrücke am Fuße des Dohlenstein und weiter bis zum Anschluß an 1./350, diese Kompanie liegt in Großpürschütz, der Kompanie-Gefechtsstand befindet sich zunächst beim Zugführer H. K. in Löbschütz; der Bataillonsgefechtstand ist im Verwaltungsgebäude der Porzellanfabrik Kahla untergebracht. Vorläufig bleibt während der Nächte nur ein Zug in Bereitschaft, er stellt die Wache und Posten, die Leute der anderenen Züge werden abends um 19 Uhr entlassen und treten früh um 6 Uhr wieder zum Arbeitsdienst an. Außer dem Stellungsbau wird eine Panzersperre an der Straße nach Stadtroda errichtet und zum Schießen vorbereitet, und an der Straße nach Neustadt wird eine Barrikade vorbereitet. Für die Bewohner werden die Luftschutzräume verstärkt und gesichert. Ich lasse für den Bunker am alten Lindiger Weg in der Schlosserei der PFK eine starke eisenbeschlagene Tür herstellen und am Bunkereingang anbringen, so wird dieser Schutzraum einigermaßen den Anforderungen genügen und seinen Zweck erfüllen. Ein zweiter Stollen wird dort als Bataillonsverbandsplatz hergerichtet. Über die Saale spannen wir unterhalb der Brücke ein Drahtseil, bauen ein Floß, um nach eventuellen Beschädigungen der Brücke einen Pendelfährverkehr einrichten zu können.

Mit diesen Arbeiten ausgefüllt, vergehen die nächsten Tage. Ich schlafe zu Hause oder wenn es nachts zu spät

Dokumentation

wird im Gefechtsstand. Am 4.4. melden sich die Oberfähnriche B. und H., die Wehrmachtsstreife auf der Brücke durchzuführen haben, dazu stellt die Kompanie und die Polizei einen Posten. Die Kompanie übernimmt die sichergestellten Waffen von Soldaten, die von Westen nach Osten die Brücke passieren. Beim Kompaniegefechtsstand wird die Waffenmeisterei für die Bataillone 350 und 351 eingerichtet. Wir bekommen neue Karabiner 98 K, Sturmgewehre, Volkssturmgewehre, Maschinenpistolen und MG's, die ich aus Jena mit LKW abhole.

Am 5.4. besichtigt der Abschnittskommandeur der Wehrmacht die ausgehobenenen Stellungen. Von der Ascherhütte bis zum Saalewehr müssen noch Einmannlöcher entlang des Weges ausgehoben werden. Die vorhandenen Kähne in der Saale werden an das Ostufer gebracht. Von der Polizei übernehme ich Panzerfäuste.

Am anderen Tage werden die vorhandenen Waffen an die Bataillone verteilt. Ich muß immer greifbar sein, jeder verlangt nach mir und immer muß ich eingreifen, wo es fehlt oder nicht klappt. In Löbschütz habe ich die Leitung des Luftschutzes übernommen und in der PFK habe ich die Werksluftschutzleitung an H. G. abgegeben. Es fiel mir schwer, jetzt wo der Ernstfall so nahe rückte, die mir vor Jahren anvertraute Leitung in andere Hände zu legen, hatte ich doch alles selbst mit besonderer Unterstützung von H. G. und anderer Kameraden, auch des Truppführers Polier E. A. aufgebaut und organisiert und manche freie Stunde an Sonnabenden und Sonntagen verbrachten wir mit der Planung und Ausführung dieser Anlage. Wie oft suchte unsre Belegschaft und die Bewohner der Nachbarstraßen Schutz bei Alarm in dieser von vorgesetzten Dienststellen als mustergültig anerkannten Anlage, und für alle Arbeit und Mühe war der schönste Lohn die dankbare Freude all der Frauen und Kinder, wenn sie wohl geborgen in den Schutzraum saßen. Nun rief das Vaterland wieder in seiner schwersten Stunde und mir wurde eine Kompanie des Volkssturmes anvertraut, als alter Soldat wurde gehorcht und der Befehl ausgeführt, denn ich wußte ja auch, daß die Leitung des WLS in bewährte Hände gelegt war.

Am 7.4. ist mein Geburtstag. Vormittags erhalte ich Befehl zur Kasernierung der Männer; da gibt es viel Arbeit. Ich rufe meinen Feldwebel W. O. an und beauftrage ihn beim Lagerverwalter der Reimahg im Fürstenkeller Dekken und Strohsäcke anzufordern. Ich selbst fahre mit einigen Männern zu den Baracken an der Landstraße nach Großeutersdorf, dort sollen unbeaufsichtigt große Stapel von diesen Sachen liegen. Wir entnehmen dem Lager ca. 100 Wolldecken und Strohsäcke, die beim Lagerverwalter angemeldet werden. Von ihm erhalten wir außerdem noch ca. 150 Decken, so ist diese Sorge schnell behoben. Aus der PFK werden Holzwolleballen geholt. Inzwischen habe ich die Berufsschule in Löbschütz als Unterkunft bestimmt und die Klassenräume frei machen lassen. In jedem großen Raum kommt ein Zug unter, außerdem die Bataillons- u. Kompaniefuriere mit ihren Vorräten. Der Bataillonsgefechtsstand wird auch in die Berufsschule verlegt. Am Nachmittag richten sich die Männer ein und am Abend gibt es die erste Verpflegung. Bei einbrechender Dunkelheit ist alles fertig einschließlich der Verdunkelungsrollos, die wieder von der PFK geliefert wurden.

Am Vormittag bin ich schnell mal daheim gewesen. L. besucht mich und bringt Zigarren und Zigaretten, Herr B. schenkt mir eine Flasche Weißwein, Herr K. bringt 100 Zigaretten, jedermann gratuliert mir. Am späten Nachmittag kommt M. mit Kaffee und Torte und Kuchen. Es hat sich eine ganz gemütliche Geburtstagsrunde zusammengefunden, den Fliegeralarm beachten wir nicht weiter, denn wir sind in diesen Tagen schon allerlei gewohnt geworden. Aber plötzlich wird es doch ungemütlich. Wir hören die Bomben rauschen und zerbersten, Fenster zerspringen, Türen fliegen auf, über dem Ostteil der Stadt türmen sich schwarze Rauchpilze zum Himmel. Wir vermuten, daß der Fabrikteil „Wiesenmühle" getroffen wurde. Nach Anruf bei der Polizei erfahre ich, daß die Bomben in der Ost- und Fabrikstraße in der Nähe der „Gasfabrik" und am Oberbachweg eingeschlagen sind. Einige Häuser wurden zerstört und mehrere Personen getötet. Die Geburtstagsfeier war damit natürlich zu Ende, ich schikke die Leute aus den betreffenden Straßen mit Schanzzeug fort, am meisten Schäden erlitt Kamerad Paul R., den ich für die nächste Zeit beurlaube. Spät fahre ich am Abend nach der Fabrik und an den Schadenstellen vorbei. Wieder ist Fliegeralarm. Ich gehe zum Befehlsstand. Endlich nach Mitternacht komme ich heim, ich bade, dann trinken wir noch eine Flasche Wein, essen Brombeeren, die wir im August 44 an sonnigen Urlaubstagen an der „Hohen Straße" gesucht hatten. M. hat allerlei Gutes für mich bereit gehalten, doch bin ich durch all die Ereignisse der letzten Zeit stark beeindruckt. Zum ersten Mal ist meine gute Mutter nicht unter den Gratulanten. Im Februar legten wir sie zur letzten Ruhe. Es ist gut, daß sie all das in ihren alten Tagen nicht mehr durchzumachen brauchte. Sie liebte Deutschland so sehr und sah nun wenigstens nicht mehr diesen Zusammenbruch.

Am Sonntag, den 8.4. wird für die Kompanie gekocht. In der Fleischerei Fischer ist alles dafür gut vorbereitet, es gibt Rindfleisch, Kartoffeln und Grütze. Bis auf die Wache habe ich alle Männer bis 19 Uhr beurlaubt, damit sie bei sich selbst oder als Nachbarhilfe zerbrochene Fenster, Türen und abgedeckte Dächer reparieren helfen. Am Nachmittag wieder Fliegerangriff auf Bahnhof Kahla und die Porzellanfabrik. Auf der Station stand ein langer Güterzug mit Flugzeugteilen, die ungetarnt ihre Balkenkreuze zeigten. Es wäre schon ein lohnendes Ziel gewesen, getroffen wurde aber die Fabrikabteilung „Wiesenmühle I", und zwar das Generaltorgebäude, die Holzwollefabrikation und die große Exportpackhalle, einige umliegende Wohnhäuser. Feuer entstand in der Bahnhofstraße bei R.

Ich beobachtete den Angriff von der Leuchtenburgstraße aus. Spät am Abend bekomme ich vom Bataillon Erlaubnis nach Kahla zu fahren. Ich treffe Schlossermeister B., meinen Waffenmeister. Wir sehen uns den wüsten Trümmerhaufen in der Fabrik an. Wie oft haben wir in diesen Abteilungen gearbeitet. Nun sind diese schönen Anlagen restlos zerstört, gerade um die Holzwolleanlage tut es mir leid, sie war die erste große Anlage, die ich 1928 selbständig nach eigenen Plänen errichtet hatte. Ich gehe zu den Männern des 3. Zuges meiner Kompanie, die als Feuerwehrleute in der Stadt Wache und an der Brandstelle Dienst tun. Zugführer Walter W. meldet mir und schildert den Angriff zur Bekämpfung des Feuers. (Ich hatte in der Vorahnung diesen Zug der Kompanie nicht mehr in der

Dokumentation

Stellung behalten, sondern seit Sonnabend in der Stadt im Feuerwehrdepot kaserniert. Nach Aussprache mit dem Wehrführer Franz R. hatten wir uns so geeinigt, daß in Löbschütz nur die dort wohnenden Feuerwehrleute bleiben sollten, verpflegt wurden alle Mannschaften von der Kompanie.) Dann suche ich den Bunker und den Schutzraum „Kantine" auf, beide sind von Bombengeschädigten, die sich dort für die nächste Zeit eingerichtet haben, stark besucht. Alles ist überfüllt. Hans G. hat seinen Kopf voll, einige Verwundete sind auf Tragbahren gebettet und werden von uns gut versorgt. Ich bin recht froh, daß die Arbeit der letzten Zeit doch noch Sinn und Zweck hatte. Die Leute sind recht zufrieden, daß sie bei uns Unterkommen gefunden haben. Ich sehe es an den Blicken, wenn ich durch die Räume gehe!

Müde komme ich nach Hause. Ich war den ganzen Tag auf den Beinen. Wir trinken eine Flasche Wein, ich muß in der Nacht zur Kompanie zurück. Von Jena ist eine Marschkompanie gemeldet, die bei meiner Kompanie mit Kaffee versorgt werden soll. Gegen 2 Uhr ist diese Kompanie versorgt und marschiert weiter. Inzwischen sind 10 Fallschirmjäger eingetroffen. Sie werden untergebracht und verpflegt. Ein Lkw vom Landratsamt Stadtroda trifft ein, der für die beiden Bataillone 1500 Flaschen Likör bringt. Wir laden die schweren Kisten ab, es ist 1/2 4 geworden, dann lege ich mich endlich schlafen.

Am Montag, den 9.4. gehe ich früh mit dem Bataillonsführer die Stellung ab. Der Stab des Abschnittskommandeurs der Wehrmacht wird in der Berufsschule untergebracht. Die Saale- und Lachenbrücken werden von Pionieren des Bataillons 354 zur Sprengung vorbereitet. Ich erhalte als Führer der zuständigen Kompanie den Befehl, die Sprengung zu dem angegebenen Zeitpunkt, oder, wenn Gefahr drohte, selbständig durchzuführen. Die Posten an den Brücken werden verstärkt, der Rückstrom von Soldaten aus dem Westen wird stärker, am Brückenplatz staut sich die Menge, die Soldaten werden gesammelt und im Thüringer Hof zu Marschkompanien zusammengestellt und nach Jena überführt.

Am vergangenen Freitag wurde mir gemeldet, daß im Lager Bibra die zurückgelassenen Pferde verkauft oder verschachert werden. Für Zigaretten gibt es ein Pferd und bei noch mehr Zigaretten einen Wagen voll Futter dazu. Ich fahre mit Kiendl und ein paar Männern nach dort. Wir können noch einige Gäule sicherstellen, die große Menge ist bereits fortgebracht oder geschlachtet worden. Eine heitere Episode hatten wir am Montag Nachmittag bei der Kontrolle auf der Brücke. Ein pfundiger Mercedes-Benz, Inhalt ein Parteimann mit sehr viel Gold am Kragen mit Begleiter, wird angehalten. Nach Waffen befragt, gibt er nur eine Pistole an. Ich greife unter die verdächtigen Fichtenzweige im Rücksitz und nun fördern wir 4 Karabiner, 1 Sturmgewehr, 1 1MG, 4 Panzerfäuste und 1 Kiste Gewehrmunition heraus. Der Bonze gibt an, diese Waffen zu seinem persönlichen Schutz zu brauchen. Alles wird beschlagnahmt und mit rotem Kopf fährt der entwaffnete Pg. weiter. Ein General der Polizei, dann ein höherer SS Führer werden zum Halten aufgefordert. Der erste weist sich aus, der andere fährt weiter und es muß ihm erst durch ein paar Schüsse aus der MPi klar gemacht werden, daß er sich zu fügen hat. Beide geben an, daß sie dem persönlichen Schutz des Gauleiters Sauckel angehören.

Pferdegeschirr und Lkw der PFK werden meiner Kompanie zugeteilt, von Jena und Rudolstadt muß Verpflegung und Bekleidung geholt werden. Kartoffeln, Holz und Kohle werden von der PFK herangebracht. Der Bataillons-Furier K. sorgt gut für uns. Gegen Abend maschiere ich mit meinen Zug- u. Gruppenführern nach dem Hungerborn. Leutnant H. und Obergefreiter P. unterweisen uns in der Handhabung der neuen Waffen, dann schießen wir scharf. Feiner Regen setzt ein, naß kommen wir ins Dorf zurück. Abends werden noch Bekleidungsstücke und Wäsche ausgegeben. In dieser Nacht schlafe ich zum letzten Mal daheim. Der nächste Tag verläuft ruhig, der Stellungsausbau ist fertig. Eine Infanteriegruppe wird der Kompanie zugeteilt. Sie wird untergebracht, verpflegt und ich weise ihr einen Abschnitt in der Stellung zu. Im Laufe der Nacht verlassen die Infanteristen jedoch die Stellung unter Mitnahme von Waffen. Einige Panzermänner und Angehörige der Luftwaffe finden sich ein und gehen mit in Stellung. Das Wetter ist wieder schön geworden, wir liegen in der Sonne. Gegen Abend soll ein Verwundeter aus dem LS-Stollen der Porzellanfabrik zum Bataillonsverbandsplatz gebracht werden. Er stirbt auf dem Transport. Wir versuchen eine Überfahrt mit dem Floß. Die Saale ist sehr reißend und führt viel Wasser, weil die Saaletalsperren abgelassen werden. Die Saale soll ja ein Hindernis bilden. An ihrem Ostufer zieht sich die Hauptkampflinie entlang. Mit ca. 25 Personen besetzt, gelingt mit Mühe die Überfahrt. Bei der zweiten Fahrt reißt die Treidelleine. Das Floß treibt bis zum Durchstich am Dohlenstein. Dort gelingt es zu landen. Eine Rote-Kreuz-Helferin fiel ins Wasser, konnte aber an Land gebracht werden. Am Nachmittag war ich mit einem Zug im Löbschützer Grund, wir übten „in Stellung gehen" und schossen mit den neuen Waffen. In der Nacht ist sehr starke Fliegertätigkeit.

Am Mittwoch, den 11.4. fahre ich vormittags zum 3. Zug (F.W.) Die Bombenwürfe haben an den Häusern rechte Schäden angerichtet, man sieht überall mit Brettern vernagelte Fenster und abgedeckte Häuser. Am Nachmittag ist viel Fliegeralarm. Einmal besuche ich noch die vertrauten Stätten in der Fabrik, im Bunker ist alles besetzt. Hans und P. mit ihren Familien sind im Befehlsstand. Im Keller des neuen Verwaltungsgebäudes treffe ich Ernst J. mit Familie. Ich bekomme Kaffee und Kuchen, dann gehe ich zur Kantine, hier sind auch viel Flüchtlinge einquartiert. Ich besuche Lisa und Gertrud, die gerade bei Entwarnung aus dem Keller kommen, dann fahre ich heim. Martha ist aber nicht zu Hause, so halte ich mich nicht auf, aber am Abend kommt M. zu mir nach Löbschütz. Ich freue mich sehr. Gegen 11 Uhr bringe ich sie ein Stück auf den Heimweg. In der Nacht ist ferner Kanonendonner zu hören. Am Donnerstag beginnt der Tag mit lebhafter Fliegertätigkeit. Ich habe bei meinem 3. Zug zu tun und fahre bei dieser Gelegenheit noch einmal heim. Wir verabschieden uns. Es fällt uns beiden schwer, denn wir wissen ja nicht, was die nächsten Tage bringen werden. Die Sorge um den Jungen und um das eigene Schicksal bedrücken uns.

Im Laufe des Tages wird gegen meinen Wunsch ein Teil des Likörs ausgegeben, die Folgen sind entsprechend. Der Tag verläuft zunächst ruhig. Wir liegen etwa 150 Meter hinter der Stellung am Dorfrand. Die Wehrmachtskontrolle an der Brücke wird eingezogen, die beiden Oberfähnriche

Dokumentation

verabschieden sich von uns und sollen versuchen, mit anderen Kameraden nach dem Frankenwald zu kommen.

Der Bataillonsführer kommt am Nachmittag in meinen Abschnitt und erteilt mir den Befehl, mich mit meiner Kompanie bei feindlichen Druck in den Raum nach Münchenbernsdorf zurückzuziehen. Die Erteilung eines Feuerbefehls erfolgt nicht und es wird mir die Entscheidung überlassen. Wir liegen in der Sonne und erzählen, da ertönen die Luftschutzsirenen und geben „Feindalarm". Es ist gegen 5 Uhr am Nachmittag. Die Stellung wird besetzt. Mein Gefechtsstand befindet sich etwa 50 Meter oberhalb der Brücke in einer vorgesehenen MG-Stellung. Wir hören die Detonationen von Sprengungen der Brücken in den Nachbarabschnitten. Auch in meinem Abschnitt wird die Brücke am Dohlenstein gesprengt. Nordwärts entsteht in der Ferne ein großes Feuer, der Himmel ist trotz hellem Sonnenschein glutrot erleuchtet. Ich gehe die Stellung ab bis zur Ascherhütte, da erklingt Gewehrfeuer von der Suppiche her, das sich zum Dorf hinzieht; mit einigen Leuten gehe ich ins Dorf nach dem Brunnen, dort sammelt ein Panzer-Leutnant eine Gruppe Grenadiere, die mit einer amerikanischen Gruppe die Schießerei hatte. Der Feind ging zurück, es ist wieder ruhig. Die Leute meiner Kompanie, die keine Ausweise, Soldbücher oder Armbinden haben, schicke ich nach dem Löbschützer Grund, ich befehle ihnen die Waffen niederzulegen, weil ich es vor mir nicht verantworten kann, diese Männer womöglich als Partisanen behandelt zu sehen; ich entlasse sie. Ich selbst gehe nach Lindig und gebe bei Arno F. einige Sachen meines Eigentums zur Aufbewahrung. Ich eile nach Löbschütz zurück, finde in der Stellung nur noch einige Männer, ein Teil hat die Stellung verlassen und ist nach Hause gegangen. An den vergangenen Tagen hatte ich bereits Fleischer, Bäcker, Müller, Schuhmacher usw. daheim gelassen, wegen der Versorgung der Einwohnerschaft. Am Abend um 20 Uhr erhalte ich den Befehl, daß die Brückensprengung der großen Brücken über die Saale nicht von mir, sondern laut Armeeoberkommando, das in Hummelshain liegt, von einem Pionierleutnant durchgeführt werden soll. Gegen 21 Uhr telefoniere ich noch einmal mit Martha. Eine Stunde schlafe ich im Bataillonsverbandsplatz. In der Nacht gegen 23 Uhr klettere ich über die gesprengte Brücke am Dohlenstein und gehe nach Kahla, um einen Teil der Leute zurück in die Stellung zu holen. Den Ölwiesenweg kam ich sicher vor, aber als ich nach der Bahnhofstraße einbiegen will, steht vor der Reichspost ein amerikanisches Auto. Ich höre die Stimmen der Posten, deshalb gehe ich zum Pförtner in der Wiesenmühle I. R. ist im Dienst. er sagt mir, daß ein feindlicher Doppelposten in der Bahnhofstraße und den Ölwiesenweg entlang patrouilliert. Es ist also nicht möglich in die Stadt zu kommen. Ich gehe zurück und gelange wieder über die gesprengte Brücke zurück nach Löbschütz. Mit Ludwig M. gehe ich die Stellung ab, etwa 25 Männer sind anwesend. Ich melde mich beim Bataillonsadjutanten H. und erstatte Bericht. Gegen Mitternacht fahren Teile einer Panzerdivision von Kleineutersdorf kommend in Richtung Lindig und Löbschütz. Die Panzer fahren mit hellem Licht und ziehen feindliches Artilleriefeuer auf sich.

Den Rest der Nacht verbringe ich in meinem Befehlsstand, wir versuchen noch Anschluß nach rechts zum eingeschobenen Bataillon 354 zu bekommen. Es ist aber nicht möglich. Rechts von uns haben sich die Volkssturmeinheiten bereits von der Saale abgesetzt und befinden sich zunächst auf den rückwärts liegenden Höhen. Im Laufe des Vormittags werden beim Bataillonsgefechtstand schwere Granatwerfer abgeladen, jedoch ohne Munition und ohne Bedienungsmannschaften zurückgelassen. Um diese Waffen dem Feind nicht in die Hände fallen zu lassen, werden sie in der Saale versenkt.

Am Freitag den 13.4. früh rufe ich Martha noch einmal an. Kurz darauf ist es nicht mehr möglich, denn die Brükken müssen auf höheren Befehl gesprengt werden. An den Brücken sind die Telefonkabel befestigt, die über den Fluß führen. Warum diese Brücken noch gesprengt werden, ist nicht verständlich, denn der Feind ist auf der Reichsautobahn über die große Brücke bei Göschwitz schon weit nach Osten vorgestoßen. Während die beiden Brücken über die Lache nicht zuviel Schaden erleiden, dagegen die Häuser in der Nachbarschaft arg mitgenommen werden, wird die große Saalebrücke restlos zerstört. Weit fliegen die Trümmer der Eisenkonstruktion und die Pflastersteine herum und graben sich tief in die Erde ein. Als der Staub und Rauch verschwunden sind, ist von der schönen alten Saalebrücke nichts mehr zu sehen als ein paar verbogene Träger über die gurgelnd das Wasser rauscht. Jenseits der Saale auf der Reichsstraße 88 rollen in ununterbrochener Folge amerikanische Panzer nach Süden. Vor und in der Stadt waren Zusammenstöße mit einzelnen deutschen Panzern. Vor der Sprengung sind wir bis zu den Gärten am Dorfrand zurückgegangen. Drüben auf der anderen Seite erscheinen amerikanische Soldaten und verschwinden wieder. Bald erhalten wir MG-Feuer. Ich lasse die Leute zurückgehen in die Häuser und beobachte vom Boden einer Scheune aus. Dabei stelle ich fest, daß das MG-Feuer aus Richtung Brückenplatz von dem dort aufgefahrenen Panzer und vom Mühlberg herkommt. Wieder liege ich mit 3 Mann am Gartenzaun, wir erhalten Artilleriebeschuß, die Schrapnells krepieren über den Gärten. Wir ziehen uns zurück. Ich hole durch dreimaliges Vorarbeiten unter starkem MG-Beschuß Gewehre, Munition und Gepäck zurück. Wir wollen uns am Eingang zum Löbschützer Grund sammeln. Dabei wird Zugführer Hugo Voigt durch Schrapnellsplitter in den Oberschenkel schwer verwundet. Wir bringen ihn sofort in ärztliche Behandlung zum Bataillonsverbandsplatz, er stirbt im Laufe des Tages. Am Eingang zum Stollen wird auch ein junger Soldat, der sich zur Dienstleistung meldet, durch Bauchschuß schwer verwundet, er stirbt ebenfalls am selben Tag (Methfessel aus Umpferstedt). Mit den verbliebenen Leuten meiner Kompanie ziehe ich mich befehlsgemäß über den Fußweg nach Lindig zur alten Lindiger Straße zurück. Es ist keine Verbindung nach rechts zur 1. u. 3. Kompanie/350 und zum Bataillon 354 zu erzielen. Mit Franz Sch. und Schw. hole ich die abgelegten Gewehre und wir bringen sie zum Hohlweg der alten Lindiger Straße. Dort sind die beiden Motorspritzen von der Feuerwehr Kahla abgestellt, die nun auch nicht mehr zurückgefahren werden können. Die Feuerwehr kann die 3 Motorspritzen der PFK verwenden, wenn es nötig sein wird. Am Nachmittag erhalte ich vom Bataillon Befehl, nochmals eine Verbindung nach dem rechten Flügel herzustellen. Ich gehe über die Höhe nach Löbschütz herunter, werde mit Leuchtspur beschossen und

Dokumentation

krieche im Straßengraben bis zu dem Waldstück und Gebüsch oberhalb des Wasserbehälters. Dann bin ich in Dekkung. Ich gehe nach der Stellung und versuche nach rechts weiter zum Dohlenstein zu kommen. Anschluß ist nicht zu bekommen, Wehrmacht hat sich zurückgezogen, auch das MG, das oberhalb des Luftschutzkellers vom Berg aus nach Kahla schoß und damit schweres Artilleriefeuer auf das Dorf zog, ist verschwunden. Mehrere Gehöfte werden getroffen und brennen. Auch die Leuchtenburg wird mit Artillerie beschossen. Vermutlich wird sie als Beobachtungsstand angesehen. Ich gehe zum Bataillonsgefechtstand zurück und melde, das kein Anschluß mehr nach rechts besteht. Dann liege ich mit den Kameraden in der Sonne, wir holen uns Verpflegung und futtern. Als aber der Artilleriebeschuß immer stärker wird, eilen wir zum Stollen. In allernächster Nähe krepieren die Schrapnells und zwitschern die Leuchtspurgeschosse vorüber. Die Straße von der Schule bis zur Kirche liegt unter Beschuß, wenn sich jemand zeigt. Die Schule, Villa Hellbach, Haus Pfaffendorff und Wollenschläger werden getroffen und stark beschädigt, teils brennt es. Im letztgenannten Haus wird der Artilleriebeobachter tödlich getroffen. Bei eintretender Dämmerung ist die Straße wieder passierbar. K. hat in seiner Eigenschaft als politischer Leiter die Dummheit begangen die Übergabe von Löbschütz anzubieten, ohne vorher mit dem Bataillon oder Wehrmachts-Abschnitts-Stab zu sprechen. So entsteht natürlich ein ganz falsches Bild und es hätte bei einen Angebot von berufener Seite sich bestimmt auch am Schicksal der Volkssturmkameraden manches ändern können. So ließ sich nur noch wenig günstig für uns gestalten. Um 20 Uhr erhalte ich Befehl, zunächst mit allen noch verfügbaren Kräften die Stellung in unmittelbarer Nähe rechts und links der Brücke zu besetzen und die vorhandenen Waffen einzusetzen. Es ist mir klar, daß ich einen Feuerbefehl nicht geben werde, weil es zwecklos ist und nur verhängnisvoll für Kahla und Löbschütz sein wird. Außerdem ist Wehrmacht nicht zur Stelle und hat auch bis jetzt gar keine Anstalten gemacht, die befohlene Hauptkampflinie ostwärts der Saale zu besetzen und zu verteidigen. Der Volkssturm ist allein. Als ich zur Brücke komme, um den Befehl auszuführen, sind die Männer meiner Kompanie dort versammelt, aber keiner tut dergleichen, der Aufforderung zum Antreten und zum Besetzen der Stellung Folge zu leisten. Die Waffen liegen auf einem Tafelhandwagen bereit zur Übergabe. Ich fordere zweimal zum Besetzen der Stellung auf – vergebens! So nehme ich den Handwagen mit den Waffen den Leuten fort und fahre diese nach dem Bataillonsgefechtsstand. Keine Hand rührt sich, alle schauen untätig zu. Allein ist es fast aussichtslos, den schweren Wagen dorthin zu bringen. Endlich greift Kam. H. zu und dann hilft Fr. Sch. noch. An der Schule lasse ich die Waffen zurück und gehe zum Bataillon. Dort ist inzwischen der Abschnitts-Kommandant Major Hofmann eingetroffen. Er bespricht mit dem Bataillonsführer und dem Adjutanten die Lage und man kommt zu dem Entschluß, zu kapitulieren. Die Waffen werden also wieder zur Brücke gefahren, wir gehen ebenfalls dahin. Nach einer kurzen Besprechung werde ich gefragt, ob ich bereit bin, nach Kahla zum amerikanischen Ortskommandanten als Parlamentär zu gehen und nunmehr offiziell die Übergabe von Löbschütz und der Waffen anzubieten. Ernst G. und G. begleiten mich und um 21.30 klettern wir im Dunkeln über die völlig zerstörte Saalebrücke. Unter uns braust der hochgehende Fluß, teilweise reicht beim überklettern der Trümmer das Wasser bis zu den Knien. Das überschreiten der zweiten Brücke macht weniger Schwierigkeiten. Wir kommen zum Brückenplatz. Dort steht ein amerikanischer Panzer, der uns am Morgen beschossen hat. Wir tragen weiße Tücher und melden uns. Nach schwieriger Verständigung versteht man, was wir wollen. Wir werden nach Waffen untersucht und mit erhobenen Händen zum Ortskommandanten am Markt gebracht. Wir werden wieder nach Waffen untersucht und nach Schwierigkeiten gelingt endlich auch hier die Verständigung. Es wird mir gesagt, daß ich früh um 5 Uhr zurückgehen soll und daß die Übergabe um 6 Uhr erfolgen soll. Wir werden nach dem Hotel Löwen gebracht, erhalten Betten und Decken und werden in einem Zimmer, in dem ich K. und noch zwei Männer, die mit ihm nach Kahla gegangen waren, treffe. Wir werden eingeschlossen, wir essen etwas, ich lege mich todmüde zum Schlafen nieder. Gegen 12 Uhr werde ich geweckt, erhalte Anweisung mich sofort fertig zu machen und nach Löbschütz zurückzugehen. Die Übergabe soll bereits um 2 Uhr nachts erfolgen, die Bevölkerung soll weiße Tücher an den Häusern heraushängen, die Waffen sollen zur Abgabe bereit liegen und die Männer, die dem Volkssturm angehörten, sollen antreten. Ich bitte um Erlaubnis den Rückweg über die weniger zerstörte Fußgängerbrücke antreten zu dürfen, das wird aber abgelehnt. In völliger Dunkelheit klettern wir noch einmal über den Trümmerhaufen, ich verletze mich am linken Schienbein, aber nach Schwierigkeiten erreichen wir das Löbschützer Ufer.

14.4. Ich melde, berichte über die Schwierigkeit der Verständigung und es wird im Dorf veranlaßt, daß weiße Tücher an den Häusern ausgehängt werden. Die Waffen werden sortiert. Dabei findet sich alles Mögliche, was abgegeben wurde. Wir versenken die Klamotten in der Saale. Inzwischen schießt feindliche Artillerie in großen Abständen wieder nach Löbschütz, besonders an die Wegegabelung an der Schule. Diese wird getroffen und brennt, die Nacht wird hell erleuchtet, ein schaurig-schönes Bild, vor und über dem Haus Schindhelm krepieren Schrapnells, die Schule brennt völlig nieder mit den Verpflegungsvorräten für das Bataillon. Es wird nochmals ein Unterhändler nach Kahla geschickt, (Karl S., der perfekt englisch spricht, um ein Mißverständnis zu klären. Da S. bis 3 Uhr nicht zurück ist, gehen die Bataillonsführer 350 uund 351 und Adjutanten über die Brücke am Dohlenstein nach Kahla und verhandeln nun mit Hilfe des englisch sprechenden Bürgermeisters B. mit dem Amerikaner. Nun soll um 8 Uhr die Übergabe erfolgen, die Beschießung wurde gegen 3 Uhr bereits eingestellt. Sie beruhte auf einem Mißverständnis. Die schießende Batterie stand bei Reinstädt, etwa 9 km entfernt. Inzwischen ist die 3./351 zur Brücke gekommen, nachdem sie Befehl bekommen hatte, sich nicht mehr in Kampfhandlungen einzulassen. Der Abschnittskommandant und sein Stab haben sich am Abend nach der Besprechung an der Brücke nach Osten abgesetzt. Von dem stehengebliebenen Teil der Brücke nach dem linken Ufer muß ein provisorischer Notsteg gebaut werden. Die Volkssturmmänner tragen Holz vom Sägewerk herbei, es ist frisch, Frauen und Mädchen brin-

Dokumentation

gen heißen Kaffee, sie sind sichtlich erleichtert, daß alles noch so glimpflich abging. Wir frühstücken. Inzwischen werden lange Stämme und Kanthölzer von flußaufwärts zu Wasser gelassen, vor den Trümmern der Eisenkonstruktion geordnet, befestigt und zum Steg zusammengebaut. Als der Steg fertig ist, werden die Waffen hinübergebracht. Meine 08-Pistole werfe ich beim Überschreiten des Steges ins Wasser. Ahnungslos sammeln sich die Männer, dann müssen wir antreten und mit erhobenen Armen zum Rathaus marschieren. Ich ahnte was kommen würde und hätte meine Männer aus Löbschütz gern daheim gewußt, gerade deshalb, weil in ihrem Dorf schon mancherlei Schaden entstanden war und sie selbst ihrer Pflicht zum weitaus größten Teil, nachgekommen waren, im Gegensatz zu anderen Männern aus der Stadt. Ich habe mich leider in manch einem getäuscht. Wir werden in den Saal untergebracht. Nach etwa einer Stunde, nachdem noch die unter uns befindlichen Feuerwehrleute herausgezogen wurden, werden wir auf dem Markt auf Lkws verladen. Nun ist mir alles klar, nach 14 Tagen Einsatz treten wir nun die Fahrt in die Kriegsgefangenschaft an. Die Wagen setzen sich in Bewegung, an den Fenstern und auf den Straßen stehen weinende Frauen, am Hindenburgplatz liegt ein abgeschossener, ausgebrannter deutscher Panzer auf dem Bürgersteig.

ral der deutschen Kampfeinheiten durch die Demonstration der militärischen Stärke und Überlegenheit untergraben und zur möglichst kampflosen Übergabe der Städte führen. Für den Fall anhaltenden Widerstandes wurde bei den zahlreichen Übergabeverhandlungen und Aufforderungen zur Niederlegung der Waffen mit der umgehenden Fortsetzung der Angriffshandlungen gedroht und entsprechend gehandelt.

Mit zweimotorigen B-26-Bombern „Marauder" wurden von den Frontfliegerkräften in kleineren Gruppen von meist sechs bis 12 Maschinen, die in niedriger Höhe flogen, Bahngebäude, Bahnanlagen und Streckenführungen angegriffen und zerstört. Häufig betraf dies auch Strecken, auf denen schon längst kein Zug mehr fahren konnte, und Anlagen, die nicht mehr betriebsfähig waren.

In den amerikanischen Berichten werden diese Einsätze als „Rail cutting" (Gleise kappen) bezeichnet, wobei aber die Bomben nicht nur systematisch auf Bahnhöfe allein, sondern auch gezielt auf viele Stadtzentren im Frontbereich geworfen wurden. Als ein Beispiel dieser Taktik gilt der Angriff vom 9. April 1945 auf den Saalfelder Bahnhof. Nachdem dieser schon wiederholt durch die 8. Luftflotte angegriffen worden war – unter anderem im Februar bei der „Operation Clarion", den umfassendsten Angriffen auf die mitteldeutschen Verkehrslinien –, wurden an diesem Tag nochmals ca. 1000 Sprengbomben auf die Gleisanlagen geworfen. Sie waren danach ein einziger Trümmerhaufen. Der eingetretene Gesamtschaden lag bei etwa 80 Prozent.

Am 8., 9. und 10. April richteten sich weitere Angriffe dieser Art auf die Bahnstrecke Saalfeld-Gera. Dabei wurden auch die Gleisanlagen des Oberen Bahnhofs von Pößneck am 10. endgültig zerstört. Zu diesem Zeitpunkt konnte der Bahnhof bereits nicht mehr aus der Saalfelder Richtung angefahren werden; zudem war bereits die weiter östlich verlaufende Strecke zwischen Oppurg und Neunhofen unterbrochen. Ein Jagdbomberangriff hatte einen mit Munition beladenen Güterwagen zur Explosion gebracht. Durch die Gewalt der Explosion wurde dabei der gesamte Bahndamm weggerissen. Solche Angriffe fanden im Vorfeld des amerikanischen Vormarsches in ganz Thüringen und Westsachsen statt.[43]

Die in dieser letzten Phase des Krieges angerichteten Zerstörungen erfaßten mehr oder weniger jede Stadt und jedes Dorf, auch die bisher verschont gebliebenen. Die

Das Bild wirkt friedlich. Aber die Wehrmachtsangehörigen, die eine auf einem Güterwagen montierte Vierlingsflak zur Abwehr von Tieffliegern bedienten, schwebten bei Angriffen ständig in höchster Lebensgefahr. (WS)

Kurz vor der Einnahme Pößnecks durch US-Truppen unter General Patton zerstörten taktische Fliegerkräfte ein Wohngebiet. (StadtA Pößneck)

Ein letzter Versuch

Generalfeldmarschall von Rundstedt erklärte, dass es sich um den letzten Versuch handelt, durchzukämpfen. Er sagte: „Es geht ums Ganze." Damit hat er klar zu verstehen gegeben, dass alles zu Ende ist, wenn die Gegenoffensive ihre zwei strategischen Ziele (Lüttich und Verdun) nicht erreicht. Scheitert dieser letzte Versuch, dann hat es keinen Sinn mehr, „durchzukämpfen". Denn die letzten Reserven an Panzern, Geschützen und Flugzeugen sind eingesetzt worden. Es ging ums Ganze.

Bedenke die Worte v. Rundstedts, wenn der Rückzug beginnt. Bedenke, dass die letzte Entscheidung gefallen ist, dass es dann nicht den geringsten Sinn mehr hat, sich aufzuopfern. Es war der letzte Versuch. Wenn der misslingt, dann gibt es nur eines mehr: zu retten, was sich noch retten lässt—Dein Leben.

Mehrfach warf die USA Air Force Flugblätter wie das abgebildete ab, um die Wehrmachtsangehörigen zur Kapitualtion zu bewegen. (WS)

Am 10. April 1945 zerstörten US-Tiefflieger die Güterabfertigungshalle des Oberen Bahnhofs in Pößneck. (StadtA Pößneck)

in den letzten Kriegstagen eingetretenen Zerstörungen, zumindest die in den kleineren thüringischen Stadten und Gemeinden, gehen zu einem ganz erheblichen Teil auf die Aktionen der 9. Taktischen Luftflotte der US-Army zurück. Da in jenen Tagen häufig über mehrere Tage die Stromversorgungen unterbrochen waren, konnten die elektrisch ausgelösten Alarmsirenen nicht mehr betätigt werden. Außerdem gab es durch die unmittelbare Nähe der Frontlinie kaum oder keine Vorwarnzeiten bei Tieffliegerangriffen. Das Leben im Luftschutzkeller wurde zum Dauerzustand. Wer die Möglichkeit hatte, „versteckte" sich in den Wäldern der nahen Umgebung oder an anderen, geeignet erscheinenden Stellen. Die bisherige Ordnung löste sich sichtbar auf.

Der unaufhaltsame Vormasch der amerikanischen Truppen wurde stets von den Tieffliegern vorbereitet. Sie erschienen überraschend im Frontgebiet – „Thunderbolts", „Mustangs" und zweimotorige, doppelrumpfige „Ligthnings" – und schossen oder bombten auf alles, was sich ihnen auf deutscher Seite zeigte: Wehrmachtsfahrzeuge, auch Sanitätsfahrzeuge, Eisenbahnzüge, Fahrzeugkolonnen, Wehrmachtsangehörige und Flüchtlingskolonnen, auf Feldern arbeitende Bauern, Radfahrer, Weidetiere und so weiter. An wirklichen Schutz konnte gegen diese militärische Übermacht nicht mehr gedacht werden. Jedermann konnte nur noch versuchen, rechtzeitig in Deckung zu gehen, um nicht in den letzten Minuten des Krieges sein Leben zu verlieren.

Mit dieser, den militärischen Vormarsch bestimmenden Taktik besetzten die amerikanischen Kampfverbände innerhalb von nicht ganz drei Wochen ganz Thüringen. Am 15. April erreichte die 3. US-Armee die Zwickauer Mulde. Hier stoppten die amerikanischen Truppen, um auf die vom

Auch Erfurt, die größte Stadt in der Region Thüringen, erlebte zahlreiche Bombenangriffe, die vor allem Wohnviertel zerstörten. (StadtA Erfurt)

In den letzten Kriegstagen wurde das Zentrum der alten freien Reichsstadt Nordhausen bei einen Bombenangriff schwer zerstört. Militärisch machte die Aktion keinen Sinn. (StadtA Nordhausen)

Osten kommenden sowjetischen Fronttruppen zu warten. Teile ihrer Verbände schwenkten jedoch über das Vogtland nach Süden in Richtung Bayern und das Sudetenland ab.

Die Eroberung und Besetzung des Gaues Thüringen vollzog sich aus verschiedenen Gründen überraschend schnell. Allein schon diese Tatsache verdeutlicht, daß das militärische Vermögen zur Kriegsführung auf deutscher Seite völlig erschöpft war. Mannschaften und Material waren moralisch verschlissen, es fehlte an Ersatz, die Frontlinien waren stark auseinandergezogen und nur dünn besetzt. Es bestanden zwar durch die Volkssturmeinheiten Auffanglinien und verstärkte Abwehrstellungen, doch die Überlegenheit der Alliierten Streitkräfte an der Westfront war erdrückend.

Am 1. April überschritt die 3. US-Armee die hessisch-thüringische Landesgrenze und die Werra bei Creuzburg. Die deutsche Wehrmacht meldete am gleichen Tag, daß Vacha noch in eigener Hand und der Vorstoß der Amerikaner auf Eisenach gerichtet sei. Bereits am folgenden Tag, dem 2. April, fanden zahlreiche Kämpfe im Raum Geisa, Schlüchtern und Bad Orb statt. Die US-Truppen verbreiterten den Zugang nach Thüringen und bereiteten für den folgenden Tag, den 3. April, zwei Stoßkeile, die sich zangenförmig um den Thüringer Wald legten, vor. Der eine Keil zielte direkt auf Eisenach, der zweite richtete sich gegen Suhl. Am folgenden Tag wurden Gotha, Vacha und Schmalkalden besetzt und Meiningen eingeschlossen. Bei Langensalza hielten die Kämpfe an, während amerikanische Truppen von Gotha aus bei Ohrdruf die deutschen Linien durchbrachen. Damit war der Vorstoß und gleichzeitige Einbruch in „Hitlers Trutzgau" geglückt.

In den folgenden Tag stand die Front bis zum 10./11. April. Es kamen nur geringe Geländegewinne hinzu. Am 5. April erfolgte die Besetzung von Mühlhausen und Suhl, Eisenach wurde beschossen. Am 6. April fiel Eisenach; die US-Truppen stellten sich in Angriffsrichtung Erfurt vor Mühlhausen-Langensalza auf. Am 7. April wurde weiterhin im Raum Erfurt-Meiningen-Friedrichroda gekämpft. Die deutschen Truppen zogen sich immer weiter zurück und setzten sich von der Frontlinie ab. Am 8. April wurde von der Wehrmacht Langensalza und Hildburghausen aufgegeben und am 10. April erreichten die Spitzen der amerikanischen Truppen die Straße Arnstadt-Ilmenau.

Luftangriffe der 9. Taktischen Luftflotte vor der Besetzung der Städte durch US-Truppen

3.4.45	Suhl, Mühlhausen
4.4.45	Mühlhausen
5.4.45	Mühlhausen, Meiningen; Suhl
6.4.45	Mühlhausen; Eisenach
7.4.45	Mühlhausen, Meiningen
8.4.45	Pößneck , Münchenbernsdorf, Erfurt, Sondershausen
9.4.45	Pößneck Saalfeld, Neustadt/Orla, Hermsdorf,Eisenberg,
9.4.45	Erfurt, Mühlhausen, Nordhausen, Triptis, Jena
10.4.45	Pößneck, Rudolstadt, Neustadt, Triptis, Münchenbernsdorf
10.4.45	Nordhausen
11.4.45	Nordhausen
12.4.45	Jena
13.4.45	Gera

Die Geländegewinne der Tage bis zum 10. April bildeten in der Tiefe nur einen Tagesabschnitt beim Vormarsch motorisierter Truppen. Das änderte sich mit dem 11. April. Die Amerikaner drangen nun in den Raum Nordhausen-Goslar-Bad Harzburg vor, besetzten das Eichsfeld und entwikkelten zugleich mit ihren zweiten Stoßkeil einen neuen Kampfschwerpunkt bei Coburg. Am 12. April festigten sie diesen Raumgewinn. Erfurt und Weimar fielen kampflos in ihre Hände. Am 13. drangen die Fronttruppen weiter in den Raum Merseburg-Leipzig-Weißenfels vor. Bei Kahla, das bereits in den Abendstunden des 12. April von ersten amerikanischen Spitzen erreicht wurde, entwickelte sich in den Morgenstunden des 13. noch ein anhaltendes Artilleriegefecht. Danach erfolgte ohne weiteren Widerstand die Besetzung der Kleinstadt an der Saale. In Jena marschierten die US-Amerikaner bereits am 12. April ein. Sie kommen aus Richtung Weimar-Apolda über das Mühltal.

Am 14. April fällt Zeitz und am 15. verlagern sich die Kämpfe über Bitterfeld hinaus in Richtung Dessau-Zerbst-Leipzig sowie in Richtung Nürnberg. Am 16. April enden die Kriegshandlungen auf dem Territorium des NS-Gaues Thüringen. In den folgenden Tagen beginnt die Errichtung des Besatzungsregimes.

Am 7. Mai 1945 kapituliert die deutsche Wehrmacht bedingungslos mit der Unterzeichnung der entsprechenden Urkunde im Hauptquartier der Alliierten Streitkräfte in Reims. Der Kapitulationsakt wird im Hauptquartier der Roten Armee in Berlin-Karlshorst am 9. Mai 0.16 Uhr wiederholt und die entsprechende Urkunde auf den 8. Mai datiert, da die Gesamtkapitulation mit Beginn des 9. Mai 0.01 Uhr in Kraft tritt.[44] Mit dem Inkrafttreten der bedingungslosen Kapitulation endet der Zweite Weltkrieg in Europa.

Epilog

Sauckel in Nürnberg: Ein Charakterbild

Von Manfred Weißbecker*

Fritz – eigentlich Ernst Friedrich Christoph – Sauckel erblickte am 27. Oktober 1894 im unterfränkischen Haßfurt das Licht der Welt. Er überschritt, kaum daß er sein 50. Lebensjahr erreicht hatte, bereits den Gipfel einer steilen Karriere. Diese war ihm zunächst in völkisch-rassistischen Vereinen Bayerns und Thüringens, danach in der NSDAP und in der deutschen Gesellschaft ermöglicht worden, doch stets hatte er auch selbst alles Erdenkliche für sein rasches Fortkommen in ihren Ämterhierarchien unternommen. Wie auch immer ihm als Politiker und als Angehöriger der hauptsächlich politisch tätigen Elite im deutschen Faschismus[1] Macht über Anhänger und Beherrschte zugewachsen sein mag – das Denken in ihren aggressiv-nationalistischen und rassistischen Kategorien hatte ihn zeit seines Lebens fest im Griff. An deren oberster Stelle stand der Wunsch nach einer möglichst unbegrenzten Vorherrschaft der Deutschen – genauer natürlich: des deutschen Großkapitals – in Europa und in der Welt. Dieses Begehren sowie das unaufhörliche Ringen um dieses Ziel und ein unerbittliches Festhalten an ihm formten sein Verhalten, sie prägten seine Aktivitäten, sie ließen ihn zu einem der deutschen Hauptkriegsverbrecher werden, bedingten also letztlich auch sein abruptes Lebensende am 16. Oktober des Jahres 1946 am Galgen in Nürnberg.

„Meine Hände weiß ich rein von Blutschuld und fremdem Gut"

Im Kreis der Naziführer hatte Sauckel eine besondere Stellung erreichen können: NSDAP-Gauleiter, Reichsstatthalter, Reichsverteidigungskommissar und schließlich Generalbevollmächtigter für den Arbeitseinsatz. Allein als GBA gebot er über 42 Landesarbeitsämter und in der sogenannten Arbeitseinsatzverwaltung außerhalb der Reichsgrenzen über rund 4000 Personen, und hob sich damit von zahlreichen anderen Institutionen, die kaum einen solchen Umfang erreichten, deutlich ab.[2] Selbst wenn von seinem höchsten Amt abgesehen wird, das ihm erlaubte, in viele andere Bereiche des Staats-, Wirtschafts- und Militärapparats dominant hineinzuregieren, gehörte Sauckel zweifelsohne zu den weithin Anerkannten unter Hitlers treuesten der treuen Gefolgsmänner. Er war ein gefürchteter Exponent und eine Symbolfigur des Regimes sowie unter den nazistischen Hoheitsträgern ein durchsetzungsfähiger Konkurrent. Doch als das Dritte Reich seinem Ende entgegenging, geriet der Prototyp des in Partei und Diktatur sowohl politisch als auch sozial Aufgestiegenen[3], der seinerseits recht erfolgreich zur Herrschaftsstabilisierung und kurzzeitig auch zu gesteigerter Effizienz der deutschen Kriegswirtschaft beigetragen hatte, in Ängste. Im Herbst des vorletzten Kriegsjahres klagte Sauckel verbittert, Hitler, sein angebeteter Führer und Inbegriff eigener absoluter Herrschaftsansprüche, habe ihn schon seit dem 20. Juni nicht mehr zu einem Gespräch empfangen.[4] Es mag ihn kaum getröstet haben, daß er im November 1944 von diesem mit einer steuerfreien Schenkung in Höhe von 250 000 Reichsmark bedacht wurde.[5] Indessen spiegelt seine selbstmitleidige Sicht auf den fehlenden persönlichen Kontakt ebenso wie die durchaus generöse Gabe Hitlers[6] den Platz der Gauleiter im politischen Machtgefüge der Diktatur wider, für die sie unentbehrliche Figuren darstellten.[7]

Seinen 51. Geburtstag verbrachte Sauckel bereits in der Nürnberger Haftanstalt. Hier sah sich der „moderne Sklavenjäger" vom Internationalen Militärgerichtshof als einer der deutschen Hauptkriegsverbrecher angeklagt, überführt und schließlich zum Tode verurteilt. Wenige Tage vor der Vollendung seines 52. Lebensjahres starb er durch den Strang.

Sauckels politischer Werdegang und Aufstieg sind bereits in ihren Grundzügen und vielfältigen Facetten an anderen Stellen beschrieben worden.[7a] Im Folgenden sollen deshalb vor allem Zeugnisse aus seinen letzten Jahren skizziert werden, die signifikante Aufschlüsse über Gesinnung und Charakter geben – und damit über typische Denk- und Verhaltensweisen von Naziführern auf regionaler und lokaler Ebene. Seine Äußerungen aus der Zeit vor und nach dem 8. Mai 1945 enthalten zudem nicht wenige Anhaltspunkte für alte und neue Auseinandersetzungen, in denen es um die Rolle politischer Funktionsgruppen in der ka-

* Der Epilog basiert auf einem Vortrag vor der Berliner Gesellschaft für Faschismus- und Weltkriegsforschung e.V. am 13. Dezember 2005 und ergänzt die bisherigen Publikationen des Vf. über Fritz Sauckel.

pitalistischen Gesellschaft geht, die oft als „Eliten“ etikettiert werden und deren Gebaren oft empört und entsetzt, wenn es um den Erwerb, um den Ausbau und die Sicherung ihrer Macht geht. Da offenbaren sich mitunter Persönlichkeitsveränderungen und Realitätsverlust in einem Maße, daß jegliche Menschlichkeit entwertet oder gar zerstört werden kann.[8]

Läßt sich davon auch bei Sauckel sprechen? Auskünfte gibt ein Blick auf das Ende seiner Karriere, auf die vielfältigen „Entzugserscheinungen“ nach dem Machtverlust.[9] Insgesamt verrät sein Verhalten in Nürnberg weitaus mehr als nur die Tatsache, daß er Niederlage und Prozeß in mehrfacher Hinsicht als ein ganz persönliches Desaster empfand. Hatte zuvor nichts seinen Machtwahn stillen können, so sah er sich jetzt unwiderruflich überwältigt, wegen seiner zuvor hochgeschätzten persönlichen Machtfülle sogar angeklagt. Um die eigene Haut zu retten, gab er seine Position im Regime als arg begrenzt, eingeschränkt, unvollkommen aus. Er stellte sich als „eingeschachtelt“[10] in den Machtapparat anderer dar und sprach von einem „fragwürdigen Weisungsrecht“, das ihm verliehen worden sei.[11] Nur ab und zu kehrte er Stolz heraus, nicht zuletzt mit der Bemerkung, Deutschland hätte im Krieg ohne seine Leistung „keinen Tag“ existieren können.[12]

Generell folgte Sauckel der Orientierung seines agilen Verteidigers Dr. Robert Servatius, der in Nürnberg zugleich das Korps der Politischen Leiter der NSDAP und später in Jerusalem Adolf Eichmann anwaltlich vertrat und gelegentlich die Kriegsverbrecherprozesse von Nürnberg als „Rückfall in die Barbarei“ diskreditierte.[13] Anwaldskollegen beschrieben ihn als einen untersetzten Mann, dem „die Energie aus allen Knopflöchern“ spritzte, als unnahbaren Einzelgänger, der eigentlich kein Theoretiker sei, aber alle Probleme mit „geradem, gesunden Verstand“ angepackt habe.[13a]

Der Angeklagte Sauckel beteuerte immer und immer wieder, unschuldig zu sein, und folgte zwei Argumentationslinien: Zum einen betonte er permanent, mit seiner Tätigkeit lediglich seiner „Aufgabe für Deutschland“ entsprochen und im Dienst der deutschen Nation gestanden, also seine „Pflicht“ erfüllt zu haben; zum anderen wollte er die Richter glauben machen, er habe mit Konzentrationslagern, Sträflingsarbeit, Todesurteilen und Erschießungen in seinem Leben niemals etwas zu tun gehabt. „Meine Hände weiß ich rein von Blutschuld und fremdem Gut“[14], schwor er. Vor irreführenden Bildern nicht zurückschreckend, verglich er sein Amt, das ihn weit über den Kreis anderer Gauleiter und faktisch auch über andere Reichsleiter der NSDAP in den Rang eines Reichsministers erhoben hatte, mit einer Marine-Agentur, die zwar Seeleute vermitteln würde, jedoch für irgendwelche Grausamkeiten an Bord eines Schiffes nicht verantwortlich gemacht werden könne. Zugleich log er: Verbrechen an Menschen seien ihm in seinem Zuständigkeitsbereich nicht bekannt geworden, womit zugleich gemeint war, er habe solche weder befohlen noch begangen, weder im Sinn gehabt noch für richtig gehalten. An dem gegen ihn vorgelegten Beweismaterial vermochte er dennoch nicht zu rütteln.

Sauckel stellte sich als bescheidenen Arbeiter dar und beteuerte mehrmals, in seinem Innersten dies auch geblieben zu sein. In seiner Jugend habe er am eigenen Leibe erfahren, was es bedeute, unter einfachsten Verhältnissen zu leben.[15] Ganz im Sinne seiner durchsichtigen, vom versierten Verteidiger sorgsam gelenkten und dennoch stückweise auch hilflos anmutenden Verteidigungsstrategie behauptete er sogar, niemals ein Buch gelesen zu haben.[16] Sollte er etwa vermutet haben, deshalb milder beurteilt zu werden? Eine Lüge war ebenfalls sein Bekenntnis, sich selbst immer als einen guten, tiefreligiösen Christen verstanden zu haben; er bedauerte scheinheilig seinen Austritt aus der Kirche 1936 und verschwieg, zu Beginn des Zweiten Weltkrieges seinen Untergebenen sogar befohlen zu haben, diesen Schritt ebenfalls zu tun.[17]

Bei Sauckels Auftreten in Nürnberg mischten sich Unterwürfigkeit mit demonstrativ an den Tag gelegter Bauernschläue, zielorientierte Unredlichkeit mit schlichter Unfähigkeit, an ihn gestellte

Bücherbord 1939/40 (Auszug)

Im Arbeitszimmer des Reichsstatthalters:

- Handbuch des Aufbaus der gewerblichen Wirtschaft
- Winter-Hilfswerk des Dt. Reiches 1935/36
- Volk und Wirtschaft im nationalsozialistischen Deutschland
- Die Deutsche Arbeitsfront. Ertüchtigung durch Berufserziehung, eine nationalsozialistische Verpflichtung.
- Kampf und Sieg der NSDAP in Schleiz. Von Robert Hänsel
- Richtlinien für das Ernährungshilfswerk
- Jahresberichte 1935/36 des Sozialamtes der DAF

Eine größere Anzahl Bücher – teils zum Verwaltungsaufbau, teils politisch-weltanschaulicher Natur – befanden sich in den Arbeitsräumen der Mitarbeiter Walter Escher, Erich Buchmann und Frau Roßmann.

Dokumentation

Fritz Sauckel

Über meinen Lebenslauf und meine Familie

Am 27. Oktober 1894 wurde ich als Sohn des Postboten Friedrich Sauckel in dem Städtchen Haßfurt am Main, das westlich von Bamberg gelegen ist, geboren. Mein Vater verdiente damals etwa sechzig Mark im Monat. Meine Eltern waren äußerst gewissenhafte, fleißige brave und streng christlich evangelische Menschen. Sie erzogen mich in diesem Sinne. Ich blieb ihr einziges Kind. Um das Jahr 1900 wurde mein Vater an das königliche Postamt nach Schweinfurt am Main als Briefträger versetzt. In dieser Stadt besuchte ich vier Jahre lang die Volksschule. Darnach ließ mein Vater mich, auf Empfehlung meines Lehrers, das königliche humanistische Gymnasium in Schweinfurt besuchen. Meine Eltern mußten sich deshalb erhebliche Einschränkungen in ihrer Lebenshaltung auferlegen. Sie taten dies gerne und aus großer Liebe. Mein Vater war wegen seines Fleißes und seiner Zuverlässigkeit, sowie wegen seiner Frömmigkeit und nationalen Gesinnung, in Schweinfurt angesehen und beliebt. Meine liebe Mutter half, da sie sehr geschickt zu nähen verstand, mit, die Lebenshaltung der kleinen Familie etwas zu verbessern. Leider zog sie sich bei meiner Geburt ein ernstes Herzleiden zu, das ihr das Leben bis zu ihrem Tode sehr erschwerte und Vater viel Kosten verursachte. Das Leiden meiner Mutter hat auf mich einen sehr starken Eindruck gemacht. Der Vater meiner Mutter mit Namen Detté stammte aus einer französischen Huggenottenfamilie und verunglückte als Bergmann und junger Schachtmeister tödlich. Die anderen mütterlichen Vorfahren waren Schiffer, die mit ihren Kähnen von Würzburg nach Holland fuhren. Ein Bruder meiner Mutter ging um 1885 nach Amerika und diente in der U.S.A. Armee. Sein Name war Fritz Detté, er ließ sich später in St. Detroit nieder. Seine Briefe, die lange in der Familie begeistert aufbewahrt wurden, haben auch stark auf mein jugendliches Gemüt gewirkt. Während die Vorfahren meines Vaters bäuerlicher Herkunft waren, hat sicher das Blut meiner Mutter auf mich starken Einfluß gehabt, als ich nach fünfjährigen Besuch des Gymnasiums immer mehr dem Drang verfiel, Seemann zu werden. Auch war mir klar, daß meinen guten Eltern, angesichts des Leidens meiner Mutter, ein Studium für finanziell mich sehr schwer fallen würde. So willigten sie endlich ein, daß ich Seemann werden durfte. Ich wollte aus eigener Kraft Seemann und Kapitän bei der Handelsmarine werden. Die Offizierslaufbahn bei der Kriegsmarine war mir ja auf Grund der damaligen Verhältnisse infolge der finanziell bescheidenen Lage meiner Eltern ebenfalls versagt. Mit fünfzehn einhalb Jahren fuhr ich Februar 1910 allein nach Hamburg und heuerte als einfacher Schiffsjunge auf dem norwegischen Segelschiff „Dreimastbark Daphne“ Reederei Jakobsen Fredericksstadt an. Die reisen gingen nach Montreal Kanada, Dublin, Haiti, Westindien, Le Havre, Sunderland, Oslo. Von der Schule hatte ich mit Homer und Caesar. Trotz schwerster Arbeit bekam dem ehemaligen bleichen Schüler und einzigem Kinde das erste Schuljahr des Lebens gut und ich gewann die See und den Beruf lieb. Dann kam ich auf eine uralte schwedische Holzdreimastbark und lernte auf ihr Ost- und Nordsee kennen, vor allem die nördlichen Holzhäfen, alsdann die englischen Kohlenhäfen. Während des schweren Winters 1911/12 fuhr ich auf einem deutschen Kohlendampfer, mit dem ich im Sommer an der schottischen Küste Schiffbruch infolge schweren Wetters miterlebte. Alsdann ging es mit dem damals größtem Segelschiffe, der deutschen Fünfmastbark R. C. Rickmers von Hamburg nach Philadelphia U.S.A. von da um das Kap der guten Hoffnung nach Kobe Japan über den Pazifik nach Portland Oregon, alsdann rund Kap Horn nach Antwerpen. Dauer dieser eineinhalbfachen Erdumsegelung: vierzehn Monate – davon etwa drei im Hafen. Die nächste große Reise ging von Antwerpen auf der Dreimastbark Lung Vinnen nach Buenos Aires, von hier nach Melburne Geelong, Südaustralien zurück nach Hamburg. Meine letzte Segelschiffreise sollte im Frühsommer auf einem deutschen Segelschiff „Frida Mahn“ nochmals nach Australien gehen. Auf diesem Schiff geriet ich im Anfang August 1914 durch Kaperung des Fahrzeuges, das ja keinerlei Nachrichtenmittel besaß, in französische Gefangenschaft. [Anm. Während meiner Schul- und Seefahrtszeit gehörte ich dem christlichen Verein junger Männer an.]* Dies war besonders tragisch für mich, denn ich war gerade 20 Jahre alt, hatte meine seemännische praktische Ausbildung beendet und das Geld für meine nautischen Studien erspart. Auch hätte ich nun in der Kriegsmarine Reserveoffizier werden können. So kam ich jedoch in eine lange fünfjährige Gefangenschaft in Frankreich. Erst im November 1919 konnte ich in meine Heimat zurückkehren. Neben Arbeit habe ich in Gefangenschaft nautische, mathematische, volkswirtschaftliche und soziale Studien betrieben und darüber auch einige Prüfungen abgelegt. Allerdings war es 1919 mit der Seefahrt für deutsche Seeleute nicht gut bestellt, außerdem wurden meine Ersparnisse, ebenso wie die meiner Eltern, durch die deutsche Inflation total entwertet, so daß mir auch die Möglichkeit, meine nautischen Examen zu absolvieren, genommen war. Ich

Fragen kurz und präzise zu beantworten.[18] Immer wieder wurde er wegen allzu langer Sätze und unklarer Aussagen vom Gericht kritisiert. Wie er als Zubehör der Macht gescheitert war, sollte er nun in deren verharmlosender und rechtfertigender Darstellung scheitern. Manche Lüge ging ihm jedoch durch – Ankläger und Richter kannten nicht alle Dokumente, die ihn belasteten. Dem Gerichtshof lagen nur wenige jener in Thüringen gehaltenen Reden vor, in denen Sauckel offenherzig ausgesprochen hatte, wovon er später nichts mehr wissen wollte, oder wozu er in übler Roßtäuschermanier ganz und gar das Gegenteil behauptete.[19]

Im Folgenden seien einige der lebensbestimmenden Auffassungen Sauckels und seiner Entlastung suchenden Aussagen vor Gericht einander gegenübergestellt, die in ihrer Gegensätzlichkeit offenbarten, wie er das Grundanliegen des Nürnberger Tribunals – die an sich unvorstellbaren Massenverbrechen glaubhaft zu beweisen – naiv in das Gegenteil zu verkehren versuchte. Aus der Fülle des Materials wurden darüber hinaus solche Aspekte seines Machtverständnisses ausgewählt, die seine Sicht erstens auf die expansiv-räuberischen und friedlosen Ziele der NSDAP, zweitens auf die terroristische Verfolgung politischer Gegner, drittens auf die „Arisierung" in Thüringen und den „Endlösung der Judenfrage" genannten Völkermord sowie viertens auf die Herrschaft über die ausländischen Zwangsarbeiter während des zweiten Weltkrieges betreffen.

„... die deutsche Autorität muß für Jahrtausende Gültigkeit haben"

Als Fritz Sauckel am 28. und 29. Mai 1946 aus der zweiten Reihe der Angeklagten hervortreten durfte, erklärte er in den Befragungen durch seinen Verteidiger vollmundig: „Ich kann aus vollstem Gewissen sagen, daß sich in jenen Jahren niemand von uns irgendwie mit dem Gedanken eines Krieges befaßt hat." Zugleich nahm er sich zurück und ergänzte: „Ich bin über den Kriegsbeginn, über außenpolitische Entwicklungen vorher niemals unterrichtet worden."[20] Erklärend und verallgemeinernd hieß es noch: „Ich selbst und das ganze deutsche Volk haben und mußten auf dem Standpunkt stehen, daß dieser Krieg vom deutschen Volk – und ich darf hier und muß hier um der Wahrheit willen auch die Partei einschließen – weder gewünscht noch veranlaßt war." Notwendig schien ihm auch in diesem Zusammenhang ein Hinweis auf die „edlen" Motive der Naziführer: „Wir standen auf dem Standpunkt, für unser Volk unsere Pflicht tun zu müssen."

Sieben Jahre zuvor war anderes vernommen worden: Am Tag nach dem 1. September 1939 – also unmittelbar nach dem Überfall auf Polen und noch vor dem britischen Eintritt in den Krieg – hatte Sauckel frohlockend im Kreise seiner ihm unmittelbar im Gau Untergebenen Klartext gesprochen: Es seien nun „die größten deutschen Zukunftspläne und -aussichten eingeleitet" worden. Weiter hieß es in geradezu brutaler Deutlichkeit: „Es geht jetzt um die Vernichtung des britischen Imperiums. Das ist der größte politische Wurf, der je in den letzten Jahrhunderten unternommen worden ist." Offensichtlich nahm er dabei wenig Rücksicht auf die Propaganda seiner Partei, die den Kriegsbeginn als von Polen und Deutschlands Feinden erzwungen darzustellen bemüht war. Allerdings fügte er dieser bemerkenswerten Aussage, die kaum als eine private Auffassung des thüringischen Gauleiters betrachtet werden darf und eher eine intern in führenden Kreisen der NSDAP betriebene Kriegszielverständigung dokumentiert, eine sanfte Warnung an seine Zuhörer hinzu: „Sagen Sie das aber draußen noch nicht in großen Tönen."[21]

Wenige Wochen nach dem Sieg über Polen ließ Sauckel dann seine Zuhörer wissen: Außer der des deutschen 80-Millionenvolkes dürfe es „in der Welt keine andere Autorität mehr geben [...] Die deutsche Autorität muß für Jahrtausende Gültigkeit haben."[22] Drei Jahre darauf tönte Sauckel mit siegestrunkenem Blick auf die von der Wehrmacht eroberten Gebiete in der UdSSR am 3. Oktober 1942 in einer öffentlichen Rede vor Reichsbahnarbeitern in Meiningen: „Sie können nun begrei-

Der „Führer" und sein getreuer Gefolgsmann in Thüringen, Gauleiter Fritz Sauckel. (WS)

Dokumentation

entschloß mich daher sofort, in Schweinfurt, wo noch meine Eltern wohnten, Arbeiter zu werden, um mir das Geld für ein Studium an einer Ingenieurschule zu ersparen. So arbeitete ich in der Kugellagerfabrik Fischer und lernte zugleich als Werkzeugmacher mehrere Jahre den Beruf eines Metallarbeiters. Nun lernte ich aber auf das gründlichste all die sozialen Probleme kennen, sowie jene politischen Fragen, die das deutsche Volk damals, und insbesondere den deutschen Arbeiter, so stürmisch bewegten. Ich selbst hatte an meiner streng religiösen evangelischen Erziehung meines Elternhauses und meiner Lehrer festgehalten. In der Fabrik geriet ich nun mitten hinein in den Meinungsstreit der verschiedenen sich heftig bekämpfenden sozialdemokratischen, kommunistischen, syndikalistischen, ja sogar nihilistischen Arbeiterparteien und Verbände. Aber auch die Zerrissenheit der deutschen bürgerlichen und konfessionellen politischen Parteien und Bünde drängte sich mir auf, sowie die daraus kommende Not des deutschen Volkes. Oft war ich nahe daran dieser Trostlosigkeit durch Auswanderung den Rücken zu kehren. In jene Zeit, als ich aus Gefangenschaft gekommen war, fiel das für mich persönlichste und wichtigste Ereignis meines Lebens. Ich lernte nämlich meine Frau näher kennen und sie so verehren und lieben, daß ich mich entschloß, sie zu meiner Lebensgefährtin zu wählen. Zwar hatte ich sie schon bei einem Urlaub von der Seefahrt im Jahre 1913 achten und verehren gelernt, ohne zu wissen, aus welchen Kreisen sie stammte. Nun Ende 1919, als ich sie wiedersah und ihren Umgang suchte, erkannte ich, daß sie ein außerordentlich wertvoller und karacktervoller Mensch war. Sie hatte trotz ihrer Jugend eine sehr verantwortliche Stellung in einer Schweinfurter Farbfabrik. Erst nach längerer zeit erfuhr ich, daß ihr Vater Arbeiter in derselben Fabrik war, wie ich auch und daß er überzeugter Sozialdemokrat war. Meine Lisa, so heißt meine Frau, aber war sehr religiös veranlagt, sehr still und ein vollkommen innerlich veranlagter Mensch. Sie war katholischer Konfession. Sie hatte noch vier Geschwister, die jünger waren und mußte finanziell natürlich sehr viel zum Haushalt ihrer Familie beitragen. So sehr lieb wir uns gewannen, so waren wir doch arm wie die Kirchenmäuse. Wenn auch meine Eltern als strenge Protestanten und als außerordentlich konservativ eingestellte Menschen gegenüber einer Katholikin und einer sonst aber sozialdemokratischen Familie anfangs große Bedenken gegen die Verbindung hatten, so wurden sie durch das stille, gütige Wesen meiner Frau bald überwunden.

Politisch war jene Zeit sehr bewegt. Regierungswechsel kamen immer häufiger. Die Parteien rechts wie links spalteten sich. Die Wirtschaftskonflickte wurden immer heftiger. Streik und Aussperrungen wechselten in immer rascherer Folge einander ab. Auch ich war immer häufiger zum unfreiwilligen Feiern verurteilt. Ich aber wollte ja mir auch durch Überstunden und Nachtarbeit Geld verdienen um Technik studieren zu können. Da kam noch ein großer Streik in meiner Heimat, der lange über ein virtel Jahr dauerte, der aber besonders meinen Schwiegervater, den ich inzwischen kennen gelernt hatte und der als einer der besten Facharbeiter in der Kugellagerbranche galt, über ein ganzes Jahr erwerbslos machte. Dazu kam die immer mehr steigende Hochflut der deutschen Inflation, die sofort die bescheidenen Ersparnisse immer wieder aufzehrte und vernichtete.

Alle diese Ereignisse, die ja meiner Frau Familie und ebenso meine eigene außerordentlich betrafen, zwangen mich, nun mehr und mehr zum Nachdenken und in politische Bahnen. Unter den schwierigen wirtschaftlichen Verhältnissen wanderten viele meiner Freunde aus. Auch die Schwester meiner Frau, eine tüchtige Schneiderin, ging nach Amerika. Ich selbst konnte dazu mich nicht entschließen, ich hätte es gewissermaßen als Fahnenflucht angesehen, denn die Vorsehung hatte mich doch gesund an Leib und Seele aus dem Weltkrieg, das heißt aus einer fünfjährigen Gefangenschaft, heimkehren lassen. Ich fühlte mich, je mehr sich mir die nationalen und sozialen Zwiespälte in meinem Volke aufdrängten, verpflichtet, mich auch zu einem politischen Bekenntnis durchzuringen. Wie schon in Gefangenschaft versuchte ich mich in meiner Freizeit weiter zu bilden. Außerdem las ich sehr viel, besonders auch Geschichte, diesen Hang hatte ich von meinem Vater geerbt. Sehr viel diskutierte ich mit meinen Arbeitskameraden. Ich las auch die marxistischen Werke, befaßte mich sogar mit dem Nihilisten Bakunin und so weiter. Auch Hitlers Reden hatte ich schon gelesen. Der Lebenskampf des deutschen Arbeiters, ich war ja selbst einer, überzeugte mich durch meinen eigenes Erleben von der Notwendigkeit einer Lösung der sozialen Frage. Zur marxistischen Weltanschauung konnte ich mich aber unter keinen Umständen bekennen: 1.) Ich wurzelte durch Erziehung und Erleben zu tief in religiösen Anschauungen. Eltern und Braut, wenn auch verschiedener Konfession waren tief religiös. Meine Braut litt unter der Tatsache, daß ihr Vater es nicht war, denn der Marxismus lehrte damals mit besonderem Nachdruck: „Religion ist Opium!“ 2.) Der zweite marxistische Grundsatz, der mich abhielt, war jener: „Eigentum ist Diebstahl“ 3.) Für das größte Unglück hielt ich schließlich zum Dritten die marxistische Forderung zum Klassenkampf, denn sie mußte nach meiner Anschauung zum Bürgerkrieg führen. Waren doch schon die Gegensätze zwischen „Bürger und Proletarier“ in manchen Gegenden des dichtbevölkerten Reiches zu blutigen Kämpfen ausgeartet.

fen, daß wir nie und niemals dort wieder herausdürfen, denn dort ist für alle Zukunft die Möglichkeit gegeben, daß ein germanisches Großreich entsteht, in dem auch die wirtschaftliche Grundlage für das Leben von 250 bis 300 Millionen deutscher Menschen in 100 bis 150 Jahren geschaffen sein wird. Das muß das Ziel sein, und das ist es auch."[23]

Wer meint, so hätte es erst während des Krieges geklungen, geht fehl in seinem Urteil. Als Sauckel am 15. November 1923, wenige Tage nach dem gescheiterten Putsch der NSDAP, mit dem „Bund Teja" eine Ersatzorganisation ins Leben rief, benannte er als Ziel „ein mächtiges, freies, soziales Großdeutschland".[24] Unbeirrt vom eigenen Parteiprogramm, das im Punkt drei ja nahezu klagend vom „Bevölkerungsüberschuß" sprach, und unbekümmert ob der Parole „Volk ohne Raum" hatte Hitler bereits in „Mein Kampf" behauptet, es sei notwendig, die Anzahl der Deutschen auf 250 Millionen zu erhöhen, um „unserem Volke endlich an anderer Stelle die mögliche Ausdehnung geben zu können".[25] Land, Boden, Kolonien an „anderer Stelle" Europas – das war, wie sich nach dem Ersten Weltkrieg jeder leicht vorstellen konnte, nur um den Preis weiterer Kriege, neuartiger Kriegführung nach außen und mit einer als „sicher" betrachteten „Heimatfront" zu haben. In dieser Hinsicht dachten alle Hoheitsträger der NSDAP, Sauckel eingeschlossen, strikt in den Kategorien von militärischer Rüstung und systematischer wirtschaftlicher und politischer Vorbereitung auf einen totalen Krieg, der anders, ohne störende Kriegsmüdigkeit und vor allem ohne eine Revolution, ausgehen sollte.[26]

Dies widerspiegelt sich auch in Sauckels Auffassungen und Aussagen zum Terror gegenüber jenen Menschen, die nicht der Macht seiner Partei verfielen oder sich ihr widersetzten. Aus durchsichtigen Gründen von seinem Verteidiger in Nürnberg befragt, ob es in seinem Machtbereich Verfolgung politischer Gegner gegeben habe, leugnete Sauckel dreist. Obgleich dieses Thema außerhalb der Anklage stand, waren beide um ein möglichst positives Bild vom Wirken des thüringischen Gauleiters bemüht. Wohl wissend, daß es dazu keine richterliche Prüfung geben würde, da er ja nur als GBA angeklagt war, gab Sauckel unverfroren zu Protokoll, politische Gegner seien in Thüringen „weder behelligt noch beeinträchtigt" worden.[27]

Die Tatsachen besagen zu diesem zweiten Aspekte des Sauckelschen Machtverständnisses unbestreitbar das Gegenteil, denn in Thüringen – dem „Schutz- und Trutzgau" der NSDAP, der seit eh und je in deren Putsch- und Machtplänen eine herausragende Rolle gespielt hatte – wurden bereits vor dem 30. Januar 1933 und danach erst recht politische Gegner, beileibe nicht nur Kommunisten, ohne ordentliche Gerichtsverfahren in „Schutzhaft" genommen, wurden rassische und religiöse Minderheiten erbarmungslos verfolgt. Von 1933 bis 1936 fanden allein am Jenaer Oberlandesgericht und am Sondergericht Weimar 4314 Verfahren statt, von denen vier Fünftel sogenannte staatsfeindliche Äußerungen betrafen. Das waren schätzungsweise bis zu zwanzigmal mehr politische Verfahren als in den Jahren zuvor. Widerstand und oppositionelle Regungen sahen sich brutal im Keim erstickt. Die Landespolizei erhielt in den ersten Monaten Unterstützung durch 592 SA- und 1185 SS-Angehörige. Versammlungs- und Kundgebungsverbote ergingen zu dieser Zeit in Thüringen meist früher als im Reich, was Sauckel als Beweis für die „Vorbildlichkeit der thüringischen Gesetzgebung" preisen ließ.[28] Schon Ende Februar 1933 war in Nohra bei Weimar ein provisorisches Konzentrationslager[29] eingerichtet worden – eines der allerersten im faschistischen Deutschland. Eingeliefert wurde hier unmittelbar vor und nach dem Reichstagsbrand ein großer Teil der 400 im Land Thüringen in Schutzhaft genommenen Kommunisten.[30] Am 15. Juli 1933 hatte Sauckel in aller Öffentlichkeit gedroht, alle, die an der Autorität der Reichsregierung Kritik zu üben auch nur versuchen würden, fielen „der vollkommenen Vernichtung anheim".[31]

Davon sprach Sauckel in Nürnberg nicht; wohl aber wollte er sich darauf berufen, dem Führer der thüringischen Sozialdemokratie, August Frölich, volle Hochachtung erwiesen zu haben, obgleich dieser in den Weimarer Zeiten sein härtester Gegner gewesen sei. Nach dem 20. Juli 1944 habe er, so Sauckel, der Gestapo befohlen, den in Haft genommenen Politiker wieder frei zu lassen[32], was meinte, er habe ihm das Leben retten können. Nichts von dieser Aussage kann konkret belegt werden, aber möglicherweise gab es da in Sauckels Erinnerungen einen Datierungsfehler. Frölich war bereits einmal am 19. November 1938 verhaftet und bis zum 11. Februar 1939 in einer Kellerzelle des Weimarer Polizeipräsidiums eingesperrt worden, in einem Gebäude übrigens, in dem er von 1920 bis 1924 seinen Dienstsitz als thüringischer Wirtschaftsminister und Regierungschef gehabt hatte. Vorgeworfen wurde ihm ein angeblich falscher Umgang mit sozialdemokratischen Geldern aus Altenburg. Den wirklichen Hintergrund boten indessen die Verhaftung Hermann Brills und die Zerschlagung der Widerstandsgruppe „Deutsche Volksfront". Tatsächlich hatte

Dokumentation

Zum Anschluß jedoch an eine bürgerliche Partei konnte ich mich deshalb nicht entschließen, weil ich sie zu einer Lösung der sozialen Frage weder für fähig, noch bereit hielt. Schmolz doch auch die 1918/19 große demokratische Partei durch ihre inneren Zwistigkeiten immer mehr zusammen.

So wurde ich ein immer überzeugterer Anhänger Hitlers und seiner Lehre einer deutschen Volksgemeinschaft durch Überwindung der Klassenbegriffe: „Bürger und Proletarier". Die von ihm damals stark verkündete Idee der Aussöhnung der Hand- und Kopfarbeiter und ihre Vereinigung in einer einzigen großen Partei unter Wahrung der nationalen Lebensinteressen des Volkes und unter Durchführung sozialer durchgreifender Reformen haben mich – wohl unter dem Eindruck meiner eigenen Erlebnisse - vollkommen in den Bann der nationalsozialistischen Bewegung gezwungen.

Nachdem ich fast zweieinhalb Jahre in der Fabrik gearbeitet und dabei auch als Werkzeugschlosser gelernt hatte, besuchte ich die Ingenieurschule in Ilmenau in Thüringen. Es waren Hungerjahre für mich, meine Frau und meine Eltern. Zeitweise und während der Ferien arbeitete ich wieder in der Fabrik, denn die Inflation war auf ihrem Höhepunkt und verschlang schnell alles verdiente Geld. Inzwischen war ich selbst schon neunundzwanzig Jahre alt geworden, so entschlossen meine Braut und ich uns 1923 zur Heirat, denn wir hatten uns sehr lieb und wollten unser Leben gemeinsam meistern. An einen politischen Beruf habe ich damals noch nicht gedacht, aber Parteimitglied war ich geworden. Meine Ehe ist bis auf den heutigen Tag eine sehr glückliche geblieben. Meine Gattin ist eine sehr tief und edel veranlagte Frauennatur und Mutter. Sie ist sehr still, fleißig, gütig und gegen alle Menschen hilfsbereit. Sie hat zehn gesunden Kindern, acht Jungen und zwei Mädchen das Leben geschenkt. Sie heißen: Erich 1924, Gudrun 1925, Friedrich 1927, Dieterheinz 1929, Siegfried 1931, Bernhardt 1933, Waltraud 1934, Jörg 1935, Rüdiger 1937 und 1940 Sigmund. Erich ist als Schlachtflieger im Osten Oktober 1944 gefallen. Friedrich ist als Grenadier ab März 1945 im Westen verschollen. Die drei ältesten hatten ihr Abitur abgelegt.

Hitler 1938 zu Besuch bei Familie Sauckel. Auf dem Foto sind acht der insgesamt zehn Kinder der Gauleiterfamilie zu sehen. (WS)

Thüringen ist von der Natur hinsichtlich Fruchtbarkeit sehr viel weniger begünstigt als meine fränkische Heimat am Main. Deshalb waren dort auch die wirtschaftlichen Gegensätze und die politischen Spannungen sehr viel größer. Als ich 1922 dort hinkam, hieß es nur das rote Thüringen. Es hatte eine sehr weit links eingestellte Regierung. Bei den Wahlen im Dezember 1923 kam jedoch der Umschwung, denn in den Landtag wurden zum ersten Male völkische und nationalsozialistische Abgeordnete gewählt, die mit ihren acht Sitzen zwischen rechts und links den Ausschlag gaben. Von da ab wurde Thüringen eine besondere nationale und nationalsozialistische Position innerhalb des deutschen Reiches. In meiner Freizeit betätigte ich mich freiwillig bei Propaganda und Organisation. Auf Grund meines eigenen Lebensweges waren meine Themen und Argumente natürlich meist wirtschaftlicher und sozialer Natur. Als Hitler im Jahre 1925 nach seiner Haftentlassung die Partei neu gründete, trat ich ihr wieder bei. Auf einer Tagung in Weimar wurde ich zum Gaugeschäftsführer des neugegründeten Gaues vorgeschlagen und erhielt eine Anstellung als solcher für einhundertfünfzig Mark im Monat. Ich lebte daher mit meiner Frau in sehr bescheidenen Verhältnissen, war jedoch von der Idee Hitlers fest überzeugt und hielt ihn für den von der Vorsehung für Deutschland bestimmten Einiger der Klassen und Stände, ebenso wie für den zukünftigen politischen Führer. Der Gedanke an Gewaltmaßnahmen oder gar Krieg lag mir völlig fern, um so mehr als Hitler auf einer Tagung ausdrücklich erklärt hatte, er wolle sein Ziel nunmehr auf völlig legalem und parlamentarischen Wege erreichen.

Im Jahre 1927 wurde ich Gauleiter in Thüringen, 1929 alsdann Abgeordneter und Fraktionsführer im Landtage. Im Jahre (Sommer) 1932 wurde ich mit großer Mehrheit zum Vorsitzenden der thüringischen Landesregierung auf Grund der Landtagswahlen berufen. Ich möchte an dieser Stelle betonen, daß ich früher selbst

Der frühere Staatsminister August Frölich (SPD), die Aufnahme stammt aus den 1950er Jahren, überlebte in Weimar das Dritte Reich. (UAJ)

Sauckel am 7. Februar 1939 Frölich wissen lassen, er sähe keinen Grund mehr, ihn länger in Haft zu behalten. Vier Tage darauf war der Schutzhäftling frei und sah sich nicht, wie erwartet, in das Konzentrationslager Buchenwald überführt. Am 31. Januar 1940 folgte der Versuch, Frölich mit einer Geldspende zu korrumpieren, aber auch diesen unternahm der Weimarer Polizeipräsident Paul Hennicke in Sauckels Auftrag vergeblich. Frölich hat diese Episoden in einem Erinnerungsbericht ausführlich beschrieben, ohne jedoch auf Sauckels Motive eingehen zu können.[33] Vermutlich war dem Gauleiter daran gelegen, in seinem Machtbereich allem Widerstandspotential auf jede Weise die Grundlage zu entziehen. Sein Ansehen in der Hierarchie des Regimes und sein Streben nach Machterweiterung wären beschädigt worden, hätte es in Thüringen größere antifaschistische Aktionen als in anderen Gauen gegeben. Nicht auszuschließen ist indessen auch, daß Sauckel in Nürnberg besonders schlau sein wollte, als er seine Bemühungen mit falscher Zeitangabe versah. Sollte er gar gehofft haben, es würde auf die Richter größeren Eindruck machen, wenn er einen Zusammenhang seiner Bemühungen mit den Ereignissen nach dem in aller Welt bekannten Attentat auf Hitler andeutete?[34] Alles das ändert zwar nichts an der geschichtlichen Bedeutungslosigkeit dieser Episoden, dennoch werfen sie durchaus ein gewisses Schlaglicht auf Sauckels damalige und in Nürnberg erneut zutage tretende ausgefuchste Verhaltensweise.

„... fremden Völkern bin ich nicht zur Wahrheit verpflichtet"

Noch deutlicher kamen Sauckels trickreiche Vertuschungs- und Verdrehungsbemühungen zum Vorschein, als er von Servatius gefragt wurde, ob in Thüringen „Judenverfolgungen stattgefunden" hätten. Da lautete die strikte Antwort zunächst: „Nein". Dem Schwindler erschien das aber wohl selbst als allzu offensichtlich falsch, und er fügte hintergründig hinzu: „In Thüringen mag in einigen Orten eine Fensterscheibe oder sonst dergleichen eingeworfen worden sein. Ich kann das im einzelnen nicht sagen, ich kann Ihnen nicht einmal sagen, wo und ob es in Thüringen Synagogen gegeben hat."[35] Er kam später noch einmal darauf zurück und bemühte sich um eine allgemeiner gehaltene Entlastung: „Die Nürnberger Gesetze konnten in Thüringen Anwendung finden, soweit es sich für mich nur um die Eigenschaft von der Ernennung oder Absetzung von Beamten handelte; ich hatte selbstverständlich nach deutschen Gesetzen die Pflicht, das Gesetz durchzuführen." Dem folgte noch der unbeschreiblich makabre Satz: „Es war mit diesem Gesetz weder eine Mißhandlung noch sonst eine andere unmenschliche Handlung verbunden, die ich durchzuführen gehabt hätte."[36]

Sollte Sauckel schlicht vergessen haben, daß von der Fraktion seiner Partei, in der er damals als Landesgeschäftsführer fungierte, bereits am 10. Juni 1926 Gesetzentwürfe in den Thüringer Landtag eingebracht worden waren, die den Ausschluß von Juden aus öffentlichen Ämtern, ihre Nichtzulassung als Ärzte, Notare, Vieh- und Getreidehändler, Studenten und Schüler sowie die „Ausweisung von Ostjuden aus dem Freistaat Thüringen und die Beschlagnahme ihres Vermögens" vorgesehen hatten?[37] Wollte er sich nicht daran erinnern, daß es eine eigene Schriftenreihe unter dem Titel „Thüringer Untersuchungen zur Judenfrage" gab, die sich nicht zuletzt auf den wüsten Antisemiten Theodor Fritsch und dessen immer wieder zitierten Satz bezog: „Es gibt keine Genesung der Völker vor der Ausscheidung des Judentums"?[38] War ihm etwa nicht berichtet worden, daß in der Nacht vom 9. zum 10. November 1938 die Synagogen in Erfurt, Eisenach, Gotha, Arnstadt, Meiningen, Suhl, Barchfeld, Schleusingen und Nordhausen gebrannt hatten? Sollte dies gar hinter dem Rük-

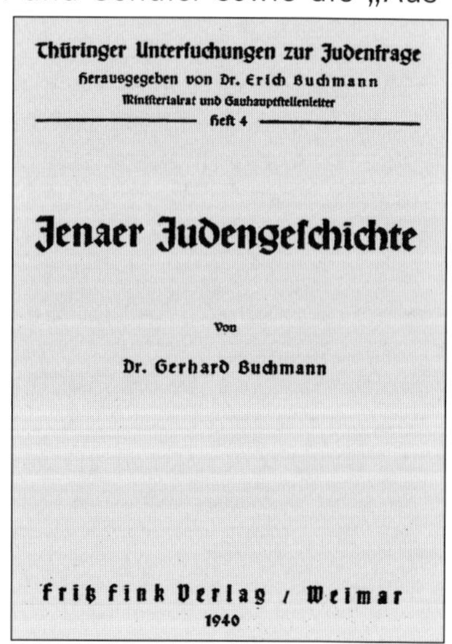
Thüringer Untersuchungen zur Judenfrage
Herausgegeben von Dr. Erich Buchmann
Ministerialrat und Gauhauptstellenleiter
Heft 4

Jenaer Judengeschichte

Von

Dr. Gerhard Buchmann

Fritz Fink Verlag / Weimar
1940

Dokumentation

nie an einen politischen Beruf gedacht habe. Ich habe mich auch nie um irgendwelche Ämter beworben. In alle Stellungen, die ich eingenommen habe, wurde ich, das kann ich beeiden, berufen. Schwerste körperliche, aber auch geistige Arbeit habe ich erlebt. Als ich 1932 in Thüringen an die Spitze der Regierung gewählt wurde, war die wirtschaftliche und finanzielle Lage des Landes und der Bevölkerung geradezu hoffnungslos. Haupterwerbszweige des Landes: Textil-, Porzelan-, Glas- und Spielwarenindustrie lagen fast total still. Ganze Districkte des thüringer Waldes waren vollkommen existenzlos. Fast ein ganzes Drittel der erwachsenen männlichen Bevölkerung war daher ohne Arbeit. Viele Gemeinden konnten an die schon ausgesteuerten, die keine Arbeitslosenunterstützung mehr ausgezahlt erhielten, nicht einmal die geringste Hilfemehr gewähren, da sie ebenfalls zahlungsunfähig geworden waren. Zahllose Fabriken, Geschäfte, Bauernhöfe kamen infolge der Not ihrer Besitzer unter den Hammer und gingen als Arbeitsstellen verloren. Es war damals wirklich eine grausame Not: Mit meinen Mitarbeitern habe ich, das darf ich bemerken, Tag und nacht gearbeitet um durch ein erstes Notarbeitsprogramm dieser entsetzlichen Erwerbslosigkeit zu begegnen. Außerdem ließ ich dort, wo es noch möglich war, freiwillig Nahrungsmittel und Kleider sammeln, um sie in die von der schwersten Not bedrohten Gebiete des thüringer Waldes in tausenden von Fahrzeugen bringen zu lassen. Das erste Arbeitsprogramm konnte ich finanzieren durch ein Darlehen von zwei Millionen Mark, das auf meine Vorstellungen der Direcktor der „Dresdener Bank", Herr Karl Götz – kein Parteigenosse [Ihn hatte ich 1914 in französischer Gefangenschaft kennen gelernt. Bester Finanzfachmann][3] – dem Lande Thüringen gewährte. Es gelang so dem weiter um sich greifenden Elend Einhalt zu gebieten. Die Steuereinnahmen des Landes waren auf ein nie gekanntes Minimum zurückgegangen. Der Defizit des Staatshaushaltes gewaltig. Wir Minister verzichteten bis zur Behebung dieser Not auf einen Teil unseres Gehaltes. Dem Herrn Reichspräsidenten [Feldmarschall von Hindenburg][4] überreichte ich einen persönlichen Bericht über die Not von Land und Volk in Thüringen. Es steht mir nicht an, über den Erfolg meiner Anstrengungen ein Urteil abzugeben. Bekennen darf ich aber, daß es die schwerste Zeit meines Lebens war und daß ich Tag und Nacht aus ganzem Herzen gestrebt und gearbeitet habe, dieser Not zu steuern. In der Verwaltung des Landes wurde gespart, was nur möglich war. Sie wurde so einfach und modern gestaltet, als es die Notwendigkeit gestattete.

In diese Anstrengungen fiel im Januar 1933 die Machtergreifung des Führers. Im Mai 1933 wurde ich durch eine Urkunde des Reichspräsidenten von Hindenburg zum Reichsstatthalter von Thüringen ernannt. Meine Regierungsgeschäfte wurden von meinen bisherigen Ministerkollegen übernommen. Der Kurs wie bisher weitergeführt. Mein ganzes Sinnen und Trachten war, das bitte ich mir zu glauben, das Land Thüringen zu einer wirtschaftlichen glücklichen Entwicklung zu bringen. Als ehemaligen humanistischen Gymnasiasten war mir die Förderung des Weimarer Kulturkreises und seiner künstlerischen sowie kulturellen unvergleichlichen Tradition eine heilige Verpflichtung. Darf ich sagen, daß ich so große Baupläne und wirtschaftlich soziale Planungen hatte, daß ich an Krieg kaum dachte, ihn noch weniger wünschte. Auch vom Führer, der meine Pläne sehr förderte, nahm ich dies an. Mit Berliner Ministern und Reichsleitern der Partei hatte ich sehr wenig Kontakt. Besonders mit Bormann, Himmler und Goebbels hatte ich über Verwaltungs- und Organisationsfragen Meinungsverschiedenheiten. In Hitler jedoch sah ich den Erretter des Reiches von einer kommunistischen Revolution und vom wirtschaftlichen und sozialen Zerfall. Ihm gegenüber fühlte ich mich zu unbedingter Treue und Gehorsam verpflichtet. Nur selten leider kam ich mit ihm zusammen. Dies bedauerte ich.

Bei Ausbruch des Krieges, an dessen Entstehung ich in keiner Weise beteiligt war, meldete ich mich als Soldat. Aber auch in den folgenden Kriegsjahren wurde mir dieser Wunsch versagt. So bin ich nie Soldat gewesen. Neben meinem persönlichem Interesse an industriellen, wirtschaftlichen und arbeitstechnischen sowie sozialen Fragen hatte ich nun im Kriege für die Einhaltung der vom Führer erlassenen Kriegswirtschaftsgesetze zu sorgen. Besonders schwer war die Unterbringung deutscher Grenzbevolkerungen in Thüringen.

Im Frühjahr 1942 erhielt ich unvermutet den schwersten Auftrag meines Lebens. Es war meine Berufung zum Generalbevollmächtigten für den Arbeitseinsatz. In dieses Amt mußte ich mich nicht nur vollkommen neu einarbeiten, sondern auch vollkommen neue Probleme in Angriff nehmen. Der Berliner Boden und die dortige politische Athmosphähre waren mir außerdem sehr fremd und ungewohnt. Millionen deutscher und fremder Menschen mußte ich für die Bedarfsträger der deutschen Kriegswirtschaft neu verpflichten und zur Verfügung stellen. Trotz Führerbefehle und Vollmachten war der Auftrag ungeheuer kompliziert. Der Führer selbst erklärte mir, ich müßte diesen Auftrag erfüllen wie ein Soldat an der Front. Auch über die Ausführung dieses Auftrags steht mir kein eigenes Urteil zu. Eines aber darf ich für mich in Anspruch nehmen, nämlich ich habe immer wieder in zahlreichen Anordnungen sowie schriftlichen und mündlichen Anweisungen die ausländischen wie die deutschen Arbeiter als das kostbarste Gut, das Deutschland und Euken des Gauleiters und Reichsstatthalters stattgefunden haben? Allein aus Thüringen sind in den folgenden Tagen 1178 Personen ins KZ Buchenwald eingeliefert worden. Schätzungen besagen, daß 20 bis 30 Thüringer dabei ihr Leben verloren.[39] Bereits im Oktober 1938 hatten die NSDAP-Kreise Schleiz und Sonneberg in der Zeitschrift für die thüringischen Hoheitsträger gemeldet, sie seien „judenfrei".[40] Ähnliches wurde am 31. Dezember 1938 aus Jena berichtet.[41] Immer wieder hatte sich Sauckel auch persönlich in Haßtiraden ergangen, mündlich und schriftlich. Des Angeklagten Erklärung über seine Unwissenheit, so man sie akzeptierte, würde allein die Schlußfolgerung erlauben, er habe weder die von ihm herausgegebene Presse gelesen noch eigene Texte geistig erfaßt. Natürlich kann davon keine Rede sein.

Noch bevor die „Arisierung" jüdischen Eigentums nach dem Pogrom vom 9. November 1938 im Reich offiziell betrieben wurde, war sie in Thüringen und in direkter Regie des Gauleiters schamlos in die Wege geleitet worden. Von den etwa 650 jüdischen Familienbetrieben, die es noch im Frühjahr 1938 gab, existierten ein halbes Jahr darauf nur noch 100, für weitere 100 liefen noch sogenannte Übergabeverhandlungen. Von den 5453 Juden, die nach offiziellen Angaben 1925 im Land Thüringen und im Regierungsbezirk Erfurt der preußischen Provinz Sachsen gewohnt hatten, lebten Anfang 1939 noch 1947[42]; kaum mehr einer nach 1945.

Die in Thüringen besonders rasch vorangetriebene, selbst für damalige Verhältnisse dreist betriebene „Arisierung" kam in Nürnberg nicht zur Sprache, auch nicht die Tatsache, daß Sauckel diese bereits 1930 zielorientiert ins Auge gefaßt[43] und dann eng mit dem Aufbau eines neuen Rüstungskonzerns verbunden hatte, was dem Gau und den hier angesiedelten Konzernen (Zeiss, Rheinmetall, Siemens, AEG, Telefunken) zusätzliches Gewicht in der deutschen Aufrüstungs- und Kriegswirtschaft verlieh.[44] Dabei stützte sich der Reichsstatthalter zunächst auf eine kapitalistischem Konkurrenzkampf geschuldete und den staatsoffiziell gewordenen Antisemitismus nutzende Forderung des Verbandes der Suhler Gewehrfabrikanten e.V., Heeresaufträge nicht länger an die in jüdischem Besitz befindliche Firma Simson Suhl, sondern an andere, d. h. an „arische" Waffenfabriken zu geben. Im Sommer 1933 ließ Sauckel durch die Staatsanwaltschaft Meiningen ein Verfahren gegen die Familie Simson als Eigentümer der größten Suhler Waffenfabrik einleiten. Der angekündigte Prozeß wegen angeblicher „schwerer Übervorteilungen des Reiches" wurde zwar später mangels ausreichender Beweise ergebnislos abgeschlossen[45], dennoch konnte Sauckel dank anderweitiger trickreicher Bemühungen, zu denen auch die Gründung der „Wilhelm-Gustloff-Stiftung" zählte, bereits am 30. November 1935 an Reichsinnenminister Frick berichten: „Damit sind die Juden aus diesem wichtigen Rüstungsunternehmen endgültig und restlos ausgeschieden; dieses befindet sich in meiner Hand ... " Großspurig und höchste Anerkennung erheischend fügte er dem Bericht hinzu, das Unternehmen werde nun von Reichskriegsminister Blomberg und ihm „dem Führer und Reichskanzler als gemeinnützige Stiftung zur Verfügung gestellt".[46] Das von Sauckel als Stiftungsführer geleitete Werk[47] erhielt bereits ein knappes Jahr darauf den Titel „Nationalsozialistischer Musterbetrieb". Innerhalb von drei Jahren verdreifachte sich die Zahl der in den 20 Stiftungsbetrieben Suhl, Schmiedefeld, Weimar, Meuselwitz sowie im österreichischen Hirtenberg und an anderen Orten Beschäftigten. Der Umsatz an Militärwaffen stieg um das Fünffache. Der politisch mächtig gewordene Sauckel hatte es verstanden, sich auch im Urbereich aller Macht ein zusätzliches Standbein zu schaffen und Erfahrungen zu sammeln.[48]

„Wir bekennen uns zur totalen Vernichtung des Judentums in Europa."

Wie von der „Arisierung" vor dem Krieg wollte Sauckel in Nürnberg natürlich auch von der Ermordung der europäischen Juden während des Krieges nichts gewußt haben. Von Servatius am 29. Mai 1946 befragt, ob er keine Kenntnis davon gehabt habe, „was mit den Juden geschehen würde", gab er vor: „Nein ich hatte keine Kenntnis davon." Das war in jeder Hinsicht eine glatte Lüge, hatte er doch um die Jahreswende 1943/44, ohne das Wort „Endlösung" zu verwenden, seinen Untergebenen eindeutig zu erkennen gegeben, daß er wußte, was in den Vernichtungslagern vor sich ging. Seine Billigung des Völkermords war unmißverständlich, er forderte ihn ja regelrecht ein: Am 31. Dezember 1943 verlangte er von den rund 30 000 thüringischen Hoheitsträgern der NSDAP, zu Beginn des neuen Jahres in allen Ortsgruppen und Betrieben des Gaus Appelle durchzuführen. Dabei sollten die Parteimitglieder „Bekenntnisse" ablegen, sieben an der Zahl, je eines zu Hitler, zur Wehrmacht, zur „nationalsozialistischen Weltanschauung", zur „deutschen Volksgemeinschaft", zum „Kampf gegen das Verbrechertum Churchills, Roosevelts, Stalins und des

Dokumentation

ropa zur Verfügung stand, erklärt und habe immer wieder dessen sorgfältigste und korreckteste Behandlung verlangt. Ich glaubte dabei an eine europäische Solidarität.

Mit Konzentrationslagern, Sträflingsarbeit, Todesurteilen, Erschießungen und so weiter habe ich nie in meinem Leben etwas zu tun gehabt. Aus diesem Grunde bedaure ich auf das Grenzenloseste alle unmenschlichen Maßnahmen, die ich selbst nie für möglich gehalten habe. Mit dem Konzentrationslager Buchenwald habe ich weder administrativ noch persönlich das Geringste zu tun. Es unterstand ausschließlich Himmler. Mit dem (Blatt 15) aber hatte ich in steigendem Maße Schwierigkeiten. Buchenwald habe ich im Anfang nur ein einziges Mal gesehen.

1933 wurde ich Mitglied des Reichstages. 1935 ernannte mich der Führer zum ehrenamtlichen Stiftungsführer der nationalsozialistischen Industriestiftung „Gustloffwerke", in der nationalsozialistische Grundsätze vorbildlich verwirklicht werden sollten. Innerhalb dieser Stiftung versuchte ich 1944 nach eigenen Ideen ein unterirdisches Flugzeugwerk zu bauen.

Meine Stellung zur Judenfrage war die: Ich glaubte an eine Überfremdung in fast allen entscheidenden Stellungen, im gesammten öffentlichen Leben des deutschen Volkes und deshalb auch an einen zu großen und schädlichen Einfluß. Ebenso hielt ich eine Rassenvermischung nicht im Sinne der Natur liegend. Jedoch ich habe niemals eine Vernichtung des Judentums angestrebt oder auch nur für möglich gehalten. Nie in meinem Leben war ich für Willkür oder Gewaltakte veranlagt. Natürlich liebte ich dagegen mein Volk und war und bin bereit sein Recht gegen Gefahren und Angriffe zu verteidigen. Fremde Völker habe ich nie mißachtet. Hatte ich doch als Seemann bei den verschiedensten Nationen gute Kameraden kennen und auch achten gelernt.

In den Bann der nationalsozialistischen Bewegung zog mich das Schicksal meines Volkes. Eine Volksgemeinschaft, wie sie Hitler verkündete begeisterte mich, weil ich aus den dargelegten Gründen nicht Marxist, aber auch nicht bürgerlicher Kapitalist sein konnte. Mein eigenes und meiner Frau Lebensschicksal zwangen uns aus innerster Überzeugung die Überwindung der Gegensätze politischer, wirtschaftlicher und konfessioneller Art, die das deutsche Volk so sehr zerrissen haben, als ein hohes Ideal zu suchen. Denn unsere eigenen Familien waren ja zunächst in all diese Gegensätze verstrickt. Meine Familie national, evangelisch, kleinbürgerlich und streng patriarchalisch, die Familie meiner Frau jedoch marxistisch, international, zu Teil ungläubig, zum andern streng katholisch. Trotzdem gelang es. Vornehmlich die Güte und die hervorragenden menschlichen Eigenschaften meiner Frau gestalteten meine Ehe sehr glücklich. Meine Frau lebte sehr einfach. Alle zehn Kinder bekam sie zu Hause. Sie erzog sie alle selbst. Obwohl die Frau sehr zarter Konstitution ist, wurden alle Kinder ohne ärztliche Hilfe geboren. Sie war sehr fleißig. Mit fünfundzwanzig Jahren war sie schon Prokuristin geworden. Während der letzten Jahre hat meine Frau keine Urlaubsreise mehr gemacht. Sie war an ihren Haushalt gefesselt und liebte Gartenarbeit. Sie war sogar Imkerin und liebte Bienen und Haustiere sehr.

Wir führten kein gesellschaftliches Haus und lebten sehr für uns, soweit ich hierfür überhaupt Zeit hatte. Wenn mich selbst meine Aufgaben nicht in Anspruch nahmen, gehörte mein ganzes Interesse meiner Familie. Mein Lieblingssport, den ich leidenschaftlich von Jugend auf liebte, war Schwimmen, auch Segeln. Leider fand ich kaum Zeit für diesen Sport. An meinem Seemannsberuf und an der See habe ich immer voller Sehnsucht gehangen. Eine längere Seereise blieb mir jedoch infolge der Fülle meiner Aufgaben versagt. Von der Schule her war und blieb ich ein begeisterter Anhänger des klassischen Altertums. Daher ließ ich auch alle meine Kinder das humanistische Gymnasium besuchen. Neben meinen aus meinem eigenen Erleben resultierenden Hauptinteressen an wirtschaftlichen und sozialen fragen widmete ich sehr viel Zeit und Anstrengung der Förderung der kulturellen Tradition meines Gaues Thüringen, den ich sehr liebte. Weimar wollte ich zu einer der schönsten deutschen Städte bei Vermeidung des Großstadtkarakters ausbauen. Auch das hat der Krieg verhindert. Die Pläne jedoch müssen noch vorhanden sein.

Den Führer selbst hielt ich für eine einmalige Erscheinung. Da ich ihn nur als gütigen Menschen kennen gelernt hatte, verehrte ich ihn sehr und hielt ihm bis zuletzt die Treue. Vieles, was ich erst in Gefangenschaft erfahren habe, erscheint mir ein unfaßliches Rätsel.

Bormann, Himmler und Goebbels halte ich für seine Verderber. Diese drei Persönlichkeiten haben mir allerdings schon immer das Leben sauer gemacht. Ich habe sie nie verstanden, und wie alle meine Mitarbeiter und vor allem meine Frau bezeugen können, nie Kontakt mit ihnen bekommen und auch nie gesucht.

An öffentlichen Verwaltungsfragen war ich stark interessiert. Vieles was in Berlin auf diesem Gebiet nach meiner Auffassung falsch gemacht wurde, habe ich in einigen Denkschriften zu widerlegen versucht, leider sind meine Versuche hauptsächlich an Himmler, der die unheilvolle Spaltung zwischen Verwaltung und Exekutive verschuldet hat, gescheitert. Bormann brachte die Partei in eine falsche Aufgabenstellung und damit in einen unseligen Gegensatz zur Verwaltung. Goebbels beleidigte dauernd Beamtenschaft und ähn-

Judentums". Das sechste der sieben „Bekenntnisse" sei in den bevorstehenden Veranstaltungen zwar nur „kurz, aber kategorisch" zu behandeln. Dessen Inhalt lautete: „Wir bekennen uns zur totalen Vernichtung des Judentums in Europa. [...] Die Vernichtung des Judentums ist die Voraussetzung dafür, dieser mörderischen Rasse weltgeschichtlich das Handwerk zu legen." Die folgende Argumentation galt einzig und allein den nach seiner Auffassung falschen Bemühungen, den Judenmord geheimhalten zu wollen: „Das müssen wir nun endlich unserem Volke sagen, rückhaltlos und offen. Erbarmen ist falsch. Wir wollen Erbarmen haben vielleicht sogar mit irgendeinem Engländer, der von diesem Judentum verführt und auf das Schlachtfeld geführt wird. Wir wollen Erbarmen haben mit unseren Frauen und Kindern, die durch diese englischen Terrorangriffe hingemordet werden, und wir wollen Erbarmen haben mit unserem Volke und den anständigen arischen Völkern." Dieser moralisch verbrämten nationalistischen Aussage folgte der blanke tödlich-rassistische Kern: „Deshalb muß das Judentum, damit das nicht wieder passiert, ausgerottet werden mit Weib und Kind, wenigstens dort, wo wir die Waffen haben. Es ist ein Bekenntnis, um endlich einmal den Mörder innerhalb der Menschheit auszurotten, wenigstens bei uns."[49]

Trotz dieses „Bekenntnisses" vom 31. Dezember 1943 wagte es Sauckel in Nürnberg, unverfroren seinen Ausrottungswillen zu leugnen. Die Ermordung der europäischen Juden habe, so behauptete er unter Berufung auf die Spezifika seines Verantwortungsbereichs, seinen Interessen „nicht entsprochen": „Das (gemeint ist: Es – der Vf.) hätte ja meine Aufgabe ungeheuer erleichtert, und ich hätte viel, viel weniger Schwierigkeiten gehabt, wenn alle diese Menschen, soweit sie arbeitsfähig gewesen wären, dem Arbeitseinsatz in vernünftiger Weise zugeführt worden wären." Sein Gedankengang gipfelte in der schamlos-zynischen Behauptung, „diese Endlösung" sei seinen Interessen „vollkommen zuwider" gewesen.[50]

„... dann sind wir wirklich eines Tages die Herren der Welt!"

Welche Interessen verfolgte Sauckel tatsächlich als Hitlers „Generalbevollmächtigter für den Arbeitseinsatz"? Wie sah er die von ihm ausgeübte Macht über die Zwangsarbeiter?

Sein höchstes Amt hat er mit großen Versprechungen angetreten. Anfangs schien er zu hoffen, den Anforderungen an sein Amt mit einer umfassenderen Eingliederung von Frauen begegnen zu

Die Ausgabe derartiger Arbeitsbücher täuschte ordentliche Arbeitsrechtsverhältnisse für die zirka 12 Mio. zur Arbeit gezwungenen Ausländer vor. (WS)

können. Auch stellte er – mitunter recht cholerisch, wie Albert Speer diesbezüglich anmerkte – die Richtigkeit von Forderungen aus der Wirtschaft nach neuen Arbeitskräften in Frage und gab von sich, es genüge, einige Betriebsführer zu erschießen, dann würden die anderen schon mit besseren Leistungen reagieren.[51] Doch primär ging es ihm darum, Arbeitskräfte in großer Zahl aus den besetzten Gebieten ins Reich zu holen und dabei „die letzten Schlacken unserer Humanitätsduselei" abzulegen.[52] Innerhalb des angestrebten „Kombinationssystems aus Versprechungen, sozialem Druck und brutalem Terror"[53] setzte er hauptsächlich auf Zwang und Gewalt. Deshalb redete er gern vom „Krieg der Arbeit", vom „Shanghaien" oder auch davon, daß man jetzt Menschen fange, „wie die Schinder früher Hunde fingen".[54]

Als ihm aber in Nürnberg vorgehalten wurde, im Protokoll der Tagung von Reichs- und Gauleitern der NSDAP am 5. Februar 1943 sei seine Aussage vermerkt, das sogenannte Prinzip der Freiwilligkeit habe überall versagt und von den fünf Millionen ausländischen Arbeitern seien „keine 200 000 freiwillig gekommen" und deshalb habe „die Dienstverpflichtung an ihre Stelle" treten müssen, reagierte er ausweichend, im Grunde dumm-frech: Es habe sich wohl nur um einen „Zwischenruf" gehandelt, um zu zeigen, daß die Aussage anderer Teilnehmer, alle Arbeiter seien freiwillig gekommen, „nicht ganz richtig" gewesen ist.[55] In einer Anordnung vom 7. Mai 1942 hatte er indessen nicht nur von „Dienstverpflichtungen" getönt, sondern auch von „Aushebungen", welche „ein undiskutierbares Erfordernis unsere Arbeitslage" darstellen würden.[56] In internem Kreis war von ihm auch angeregt worden, die Russen durch die deutsche Verwaltung „so scharf" anzufassen,

Dokumentation

liche Institutionen, so daß in der Verwaltung des Reiches eine erhebliche Unsicherheit bei den notwendigen Entscheidungen Platz gegriffen hatte. In den letzten zwei Jahren besonders haben nach meiner Überzeugung diese drei Männer die Isolierung des Führers verschuldet. Wir alle haben darunter innerlich gelitten. Jedoch der Glaube an die Mission des Führers war so groß, daß diese Erscheinungen in Kauf genommen wurden. Nur dieser Glaube an den Führer hielt uns und das deutsche Volk aufrecht.

Als schwersten Fehler aber empfinde ich die Entfremdung vom Christentum. Denn die Partei, von Bormann falsch beeinflußt, zerstörte nun die wichtigste Verbindung, nämlich das der Inneren zur Seele des Volkes. Leider bin auch ich aus der Kirche ausgetreten. Ich bereue dies tief, obwohl ich mit meiner Familie immer tief religiös geblieben bin.

Als Thüringen verloren war, begab ich mich nach dem Willen des Führers zu Feldmarschall Kesselring. Die Rückzüge waren so schnell, daß eine Beeinflussung der Truppen unmöglich war. Ich hatte geglaubt und gehofft, daß doch ein Ausgleich mit den westlichen Mächten noch möglich wäre, allein es kam der Zusammenbruch.

In jenen Stunden kam mir zum Bewußtsein, daß nunmehr eine Entscheidung der Vorsehung gegen den Führer und das deutsche Volk vorlag. Ich war auf das furchtbarste erschüttert. Nach schwerstem inneren Kampf entschloß ich mich, den amerikanischen Behörden mich zu stellen. Bedingungen kannte ich nicht. Da ich meine Frau in der Nähe von Berchtesgaden wußte, begab ich mich, – ich glaube es war am achten oder neunten Mai nach dort, fand meine Frau und ging nach einer Ruhe, – ich war über einen Tag zu Fuß vom Dorf Alm Gau Salzburg gekommen – mit ihr ins katholische Pfarramt zu Berchtesgaden. Ich teilte dem dortigen Herrn Pfarrer unter kurzer Schilderung meines Lebenslaufes und meiner Ehe meinen Entschluß, mich zu stellen, mit. Meine Frau und ich waren von diesem Augenblick in der Erkenntnis und dem Willen einig, allein die christliche Weltanschauung als Grundlage unseres Schicksals fest an zu nehmen. Dies habe ich auch dem Pfarrer erklärt. Er erbot sich, gütigerweise meine Anmeldung bei den amerikanischen Behörden zu übernehmen. So geschah es und kurze Zeit nach Verlassen des Pfarrhauses wurde ich in Haft genommen. Ich kam ins Gefängnis nach Salzburg, von dort nach dem Lager Augsburg. Schließlich kam ich ins Gefängnis nach Wiesbaden, von da nach Oberursel alsdann hierher.

Das Unglück meines Volkes hat mich unendlich schwer ergriffen und mich Monate lang verzweifelt gemacht. Allein die innerliche Rückkehr zur christlichen Liebeslehre und Geduld hat mich aufrecht erhalten. Dazu lebe ich in dem felsenfesten Bewußtsein, daß ich ja für mein Volk gearbeitet und es mit allen Fasern meines Herzens geliebt habe und noch liebe. Meine Hände weiß ich rein von Blutschuld und fremdem Gut. Mit ehrlichem Herzen kann ich, das ist meine Zuversicht, vor meinen höchsten Richter treten und vor meine Frau und meine Kinder. Sonst könnte ich auch nicht mehr leben. Verbrechen habe ich weder beabsichtigt noch begangen. Daß ich in schwere Irrtümer verfangen war, bereue ich aufs tiefste und aus ganzem Herzen. Wenn es mir vergönnt sein sollte, sie wieder im Leben gut zu machen, so würde es die größte göttliche Gnade sein.

Es ist heute meine Überzeugung, daß die nationalsozialistische Bewegung von ihrer Sendung abgewichen ist und sich zu sehr dem Haß verschrieben hatte. Sie verlor ihre Bindung zur göttlichen Liebe. Diese allein aber vermag auf die Dauer schöpferische und segensreiche Werke und Werte zu schaffen. Haß dagegen ist die Kraft der Vernichtung und Zerstörung menschlichen Glücks und hoher Kulturen. Diese Erkenntnis ist das Ergebnis der Erfahrungen und der Schicksale meines Lebens. Nach der Liebe kommt als nächste notwendigste Tugend die Pflicht. Beide müssen erleuchtet sein durch die Erkenntnis göttlicher Offenbarung.

Reichtümer habe ich nicht erworben. Auch nicht Haus, Gut oder Hof. Ich wohnte in einer dem Reich gehörigen Dienstwohnung. Meine Schwiegereltern lebten bei mir. Schwerste Sorgen bereitet mir nur das unbekannte Schicksal meiner unendlich braven und lieben Frau und meiner Kinder. Meine braven Eltern sind tot.

Anm.: Dieses Dokument über sein Leben verfaßte Fritz Sauckel nach eigenen Angaben für den Gefängnispsychologen Major Dr. Douglas M. Kelley am 16./17. Oktober 1945 im Vorfeld des Nürnberger Kriegsverbrecherprozesses, der am 14. November 1945 begann und am 1. Oktober 1946 (Urteilsverkündung am 30. September 1946) endete. Die Hinrichtungen der zum Tode Verurteilten, unter ihnen Fritz Sauckel, erfolgte am 16. Oktober 1946. Inhalt und Schreibweise des Dokuments entsprechen dem Original und dokumentieren Sauckels Haltung und Selbstsicht vor Prozeßbeginn. Bei der Wiedergabe wurde aus formalen Gründen auf die Aufführung technischer Angaben (Blattzählung, Adressierung, Unterzeichnung) sowie auf von Sauckel vorgenommene Unterstreichungen verzichtet. Die kursiv in Klammern wiedergegebenen Ergänzungen sind Randnotizen Sauckels auf dem jeweiligen Blatt.

Q.: Institut für Zeitgeschichte München, Bestand Fa 190.

um ein „Stimmungsgefälle" zu erzeugen, „daß sie gern nach Deutschland zur Arbeit gehen" lassen würde.[57]

Vehement wehrte sich Sauckel gegen den Vorwurf, er habe sich an „Deportationen" von Arbeitern aus den besetzten Gebieten nach Deutschland beteiligt. Doch gegen diesen völkerrechtlich verankerten Begriff[58] wußte er lediglich zu wiederholen, was er bereits am 2. Dezember 1943 den Teilnehmern einer Tagung des Auslandswissenschaftlichen Instituts in Weimar vorgegeben hatte, um die entsprechenden Bestimmungen der Haager Landkriegsordnung zu umgehen: Das Wort „Deportation" sei „in höchstem Maße anrüchig", und wer es benutze, beleidige und diffamiere den deutschen Arbeitseinsatz. Dieser basiere auf „regulären Verträgen", und „soziale Rechte" der Betroffenen blieben gewahrt.[59] In Nürnberg hoffte Sauckel, man würde seinem demagogischen, die Realität beschönigenden Gedankengang folgen. Allen Ernstes behauptete er, die Zwangsarbeiter hätten in ihrer Lebenshaltung „genau denselben Einschränkungen wie die deutsche Bevölkerung auch" unterlegen.[60] Auch sei es nicht angebracht, von einer „Ausbeutung" der ausländischen Arbeiter zu reden, da es sich doch lediglich – wie Servatius es ihm in den Mund legte – um deren „Ausnutzung" gehandelt habe.[61] All das versuchte er schließlich mit der Aussage zu erhärten: „Ich habe aus meiner Auffassung der Ethik der Arbeit niemals Deportationen betrieben, sondern ich habe ja den Arbeitern, die über mein Amt gingen – und das war ja das, was ich bei Hitler zu Anfang meines Auftrags durchgesetzt habe, und das ist nicht leicht gewesen –, allen ausländischen Arbeitern rechtsgültige Verträge gegeben, ob sie freiwillig oder ob sie auf Grund einer deutschen Dienstverpflichtung kamen."[62]

Doch nichts davon entsprach der Wahrheit. Wie Sauckel für eine terroristische Beschaffung nichtdeutscher Arbeitskräfte gesorgt hatte, so auch dafür, daß beispielsweise die Zwangsarbeiter aus Osteuropa trotz einer bis zu 72stündigen Arbeitswoche größtenteils nur sieben bis 22 Prozent ihres Grundlohns ausbezahlt erhielten und die polnischen Arbeiterinnen und Arbeiter von vornherein im Durchschnitt nur 50 bis 85 Prozent des Grundlohns deutscher Arbeiter erhalten durften.[63] Jüngste Forschungen haben unser Wissen um diese Zustände ausgeweitet und erhärtet, nicht zuletzt auch durch das, was in den Debatten um die sogenannte Entschädigung der Zwangsarbeiter an historischer Wahrheit ans Tageslicht gekommen ist – trotz aller die deutschen Großunternehmen so beschämenden Argumente gegen sie.[64]

Seit seiner Ernennung zum Gauleiter 1927 bis Anfang April 1945 gehörte das Halten und Verbreiten von Reden zu Sauckels wichtigsten öffentlichen Aufgaben. (WS)

Weshalb aber wagte der Angeklagte, so offenkundig Wahrheitswidriges zu behaupten, so dreist zu leugnen? Um seinen Kopf zu retten? Natürlich. Doch es läßt sich zugleich erkennen, daß ihm das Lügen als normales Mittel der Politik galt. Solch ein Gebaren war ihm weder neu noch obsolet. Lügen hielt er schlicht und einfach für ein völlig gerechtfertigtes Instrument rassistischen Großmachtstrebens und politischer Zweckmäßigkeit. Am 4. Dezember 1943 hatte er dies in einer Rede bei der ersten Kriegstagung der thüringischen Rüstungsindustrie in Weimar mit den Worten begründet: „Wenn ich in Paris den Franzosen, oder wenn ich anderen Völkern ein paar Liebenswürdigkeiten sage, so ist es nicht so, daß ich an diese Liebenswürdigkeiten auch glaube. Aber ich halte es für notwendig, daß man sie sagt. In dieser Beziehung liegen die Dinge auch anders; diesen fremden Völkern bin ich nicht zur Wahrheit verpflichtet".[65]

In diesen Worten klingt ein weiteres Mal an, was für Sauckel ausschlaggebend gewesen ist: Nationalistische Überheblichkeit und Mißachtung anderer Völker galten seinem Denken schlicht als Selbstverständlichkeit, als eine den Deutschen auferlegte Pflicht, als etwas, das keiner Infragestellung oder gar moralischer Bewertung unterliegen durfte, als etwas, das einem alles Militärische verabsolutierenden Freund-Feind-Schema verhaftet war und daher ausschließlich mit Gewalt einherzugehen hatte. „Je härter, je besser!“, weil, so hieß es auch in dieser Rede vor den Rüstungsindustriellen, es eine Arbeitskapazität zu schaffen gelte, die „[...] uns für das kommende Jahrhundert das absolute Übergewicht über alle Völker der Welt nicht nur militärisch, sondern auch wirtschaftlich und arbeitsmäßig geben wird [...] dann sind wir wirklich [...] eines Tages die Herren der Welt“, um dann noch hinzuzufügen: „Vom Frieden wollen wir nicht reden.“[66]

In Nürnberg vertuschte Sauckel diese Auffassungen vor den Anklägern und Richtern und versuchte, sich einen besonderen Umstand seines Tätigkeitsbereiches zunutze zu machen. Seinem Amt und auch ihm persönlich war relativ rasch die unvermeidliche Diskrepanz zwischen den gestellten Zielen und den tatsächlichen Gegebenheiten klar geworden. Der in der Praxis betriebenen „Vernichtung durch Arbeit“ standen rüstungswirtschaftliche Effizienzkriterien entgegen. Doch diese galten vorrangig dem Erhalt der Arbeitskraft unersetzbarer Facharbeiter und schlossen den rücksichtslos verschleißenden Einsatz von Hilfskräften nicht aus. Obwohl letzteres völlig Sauckels Auffassungen entsprach[67], brachte seine Aufgabe als GBA es mit sich, daß Sauckels Platz in der Hierarchie – trotz der Gunst Hitlers – seit dem März 1942 einerseits von den zu erbringenden „Leistungen“ in der Zwangsarbeiterrekrutierung, andererseits von den tatsächlichen Leistungen der Zwangsarbeiter und der Rüstungswirtschaft abhing, zumal deren Zahl nicht grenzenlos ausgeweitet werden konnte.

Manche der Schwierigkeiten auf diesem Problemfeld schienen bereits in seinen verquasten Formulierungen auf, zu denen er sich auf der bereits erwähnten „Führertagung“ am 5. Februar 1943 verstiegen hatte: „Ich bitte aber [...] ganz besonders um Ihr Verständnis dafür, daß ich als Beauftragter zweier Männer wie Adolf Hitler und Hermann Göring mich nun mit meiner ganzen Persönlichkeit dafür einsetze, daß gerade, weil wir im härtesten und erbarmungslosen Entscheidungskampf der Weltgeschichte stehen und unsere Soldaten unter der Führung Adolf Hitlers unsterblichen Ruhm und Ehre an ihre Fahnen heften, der deutsche Arbeitseinsatz bei aller Härte der Zeit und trotz der unerhörten Einschränkungen, die sich unser eigenes geliebtes Volk auferlegen muß, sich grundsätzlich von all den schamlosen und unsagbar brutalen und nichtswürdigen Methoden jener plutokratisch-jüdischen, kapitalistischen Weltbestie unterscheidet, mit denen gerade unsere Gegner sich ihren verfluchten Reichtum, den sie heute zu unserer Vernichtung anwenden, erpreßt haben.“[68]

Seine Kritiker hatte Sauckel auch belehrt, die Leitung des Arbeitseinsatzes sei weder von „Sentimentalität noch von Romantik“ geprägt.[69] Nur die „kalte Vernunft“ gebiete eine pflegliche Behandlung der ausländischen Arbeiter: „Unterernährte, dahinsiechende, unwillige, verzweifelte und haßerfüllte Sklaven ermöglichen niemals eine höchste Ausnutzung ihrer unter normalen Bedingungen erzielbaren Leistungen. [...] Kriegsgefangene und fremdländische Arbeiter müssen so ernährt, untergebracht und behandelt werden, daß sie bei denkbar sparsamstem Einsatz die größtmögliche Leistung hervorbringen. [...] Ich bitte, dabei zu bedenken, daß auch eine Maschine nur das zu leisten vermag, was ich ihr an Treibstoff, Schmieröl und Pflege zur Verfügung stelle. Wie viel Voraussetzungen mehr aber muß ich beim Menschen, auch wenn er primitiver Art und Rasse ist, gegenüber einer Maschine berücksichtigen.“[70]

Sauckel auf der Nürnberger Anklagebank. In der Reihe vor ihm v.li. Göring, Heß, Rosenberg und Keitel, er zwischen von Schirach und Jodl. (Ausschnitt/ Repro WS)

Den Richtern des Internationalen Gerichtshofes in Nürnberg wollte Sauckel am 28. Mai 1946 gar weismachen, er habe „vom Führer ausdrücklich geradezu verlangt [...], daß man Arbeiter, die in Deutschland arbeiten, nicht mehr als Feinde behandeln dürfe". Schließlich habe er auch versucht, „Einfluß auf die Propaganda in diesem Sinne zu gewinnen".[71] Seinen Untergebenen hatte er jedoch früher erklärt, Franzosen, Russen, Polen seien ihm „so gleichgültig wie irgendetwas", verknüpft zudem mit der unmißverständlichen Forderung, wenn diese „sich das geringste Vergehen zuschulden kommen lassen, dann bitte sofort Anzeige an die Polizei, aufhängen, totschießen! Das kümmert mich gar nicht. Wenn sie gefährlich werden, muß man sie auslöschen."[72]

Zur Beschönigung seiner Untaten versuchte Sauckel in Nürnberg nach Kräften, seine 1943 einsetzenden Bemühungen um eine intensivere Ausbeutung insbesondere der sogenannten Ostarbeiter[73] und den rationalen Kern des Effizienzproblems auszuspielen. Hatte er aber damit die Anwendung schlimmster Terrormaßnahmen etwa in Frage gestellt, hatte er gar den Rahmen der nazistischen Ideologie gesprengt? Die Antwort kann in beiden Fällen eindeutig nur „nein" lauten. Schwach unternommene und vor Gericht völlig überhöht dargestellte Versuche einer „Ökonomisierung der Ausländerbehandlung"[74] waren während des Krieges nicht nur im Ansatz steckengeblieben, sondern grundsätzlich weder gewünscht noch machbar, wie die drastische, ausschließlich profitorientierte Ausbeutung in den Betrieben sowie die Unterdrückung jeder sozialen oder gar politischen Regung unter den Zwangsarbeitern bewiesen. Selbstverständlich war auch für die deutschen Faschisten ein gewisses Maß an ökonomisch-technischem Effektivitätsdenken unumgänglich, doch nicht dieses bestimmte vorrangig Sauckels Tätigkeit im Amt des GBA. Leiten ließ er sich in seinem „Krieg der Arbeit" primär von nationalistisch-rassistischer Menschenfeindlichkeit und wachsender Rigorosität. Auch in dieser Hinsicht hatte er nichts anderes im Sinn als die weltweite Durchsetzung „deutscher Autorität". Alles sei richtig, „was die Deutschen machen", lesen wir bei ihm.[75]

In Nürnberg blieb nichts, aber auch gar nichts davon übrig, was zuvor von manchem seiner Untergebenen an Sauckel gerühmt worden war. So etwa „Gradlinigkeit seines Charakters" und die „Kraft innerster Volksverbundenheit", das regsam-draufgängerische, mitunter polternde Auftreten und der bedingungslose Gehorsam, nicht zuletzt auch seine Fähigkeit, anstehende Probleme entscheidungsfreudig zu lösen.[76] Dennoch zeigte er sich keineswegs – wie Albert Speer später über ihn urteilte[77] –, von Anfang an geistig und ethisch überfordert. Es spricht auch eher für Görings elitäres Gehabe, wenn er Sauckel als „einen der Primitivsten unter den Primitiven" bewertete.[78] Das Urteil eines der amerikanischen Anwälte, Sauckel sei ein „unattraktiver proletarischer Leutnant"[79], entsprach wohl mehr jenem erbärmlichen Bild, das dieser vor Gericht bot und weniger dem aus den Zeiten zuvor.

Sauckel wird in der Literatur oft als fanatisch treuer Gefolgsmann oder ausschließlich auf Befehl funktionierender Erfüllungsgehilfe Hitlers abgetan. Ebensowenig sollte er (ausschließlich oder doch überwiegend) als ein pragmatischer „Macher", als ein bloß verwaltender „Bürokrat" oder gar als ein ideologiefreier „Technokrat" gesehen werden.[80] Sauckel verkörperte viel mehr als bisher bewertet den Normaltyp eines von ausgeprägten nationalistisch-rassistischen Wirtschafts- und Herrschaftsinteressen geleiteten, alle Grenzen des Humanismus mißachtenden politischen Führungskaders seiner Partei. Möglicherweise wurde

IMT in Nürnberg

In Nürnberg wurden mit der Anklageschrift vom 6. Oktober 1945 insgesamt 24 Personen als Hauptkriegsverbrecher angeklagt. Mit Urteil vom 1. Oktober 1946 verhängte der Gerichtshof gegen 12 Angeklagte die Todesstrafe aus, drei Angeklagte erhielten lebenslängliche und vier zeitige Freiheitsstrafen. Drei Angeklagte wurden freigesprochen.

Angeklagte und ihre Urteile

1. Hermann Göring	Todesstrafe
2. Joachim von Rippentrop	Todesstrafe
3. Wilhelm Keitel	Todesstrafe
4. Ernst Kaltenbrunner	Todesstrafe
5. Alfred Rosenberg	Todesstrafe
6. Hans Frank	Todesstrafe
7. Wilhelm Frick	Todesstrafe
8. Julius Streicher	Todesstrafe
9. Fritz Sauckel	Todesstrafe
10. Alfred Jodl	Todesstrafe
11. Arthur Seyß-Inquart	Todesstrafe
12. Martin Bormann (in Abwesenheit)	Todesstrafe
13. Robert Ley	vor Verhandlung Selbstmord
14. Rudolf Heß	lebenslänglich
15. Walther Funk	lebenslänglich
16. Erich von Raeder	lebenslänglich
17. Karl Dönitz	Zeitstrafe
18. Baldur von Schirach	Zeitstrafe
19. Albert Speer	Zeitstrafe
20. Konstantin Frhr. von Neurath	Zeitstrafe
21. Hjalmar Schacht	Freispruch
22. Franz von Papen	Freispruch
23. Hans Fritzsche	Freispruch
24. Gustav Krupp	verhandlungsunfähig

deshalb seine Biographie noch nicht geschrieben[81], ganz im Gegensatz zu denen für andere aus der Schar der politischen Größen jener Zeit. In der Tat scheinen die Schwierigkeiten groß zu sein, Sauckels persönliches Machtstreben in seiner engen Verknüpfung von kapitalistisch-nationalsozialistischer Profitmaximierung, extrem nationalistischer, auf rasche Vergeltung für die Kriegsniederlage von 1918 bedachter, um deutsche Vorherrschaft in der Welt bemühter und sich über alles Nicht-Deutsche bedenkenlos erhebender rassistischer Grundorientierung zu erhellen.Es war seinem persönlichen Ehrgeiz und Machtstreben, seinen Fähigkeiten und seinem Agieren zuzuschreiben, daß er eine überragende Stellung innerhalb des faschistischen Herrschaftssystems einzunehmen vermochte. Manche der auf Reichsebene getroffenen Entscheidungen fielen ihm indessen unverdienterweise in den Schoß, galten sie doch weniger ihm als den Gegebenheiten der thüringischen Region. Die umfangreichen und ständig wachsenden Anforderungen an die Rüstungsindustrie sowie die unter militärischen Aspekten günstige geographische Lage des Landes in der Mitte des Reiches wurden hier geschickt als Chance genutzt, die eigenen regionalen Machtpositionen Schritt für Schritt zu erweitern.

Insgesamt lassen sich Sauckels Denk- und Verhaltensweisen sowohl aus den gesellschaftlichen Gegebenheiten als auch aus seiner individuellen Persönlichkeitsstruktur ableiten, aus dem Bedarf des braunen Regimes an politischen Führern und der Rückwirkung dieses Bedarfs auf die Mitglieder dieser Führung. Erst eine weitgehende Deckungsgleichheit aller Faktoren ermöglichte Karrieren wie die seinige.

In der gewiß außergewöhnlichen Karriere eines eher gewöhnlichen Mannes wäre im einzelnen zu zeigen, daß und wie seine charakterlichen Eigenheiten sich seit seinem Eintritt in die Politik entfalteten, und zwar ziemlich exakt in jenem Maße, in dem die in Deutschland geschaffenen Rahmenbedingungen ihm dazu Gestaltungsräume boten. Sein Machtwille wuchs mit dem nach innen und außen gerichteten terroristischen Expansionismus, seine Machtfülle mit dessen zeitweiliger Verwirklichung. Der in Nürnberg am 28. Mai 1946 ausgesprochene Satz „Ich habe mich um keines meiner Ämter jeweils irgendwie beworben"[82], entsprach in keiner Weise der Wahrheit – erinnert sei an die Intrigen gegen Artur Dinter, seinen Vorgänger im Amt des thüringischen Gauleiters[83], an die Auseinandersetzungen mit Fritz Wächtler[84] und Wilhelm Frick[85] sowie vor allem an die 1943/44 ausufernde, bislang zu wenig erforschte Konfrontation mit Albert Speer[86]. Dennoch spiegelt sich in dieser Aussage die Tatsache, daß er sich in erheblichem Maße als unentbehrlich betrachtete.

Ein Biograph wird ebenso festzustellen haben, daß Sauckel gleich denen, die im Dritten Reich auf zentraler Ebene agierten und als Politiker für Stabilität und Sicherung des Regimes sowie für dessen aktive Unterstützung durch eine große Mehrheit der Deutschen Sorge zu tragen hatten, bedenkenlos alle faschistischen Ziele verfochten hat, was sie und ihn durchaus von anderen Teilen des faschistischen Machtapparates unterschied und ihre historische Verantwortung erhöhte. Aber vielleicht sollte Sauckel in erster Linie als ein zeitweilig erfolgreicher Regionalpolitiker nationalistisch-rassistischen Zuschnitts betrachtet werden, der – einem einfallsreichen und findigen Manager gleich – an einer bedeutsamen Schaltstelle von Politik, Wirtschaft, Verwaltungsapparat, Sicherheitskräften und Militär zu handeln vermochte und sich, gestützt auf eine in Thüringen geschaffene territoriale Hausmacht, als fähiger Organisator und geschickter Taktiker erwies. Besonders hier zeigte er sich als durchsetzungsfähig, gewann er Ansehen, und dies nicht zuletzt durch sein hemdsärmelig-robustes, mitunter leutseliges und findig taktierendes Auftreten innerhalb der NSDAP und deren regionalem Machtapparat. Als Gauleiter und Reichsstatthalter hat er sich konsequent um gute Beziehungen zum Stab des Stellvertreters des Führers, später zur Parteikanzlei sowie zu Wehrmachtführung, SS und Wirtschaftsverbänden bemüht. Und wie kann es anders sein: Auch diesbezüglich kehrte er in Nürnberg die Realität gleichsam um und behauptete, mit den Berliner Ministern und Reichsleitern der Partei „sehr wenig Kontakt" und sehr oft Meinungsverschiedenheiten über Verwaltungs- und Organisationsfragen „besonders zu Bormann, Himmler und Goebbels" gehabt zu haben.[87] Es versteht

Hier endete Sauckels Karriere, die in der Weimarer Republik begann und 1942 mit seiner Ernennung zum GBA ihren Höhepunkt erreichte. Ein verdientes, aber auch erbärmliches Ende. (Ausschnitt/ Repro WS)

sich wie von selbst, daß er nach dem 8. Mai 1945 diese drei der Entfernung des „Nationalsozialismus“ vom Christentum zieh und sie hauptsächlich für das Scheitern Hitlers verantwortlich machen wollte.[88]

Zahlreiche jener Verhaltensweisen, die Sauckel bis 1945 und danach in Nürnberg an den Tag legte, lassen sich auch bei anderen Angeklagten feststellen, darüber hinaus wohl bei den meisten jener aus der politischen Elite des „Dritten Reichs“[89], die für den Massenzuspruch zur NSDAP gesorgt hatten. Dreistes Leugnen und Täuschen, emsiges Verdrehen und Vernebeln, ungeniertes Vertuschen und Tricksen, hemmungsloses Ausweichen und Verharmlosen, raffiniertes Akzentverlagern, unsägliches Rechtfertigen usw. usf. Da kamen allenfalls graduelle Unterschiede zum Vorschein.

Auf der Nürnberger Anklagebank befand sich Sauckel erneut – wie vor seiner Berufung zum GBA – in der „zweiten Reihe“, was keineswegs allein für den Sitzplatz galt, den er einzunehmen hatte. Als der Gerichtshof das Todesurteil verkündete, reagierte er sprachlos und glaubte zunächst an einen Übersetzungsfehler. Er weinte und erklärte, daß er den Tod durch den Strang nicht verdient habe. Hatte er gehofft, wie Speer lediglich mit einer Freiheitsstrafe bedacht zu werden, weil er sich selbst als dessen Untergebener betrachtete und nach den Anordnungen des Ministers gearbeitet habe? Später sahen Gegner des Prozesses und manche Historiker das Todesurteil gegen Sauckel, da Speer mit dem Leben davongekommen sei, als „fragwürdig“ an.[90] Doch auch dies ändert nichts an der Eindeutigkeit des Urteils gegen Sauckel, den der US-amerikanische Hauptankläger in Nürnberg, Robert G. Jackson, als den „größten und grausamsten Sklavenhalter seit den ägyptischen Pharaonen“ bezeichnete.[91]

Täter und Wegbereiter des Nationalsozialismus im Gau Thüringen

Biogramme[1]

Astel, Karl Prof. Dr. med. (1898-1945)

Mediziner, NS-Rassentheoretiker. A. wurde in Schweinfurt geboren. Von 1925 bis 1933 leitete er die sportärztliche Untersuchungs- und Beratungsstelle München, seit 1933 Präsident des Thüringischen Landesamtes für Rassewesen in Weimar; Leiter des Gesundheits- und Wohlfahrtsamtes im Thüringer Ministerium des Innern, Mitglied der Gauleitung Thüringen und Amtsleiter, Direktor des Instituts für Menschliche Erblehre an der Universität Jena; seit 1930 Mitglied der NSDAP; 9.11.1934 SS-Hauptsturmführer; von 1939 bis 1945 Rektor der Friedrich-Schiller-Universität Jena; seit 25.5.1939 Thüringer Staatsrat. Verfasser und Mitautor zahlreicher pseudowissenschaftlicher Schriften und Beiträge zur nationalsozialistischen Rassen- und Vererbungslehre; seit 1934 bis zur Einstellung 1944 neben Walther R. Darré Mitherausgeber der illustr. Monatszeitschrift für das dt. Volkstum „Volk und Rasse", 4.4.1945 Selbstmord in Jena.

Bartels, Adolf Prof. Dr. (1862-1945)

Literaturwissenschaftler und völkisch-antisemitischer Kulturtheoretiker. B. wurde am 15.11.1862 in Wesselburen (Dithmarschen) als Sohn eines alteingesessenen Bauern- und Handwerkergeschlechtes geboren. Er besuchte des Gymnasium in Meldorf, danach von 1885 bis 1887 Studium in Leipzig und Berlin. Bis 1895 arbeitete Bartels zunächst als Redakteur in Frankfurt am Main, später in Lahr, bevor er als freier Schriftsteller nach Weimar ging. In den Folgejahren trat er vor allem als Literaturkritiker bei der Zeitschrift „Kunstwart", als Hebbel-Forscher und als Literaturhistoriker hervor. Bis 1933 Herausgeber der Zeitschrift „Deutsches Schrifttum". Seine Arbeiten, insbesondere seine dreibändige „Geschichte der deutschen Literatur", beinhalten rassische Wertungen und einen „rabiaten" Antisemitismus, der die Grundlage für die nationalsozialistische Literaturbetrachtung lieferte. In seinen Arbeiten trat B. von Anfang an für ein „nordisches Kunstideal" ein, das mit pseudowissenschaftlichen Methoden die „radikale Entjudung" der deutschen Kultur, auch der bereits zur Geschichte gewordenen, forderte und vollzog. Sein Kulturbegriff, das „Undeutsche" betreffend, war weit gefaßt und bezog Autoren wie die Gebrüder Mann oder Hermann Hesse als „kryptojüdisch" ein. Auch seine eigenen literarischen Arbeiten, so „Die Dithmarscher" (1898) oder „Martin Luther" (1903), spiegeln diese Rassenideologie wider. 1905 wurde B. vom Großherzog Wilhelm Ernst von Sachsen-Weimar-Eisenach zum Professor ernannt. 1930 erfolgte seine Berufung an die Jenaer Universität als Dozent für deutsche Literatur und Geisteswissenschaften durch den zuständigen Staatsminister Dr. Wilhelm Frick. B. begründete zusammen mit Bruno Eelbo, Alois Obrist, Hans Olde, Max Thedy, Arno Krehan, Eduard Scheidemantel und Schultze-Armenius den Deutschen Schillerbund, der aus der Weimarer Ortsgruppe des Bundes Heimatschutz und den am 30.9.1906 und am 24.5.1907 veranstalteten Nationalbühnentag hervorging (Satzung). Die Ziele, die B. mit dem Schillerbund sowie den vom Bund veranstalteten Weimarer Nationalfestspielen der Jugend verband, bestanden in einer auf fatale Weise ausgerichteten Erweckung von Deutschtum aus dem Füllhorn klassischer Literatur und Dramatik von Goethe und Schiller über Hebbel (auch Shakespeare) im Sinne der Erweckung blindgläubiger Nibelungentreue zu vorbestimmten Werten wie Ehre, Vaterland, Volk, Antisemitismus und Nation. Als 1937 die Nationalfestspiele in „Weimar-Festspiele der deutschen Jugend" umbenannt und diese zum offiziellen Bestandteil der politischen Jugendarbeit des Dritten Reiches gemacht wurden, war dies auch das Jahr zur Ehrung von B., dem Mitbegründer und langjährigen Förderer und Wegbereiter des „nordischen" Kulturbegriffs durch das NS-Regime. Anläßlich seines 75. Geburtstages verlieh ihm die Stadt Weimar die Ehrenbürgerschaft. Dies war gleichermaßen Ehrung für sein Wirken um die „Nationalfestspiele" als auch für den um seine Person entstandenen sogenannte Bartels-Kreis junger Literaten und Wissenschaftler, zu denen u. a. Baldur von Schirach, Hans Severus Ziegler und Rainer Schlösser (Hitlers Reichsdramaturg) gehörten. Der Kreis war ausgesprochen völkisch-antisemitisch orientiert und propagierte die „Reinheit" der deutsch Kunst.

Barth, Franz
(1886-1951)

Nationalsozialistischer Politiker. Geboren als Sohn eines Fabrikarbeiters in Groitzsch. Nach Abschluß der Bürgerschule in Zwenkau besuchte B. die Akademie für graphische Künste und Kunstgewerbe in Leipzig und von 1905 bis 1906 die Kunstakademie München. 1910 Gehilfenprüfung als Chemigraph; ab 1914 selbständig als Graphiker in Mannheim tätig. Kriegsteilnehmer von 1914 bis 1918 als Freiwilliger, Entlassung als Vizefeldwebel. Ab 1919 wieder als Graphiker in Leipzig tätig; 1920 Gründung und Inhaber der Graphischen Kunstanstalt Franz Barth in Leipzig bis zu deren Verkauf 1937; 1925 Meisterprüfung als Chemigraph. Seine politische Laufbahn begann B. in den Jahren von 1901 bis 1914 als Mitglied der SPD. Während seiner Leipziger Jahre von 1919 an wirkte B. u.a. als Schöffe und Geschworener an Leipziger Gerichten; 1922 trat er aus der ev. Kirche aus. 1930 schloß sich B. dem Nationalsozialistischen Automobilkorps, der Vorläuferorganisation des NSKK, an, 1930 trat er dem Motor-Sturm der SA bei und 1931 der NSDAP. In den folgenden Jahren begann sein steiler Aufstieg im NSKK vom NSKK-Scharführer 1932 zum hauptamtlichen Oberführer des Kraftfahrerkorps 1937. Am 1.12.1937 erfogte seine Ernennung zum Führer der NSKK-Motorgruppe Thüringen im Rang eines NSKK-Brigadeführers. 1938 wechselte er seinen Wohnsitz und zog von Leipzig nach Weimar. Seit 1938 bis April 1945 gehörte er für den Wahlkreis 12 Thüringen dem Großdeutschen Reichstag an. 1940 erfolgte seine Ernennung zum Nahverkehrsbevollmächtigten beim RStH Thüringen. 1942 wurde er zum Staatsrat und damit zum Mitglied der Landesregierung Thüringen ernannt. B. geriet am 9.5.1945 als Volkssturmangehöriger in Schöneck bei Klingenthal in amerikanische Gefangenschaft. Bis 1947 in verschiedenen Lagern interniert, lebte er nach seiner Entlassung in Bremerhaven und Bremen. Zunächst 1949 als Belasteter (Gruppe II) durch eine Spruchkammer eingestuft, wurde er 1952 durch den Bremer Senatspräsidenten postum begnadigt und als Mitläufer (Gruppe IV) eingeordnet.

Bauer, Hans
(1883 -1967)

Genre- und Landschaftsmaler, NS-Kulturpolitiker. 1910 bis 1914 Studium an der Kunstakademie in Berlin, danach an der Weimarer Kunsthochschule tätig; Dozent und Professor mit Lehrauftrag ebenda in Weimar. Seit 1933 Mitglied der Gauleitung der NSDAP in Weimar; als Gauamtsleiter wesentlich an den Säuberungsaktionen Thüringer Museen und Galerien 1933 und 1935/37 in Vorbereitung der 1. Deutschen Kunstausstellung in München und der damit verbundenen Sonderausstellung „Entartete Kunst" beteiligt.

Bauersfeld, Walther Wilhelm Johannes (1879-1959)

Diplom-Ing. B. wurde am 23.1.1879 in Berlin als Sohn des Strickereizeichners Wilhelm Bauersfeld geboren. Er besuchte von 1885 bis 1889 die 132. Gemeindeschule, anschließend von der Sexta bis zum Abitur 1897 das Sophien-Realgymnasium. Nach einem praktischen Jahr in einer Eisenbahnwerkstatt studierte er an der TH Charlottenburg vier Jahre Maschinenbau und beendete sein Studium 1902 als Diplom-Ing. Von 1903 bis 1905 als Assistent an der TH tätig, promovierte er im Sommer zum Dr.-Ing. Danach bis 1907 als Konstruktionsingenieur bei Zeiss in Jena beschäftigt, folgte eine Tätigkeit im Rahmen eines Sonderauftrages zu Fragen des dynamischen Fliegens. 1908 trat er als Geschäftsleitungsmitglied erneut bei Zeiss in Jena ein. In den folgenden Jahren beschäftigte er sich mit Problemen der Turbinenbildung und der Wasserzuführung zu den Turbinen (Wasserkraftnutzung; Bau der Bleilochtalsperre), Problemen der Luftbildaufnahmen und deren Nutzung sowie der Entwicklung von Planetarien. Seit 1927 wirkte er im Nebenamt als beamt. außerord. Professor an der Jenaer Universität. 1933 schloß sich B der Motor-SA an und wurde nachfolgend Truppführer der Motorstandarte 42 in Weimar. Im Juli 1937 beantragte er seine Mitgliedschaft in der NSDAP. Als Geschäftsleitungsmitglied trug B. Verantwortung für die technische Umsetzung von Entwicklungen, insbesondere für Rüstungsvorhaben im Rahmen des Vierjahresplanes und der nachfolgenden Kriegswirtschaft. B. wurde u.a. mit dem Silbernen Gauadler geehrt. Verstorben in Heidenheim.

Beckurts, Karl
(1894-19..)

Kaufmann, Generaldirektor, NS-Wirtschaftsführer. Beckurts wurde am 7.5.1894 in Braunschweig geboren. Nach Kriegsteilnahme übte er von 1921 bis 1925 eine kaufmännische Tätigkeit bei der Fa. Siemens & Halske aus. Von 1925 bis 1930 gehörte B. dem Vorstand der Schorcht-Werke AG an und stand zudem bis 1934 als Dezernent für Elektrizität, Ferngas- und Wasserwirtschaft beim Landeshauptmann der Provinz Sachsen unter Vertrag. Am 1.2.1934 erfolgte seine Berufung zum Betriebsführer der Berlin-Suhler Waffen- und Fahrezugwerke GmbH, dem ersten Werk der von Fritz Sauckel gegründeten Nationalsozialistischen Industriestiftung. Am 1.5.1939 wurde B. zum Vorsitzenden des Vorstandes der Gustloff-Werke bestellt; am 3.2.1943 erfolgte seine Ernennung zum Vizepräsidenten der Gauwirtschaftskammer Thüringen und Leiter deren Industrieabteilung. Bereits seit Oktober 1942 lag der Vorsitz der Rüstungskommission IX b in seiner Hand und zugleich übte er die Funktion des Rüstungsobmannes IX b beim Reichsminister für Rüstung und Kriegsproduktion aus. Für seine Verdienste um die Kriegswirtschaft wurde B. durch Reichsminister Speer persönlich am 1.12.1944 mit dem ihm von Hitler verliehenen Ritterkreuz zum Kriegsverdienstkreuz mit Schwertern ausgezeichnet.

Benecke, Friedrich
(1898-19..)

Finanzbeamter. Oberregierungsrat im Thüringischen Finanz- und Wirtschaftsministerium.
B. wurde in Wörrstadt geboren. Durch seine Tätigkeit als Sparkassendirektor in Ohrdruf zählte er bereits vor 1933 zu den engen Vertrauten von Willy Marschler, der seine weitere Karriere ab 1932 maßgeblich förderte. Kurzzeitig fungierte B. als Staatskommissar der Thüringischen Staatsbank in Weimar. Ab 1.7.1933 Regierungsrat im Thüringer Finanzministerium, später Oberregierungsrat, Vorsitzender des Aufsichtsrates der gemeinnützigen Heimstätten AG Weimar, stellvertretender Vorsitzender des Aufsichtsrates der Gagfah Weimar, Mitglied der Aufsichtsräte Schloßhotel AG Gotha, Thüringer Rohstoff AG Weimar, Thüringer Landessiedlungsgesellschaft mbH Weimar, Thüringer Porzellan-Manufaktur Rudolstadt, Thüringer Stadtbad AG Bad Salzungen und Wintershall AG Kassel, Mitglied der NSDAP.

Bichmann, Heinrich Dr.
(1884-19..)

Volkswirt, Gauwirtschaftsberater. Teilnehmer am 1. Weltkrieg. Ab April 1931 Gauwirtschaftsberater der NSDAP bis 1933, 1932/1933 Mitglied der Landtagsfraktion der NSDAP in Thüringen, 1933 Staatsbeauftragter der Landesregierung für die Thüringer Wirtschaft, November 1933 Mitglied des Reichstages, Wahlkreis 12 Thüringen.

Biedermann, Bruno
(1904-1953)

Kaufmann. 1923 Eintritt in die NSDAP, 1925 bis 1933 ehrenamtlicher Politischer Leiter, ab 1.1.1934 hauptamtlich Amtsleiter der Gauleitung Thüringen (Gau-Personalamt, Gauinspektion), Juli 1940 Mitglied des Großdeutschen Reichstages, Januar 1942 Ernennung zum SA-Oberführer, 1943 Leiter des Gaustabsamtes.

Buchmann, Erich Dr.
(1903-1944)

Jurist, Verwaltungsrecht.
B. wurde am 12.2.1903 in Kahla geboren. Er wuchs in Jena auf, wo er auch das Städtische Gymnasium absolvierte. Dem Vater folgend, studierte er Jura in Jena, Kiel und Freiburg und promovierte in Jena. Nach erfolgten Staatsexsamina Eintritt in den Thüringer Staatsdienst, Aufstieg zum Regierungsrat. Seit 1919 völkisch orientiert und inspiriert durch die Leitideen des Bartels-Kreises in Weimar, Mitglied der NSDAP, 1933 persönlicher Referent des Thüringer Reichsstatthalters, Sachgebietsleiter Kultur und stellvertretender Sachgebietsleiter (Zentralstelle, Beamtentum, Justiz und Landesverteidigung) im Amt des Reichstatthalters Thüringen. 1935 (zusammen mit ORR Hellmuth Gommlich) maßgeblich an der Enteignung der Firma Simson in Suhl und bei der Errichtung der Nationalsozialistischen Industriestiftung „Gustloff-Werke" beteiligt. Aus Anerkennung ab Dezember 1935 zum Oberregierungsrat ernannt, später Ministerialrat. Seit 1919 nationalsozialistisch aktiv, Herausge-

ber der „Thüringischen Untersuchungen zur Judenfrage", veröffentlichte eigene Beiträge zur „Sippenkunde", auf diesem kulturpolitischen Gebiet in besonderer Weise aktiv, so als Ordentliches Mitglied der Thüringischen Historischen Kommission seit 1937, Gauhauptstellenleiter der NSDAP-Gauleutung, Vorsitzender der Geschichtskommission der NSDAP Thüringen, Schriftführer des Amtsblattes „Die Pflicht", Leiter des Gauarchivs Thüringen u. Herausgeber der Sammlung „Quellen und Beiträge zur Geschichte des Gaues Thüringen". B. wirkte für das Nietzsche-Archiv Weimar, für das Kuratorium des Emmy-Göring-Stiftes und der Marie-Seebach-Stiftung, für das Thüringen-Kontor der Nordischen Gesellschaft und für die Wartburgstiftung; Mitglied des Verwaltungsrates der NS-Stiftung „Gustloff-Werke" und stellvertretender Vorsitzender des Aufsichtsrates deren Altersversorgungskasse, Obergemeinschaftsleiter der NSD, Träger des Silbernen Gauadlers. B. verstarb nach Krankheit am 5.2.1944.

Busch, Wilhelm
(1892-1968)

Schlosser. NSDAP-Kreisleiter. B. erlernte den Beruf eines Schlossers und nahm am Ersten Weltkrieg teil. 1923 trat er in die NSDAP ein; nach deren Wiederzulassung 1926 erneute Mitgliedschaft und Tätigkeit als Kreis- und Gauredner. 1926 bis 1927 Ortsgruppenführer in Gotha, 1928 bis 1932 Ortsgruppenführer in Seebergen, 1932 bis 1933 Mitglied der Fraktion der NSDAP im Thüringer Landtag, ab September 1932 bis April 1945 Kreisleiter der NSDAP im Kreis Gotha-Land, ab 1937 auch für den Stadtkreis zuständig. Am 22.10.1933 erfolgte seine Ernennung zum Thüringer Staatsrat. Seit 12.11.1933 gehörte er dem Reichstag an. Seit 1932 bekleidete B. zudem wichtige Funktionen in SA und SS, 1938 erfolgte seine Ernennung zum SS-Sturmbannführer. 1932 rückwirkend verbeamtet als Reichsbahninspekor, 1935 Ernennung zum Reichsbahnoberinspektor. 1945 durch US-Truppen verhaftet, bis 1948 interniert, 1948 zu einer Gefängnisstrafe verurteilt. Lebte zuletzt in Coburg.

Coburg-Gotha, Carl Eduard Herzog von (1884-1954)

Offizier im Ersten Weltkrieg, 1918/19 Angehöriger eines Freikorps, von 1926 bis 1933 aktiv als Reichsstaffelführer im „Stahlhelm. Bund der Frontkämpfer", 1934 Reichskommissar für die Freie Krankenpflege und Präsident des Deutschen Roten Kreuzes, 1936 Präsident der Vereinigung Deutscher Frontkämpferverbände, 1936 Mitglied des Reichstages, SA-Gruppenführer und Ehrenführer der SA-Gruppe Thüringen, NSKK-Obergruppenführer und Ehrenführer des NSKK, Fliegerkommodore und Ehrenführer der Deutschen Luftfahrt, Vorsitzender des Aufsichtsrates der Europäischen Güter- und Reisegepäck-Vorstands-AG Berlin, Mitglied des Aufsichtsrates Deutsche Bank, Rheinmetall, Borsig AG u.a.m.

Demme, Otto
(1901-1969)

Rechtsanwalt, trat vor 1933 vor allem als Strafverteidiger von Gewalttätern der NSDAP hervor. 1933 erfolgte seine Ernennung zum Thüringer Staatsrat und Präsidenten der Thüringer Staatsbank in Weimar, Vorsitzender des Aufsichtsrates der Thüringischen Landes- und Hypothekenbank AG in Weimar, Mitglied des Aufsichtsrates der Deutschen Hypothekenbank in Weimar, der Deutschen Landesbankzentrale AG in Berlin, der Sächsisch-Thüringischen Portland-Zement Fabrik Prüssing & Co AG in Göschwitz bei Jena, der Sächsischen Bank in Dresden, der Saaletalsperren AG in Weimar, der Thüringer Rohstoff AG Weimar, der Thüringer Staatsbad AG, Beirat der Sächsischen Staatsbank in Dresden, 1944/45 Direktor des REIMAHG-Werkes in Thüringen, verantwortlich für den Aufbau der REIMAHG-Bau GmbH, Gauwirtschaftsberater und Leiter des Thüringenhauses Berlin. Demme gehörte zu den engsten Vertrauten des Gauleiters und den wichtigsten Finanz- und Wirtschaftspolitikern im Gau/ Land Thüringen.

Dinter, Artur Dr. phil. nat.
(1876-1948)

Gauleiter, Schriftsteller. Eigentlich Chemiker, begann D. schon früh literarisch tätig zu sein. Nach kurzer Tätigkeit als Lehrer wechselte er 1905 ins Theaterfach und arbeitete als Theaterleiter und Regisseur an Berliner Bühnen. 1908 gehörte er zu den Mitbegründern des „Verbandes der Bühnenschriftsteller" und wirkte hier hauptamtlich. Offizier im 1. Weltkrieg, nach Verwundung 1916 schriftstellerisch tätig. Erfolgreich mit „Die

Sünde wider das Blut", einem extrem antisemitischen Roman, den er nach 1934 zur Triologie „Die Sünde wider die Zeit" ausbaute. Von 1919 bis 1922 aktiv im Vorstand des Deutsch-völkischen Schutz- und Trutzbundes, 1922 in der Deutsch-Völkischen Freiheitsbewegung, näherte sich D. nach Bekanntschaft mit Hitler dessen Bewegung an und übernimmt im Thüringer Landtag 1924, nach erfolgreicher Wahl, den Fraktionsvorsitz des Völkisch-sozialen Blocks. Bei der Wiedergründung der NSDAP in Thüringen am 27.2.1925 von Hitler persönlich zum Gauleiter von Thüringen ernannt. Als Mitglied der NSDAP erhält er die Mitgliedsnummer 5. „D.s 1926 veröffentlichten 197 Thesen zur Vollendung der Reformation ließen bereits erkennen, daß ihm inzwischen die Herbeiführung einer relig. Revolution wichtiger war als die einer polit. Veränderung. Seine Vereinnahmung durch die im Herbst 1927 von ihm gegründete Geistchristliche Religionsgemeinschaft, ab 1933 Dt. Volkskirche, in der er seine Anhänger zu einer von allen jüd. Bestandteilen gereinigten 'reinen Heilandslehre' im Christentum führen wollte, aber auch die abstruse Überspanntheit seiner völkisch inspirierten Lehre veranlaßte Hitler", D. am 30.9.1927 als Gauleiter abzusetzen (H. Weiß). Die Initiative zu D.s Absetzung, ging von Fritz Sauckel, Hans S. Ziegler und deren Umkreis aus. Nach Attacken D.s gegen Hitler folgte am 11.10.1928 der Parteiausschluß. In den folgenden Jahren führte D. bis zu deren Verbot durch Himmler am 31.5.1937 seine Dt. Volkskirche als Religionsgemeinschaft. Mehrfach, erstmals 1933, bemühte sich D. um Wiederaufnahme in die NSDAP. Seine Anträge, 1934 Hitler direkt über Winifred Wagner zugestellt, wurden von ihm (und Frick) grundsätzlich abgelehnt. 1939 erfolgte sein Ausschluß aus der Reichsschrifttumskammer. 1942 mußte sich D. vor einem Sondergericht verantworten, das ihm verbotene schriftstellerische Aktivitäten vorwarf. D.s radikaler Antisemitismus in seinen Veröffentlichungen leistete entscheidende Vorarbeit für die Nürnberger Gesetze und die Verunglimpfung des (deutschen) Judentums. D. verstarb am 21.5.1948 in Offenburg.

Eberhardt, Otto Paul (1890-1939)

Schiffsbauingenieur, Unternehmer, Gauwirtschaftsberater. E. gehörte zu den Bekanntschaften Sauckels während dessen Internierungszeit 1914 bis 1919. Von 1922 bis 1928 leitete E. als Ingenieur, von 1928 bis 1933 als Werkleiter einen Grubenbetrieb. Mitglied der NSDAP ab 1.1.1932. Politische Karriere als Gauwirtschaftsberater ab August 1932. Ab 21.1.1934 Gauamtsleiter für Wirtschaft der NSDAP in Weimar. 1934 Beauftragter für die Sauckel-Marschler-Stiftung. Am 15.5.1934 mit Privatvertrag Anstellung im Thür. Finanzministerium als Regierungsrat. Am 28.8.1934 wird ihm die Leitung des Thüringenhauses Berlin und die Funktion als Gauwirtschaftsberater übertragen, und am 27.2.1936 erfolgte seine Ernennung zum Thüringer Staatsrat. Am 30.6.1935 SS-Oberscharführer, am 9.11.1935 SS-Untersturmführer. Mit seiner Berufung an die Spitze des Verwaltungsrates der Wilhelm-Gustloff-Stiftung am 4.11.1936 avanciert er in Verbindung mit seiner Tätigkeit als Gauwirtschaftsberater der NSDAP zu einem der wichtigsten NS-Wirtschaftsorganisatoren im Gau Thüringen. Diese Entwicklung setzt sich mit seinem Einsatz für den weiteren Ausbau der Wilhelm-Gustloff-Stiftung zu einem führenden Rüstungskonzern und der von ihm geleiteten „Arisierung" jüdischer Unternehmen in Thüringen (und Übernahmen außerhalb) fort. E. siedelt 1937 nach Weimar über, davor wohnte er im Thüringenhaus Berlin. Im gleichen Jahr übernahm er Funktionen für den Vierjahresplan in enger Zusammenarbeit mit Otto Demme. Am 22.5.1937 SS-Hauptsturmführer, im Juli Austritt aus der ev. Kirche. Am 12.9.1937 SS-Sturmbannführer; am 30.1.1938 Wehrwirtschaftsführer; ab 1938 „Arisierungsbeauftragter" für den Gau Thüringen. Im gleichen Jahr bittet er um seine Entpflichtung als Leiter des Thüringenhauses, um sich künftig verstärkt für den weiteren Ausbau der NS-Stiftung einsetzen zu können. Am 30.1.1939 SS-Obersturmbannführer. E. verstirbt am 31.1.1939 bei Bitterfeld an den Folgen eines Autounfalls.

Eberstein, Friedrich Karl Freiherr von (1894-1979)

Offizier, Höherer Polizei- und SS-Führer. E. besuchte von 1904 bis 1912 die Kadettenanstalt, trat aber zunächst nicht in den Militärdienst ein. 1914 bis 1918 Teilnahme als Kriegsfreiwilliger und Offizier am 1. Weltkrieg. 1918 bis 1920 Mitglied der DNVP. Von 1919 bis 1922 mit mehrfachen Unterbrechungen Lehre als Bankkaufmann. Freikorpsangehöriger von 1919 bis 1921, Stahlhelm-Mitglied bis 1924. Von 1923 bis 1924 kaufmännischer Angestellter, 1924 bis 1926 Landwirtschaftsarbeiter. 1925 wurde E. erstmals Mitglied der NSDAP, 1925/26 gehörte er der SA, von 1928 bis 1930 der SS an; weitere zahlreich wechselnde Funktionen bei SS und NSDAP folgten in kurzen Abständen; ab 1.9.1932 SS-Gruppenführer, vom 15.11.1933 bis 1.4.1936 Führer des SS-Oberabschnitts Mitte in Weimar. Vom 5.3.1932 bis Mai 1945 MdR (bis 1936 für den Wahlkreis 12 Thüringen). 1933/34 Thüringer Staatsrat. Von 1934 bis 1939 gehörte E. dem Volksgerichtshof an. Am 30.1.1936 zum SS-Obergruppenführer ernannt, wechselte er im gleichen Jahr nach München. Dort übte E. als Polizeipräsident Münchens, Chef der Polizeiabteilung im Innenministerium und als Höherer Polizei- und SS-Führer verantwortungsvolle Funktionen bis 1945 aus. 1941 wurde er zum General der Polizei ernannt und 1944 zum Generalleutnant der Waffen-SS. E. lehnte die bewaffnete Verteidigung Münchens gegen die anrükkende 7. amerikanische Armee ab. Daraufhin erfolgte am 20.4.1945 seine (formale) Entlassung aus allen Ämtern. Die Besetzung Münchens durch US-Truppen erfolgte am 30.4. u. 1.5. E. wurde am 8.5. verhaftet und blieb bis zum 26.10.1948 interniert. 1950, nach mehreren Verfahren, wurde er als „Mitläufer" (Gruppe IV) von einer Münchner Spruchkammer eingestuft. Ein Verfahren wegen „Beihilfe zum Mord" vor dem Landgericht München wurde 1951 eingestellt. E. gehörte zu den wichtigsten Organisatoren des SS-Systems in Thüringen bis 1936. Er verstarb im baeyrischen Kurort Tegernsee am 10.2.1979.

Fink, Fritz
(1893-1945 gefallen)

Journalist, Autor und Verleger. F. verlegte nach dem 1. Weltkrieg zahlreiche Gedichtbände, Vorträge und Schriften zur Geschichte und Kultur Weimars in seinem Verlag. Er schloß sich unter dem Einfluß von A. Bartels während der Weimarer Republik dem völkischen Kulturgedanken an, wobei seine eigenen Gedichte in ihrer Mehrheit naturalistisch-heimatbetonte Inhalten verpflichtet sind. Nach 1933 als Landesleiter der Reichsschrifttumskammer in der Gauleitung tätig, dazu auch in der SA-Gruppe Thüringen als Leiter der Gruppe Kunst und Literatur aktiv. F. arbeitete in den 1930er Jahren mit Hans S. Ziegler zusammen. Zu seinen als Herausgeber veröffentlichten Werken gehören u. a. „Fritz Sauckel: Kampfreden. Dokumente aus der Zeit der Wende und des Aufbaus" (1934) und „H. S. Ziegler: Wende und Weg" (1937); zu seinen eigenen Arbeiten gehört der 1939 erschienene Gedichtband „Geliebtes Tal". F. fiel am 9.5.1945 in Kurland.

Frick, Wilhelm Dr. jur.
(1877-1946)

Jurist. Von 1884 bis 1896 besuchte F. die Volksschule bzw. das Gymnasium in Kaiserslautern. Anschließend studierte er Philologie und Rechtswissenschaften in München, Göttingen und Berlin. 1901 mündliche Promotion in Heidelberg ohne Dissertationsschrift. Von 1904 bis 1907 bei der Polizeidirektion München tätig, von 1909 bis 1917 Bezirksamtsassessor in Pirmasens, ab 1917 wieder in München, leitete F. von 1919 bis 1921 die Politische Abteilung der Polizeidirektion München, 1921 bis 1923 Amtsleiter der Polizeidirektion und 1923 Leiter der Kriminalpolizei. November 1923 Verhaftung, April 1924 Verurteilung wegen seiner Beteiligung (Dienstführung) während des Hitler-Putsches. Strafaussetzung zur Bewähung und Hanftentlassung. Von 1924 bis 1945 Mitglied des Reichstages, ab 1928 als Führer der NSDAP-Fraktion. Seit 1925 Mitglied der NSDAP. Von 1930 bis 1931, als alter Kämpfer und enger Vertrauter Hitlers, Staatsminister in Thüringen, zuständig für Inneres und Volksbildung. Ab Januar 1933 bis August 1943 Reichsinnenminister. Im Oktober 1933 Berufung zum NSDAP-Reichsleiter; 1938 Generalbevollmächtigter für die Reichsverwaltung. Ab August 1939 Mitglied des Ministerrates für die Reichsverteidigung, verblieb F. ab August 1943 als Reichsminister ohne Geschäftsbereich im Kabinet und übernahm zugleich die Funktion des Reichsprotektors von Böhmen und Mähren. Im April 1945 erfolgte seine Festnahme durch US-Truppen. 1945 als Hauptkriegsverbrecher angeklagt, wurde F. 1946 vom IMT in Nürnberg zum Tode durch den Strang verurteilt und hingerichtet. D. gehörte in Thüringen zu den Wegbereitern des Nationalsozialismus und blieb Thüringen und F. Sauckel auch als Reichsminister über die Jahre gewogen.

Hennicke, Paul
(1883-1967)

Maschinenbauer, Techniker, Reichsbahninspektor. H. nahm ab 1916 als Kriegsfreiwilliger am Weltkrieg teil. Freikorpsoffizier 1920 in Gotha. Seit 1922 Mitglied der NSDAP, Ortsgruppenleiter, Bezirksleiter und Kreisleiter in Gotha. 1925 erfolgte nach einem Konflikt mit Gauleiter A. Dinter sein Ausschluß aus der wiedergegründeten Partei; 1926 Wiedereintritt. Von 1927 bis 1937 Stadtverordneter bzw. Ratsherr in Gotha und Führer der Stadtratsfraktion der NSDAP. Von 1924 bis 1927 und 1929 bis 1933 Abgeordneter der NSDAP im Thüringer Landtag. 1929 erfolgte sein Eintritt in die SS, 1931 Standartenführer in Gotha. Von 1933 bis 1945 Staatsrat von Thüringen. Ab 1933 SS-Oberführer und Führer des SS-Abschnittes XXVII in Thüringen. Seit 1933 bis 1945 Mitglied des Reichstages (letzte Sitzung 1942). 1938 wurde H. zum SS-Brigadeführer ernannt und übernahm, zunächst 1937/38 kommissarisch, das Amt des Polizeipräsidenten in Weimar. Von 1942 bis 1944 als Höherer SS- und Polizeiführer in Rußland (Rostow/Don, Kiew) eingesetzt, gehörte H. 1944 zur Führerreserve des Reichsführers SS; im Juni 1944 eingesetzt als Inspekteur für den Volkssturm im SS-Hauptamt. 1945 Verhaftung und Internierung durch US-Truppen. Zeuge im Nürnberger Kriegsverbrecherprozeß. 1948 Entlassung aus der Internierung, 1950 Verurteilung durch ein Spruchgericht in Bielefeld zu einem Jahr Gefängnis unter Anrechnung der Internierungszeit. Verstorben in Brauschschweig.

Herfurth, Emil Dr. phil.
(1887-1951)

Studienrat, Lehramt für Deutsch, Griechisch und Latein. H. unterrichtete von 1913 bis 1932 am Realgymnasium Weimar. Von 1918 bis 1933 gehörte er der DNVP an, zu deren Landes- und Parteivorstand er gehörte. Von 1921 bis 1933 war er Abgeordneter im Landtag von Thüringen und übte die Funktion eines Fraktions- und Geschäftsführer seiner Partei aus. 1930/31 fungierte er durch Staatsminister Frick beauftragt als geschäftsführender Kurator der Landesuniversität Jena. Von 1932 bis 1945 amtierte er als Direktor des Wilhelm-Ernst-Gymnasiums in Weimar. H. gehörte als Mitglied verschiedenen Kulturverbänden an. Neben seiner politischen und beruflichen Tätigkeit wirkte er auch schriftstellerisch, wurde 1933 Mitglied des Reichsverbandes deutscher Schriftsteller, des Verbandes deutscher Bühnenschriftsteller und der Reichsschrifttumskammer. Ab 1935 Mitglied im NSLB; Mai 1937 Beitritt zur NSDAP. 1945 wurde H. aus dem Schuldienst entlassen. Er verstarb in Weimar.

Hille, Fritz
(1882-1959)

Gymnasiallehrer. Ab 1925 Studienrat am Lehrerseminar in Hildburghausen. Von 1914 bis 1918 Weltkriegsteilnehmer, Leutnant der Reserve. Bis 1925 Mitglied des VSB in Südthüringen. 1925 bis 1927 und ab 1928 Mitglied der NSDAP, 1931 Eintritt in den NSLB. Von 1932 bis 1933 gehörte H. als Abgeordneter dem Landtag von Thüringen und übte die Funktion des Landtagspräsidenten aus. Ab 1934 tätig als Oberstudiendirektor und Leiter der Aufbauschule bzw. Deutschen Heimatschule Gotha. Staatsrat von Thüringen von 1933 bis 1945. 1934 Beitritt zur SA. Ab 1938 Beauftragter des Volksbildungsministers für die Schulaufsicht in verschiedenen Landkreisen Thüringens. Von 1939 bis 1945 war H. als Leiter des Amtes für Kriegsopferversorgung bei der Gauleitung Thüringen tätig; 1942 zum SA-Oberführer ernannt. Im August 1945 erfolgte seine Entlassung aus dem Thüringer Schuldienst; danach bis 1948 Internierung und Verurteilung zu zwei Jahren Arbeitslager durch die Lagerspruchkammer Darmstadt. H. verstarb in Gießen.

Hielscher, Margarete Dr. med.
(1899-1985)

Medizinerin, Psychiatrie. H. wurde als Tochter des Kaufmanns Otto H. in Arnsdorf/Riesengebirge geboren. Sie besuchte die Volksschule ihres Geburtsortes, das Auguste Viktoria Lyzeum in Liegnitz und das Mädchengymnasium zu Hirschberg in Schlesien, wo sie 1919 das Abitur ablegte. Anschließend studierte sie in Breslau und München Medizin. Nach bestandener Staatsprüfung in Breslau praktizierte sie an der Thüringischen Landes Heil und Pflegeanstalt Hildburghausen und am Landeskrankenhaus Meiningen. Am 15. Mai 1928 begann sie ihre ärztliche Laufbahn als Volontär-Assistentin und ab 1. April 1929 als Assistenzärztin an den Thüringischen Landesheilanstalten Stadtroda. Von 1933 bis 1945 gehörte sie der NSDAP und dem NSDÄB an. Als Oberärztin übernahm sie von 1942/43 bis 1945 die Leitung der neu errichteten „Kinderfachabteilung“, die auch für „Euthanasie“ zuständig war. Bereits mit ihrer Dissertation hatte sie sich unter bestimmten Voraussetzungen für mögliche Euthanasie ausgesprochen. Nach 1945 verblieb H. als Oberärztin im Dienst des Stadtrodaer Krankenhauses und war bis zu ihrer Pensionierung im März 1965 als leitende Ärztin der Kinderabteilung für psychisch Kranke tätig.

Junghanns, Paul
(1879-1942)

Landwirt auf eigenem Hof. J. gehörte von 1914 bis 1918 der Deutschvölkischen Partei an und war als Landwehroffizier bis 1917 aktiver Kriegsteilnehmer. Von 1919 bis 1933 Mitglied des TLB, seit 1931 auch der NSDAP, für die er als Gauredner aktiv war. 1932/33 wurde J. als Abgeordneter der NSDAP in den Thüringer Landtag gewählt. 1932 zum Staatsrat von Thüringen gewählt, bekleidete er dieses Amt bis zu seinem Tod. 1933 übernahm er eine Vorstandsfunktion im TLB und der Hauptlandwirtschaftskammer Weimar. Von 1933 bis 1942 fungierte er als Kreisbauernführer von Altenburg und bis 1938 als Präsident des Verbandes thüringischer landwirtschaftlicher Genossenschaften. J. war Mitglied verschiedener Aufsichtsräte. Er verstarb in Nödenitzsch.

Katzmann, Ernst
(1897-1968)

Schornsteinfeger, Präsident der Handwerkskammer. K. nahm 1917/18 am Weltkrieg teil. 1923 trat er in die NSDAP ein; nach Aufhebung des Parteiverbotes 1928 Wiedereintritt. Von 1929 bis 1932 leitete er die Ortsgruppe Vieselbach der NSDAP. Von 1930 bis 1936 Abgeordneter der NSDAP im Reichstag. 1933/34 Mitglied der Gauleitung Thüringen und Präsident der Handwerkskammer Weimar, zuvor Staatsbeauftragter für die Thüringer Handwerkskammern, Staatsrat von Thüringen und Landeshandwerksmeister. 1934 Enthebung aus allen Ämtern von Partei, Staat und Wirtschaft wegen Mißachtung eines Führerbefehls. Ab 1936 wieder amtsfähig und in verschiedenen Funktionen und Ämtern von Staat und Partei aktiv. Von 1942 bis 1945 Ortsgruppenleiter der NSDAP in Weimar und stellvertretender Präsident der Handwerkskammer Weimar, SA-Obersturmführer. 1945 Verhaftung und Internierung durch US-Truppen. 1948 erfolgte seine Verurteilung zu dreieinhalb Jahren Arbeitslager durch eine Spruchkammer in Ludwigsburg unter Anrechnung der Internierungszeit. K. verstirbt in Mannheim.

Kihn, Berthold Franz Ludwig
Prof. Dr. med. (1895-1964)

Mediziner. Sohn eines Arztes. K. besuchte in Aschaffenburg, Lohr und Schweinfurt (Abitur) Schule und Gymnasium. Ab 1913 Medizinstudium zunächst in Würzburg, später in München, Staatsexamen 1920/21 in Würzburg, verzögert durch Kriegsdienst bei der Feldartillerie. Erste Erfahrungen als Arzt sammelte er in der Heil- und Pflegeanstalt Lohr/ Main und bei Oskar Vogt am Berliner Kaiser Wilhelm-Institut für Hirnforschung. Von 1922 bis 1926 arbeitete K. in Nervenkliniken in München und Erlangen. Ende 1926/Anfang 1927 Habilitation in Erlangen und Wechsel an die Psychiatrische Klinik Wien, wo er unter Leitung des 1927 mit dem Nobelpreis ausgezeichneten Mediziners Julius von Wagner-Jauregg (1857-1940) tätig war. In den folgenden Jahren in Hamburg, Breslau und schließlich erneut in Erlangen angestellt, zuletzt als Oberarzt. Seit 1926 Vorlesungen, zunächst als Privatdozent, dann als außerplanmäßiger Professor für Psychiatrie. 1933 wurde K. Mitglied der SA und am 1. Mai 1937 auch der NSDAP. K. plädierte bereits 1932 in einem Vortrag, erschienen in der „Allgemeinen Zeitschrift für Psychiatrie" für die „Ausschaltung des Minderwertigen aus der Gesellschaft". Er greift in diesem Aufsatz explizit die Rassenideologie des deutschen Faschismus auf und argumentiert für eine „Gegenauslese" des Minderwertigen nach dem verlorenen Weltkrieg und der damit verbundenen Auslese des Hochwertigen. Um den bestehenden Zustand der Verschlechterung des Volkskörpers durch Vermehrung des Minderwertigen zu begegnen, schlägt er vor: „Eheverbot für Untaugliche, Vernichtung lebensunwerten Lebens, Asylierung fortpflanzungsungeeigneter Männer und Frauen, Kastration und Sterilisation aller derjenigen, deren Nachkommenschaft der Gesellschaft unerwünscht ist." Und er regt an, abgestellt auf die hohe Belastung der Gesellschaft durch Pflegekosten, „ob nicht durch Preisgabe lebensunwerten Lebens unser Volk von einem Teil solcher Ballastexistenzen befreit werden könne." Für den Augenblick hielt er allerdings die Voraussetzungen für dieses Vorgehen sowohl aus rechtlichen als auch wegen des „etwas überzüchteten ethischen Empfindens" für noch nicht ausreichend entwickelt. Dennoch schlußfolgerte er für sich: „Im Kampf gegen die Minderwertigkeit ist jede Maßnahme erlaubt, die billig erscheint und wirksam ist. Feste Normen des Rechts und der Humanität, nach denen zu verfahren ist, wird es auch hier nie geben." Im November 1936 übernimmt K. das Amt des Ärztlichen Direktors der Thüringischen Landesheilanstalt Stadtroda und 1938 erhält er an der Universität Jena eine ordentliche Professur für Psychiatrie. Er ist über mehrere Jahre Beisitzer des Erbobergesundheitsgerichtes und des Erbgesundheitsgerichtes Jena und Gutachter für die „Euthanasie"-Zentrale „T4" in Berlin. Außerdem erstellt er in seiner Funktion als Klinikchef zahlreiche Fachgutachten über politische und andere Gefangene, psychisch Kranke und sogenannte Asoziale. Mit seinen Gutachten entscheidet er primär über den Vollzug von Zwangssterilisationen, den Daueraufenthalt in geschlossenen Anstalten und über das „Sterben" Erbkranker. K. verstarb am 10. Januar 1964.

Kloos, Gerhard Prof. Dr. (1906-1988)

Mediziner, Ärztlicher Direktor. K. leitete von 1939 bis 1945 die Thür. Landesheilanstalten bzw. das Thür. Landeskrankenhaus Stadtroda. 1940 Lehrstuhlvertreter des „T4"-Gutachters Berthold Kihn an der Friedrich-Schiller-Universität Jena, gleichzeitig Beisitzer am Erbgesundheitsgericht, 1942 ermächtigt von der Kanzlei des Führers (Amt Bouhler) zur Begutachtung und Tötung behinderter Kinder. K. richtet daraufhin in seiner Klinik eine „Kinderfachstation" ein und „begutachtet" gemeinsam mit der für die Station zuständigen Oberärztin Magarete Hielscher bis April 1945 mehrere hundert Kinder. Etwa 200 davon verstorben unter zum Teil unklaren Umständen. Für einige Fälle räumte K nach 1945 „passive Sterbehilfe" ein, betonte aber zugleich, keine „aktive Euthanasie" in Stadtroda betrieben zu haben. 1952 erhält K. eine außerplanmäßige Professor für Psychiatrie an der Universität Kiel, 1954 übernimmt er die Leitung des Landeskrankenhauses (Nervenklinik) Göttingen. Trotz Anklage in den 1960er Jahren konnte K. sich jeder strafrechtlichen Verantwortung entziehen. Er verstarb am 22.4.1988.

Kotthaus, August Dr. (1884-1941)

Diplom-Ing., Mitglied der Geschäftsleitung. Wehrwirtschaftsführer.

K. wurde am 18.11.1884 in Dörperhöre, Kreis Lennep als Sohn eines Lehrers geboren. Er besuchte die Volks- und Oberrealschule in Essen, nach anderthalbjähriger Praktikantenzeit Studienaufnahme an der Technischen Hochschule Charlottenburg, 1909 Abschluß als Diplom-Ingenieur. Danach tätig als Konstrukteur zunächst bei der Berlin-Anhalter Maschinenbau-AG, später bei den Siemens-Schuckert-Werken in Berlin. 1910 Wechsel als Betriebsingenieur nach Jena zur Firma Carl Zeiss. 1915/16 Kriegsteilnehmer als Offizier eines Landwehr-Fuß-Artillerie-Bataillons, ausgezeichnet mit dem EK II. Seit 1919 Mitglied der Geschäftsleitung der Firma Carl Zeiss Jena. 1936 Eintritt in die NSDAP und Berufung durch Gauleiter Fritz Sauckel in den Verwaltungsrat der Gutstloff-Werke; von Hitler zum Wehrwirtschaftsführer für den Bereich Optik berufen und nach Entfesselung des Zweiten Weltkriegs für „die Wehrhaftmachung des deutschen Volkes", also für den Auf- und Ausbau der Rüstungswirtschaft, mit dem Kriegsverdienstkreuz 2. Klasse ausgezeichnet. Kotthaus verstarb am 13.7.1941 an den Folgen eines Verkehrsunfalls auf der Autobahn bei Chemnitz. Er wurde am 15. Juli auf dem Nordfriedhof der Saalestadt beigesetz. Zu den zahlreich erschienenen Trauergästen gehörte auch Thüringens Gauleiter und Reichsstatthalter Fritz Sauckel sowie die gesamte Spitze der regionalen Wirtschaftsorganisation, der Dr. Walther Schieber vorstand. Schieber, der die Trauerrede hielt, führte u.a. aus: „Die Wirtschaft dieses Gaues wird in ihm ein leuchtendes Vorbild für Leistung, Pflichterfüllung und Treue haben. Ich selbst muß Abschied nehmen von einem Freund und Kameraden, der mir in meiner Arbeit, wenn ich ihn auch gerufen habe, immer treu geholfen hat." K. besaß für den Aufbau und die Ausgestaltung der NS-Industriestiftung „Gustloff-Werke" sowie als Wirtschaftsmanager im Kreis der regionalen Wirtschaftsführung außerordentliche Bedeutung durch seinen hohen Sachverstand.

Küppenbender, Friedrich Heinrich Dr. (1901-1989)

Diplom-Ing. Geschäftsleiter der Firma Carl Zeiss Jena. K. schloß 1925 sein Maschinenbaustudiums an der Technischen Hochschule Aachen ab. 1926/27 als Assistent am Lehrstuhl für Dampfkraftanlagen an der TH Aachen tätig, trat er im September 1927 als wiss. Mitarbeiter und Assistent des Leiters eines Konstruktionsbüros in die Firma Carl Zeiss Jena ein. 1929 promovierte er sich mit dem Thema „Über den Durchlässigkeitsgrad und die Belichtungszeit von Drehscheibenverschlüssen" zum Dr.-Ing. Im Herbst 1929 übernahm K. die Leitung des Konstruktionsbüros der Zeiss-Ikon AG Dresden. Am 1.5.1933 trat er der NSDAP bei. Im November 1934 erfolgte seine Ernennung zum Prokuristen der Zeiss-Ikon AG und im September 1935 zum stellvertretenden Vorstandsmitglied der Zeiss-Ikon AG. Im Februar 1938 wurde K. zum ordentlichen Vorstandsmitglied der Zeiss-Ikon AG Dresden ernannt und 1941 folgte seine Ernennung zum Wehrwirtschaftsführer und Beauftragter des Reichsministers der Luftfahrt für das Sondergebiet „Bombenzielgeräte der deutschen Luftwaffe". Im gleichen Jahr wurde er Mitglied der Geschäftsleitung von Carl Zeiss in Jena für den im August verunglückten Geschäftsführer August Kotthaus. 1943 übertrug ihm Reichsminister Albert Speer die Leitung des Hauptausschusses Feinmechanik-Optik im Reichsministerium für Rüstung und Kriegsproduktion. 1945 gehörte er zu den Fachkräften, die die US-Armee vor der Räumung der von ihnen besetzten russischen Zone mit sich nach Baden-Württemberg nahmen. Zusammen mit Bauersfeld und Küppenbender baute K. in Oberkochen bei Heidenheim den westdeutschen Zeiss-Konzern in der Tradition des Jenaer Unternehmens auf.

Lasch, Kurt
(1886-1977)

Maschinenbauer, Obersteuersekretär. L. besuchte von 1893 bis 1900 die Volksschule und erlernte anschließend den Beruf eines Maschinenbauers. Von 1905 bis 1919 im Militärdienst und Weltkriegsteilnehmer, zuletzt im Rang eines Leutnants. Von 1919 bis 1922 als Oberpostsekretär in Chemnitz tätig, trat L. im März 1920 der NSDAP bei. 1925 gründete L. in Chemnitz die Stammabteilung der SA, die er bis 1927 führte. Weiterer Aufstieg in der SA und NSDAP, in die er nach der Wiederzulassung 1925 erneut eintrat; 1930 bis 1933 MdL Sachsen und stellv. Fraktionsführer. Von 1933 bis Oktober 1934 Führer der SA-Gruppe Thüringen und MdR von 1933 bis April 1938 für den Wahlkreis 12 Thüringen. Dezember 1933 zum SA-Gruppenführer ernannt, wurde L. am 30.6.1934 in Verbindung mit der sogenannten Röhm-Affäre kurzzeitig verhaftet. Nach seiner Freilassung bis 1936 als Sozialreferent beim Obersten SA-Führer beschäftigt, 1934-1945 auch als Beisitzer des VGH tätig, wechselt L. 1940 als Inspekteur des Selbstschutzes zum Reichsluftschutz-Bund Rheinland, zuletzt im Rang eines Generalluftschutzführeres. Ab April 1943 SA-Obergruppenführer, 1944 Regierungsrat in der Reichsfinanzverwaltung. 1945 von den US-Truppen aufgegriffen und bis Ende des Jahres interniert. Nach mehreren Spruchkammerentscheidungen vom Hauptschuldigen als Minderbelastete eingestuft, folgte 1955 die Aufhebung des früheren Spruches und Einstellung des Verfahrens. L. gehörte während seiner Zeit in Thüringen zu den wichtigsten Organisatoren der SA. Er war Träger des Goldenen Parteiabzeichens der NSDAP. Er verstarb in Lohr am Main.

Leers, Johann von Prof. Dr. jur.
(1902-1965)

Jurist, Hochschuldozent, NS-Publizist. L. studierte im Hauptfach Jura und war nach erfolgreichem Abschluß bis 1928 im Auswärtigen Dienst als Attaché tätig. 1929 Eintritt in die NSDAP und nachfolgend Übernahme der Funktion eines Bundesschulungsleiters im NSStB und Hauptschriftleiter der NS-Zeitschrift „Wille und Weg". Ab Wintersemester 1936/37 mit Lehrauftrag an der Friedrich-Schiller-Universität Jena tätig, 1937 Mitglied der Historischen Kommission Thüringen, die von Fritz Sauckel ins Leben gerufen wurde. Als nationalsozialistischer Führungskader gefördert von Karl Astel, wurde L. im Oktober 1938 als Mitglied der NSD-Dozentenbundführung Schrifttumsbeauftragter und bemühte sich in den Jahren 1940 bis 1942 um das einflußreiche Amt des Gaudozentenbundführers. Seit März 1938 ao. Professor mit Lehrauftrag für „Deutsche Rechts-, Wirtschafts- und politische Geschichte auf rassischer Grundlage", wurde L. im September 1939 zum o. Professor mit Lehrstuhl für Deutsche Geschichte unter besonderer Berücksichtigung der Bauerngeschichte berufen. Als Lehrstuhlinhaber hielt er Vorlesungen und begleitete Dissertationen. Im Zentrum seines Schaffens standen aber vor allem, wie schon vor und nach 1933, seine rassenideologischen Vorträge und Publikationen, die ihn bekannt machten und seinen weiteren Aufstieg im NS-System, insbesondere auch als systemtragender Wissenschaftler, sichern sollten. L. gehörte mit diesen Veröffentlichungen – Anmerkungen dazu finden sich u.a. in den Tagebüchern ab 1942 von Viktor Klemperer – zu den führenden rassenpolitischen und antisemitischen Ideologen des Dritten Reiches. Seine Schriften „Blut und Rasse in der Gesetzgebung" (1936) und „Rassen, Völker und Volkstümer" (1939) fanden die ausdrückliche Anerkennung durch führende Vertreter im Umfeld des Reichsführers SS und des Rasse- und Siedlungshauptamtes. Kurz vor Kriegsende flüchtete L. nach Italien, das ihm durch Studienaufenthalte nicht unbekannt war. Von 1950 bis 1955 weilte er in Argentinien, danach wechselte er nach Ägypten und lebte bis zu seinem Tod in als Mitarbeiter im ägyptischen Auslandspropagandadienst in Kairo.

Mackeldey, Erich
(1892-1945)

Landwirt. Von 1914 bis 1918 Kriegsteilnahme, Leutnant der Reserve, gehörte M. von 1919 bis 1933 zu den Mitbegründern und Vorstandsmitgliedern des TLB und des Deutschen Landbundes (RLB). Von 1920 bis 1921 Mitglied des Reichstages und Hospitant in der Fraktion der DNVP. Von 1920 bis 1923 war M. Abgeordneter im Landtag von Thüringen. In den Jahren von 1921 bis 1933 amtierte er als Geschäftsführer bzw. Hauptgeschäftsführer des TLB. Von 1927 bis 1930 und erneut von 1931 bis 1945 gehörte er als Staatsrat von Thüringen zur Landesregierung. 1933 trat M. der NSDAP bei. Bereits 1932 hatte er ausdrücklich ein Zusammengehen mit den Nationalsozialisten befürwortet und entsprechend politisch agiert. Ab 1933 übte M. verschiedene Funktionen im Bereich der Landwirtschaftsorganisationen in Thüringen aus und trat in die SS ein; SS-Scharführer. 1945 durch sowjetische Truppen verhaftet und im Speziallager Buchenwald interniert. Das weitere Schicksal ist unbekannt. Die gerichtliche Todeserklärung erfolgt 1960 für das Jahr 1945.

Marschler, Willy
(1893-1952)

Kaufmann, NS-Politiker. M. nahm von 1914 bis 1918 am 1. Weltkrieg teil. Von 1919 bis 1923 als Handlungsgehilfe und Eisenhändler tätig, trat er 1922 in die NSDAP-Ortsgruppe Ilmenau, die von Fritz Sauckel geleitet wurde, ein. Von 1924 bis 1933 gehörte er als Abgeordneter der NSDAP dem Landtag von Thüringen an. 1925 erfolgte sein Wiedereintritt in die NSDAP nach Aufhebung des Parteiverbotes; 1927 übernahm er die Funktion eines stellvertretenden Gauleiters an der Seite Sauckels. 1930/31 gehörte er als Staatsrat der Landesregierung Thüringens an. 1931 wurde er Mitglied des Stadtrates von Ilmenau und 1931/32 Bürgermeister von Ohrdruf. Ab August 1932 bis April 1945 Wirtschafts- und Finanzminister, ab 1933 Ministerpräsident von Thüringen. Seit November 1933 bis 1945 Abgeordneter des Deutschen bzw. Großdeutschen Reichstages. Ab 1933 SA-Brigadeführer, danach Gruppenführer, Obergruppenführer und Ehrenrangführer der SA-Gruppe Thüringen; ab 1936 auch Landesjägermeister. Darüber hinaus übte M. weitere Funktionen innerhalb von Staat und Partei sowie Parteigliederungen aus, u.a. als Mitglied der Gauleitung. 1945 durch US-Truppen in Gera verhaftet und interniert. 1946 krankheitsbedingt aus dem Internierungslager Darmstadt entlassen. 1948/49 erfolgte seine Verurteilung durch eine bayerische Spruchkammer. M. verstarb in Karlsruhe.

Meister, Johannes Dr.jur.
(1892-1966)

Jurist. Von 1914 bis 1918 Teilnehmer am Weltkrieg. Von 1923 bis 1927 Hilfsrichter an verschiedenen Amtsgerichten in Thüringen sowie an den Landgerichten Rudolstadt und Altenburg. Von 1927 bis 1933 Amtsgerichtsrat in Ebeleben. Im Jahr 1929 trat M. in die NSDAP ein, danach bis 1933 ehrenamtliche Funktionen in der Parteiorganisation. Von 1932 bis 1945 als Thüringer Staatsrat Mitglied der Landesregierung bzw. deren Berater. Von 1933 bis 1935 Oberbürgermeister von Meiningen, danach Oberbürgermeister von Nordhausen bis zu seiner vorzeitigen Pensionierung 1942 aus gesundheitlichen Gründen (Autounfall). M. nahm in den 1930er Jahren auch Parteifunktionen innerhalb der Beamtenorganisation und des NSKK wahr. 1945 Internierung durch US-Truppen bis 1948. M. wurde 1949 von der Spruchkammer Kassel als Mitläufer (Gruppe IV) eingestuft. Er verstarb in Vellmar.

Ortlepp, Walter
(1900-1971)

Jurist. 1918 Militärdienst. Von 1920 bis 1924 Mitgliedschaft im Jungdeutschen Orden, trat O. 1923 in die NSDAP ein. 1927 erfolgte sein Wiedereintritt nach Aufhebung des Parteiverbotes. Von 1925 bis 1930 aktiv in der SA, Adjutant des Gausturms Thüringen. Im Jahr 1926 erfolgt O.s Eintritt ins Berufsleben als Hilfsarbeiter bei der Staatsanwaltschaft und am Landgericht Weimar. 1930/31 wurde er Regierungsrat und übernahm die Leitung der Landeskriminalpolizeistelle sowie die Funktion des stellvertretenden Polizeidirektors der Polizeidirektion in Weimar. 1931 trat O. in die SS ein; 1931/32 Ernennung zum Amtsgerichtsrat; 1932/33 NSDAP-Abgeordneter im Thüringer Landtag. Ab 1932 Polizeidirektor, amtierte O. bis 1936 als Polizeipräsident in Weimar. Parallel dazu übernahm er 1933 die Leitung des Büros des Reichsstatthalters. Von 1933 bis 1945 Staatsrat von Thüringen und Abgeordneter im Deutschen bzw. Großdeutschen Reichstag. Von 1936 bis April 1945 Staatssekretär und Leiter des Thüringischen Ministeriums des Innern. Zahlreiche weitere Funktionen in Staat und Partei. 1937 erfolgte seine Ernennung zum SS-Brigadeführer, und 1942 berief ihn Sauckel zum Leiter des Persönlichen Stabes des Generalbevollmächtigten für den Arbeitseinsatz und Beauftragter für die Reichsministerien im Arbeitsstab des Generalbevollmächtigten. 1945 von US-Truppen verhaftet und interniert. Nach Verurteilung und verschiedenen Nachfolgeverfahren seit 1953 als juristischer Mitarbeiter tätig. 1960 Zuerkennung der Beamtenrechte, 1962 Zulassung als Rechtsanwalt in Aschaffenburg. Dort auch verstorben. O. gehörte zu den einflußreichsten und mächtigsten NS-Führern neben Sauckel im Gau Thüringen mit direkten Verbindungen vor allem zum RFSS. Als Chef der Polizei und Leiter des Reichsstatthalter-Amtes kontrollierte er die gesamte regionale Herrschaftsorganisation und verfügte über entscheidenden Einluß auf die Machtausübung.

Peuckert, Rudolf
(1908-1946)

Landwirt. Seit 1926, mit kurzer Unterbrechung, Mitglied der NSDAP; Gau- und Reichsredner ab 1929. Seit 1932 Mitglied der Gauleitung Thüringen und Fachberater für Landwirtschaft. 1932/33 NSDAP-Abgeordneter im Landtag von Thüringen. 1933 amtierte P. als kommissarischer Vorsitzender des TLB u. Staatskommissar für die Hauptlandwirtschaftskammer Weimar. 1933 Eintritt in die SS. Von 1933 bis 1945 steht P. als Landesbauernführer der Landesbauernschaft Thüringen im Reichsnährstand vor. Thüringer Staatsrat und Abgeordneter des Reichstags von 1933 bis 1945. P. bekleidete zahlreiche weitere Funktionen in Partei und Staat mit zumeist agrarpolitischen Aufgaben.1943 Einberufung zur Wehrmacht als Militärverwaltungschef im Wirtschaftsstab Ost. Träger des Goldenen Parteiabzeichens und des Silbernen Gauadlers. 1945 durch US-Truppen verhaftet und in Dachau interniert. Dort verübt er Selbstmord.

Pflomm, Karl
(1886-1945)

Kunst- und Bauglaser, Kleinunternehmer, Höherer SS- und Polizei-Führer.
Nach dem Besuch der Volksschule von 1900 bis 1904 Lehre als Kunst- und Bauglaser; Wanderjahre bis 1912, danach Betriebsleiter einer kleinen Glasschleiferei und Spiegelfabrik in Stuttgart. Von 1915 bis 1919 Kriegsteilnehmer, Entlassung als Unteroffizier der Reserve. Von 1919 bis 1929 erneut als Betriebsleiter tätig, ab April 1923 selbständig als Inhaber der Firma in Stuttgart. 1923 Eintritt in die NSDAP. 1930 Eintritt in die SS, Truppführer und Gründer der SS-Standarte Stuttgart. 1930 Wiedereintritt in die NSDAP. 1930 bis 1933 Aufstieg in der SS, zuletzt Stabsführer beim SS-Abschnitt IX in Kulmbach. 1933 wechselt P. nach Weimar und übernahm die Funktionen als Stabsführer beim SS-Abschnitt XVIII in Weimar und als Führer der 47. SS-Standarte. 1934 bis 1937 Führer des SS-Abschnittes XVIII in Weimar und Mitglied der Landesregierung (bis 1945) als Staatsrat. April 1936 Beförderung zum Brigadeführer und seit Mai 1936 bis Oktober 1937 Polizeipräsident von Weimar. P. gehörte von März 1936 bis April 1937 als Abgeordneter des Wahlkreises 12 Thüringen dem Deutschen bzw. Großdeutschen Reichstag an. Von April 1937 bis November 1939 Polizeipräsident in Erfurt, ab Dezember 1938 mit Sonderauftrag abgeordnet zum Aufbau der Polizeiverwaltung in Aussig/ Sudetenland (heute Usti nad Labem/ Tschechische Republik). Im August 1939 zum Leutnant der Landwehr ernannt, amtierte P. bis zu seiner Versetzung in den Ruhestand am 25.11.1944 seit November 1939 als Polizeipräsident in Dresden. Er gehörte zu den Trägern des Silbernen Gauadlers. P. verstarb am 15.2.1945 in Dresden.

Sauckel, Fritz
(1894-1946)

NS-Politiker. Seemännische Grundausbildung (Matrose). 1914-1919 Zivilinternierung in Frankreich. 1919-1921 Lehre als Schlosser, Dreher und Maschinenbauer, danach zwei Jahre (eingeschrieben) am Technikum in Ilmenau. 1919 Beitritt zum Deutsch-Völkischen Schutz- und Trutzbund und bis 1921 Gauleiter in Unterfranken. 1922/23 SA-Mitglied, 1923 Beitritt zur NSDAP. 1925 nach Parteizulassung Wiedereintritt in die NSDAP und bis 1927 stellvertretender Gaugeschäftsführer bzw. Gauleiter für den Gau Thüringen. 1927-1945 Gauleiter in Thüringen. 1929-1933 Mitglied des Thüringer Landtags und Fraktionsführer der NSDAP. 1933-1945 Reichsstatthalter in Thüringen und Mitglied des Reichstags. Mitgliedschaft in SA und SS mit hohem Rang, zahlreiche weitere Funktionen in Staat und Partei, 1939-1945 Reichsverteidigungskommissar, 1942-1945 Generalbevollmächtigter für den Arbeitseinsatz. 1945 von den Alliierten interniert, vor dem Internationalen Militärgerichtshof in Nürnberg gestellt und als einer der wenigen Gauleiter zum Tode verurteilt. 1946 erfpolgte seine Hinrichtung als Kriegsverbrecher.

Scheid, Friedrich
(1887-1949)

Wehrwirtschaftsführer,1924-1935 Vorstand der Hermsdorf-Schomburger Isolatorenfabrik (Hescho), 1924-1942 Vorstand der Porzellanfabrik Kahla AG, 1931 Ehrendoktor der Technischen Hochschule Dresden, 1941 Ernennung zum Wehrwirtschaftsführer, Leiter des Arbeitskreises Hochfrequenzkeramik innerhalb der Arbeitsgruppe 5d des Sonderausschusses X Waffen und Gerät; 1942 Leiter des Sonderringes Elektrokeramik des Hauptringes Elektrotechnische Erzeugnisse im Reichsministerium für Rüstung und Kriegsproduktion; 1942 Leiter der Amtsgruppe Industrielle Selbstverantwortung und Stellvertreter des Chefs des Rüstungslieferungsamtes im Reichsministerium für Rüstung und Kriegsproduktion; 1943 Leiter des Hauptringes Technisches Glas und Keramik; 1943-1945 Leiter der Wirtschaftsgruppe Keramische Industrie; 1944 Leiter der Amtsgruppe Kunststoffe und Erden im Rüstungslieferungsamt und Leiter des Produktionshauptausschusses Keramik im Reichsministerium Speer, Vorsitzender und Hauptreferent der Straßburger Tagung. Mitglied der NSDAP.

Schieber, Walther
(1896-1960)

Chemiker, Vorstandsvorsitzender und Betriebsführer der Thüringischen Zellwolle AG Schwarza. 1903 bis 1914 Volkschule und Reformgynasium, Abitur. Anschließend als Freiwilliger im 1. Weltkrieg, 1918/19 in russischer Gefangenschaft. 1919 bis 1922 Studium an der TH Stuttgart und der Jenaer Universität. 1922 Promotion zum Dr.-Ing. in Stuttgart. Von 1923 bis 1935 Betriebschemiker, Prokurist und Betriebsleiter beim IG-Farben-Konzern an verschiedenen Standorten. Am 1.6.1931 Eintritt in die NSDAP; am 1.6.1933 Eintritt in die SS. Ab 1935 als Aufbauleiter der Zellwolle AG in Schwarza tätig. Von 1936 bis 1943 Aufbauleiter und Vorstandsmitglied verschiedener Zellwollfabriken. 1937 zunächst zum SS-Obersturmführer, danach zum Hauptsturmführer und im September zum Sturmbannführer ernannt. Im gleichen Jahr Referent für Textilindustrie beim Gauwirtschaftsberater Thüringen und Textilreferent im Wirtschaftsministerium. Von 1939 bis 1943 Verwaltungsratsvorsitzender der „Wilhelm-Gustloff-Stiftung" bzw. der Nationalsozialistischen Industrie-Stiftung „Gustloff-Werke". Es folgte seine Ernennungen nach den Unfalltod von Otto Eberhardt 1939 zum Leiter der Vertretung Thüringens in Berliner Thüringenhaus (bis 1944) und zum Gauwirtschaftsberater der NSDAP und Leiter der Gauwirtschaftskammer in Thüringen; Ernennung zum SS-Obersturmbannführer, später zum SS-Brigadeführer; Thüringer Staatsrat von 1939-1945; 1940 Berater des Reichsministers Fritz Todt zu Fragen der chemischer Produktion. Im September 1941 folgt seine Ernennung zum Wehrwirtschaftsführer und von 1942 bis 1944 amtiert Sch. als Chef des Rüstungslieferungsamtes im Reichsministerium für Rüstung und Kriegsproduktion sowie als stellvertretender Leiter der Reichsgruppe Industrie. 1944 erhält Sch. den höchste deutschen Zivilorden „Schwerter zum Ritterkreuz des Kriegsverdienstkreuzes". Am 2.9.1944 Ausschluß aus der NSDAP und Ablösung von zahlreichen Ätern und Funktionen, u.a. als Gauwirtschaftsberater Thüringens. 1944/45 Beauftragter des Führers zur Durchführung von Sonderaufgaben, Mitglied der Landesplanungsgemeinschaft Thüringen, Mitglied des Verwaltungsrates der Gesellschaft der Freunde der Friedrich-Schiller-Universität. Im Mai 1945 von US-Truppen aufgegriffen und bis 1948 interniert. Ursprünglich durch eine Spruchkammer als „Belasteter“ (Gruppe II) eingestuft und verurteilt, wird nach Wiederaufnahme des Verfahrens die Einstufung aufgehoben und das Verfahren eingestellt. Sch. verstirbt in Würzburg.

Schmückle, Karl
(1895-1970)

Polizeioffizier, Generalarbeitsführer. Sch. besuchte die Mittelschule in Stuttgart und anschließend, von 1910 bis 1914, eine Unteroffiziersschule. Am 1. Weltkrieg nahm er als Flugzeugführer von 1914 bis 1918 teil. 1921 wurde er als Leutnant der Reserve aus dem Militärdienst entlassen. Bis dahin gehörte er einem Freikorps an. Im Anschluß besuchte er eine Höhere Polizeischule und gehörte von 1925 bis 1932 als Offizier, zuletzt als Hauptmann, zum Polizeidienst des Landes Thüringen. Seit Februar 1930 Mitglied der NSDAP und ab September 1932 Leiter des NS-Arbeitsdienstlagers auf dem Ellenbogen/ Rhön, übernahm Sch. von 1932 bis 1941 die Führung des NS-Arbeitsgaues 23 (Thüringen). Von 1934 bis April 1945 Staatsrat von Thüringen; ab Dezember 1935 Generalarbeitsführer; von 1936 bis 1945 Mitglied des Reichstages, wechselte Sch. 1941 über Dresden und Bayern-Oberland in den Arbeitsgau XXX München. Ab Juli 1944 Inspektor der im Wehrmachtseinsatz befindlichen RAD-Inspektion IV; ab April 1945 Ober-Generalarbeitsführer in der Außenstelle des OKW-Süd. Sch. wurde im Mai in Haft genommen und bis Juni 1947 interniert. Nach seiner Freilassung lebte er zunächst in Sonthofen, danach in Fischen (Allgäu). Er verstarb in Heidenheim an der Brenz (Baden-Württemberg). Sch. war Träger des Silbernen Gauadlers und des Goldenen Parteiabzeichens der NSDAP neben verschiedenen weiteren Kriegsauszeichnungen.

Schuster, Bruno
(1893-19..)

Beamter, Referent Marschlers. Von 1900 bis 1906 besuchte Sch. die Volksschule in Treuen, anschließend die Realschule in Reichenbach und von 1912 bis 1914 das Realgymnasium in Plauen. Kriegsteilnehmer von 1914 bis 1918. Ab 1919 Volontär, 1920 bis 1928 Geschäftsführer in der Privatwirtschaft. Seit 1933 Sekretär bzw. nachfolgend persönlicher Referent des Ministerpräsidenten von Thüringen, Sekretär im Thüringischen Finanzministerium, seit April 1937 Oberregierungsrat beim Ministerpräsidenten und ab April 1938 auch Oberregierungsrat im Staatsministerium. Vorstandsmitglied der Sauckel-Marschler-Stiftung und des Verwaltungsrates der Thür. Staatsbank, stellv. Aufsichtsratsmitglied der Thür. Landessiedlungsgesellschaft, Jugendwalter in der Schulgemeinde Aufbauschule Weimar. Der NSDAP trat Sch. bereits am 1.11.1930 bei, der SA ab 15.7.1930. Am 30.1.1939 erfolgte seine Ernennung zum Oberführer z. b. V. Gruppe Thür. Seit 1933 Obltn. der Reserve, später Rittmeister der Reserve, SA-Standartenführer, 30.1.1939 SA-Oberführer; von 1936 bis 1939 Teinahme an Schulungen für Beamte an der „Gauschulungsburg Egendorf“. Sch. nahm im März 1939 als Geschworener an einem Schwurgerichtsprozeß teil. Juli 1940 Ernennung zum Oberkriegsverwaltungsrat und Angehöriger der Wehrmacht auf Kriegsdauer. 1940 bis 1942 Angehöriger einer Kriegsverwaltung. Für diese Tätigkeit 1943 von Hitler mit dem Kriegsverdienstkreuz 2. Klasse mit Schwertern ausgezeichnet. In der anhängigen Beurteilung ist zu lesen: „Eine sehr energische, gewandte, schwierigen Situationen gewachsene Persönlichkeit, die mit ganz besonderem Geschick, grosser Tatkraft und Eifer sowie feinem Fingerspitzengefühl schwierigste politische Verwaltungs- und Wirtschaftsaufgaben löst. Politisch klar nationalsozialistisch ausgerichtet und aktiv in der Heimat auftretend.“ Träger des Silbernen Gauadlers, verliehen am 26.6.1942 durch Fritz Sauckel. Im November 1942 als Oberkriegsverwaltungsrat ausgeschieden und zum Kommandant einer Ortskommandantur als Rittmeister der Reserve versetzt. Am 20.4.1944 mit dem Kriegsverdienstkreuz 1. Klasse mit Schwertern vom Militärbefehlshaber Südost ausgezeichnet. Juli 1944 Beförderung zum Major der Reserve. Sch. wurde 1946 nicht in den Dienst des Landes Thüringen übernommen. Er erhielt seine Dienstbezüge bis einschließlich 30.6.1945.

Siekmeier, Heinrich
(1903-1984)

Kanzleigehilfe. S. besuchte die Volksschule von 1910 bis 1918. Anschließend bis 1921 Schreiberlehrling und Kanzleigehilfe bei der Hofkammer in Bückeburg. Von 1921 bis 1926 Militärdienst, 1925/26 Heeresfachschule. Entlassung als Oberschütze der Reserve. 1927 kurzzeitige Anstellung beim Landeskriminalamt und als Geschäftsführer des Verlages „Der Nationalsozialist" in Weimar. Seit April 1927 Mitglied der NSDAP und der SA (bis 1930). Nach Dinters Ablösung erneut hauptamtlicher Geschäftsführer des NSDAP-Verlages bis August 1933. Von 1927 bis Januar 1934 NSDAP-Gaugeschäftsführer in der Gauleitung Thüringen; ab August 1933 bis Mai 1934 Leiter der Reichspropagandastelle Thüringen des Reichsministeriums für Volksaufklärung und Propaganda. Von Juni 1934 bis Juni 1936 Leiter des Organisations- und Personalamtes der NSDAP-Gauleitung in Weimar. Ab 1935 Stadtrat in Weimar. Von Juni 1936 bis November 1941 Stellvertreter des Gauleiters von Thüringen. 1936 Eintritt in die SS als Standartenführer. Am 20. April 1938 zum Staatsrat von Thüringen ernannt. Beförderung zum SS-Oberführer im September 1938. Teilnahme am sogenannten Frankreichfeldzug 1940. Ab Herbst 1940 zum Leiter der Umsiedlungskommission für Volksdeutsche aus Rumänien ernannt; von 1941 bis 1944 tätig als Generalkommissar des Generalbezirkes Rostow am Don; Mobilisierungsbeauftragter der Gauleitung in Weimar. Am 1.4.1943 erfolgte seine Einberufung zur Wehrmacht im Rang eines Leutnants, ab 1944 als NS-Führungsoffizier eingesetzt; seit 1943 SS-Brigadeführer. S. wurde am 5.6.1945 von US-Truppen verhaftet und, unterbrochen durch eine kurze Flucht in die Schweiz, nach Einstufung als Hauptschuldiger (Gruppe I) und Verurteilung zu fünf Jahren Arbeitslager per Gnadenerlaß im Dezember 1948 aus der Haft entlassen. 1951 erfolgte die endgültige Aufhebung aller ergangenen Strafen durch Gnadenerlaß des Ministerpräsidenten von Baden-Württemberg. S. verstarb in Oberkirchen.

Stengel-von Rutkowski, Lothar August Arnhold Prof. Dr. (1908-....)

Mediziner, NS-Rassenforscher. St. wurde in Hofzumberge/ Lettland geboren und kam 1919 nach Deutschland. 1920 bis 1928 Gymnasium in Marburg, danach Studium der Medizin. Rassenkunde und Rassenhygiene in München, Marburg, Wien, 1930 medizinische Vorprüfung in Marburg, Mitglied der NSDAP seit November 1930, Mitglied der SS seit 1.11.1930 (Nr. 3683), 1932 von Heinrich Himmler und Walther R. Darré zum Leiter der Rassenhygienischen Abteilung des neu gegründeten Rasse- und Siedlungsamtes der SS nach München berufen, ab Juni 1934 im Thüringischen Landesamt für Rassewesen in Weimar und Jena (Institut für menschliche Erbforschung und Rassewesen) tätig, gleichzeitig praktisches Jahr an der Nervenklinik Jena, 1.6.1935 Approbation, seitdem Leiter der Abt. Lehre und Forschung des Landesamtes für Rassewesen in Jena. Seit 1.10.1937 Regierungsrat, ab 1940 Medizinalrat, Promotion zum Dr. med. am 14.11.1938 mit der Arbeit „Die unterschiedliche Fortpflanzung. Untersuchung über die Fortpflanzung der 20 000 thüringischen Bauern", 15.2.1940 Habilitation aufgrund der Veröffentlichung „Was ist ein Volk?", 31.7.1940 Dozent für Rassenhygiene, Kulturbiologie und rassenhygienische Philosophie, Hauptstellenleiter im Rassenpolitischen Amt des Gaues (Gauleitung) Thüringen, Mitglied der Reichsärztekammer und des NSD-Dozentenbundes.

Wächtler, Fritz (1891-1945)

Volksschullehrer. 1913-16 und 1918 Militärdienst und Kriegsteilnahme. Ab 1919 wieder Lehrer. 1926 Eintritt in die NSDAP und Gründung einer Ortsgruppe in Vippachedelhausen. Mitglied der SA. 1929-1933 Mitglied des Landtags von Thüringen. 1930/31 Fachberater des Volksbildungsministers Frick. 1932 Gauorganisationsleiter und stellvertretender Gauleiter. 1932-1936 Volksbildungsminister in Thüringen, ab 1933 zugleich Minister des Innern. 1933-1945 Mitglied des Reichstags. 1935-1945 Gauleiter und Reichsstatthalter der Bayerischen Ostmark mit Sitz in Bayreuth. Seit 1935 Amtsnachfolger von Hans Schemm als Reichswalter des NSLB. Zahlreiche weitere Funktionen. W. wurde im April von einem SS-Kommando standrechtlich wegen „Feigheit vor dem Feind" erschossen.

Weber, Otto Dr. jur. (1894-1973 Hannover)

Jurist. 1931 Beitritt zur NSDAP. 1932 Landgerichtsrat in Weimar, Hilfsrichter am Oberlandesgericht in Jena.

1932/33 Mitglied des Landtags von Thüringen. 1932/33 Staatsrat von Thüringen und beauftragt mit der Leitung des Justizministeriums. 1932 Landgerichtsdirektor in Weimar. 1933-1935 Landesjustizminister in Thüringen. 1934/35 Kreisleiter der NSDAP in Weimar. 1934/35 kommissarischer Regierungspräsident in Erfurt, danach bis 1945 Regierungspräsident des Regierungsbezirkes Erfurt der Provinz Sachsen, 1936 bis 1945 Thüringer Staatsrat. Zahlreiche weitere Funktionen in Staat und Partei sowie Gliederungen der NSDAP. 1945-1948 durch US-Truppen interniert. Nach 1950 von der Niedersächsischen Justiz in die Kategorie „Entlastete" eingestuft. Ab 1954 in Hannover wohnhaft als Regierungspräsident a. D. Dort verstorben.

Rembe, Constantin (1868-1958)

Generalmajor a.D. 1930 Eintritt in die NSDAP und Ortsgruppenleiter, 1932 bis 1936 Kreisleiter der NSDAP und ab 1933 Gauinspekteur für den Gau Thüringen. 1933 Mitglied des Preußischen Landtages; ab November 1933 bis Mai 1945 Abgeordneter des Deutschen Reichstages für den Wahlkreis Thüringen. Am 1.2.1936 übernahm R. den Vorsitz des Gaugerichtes bei der NSDAP-Gauleitung Thüringen. Landesgruppenführer des Reichsluftschutzbundes.

Thiel, Reinhold Dr. h .c. (1882-1979)

Unternehmer, Mitinhaber der Fa. Gebr. Thielin Ruhla. T. besuchte bis zum Abschluß 1897 die Höhere Handelsfachschule in Erfurt und trat danach in den väterlichen Betrieb ein. Von 1912 bis 1945 kaufmännischer Direktor, Mitgesellschafter und Betriebsführer der Fa. Thiel. Von 1918 bis 1933 Vorsitzender des Wirtschaftsverbandes der deutschen Uhrenindustrie, Thiel gehörte u. a. zu den Uhrenherstellern, und von 1926 bis 1933 Präsident der IHK in Weimar, ab November 1933 Präsident der Mittelthüringischen IHK Weimar. 1929 Ehrenpromotion an der Jenaer Universität und Ehrensenator in Anerkennung seiner beruflichen Erfolge und Verdienste als Vorsitzender der Gesellschaft der Freunde der Universität. Eintritt in die NSDAP am 1.7.1934. Präsident des Verbandes der Mitteldeutschen Industrie, Leiter der Bezirksgruppe Mitteldeutschland im Reichsstand der Deutschen Industrie. Ab 1935 Präsident der Wirtschaftskammer Mitteldeutschland. Von 1936 bis 1945 Mitarbeiter im Amt des Gauwirtschaftsberaters der NSDAP-Gauleitung in Weimar, Leiter der Wirtschaftskammer bzw. Gauwirtschaftskammer Thüringen. Ab 20.4.1938 bis April 1945 Thüringer Staatsrat. 1939 Aufnahme als Mitglied in die Rüstungskommission im Reichsverteidigungsbezirk IX b und Vertreter Thüringens im Beirat der Reichsgruppe Industrie. Wehrwirtschaftsführer. T. gehörte zahlreichen Aufsichtsräten an, u. a. der Deutschen Hypothekenbank in Weimar, der Gothaer Waggonfabrik AG und der Thüringischen Staatsbank. Am 12.4.1945 wurde T. verhaftet und bis September 1947 interniert. 1949 erfolgte durch den Hauptentnazifizierungsausschuß Essen seine Einstufung als Mitläufer (Gruppe IV) verbunden mit einer Vermögenssperre; nach Berufung wurde diese Einstufung aufgehoben und T. wurde als Entlasteter (Gruppe V) eingeordnet. Nach einer nochmaligen Prüfung erfolgte 1949 seine endgültige Einstufung als Mitläufer ohne Vermögenssperre. Von 1948 bis 1960 übte T. die Funktion eines Geschäftsführers, später eines Aufsichtsratsvorsitzenden in Sand/ Bundesland Hessen aus. 1960 trat er in den Ruhestand. Er verstarb in Kassel. T. gehörte zum kleinen Kreis der führenden Organisatoren der Rüstungs- und Kriegswirtschaft im Land/ Gau Thüringen. Als Unternehmer war er mit der eigenen Firma an der Rüstungsproduktion, u. a. an der Herstellung von Zündern, führend beteiligt.

Ziegler, Hans Severus Dr. phil. (1893-1978)

Germanist, NS-Kulturwissenschaftler. 1914 Abitur, danach studierte Z. ein Semester Literatur- und Kunstgeschichte in Cambridge. 1915 Meldung als Kriegsfreiwilliger, jedoch aus gesundheitlichen Gründen nach kurzer Ausbildung entlassen, begann Z. in Jena ein Studium. Von 1915 bis 1919 Kriegsdienst als Sanitäter im Reservelazarett Weimar. Während dieser Zeit mit Adolf Bartels bekannt geworden, besuchte er dessen Privatvorlesungen. Von 1919 bis 1922 erneut Studium der Germanistik, Geschichte, Philosophie und Kunstgeschichte in Greifswald. Hier Gründung einer völkischen Studentengruppe. Von 1922 bis 1924 Redakteur der von A. Bartels herausgegebenen Zeitschrift „Deutsches Schrifttum" in Weimar. 1924 gründete er das Wochenblatt „Der Völkische" (ab 1925 „Der Nationalsozialist") und war bis 1933 als deren Hauptschriftführer tätig. 1925 Eintritt in die NSDAP, bis 1929 stellvertretender Gauleiter und bis 1942 Gauleitungsmitglied und Leiter des Gaukulturamtes; Mitglied im Kampfbund für deutsche Kultur. Während der Amtszeit Fricks 1930/31 als ehrenamtlicher Referent im Volksbildungsministerium in Weimar beschäftigt, übernimmt Z. ab 1933 bis 1936 die Künstlerische Leitung sowie die Stelle eines Chefdramaturgen des Deutschen Nationaltheaters Weimar, 1933 auch Staatskomissar für das thüringische Theaterwesen. Von 1933 bis 1945 Thüringer Staatsrat. Von 1933 bis 1945 Vorsitzender der Deutschen Schillerstiftung, ab Mai 1935 stellvertretender Präsident des deutschen Bühnenvereins; ab 1936 Generalintendant des Deutschen Nationaltheaters in Weimar und seit November 1936 Reichskultursenator. Z. gehörte 1938 zu den Gestaltern der Ausstellung „Entartete Musik" in Düsseldorf. Von 1941 bis 1945 Vizepräsident der Deutschen Shakespeare-Gesellschaft. Ab November 1942 Gauamtsleiter zur besonderen Verwendung im Rang eines NSDAP-Bereichsleiters. Von 1945 bis 1951 war Z. als Privatlehrer tätig. 1947 Einstufung als Mitläufer in Verbindung mit einer Vermögenssperre. Danach war Z. wieder künstlerisch und schriftstellerisch, zeitweise auch als Lehrer tätig. Nach 1962 Eintritt in den Ruhestand. Z. verstarb in Bayreuth.

Zunkel, Gustav Dr. phil.
(1886-1934)

Gymnasiallehrer. 1914-1919 Lehrer am Gymnasium Alexandrinum in Jena. 1914-1918 Kriegsteilnehmer. 1919-1933 Studienrat am Realgymnasium in Weimar. 1928 Mitglied der NSDAP. 1929 SA-Oberführer und Führer des Gausturms Thüringen. 1930/31 Fachberater für Höhere Schulen im Volksbildungsministerium während der Amtszeit Fricks. 1930-1933 Mitglied des Reichstags. 1932 SA-Gruppenführer und Führer der SA-Gruppe Thüringen. 1933-1934 Thüringer Staatsrat. Ende 1933 Abberufung als Führer der SA-Gruppe Thüringen, 1934 erneute Einsetzung in diese Funktion. Starb durch einen Autounfall.

Stab und Mitarbeiter der SA-Gebietsführung Thüringen im Jahr 1934 in Weimar vor ihrem Stabsgebäude. (Repro ThHStAW)

Die Abgeordneten Thüringens (Wahlkreis 12) im Deutschen Reichstag

3. Wahlperiode März 1936 bis April 1938 Mitglieder: 741 Mitglieder Sitzungen: 3	4. Wahlperiode April 1938 bis Mai 1945 Mitglieder: 814 Mitglieder Sitzungen: 8
Busch, Wilhelm	Barth, Franz
Blasch, Kurt	Biedermann, Bruno (für Haselwander, H.)
Derichsweiler, Albert	Busch, Wilhelm
Eckart, Alfred	Eckart, Alfred (1903-gef. 14.6.1940)
Frenzel, Ernst (für Rompel, Karl)	Frenzel, Ernst (für Rompel, Karl)
Frick, Wilhelm Dr.	Frick, Wilhelm Dr.
Groß, Matin	Groß, Matin
Günther, Kurt	Günther, Kurt
Haselwander, Herbert	Haselwander, Herbert (1910-gef. 21.5.1940)
Hennicke, Paul	Hennicke, Paul
Marschler, Willy	Marschler, Willy
Metzner, Franz Dr.	Metzner, Franz Dr.
Ortlepp, Walter	Ortlepp, Walter
Papenbroock, Paul	Papenbroock, Paul
Paschold, Fritz	Paschold, Fritz
Peuckert, Rudolf	Peuckert, Rudolf
Pflomm, Karl	Pflomm, Karl (1888-15.2.1945)
Plorin, Eugen	Plorin, Eugen (1901-19.11.1943)
Ponndorf, Eberhardt	Recknagel, Otto
Recknagel, Otto	Reinhardt, Karl
Reinhardt, Karl	Rembe, Constantin
Rembe, Constantin	Sauckel, Fritz
Rompel, Karl (verstorben am 16./17.2.1937)	Schmückle, Karl
Sauckel, Fritz	Siekmeier, Heinrich
Schmückle, Karl	Späing, Heinz
Siekmeier, Heinrich	Triebel, Friedrich
Späing, Heinz (?)	Trübenbach, Oskar
Triebel, Friedrich	Vollrath, Paul (für Eckart)
Trübenbach, Oskar	

Q.: Zusammengestellt aus Zeitungsberichten und vorliegenden biografischen Angaben.

Zeittafel
Ausgewählte Daten zur Entwicklung des NS-Regimes in Thüringen

1919

■ 5.1. In München wird die Deutsche Arbeiterpartei (DAP) als „judenfreie völkische Partei" von dem Schlosser Anton Drexler und dem Sportjournalisten Karl Harrer gegründet. Sie zählt bis zu 40 Mitglieder.

■ 12.9. Adolf Hitler nimmt erstmals an einer Versammlung der DAP teil. Hitler wird bald darauf deren Mitglied.

Anton Drexler (1884-1942).

1920

■ 5.2. Adolf Hitler erhält den Posten eines Propagandaleiters in der DAP.

■ 24.2. Erste Massenversammlung der DAP im Münchner Hofbräuhaus. Auf dieser Versammlung wird das 25-Punkte-Programm der Partei beschlossen. An der Ausarbeit sind Adolf Hitler und Anton Drexler wesentlich beteiligt. Wenige Tage später erfolgt die Umbenennung der Partei in Nationalsozialistische Deutsche Arbeiterpartei (NSDAP).

Parteiabzeichen.

■ 3.10. Deutscher Tag der völkischen Verbände Deutschlands in Weimar. Fritz Sauckel als Teilnehmer erstmals in Weimar.

■ 9.12. In Jena wird der Deutschvölkische Verein gegründet, Vorläufer der Ortsgruppe der NSDAP.

■ 17.12. Mit Unterstützung privater Kreise und Förderer aus den Reihen der Reichswehr erwirbt die NSDAP die in München erscheinende Zeitung „Völkischer Beobachter".

1921

■ Fritz Sauckel zieht nach Ilmenau und gründet in der Stadt eine Ortsgruppe des Deutschvölkischen Schutz- und Trutzbundes (DVSTB). Im Jahresverlauf entstehen weitere Ortsgruppen u. a. in Hirschberg und Gotha.

■ 29.7. Eine außerordentliche Mitgliederversammlung der NSDAP wählt Hitler nach vorangegangenen Auseinandersetzungen zum Parteivorsitzenden. Eine neue Satzung bestimmt das 25-Punkte-Programm für *unabänderlich* und dauerhaft gültig. Zugleich wird Hitler als Parteiführer das Recht eingeräumt, Entscheidungen unabhängig von Mehrheitsbeschlüssen treffen zu dürfen (Führerprinzip).

■ 3.8. Gründung der Sturmabteilung (SA) aus dem bisher bestehenden Saalschutz der NSDAP.

1922

■ 15.7. Nach der Ermordung Walther Rathenaus werden per VO der Landesregierung Thüringens folgende antirepublikanische Organisationen (vorläufig) verboten: Deutschvölkischer Schutz- und Trutzbund, Deutschvölkische Jugend, Bund der Aufrechten, Alldeutscher Verband, Verband nationalgesinnter Soldaten, Stahlhelm. Bund der Frontsoldaten, Jungsturm, Jungdeutscher Orden, Hochschulring Deutscher Art, Germanenorden, NSDAP, Deutschvölkischer Verein Jena.

■ 14./15.10. Deutscher Tag in Coburg. Hitler spricht. Es kommt zu heftigen Straßenkämpfen zwischen Verbänden der SA und linken Gegnern der völkischen Bewegung.

■ In Gera erscheint erstmals mit der „Ostthüringer Warte" eine Zeitung mit Hakenkreuz.

■ 16.12. Die Deutschvölkische Freiheitspartei (DVFP) wird gegründet.

1923

■ 1.1. Fritz Sauckel wird Mitglied der NSDAP.

■ 27.-29.1. Erster Reichsparteitag der NSDAP in München. Die SA erhält ihre Uniform und erste Standarten.

■ 24.3. In Thüringen wird die DVFP als antirepublikanische Organisation verboten. Die Partei verfügte zu diesem Zeitpunkt über 15 Ortsgruppen. In den Folgemonaten entstanden verschiedene Tarnorganisationen (Sport- und Wandervereine) der völkischen Bewegung, u. a. in Jena (Völkische Kanzlei), Weimar (Kulturkanzlei), Ilmenau (Deutscher Wanderverein mit Fritz Sauckel) und Sonneberg (Titania).

■ 9.9. Deutscher Tag in Gotha. Es kommt zu zahlreichen Übergriffen und Straßenkämpfen zwischen Anhängern und Gegnern der völkischen Bewegung.

■ 8.10. In Gera gründen Bruno Biedermann, Wilhelm Staudte und Heinz Wohlleben eine Ortsgruppe der NSDAP.

■ 8.11. Einmarsch der Reichswehr in Thüringen.

■ 8./9.11. Hitler-Putsch in München. Adolf Hitler ruft auf einer Versammlung im Bürgerbräukeller die „Nationale Revolution" aus und erklärt die bayerische und Reichsregierung für abgesetzt. Am 9.11. zerstreut die Polizei gewaltsam (14 Tote) den Demonstrationszug der Putschisten vor der Feldherrnhalle. Hitler wird zwei Tage später in Uffing am Staffelsee verhaftet, die NSDAP und der Völkische Beobachter verboten.

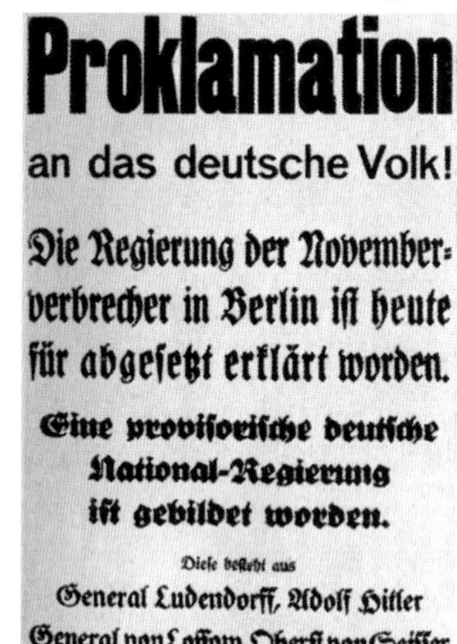

Proklamation
an das deutsche Volk!
Die Regierung der Novemberverbrecher in Berlin ist heute für abgesetzt erklärt worden.
Eine provisorische deutsche National-Regierung ist gebildet worden.
Diese besteht aus
General Ludendorff, Adolf Hitler
General von Lossow, Oberst von Seisser

■ 29.12. Die völkische Bewegung in Thüringen vereinbart für die bevorstehende Landtagswahl eine „Vereinigte Vökische Liste".

1924

■ 10.2. Bei den Landtagswahlen erringt das Wahlbündnis VVL sieben von insgesamt 72 Mandaten.

■ 24.2.-1.4. Strafprozeß gegen Hitler und weitere Putschisten vor dem Münchner Volksgericht. Hitler erhält 5 Jahre Festungshaft.

■ 26.2. „Der Völkische", herausgegeben von Hans S. Ziegler, erscheint in Weimar.

Weimar, 2. April 1924
1. Jahrgang Nr. 10

Der Völkische

„Die Weltgeschichte schickt die Männer, die für das Vaterland kämpfen, nicht hinter Festungsmauern, sondern nach Walhall!“ (Ludendorff).

■ 3.3. Die von der VVL tolerierte Landesregierung unter Richard Leutheußer hebt das NSDAP-Verbot für Thüringen auf.

■ 10.3. Ortsgruppe Jena der NSDAP gegründet.

■ 21.3. „Der deutsche Aar", eine nationalsozialistische Zeitung, gegründet von Fritz Sauckel, erscheint in Ilmenau.

Deutscher Aar

Thüringerwald-Beobachter
Kampfblatt für deutsches Volkstum und soziale Gerechtigkeit.

Folge 4 / 1924 — Ilmenau, den 1. Ostermond (April) — Preis 25 Pfg.

■ 15./17.8. Deutscher Tag in Weimar. Zu den Rednern gehören u. a. Julius Streicher und Gottfried Feder.

■ 27.11. Adolf Bartels veröffentlicht sein Schrift „Der Nationalsozialismus, Deutschlands Rettung".

■ 20.12. Adolf Hitler wird nach 13monatiger Festungshaft in Landsberg entlassen.

1925

■ 26.2. Neugründung der NSDAP. Die Bekanntgabe erfolgt im „Völkischen Beobachter", der zugleich künftig als Tageszeitung erscheint, durch Hitler.

■ 1.3. Gründung des Gaues Thüringen der NSDAP. Arthur Dinter wird von Hitler zum Gauleiter, Fritz Sauckel zum Gaugeschäftsführer ernannt.

■ 22.3. Hitler spricht erstmals in Weimar und Thüringen auf NSDAP-Veranstaltungen.

■ 12.7. Besprechung der Landes- und Gauführer der NSDAP Nord- und Westdeutschlands mit Hitler in Weimar.

■ 28.10. Erneute Führertagung der NSDAP in Weimar.

■ 12.11. Führerversammlung der NSDAP im „roten" Gera. SA-Leute übernehmen den Saalschutz. Proteste linker Nazigegner führen zu einer Saalschlacht mit vielen Verletzten.

■ 19.11. NSDAP-Führerversammlung im Jenaer Volkshaus.

■ 25.11. Im Geraer Lokal Heinrichsbrücke findet eine große Propagandakundgebung der NSDAP statt. Hauptredner ist Hitler, der zusammen mit Rudolf Heß erstmals in der Stadt weilt.

Gottfried Feder (1883-1941) gehörte mit seiner These von der „Brechung der Zinsknechtschaft" (1919) und zahlreichen nachfolgenden Schriften zu den Parteitheoretikern der NSDAP. Ab 1934 lehrte der diplomierte Bauingenieur als Professor an der TH Berlin Siedlungswesen, Raumordnung und Stadtentwicklung)

■ 18.12. Propagandaversammlung der NSDAP in Erfurt. Hauptredner sind Joseph Goebbels und Gottfried Feder.

1926

■ 11.4. Hitler in Altenburg.

■ 25.4. In Gera übernimmt die Ortsgruppe der nationalsozialistischen Großdeutschen Jugendbewegung auf Vorschlag von Hans S. Ziegler die Bezeichnung „Hitler-Jugend".

■ 3./4.7. Zweiter (nach der Neugründung eigentlich erster) Reichsparteitag der NSDAP in Weimar.

Jahrgang 1926 / Folge 1 — Preis 25 Pfennig

ILLUSTRIRTER BEOBACHTER

Verlag Frz. Eher Nachf., G. m. b. H., München 2, NO 2

München, Juli 1926

DER TAG VON WEIMAR · 3./4. JULI 1926

Titelblatt der erstmals zum Parteitag im Münchner Verlag Franz Eher als Monatsschrift erscheinenden „Illustrirten" mit Fotos von Hitlers persönlichem Fotografen (Bildberichterstatter) Heinrich Hoffmann, der ab 1928 zu seiner ständigen Begleitung gehörte. (WS)

Etwa 6000 Anhänger der Partei marschieren durch die Straßen der thüringischen Landeshauptstadt. Während des Parteitages wird die Hitlerjugend (HJ) als Parteigliederung gegründet.

■ 7./8. Gautag der NSDAP in Weimar.

1927

■ 11.-24.1. Wahlveranstaltungen der NSDAP mit Hitler als Hauptredner in Meiningen, Eisenach, Schleiz und Gotha; mit Joseph Goebbels im Deutschen Haus in Pößneck.

■ 24.1. Führertagung der NSDAP in Jena.

■ 30.1. Landtagswahl. Die NSDAP erringt 2 Mandate von 56.

■ 19.-21.8. Dritter Reichsparteitag der NSDAP. Zirka 30 000 Anhänger marschieren in Nürnberg auf.

■ 30.9. Fritz Sauckel wird, nach Ablösung Dinters, neuer Gauleiter der NSDAP in Thüringen.

■ 27.11. Führertagung der NSDAP unter Teilnahme Hitlers in Weimar.

1928

■ 7./8.1. Gauparteitag der NSDAP in Weimar.

■ 11.3. Bezirksführertagung der NSDAP in Erfurt.

■ 30./31.3. Bezirksführertagung der NSDAP in Themar. Sauckel spricht.

■ 22.4. Deutscher Tag in Greiz.

■ 28.4. Alfred Rosenberg spricht in Weimar.

■ 23.6. Erste Sonnenwendfeier des Gaues Thüringen auf der Wachsenburg bei Arnstadt.

■ 14.8. In Gera findet der 1. Ostthüringische Freiheitstag der NSDAP statt. Sauckel hält eine Rede auf dem Markt. 600 „Braunhemden" der SA marschieren auf.

■ 8./9.9. Gautag der NSDAP in Ilmenau.

1929

■ 20.1. Führertagung der NSDAP mit Hitler in Weimar.

■ 7.2. Dr. Gustav Zunkel wird SA-Führer Thüringens.

■ 24.5. Goebbels spricht in Weimar.

■ 1.-4.8. Vierter Reichsparteitag der NSDAP in Nürnberg. Zirka 100 000 Teilnehmer sind an der Massenveranstaltung beteiligt.

■ 26.9. Großkundgebung der NSDAP mit Fritz Sauckel und Willy Marschler in Sonneberg.

■ 26./27.10. Gautag der NSDAP in Gotha.

■ 8.12. Landtagswahl. Die NSDAP erringt sechs Mandate.

■ 29.12. Großkundgebung der NSDAP im Gesellschaftshaus der Landtagsfraktion in Sonneberg.

1930

■ 10.1. In der Landeshauptstadt Weimar hält Hitler vor geladenen Gästen aus Wirtschaft, Politik, Wissenschaft und Kultur einen Vortrag über seine politischen Ziele.

■ 17.1. Gauleiterversammlung im Gothaer Park-Pavillon zur Regierungsbildung unter Beteiligung der NSDAP in Thüringen.

■ 23.1. Wilhelm Frick (NSDAP) wird Innen- und Volksbildungsminister in Thüringen. Damit sind die Nationalsozialisten erstmals in Deutschland an einer Landesregierung beteiligt.

■ 23.2. Der Berliner SA-Mann Horst Wessel erliegt seinen Verletzungen, die er während eines Eifersuchtsdramas erlitten hatte. In der NS-Presse wird Wessel zum Märtyrer stilisiert.

■ 1.4. Paul Schultze-Naumburg wird zum Direktor der Kunsthochschule Weimar berufen.

Das Hauptgebäude der von Schultze-Naumburg geleiteten Hochschule für Baukunst, bildende Kunst und Handwerk. (WS)

■ 1.5. Die in Weimar herausgegebene Gauzeitung der NSDAP „Der Nationalsozialist" erscheint zweimal wöchendlich.

■ 14.5. Der Rasseforscher Hans F. K. Günther wird auf Betreiben der NSDAP-Spitze nach Jena berufen.

■ 17.5. Die Landesregierung ernennt ORR Hellwig zum Polizeidirektor und W. Ortlepp zum RR, seinen Stellvertreter und Chef der Landeskriminalpolizei. Beide gehören der NSDAP an.

■ 31.5./1.6. Deutscher Tag in Eisfeld. Als Ehrengast tritt Fritz Sauckel auf.

■ 13.6. Landesinnenminister Wilhelm Frick verbietet die Aufführung des Friedrich-Wolf-Stükkes „§ 218" duch Piskator.

■ 12./13.7. Sechster Gautag der NSDAP in Gera. Hitler gehört zu den Haupttrednern.

■ 15.8. Gauleiter und Führer des Nationalsozialistischen Lehrerbundes Hans Schemm spricht auf einer Propagandaveranstaltung im Erfurter Reichshallentheater über kulturpolitische Leitvorstellungen der NSDAP.

■ 12.9. Gauführertagung unter Anwesenheit Hitlers in Weimar.

■ 13.9. Großkundgebung der NSDAP anläßlich der bevorstehenden Reichstagswahl in Sonneberg. Anwesend sind u. a. Wilhelm Frick, Hermann Esser und Willy Marschler.

■ 14.9. Reichstagswahl. Die NSDAP gewinnt 107 Sitze.

■ 15.11. Hitler nimmt an der Antrittsvorlesung von Hans F. K. Günther („Rasse"-Günther) nach dessen Berufung auf einen eigens für ihn geschaffenen Lehrstuhl für Rassenkunde an der Jenaer Universität teil. Weitere Ehrengäste sind der Landesinnenminister Wilhelm Frick, der die Berufung entscheidend förderte, und Hermann Göring. Anschließend findet im Hotel zum Bären eine Besprechung der NSDAP-Spitzen statt.

■ 31.12. Sprengstoffanschlag auf die Gothaer Geschäftsstelle der NSDAP.

1931

■ 8.2. Bauernkundgebung der Reichsleitung der NSDAP in Weimar. Hitler hält im Deutschen Nationaltheater die Hauptrede, zirka 1000 SA-Leute marschieren auf.

■ 10.2. Bei den AStA-Wahlen an der Jenaer Universität sind acht Nationalsozialisten von 12 Mitgliedern gewählt worden.

■ 21.3. Durch ein Mißtrauensvotum werden die zwei Regierungsmitglieder der NSDAP in Thüringen, Frick und Marschler, gemäß Verfassung zum Rücktritt gezwungen.

■ 1.3. Die Gauzeitung „Der Nationalsozialist" wird Tageszeitung.

■ 2.4. Protestversammlung wegen des Sturzes von Frick und Marschler als Regierungsmitglieder der Landesregierung in Weimar. Hitler attakiert vor allem die DVP.

■ 12.4. Auf dem Weimarer Marktplatz veranstaltet die NSDAP eine Treuekundgebung für Frick und Marschler. Zirka 12 000 Anhänger der Partei sind aufmarschiert. Hitler hält wiederum eine Propagandarede. Im Deutschen Nationaltheater hält die Partei einen Kongreß ab.

■ 2./3.5. Bezirkstag der NSDAP in Hildburghausen. Fritz Sauckel hält die Hauptrede.

■ 10.5. Anläßlich des Deutschen Tages der völkischen Bewegung kommt es bei Barchfeld/ Werra zu einer Straßenschlacht mit Vertretern linker Nazigegner.

■ 25.5. Einweihung des SA- und Jugendheimes in Paulinzella.

■ 3.7. Auf einer Kundgebung der NSDAP-Landtagsfraktion in Pößneck sprechen Sauckel und Wächtler zu den Teilnehmern.

■ 10.7. Willy Marschler (NSDAP) wird Bürgermeister von Ohrdruf (bis 26.8.32).

■ 5./6.9. Gauparteitag der NSDAP in Gera mit großem Fackelzug und großem Appell. Hitler weiht 50 neue Sturmfahnen der SA-Gruppe Thüringen und der HJ auf dem Schützenplatz.

Das offizielle Abzeichen zum Gautag 1931. (WS)
Hitler bei seinem Besuch in Paulinzella (li). (Repro ThHStAW)

■ 9.9. Hitler besucht Paulinzella und besichtigt die Klosterruine.

■ 3./4.10. In Altenburg wird der Ostthüringer Freiheitstag begangen. Die Hauptrede hält Fritz Sauckel vor insgesamt 10 000 Zuhörern auf dem Marktplatz.

■ 11.10. Bildung der Harzburger Front, ein politisches Bündnis aus Stahlhelm und Deutschnationalen zusammen mit der NSDAP.

■ 14.12. Paul Schultze-Naumburg wird von der umgebildeten Landesregierung gekündigt.

1932

■ 21.1. Die Gauleitung startet die „Winterhilfe Thüringer Wald", eine groß angelegte Hilfsaktion mit Lebensmitteln, Kleidung und Brennstoffen für die bestehenden Notstandsgebiete.

■ 5.3. Wahlkundgebung mit Adolf Hitler und Hermann Göring in der Stadthalle von Bad Blankenburg. Zirka 8000 Besucher erscheinen.

■ 6.3. Wahlkundgebung für die bevorstehenden Reichspräsidentenwahl mit Hitler in Weimar.

■ 14.3. Hitler wird von einem parlamentarischen Untersuchungsausschuss des Landtages in Weimar wegen seiner Einbürgerung und beabsichtigten Anstellung als Polizeiwachtmeister in Hildburghausen befragt. Den Ausschuss leitet der Sozialdemokrat Dr. Hermann Louis Brill. Nach der Befragung veranstaltet die NSDAP eine politische Massenkundgebung.

■ 10.4. Reichspräsidentenwahl. Es wird ein zweiter Wahlgang notwendig, den Paul von Hindenburg gewinnt.

■ 13.4. Reichskanzler Brüning verbietet die paramilitärischen NSDAP-Gliederungen SA und SS.

■ 1.5. Die NSDAP veranstaltet eine Maifeier auf dem Hauptmarkt in Gotha. Es spricht Gauleiter Fritz Sauckel.

■ 5.6. Die NSDAP startet eine Lebensmittel-Hilfsfahrt in die Thüringer Notstandsgebiete.

■ 25.6. Großkundgebung der NSDAP mit Hermann Göring auf dem Wollmarkt in Arnstadt.

■ 26.7. Hitler als Wahlredner in Hildburghausen.

■ 31.7. Reichs- und Landtagswahl in Thüringen. Die NSDAP zieht mit 230 Abgeordneten als stärkste Fraktion in den Reichstag ein. In Thüringen wird sie mit 26 Abgeorneten ebenfalls stärkste Fraktion und stellt die Landesregierung (26.8.) mit sechs von sieben Mitgliedern.

■ 15.10. H. Göring spricht in der Stadthalle Bad Blankenburg vor zirka 7000 Besuchern und in Kahla auf dem Markt.

■ 6.11. Erneut Reichstagswahl. Die NSDAP verliert 34 Mandate. Damit ist der stetige Wachstumstrend der Partei erstmals gebrochen.

■ 26.11. Hitler verhandelt mit Hindenburg über die Regierungsbildung.

■ 1.12. J. Goebbels spricht vor zirka 7000 Besuchern in der Stadthalle Bad Blankenburg.

1933

■ 15.1. Massenversammlung in Weimar. Hitler spricht über den Wahlsieg in Lippe und fordert die Macht im Reich.

■ 30.1. Reichspräsident Paul von Hindenburg ernennt Hitler zum Reichskanzler. Dieser beruft ein „Kabinett der nationalen Konzentration".

Hitler im Kreise seiner Kabinettsmitglieder. (WS)

■ 26.2. Reichsminister Hermann Göring spricht auf einer Wahlkampfveranstaltung der NSDAP auf der Erfurter Kampfbahn.

Wahlplakat der NSDAP 1933. (WS)

■ 27.2. Der Reichstag in Berlin brennt. Die Brandstiftung wird der politischen Linken, insbesondere den Kommunisten, angelastet.

28.2. Beginn gesetzlich sanktionierter Verfolgung und Terrorakte an politischen Gegnern und ethnisch Stigmatisierten.

5.3. Reichstagswahl. Die NSDAP wird mit 288 Abgeordneten stärkste Fraktion, verfehlt aber die mit allen Mitteln angestrebte absolute Mehrheit.

■ 6.3. Die Hakenkreuzflagge weht auf dem Landtag in Weimar und wird allgemein für öffentliche Gebäude eingeführt.

■ 14.3. Die Sozialistische Arbeiterjugend und alle kommunistischen Organisationen werden verboten und aufgelöst.

■ 17.3. Entlassung von 17 „marxistischen Schulleitern“, zahlreichen Lehrern und Studienräten.

■ 18.3. Verbot der Mitgliedschaft von Beamten in der SPD.

■ 21.3. Tag von Potsdam. Mit einem Staatsakt, der an die Eröffnung des Ersten Reichstages durch Otto von Bismarck im Jahre 1871 anknüpft, beginnt der neu gewählte Reichstag seine Tätigkeit. Der KPD wird die Wahrnehmung ihrer 88 Reichstagsmandate verweigert. Damit beginnt die Errichtung des NS-Regimes und die Beseitigung des demokratisch-parlamentarischen Systems.

■ 23.3. Programmrede Hitlers im Reichstag und Verabschiedung des Ermächtigungsgesetzes (Gesetz zur Behebung der Not von Volk und Reich) mit 444 gegen 94 Stimmen.

■ 1.4. Von der NSDAP proklamierter reichsweiter Boykott aller jüdischen Geschäfte: „Deutsche, kauft nicht beim Juden.“

Eines von zahllosen Plakaten, die von SA- und HJ-Angehörigen an Geschäfte und Häuserwände geklebt wurden. (StadtA Gera)

SA-Männer haben sich in Gotha am 1. April vor dem Geschäft eines jüdischen Kaufmanns mit einem Transparent postiert, um Käufer vom Betreten abzuhalten. (GV/WS)

■ 3.-8.4. Mit Ausnahme des Preußischen Landtages erfolgt durch Reichsgesetzgebung die Gleichschaltung der Länderparlamente und aller demokratischen Volksvertretungen auf der Grundlage der Zusammensetzung des Reichstages.

■ 7.4. Es ergeht ein Reichsstatthaltergesetz.

■ 26.4. Verbot „marxistischer“ Vereine, der Freidenker und Bibelforscher.

■ 1.5. Die Regierung Hitler deklariert den Tag zum „Tag der nationalen Arbeit“ und erhebt ihn zum Feiertag.

■ 2.5. Gründung der Deutschen Arbeitsfront. Die Organisation tritt an die Stelle der bisherigen freien Gewerkschaften, die verboten werden.

■ 5.5. Staatsminister Fritz Sauckel (NSDAP) wird von Hindenburg zum Reichsstatthalter von Thüringen ernannt.

■ 8.5. Ernennung der Thüringer Landesregierung durch RStH Fritz Sauckel.

■ 10.5. Das Parteivermögen der SPD wird reichsweit beschlagnahmt. Es beginnt der Prozess der Auflösung aller noch bestehenden Parteien und ihrer Nebenorganisationen.

■ 10.5. In den Universitätsstädten finden Bücherverbrennungen verfemter oder „undeutscher“ Autoren statt.

■ 17.5. Die Staatsschule für Führertum und Politik in Egendorf wird eröffnet. Es ist die erste Schule dieser Art in Deutschland.

■ 1.6. Gesetz zur Bekämpfung der Arbeitslosigkeit.

■ 17./18.6. Gauparteitag der NSDAP mit Hitler in Weimar (Auftakt) und Erfurt.

■ 22.6. Verbot der SPD.

■ 27.6. Selbstauflösung der Deutschnationalen Volkspartei.

■ 4./5.7. Selbstauflösung der Bayerischen Volkspartei und der Zentrumspartei.

■ 14.7. Es ergeht ein Reichsgesetz gegen die Neubildung von Parteien und das Gesetz zur Verhütung erbkranken Nachwuchses. Durch das Parteiengesetz wird die NSDAP zur Staatspartei.

■ 15.7. Gründung des Landesamtes für Rassewesen in Weimar. Die Leitung wird dem Rasseforscher Dr. med. Karl Astel übertragen. Es ist das erste Landesamt dieser Art in Deutschland.

■ 15.7. Aufruf zur Sauckel-Marschler-Spende.

■ 21.6. Einführung des Hitlergrußes in Behörden und Ämtern.

■ 31.8.-3.9. Fünfter Reichsparteitag der NSDAP in Nürnberg. Der Parteitag firmiert unter der Losung: „Sieg des Glaubens".

■ 15.8. Die Landesregierung beschließt ein neues Landeswappen.

■ 26.8. Feierlichkeiten zum einjährigen Bestehen der nationalsozialistischen Landesregierung.

■ 14.10. Deutschland tritt aus dem Völkerbund aus.

■ 14.10. Rudolf Heß und Reichsleiter Robert Ley nehmen an einer Veranstaltung in der Stadthalle von Bad Blankenburg teil und vereidigen Mitglieder der regionalen NSDAP-Führerschaft.

■ 12.11. Reichstagswahl. Die NSDAP tritt mit einer Einheitsliste an und erhält 91,2 Prozent der gültigen Stimmen.

■ 21.12. RStH Fritz Sauckel überträgt dem RFSS Heinrich Himmler das Kommando über die politische Polizei Thüringens.

1934

■ 19.-21.1. In Weimar findet der 1. Reichsbauerntag der NSDAP statt. Reichsbauernführer Walter R. Darré leitet die Veranstaltung.

■ 20.1. Das Gesetzes zur Ordnung der nationalen Arbeit wird erlassen. Mit diesem Gesetz werden die 1933 geschaffenen Treuhänder der Arbeit Reichsbeamte. Die DAF verliert durch das Gesetz Zuständigkeiten u. a. in tarifrechtlichen Fragen und kann nur noch als beratende Organisation mitwirken. Es gilt dauerhafte Friedenspflicht. Die deklarierten Betriebsgemeinschaften bilden insofern eine spezifische Form des Führer-Gefolgschafts-Prinzips.

■ 30.1. Einstimmige Annahme des verfassungsändernden Gesetzes über den Neubau des Reiches. Damit verbunden ist die Aufhebung der Länderhoheit und des Föderalismus.

■ 13.3. Großkundgebung der NSDAP im Gesellschaftshaus Sonneberg mit Gauleiter und RStH Fritz Sauckel.

■ 15.4. Der „Nationalsozialistische Arbeitsdienst" wird als einheitliche Organisation der NSDAP gebildet.

■ 20.4. Reichsleiter Robert Ley besucht Erfurter Betriebe.

■ 15.5. In Unterweißbach weihen Thüringens Gauleiter Sauckel und Minister Fritz Wächtler den Adolf-Hitler-Turm ein.

■ 29.5.-3.6. Reichsbauernführer Richard W. Darré eröffnet in Erfurt die 1. Reichsnährstandsausstellung.

■ 4.-6.6. Tagung der Reichs- und Gauleiter in Schwarzburg unter Führung von Rudolf Heß.

■ 16./17.6. Gau(partei)tag der NSDAP in Gera. Neben Hitler nehmen auch Alfred Rosenberg und Joseph Goebbels an der Massenveranstaltung teil.

Das war Gera!
Girlanden und Wimpel, rotflutende Fahnen, Hakenkreuz über den Straßen und Gassen!Singend wollen den Weg wir uns bahnen durch all die wogenden, jubelnden Massen.
(Gaupresseamt, August 1934)

■ 2.8. Tod Hindenburgs. Hitler übernimmt als „Führer und Reichskanzler" das Amt des Reichspräsidenten.

■ 10.8. Gauleiter Josef Bürckel (Pfalz) wird zum Saarbevollmächtigten ernannt.

■ 19.8. Volksabstimmung über die Zusammenlegung der Ämter des Reichspräsidenten und Reichskanzlers. 38,36 Millionen Bürger stimmen mit Ja.

■ 4.-10.9. Sechster Reichsparteitag der NSDAP in Nürnberg. Der Parteitag steht unter der Losung „Triumph des Willens".

■ Nov. Reichsleiter Robert Ley besucht Sonneberg und informiert sich über die Lage im Notgebiet Thüringer Wald.

1935

■ 13.1. Die Saarlandabstimmung über die künftige Zugehörigkeit des Saargebietes. Für Deutschland votierten 90,76 Prozent der Abstimmungsberechtigten, für Frankreich 0,40 und für den bestehenden Status quo 8,84 Prozent.

■ 30.1. Zweites Reichsstatthaltergesetz und Erlaß der Deutschen Gemeindeordnung. Beides dient der weiteren Zentralisierung und Verankerung des Führerprinzips in den Verwaltungen.

■ 3.2. Verabschiedung eines Reichsgesetzes über den Bau der Hohenwartetalsperre an der oberen Saale. Der Bau gehört zu den geplanten Großbauten, ist Teil der Arbeitsbeschaffungsmaßnahmen und der Energiepolitik.

■ 1.3. Festakt zur Rückgliederung des Saargebietes, Wiedergründung der NSDAP und des Gaues Saar-Pfalz.

■ 9.3. Deutschland kündigt offiziell die Wiedererrichtung einer deutschen Militärluftflotte an.

■ 16.3. Einführung der allgemeinen Wehrpflicht.

■ 21.3. Großkundgebung der NSDAP mit Fritz Sauckel in Pößneck.

■ 24.3. Feier zum 10-jährigen Gründungstag des Gaues Thüringen in Weimar. Als Ehrengast wird u. a. der Stabschef der SA Victor Lutze begrüßt.

■ 21.5. Rede Hitlers vor dem Reichstag über Außenpolitik (13 Punkte). Das Reichskabinett beschließt neues deutsches Wehrgesetz.

■ 1./2.6. In Erfurt findet der 10. Gauparteitag der NSDAP statt. Wie 1933 finden die Auftaktveranstaltungen in Weimar statt. Zu den hochrangigen Gästen gehören die Reichsminister Joseph Goebbels und Wilhelm Frick, Reichsleiter Alfred Rosenberg, der NSKK-Korpsführer Adolf Hühnlein und der Reichsarbeitsführer Konstantin Hierl.

■ 6.6. Staatssekretär Walter Ortlepp genehmigt die Wilhelm-Gustloff-Stiftung.

■ 24.6. Gauleiter Fritz Sauckel besucht die „Braune Messe" während der Deutschen Woche in der Stadthalle Bad Blankenburg.

Die Stadthalle in Bad Blankenburg entstand vor 1933 in Anlehnung an den Bauhausstil. (WS)

■ 26.6. Verkündung der Arbeitsdienstpflicht durch die Reichsregierung. Am 26. September erfolgt gleiches auch für die weibliche Jugend.

■ 7.7. Hitler in Weimar. Endgültige Entschließung über die Anlage eines neuen Platzes mit dem Gauforum vor dem Landesmuseum.

■ 18.8. Alfred Rosenberg spricht auf einer zentralen Kundgebung der NSDAP in Heiligenstadt.

■ 10.-16.9. In Nürnberg findet der Siebente Reichsparteitag der NSDAP, der „Parteittag der Freiheit", statt. Am 15. September beschließen die Abgeordneten des dt. Reichstages auf dem Parteitag das Reichsflaggengesetz, das Reichsbürgergesetz, das Gesetz zum Schutze des deutschen Blutes und der deutschen Ehre. Bekannt werden diese als Nürnberger Gesetze.

1936

■ 4.2. Wilhelm Gustloff, der Leiter der Landesgruppe Schweiz der NSDAP, wird in seiner Davoser Wohnung von dem jüdischen Studenten David Frankfurter, einem Jugoslawen, ermordet.

Wilhelm Gustloff (1885-1936). Der gebürtige Schweriner lebte aus gesundheitlichen Gründen seit 1917 in der Schweiz. (WS)

■ 6.-16.2. Olympische Winterspiele in Garmisch Partenkirchen.

■ März Reichsleiter Robert Ley besucht erneut Sonneberg, um sich über die weiterhin sehr angespannte Wirtschaftslage im Notgebiet zu informieren. Er besichtigt verschiedene Unternehmen.

■ 7.3. Reichstagssitzung. Die Regierung kündigt den Locarnovertrag. Die deutsche Wehrmacht besetzt unter Bruch des Versailler Vertrages das entmilitarisierte Rheinland. Deutschland erklärt den Versailler Vertrag für nichtig.

■ 21.3. Richtfest beim Bau der Thüringer Zellwolle AG in Schwarza.

■ 23.3. Reichsjugendführer Baldur von Schirach besucht Erfurt und die Meister-Eckhart-Stätten.

■ Gauleiter Fritz Sauckel spricht auf einer Massenveranstaltung zur bevorstehenden Reichstagswahl in Sömmerda.

■ In Jena findet eine entsprechende Kundgebung, auf der Reichsinnenminister Frick spricht, im Volkshaus statt.

■ 29.3. Reichstagswahl und Volksabstimmung über die deutsche Innen- und Außenpolitik. Für Hitlers Politik stimmen 98,8 Prozent der Wähler bei einer Wahlbeteiligung von 99 Prozent. Gewählt werden 741 Abgeordnete der NSDAP per Wahlvorschlag.

■ 9.4. In Schleiz geben der Kreisbauernführer Arno Jahn, Kreisleiter Paul Theuerkauf, Landrat Dr. Hoffmann und der Bürgermeister und Ortsgruppenleiter Paul Todte die Gründung einer Stiftung zur Errichtung eines neuen Amtsgebäudes, des Wisentahauses, für die Kreisbehörden von

Staat und Partei bekannt. Das Gebäude entsteht von 1938 bis 1940. Als Architekt zeichnet Ernst Flemming verantwortlich.

■ 18.4. Per Gesetz wird der Volksgerichtshof, der 1933 ohne Verfassungsgrundlage als politisches Sondergericht geschaffen wurde, zum ordentlichen Gericht erklärt und dem Reichsgericht gleichgestellt.

■ 17.6. Der Reichsführer SS Heinrich Himmler wird von Hitler zum Chef der gesamten deutschen Polizei ernannt.

Reichsführer SS Heinrich Himmler (1900-1945), seit Münchner Tagen an Hitlers Seite und einer seiner Vollstrecker. (WS)

■ 28.6. Auf der Rasenmühleninsel in Jena findet eine Kundgebung der NSDAP mit Reichsleiter Alfred Rosenberg statt.

■ 3.-4.7. 10-Jahres-Feier anlässlich des 1. Reichsparteitages der NSDAP nach der Neugründung in Weimar.

Vorbeimarsch an Hitler auf dem Marktplatz zu Weimar: Heß, Sauckel, Günther (o.) und Rust, Ley, Lutze, Rosenberg, Frick, Himmler, Streicher und Hierl (u.). (WS)

■ 2.-16.8. Olympiade in Berlin. Eröffnet wurden die 11. Olympischen Spiele am 1.8. durch Hitler im neu erbauten Olympiastadion in Berlin.

■ 24.8. Per Gesetz wird die aktive Wehrpflicht auf zwei Jahre verlängert.

■ 8.-14.9. Achter Reichsparteitag der NSDAP, „Parteitag der Ehre" in Nürnberg. Auf diesem Parteitag wird der Vierjahresplan als Zukunftsprogramm der deutschen Wirtschaft verkündet.

■ 26.9. Die Reichsarbeitsdienstpflicht wird auf ein halbes Jahr festgesetzt.

■ 28.10. Der preußische Ministerpräsident Hermann Göring wird durch Hitler zum Beauftragter für den Vierjahresplan ernannt.

■ 14.11. Deutschland erklärt die Beendigung der internationalen Verwaltung über deutsche Flussläufe.

■ 25.11. Deutsch-Japanisches Abkommen gegen die Komintern.

■ 1.12. Die HJ wird per Gesetz zur Staatsorganisation der deutschen Jugend erklärt.

■ 31.12. Gauleiter und Reichsstatthalter Fritz Sauckel spricht in der Stadthalle Bad Blankenburg vor 6000 Amtsträgern der DAF des Gaues Thüringen über die zukünftigen Anforderungen beim Ausbau der deutschen Wirtschaft durch den Vierjahresplan.

1937

■ 30.1. Die Abgeordneten des Reichstages verlängern das Ermächtigungsgesetz. Hitler zieht auf einem Festakt die deutsche Unterschrift unter die Kriegsschulderklärung – Artikel 231 des Versailler Vertrages – zurück.

■ 16.2. Italien tritt dem Antikominternpakt bei.

■ 23.3. Hermann Göring als Beauftragter des Vierjahresplanes und Reichsbauernführer Walter R. Darré verkünden ein Autarkieprogramm zur Selbstversorgung des Reiches mit Nahrungsgütern.

■ 24.3. Goebbels erklärt das Winterhilfswerk zur Dauereinrichtung

■ 1.5. Reichsleiter Robert Ley proklamiert den „Leistungskampf deutscher Betriebe".

■ 23.5. RStH Fritz Sauckel empfängt Reichsjugendführer Baldur von Schirach anläßlich des Reichsführerlagers der HJ im Weimarer Schloß.

■ 29.5. Sauckel besucht zusammen mit Hermann Göring die Bergruine Greifenstein.

■ 30.5. Führertagung des Gaues in der Weimarhalle. Hermann Göring spricht über den Vierjahresplan.

■ 16.7. Nahe der Gauhauptstadt Weimar, auf dem Ettersberg, beginnt die Errichtung des Konzentrationslagers Buchenwald.

■ 18.7. Eröffnung der Großen Deutschen Kunstausstellung im neuerbauten Haus der Deutschen Kunst in München. Parallel dazu, wird in unmittelbarer Nähre am 19. Juli die zweite Ausstellung „Entartete Kunst“ präsentiert, die vor allem gegen jüdische und deutsche Künstler der Moderne gerichtet ist. Hitler bei der Eröffnung: „Wir werden von jetzt ab einen unerbittlichen Säuberungskrieg führen gegen die letzten Elemente unserer Kulturzersetzung“. In beiden Ausstellungen sind Werke aus Thüringen zu sehen.

Entartete Kunst,
Kennzeichnung von Werken der Literatur oder der bildenden Kunst, die jede gesunde Lebensgrundlage (im Hinblick auf den Inhalt) vermissen lassen, die, wie in den Nachkriegsjahren in Deutschland, durch die Darstellung von Erkrankungserscheinungen und Auswüchsen der Zivilisation verantwortungslos die Mittel und den Sinn der Kunst mißbrauchten (Ausstellung München 1937). Artfremde Einflüsse waren an der E. erheblich beteiligt.
(Meyers Lexikon, Bd. 3, Leipzig 1937)

■ 6.-13.9. Mussolini-Besuch in Deutschland.

■ Neunter Reichsparteitag der NSDAP („Parteitag der Arbeit“) in Nürnberg.

■ 31.10. Eröffnung der Woche des deutschen Buches in Weimar durch Gauleiter Sauckel, Hanns Johst, Präsident der Reichsschrifttumskammer, Philipp Bouhler und Joseph Goebbels.

■ 6.11. Sauckel spricht vor einer großen Zahl versammelter Betriebsführer des Gaues über Wirtschaftsfragen in der Stadthalle Bad Blankenburg.

1938

■ 4.2. Entlassung des Reichskriegsministers und des Oberbefehlshabers des Heeres durch Hitler. Er bestimmt sich selbst zum neuen Oberbefehlshaber über die Wehrmacht und setzt General Wilhelm Keitel als Oberbefehlshaber für das neu gegründete Oberkommando der Wehrmacht (OKW) ein. Die Reichsregierung bildet einen Geheimen Kabinettsrat, der als besonderes Beratungsorgan der Führung (des Führers) gedacht ist.

■ 15.2. Per Gesetz werden alle ledigen Frauen unter 25 Jahren zur Ableistung eines land- oder hauswirtschaftlichen Jahres (Pflichtjahr) verpflichtet.

■ 20.2. Adolf Hitler legt in einer (propagandistisch ausgerichteten) Rede vor den Abgeordneten des Reiches Rechenschaft über seine Politik und die damit verbundenen Ziele ab. Ein Nahziel besteht im angestrebten baldigen Anschluß Österreichs (Heim-ins-Reich-Politik) an Deutschland.

■ 6.3. In der Stadthalle Bad Blankenburg findet im Beisein der versammelten Politischen Leiter ein Kreisappell der NSDAP statt. Das Hauptreferat hält Gauleiter Sauckel. Hauptthema: die augenblickliche politische Lage.

■ 12.3. Einmarsch der deutschen Wehrmacht in Österreich.

■ 13.3. Hitler proklamiert den Anschluss Österreichs an Deutschland und die Bildung des Großdeutschen Reiches.

■ 18.3. Auflösung das Reichstages und Anordnung zur Neuwahl.

■ 27.3. Fritz Sauckel referiert in der Stadthalle Bad Blankenburg vor zahlreichen geladenen Beamten der öffentlichen Verwaltungen.

■ 31.3. In der Stadthalle Bad Blankenburg findet eine Großveranstaltung der NS-Frauenschaft statt. Das Hauptreferat hält die Reichsfrauenführerin Gertrud Scholtz-Klink.

■ 7.4. Sauckel spricht auf einer Großveranstaltung auf der Kampfbahn in Erfurt über aktuelle Fragen der Politik im Zusammenhang mit der bevorstehenden Volksabstimmung und Reichstagswahl.

■ 10.4. Reichstagswahl zum „Großdeutschen Reichstag“ und Plebiszit über den Anschluß Österreichs an Deutschland. Die übergroße Mehrheit der Wähler (99 %) stimmen mit „Ja“.

Wahlpropaganda im April 1938 bei der Firma Carl Zeiss in Jena. (CZA)

■ Eröffnung der Ausstellung „Entartete Musik“ in Düsseldorf.

■ 26.5. Grundsteinlegung der KdF-Automobilfabrik für den Volkswagen in Fallersleben (Wolfsburg) durch Adolf Hitler. Der KdF-Wagen (Volkswagen) soll nicht mehr als 1000 RM kosten.

■ Juni In einer groß angelegten Aktion beginnt entlang der deutschen Westgrenze der Bau des Westwalls, einer Bunker- und Sperranlage mit einer Länge von 630 km.
■ 5.-12.9. Zehnter Reichsparteitag der NSDAP, „Parteitag Großdeutschland", auf dem Reichsparteigelände in Nürnberg.
■ 29./30.9. Münchner Konferenz und Unterzeichnung des Münchner Abkommens. Der Vertrag enthält die mit England und Frankreich gültige Vereinbarung, daß das Sudetengebietes ab 1. Oktober an Deutschland übergeht.
■ 1.10. Deutsche Truppen überschreiten die ehemalige deutsch-tschechische Grenze und besetzen das Sudetenland.
■ 15.-30.10. Umsiedlungsabkommen mit Estland, Italien und Lettland.
■ 31.10. Der NSDAP-Gau Sudetenland wird gebildet. Die Stadt Reichenberg wird Gauhauptstadt und Sitz des Gauleiters Konrad Henlein.
■ 4.-6.11. Gautag in Weimar. Hitler und die gesamte NSDAP-Reichsführerschaft nimmt an der groß herausgestellten Veranstaltung teil.

Begrüßung Hitlers durch Werksangehörige der Firmen Zeiss und Schott am 6. April auf dem Balkon des Hotels „Elephant" in Weimar. (CZA)

■ 8.-13.11. Judenpogrome. In der sogenannten Reichskristallnacht vom 9. zum 10. November, organisiert von der Naziführung und ausgeführt durch Mitglieder der Partei und ihren Nebenorganisationen (SA, SS, HJ), werden Synagogen in Brand gesteckt und zirka 30 000 männliche Juden in Konzentrationslager verschleppt. Am 12. November wird zudem zur „Wiedergutmachung" eine Sondersteuer über 1,12 Milliarden RM als „Sühneleistung" eingefordert. Den Vorwand für diese lange geplante Aktion liefert die Ermordung eines deutschen Diplomaten in Paris durch einen polnischen Juden.

Die ausgebrannte Synagoge am Kartäuserring in Erfurt nach der Pogromnacht. Die Torarolle(n) konnten noch aus dem Feuer gerettet und erfolgreich mit Hilfe des katholischen Dompropstes Joseph Freysberg im Erfurter Dom vor der Gestapo verborgen werden. Das Gotteshaus wurde 1884 geweiht. Die Trümmer mußten die Mitglieder der Jüdischen Gemeinde, die die größte Thüringens war und 1933 im Januar 831 Mitglieder zählte, nach dem Brand selbst beseitigen. (StadtA Erfurt)

■ 12.11. Verordnung über die Ausscheidung der Juden aus dem deutschen Wirtschaftsleben.

1939

■ 24.2. Ungarn und Mandschukuo treten dem Antikominternpakt bei.
■ Die selbständige Kreisabteilung Camburg, bis 1920 Exklave des Freistaates Sachsen-Meiningen und seit 1922 als selbständiger Landkreis geführt, wird aufgehoben und das Verwaltungsgebiet dem Landkreis Stadtroda angeschlossen.
■ 14./15.3. Deutsche Truppen marschieren in die CSR ein und besetzen die sogenannte Resttschechei. Bildung des Protektorates Böhmen und Mähren. Die Slowakei erklärt nach deutscher Intervention ihre Unabhängigkeit und schließt mit Deutschland einen Schutzvertrag ab.
■ 19.3. Gauleiter Sauckel spricht vor zahlreichen Teilnehmern eines Kreisappells der NSDAP

in der Stadthalle Bad Blankenburg zur politischen Lage.

■ 22.3. Besetzung und Rückführung des Memellandes ins Reich.

■ 25.3. Alle Jugendlichen im Alter zwischen 10 und 18 Jahren werden gesetzlich zum Dienst in der HJ (Pimpfe / Jungmädels; Jungvolk / BdM) verpflichtet.

■ 26.3. NSDAP-Großveranstaltung mit Gauleiter Sauckel in Sonneberg. Die Reden werden in mehrere Säle übertragen, auf die sich die zirka 5000 Teilnehmer verteilen.

■ 27.3. Spanien tritt dem Antikominternpakt bei.

■ 27.3. Reichssportführer Hans von Tschammer und Osten besichtigt die Gausportschule Bad Blankenburg.

Reichssportführer Hans von Tschammer und Osten (1887-1943). (WS)

■ 28.4. Reichstagsrede Hitlers. Der Führer und Reichskanzler kündigt den Nichtangriffspakt und das Flottenabkommen mit Großbritannien.

■ 22.5. Feierliche Unterzeichnung des deutsch-italienischen Bündnispaktes.

■ 30.6. Die Reichsregierung läßt Kunstwerke der sogenannten entarteten Kunst im Schweizer Luzern zur Devisenbeschaffung versteigern.

■ 7.6. Deutschland unterzeichnet Nichtangriffsverträge mit Estland und Lettland.

■ 22.7. In Erfurt finden im Beisein des NSKK-Korpsführers Adolf Hühnlein die Reichssportwettkämpfe des NSKK statt.

■ 23.8. Abschluß eines Nichtangriffspaktes (mit Geheimprotokoll über die Aufspaltung Polens) zwischen dem Deutschen Reich und der UdSSR.

■ 25.8. Erste Weisung Hitlers zum Angriff auf Polen. Diese wird jedoch noch einmal für einige Tage ausgesetzt.

■ Die Heinkel He 178, das erste Düsenflugzeug der Welt, absolviert ihren erfolgreichen Erstflug.

■ 30.8. Bildung des Ministerrats für die Reichsverteidigung.

■ Hitler erteilt für den nächsten Tag den Angriffsbefehl zum Einmarsch in Polen.

■ 1.9. Deutschland entfesselt den Zweiten Weltkrieg ohne vorherige Kriegserklärung. In einer Reichstagsrede rechtfertigt Hitler den Krieg als Abwehrkampf gegen Polen, das Deutschland bedrohe.

■ Hitler beauftragt im Oktober, rückwirkend, den Mediziner Karl Brandt und Philipp Bouhler, Leiter der Kanzlei des Führers (KdF), mit der Durchführung von „Euthanasie“ an unheilbar Kranken.

■ 3.9. Die Regierungen von Frankreich und England erklären aufgrund ihrer Beistandsverträge Deutschland den Krieg.

■ 5.10. Polen kapituliert. Hitler nimmt in Warschau die Siegerparade ab.

■ 6.10. Hitler unterbreitet den Westmächten ein „Friedensangebot“ auf der Grundlage des Status quo. Dieses wird am 12. Oktober abgelehnt.

■ 12./17.10. Beginn der Deportationen von Juden aus Österreich und dem Protektorat nach Polen (Generalgouvernement).

■ 14.10. Einführung einer Reichskleiderkarte. Damit wird der Erwerb von Kleidung und Nähmaterialien rationiert.

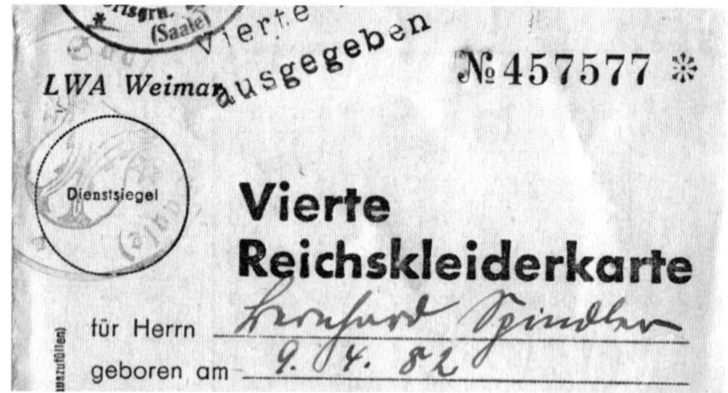

LWA Weimar ausgegeben №457577

Dienstsiegel

Vierte Reichskleiderkarte

für Herrn ____

geboren am ____

Reichskleiderkarte (Ausschnitt), hier aus dem Jahr 1944, ausgegeben vom Landeswirtschaftsamt Weimar. (WS)

■ 2.11. Amtseinführung der Reichsstatthalter und Gauleiter Arthur Greiser, Warthegau (früheres Westpreußen und Distrikt Lodz/Lizmannstadt) und Albert Forster Reichsgau Danzig-Westpreußen.

1940

■ 15.2. Robert Ley wird mit dem Aufbau einer umfassenden Altersversorgung für das deutsche Volk beauftragt.

■ 14.3. Der Beauftragte für den Vierjahresplan, Hermann Göring, ruft zur Metallspende auf. Von den fortlaufenden Sammlungen sind auch zahllose Glocken betroffen.

■ 17.3. Prof. Dr.-Ing. Todt, Generalbevollmächtigter für die Bauwirtschaft und Chef der Organisation Todt (OT), einer militärisch organisierten Bautruppe, wird Reichsminister für Bewaffnung und Munition.

■ 9.4. Deutscher Einmarsch in Norwegen und Dänemark. Für beide Staaten erklärt sich das Großdeutsche Reich zur „Schutzmacht".

■ 17.4. Hitler ruft zum Kriegshilfswerk des Deutschen Roten Kreuzes auf.

■ 10.5. Beginn der deutschen Militäroffensive im Westen gegen Frankreich und Großbritannien unter Verletzung der Neutralität der Niederlande, Belgiens und Luxemburgs, die besetzt werden.

■ 14.5. Die Niederlande kapitulieren.

■ 17.5. Einmarsch deutscher Truppen in Brüssel.

■ 18.5. Wiedereingliederung der nach dem Versailler Vertrag an Belgien abgetretenen Gebiete Eupen, Malmedy und Moresnet ins Großdeutsche Reich.

■ 20.5. Deutsche Truppen erreichen bei Abbeville die Kanalküste.

■ 28.5. Belgien kapituliert bedingungslos.

■ 4.6. Deutsche Truppen erobern die Festung Dünkirchen. Die dort festsitzenden britischen Expeditionstruppen können noch über den Kanal evakuiert werden.

■ 7.6. Die Weygandlinie, eine ausgebaute französische Abwehrstellung, wird von der deutschen Wehrmacht auf ganzer Front überschritten.

■ 10.6. Italien erklärt England und Frankreich den Krieg. Norwegen kapituliert.

■ 14.6. Die deutsche Wehrmacht marschiert in Paris ein.

Einmarsch deutscher Truppen in Paris. (WS)

■ 17.6. Frankreich kapituliert.

■ 22.6. Unterzeichnung des deutsch-französischen Waffenstillstandsabkommens im Wald von Compiègne.

■ 19.7. In einer Sitzung des Reichstages ehrt Hitler die deutsche Wehrmacht. Hermann Göring wird zum Reichsmarschall ernannt. In seiner Rede fordert Hitler Großbritannien zur Anerkennung der Realitäten auf und droht zugleich mit der Besetzung.

■ 22.7. Der britische Außenminister Lord Halifax seinerseits erklärt die Fortsetzung des Krieges bis zum Sieg.

Reichsmarschall Hermann Göring. (WS)

■ 7.8. In Lothringen, im Elsaß und in Luxemburg werden deutsche Zivilverwaltungen eingesetzt.

■ 17.8. Die deutsche Regierung erklärt die totale Blockade Englands.

■ 4.9. Hitler eröffnet das zweite Kriegswinterhilfswerk.

■ 27.9. Deutschland, Italien und Japan schließen den Dreimächtepakt.

■ Oktober Der Schriftsteller Thomas Mann spricht über den Radiosender BBC London monatlich einmal zu den Deutschen.

■ 18.10. Reichsmarschall Hermann Göring wird für weitere vier Jahre mit der Fortführung des Vierjahresplanes beauftragt (2. Vierjahresplan).

■ 23.10. Zusammenkunft zwischen Hitler und General Francisco Franco Bahamonde. Der Spanier weigert sich, mit eigenen Truppen am Krieg teilzunehmen. (1941 schickt er die sogenannte blaue Division unter Verletzung des Status der Neutralität, den Spanien auch weiterhin beansprucht.)

■ 20.-24.11. Ungarn, Rumänien und die Slowakei treten dem Dreimächtepakt bei.

1941

■ 21.1. Der Gau Schlesien wird in die Gaue Niederschlesien und Oberschlesien geteilt. Gauleiter von Oberschlesien wird Fritz Bracht, von Niederschlesien Karl Hanke.

■ 29.1. Reichsjustizminister Dr. Franz Gürtner gestorben.

■ Februar Bildung des Afrikakorps unter der Führung von General Alfred Rommel.

■ 1.3. Bulgarien tritt dem Dreimächtepakt bei.

■ 2.3. Deutsche Truppen werden in Bulgarien stationiert.

■ 17./30.3. Hitler erläutert vor hohen Militärs die als „Vernichtungsfeldzug im Osten" vorgesehene Kriegführung. Der Feldzug solle mit aller Rücksichtslosigkeit geführt werden.

■ 26.3. In Frankfurt/ Main wird ein Institut zur Erforschung der Judenfrage gegründet. Es ist Teil der von Alfred Rosenberg kontrollierten Hohen Schule.

■ 6.4. Beginn der Kriegshandlungen Deutschlands mit Jugoslawien und Griechenland.

■ 11.4. Kroatien wird zum selbständigen Staat erklärt.

■ 17.4. Jugoslawien kapituliert.

■ Mai Die Reichspressekammer verfügt die Schließung von 550 Zeitungen. Unter die Verfügung fallen auch zahlreiche Zeitungen aus Thüringen, deren Erscheinen eingestellt wird oder die der NSDAP übereignet werden.

■ 4.5. Reichstagsrede Hitlers über den Abschluß des Balkanfeldzugs.

■ 10.5. Rudolf Heß fliegt aus eigenem Antrieb nach England, um mit der dortigen Regierung vor dem geplanten Rußlandfeldzug über einen Waffenstillstand zu verhandeln. Die Aktion scheitert. Heß wird interniert.

■ 6.6. Das OKW erstellt den sogenannten Kommissarbefehl, der die Liquidation politischer Offiziere (Kommissare) der Roten Armee im Kriegsfall vorsieht. Zuvor hatte Hitler bereits per Erlaß vom 13. März für den Kriegsfall mit der Sowjetunion die Aufhebung der Kriegsgerichtsbarkeit in den sowjetischen Besatzungsgebieten und die Straffreistellung bei Übergriffen der Besatzungsmacht verfügt.

■ 15.6. Kroatien tritt dem Dreimächtepakt bei.

■ 18.6. Deutsch-türkischer Freundschaftsvertrag abgeschlossen.

■ 22.6. Die deutsche Wehrmacht überfällt die Sowjetunion. Zwischen 3.05 und 3.30 Uhr überschreiten die Heeresgruppen Süd, Mitte und Nord die Grenze. Auch Italien, Rumänien, Finnland (26.6.) und Ungarn (27.6.) treten in den Krieg ein.

■ 14.7. Hitler ordnet die Verlagerung des Rüstungsschwerpunktes von den Heereswaffen auf Luft- und Marinewaffen und Ausrüstungen an. Die Anordnung basiert auf den bisherigen Erfolgen der „Blitzkriegsstrategie" in den zurückliegenden Wochen.

■ 17.11. Alfred Rosenberg wird zum Reichsministers für die besetzten Ostgebiete ernannt.

■ Generaloberst Ernst Udet (*1886), als Generalluftzeugmeister für die Ausrüstung der Luftwaffe verantwortlich, begeht Selbstmord. Offiziell wird dieser als Unfall dargestellt. Udet wurden u. a. strategische Fehler bei der Ausrüstung der Luftwaffe angelastet.

Ernst Udet (1886-1941). (WS)

Gauleiter Dr. Gustav Scheel. (WS)

■ 27.11. Gauleiter Dr. Friedrich Rainer übernimmt den Gau Kärnten; Reichsstudentenführer Dr. Gustav Adolf Scheel wird zum Gauleiter von Salzburg ernannt.

■ 5.12. Die Kriegserklärungen Englands an Ungarn, Rumänien und Finnland werden bekannt gegeben.

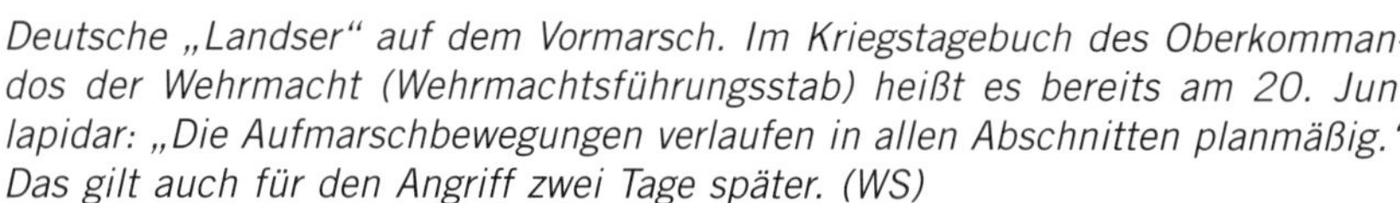

Deutsche „Landser" auf dem Vormarsch. Im Kriegstagebuch des Oberkommandos der Wehrmacht (Wehrmachtsführungsstab) heißt es bereits am 20. Juni lapidar: „Die Aufmarschbewegungen verlaufen in allen Abschnitten planmäßig." Das gilt auch für den Angriff zwei Tage später. (WS)

■ 8.12. Das japanische Hauptquartier gibt bekannt, daß zwischen Japan und den englischen und USA-Streitkräften Kriegszustand besteht. Am 7. Dezember begann dieser mit dem Angriff auf den US-Flottenstützpunkt Pearl Harbor.

■ 11.12. Reichstagsrede Hitlers, in der er den USA den Krieg erklärt.

■ 14.12. Bulgarien, Kroatien, Slowakei, Rumänien und Ungarn erklären ebenfalls den Kriegszustand mit den USA. Bulgarien, Kroatien und Slowakei verbinden mit diesem Schritt zugleich den Eintritt in den Krieg gegen England.

■ Reichskirchenminister Hanns Kerrl (*1887) verstorben. Das Reichsministerium für die kirchlichen Angelegenheiten wird in der Spitze nicht mehr besetzt. Die Leitung verbleibt bei einem Staatssekretär.

■ 19.12. Hitler entläßt Generalfeldmarschall Walther von Brauchitsch als Oberbefehlshaber des Heeres. Zuvor hatte er jede Form eines taktischen oder operativen Rückzuges (16.12) als Mittel der Kriegführung strikt abgelehnt. Er übernimmt selbst den Oberbefehl (Bekanntgabe am 21.12.).

1942

■ 20.1. Wannseekonferenz. Während einer Besprechung führender Funktionsträger des Staates unter Leitung von SS-Obergruppenführer Reinhard Heydrich fällt der Beschluß zur „Endlösung der Judenfrage". In der Folge kommt es zu massenhaften Deportationen und zum Genozid an den europäischen Juden.

■ 8.2. Reichminister Fritz Todt verunglückt tödlich mit dem Flugzeug bei Rastenburg (FHQ). Zu seinem Nachfolger wird am 9. Dezember Generalbauinspektor Albert Speer ernannt.

Fritz Todt (1891-1942). (WS)

■ 21.3. Hitler räumt der Kriegswirtschaft in einer Verordnung bei der Arbeitskräftefrage und bei allen Materialfragen absolute Priorität ein. Der Gauleiter Thüringens, Fritz Sauckel, wird zur Regulierung der Arbeitskräftebeschaffung und – lenkung zum Generalbevollmächtigten für den Arbeitseinsatz (GBV) mit weitgehenden Vollmachten und einer eigenen Dienststelle ernannt. Es beginnt die Aushebung von sogenannten Fremdarbeitern (Zwangsarbeiter) in den besetzten Gebieten.

■ 22.3. Erste Feier der Verpflichtung der Jugend gegenüber Führer und Vaterland.

■ 28./29.3. Erstes Flächenbombardement britischer Luftverbände auf die Hansestadt Lübeck. Der Angriff dauerte 140 Minuten und beschadigte die historische Altstadt zu 80 Prozent. Die Dornier-Flugzeugwerke blieben verschont. Im April folgte ein weiterer Großangriff auf Rostock, der noch verheerender war und auch die Heinkel-Werke traf, was zum Verlust einer Monatsproduktion führte.

■ 26.4. Die Abgeordneten des Großdeutschen Reichstags treten letztmalig zu einer Sitzung zusammen. Hitler wird während dieser Sitzung autorisiert, als oberster Gerichtsherr autark Recht zu setzen (Führerdiktatur).

■ 12.5. Im Konzentrationslager Auschwitz beginnt die systematische Vergasung von Juden.

■ 15.5. Carl Röver (*1889), Gauleiter des Gaues Weser-Ems, gestorben. Neben Sauckel war er der einzige Gauleiter, der vor dem 30.1.1933 Ministerpräsident eines Landes (Oldenburg) geworden war. Paul Wegener wird sein Nachfolger.

■ 27.5. In Prag erfolgt ein Attentat auf den stellvertretenden Reichsprotektor SS-Obergruppenführer und General der Polizei Reinhard Heydrich. Er erliegt seinen Verletzungen einige Tage später am 4. Juni. Sein Nachfolger wird SS-Obergruppenführer Generaloberst der Polizei Kurt Daluege.

Reinhard Heydrich (1904-1942). (WS)

■ 15.6. Umbenennung des Gaues Bayerische Ostmark in Gau Bayreuth.

■ 18.6. Der Korpsführer des NSKK Reichsleiter Adolf Hühnlein (*1881) in München verstorben. Neuer Korpsführer wird NSKK-Obergruppenführer Erwin Kraus.

■ 25.6. Beginn der deutschen Sommeroffensive an der Ostfront.

■ 20.8. Staatssekretär Roland Freisler erhält seine Ernennung zum Vorsitzenden des Volksgerichtshofes. In den folgenden Jahren fällt er mehr als 2000 Todesurteile.

Die Rakete fliegt und damit eine neue Waffe, die in den nächsten Monaten mit rücksichtsloser Gewalt zur Serienfertigung gebracht wird. (R/WS)

■ 25.8. Hitler ernennt Dr. Otto Georg Thierack zum Reichsminister der Justiz und erteilt ihm besondere Vollmachten zum Aufbau einer nationalsozialistischen Rechtspflege.

■ 3.10. In der Heeresversuchsanstalt Peenemünde gelingt erstmals der Start einer interstellaren Rakete aus der Baureihe A 4, der späteren V 2.

■ 11.11. Deutsche Truppen besetzten das bisher unbesetzte französische Territorium (Restfrankreich).

■ 16.11. Per Verordnung werden alle Gauleiter Reichsverteidigungskommissare und die Gaue zu Reichsverteidigungsbezirken. Damit rükken sie an die Spitze der Zivilverwaltungen ihres Hoheitsgebietes und arbeiten unmittelbar mit den Wehrbefehlshabern bzw. -verwaltungen zusammen.

■ 22.11. Die 6. Armee (ca. 250 000 Mann), die vor Stalingrad steht, ist von sowjetischen Truppen in einem Kessel eingeschlossen worden.

1943

■ 13.1. Geheimer Führererlaß über den umfassenden Einsatz von Männern und Frauen für Aufgaben der Reichsverwaltung.

■ 30.1. Zehnter Jahrestag der Machübernahme durch die NSDAP.

■ 31.1./2.2. Kapitulation der 6. Armee im Kessel von Stalingrad. Der Oberbefehlshaber der Armee, Generalfeldmarschall Friedrich Paulus, kapitulierte am 31.1. mit der Südgruppe und geht in Gefangenschaft.

■ 11.2. Erstmals werden Schüler ab 15 Jahren als Luftwaffenhelfer für militärische Aufgaben rekrutiert. Diese Maßnahme gehört zu einem Bündel von getroffenen Entscheidungen für die Reichsverteidigung.

■ 18.2. In einer politischen Großveranstaltung im Berliner Sportpalast verkündet Reichspropagandaminister Goebbels den „totalen Krieg" als Reaktion auf die Vernichtung der 6. Armee.

■ 25.3. Reichssportführer Hans von Tschammer und Osten (*1887) gestorben.

■ 30.4. Den deutschen Juden wird die Staatsbürgerschaft entzogen.

■ 2.5. Der Stabschef der SA, Victor Lutze (*1890) nach einem Autounfall gestorben.

■ 26.6. Dem von Reichsminister Albert Speer geführten Ministerium wird die Zuständigkeit für die Marineausrüstung mit Waffen, Munition und Gerät übertragen. Damit ist er für alle Rüstungsaufgaben mit Ausnahme der Luftwaffe, die Hermann Göring untersteht, verantwortlich.

Die militärische Niederlage der 6. Armee vor Stalingrad wurde von der Goebbels-Propaganda zur Mobilisierung aller Reserven aufgegriffen. (WS)

■ 24.7. Der faschistische Großrat in Italien erklärt sich gegen Mussolini, der gefangen gesetzt wird, und beauftragt Marschall Pietro Badoglio mit der Regierungsbildung. Damit bricht das faschistische Regime in Italien zusammen.

■ 24.8. Ernennung von Reichsinnenminister Wilhelm Frick zum Reichsprotektor von Böhmen und Mähren. Reichsführer SS und Chef der deutschen Polizei Heinrich Himmler zum Reichs- und Preußischen Minister des Innern ernannt.

■ 3.9. Die italienische Badoglio-Regierung unterzeichnet einen Waffenstillstand mit den Alliierten und löst die Partnerschaft als Verbündeter des Großdeutschen Reiches (8.9.).

■ 10.9. Deutsche Truppen besetzen Norditalien und Rom.

■ 12.9. Befreiung des in Gefangenschaft am Gran Sasso in den Abruzzen befindlichen Duce Benito Mussolini durch deutsche Fallschirmjäger und SS-Truppen unter Führung des Kommandooffiziers der SS Otto Skorzeny.

■ 22./23.9. Der Generalkommissar von Weißruthenien, Gauleiter Wilhelm Kube (*1887) fällt in Minsk einem Attentat zum Opfer.

■ 22.12. Hitler verfügt die Bildung eines NS-Führungsstabes beim OKW. Mit dieser Maßnahme soll die nationalsozialistische Ideologie verstärkt in die Wehrmacht getragen werden. Zuständig dafür sollen 47 500 „nationalsozialistische Führungsoffiziere" sein. Offiziere für „wehrgeistige Führung" gab es allerdings schon seit dem 15. Juli 1942.

1944

■ 1./2.1. In der Thüringer Gauzeitung erscheint der Neujahrsaufruf des Gauleiters. In Jena spricht Sauckel aus gleichem Anlaß auf einer Festveranstaltung. Er ruft zum „Durchhalten bis zum Endsieg" auf. Insgesamt wurden mit diesem Ziel im Gau etwa 1000 politische Veranstaltungen von der NSDAP ausgerichtet.

■ 11.1. Gauleiter Sauckel spricht in Weimar vor Betriebsführern des Gaues über die Kriegswirtschaft. Er fordert „Tempo, Tempo, Tempo" bei der Arbeit und in der Organisation der Kriegswirtschaft.

■ 26.1. Kreisbauerntag in Weimar. Das Hauptreferat hält Landesbauernführer Rudolf Peuckert.

■ 30.1. Mit einem Propagandaaufmarsch aller Kampfverbände der NSDAP und einer anschließenden Propagandaveranstaltung in der Weimarhalle begeht die politische Führung des Gaues Thüringen den „Tag der Machtübernahme". Die Hauptrede hält der Reichsredner Albert Ohlendorf.

■ 17.2. Beginn einer mehrtätigen Tagung der Reichskammer für bildende Künste an der Kunsthochschule Weimar.

■ 24.2. Meldung: Der Reichsarbeitsdienst veranstaltet auf der Wartburg bei Eisenach eine Arbeitstagung unter Leitung von Konstantin Hierl.

■ 12.3. Heldengedenktag für die Gefallenen. Die zentrale Veranstaltung findet im Weimarer Schloß statt.

■ März In der Gaupresse erscheint ein Aufruf über die Bildung einer neuen Reserve der Frauen zwischen 45 und 60 Jahren zum freiwilligen Arbeitsdienst.

■ 26.3. Feierliche Verpflichtung der Hitlerjugend in der Weimarhalle (Mädchen und Jungen).

Haupteingang der 1932 eröffneten Weimarhalle, die für zahllose politische Veranstaltungen der NSDAP mit ihren zwei Sälen das optimale Podium bildete. (WS)

■ 23.3. Gauamtsleiter des Gauamtes für Volkswohlfahrt und Beauftragter des WHW für den Gau Thüringen Karl Thomas (*1884) verstorben.

■ Es ergeht die Weisung, bei Kahla/ Großeutersdorf eine unterirdische Flugzeugfabrik zur Serienfertigung des Düsenjägers Me 262 in kürzester Zeit zu errichten.

Die Me 262, hier noch mit Spornrad, während der Erprobungsphase bei Messerschmitt. (WS)

■ 2.4. Schulungstagung im Kurhaus Bad Salzungen für und mit „nationalsozialistischen Führungsoffizieren" (NSFO). Zu den Tagungsteilnehmern gehören Gauleiter Fritz Sauckel und Staatsrat Karl Astel.

■ 12.4. Als neuer Gaupropagandaleiter und Leiter des Reichspropagandaamtes Thüringen ist Alois Wimmer ernannt worden. Sein Vorgänger im Amt, Wilhelm Brüstlin, sei aus „gesundheitlichen Gründen" zurückgetreten.

■ 5.-9.7. Die Gaustudentenführung veranstaltet in Weimar „Kulturtage".

■ April Die Gaupresse meldet: Die ersten Kriegsfreiwilligen aus dem Gebiet Thüringen sind zur Ausbildung in einem Wehrertüchtigungslager bei Gotha eingerückt.

■ 1.5. Betriebsappelle in Rüstungsbetrieben. Sauckel spricht in einem Rüstungsbetrieb zur Verleihung der Goldenen Fahne.

■ 6.5. Große Arbeitstagung der NSDAP-Kreisleitung Weimar in der Weimarhalle.

■ 12.5. Der Generalbevollmächtigte für den Arbeitseinsatz, Fritz Sauckel, hält eine Arbeitstagung mit Präsidenten der Arbeitsämter ab.

■ 6.6. Beginn der alliierten Landung und Errichtung der zweiten Front im Gebiet zwischen der Seine-Mündung und Cherbourg (Normandie) an der französischen Atlantikküste.

■ 18.6. Feierstunde zum 75. Geburtstag von Siegfried Wagner im Deutschen Nationaltheater Weimar.

■ 17./18.6. Bannsportfest im Weimarer Stadion: Staatsrat Karl Astel, HJ-Gebietsführer Theo Schulte, Landrat Franz Hofmann und Bürgermeister Otto Koch nehmen als Ehrengäste teil.

■ 18.6. Kriegstagung des Führerkorps der NSDAP und ihrer Gliederungen in der Weimarhalle.

■ 1.6. Führererlaß über die Auflösung der Provinz Sachsen. Sauckel führt Besprechungen im Saal des Regierungsgebäudes mit Funktions-, Hoheits- und Amtsträgern des Regierungsbezirkes durch. In seiner Begleitung befindet sich u. a. Ministerpräsident Willy Marschler.

■ 9.6. Kundgebung Sauckels in Sonneberg vor Arbeitern Südthüringens.

■ 20.7. Hitlerattentat gescheitert. Während einer Lagebesprechung in der Wolfsschanze unternimmt Claus Graf Schenk von Stauffenberg den Versuch, Hitler mit einer Bombe zu töten. Er gehört zu einem Kreis hochstehender Militärs, die zunehmend in Opposition zu Hitler und dem NS-Regime geraten sind und mit dem Anschlag die umgehende Machtübernahme nach einem detaillierten Plan anstrebten. Zum engsten Führungskreis der Militäropposition gehören u. a. Henning von Tresckow (1901-1944), Friedrich Olbricht (1888-1944), Ludwig Beck (1880-1944). Noch am Abend wurden im sogenannten Bendlerblock der Gestapo in Berlin erschossen: Claus Graf Schenk von Stauffenberg (*1907), Albrecht Mertz von Quirnheim, Werner Karl von Haeften und Friedrich Olbricht. Die Zahl der anschließend durch SS und Gestapo Verhafteten betrug etwa 1000, die der Hingerichteten zirka 200.

■ 25.7. Hitler befiehlt per Führererlaß den totalen Kriegseinsatz und setzt Joseph Goebbels zum Reichsbevollmächtigten für den totalen Kriegseinsatz ein.

■ 18.8. Im KZ Buchenwald wird der frühere Vorsitzende und Reichstagsabgeordnete der KPD, Ernst Thälmann, auf persönlichen Befehl Himmlers durch einen SS-Mann heimtückisch ermordet.

Ernst Thählmann (1886-1944). (WS)

■ 8.9. Die Heerestruppen der Wehrmacht beginnen mit dem systematischen Kriegseinsatz der V2-Rakete. Die Hauptproduktionsstätte befindet sich im Kohnstein bei Niedersachswerfen nahe Nordhausen. Es ist eine Betriebsstätte der SS, in der KZ-Häftlinge in großer Zahl und einem Terrorregime an der Fertigung teilnehmen müssen.

■ 15.9. Unter den Bedingungen des „totalen Kriegseinsatzes" erfolgen erweiterte Stillegungen von Betrieben, die keine direkte kriegswichtige Funktion besitzen. Die Auswahl und Durchführung wird auf Antrag von der Wirtschaft unterstützt.

■ 15.9. Meldepflicht für Kulturschaffende, die bisher von den Arbeitsämtern für Rüstungseinsätze freigestellt waren.

■ 25.9. Bildung des Deutschen Volkssturms zur Abwehr der drohenden Niederlage. Alle waffenfähigen Männer zwischen 16 und 60 Jahren werden in Volkssturmbataillone einberufen und erhalten nach einer kurzen Einweisung Waffen und Geräte.

NS-Propagandaplakat zur Bildung des Volkssturmes. (WS)

■ 19.10. Massenkundgebung auf dem Marktplatz in Weimar zum Führeraufruf über die Bildung des Volkssturmes. Die Ansprache hält Gauleiter Sauckel.

■ 26.10. Großkundgebung in der Weimarhalle. Staatsrat Prof. Willi Börger spricht zum Thema: Der Kampf – das Gesetz des Lebens.

■ 1.11. Reichsführer SS Heinrich Himmler befiehlt die Vergasungen in Auschwitz und anderen Vernichtungslagern einzustellen und alle Spuren der Massenvernichtungen sorgsam zu beseitigen.

■ 5.12. Großkundgebung der NS-Frauenschaft/ des NS-Frauenwerks in der Weimarhalle. Hauptredner sind die Reichsfrauenführerin Gertrud Scholz-Klink und Fritz Sauckel.

■ 7.12. Das geophysikalische Institut in Jena meldet um 6 Uhr ein Erdbeben.

1945

■ 12.1. Beginn der sowjetischen Großoffensive gegen die deutsche Ostfront.

■ 25.1. Großkundgebung mit Sauckel in der Weimarhalle.

■ 30.1. Letzte Rede Hitlers im Großdeutschen Rundfunk.

■ Premiere des von der Ufa unter der Regie von Veit Harlan gedrehten Monumentalfilms „Kolberg" in Berlin und in der eingeschlossenen fanzösischen Festung La Rochelle. Der Film soll die Deutschen durch eine (propagandistisch verfärbte) Analogie zu den Geschehnissen in Kolbeg 1806/07 zur Fortführung des Krieges in scheinbar ausweglosser Situation motivieren.

■ 8.2. In der Weimarhalle findet eine gemeinsam von NSDAP und Wehrmacht getragene Großkundgebung statt. Die Bevölkerung wird zum Durchhalten aufgefordert.

■ 9.2. Um 12.26 Uhr Fliegerangriff auf Weimar.

■ 23.2. Erneuter Fliegerangriff auf die Gauhauptstadt Weimar.

Der Marktplatz von Weimar nach seiner Zerstörung durch angloamerikanische Bomber. Wie durch ein Wunder blieb das Rathaus (re.) aus dem Jahr 1841 mit seiner an die Gotik angelehnten Fassadengestaltung weitgehend unzerstört. (StadtA Weimar)

■ Auch Jena wird schwer bomardiert. In den folgenden Tagen bis zum 19. März geschieht dies noch weitere Male. Dabei verlieren 709 Menschen ihr Leben, über 2000 werden schwer verletzt, 1424 Wohnungen und 140 Geschäfte vollständig zerstört und 4743 Wohnungen vor allem im Altstadtbereich schwer beschädigt.

Amts- und Nachrichtenblatt für Thüringen

Erscheint bis auf weiteres wöchentlich nur einmal, in der Regel Mittwochs. — Bestellungen nur durch die Postanstalten.

Bezugspreis: 3.60 RM. halbjährlich. Anzeigenpreis 0.25 RM. die zweigespaltene, 0.50 RM. die ganze Grundzeile. Einzelnummer je Seite 2 Rpf.

Herausgegeben vom Thüringischen Staatsministerium

I. Teil: Regierungsblatt

1945 Weimar, den 26. März Nr. 10

Inhalt: Personalnachrichten. S. 23. — Einziehung von Diphtherie- und Tetanusserum. S. 24. — Anordnung betreffend Arbeit in den Bäckereien. S. 24.

Personalnachrichten

Für Führer, Volk und Vaterland gaben ihr Leben:

Waldfacharbeiter Oskar Weisheit aus Georgenzell, Gefreiter, gefallen am 4. September 1941;

Fleischbeschauer Erich Müller aus Körner/Thür., Gefreiter, gefallen am 4. August 1944 im Osten;

Fleischbeschauer Paul Wiegand aus Umpferstedt, Unteroffizier, bei Ausübung des Wehrdienstes tödlich verunglückt am 17. September 1944 in Barnn/Holland;

Bademeister Max Heß aus Gotha, Obergefreiter, gefallen am 18. Oktober 1944 bei Kragujevac/Ostserbien;

Waldfacharbeiter Karl Willsau aus Bremen (Rhön), Obergefreiter, gefallen am 20. Oktober 1944 im Osten;

Bürgermeister Hermann Arnold aus Goldisthal, Unteroffizier, gefallen am 28. Oktober 1944 bei der Bandenbekämpfung in Serbien;

Straßenwärter Franz Junge aus Seitenroda, ϟϟ-Scharführer, gestorben am 5. November 1944 nach einer bei der Verteidigung von Budapest erlittenen Verwundung;

Waldfacharbeiter Kurt Becker aus Steinthaleben, Gefreiter, gefallen am 16. November 1944 im Südosten;

Straßenwärter Walter Hartleb aus Manebach, Schütze, gefallen am 20. November 1944 südlich Frauenburg/Kurland;

Sparkassenbuchhalter Kurt Spillner aus Gehren, Obergefreiter, gefallen am 30. November 1944 bei Siglos in Südungarn;

Wiegemeister Ernst Grebhahn aus Waltershausen, Unteroffizier, gefallen am 13. Dezember 1944 im Westen;

Bürogehilfe Gerhard Dolde aus Hirschberg/Saale, ϟϟ-Unterscharführer, gefallen am 14. Dezember 1944 bei Ostheim/Krs. Colmar;

Bürgermeister Arthur Steiner aus Bock und Teich, Gefreiter, gefallen am 20. Dezember 1944 bei Sulzen (Vogesen);

Kassenverwalter Hans Bradsch aus Unterpörlitz, Hauptfeldwebel, gestorben am 30. Dezember 1944 infolge Verwundung;

Vermessungstechniker Hans Trunk aus Vacha, Unteroffizier, gefallen am 31. Dezember 1944 in Wallersdorf bei Landau;

Bürgermeister Erich Reusche aus Gräfinau-Angstedt, Kraftfahrer, gefallen am 2. Januar 1945 bei einem Terrorangriff auf Kassel;

Seit dem Ende der Blitzkriegssiege stiegen die Verluste an den Fronten und Kriegsopferzahlen ständig an. In den Zeitungen, auch den amtlichen Mitteilungsblättern, erschienen täglich zahlreiche Todesanzeigen. (WS)

Das historische Stadtzentrum Jenas rund um den historischen Markt, die Stadtkirche und die Leutrastraße liegt nach mehreren Bombadements in Trümmern. (WS)

Das Haupttor des ehemaligen KZ Buchenwald auf dem Ettersberg bei Weimar nach der Befreiung. (Repro ThV)

■ 19.3. Hitler erläßt den sogenannten Nero-Befehl. Danach sind alle Industrie- und Versorgungseinrichtungen, Straßen, Brücken, Schienenverbindungen usw. vor dem Rückzug deutscher Truppen zu zerstören.

■ 25.3. Um 8.00 Uhr findet die Verpflichtung der 14jährigen Jugend in der Weimarhalle auf den Führer statt. 240 Mädchen und 210 Jungen gelobten während der Veranstaltung Gehorsam und allzeit ihre Pflicht für Volk und Vaterland zu erfüllen.

■ 1.4. NSDAP-Kreisleiter und Landrat des Landkreises Weimar Franz Hofmann verstirbt an den Folgen eines Verkehrsunfalls.

■ Amerikanische Truppen erreichen die Grenze des Gaues/ Landes Thüringen.

■ Gauleiter Sauckel veröffentlicht in der Gauzeitung einen letzten Aufruf und Durchhalteappell an die Bevölkerung des Gaues.

■ 11.4. KZ Buchenwald: Nach Abzug der SS-Wachmannschaften übernehmen bewaffnete Häftlinge das Lager und übergeben es kampflos an die vorrückenden amerikanischen Streitkräfte.

■ 16.4. Beginn des Großangriffes auf die Reichshauptstadt Berlin durch die Rote Armee.

■ 20.4. Thüringen ist vollständig von amerikanischen Truppen besetzt. Damit ist für die Bevölkerung Thüringens der Krieg beendet.

■ 25.4. Der Befehlshaber der 3. US-Armee, General George Smith Patton, ordnet für etwa 1000 Einwohner Weimars die Besichtigung des KZ Buchenwald an.

■ 26.4. Einem Bericht des Heeresamtes im Oberkommando des Heeres beziffert die Verluste im Zeitraum vom 1. September 1939 bis zum 20. April 1945 mit insgesamt 1211222 Gefallenen, 4708977 Verwundeten und 2394751 Vermißten.

■ 30.4. Der Reichstag wird von sowjetischen Truppen erstürmt. Symbolisch als Banner des Sieges über den Hitlerfaschismus wird eine Sowjetflagge angebracht.

■ Hitler nimmt sich zusammen mit Eva Braun, die er am 29. April noch geheiratet hat, das Leben mit Hilfe seines Leibarztes.

■ 1.5. Joseph Goebbels und seine Frau Magda nehmen sich vor der Reichskanzlei das Leben. Zuvor töteten sie ihre Kinder mit Gift.

■ Großadmiral Karl Dönitz gibt in einer Rundfunkansprache seine durch Hitler verfügte Ernennung zum Reichspräsidenten bekannt und spricht sich für die Fortsetzung des Krieges im Osten aus.

■ 7./9.5. Die deutsche Wehrmacht kapituliert bedingungslos. Die entsprechenden Urkunden werden im Hauptquartier der US-Truppen in Reims (Frankreich) und der Roten Armee in Berlin-Karlshorst unterzeichnet. Die sowjetische Urkunde wird auf den 8. Mai, den Tag der Kapitulation, zurückdatiert. Mit der Unterzeichnung der Kapitualtionsurkunde ist der Krieg beendet, Deutschland verliert seine staatliche Souveränität.

Dokumente

DOKUMENT 1

Vorläufiges Gesetz zur Gleichschaltung der Länder mit dem Reich.
Vom 31. März 1933.

Die Reichsregierung hat das folgende Gesetz beschlossen, das hiermit verkündet wird:
Vereinfachung der Landesgesetzgebung

§ 1

(1) Die Landesregierungen sind ermächtigt, außer in den in den Landesverfassungen vorgesehenen Verfahren Landesgesetze zu beschließen. Dies gilt auch für Gesetze, die den in Artikel 85 Abs. 2 und 87 der Reichsverfassung bezeichneten Gesetzen entsprechen.

§2

(1) Zur Neuordnung der Verwaltung, einschließlich der gemeindlichen Verwaltung, zur Neuregelung der Zuständigkeiten können die von den Landesregierungen beschlossenen Landesgesetze von den Landesverfassungen abweichen.
(2) Die Einrichtung der gesetzgebenden Körperschaften als solche darf nicht berührt werden.

§3

Staatsverträge, die sich auf Gegenstände der Landesgesetzgebung beziehen, bedürfen nicht der Zustimmung der an der Gesetzgebung beteiligten Körperschaften. Die Landesregierungen erlassen die zur Durchführung dieser Verträge erforderlichen Vorschriften.

§4

(1) Die Volksvertretungen der Länder (Landtage, Bürgerschaften) werden mit Ausnahme des am 5. März 1933 gewählten Preußischen Landtags hiermit aufgelöst, soweit dies nicht bereits nach Landesrecht geschehen ist.
(2) Sie werden neu gebildet nach den Stimmenzahlen, die bei der Wahl zum Deutschen Reichstag am 5. März 1933 innerhalb eines jeden Landes auf die Wahlvorschläge entfallen sind. Hierbei werden die auf Wahlvorschläge der Kommunistischen Partei entfallenden Sitz nicht zugeteilt. Dasselbe gilt für Wahlvorschläge von Wählergruppen, die als Ersatz von Wahlvorschlägen der Kommunistischen Partei anzusehen sind.

§5

(1) In den Ländern Bayern, Sachsen, Württemberg und Baden werden den Wählergruppen so viele Sitze zugewiesen, als die Verteilungszahl in der Gesamtzahl der für ihre Wahlvorschläge abgegebenen Stimmen enthalten ist. Dabei wird ein Rest von mehr als der Hälfte der Verteilungszahl der vollen Verteilungszahl gleichgeachtet.
(2) Die Verteilungszahl wird festgesetzt für Bayern und Sachsen auf je 40000, für Württemberg auf 25000 und für Baden auf 21 000.

§6

(1) In den Ländern Thüringen, Hessen, Hamburg, Mecklenburg-Schwerin, Oldenburg, Braunschweig, Anhalt, Bremen, Lippe, Lübeck, Mecklenburg-Strelitz und Schaumburg Lippe darf die Zahl der Mitglieder der neu zu bildenden Landtage (Bürgerschaften) die folgenden Höchstziffern nicht überschreiten:

Thüringen	59	Anhalt	30
Hessen	50	Bremen	96
Hamburg	128	Lippe	18
Mecklenburg-Schwerin	48	Lübeck	64

Oldenburg	39	Mecklenburg-Strelitz	15
Braunschweig	36	Schaumburg-Lippe	12

(2) Die den Wählergruppen nach Abs. 1 zustehenden Abgeordnetensitze werden nach dem geltenden Landeswahlrecht ermittelt. Nach Landeswahlrecht festgesetzte Verteilungszahlen werden indessen so erhöht, daß die durch Abs. 1 bestimmte Höchstzahl von Mitgliedern nicht überschritten wird.

§ 7

(1) Die Sitze werden den Bewerbern auf Grund von Wahlvorschlägen zugewiesen, die die Wählergruppen bis spätestens 13. April 1933 einzureichen haben. Zur Einreichung von Wahlvorschlägen sind alle Wählergruppen befugt, auf deren Wahlvorschlag am 5. März 1933 Stimmen entfallen sind; dies gilt nicht für die Kommunistische Partei und solche Wählergruppen, deren Wahlvorschläge als Ersatz von Wahlvorschlägen der Kommunistischen Partei anzusehen sind.
(2) Verbindungen und Anschlüsse sind nur insoweit zulässig, als sie bei der Reichstagswahl am 5. März 1933 getätigt waren.
(3) Wahlbewerbern, die bis zum 5. März 1933 zur Kommunistischen Partei gehörten, werden Sitze nicht zugewiesen.

§8

Die neuen Landtage (Bürgerschaften) gelten mit dem 5. März 1933 als auf vier Jahre gewählt. Eine vorzeitige Auflösung ist unzulässig. Dies gilt auch für den am 5. März 1933 gewählten Preußischen Landtag.

§9

Die Neubildung der Landtage (Bürgerschaften) nach diesem Gesetz muß bis zum 15. April 1933 durchgeführt sein.

§ 10

Die Zuteilung von Sitzen auf Wahlvorschläge der Kommunistischen Partei für den Reichstag und den Preußischen Landtag auf Grund des Wahlergebnisses vom 5. März 1933 ist unwirksam. Ersatzzuteilung findet nicht statt.

§ 11

Eine Auflösung des Reichstags bewirkt ohne weiteres die Auflösung der Volksvertretungen der Länder.
Gemeindliche Selbstverwaltungskörper

§ 12

(1) Die gemeindlichen Selbstverwaltungskörper (Kreistage, Bezirkstage, Bezirksräte, Amtsversammlungen, Stadträte, Stadtverordnetenversammlungen, Gemeinderäte usw.), auf welche die Grundsätze nach Artikel 17 Abs. 2 der Reichsverfassung Anwendung finden, werden hiermit aufgelöst.
(2) Sie werden neu gebildet nach der Zahl der gültigen Stimmen, die bei der Wahl zum Deutschen Reichstag am 5. März 1933 im Gebiet der Wahlkörperschaft abgegeben worden sind. Dabei bleiben Stimmen unberücksichtigt, die auf Wahlvorschläge der Kommunistischen Partei oder solche entfallen sind, die als Ersatz von Wahlvorschlägen der Kommunistischen Partei anzusehen sind.

§ 13

(1) Bei den Vertretungskörperschaften in der unteren Selbstverwaltung (Gemeinde-, Stadträte usw.) darf die Zahl der Mitglieder die folgenden Höchstziffern nicht überschreiten:

in	Gemeinden	bis	zu	1 000	Einwohnern	...9
„	„	„	„	2 000	„	10
„	„	„	„	5 000	„	12
„	„	„	„	10 000	„	16
„	„	„	„	15 000	„	20
„	„	„	„	25 000	„	24
„	„	„	„	30 000	„	26
„	„	„	„	40 000	„	29
„	„	„	„	50 000	„	31
„	„	„	„	60 000	„	33
„	„	„	„	80 000	„	35
„	„	„	„	100 000	„	37
„	„	„	„	200 000	„	45

„	„	„	„	300 000	„	53
„	„	„	„	400 000	„	58
„	„	„	„	500 000	„	63
„	„	„	„	600 000	„	68
„	„	„	„	700 000	„	73
„	„ von mehr als			700 000	„	77.

(2) Die übrigen Vertretungskörperschaften der gemeindlichen Selbstverwaltung sind gegenüber ihrem Bestand vor der Auflösung (§ 12) möglichst um fünfundzwanzig vom Hundert zu verkleinern.

§ 14

(1) Die den Wählergruppen nach § 12 Abs. 2 zustehenden Sitze werden nach dem geltenden Landesrecht ermittelt. Nach Landesrecht bestehende Verteilungszahlen sind entsprechend festzusetzen. Die Sitze werden den Bewerbern auf Grund von Wahlvorschlägen zugewiesen, die die Wählergruppen einzureichen haben. Auch hier gilt § 7 Abs. 3.

(2) Zur Einreichung von Wahlvorschlägen sind alle Wählergruppen befugt, auf deren Wahlvorschlag im Gebiet der Wahlkörperschaft am 5. März 1933 Stimmen entfallen sind; dies gilt nicht für die Kommunistische Partei und solche Wählergruppen, deren Wahlvorschläge als Ersatz von Wahlvorschlägen der Kommunistischen Partei anzusehen sind.

(3) Eine zur Einreichung von Wahlvorschlägen berechtigte Wählergruppe (Abs. 2) kann sich mit anderen oder allen Wählergruppen zur Einreichung eines gemeinsamen Wahlvorschlags verbinden.

§ 15

Die neuen gemeindlichen Selbstverwaltungskörper gelten mit dem 5. März 1933 als auf vier Jahre gewählt.

§ 16

Die Neubildung der gemeindlichen Selbstverwaltungskörper nach diesem Gesetz muß bis zum 30. April 1933 durchgeführt sein.

§ 17

Die §§ 12 bis 16 finden auf die gemeindlichen Selbstverwaltungskörper in Preußen keine Anwendung. Indessen gilt § 10 für sie entsprechend.

Gemeinsame Bestimmungen

§ 18

Der Reichsminister des Innern wird ermächtigt, Bestimmungen zur Ergänzung und Ausführung dieses Gesetzes zu erlassen. Im übrigen obliegt die Ausführung des Gesetzes, soweit es sich um Angelegenheiten des Reichs handelt, dem Reichsminister des Innern, soweit es sich um Angelegenheiten der Länder handelt, den Landesregierungen. Der Reichsminister des Innern kann allgemeine Anweisungen erlassen und auf Antrag einer Landesregierung Ausnahmen von dem Gesetz zulassen.

§ 19

Die Vorschriften der §§ 1 bis 3 und des § 18 finden auch auf solche Regierungen in den Ländern Anwendung, die aus Kommissaren oder Beauftragten des Reichs bestehen.

Berlin, den 31. März 1933.

Der Reichskanzler
Adolf Hitler
Der Reichsminister des Innern
Frick

Q.: RGBl. I/1933, Nr. 29, S. 153-154.

DOKUMENT 2

Zweites Gesetz zur Gleichschaltung der Länder mit dem Reich.
Vom 7. April 1933.

Die Reichsregierung hat das folgende Gesetz beschlossen, das hiermit verkündet wird:

§ 1

(1) In den deutschen Ländern, mit Ausnahme von Preußen, ernennt der Reichspräsident auf Vorschlag des Reichskanzlers Reichsstatthalter. Der Reichsstatthalter hat die Aufgabe, für die Beobachtung der vom Reichskanzler aufgestellten Richtlinien der Politik zu sorgen. Ihm stehen folgende Befugnisse der Landesgewalt zu:

1.Ernennung und Entlassung des Vorsitzenden der Landesregierung und auf dessen Vorschlag der übrigen Mitglieder der Landesregierung;
2.Auflösung des Landtags und Anordnung der Neuwahl vorbehaltlich der Regelung des § 8 des Vorläufigen Gleichschaltungsgesetzes vom 31. März 1933 (Reichsgesetzbl. I S. 153);
3.Ausfertigung und Verkündung der Landesgesetze einschließlich der Gesetze, die von der Landesregierung gemäß § 1 des Vorläufigen Gleichschaltungsgesetzes vom 31. März 1933 (Reichsgesetzbl. I S. 153) beschlossen werden. Artikel 70 der Reichsverfassung vom 11. August 1919 findet sinngemäß Anwendung;
4.auf Vorschlag der Landesregierung Ernennung und Entlassung der unmittelbaren Staatsbeamten und Richter, soweit sie bisher durch die oberste Landesbehörde erfolgte;
5.das Begnadigungsrecht.

(2) Der Reichsstatthalter kann in den Sitzungen der Landesregierung den Vorsitz übernehmen.
(3) Artikel 63 der Reichsverfassung vom 11. August 1919 bleibt unberührt.

§2

(1) Der Reichsstatthalter darf nicht gleichzeitig Mitglied einer Landesregierung sein. Er soll dem Lande angehören, dessen Staatsgewalt er ausübt. Er hat seinen Amtssitz am Sitze der Landesregierung.
(2) Für mehrere Länder, deren jedes weniger als 2 Millionen Einwohner hat, kann ein gemeinsamer Reichsstatthalter, der Angehöriger eines dieser Länder sein soll, ernannt werden. Den Amtssitz bestimmt der Reichspräsident.

§ 3

(1) Der Reichsstatthalter wird für die Dauer einer Landtagsperiode ernannt. Er kann auf Vorschlag des Reichskanzlers vom Reichspräsidenten jederzeit abberufen werden.
(2) Auf das Amt des Reichsstatthalters finden die Vorschriften des Reichsministergesetzes vom 27. März 1930 (Reichsgesetzbl. I S. 96) sinngemäß Anwendung. Die Dienstbezüge gehen zu Lasten des Reichs, die Festsetzung ihrer Höhe bleibt vorbehalten.

§4

Mißtrauensbeschlüsse des Landtags gegen Vorsitzende und Mitglieder von Landesregierungen sind unzulässig.

§5

(1) In Preußen übt der Reichskanzler die im § 1 genannten Rechte aus. Er kann die im § 1 Abs. 1 unter Ziffer 4 und 5 genannten Rechte auf die Landesregierung übertragen.
(2) Mitglieder der Reichsregierung können gleichzeitig Mitglieder der Preußischen Landesregierung sein.

§6

Dieses Gesetz tritt am Tage nach seiner Verkündung in Kraft. Entgegenstehende Bestimmungen der Reichsverfassung vom 11. August 1919 und der Landesverfassungen sind aufgehoben. Soweit Landesverfassungen das Amt eines Staatspräsidenten vorsehen, treten diese Bestimmungen mit der Ernennung eines Reichsstatthalters außer Kraft.

Berlin, den 7. April 1933.

Der Reichskanzler
Adolf Hitler
Der Reichsminister des Innern
Frick

Q.: RGBl. I / 1933, Nr. 33, S. 173.

DOKUMENT 3

Ermächtigungsgesetz.
Vom 3. Mai 1933.

Der Landtag von Thüringen hat folgendes Gesetz beschlossen, nachdem festgestellt ist, daß die Erfordernisse verfassungsändernder Gesetzgebung erfüllt sind.

§ 1

Die gegenwärtige Thüringische Landesregierung wird ermächtigt, alles zu tun, was sie im Interesse des Landes, seiner Wirtschaft, der nationalen Arbeit und Arbeiterschaft, der allgemeinen Wohlfahrt, der Jugenderziehung, der Pflege der Kunst und Wissenschaft und der öffentlichen Sicherheit und Ordnung für notwendig hält.

§2

Die Landesregierung wird daher ermächtigt, auch ohne Mitwirkung des Landtages Landesgesetze zu beschließen; diese können von der Landesverfassung abweichen.
Das Gleiche gilt für Verwaltungsmaßnahmen, die nach der Landesverfassung oder den Landesgesetzen der Zustimmung des Landtages bedürfen.

§ 3

Dieses Gesetz tritt mit dem Tage seiner Verkündung in Kraft. Es tritt außer Kraft, wenn die gegenwärtige Landesregierung durch eine andere abgelöst wird.

Weimar, den 3. Mai 1933.

Thüringisches Staatsministerium
Sauckel Wächtler Marschler

Q.: GS 14 (1933), NT. 25, S. 253.

DOKUMENT 4

Bekanntmachung über die Ernennung des Reichsstatthalters in Thüringen.
Vom 8. Mai 1933.

Wir geben die nachstehende Ernennung des seitherigen thüringischen Staatsministers Sauckel zum Reichsstatthalter in Thüringen bekannt. Die Ernennungsurkunde wurde dem seitherigen thüringischen Staatsminister Sauckel seitens des Reichs am 6. Mai 1933 zugestellt.

Weimar, den 8. Mai 1933.

Thüringer Staatsministerium
Wächtler Marschler Dr. Weber

Im Namen des Reichs ernenne ich den Vorsitzenden des Staatsministeriums, Staatsminister Fritz Sauckel, zum Reichsstatthalter in Thüringen.

Berlin, den 5. Mai 1933.

Der Reichspräsident
von Hindenburg

Adolf Hitler

Q.: Amts- und Nachrichtenblatt für Thüringen, I. Teil/1933, Nr. 37, S. 195.

DOKUMENT 5

Gesetz über die Landesregierung.

Vom 17. Oktober 1933

Auf Grund von § 2 des Ermächtigungsgesetzes vom 3. Mai 1933 (Ges.-S. S. 253) hat die Landesregierung Thüringens das folgende Gesetz beschlossen:

§ 1

Der Ministerpräsident ist dem Reichsstatthalter für die ordnungsgemäße Führung der Regierungsgeschäfte im Sinne der vom Reichskanzler aufgestellten Richtlinien der Politik und für die Ausführung der Gesetze verantwortlich.

Die Minister sind dem Ministerpräsidenten für ihre Ministerien verantwortlich.

Die Minister leiten ihre Ministerien selbständig und mit eigener Verantwortung, jedoch kann ihnen der Ministerpräsident bindende Anweisungen erteilen.

§2

Gesetze werden vom Ministerpräsidenten und dem für den Gegenstand der Gesetze zu ständigen Minister unterzeichnet.

§3

In den Sitzungen der Landesregierung finden Abstimmungen nicht statt.

§4

Der Ministerpräsident und die Minister können jederzeit von ihren Ämtern zurücktreten. Sie führen die Geschäfte bis zum Amtsantritt ihrer Nachfolger weiter, sofern nicht der Reichsstatthalter etwas anderes bestimmt.

§5

Außer den nach § 71 der Landesverfassung zu berufenden Staatsräten können als Mitglieder der Landesregierung noch weitere Männer, insbesondere Vertreter aus der Führerschaft der NSDAP, der Wirtschaft und der Kunst und Wissenschaft, berufen werden.

§6

Dieses Gesetz tritt mit seiner Verkündung in Kraft.

Weimar, den 17. Oktober 1933.

Thüringisches Staatsministerium
Marschler Wächtler Dr. Weber

Im Namen des Reichs

Gemäß § 1 Absatz 1 Ziffer 3 des Zweiten Gleichschaltungsgesetzes vom 7. April 1933 (RGBl. I S. 173) fertige ich dieses Gesetz aus und verkünde es.

Weimar, den 19. Oktober 1933.

Der Reichsstatthalter in Thüringen
Fritz Sauckel

Q.: GS 14 (1933), Nr. 54, S. 367.

DOKUMENT 6

Gesetz über den Neuaufbau des Reichs.
Vom 30. Januar 1934

Die Volksabstimmung und die Reichstagswahl vom 12. November 1933 haben bewiesen, daß das deutsche Volk über alle innenpolitischen Grenzen und Gegensätze hinweg zu einer unlöslichen, inneren Einheit verschmolzen ist.
Der Reichstag hat daher einstimmig das folgende Gesetz beschlossen, das mit einmütiger Zustimmung des Reichsrats hiermit verkündet wird, nachdem festgestellt ist, daß die Erfordernisse verfassungändernder Gesetzgebung erfüllt sind.

Artikel 1
Die Volksvertretungen der Länder werden aufgehoben.

Artikel 2
(1) Die Hoheitsrechte der Länder gehen auf das Reich über.
(2) Die Landesregierungen unterstehen der Reichsregierung.

Artikel 3
Die Reichsstatthalter unterstehen der Dienstaufsicht des Reichsministers des Innern.

Artikel 4
Die Reichsregierung kann neues Verfassungsrecht setzen.

Artikel 5
Der Reichsminister des Innern erläßt die zur Durchführung des Gesetzes erforderlichen Rechtsverordnungen und Verwaltungsvorschriften.

Artikel 6
Dieses Gesetz tritt mit dem Tage der Verkündung in Kraft.

Berlin, den 30. Januar 1934.

Der Reichspräsident
von Hindenburg

Der Reichskanzler
Adolf Hitler

Der Reichsminister des Innern
Frick

Q.: RGBl. 1934, T. I, Nr. 11, S. 75.

DOKUMENT 7

Bericht
über die Gründung und Tätigkeit
der Thüringischen Historischen
Kommission
8. Juli 1937 bis 31. März 1939

Keine im politischen Leben stehende Führerpersönlichkeit kann in ihrer dem Staats- und Volkswohl dienenden Arbeit ohne die von der Geschichtsforschung dargebrachten Erfahrungstatsachen und Quellenergebnissen auskommen. Gründet sich schon das allgemeine Wirtschaftsleben in seiner Fortentwicklung stets auf die Summe der Erfahrungswerte, so gilt dieser Grundsatz für den Aufbau der Staatsführung im besonderen.

Auch hier weist der Führer selbst den richtigen Weg. Mit außergewöhnlicher Leidenschaft hat er von Jugend auf geschichtliche Entwicklungsvorgänge studiert, und dieses erstaunliche geschichtliche Wissen gibt seinen Worten und Handlungen den festen Untergrund.

Aufgabe der heutigen Geschichtsforschung ist es, die geschichtlichen Zusammenhänge unter dem Gesichtspunkt zu sehen, der über alle trennende Vergangenheit hinweg das unteilbar ewige Deutschland in den Vordergrund stellt. Der Wissenschaftler muß mit der heutigen Auffassung von Volk und Staat an die Quellen herantreten und aus ihnen schöpfen, was dem geschichtlich Interessierten zur Lehre dienen kann.

Die neue Erschließung der reichen thüringischen Geschichte ist geeignet, das Interesse des Landes , das in der Mitte des Reiches liegt, weiter zu fördern und so der Gesamtgeschichte einen überaus wertvollen Beitrag zu leisten. Denn mit der Gründung der Historischen Kommission soll nicht etwa engbegrenzte oder überalterte kleinstaatliche Dynasten- und Territorialgeschichte um ihrer selbst willen getrieben werden, sondern alle geschichtliche Forschung ist in den großen deutschen völkischen Rahmen einzugliedern. Solche Forschungsarbeit wird der Staat jeweils aufs höchste schätzen und fördern und für unumgänglich notwendig erachten

Ich danke allen denen, die bisher, besonders im Rahmen der thüringischen Geschichtsvereine, schon wertvolle Studienarbeit geleistet haben. Der neuen staatlichen Kommission wünsche ich für alle ihre Arbeiten besten Erfolg und gebe ihr zugleich im Namen des Herrn Thüringischen Ministerpräsidenten die Versicherung, daß wir ihr stets die Unterstützung zuteil werden lassen, die sie für ihre Forschungsaufgaben braucht.

In Thüringen hat sich einst infolge der vielfachen Erbteilungen nie ein politisches Machtzentrum deutschen völkischen Lebenswillens bilden können, obwohl alle Voraussetzungen dafür vorhanden gewesen wären. Die Tragik der Landschaft und des Stammes Thüringen ist ein Teil der großen deutschen Tragik gewesen. Unsere Aufgabe ist es, aus den fruchtbaren Lehren der Geschichte den Willen zu schöpfen, daß solche Zeiten in Deutschland niemals wiederkommen. Nun aber dürfen wir zuversichtlich hoffen, daß die Erkenntnisse aus der Vergangenheit mit zur Festigung und Sicherung unserer gesamtdeutschen Zukunft beitragen werden.

Weimar, 12. November 1937 Heil Hitler!

gez. Fritz Sauckel
Gauleiter und Reichsstatthalter

Q.: Bericht über die Gründung und die Tätigkeit der Thüringischen Historischen Kommission. 8. Juli 1937 bis 31. März 1939. Weimar o. J., S. 3.

DOKUMENT 8

Satzung der Thüringischen Historischen Kommission

Veröffentlicht in der Gesetzsammlung für Thüringen 1937 Seite 49 und im Amtsblatt des Thüringischen Ministeriums für Volksbildung 1937 Seite 107.

Erlaß des Reichsstatthalters in Thüringen

Nachstehend veröffentliche ich die Satzung einer Thüringischen Historischen Kommission.
Weimar, den 8. Juli 1937

Der Reichsstatthalter in Thüringen
Sauckel

Satzung der Thüringischen Historischen Kommission

1.

Die Thüringische Historische Kommission hat die Aufgabe, die Geschichte Thüringens in seinem früheren und jetzigen Gebietsstand zu erforschen, namentlich Quellen und Hilfsmittel zu bearbeiten und zu veröffentlichen. Sie ist dem Thüringischen Minister für Volksbildung unterstellt und gehört zu den Angelegenheiten seines Geschäftsbereiches, die nach dem Erlaß des Führers und Reichskanzlers vom 22. Januar 1936 (Gesetz-Sammlung Seite 13) zugleich der Zuständigkeit des Reichsstatthalters in Thüringen zugewiesen sind.

2.

Die Kommission besteht aus 10 bis 20 Ordentlichen und einer unbestimmten Zahl von Fördernden Mitgliedern.

a) Als Ordentliche Mitglieder beruft der Reichsstatthalter im Einvernehmen mit dem Minister für Volksbildung auf 5 Jahre Persönlichkeiten, die nach ihrer Vorbildung und ihrer Kenntnis der landesgeschichtlichen Quellenkunde zur Mitarbeit wissenschaftlich geeignet sind. Ordentliches Mitglied kann in der Regel nur sein, wer seinen Wohnsitz im Gau Thüringen hat.

b) Die Fördernden Mitglieder beruft der Vorsitze; zuvor hört er die Kommission und holt die Zustimmung des Reichsstatthalters und des Volksbildungsministers ein. Berufen werden kann, wer sich in der landesgeschichtlichen Forschung bewährt hat.

c) Die Ehrenmitglieder ernennt der Reichsstatthalter auf Vorschlag oder nach Anhörung des Ministers für Volksbildung. Ernannt werden kann, wer sich um die thüringische Landesgeschichtsforschung und die Thüringische Historische Kommission und ihre Arbeiten hervorragend verdient gemacht hat.

3.

Geschäftsführende Stellen der Kommission sind:

a) der Vorsitzer,

b) sein Stellvertreter,

c) der Schriftführer.

Diese bestellt der Reichsstatthalter auf Vorschlag oder nach Anhörung des Ministers für Volksbildung aus den Mitgliedern.

4.

Der Vorsitzer, in seiner Verhinderung sein Stellvertreter, vertritt die Kommission nach außen und leitet ihre Geschäfte; er bestimmt die Sitzungen, beruft die Mitglieder und leitet die Verhandlungen. Er entscheidet, nach Anhören der Ordentlichen Mitglieder, über den Vorschlag und darüber, welche wissenschaftlichen Arbeiten durchgeführt werden sollen.
Der Schriftführer führt nach Weisung des Vorsitzers den Schriftverkehr der Kommission und fertig die Sitzungsniederschriften.

5.

Für die Teilnahme an den Sitzungen haben die Mitglieder Anspruch an die Kommission auf Reisekosten nach den beamtenrechtlichen Bestimmungen. Nichtbeamtete erhalten Reisekosten nach Stufe II der Reisekostenordnung.

6.

Die Veröffentlichungen der Kommission erscheinen mit dem Vermerk: „herausgegeben von der Thüringischen Historischen Kommission".

7.

Mittel, welche der Kommission für die Arbeiten, für die Herausgabe ihrer Veröffentlichungen und ihre Verwaltung bewilligt werden, werden jeweils nach Feststellung des Staatshaushaltsplans ihrer Kasse überwiesen. In die Kasse fließen auch der buchhändlerische Betrag der Veröffentlichungen und sonstige Einkünfte.

8.

Die Kasse und die Rechnung der Kommission führt unter Aufsicht des Vorsitzers oder seines Vertreters ein vom Minister für Volksbildung bezeichneter Beamter des Rechnungswesens. Er entwirft ihren jährlichen Voranschlag nach Anweisung des Vorsitzers.

9.

Über die Arbeiten der Kommission und die Verwendung ihrer Mittel berichtet der Vorsitzer jährlich über den Minister für Volksbildung an den Reichsstatthalter.

Weimar, den 8. Juli 1937

Der Reichsstatthalter in Thüringen
Sauckel

Q.: Bericht über die Gründung und die Tätigkeit der Thüringischen Historischen Kommission. 8. Juli 1937 bis 31. März 1939. Weimar o. J., S. 4-9.

DOKUMENT 9

Verzeichnis der Mitglieder der Thüringischen Historischen Kommission[2]

Vorsitzer: Dr. Willy Flach, Direktor der Thüringischen Staatsarchive, Weimar. Ordentliches Mitglied.
Stellvertretender Vorsitzer: Dr. Günther Franz, Universitätsprofessor Jena, Jena. Ordentliches Mitglied.
Schriftführer: Dr. Friedrich Facius, Staatsarchivrat, Leiter des Thüringischen Staatsarchivs Altenburg, Weimar. Förderndes Mitglied.
Rechnungsführer: Fritz Brühl, Ministerialinspektor im Thüringischen Volksbildungsministerium, Weimar.

1. Ehrenmitglieder

Dr. Alfred Götze, Professor, Direktor des Steinsburg-Museum, Römhild und Berlin-Lichterfelde-West.
Dr. Georg Menz, Universitätsprofessor, Vorsitzer des Vereins für Thüringische Geschichte und Altertumskunde, Jena.
Dr. Armin Tille, Professor, Direktor der Thüringischen Staatsarchive i.R., Bonn.

2. Ordentliche Mitglieder

Dr. Ernst Brinkmann, Stadtarchivar, Leiter des Stadtarchivs Mühlhausen i. Thür., Mühlhausen i. Thür.
Dr. Erich Buchmann, Ministerialrat beim Reichsstatthalter in Thüringen, Vorsitzer der Kommission für die Geschichte des Gaues Thüringen der NSDAP, Weimar.
Dr. habil. Walter Hävernick, Kustos der Herzoglichen Anstalten für Kunst und Wissenschaft in Gotha, Leiter des Herzoglichen Münzkabinetts in Gotha, Gotha.
Reinhold Jauernig, Pfarrer, Geschäftsführer der Gesellschaft für Thüringische Kirchengeschichte, Weimar.
Dr. Fritz Koerner, Studienrat, Leiter der Siedlungsgeographischen Stelle Thüringen an der Universität Jena, Jena.
Dr. Herbert Kühnert, Regierungs- und Studienrat, Rudolstadt.
Dr. Johann von Leers, Universitätsprofessor, Berlin-Dahlem und Jena.
Dr. Theodor Lockemann, Professor, Direktor der Universitätsbibliothek Jena, Jena.
Dr. Erich Maschke, Universitätsprofessor, Vorstand der Anstalt für geschichtliche Landeskunde an der Universität Jena, Jena.
Dr. Gotthard Neumann, Universitätsprofessor, Vorstand des Germanischen Museums (Anstalt für Ur- und Frühgeschichte) an der Universität Jena, Jena.
Dr. Walter Schmidt-Ewald, Staatsarchivar, Leiter des Thüringischen Staatsarchivs Gotha, Leiter der Thüringischen Gesellschaft für Sippenkunde, Gotha.
Dr. Friedrich Schneider, Universitätsprofessor, Staatsarchivrat, Leiter des Thüringischen Staatsarchivs Greiz, Greiz.
Friedrich Stier, Ministerialrat beim Thüringischen Minister für Volksbildung, Weimar.
Dr. Friedrich Tenner, Oberstudiendirektor, Leiter des Hennebergisch-Fränkischen Geschichtsvereins in Meiningen, Arnstadt.

Q.: Bericht über die Gründung und die Tätigkeit der Thüringischen Historischen Kommission. 8. Juli 1937 bis 31. März 1939. Weimar o. J., S. 4-9.

DOKUMENT 10

Zum Geleit!

Adolf Hitler ist Deutschland, und Deutschland ist Adolf Hitler! Dieser wundervolle Satz drückt wohl das tiefste und innerste Empfinden aller bewußten Deutschen aus. Es ist das höchste Glück für unser heute lebendes Geschlecht, Zeugen und Helfer am einmaligen und gewaltigsten Werke der deutschen Volkwerdung, der Schaffung der nationalsozialistischen Lebens- und Kampfgemeinschaft, der vollkommenen Einigung der deutschen Menschen und der Errichtung des nationalsozialistischen großdeutschen Reiches sein zu dürfen. Weder die Geschlechter vor uns haben jemals das Glück einer so herrlichen deutschen Einheit erschaut, noch wird es in der Zukunft dem deutschen Volke beschieden sein, solch eine schicksalsgewaltige Epoche schwersten und härtesten Ringens um den Bestand von Reich und Volk, von Blut und Boden und die letzten, höchsten Werte unseres Volkes in dieser einzigartigen dramatischen Steigerung zu durchleben.

In einem Zeitraum von 25 Jahren durchstand Deutschland den größten Weltkrieg aller Zeiten, siegte gegen eine unvorstellbare Übermacht an Menschen und Material in tausend Schlachten und Gefechten und brach zusammen, weil es um seine letzten sittlichen und völkischen Ideale und Kräfte vom internationalen Judentum und durch den Materialismus des liberalen Zeitalters betrogen worden war. Es wurde von seinen Feinden durch Verrat unterworfen und nahm ein ebenso schandbares wie fürchterliches Unterwerfungsdiktat auf sich; es wurde versklavt, als schuldig an allem Elend der Menschheit in der ganzen Welt verdammt, entrechtet, vollkommen entmachtet und seine Bevölkerung einem unbarmherzigen Arbeitslosenelend und dem Hunger ausgeliefert.

Da stand Adolf Hitler auf! Er schuf die deutsche Schicksals- und Notgemeinschaft in Gestalt der Nationalsozialistischen Deutschen Arbeiterpartei, er eroberte im härtesten Kampf das Herz des deutschen Arbeiters der Stirn und der Faust, ergriff die Macht, zerbrach die Ketten, gab uns Ehre, Freiheit und Brot, schuf das heilige germanische Reich deutscher Nation, gab uns das beste Heer und damit die modernste Waffe der Welt. Er erlöste allein durch seine unvergleichliche Genialität 10 Millionen deutscher Volksgenossen, die sich jahrhundertelang vergeblich nach der Einheit des großen Reiches aller Deutschen gesehnt und um die Erhaltung ihres Deutschtums überhaupt gerungen und gelitten hatten. Er warb uns mächtige Freunde und Bundesgenossen in der Welt. So ist die deutsche Sehnsucht erfüllt, aller Deutschen schönster Traum ist Wirklichkeit geworden:

durch Adolf Hitler erstand
das einige, unteilbare und heilige
ewige Großdeutschland!

Sollten wir Nationalsozialisten des Gaues Thüringen, des im Herzen Deutschlands liegenden Trutzgaues, nicht maßlos glücklich und dankbar sein, daß der Führer sowohl in der Kampfzeit als auch nach der Machtergreifung immer wieder zu uns kam, daß er leibhaftig unter uns weilte, uns voranschritt und zu uns sprach!

So übergebe ich dieses Zeugnis der für uns unvergeßlichen Erlebnisse der Führerbesuche in Thüringen zum Weihnachtsfest des triumphalsten Jahres der deutschen Geschichte – des Jahres 1938 – der Öffentlichkeit in dem Bewußtsein, einem jeden deutschen Arbeiter der Stirn und der Faust in unserer Heimat ein Zeitdokument zu schenken, das die glückhaften Tage uns noch einmal auferstehen läßt, da der Führer unter uns weilte. Dieses Werk soll aber auch für alle Zukunft den kommenden Geschlechtern diese größte Epoche der deutschen Wiedergeburt durch die nationalsozialistische Weltanschauung immer wieder lebendig werden lassen.

Du aber, Führer, Du Adolf Hitler, wirst für ewige Zeiten im Herzen aller Deutschen wohnen, denn Du bist Deutschland!

Weimar, Weihnachten 1938

Fritz Sauckel

Q.: Der Führer in Weimar 1925-1938.

DOKUMENT 11

Deutscher Volksgenosse

Deutscher Junge Deutsches Mädel Deutscher Mann Deutsche Frau

Du verdankst Dein Leben und Dein Glück nicht allein Dir, sondern der Sorge und den Anlagen Deiner Eltern

Auch Du hast die Sehnsucht, an Deinem Lebensabend einmal viele gesunde, frohe und für Dich sorgende Kinder und Enkel um Dich zu haben. Bist Du daher gesund und erbtüchtig, dann bleibe weder ehe- noch kinderlos, sondern diene durch Erzeugung und Aufzucht vieler gesunder Kinder Deiner eigenen Zukunft, dem Blühen Deiner Sippe und dem Glück und der Erhaltung Deines Volkes. Die Hälfte aller ihrer Erbanlagen erhalten Deine Kinder von Deinem Ehegatten. Bedenke also bei Deiner Heirat, wie der an Körper, Geist und Charakter beschaffen ist, den Du heiratest. Verhüte durch rechte Gattenwahl die Einschleppung schleichender ansteckender Krankheiten in Deine Sippe und das Elend von nicht wieder gut zu machenden Erbleiden.
Es hilft Dir und berät Dich in allen diesen Fragen der Gesundheit und der erblichen Beschaffenheit von Dir, Deinem zukünftigen oder jetzigen Ehegatten und von Deiner Sippschaft die

Beratungsstelle für Erb- und Rassenpflege

bei jedem Staatlichen Gesundheitsamt.

Vor allem, junge Leute, die Ihr noch nicht gebunden seid und frei über das Erbschicksal Eurer Kinder entscheiden könnt, Ihr Brautleute, Ehepaare und Eltern, die Ihr um das Schicksal Eurer Kinder sorgt, stellt für Euch selbst die Sippschaftstafel als eine wichtige Unterlage für jede Beratung auf und kommt vertrauensvoll in die Beratungsstunden.

Der Erbarzt steht Euch und allen Volksgenossen unentgeltlich mit seinem Rat und mit seiner Hilfe vertraulich zur Seite.

Der Reichsstatthalter in Thüringen
Der Staatssekretär und Leiter des Thüringischen Ministeriums des Innern
I. A. Dr. Astel

Druck: Johannes Keipert, Weimar

Q.: Merkblatt des Thüringischen Landesamtes für Rassewesen, StadtA Jena, Bestand D Ih, 9.

DOKUMENT 12

Präsident Dr. Astel über die menschliche Züchtungsauslese

Erkenntnis der Naturgesetze und verantwortungsbewußte Arbeit für Erbgesundheit und Blutsewigkeit unseres Volkes ist der Inbegriff unserer Frömmigkeit

In einem Kursus an der Gauschulungsburg Egendorf sprach der Präsident des thüringischen Rassewesens, Gauamtsleiter Pg. Dr. Astel, über das Thema: „Die Bedeutung der menschlichen Züchtungsauslese."

In kraftvollen, klar formulierten und von reicher Erfahrung getragenen Sätzen umriß der Präsident zunächst das Ergebnis der von ihm geleiteten nationalsozialistischen Bevölkerungspolitik in Thüringen, um dann ihre Aufgaben für die nächste Zeit aufzuzeigen

Das Erreichte, das für das übrige Deutschland und die Staaten der Welt nachgewiesenermaßen vorbildlich sei, habe nur erreicht werden können durch die verständnisvolle Tatkraft und Zusammenarbeit der führenden Männer des Staates und der Partei in Thüringen, an ihrer Spitze Reichsstatthalter Gauleiter Sauckel mit seinen engeren Mitarbeitern.

Ausgehend von den nüchternen, aber gerade deshalb so aufrüttelnden Zahlen der Belastung mit den einzelnen Kategorien von Erbdefekten aller Art, zeigte Pg. Dr. Astel an Hand sorgfältig geführter eigener Statistik, was bisher im Hinblick auf die Säuberung unseres Volkes von belastenden Erbanlagen durch die Unfruchtbarmachung geleistet sei. Unsere Kinder würden uns einmal dafür dankbar sein, wenn alsbald der erste Schülerjahrgang, dessen Reihen bereits von dem Nachwuchs der Minderwertigen befreit wären, zur Schule kämen und es Schüler und Lehrer nunmehr leichter hätten. Schon dies allein wäre auch ein gewaltiger Beitrag zur Erhöhung unserer Wehrfähigkeit und der Verbesserung unserer wirtschaftlichen Lage. Denn mit jeder Unfruchtbarmachung könnten all die Kosten, die sonst für die Schwangerenfürsorge, Wochenhilfe, Säuglingsbetreuung, Hilfsschulausbildung usw. der Minderwertigen verbraucht würden, gesünderen Zwecken, nämlich der Nachwuchsförderung leistungstüchtiger Familien zugeführt werden.

Der Präsident setzte sich dann mit verschiedenen abwegigen Vorstellungen auseinander, zunächst der Meinung, man könne Erbdefekte durch irgendwelche Vorzüge, die der Erbkranke vielleicht auch noch aufweise, als „kompensiert" ansehen. Das sei völlig unsinnig. Denn irgendeinen „Vorzug" könne man bei einem Menschen mit einiger Mühe immer noch entdecken; so bei Schwachsinnigen vielleicht körperliche Kraft und bei einem Verrückten u. U. „Gutmütigkeit" usw. Ein Lebewesen ganz ohne Vorzüge könnte nämlich gar nicht leben und würde schon im Mutterleibe absterben.

Sein Grundsatz sei im übrigen: weder zu viel noch zu wenig sterilisieren, sondern gerade so viel, als es dem Gesetz des Führers entsprechend und zur Sicherung einer gesunden deutschen Zukunft notwendig sei. Auch zu meinen, die Unfruchtbarmachung würde eines Tages „beendet" sein, sei falsch. Da das Leben immer wieder von Krankheiten bedroht sein würde, würde auch die Unfruchtbarmachung immer ein Weg vernünftigen völkischen Denkens sein, um gegen die Ausbreitung von Erbkrankheiten anzukämpfen. Zu warnen sei auch vor einer leichtfertigen Annahme von sog. „Lebensbewährung" bei Erbkranken. Wer zum Auffammeln von Pferdeäpfeln noch fähig sei, könne das nicht zum Beweis seiner Intelligenz und Lebensbewährung heranziehen Das deutsche Volk hätte ja auch keinen Mangel an Pferdeäpfelsammlern, sondern, wie man an jeder Arbeitsvermittlungsstelle erfahren könne, an Qualitätsarbeitern. Falsch sei auch die optimistische Vorstellung, die führenden Schichten eines Volkes könnten sich immer aus dem „Schoß des Volkes" ergänzen.

Wenn die Erbmasse der aufgestiegenen tüchtigen Söhne von Bauern und Arbeitern in den erreichten höheren Lebensstellungen infolge schlechter Gattenwahl und zu geringer Kinderzahl immer wieder zum Aussterben käme, dann wäre es mit der Ergänzungskraft des Schoßes unseres Volkes eines Tages unwiderruflich zu Ende.

Deshalb sei es Aufgabe einer klaren Bevölkerungspolitik, mit allen Mitteln zu erreichen, daß Bauerntum, Arbeitertum und Handwerkerschaft nicht ständig seine besten Söhne an die „höheren" Stände abzugeben brauche. Jeder Stand müsse von seinen eigenen besten Menschen so viel Kinder haben, daß er sich nicht nur aus eigener Kraft zahlenmäßig selbst erhält, sondern auch noch Ueberschuß, und zwar nicht nur nach oben, sondern auch nach unten, abgeben könne. Dann wäre die Voraussetzung dafür geschaffen, daß auch im Handwerkertum z. B. wieder solche Meister wie Dürer und Hans Sachs zu finden wären.

Daß wir heute so sehr mit Erbkranken, Erlösungsbedürftigen und innerlich zerrissenen Menschen belastet seien, wäre auf das Konto jener fremden Missionslehren zu setzen, die völlig gesunde Menschen als hoffärtig verachteten und als Ende ihrer Macht fürchteten. Demgegenüber sei die Erkenntnis der Naturgesetze und die verantwortungsvolle Arbeit für die Erbgesundheit und Blutsewigkeit unseres Volkes der eigentliche Inbegriff einer arischen Frömmigkeit und damit auch der unsrigen. Dafür gelte es daher in der kommenden Zeit mit vermehrter Umsicht und Entschlossenheit zu kämpfen.

Q.: Bericht über einen Vortrag des Präsidenten des Thüringischen Landesamtes für Rassewesem, Weimar, Prof. Dr. med. Karl Astel, in der Jenaischen Zeitung vom 14. Januar 1939.

DOKUMENT 13

Thüringer Gauzeitung

Verlag „Der Nationalsozialist“ NS-Verlag für den Gau Thüringen GmbH., Weimar, Sammelruf 5651. Erfüllungsort: Weimar Postscheck: Erfurt 29069. Anzeigenpreis und Aufnahmebedingungen laut Preisliste

DER NATIONALSOZIALIST

Die „Thüringer Gauzeitung“ erscheint wöchentlich sechsmal morgens. Bezugspreis monatl. RM. 1,95 (einschl. 28,7 Rpf. Beförderungskosten) zuzüglich 25 Rpf. Trägergebühr, bei Postbezug 36 Rpf. Zustellgeld.

Amtliches Organ der Gauleitung Thüringen der NSDAP. und der Thüringischen Staatsregierung

Nummer 43 | WEIMAR, Dienstag, den 20. Februar | Jahrgang 1945

Alles für das nationalsozialistische Reich!

Aufruf von Gauleiter Fritz Sauckel an die gesamte Bevölkerung des Trutzgaues Thüringen

An alle Männer und Frauen des Gaues Thüringen,

Volksgenossen und Volksgenossinnen,

Offiziere und Soldaten,

Arbeiter der Stirn und der Faust!

Die geschworenen Feinde unseres Volkes und Reiches, unserer Einheit und unseres Glücks erstreben mit allen Mitteln unsere Vernichtung.

Bei innerlicher und wahrhaftiger Rückschau auf die Geschichte Deutschlands offenbart sich uns jedoch die Gewißheit, daß es niemals von seinen Feinden überwältigt und vernichtet werden kann, wenn es auch in der schwersten Not und unter den härtesten Verhältnissen sich selber treu bleibt, sein Vertrauen zur eigenen Kraft nicht verliert und unter gar keinen Umständen sich weder durch Gewalt, noch durch die Drohungen und Lügen seiner Feinde aufspalten und zersetzen läßt.

Der unbeirrbare Wille zur Einheit und Einigkeit, der unzerstörbare Glaube an den Endsieg und an den Führer verbürgen trotz allem Schweren Leben und Zukunft unseres über alles geliebten, unvergleichlichen Volkes.

Volksgenossen und Volksgenossinnen des Gaues Thüringen! Wir wollen und dürfen nicht vergessen, daß Deutschland in der Vergangenheit immer wieder schwerste Kämpfe und Katastrophen ertragen mußte; daß auch die heutige Zeit von uns gar nichts Schwereres verlangt, als was unsere Vorfahren und Ahnen auch schon erlitten, ertragen und am Ende doch überwunden haben.

Ich lenke hiermit noch einmal in diesen Tagen der härtesten Prüfungen den Blick vor allem auf das Geschehen, dessen Zeugen wir vor und nach der Machtergreifung unseres Führers Adolf Hitler selber gewesen sind. Niemals dürfen wir diese unanfechtbaren Tatsachen vergessen oder gar in kleinmütiger und miserabler Verzweiflung umfälschen oder verleugnen.

Der Wilson-Schwindel brachte nur Not und Elend

1. 1918 versprach mit gleisnerischen Worten der amerikanische Präsident Wilson dem deutschen Volk Leben, Freiheit und Glück sowie eine bessere Zeit, wenn es Kaiser und Fürsten davonjagte, seiner Soldaten Ehre und Ruhm verriete und alsdann das System der parlamentarischen Demokratie einführte.

Das deutsche Volk hat leider damals diesen abgrundtiefen Lügen und falschen Versprechungen Glauben geschenkt. Es hat kapituliert, sich selber seinen Feinden ausgeliefert.

Es erntete dafür Schmach und Schande, Not und Elend, Klassenkämpfe tobten, Streiks und Aussperrungen lösten einander ab, Bürgerkrieg drohte, bis schließlich die unheimliche Anzahl von 7 Millionen Arbeitslosen, 7 Millionen Kurzarbeitern den Ruin unserer nationalen Wirtschaft offenbarten und die Zukunft, vor allem der deutschen Jugend, eine vollkommen hoffnungslose schien.

Der Zerfall des Reiches war unaufhaltsam

2. In diesen Jahren von 1918 bis 1933 regierten keine Nationalsozialisten, sondern alle parlamentarischen Parteien von der äußersten Linken bis zur äußersten Rechten mittels der verschiedensten Koalitionen und Regierungsmethoden.

Keine Partei, keine Koalition, auch kein Beamten- oder Fachkabinett, weder rein politische noch nüchtern wirtschaftliche Maßnahmen vermochten den Zerfall des Reiches und den Ruin der Grundlagen unserer Existenz aufzuhalten. Im Herbst 1932 mußte ich selbst dem damaligen verehrungswürdigen Herrn Reichspräsidenten und Generalfeldmarschall v. Hindenburg in meiner Eigenschaft als Vorsitzender der thüringischen Landesregierung einen über alle Maßen erschütternden und traurigen Tatsachenbericht über die Notlage der thüringischen Bevölkerung, insbesondere über die Unterernährung unserer Jugend, vorlegen.

Erst Adolf Hitler brachte wieder Arbeit und Brot

3. Erst als Adolf Hitler auf Grund seiner bei allen Wahlen sich immer überwältigender steigernden Erfolge um die Aufrichtung einer wahren und echten deutschen Volksgemeinschaft im Zeichen unserer nationalsozialistischen Weltanschauung vom Herrn Reichspräsidenten v. Hindenburg zum Führer des Deutschen Reiches in historisch einmaliger Weise und verfassungsmäßig legaliter Form berufen worden war und sein großes Werk der Erneuerung von Volk und Reich auf der sittlichen Grundlage der Volksgemeinschaft begonnen hatte, begann sich in überraschender und für die Welt fast unfaßbarer Weise das Schicksal unseres Volkes zu wenden.

Niemand auf dieser Erde vermag zu bestreiten, niemand auch unter uns Deutschen selbst vermag es zu leugnen:

Adolf Hitler hat sofort nach seiner Machtübernahme dem deutschen Volk wieder Arbeit und Brot gegeben.

Adolf Hitler hat aber auch ebenso dem deutschen Volk Einheit, Freiheit und Ehre vor der Welt wieder, und zwar unter den denkbar schwersten Bedingungen und gegen unüberwindlich erscheinende Hindernisse erarbeitet und errungen.

Der Führer tat alles, um den Frieden zu retten

4. Kein Staatsmann auf dieser Welt, er sei denn ein infamer Verleumder und Betrüger, Fälscher und Verbrecher, vermag zu bestreiten, daß von Anfang seiner Regierung an Adolf Hitler alles getan hat, um für das deutsche Volk und für den europäischen Kontinent einen wirklichen und dauernden Frieden zu ermöglichen.

Für diese unablässigen und intensiven Bemühungen zeugen sowohl die deutschen Archive wie die unserer Feinde. Allein, der Führer mochte noch so weitgehende, edle Angebote an England oder Frankreich, an Polen oder an eine andere Macht richten,

sie wurden zynisch und höhnisch, skrupellos und mit verlogenen Begründungen stets abgelehnt.

Diese feindliche Welt, hinter der die dämonische Fratze alljüdischer Machtgier und unversöhnlichen Hasses sich immer drohender offenbarte, konnte es dem Führer und dem nationalsozialistischen Großdeutschen Reich nie verzeihen, daß bei uns der Fluch des Goldes gebrochen war und daß das deutsche Volk durch seinen genialen und einmaligen Führer nur die einzige wirklich echte und ehrliche Währung, für die Sicherung von Arbeit und Brot und damit seines Daseins auf dieser Erde erhalten hatte, nämlich die

Arbeit und Leistung des deutschen Menschen selber.

Denn dadurch wurde das deutsche Volk sowohl politisch als auch wirtschaftlich von allen seinen Konkurrenten und Feinden in der Welt frei und unabhängig. Dadurch erst konnte sich unser nationales Leben frei entfalten.

Der Feind will das deutsche Leben vernichten

5. Auch während des Krieges, nach den siegreichen und gewaltigen Kämpfen im Osten und Westen, hat der Führer immer wieder die Welt und unsere direkten Gegner zum Frieden aufgerufen. Sie haben die ausgestreckte Hand auch jetzt noch immer wieder zurückgewiesen. Als die Engländer mit ihrem Bombenterror begannen und zum erstenmal unschuldige Frauen und Kinder in großer Anzahl durch englische Bomben gemordet wurden, hat der Führer ein ganzes dreiviertel Jahr mit der Vergeltung gewartet. Alle Bemühungen während dieser Zeit, den Bombenkrieg einzustellen, blieben umsonst. Auch diese unerschütterliche Wahrheit darf von niemandem vergessen werden.

Der Feind aber, über den Alljuda selber seine Geißel schwingt, und der immer wieder zu neuen Schreckens- und Terrortaten und auch zur Vernichtung der heiligsten Kulturstätten aller europäischen Völker angetrieben wird, hat damit offen zu erkennen gegeben, daß er diesen Krieg nicht etwa nur gegen die nationalsozialistische Regierung, gegen das deutsche Soldatentum führt, sondern daß es ihm um die brutale Vernichtung des deutschen Lebens, der biologischen Kraft unseres Volkes selber geht. Denn sonst würde er sich nicht in dieser bestialischen Weise des Mordes an Tausenden und aber Tausenden unschuldiger Frauen und Kinder vor der Welt und der Geschichte schuldig machen.

Unsere Rettung: treue Gefolgschaft dem Führer.

6. Männer und Frauen des Gaues Thüringen, Volksgenossen und Volksgenossinnen! Unter keinen Umständen ist es denkbar, daß das deutsche Volk sich denen unterwirft, denen vertraut, denen ein Bestimmungsrecht über unser aller Schicksal zuerkennt oder gar eine Legitimation erteilt, die auf der einen Seite in der brutalsten und grausamsten Art unsere Städte und Dörfer vernichten und verwüsten, unsere Volksgenossen und Volksgenossinnen ohne Unterschied des Alters und Geschlechts ermorden, unsere Kulturgüter zerstören, und die dann den weltgeschichtlich einmaligen und fürchterlichen Zynismus und Hohn aufbringen, dem deutschen Volk dieselben Versprechungen, dieselben Lügen aufzutischen, wie es 1918/19 schon erfolgt war.

Die Wahrheit ist:

Das deutsche Volk wird diese schwere Zeit und den letzten und gewaltigsten Ansturm seiner Feinde überwinden, wenn es auf sich selber vertraut, mit äußerster Kraft Heimat und Leben verteidigt, sich weder durch Drohungen noch Versprechungen von seiner Führung, von Adolf Hitler trennen läßt und seine Einheit und Geschlossenheit ebenso bewahrt, wie seine innere Ordnung, Disziplin, Fleiß, Hingabe an die Aufgaben der Zeit und seine unerschütterliche innere Ruhe in der Ueberzeugung an sein ewiges und unzerstörbares Recht zum Leben und zur Freiheit.

Wir werden unsere Gefallenen nicht verraten

7. Das ganze deutsche Volk mag und muß die Ueberzeugung haben, daß es für seine und der Menschheit höchsten Güter kämpft, die es auf dieser Welt zu verteidigen gibt. Das deutsche Volk steht in diesem gigantischen Weltkampf nicht so allein, wie es äußerlich den Anschein hat.

In der ganzen Welt, bei allen Völkern wünschen in Wirklichkeit die Besten und Einsichtigsten, daß Deutschland mit seiner großen Ordnung und seiner ihm von der Vorsehung offenbarten und aufgetragenen Mission weiterleben und weiterwirken möge.

Nur ein unheimlicher Terror und finsterste Gewalten bei den Völkern vermochten bis jetzt die Sehnsucht nach Frieden in der Welt, nach einer besseren Zeit, nach einer echten Versöhnung der Völker zu unterdrücken.

Unzählige Menschen in Europa und auf allen Kontinenten hoffen mit Inbrunst, daß Deutschland am Ende obsiegen möge. Nicht, weil sie Deutschland lieben, sondern weil sie selber vom Fluch der jüdischen Plutokratie und deren Goldwahn, vom Schrecken des Bolschewismus, von den Lügen und der Versklavung der westlichen Kapitalisten befreit sein möchten.

Das deutsche Volk aber, nunmehr vom Schicksal in einer Weise geprüft und gewogen, wie wir es kaum zu fassen vermögen, kann jetzt erst recht selber nicht meineidig und schlecht werden. Es kann seine toten Soldaten, seine gemordeten Frauen und Kinder nicht verraten, es kann all die gebrachten Opfer an Gut und Blut nicht schänden, es kann den ihm vom Schicksal erkorenen Führer nicht verlassen,

sondern es wird vielmehr alles daransetzen, sein Schicksal zu meistern.

Jeder Offizier und Soldat in unserem Gau, jeder Mann und jede Frau, alt und jung, alle zusammen, werden ihre große und schwere Pflicht bis zum letzten erfüllen, so wie unsere Vorfahren, so wie unsere Gefallenen es uns gezeigt haben. Das deutsche Volk und vor allem seine Frauen und Kinder erwarten, daß jeder Soldat in seiner Kompanie das Beste gibt, daß jeder Volkssturmmann in seinem Bataillon vorbildlich seinen Dienst versieht und jeder Arbeiter an seinem Platz unablässig fleißig für Front und Heimat schafft.

Drückeberger, Feiglinge, Deserteure und Verräter haben keinen Platz mehr in der schwer ringenden Volksgemeinschaft.

Es ist an der Zeit, daß nur die Anständigsten und Besten, nur die Tapferen und Treuen das Wort haben, und durch sie wird das deutsche Volk am Ende dieses großen Ringens mit seinem Führer die Pläne aller seiner Feinde zunichte machen.

Es lebe unser Führer Adolf Hitler!

Es lebe das ewige, einige nationalsozialistische Großdeutsche Reich!

Weimar, 20. Februar 1945.

Fritz Sauckel

Gauleiter und Reichsstatthalter.

Q.: Aufruf von Gauleiter Fritz Sauckel an die Bevölkerung des Trutzgaues Thüringen, veröffentlicht in der Thüringer Gauzeitung, Weimar, vom 20. Februar 1945.

DOKUMENT 14

Thüringer Gauzeitung

Nummer 78 Jahrgang 1945 — DER NATIONALSOZIALIST — Weimar, Sonntag, den 1. April

Amtliches Organ der Gauleitung Thüringen der NSDAP. und der Thüringischen Staatsregierung

Durch Nacht zum Licht - durch Kampf zum Sieg

Ueber alle schweren Opfer, über alle Gräber hinweg wird das Reich Adolf Hitlers bestehen

Das deutsche Volk wird nach schwerster unsagbar harter Prüfung im Zeichen des Nationalsozialismus, d. h. im Geiste der Bewegung Adolf Hitlers, der deutschen Volks- und Schicksalsgemeinschaft, sein Ostern erleben.

Durch seine jetzige, in der ganzen Geschichte der Menschheit einmalige, heroische und einzigartige Haltung hat das deutsche Volk schon heute dem Schicksal sein Leben und seine Zukunft abgerungen. So wie einst der Haß, die Lüge und die beispiellose Grausamkeit der Juden Christus ans Kreuz brachten, so hat dennoch seine Lehre zwei Jahrtausende jetzt überdauert, so wird das deutsche Volk alle Leiden, alle Not, die furchtbaren Grausamkeiten seiner Feinde, den wahnsinnigen Haß Alljudas am Ende überwinden und seine Mission durch Adolf Hitler vollenden.

Jeder Soldat, der für Deutschland gefallen ist, jede Frau, jedes Kind, die dem sinnlosen Luftterror erlegen sind, die Zehntausende durch die Bolschewisten geschändeter und gemordeter Frauen und Kinder, zu Tode gequälter Männer, sie sind nicht nur eine ungeheuerliche Anklage gegen die Horden Stalins, Churchills und Roosevelts, sie sind auch jenes stumme, aber aufs höchste überzeugende Heer von Märtyrern und Blutzeugen, für das deutsche Volk, für die heilige Bewegung seiner Einigung und seiner Volksgemeinschaft, deren Grundgesetz in dem hehren Grundsatz „Gemeinnutz geht vor Eigennutz" der gegenseitigen Hilfe einer friedlichen, segensreichen gemeinsamen Arbeit zum Besten aller besteht.

Wie grenzenlos ist die Torheit unserer Feinde, die glauben, mit den Mitteln, die sie jetzt anwenden, ein Volk wie das deutsche, seinen Geist und seine heiligsten Gefühle auslöschen zu können. Im Gegenteil: Aus diesem Kampf und aus diesem Leid, aus tapferster Haltung und unbeugsamem Willen wird nun erst recht über Gräber hinweg das ewige germanische Reich deutscher Nation erstehen. Es wird das Reich Adolf Hitlers sein. Und wenn die Namen derer, die dieses Reich verderben wollen, die Namen Churchills, Stalins und Roosevelts, einer grausamen und schändlichen Erinnerung anheimgefallen sein werden, wird der Name des Führers, wird der Name Adolf Hitlers als einer der Segensbringer der Menschheit verkündet werden. Es ist dies so gewiß, wie alle großen Zeiten, alle großen Bewegungen immer nur erstehen konnten, nachdem zahllose Blutzeugen auch das Letzte für sie geopfert hatten.

All dies, was unser Volk erleidet, erduldet und übersteht, wird Zeugnis ablegen dafür, daß es sich sein Reich, das nationalsozialistische Großdeutschland, verdient hat.

Volksgenossen, Volksgenossinnen!

Ueberwinden wir gerade jetzt allen Kleinmut und zwingen wir den Schweinehund, den äußeren wie den inneren, überall nieder, wo er sich zeigt und spürbar macht.

Vergessen wir es niemals: Ehrlose Haltung bringt nur ehrlosen Frieden, Schmach, Elend und Tod. Wir aber wollen vor unseren Kindern, vor uns selber und vor der ganzen Welt in Ehren bestehen, weiterleben und nicht in Schande vergehen. Nur wir selbst, aber kein Feind könnte uns unsere Ehre nehmen.

Dem Ehrlosen gibt man am Ende nur den Fußtritt. Den Verräter und Feigling bezahlt man zwar, hinterher aber straft man ihn mit tödlicher Verachtung.

Wir aber wollen den Sieg über uns selbst und über unsere Feinde.

Es lebe das deutsche Volk!

Es lebe der Führer!

Heil Hitler!

Fritz Sauckel

Q.: Thüringer Gauzeitung, Weimar, vom 1. April 1945. (Letzter Aufruf Gauleiter Sauckels zum Durchhalten und Kämpfen bis in den Tod.)

Anmerkungen

Kriegsentfesselung und Neuordnung der Macht

1 Zu allen Bereichen des Herrschaftssystems, seiner Organisation und seiner Wandlungen in Verbindung mit den unmittelbaren Kriegsvorbereitungen ab 1935/36 siehe u. a. die aufschlußreichen Beiträge in: Der Weg in den Krieg. Studien zur Geschichte der Vorkriegsjahre (1935/36-1939). Herausgegeben von Dietrich Eichholtz und Kurt Pätzold. Berlin 1989. Wolfgang Benz: Geschichte des Dritten Reiches. München 2000; Hans-Ulrich Thamer: Verführung und Gewalt. Deutschland 1933-1945. München 2004 (= Siedler, Deutsche Geschichte, Bd. 3); Wolfgang Schneider (Hg.): Alltag unter Hitler. Berlin 2000. Für den Gau Thüringen vgl. u. a. Willy A. Schilling: Die Entwicklung des faschistischen Herrschaftssystems in Thüringen 1933 bis 1939. Berlin 2001; Jürgen John: „Der NS-Gau Thüringen 1933 bis 1945. Grundzüge seiner Struktur- und Funktionsgeschichte. – In: Klassikerstadt und Nationalsozialismus. Kultur und Politik in Weimar 1933 bis 1945, hg. von Justus H. Ulbricht, Weimar 2002 (=Weimarer Schriften 56), S. 25-52. Unter den aktuellen Neuerscheinungen, die sich mit den Gauen befassen, sei auf folgende Publikation hingewiesen: Die NS-Gaue. Regionale Mittelinstanzen im zentralistischen „Führerstaat". Herausgegeben von Jürgen John, Horst Möller u. Thomas Schaarschmidt. München 2007 (Sondernummer der VfZ, hg. von Karl Dietrich Bracher, Hans-Peter Schwarz u. Horst Möller). Weitere Literaturangaben finden sich in den nachfolgend aufgeführten Fußnoten und im Literaturverzeichnis.

2 Deutsche Geschichte in Daten. Hg. vom Institut für Geschichte der Deutschen Akademie der Wissenschaften zu Berlin. Berlin 1967, S. 748.

3 Vgl. Hans-Ulrich Thamer: Verführung und Gewalt. Deutschland 1933-1945, a. a. O., S. 600.

4 Ebenda, S. 751.

5 Vgl. Jürgen John. Der NS-Gau Thüringen 1933 bis 1945. Grundzüge seiner Struktur- und Funktionsgeschichte, a. a. O., S. 26.

6 Vgl. Dieter Rebentisch: Führerstaat und Verfassung im Zweiten Weltkrieg. Verfassungsentwicklung und Verwaltungspolitik 1939-1945. Stuttgart 1989, S. 117 ff.

7 Vgl. Olaf Groehler: Das Revirement in der Wehrmachtsführung 1937/38. – In: Der Weg in den Krieg, a. a. O., S. 135 ff.

8 Ausführlicher In: Deutschland im Zweiten Weltkrieg. Bd. 1. Berlin 1974, S. 202.

9 Vgl. Martin Broszat: Der Staat Hitlers. Grundlegung und Entwicklung seiner inneren Verfassung. 11. Aufl. München 1986, S. 383.

10 Vgl. Dieter Rebentisch: Führerstaat und Verfassung im Zweiten Weltkrieg, a. a. O., S. 132 f. Außerdem Peter Hüttenberger: Nationalsozialistische Polykratie. – In: Geschichte und Gesellschaft 4/1976, S. 425 f.

11 Vgl. Karl Teppe: Der Reichsverteidigungskommissar. Organisation und Praxis in Westfalen. – In: Rebentisch/Teppe (Hg.): Verwaltung contra Menschenführung im Staat Hitlers. Studie zum politisch-administrativen System. Göttingen 1986, S. 279.

12 Vgl. ThHStAW, RStH Thüringen, Nr. 464 u. 466.

13 Ebenda, Wirtschaftministerium, Nr. 2863, Bl. 16 ff.

14 Vgl. dazu auch die Karte zu den verschiedenen Verwaltungsgrenzen Thüringens in Band 1, S. 52 f neben der beigeschlossenen Übersicht.

15 Vgl. ThHStAW, RStH Weimar, Nr. 468 u. 470.

16 Dieser Schluß ergibt sich aus verschiedenen Äußerungen Sauckels und dem Projekt „Reichsgau" selbst. Auch der Brief von Martin Mutschmann an Fritz Sauckel erlaubt eine solche Zuordnung.

17 Zit. nach Deutschland im zweiten Weltkrieg. Bd. 1, a. a. O., S. 171.

18 ThHStAW, RStH Thüringen, Nr. 186, Bl. 276.

19 Ebenda, Bl. 280.

20 Vgl. Manfred Weißbecker u. Gert Noack: „Die Partei als Rückgrat der inneren Front". Mobilmachungspläne der NSDAP für den Krieg. (1937 bis 1939). – In: Der Weg in den Krieg, a. a. O., S. 76 u. 80.

21 Die Zahl von 29 000 findet sich in einer Untersuchung von Karl Astel. Die Zahl von 18 000 in der Gaupresse. Beide Zahlen sind gerundete Angaben.

22 Siehe dazu den Geschäftsverteilungsplan der Landesregierung Thüringen 1939 in Band 1, S. 61.

23 Ulrich Heß: Geschichte der Behördenorganisation der thüringischen Staaten und des Landes Thüringen von der Mitte des 16. Jahrhunderts bis zum Jahre 1952. Hg. von Dr. Peter Langhof u. Jochen Lengemann. Stuttgart u. Jena 1993 (Veröffentl. der Historischen Kommission für Thüringen, Kleine Reihe, Bd. 1), S. 144.

24 ThHStAW, RStH Thüringen, Nr. 186, Bl. 322-327.

25 Ebenda, Nr. 292, Bl. 4.

26 Willy Schilling: NS-Dozentenschaft und Nationalsozialistischer Deutscher Dozentenbund an der Universität Jena. – In: Uwe Hoßfeld, Jürgen John, Oliver Lemuth, Rüdiger Stutz (Hg.): „Kämpferische Wissenschaft"– Studien zur Universität Jena im Nationalsozialismus. Köln, Weimar, Wien 2003, S. 180-201, bes. S. 193 f.

27 Hans Hertel: Thüringen seit der Machtergreifung. Berlin 1941 (=Die deutschen Gaue seit der Machtergreifung, hg. von Paul Meier-Benneckenstein), S. 37.

28 Ebenda, S. 37.

29 Klaus W. Müller u. Willy Schilling: Deckname Lachs. Die Geschichte der unterirdischen Fertigung der Me 262 im Walpersberg bei Kahla 1944/45. 3-5. Aufl. Zella-Mehlis/Meinigen 2005, S. 20-25.

30 ThHStAW, RStH Thüringen, Nr. 186, Bl. 381.

31 Ebenda, Bl. 375.

32 Adolf Hitler: Mein Kampf. Erster Band: Eine Abrechung. 4. Aufl. München 1939, S. 291.

33 Die Quellenlage erlaubt zwar mit gewissen Einschränkungen eine quantitative Auswertung bestimmter Jahrgänge und Aktivitäten. Da aber häufig die eigentlichen Kranken- und/oder Amtsakten fehlen, kann heute nicht mehr über die Berechtigung der medizinische Indikation in der Mehrheit der Fälle geurteilt werden. Insgesamt dürften in den autorisierten Kliniken zirka 11 000

Personen zwangssterilisiert worden sein. In einzelnen Fällen gab es ab Mai 1945 Anzeigen der davon Betroffenen. Diese enthalten zum Teil aufschlußreiche Schilderungen zu den Abläufen des Verfahrens.

34 ThHStAW, Thür. Min. für Volksbildung, C 3, Bl. 159.

35 Ebenda, Bl. 18.

36 Willy Schilling u. Rüdiger Stutz: NS-Gau Thüringen: Der Sauckel-Wächtler-Konflikt. – In: Kurt Pätzold / Erika Schwarz (Hg.): Europa vor dem Abgrund. Das Jahr 1935. Köln 2005, S. 164-176, bes. S. 173 f.

37 Zit. nach *„Der Nationalsozialist“* vom 30. März 1933.

38 Insgesamt verloren im Land Thüringen über 80 jüdische Ärzte ihre Existenz. Die Gesamtzahl der Ärzte im Land Thüringen lag knapp unter 2000. Zum Fall Simmel vgl. Heimatgeschichtlicher Wegweiser zu Stätten des Widerstandes und der Verfolgung 1933-1945, Bd. 8: Thüringen, hg. vom Thüringer Verband der Verfolgten des Naziregimes – Bund der Antifaschisten und Studienkreis deutscher Widerstand 1933-1945. Frankfurt a. M. 2003, S. 76 f.

39 ThHStAW, ThMdI, E 648, Bl. 3 f.

40 Ebenda, Bl. 7.

41 Zu diesen Vorgängen, die hier nicht genauer dargestellt werden können, vgl. Reyk Seela: Die Ärzteschaft in Thüringen. Eine Vereins- und Standesgeschichte. Rudolstadt 2000 (=Schriftenreihe der Landesärztekammer Thüringen, Bd. 2), S. 186.

42 Vgl. Willy Schilling: Die Entwicklung des faschistischen Herrschaftssystems in Thüringen 1933 bis 1939, a .a. O., S. 190 ff.

43 Im Rahmen dieser Darstellung sind diese Vorgänge von untergeordneter Bedeutung. Es soll lediglich darauf verwiesen sein, daß es hartnäckige Verdächtigungen und Anzeigen bei den zuständigen Parteiinstanzen gegen Klipp gab, um seine Stellung systematisch zu untergraben. Klipp schied durch Schreiben des ThMdI vom 22. Juli bzw. 18. September 1937 aus dem Staatsdienst des Landes Thüringen aus. Er wirkte künftig in München als Hauptstellenleiter der Reichsleitung der NSDAP und Landesärzteführer in Bayern. Ein von Astel beim Obersten Parteigericht angestrengtes Verfahren gegen Klipp wurde letztlich eingestellt. Zu Klipp vgl. Willy Schilling u. Rüdiger Stutz: NS-Gau Thüringen: der Sauckel-Wächtler-Konflik, a a.O.

44 ThHStAW, ThMdI, E 648, Bl. 64.

45 Reyk Seela: Die Ärzteschaft in Thüringen. Eine Vereins- und Standesgeschichte, a. a. O., S. 192.

46 ThHStAW, ThMdI, E 719 unpag. (Schr. vom 12.2.1937).

47 Ebenda (Schreiben vom 11.2.1937).

48 Siehe Antonio Peter: Das Thüringische Landesamt für Rassewesen. – In: Nationalsozialismus in Thüringen. Hg. von Detlev Heiden u. Gunther Mai. Weimar 1995, S. 314.

49 BundesA Berlin, Akte RS (ehem. BDC), Astel, Karl 26.2.1896.

50 Willy Schilling: Die Entwicklung des faschistischen Herrschaftssystems in Thüringen 1933 bis 1939, a. a. O., S. 118.

51 BundesA Berlin, Bestand EVZ I/ 7, 15, Bl. 4. (Anm.: Der Bestand wurde inzwischen nach Weimar überführt.)

52 BundesA Berlin, Akte RS (ehem. BDC), Astel, Karl 26.2.1996.

53 Ebenda, Akte WI (ehem. BDC), Astel, Karl 26.2.1896.

54 Ebenda.

55 Ebenda (Schreiben vom 8.5.1935).

56 Ebenda (Schreiben vom 10.8.1937). Zu Klipp vgl. auch Willy Schilling / Rüdiger Stutz: NS-Gau Thüringen: der Sauckel-Wächtler-Konflikt, a. a. O., S. 164-174.

57 Götz Aly (Hg.): Aktion T4 1939-1945. Die „Euthanasie“-Zentrale in der Tiergartenstraße 4. Berlin 1989, S. 12.

58 Nach eigenen Angaben Hebolds erhielt er sein Gehalt auch während der Zeit als hauptamtlicher Mitarbeiter bei „T4“ weiterhin von seiner eigentlichen Arbeitsstelle, der Heil- und Pflegeanstalt Eberswalde. Dazu kam eine zusätzlichen Gratifikation von weiteren 500,00 RM monatlich. Diese Sonderzuwendung zahlte die „T4-Zentrale“. Über die Zahlungsmodalitäten konnte Hebold keine genaueren Angaben machen.

59 Vgl. Ernst Klee (Hg.): Dokumente zur „Euthanasie“. Frankfurt a. M. 2001, S. 93.

60 Götz Aly (Hg.): Aktion T4 1939-1845, a. a. O., S. 13.

61 In der aufgeführten Quellenliteratur finden sich detailliertere Darstellungen zur Organisation. Deshalb wird an dieser Stelle auf eine Wiederholung verzichtet.

62 Einen auf den heutigen Freistaat Thüringen abgestellten ortsbezogenen Überblick zur NS-Euthanasie sowie die Erfassung zahlreicher Einzelfälle enthält der „Heimatgeschichtliche Wegweiser Thüringen“. Bei den Einzeluntersuchungen sei auf die Veröffentlichungen von Götz Aly, Ernst Klee, Renate Renner und Susanne Zimmermann hingewiesen. Neueste Erkenntnisse enthält der bereits aufgeführte Sammelband „Kämpferische Wissenschaft“ sowie die Bände 25 u. 26 in der von der Landeszentrale für politische Bildung Thüringen herausgegebenen Reihe „Quellen zur Geschichte Thüringens“, beide erschienen 2005.

63 Joachim S. Hohmann u. Günther Wieland: MfS-Operativvorgang „Teufel“. „Euthanasie“-Arzt Otto Hebold vor Gericht. Berlin 1996, S. 39.

64 Ebenda, S. 176 f.

65 Nach Hebolds Angaben lagen von Pfafferode 800 Meldebögen in Berlin vor. Diese wurden während der Kontrolle überprüft und auf neue Fragebögen übertragen. Insgesamt wurden 1200 Fragebögen (einschließlich der übertragenen) erstellt.

66 Joachim S. Hohmann / Günther Wieland: MfS-Operativvorgang „Teufel“, a. a. O., S. 63. Otto Hebold wurde am 1.9.1964 zu „lebenslangem Zuchthaus“ verurteilt. Das Gericht ging bei diesem Urteil davon aus, daß er im Sinne des Militärgerichtshofes von Nürnberg (IMT) trotz der Schwere seiner Taten nicht als Hauptschuldiger einzuordnen sei.

67 Der Vorgang wurde von W. Catel ausführlich beschrieben, ebenso die Tatsache, daß der verantwortliche Kinderarzt ein Jahr später durch Suizid aus dem Leben schied. Siehe BundesA Berlin, EVZ I/ 25, 2, S. 20. Was die Anwendung des Luminal-Schemas zur Tötung betraf, so stellt sich der Sachverhalt als außerordentlich kompliziert dar. Die angegebenen Mengen liegen eigentlich im therapeutischen Bereich, so daß die Dosierung selbst nicht als „Giftspritze“ bewertet werden kann. Juristisch wäre jeweils der Vorsatz zum Töten zu beweisen, medizinisch die auf den Tod ausgerichtete Therapie.

68 Die Bildung des Ausschusses erfolgte 1939 und verschleierte mit ihrer Bezeichnung ihre eigentliche Funktion innerhalb der Organisation.

69 Götz Aly (Hg.): Aktion T4 1939-1945. Die „Euthanasie“-Zentrale in der Tiergartenstraße 4, a. a. O., S. 123-127.

70 Ebenda, S. 121.

71 Ebenda, S. 129.

72 Udo Benzenhöfer: Genese und Struktur der „NS-Kinder- und Jugendlicheneuthanasie". – In: Monatsschrift Kinderheilkunde 10 / 2003, S. 1017.
73 Siehe Medizin ohne Menschlichkeit. Dokumente des Nürnberger Ärzteprozesses. Herausgegeben u. kommentiert von Alexander Mitscherlich und Fred Mielke. 15. Aufl. Frankfurt a. M. 2001, S. 242.
74 Die Feststellung basiert auf den Forschungsergebnissen von Udo Benzenhöfer: „Kinderfachabteilungen" und „NS-Kindereuthanasie". Wetzlar 2000, S. 60-84. Der Autor belegt in dieser Schrift dezidiert die Existenz von 25 „Kinderfachabteilungen" durch die Auswertung des Bestandes NS 11/ 94 im BundesA Berlin sowie die sichere Existenz weiterer fünf Einrichtungen durch die Auswertung der Vernehmungsprotokolle von Hans Hefelmann aus dem Jahr 1961 und weiteren Protokollen aus verschiedenen „T4"-Verfahren sowie entsprechenden Forschungsbeiträgen. So ergibt sich die Zahl von 37 „Kinderfachabteilungen".
75 Walter Kohl: „Ich fühle mich nicht schuldig". Georg Renno, Euthanasiearzt. Wien 2000, S. 227.
76 Der Status „Kind" ist nicht eindeutig definiert. Allgemein wurde er bis zum Alter von 17 oder 18 Jahren angewandt. Als Jugendliche wurde die Gruppe bis zum 21. Lebensjahr, häufig auch bis zum 23. Lebensjahr bezeichnet.
77 Götz Aly (Hg.): Aktion T4 1939-1945, a. a. O., S. 133.
78 Diese Form der Mitwirkung von Ärzten am „Euthanasie"-Programm ist eines der umstrittensten Probleme bei der Beurteilung von Schuld und Mitschuld im Sinne von Täterschaft. Die Problematik ist vielschichtig, weil sie nicht nur eindimensional im historischen Kontext ihrer eigenen Entwicklungsabläufe betrachtet werden kann, sondern komplexer und interdisziplinär analysiert werden muß. In die Analyse einzubeziehen sind der Zeitgeist, der mehr als die „reine Lehre" des Nazisystems umfaßte, Medizingeschichte, Rechtsgeschichte einschließlich der völkerrechtlichen Bewertung durch den Internationalen Militärgerichtshof, soziale, psychologische, wirtschaftliche, wissenschaftstheoretische und moralisch-ethische Kategorien.
79 Während seiner polizeilichen Vernehmung am 14. November 1947 räumte der langjährige Stellvertreter von Kloos, Dr. Johannes Schenk, ein, seit 1940 gemäß den Bestimmungen des „Erbgesundheitsgesetzes" Zwangssterilisationen an Männern durchgeführt zu haben. Eine Ermächtigung für derartige Eingriffe lag seit 1934 vor. Bis zum Jahr 1943 meldete das Gesundheitsamt Stadtroda insgesamt 1272 vollzogene Sterilisationen, davon 758 an Frauen. Vgl. BundesA Berlin, EVZ I/ 7, 16 (Vernehmung Schenk) u. Heimatgeschichtlicher Wegweiser Thüringen, a. a. O., S. 216.
80 BStU, Außenstelle Gera, Operativvorgang „Ausmerzer", Beweismittelakte, Bl. 217. (Die Akte ist eine Zusammenstellung von Originaldokumenten. Alle aus dem Bestand des BStU übernommenen Quellen sind Dokumente aus der Zeit von 1933 bis 1947. Von der Staatssicherheit angelegte Unterlagen fanden keine Aufnahme.)
81 Ebenda, Bl. 216.
82 Ebenda, Bl. 218.
83 Ebenda, Bl. 242.
84 Renate Renner. – In: Herbsttagung 1997 des Arbeitskreises zur Erforschung der Geschichte der „Euthanasie" und Zwangssterilisation vom 7.11. bis 9.11.1997 in Stadtroda. Hg. im Auftrag des Arbeitskreises. Tagungsdokumente mit Beiträgen von Klara Nowak u. a., S. 35.
85 Ebenda, S. 38. Zu den abweichenden Angaben in der Tabelle vgl. Heinz Faulstich: Hungersterben in der Psychiatrie 1914-1949. Mit einer Topographie der NS-Psychiatrie. Freiburg i. Breisgau 1998, S. 210 u. Gerhard Buchda: Das Landeskrankenhaus in Stadtroda 1848-1948. Festschrift zur Erinnerung an das hundertjährige Bestehen der Anstalt. Stadtroda 1948, S. 49. Die Erhebung der Sterbefälle wurde anhand einer vorhandenen Patientenkartei im Klinikarchiv der heutigen Asklepios Fachklinik Stadtroda von Renate Renner vorgenommen. Die überlieferten Angaben erlauben jedoch keine endgültigen Feststellungen über „die genaue Zahl der „Euthanasie"-Opfer" in der Einrichtung. Vgl. dazu Renate Renner: Zur Geschichte der Thüringer Landesheilanstalten/ des Thüringer Landeskrankenhauses Stadtroda 1933 bis 1945 unter besonderer Berücksichtigung der nationalsozialistischen „Euthanasie". Diss. an der Med. Fakultät der FSU Jena, Jena 2004, S. 2.
86 Ebenda, S. 35.
87 Ebenda, S. 34.
88 BStU, Außenstelle Gera, Operativvorgang „Ausmerzer", Beiakte I, Bl. 103.
89 Ebenda, Beweismittelakte, Bl. 223.
90 Ebenda, Beiakte II, Bl. 121. Hervorhebung im Original.
91 Ebenda, Beweismittelakte, Bl. 243.
92 Gerhard Buchda: Das Landeskrankenhaus in Stadtroda 1848-1948, a. a. O., S. 49.
93 Vgl. zu den Aufnahmen Gerhard Buchda: Das Landeskrankenhaus in Stadtroda 1848-1948, a. a. O., S. 49. Geringfügig nach unten abweichende Zahlen finden sich in BStU, Operativvorgang „Ausmerzer", Beiakte II, Bl. 116. Zu den Todesfällen vgl. Renate Renner, in: Herbsttagung 1997, a. a. O., S. 41 (hier zitiert nach S. Zimmermann).
94 Vgl. Renate Renner. – In: Herbsttagung 1997, a. a. O., S. 40-42.
95 BundesA Berlin, R 178/ 6, 11, Bl. 67. (=EVZ I/ 6, 11)
96 BundesA Berlin, R 178/ 6, Akte 11, Bl. 94.
97 Heimatgeschichtlicher Wegweiser Thüringen, a. a. O., S. 310.
98 BundesA Berlin, R 178/ 6, Akte 11, Bl. 95.
99 Ebenda, Bl. 71.
100 Heimatgeschichtlicher Wegweiser Thüringen, a. a. O., S. 126.
101 Heinz Faulstich: Hungersterben in der Psychiatrie 1914-1949. Mit einer Topographie der NS-Psychiatrie. Freiburg i. Breisgau 1998, S. 132 u. 210. Beide Angaben für Zugänge finden sich in den zwei Tabellen für das Jahr 1936. Da es 1937 einen höheren Zugang als 1936 gab, bin ich stillschweigend davon ausgegangen, daß die 214 für das Jahr 1937 erhoben wurden.
102 Ebenda, S. 528f. – Die Zahlen sind in sich nicht immer stimmig, wobei die Differenzen geringfügig sind. Eine der Ursachen kann in den Tagesunterschieden der Erhebung und in den jeweils verwendeten Quellen (Schriftwechsel mit Linden; Krankenhausstatistik; Abgangsbücher) gesehen werden. Zukünftige Forschungen sollten diese Schwäche überwinden.
103 Vgl. Thomas Schilter: Unmenschliches Ermessen. Die nationalsozialistische „Euthanasie"-Tötungsanstalt Pirna-Sonnenstein 1940/41. Leipzig 1998.
104 Heinz Faulstich: Hungersterben in der Psychiatrie, a. a. O., S. 529 (hier zitiert nach Klee).
105 Ebenda, S. 132 u. 210. Beide Angaben für Zugänge

finden sich in den zwei Tabellen für das Jahr 1936. Da es 1937 einen höheren Zugang als 1936 gab, bin ich stillschweigend davon ausgegangen, daß die 53 für das Jahr 1937 erhoben wurde.

106 Heimatgeschichtlicher Wegweiser Thüringen, a. a. O., S. 357. Vgl. außerdem Heinz Faulstich: Hungersterben in der Psychiatrie, a. a. O., S. 528.

107 Die Zahlenangaben und Zitate wurden einer Fernsehdokumentation des Mitteldeutschen Rundfunks 2002 entnommen, die auf jüngsten Forschungsergebnissen zur Geschichte des Stiftes basieren. Die Forschungsergebnisse liegen im Stift vor und können dort eingesehen werden.

Kriegswirtschaft

1 Deutschland im 2. Weltkrieg, Bd. 1, a. a. O., S. 223.

2 ThHStAW, RStH Thüringen, Nr. 286, Bl. 70.

3 Siehe Dieter Rebentisch: Führerstaat und Verwaltung im Zweiten Weltkrieg, a. a. O., S. 143-145.

4 ThHStAW, Thür. Wirtschaftsministerium, Nr. 3857 unpag. (Denkschrift vom 23. April 1940).

5 Ebenda, Nr. 3837, Bl. 1.

6 Ebenda, RStH Thüringen, Nr. 285, Bl. 1-47 u. Nr. 286, Bl. 1-18.

7 Ebenda, Nr. 287 unpag. (nachrichtlich vom 21.11. 1939).

8 Ebenda, Nr. 286, Bl. 20.

9 Ebenda, Bl. 21.

10 Vgl. dazu die Übersicht in Band 1 auf S. 159.

11 Vgl. ThHStAW, RStH Thüringen, Nr. 292, Bl. 2.

12 Ebenda, Bl. 4-17.

13 Bezeichnet Produkte, die sowohl zivilen als auch militärischen Zwecken dienen können.

14 Vgl. Franz Baranowski: Rüstungsprojekte in der Region Nordhausen, Worbis und Heiligenstadt während der NS-Zeit. Duderstadt 1998; Klaus W. Müller u. Willy Schilling: Deckname Lachs. Die Geschichte der unterirdischen Fertigung der Me 262 im Walpersberg bei Kahla 1944/45, a. a. O.

15 Vgl. Michael J. Neufeld: Die Rakete und das Reich. Berlin 1999, S. 238-241.

16 Ebenda, S. 241-257.

17 Torsten Heß u. Markus Jaeger: Das Mittelwerk. – In: Ulrich Brunzel: Hitlers Geheimobjekte in Thüringen. 4. Aufl. Zella-Mehlis 1994, S. 137-147.

18 Vgl. Klaus W. Müller u. Willy Schilling: Deckname Lachs, a. a. O., S. 22-23.

19 Ebenda, S. 13-16.

20 Alles in allem bleibt festzustellen, daß die Thüringer Wirtschaft das Ende des Dritten Reiches verhältnismäßig gut überstand. Nennenswerte Zerstörungen der Industriekapazitäten durch Bombenangriffe oder Selbstzerstörungen waren partiell zu verzeichnen. Die Deformierung der Industriestruktur durch einseitige Ausrichtung auf die Rüstungsindustrie bestand zum Teil im Produktionsvolumen, kann aber in der praktischen Betrachtung vernachlässigt werden. Großindustrieanlagen in Dimensionen wie die Salzgitter-Werke oder das Volkswagenwerk gab es in Thüringen nicht. Vielfach konnte die Produktion deshalb verhältnismäßig schnell auf Friedenswirtschaft umgestellt werden. Kondensatoren der Hescho wurden nun nicht mehr in Panzerfunkanlagen sondern in Radioapparate eingesetzt. Mittelständische Textilunternehmen bauten die vorhandenen Granathülsendrehbänke ab und stellten dafür wieder die Webstühle auf usw.

21 Walter Naasner: Neue Machtzentren in der deutschen Kriegswirtschaft 1942-1945. Boppard am Rhein 1994, S. 34.

22 Vgl. dazu die Ausführungen von Manfred Weißbecker im Epilog dieses Bandes.

23 Vgl. Gerhard Weise u. Willy Schilling: Von Alabaster bis Zement. Bodenschätze und ihre Nutzung im Raum Jena. Ein historischer Überblick. Zella-Mehlis/Meiningen 1997, S. 46 ff.

24 Vgl. 150 Jahre Porzellan. Kahla: Die Geschichte eines Unternehmens, S. 51-53.

25 ThHSTAW, Wilhelm Gustloff Stiftung, Nr. 127, S. 158.

26 Ebenda, S. 158

27 Ebenda, Nr. 30, S. 134.

28 Vgl. Klaus W. Müller u. Willy Schilling: Deckname Lachs. Die Geschichte der unterirdischen Fertigung der Me 262 im Walpersberg bei Kahla 1944/45, a. a. O., S. 66-69.

29 ThHStAW, Wilhelm-Gustloff-Stiftung, Nr. 31, S. 168.

30 Willy Schilling: Die Entwicklung des faschistischen Herrschaftssystems in Thüringen 1933 bis 1939, a. a. O., S. 136-137.

31 Siehe dazu Jörg Friedrich: Der Brand. Deutschland im Bombenkrieg 1940-1945. 10. Aufl. München 2002.

32 Alle hier aufgeführten Fakten, sofern keine zusätzlichen Quellenangaben beigefügt wurden, sind den zwei nachfolgend genannten Veröffentlichungen entnommen. Horst Lange: Reimahg. Unternehmen des Todes. Hg. vom Rat des Kreises Jena. Jena 1968 u. 1983; Klaus W. Müller u. Willy Schilling: Deckname Lachs. Die Geschichte der unterirdischen Fertigung der Me 262 im Walpersberg bei Kahla 1944/45, a. a. O.

33 Müller/Schilling: Deckname Lachs. Die Geschichte der unterirdischen Fertigung der Me 262 im Walpersberg bei Kahla 1944/45, a.a.O., S. 59.

34 Die Messerschmitt AG fertigte in ihren Stammwerken insgesamt 1433 Me 262. Davon kamen einige Maschinen im Düsenjagdverband 44, geführt von General Adolf Galland, in Süddeutschland zum Einsatz. Für größere Einsätze Ende 1944 / Anfang 1945 fehlte es vor allem an Flugbenzin.

35 Vgl. dazu die ausführlichen Darstellungen bei Horst Lange: Reimahg, a.a.O., u. a. S. 115.

36 Vgl. zur Geschichte des Unternehmens Gisela Kahl: Die Rolle des NS-Musterbetriebes Thüringische Zellwolle AG „Schwarza“ bei der Vorbereitung und Durchführung des zweiten Weltkrieges. Zur Rolle der Staatsbetriebe bzw. halbstaatlichen Unternehmungen im Imperialismus. Phil. Diss. Jena 1964, S. 112.

Widerstand

1 Eugen Kogon: Der SS-Staat. Das System der deutschen Konzentrationslager. 3. Aufl. (insg. 22.). München 1989, S. 31.

2 Siehe Informationen zur politische Bildung, Nr. 243, Deutscher Widerstand 1933-1945, S. 2. Die hier von Jürgen Faulenbach genannte Zahl von „etwa 7000 namentlich bekannten Personen, die ihre widerständige oder oppositionelle Haltung deutlich gemacht haben“, erfaßt m. E. nicht die gesamte Breite des Widerstandes.

3 Vgl. Rafael Seligmann: Hitler. Die Deutschen und ihr Führer. Berlin 2005, S. 284.

4 Wolfgang Benz: Kirchen – Selbstbehauptung und Op-

position. – In: Informationen zur politische Bildung, Nr. 243, a.a.O., S. 19
5 Ebenda, S. 21.
6 Karl Marx: Inauguraladresse der Internationalen Arbeiter-Assoziation, in: Marx / Engels: Ausgewählte Schriften in zwei Bänden, Bd. 1. Dietz Verlag Berlin 1976, S. 336.
7 Dokumente und Materialien zur Geschichte der Bezirksparteiorganisation der KPD Großthüringens 1929 bis 1933. – In: Beiträge zur Geschichte der Arbeiterklasse in Thüringen, hg. vom Staatsarchiv Weimar und der SED-Bezirksleitung Erfurt. Erfurt 1983, Dok. 68, S. 186.
8 Vgl. Manfred Weißbecker: Gegen Faschismus und Kriegsgefahr. Ein Beitrag zur Geschichte der KPD in Thüringen 1932-35. Erfurt 1967, S. 17.
9 Siehe Ernst Thälmann. Eine Biographie. 2. Bd. 2. Aufl. Berlin 1980, S. 579.
10 Dokumente und Materialien..., a. a. O., Dok. 87, S. 235.
11 Vgl. *Thüringer Volksblatt* vom 1. Februar 1933.
12 Vgl. *Das Volk* vom 22. Oktober u. 1. November 1932.
13 ThHStAW, ThMdI, P 163 (Bd. 5), Bl. 423.
14 Das Volk vom 31. Januar 1933.
15 Vgl. Manfred Weißbecker: Gegen Faschismus und Krieg, a. a. O., S. 9.
16 Vgl. dazu die Ausführungen von Manfred Weißbecker, in: Heimatgeschichtlicher Wegweiser Thüringen, a. a. O., S. 7.
17 Herbert Frister: Geschichte der illegalen proletarischen Gruppierung linker Sozialdemokraten in Ostthüringen 1933- 1945 (künftig zit. Herbert Frister: Geschichte). Unv. Ms. Gera o. J. (um 1966), S. 17. Ein Ex. des Ms. befindet sich im Stadtmuseum Gera.
18 Zit. nach Geschichte der deutschen Sozialdemokratie 1917-1945. Von einem Autorenkollektiv unter Leitung von Heinz Niemann. Berlin 1982, S. 318 f.
19 Ebenda, S. 18 f. Vgl. dazu auch bei Susanne Miller u. Heinrich Potthoff: Kleine Geschichte der SPD. Darstellung und Dokumentation 1848-1980. 4. überarb. u. erw. Aufl. Bonn 1981.
20 Vgl. Geschichte der deutschen Sozialdemokratie 1917 bis 1945, a. a. O., S. 319
21 Ebenda, S. 334.
22 Zur Person Karl Hermanns siehe Michael Kellner: Im Ringen um kommunale Selbstverwaltung. Karl Hermann (1885-1978). In: Gelebte Ideen. Sozialisten in Thüringen. Biographische Skizzen. Hg. von Mario Hesselbarth, Eberhart Schuz u. Manfred Weißbecker. Jena 2006, S. 203 210.
23 Heimatgeschichtlicher Wegweiser Thüringen, a. a. O., S. 48-52. Hier finden sich über die genannten Beispiele hinaus weitere Angaben zum Widerstand, insbesondere über Einzelpersonen und deren Schicksal.
24 Ebenda, S. 56 63. Ausführlichere Angaben am genannten Ort und in der auf S. 71 aufgeführten Literaturübersicht.
25 Heimatgeschichtlicher Wegweiser Thüringen, a. a. O., S. 74.
26 Über die Breite der Aktion „Gitter“ in Thüringen finden sich komplexe Angaben bisher nur im Heimatgeschichtlichen Wegweiser Thüringen.
27 Zu Brills siehe Manfred Overesch: Hermann Brill und der antinationalsozialistische Widerstand. – In: Detlev Heiden u. Gunther Mai (Hg.): Nationalsozialismus in Thüringen. Weimar, Köln, Wien 1995, S. 487-506. Siehe außerdem Eberhard Schulz: Entwürfe für einen demokratischen Sozialismus. Hermann Brill (1895-1959). In: Gelebte Ideen, a. a. O., S. 67-76.
28 Manfred Overesch: Hermann Brill und der antinationalsozialistische Widerstand, a. a. O., S. 493.
29 Ebenda, S. 495.
30 Vgl. Eberhart Schulz: Entwürfe für einen demokratischen Sozialismus. Hermann Brill (1895-1959), a. a. O.; Reinhard Jonscher u. Willy Schilling: Kleine thüringische Geschichte. Vom Thüringer Reich bis 1990. 3. überarb. u. erw. Auflage. Jena 2003, S. 262 ff.
31 Gabriele Lautenschläger: Kirchenkampf in Thüringen. – In: Detlev Heiden u. Gunther Mai: Nationalsozialismus in Thüringen, a. a. O., S. 467. Hier finden sich auch weitere Quellen zur Kirchengeschichte Thüringens.
32 Ebenda, S. 473.
33 Ebenda, S. 478.
34 Die Angaben zu Clemens August Kardinal von Galen wurden einem Faltblatt der katholischen Kirche zu Münster, 2005 vervielfältigt, entnommen.
35 Vgl. Heimatgeschichtlicher Wegweiser Thüringen.
36 Zentner/Bedürftig: Das große Lexikon des Dritten Reiches. Augsburg 1993, S. 326.
37 Das Wort Kapo kommt aus dem Italienischen und bedeutet soviel wie Haupt oder Vorstand.
38 Konzentrationslager Buchenwald Post Weimar/Thür. Hg. von der Nationalen Mahn- und Gedenkstätte Buchenwald (Ausstellungskatalog) 1990, S. 86.
39 Ebenda, S. 126.
40 Der Roman von Bruno Apitz erschien unter dem Titel „Nackt unter Wölfen“. Der Roman diente der Defa, der staatlichen Filmgesellschaft der DDR, als literarische Vorlage für einen ergreifenden Spielfilm, der 1962 unter der Regie von Frank Beyer produziert wurde.
41 Konzentrationslager Buchenwald Post Weimar/Thür. A. a. O., S. 147.
42 Biografische Angaben zu Th. Neubauer und M. Poser finden sich in Hermann Weber u. Andreas Herbst: Deutsche Kommunisten. Biographisches Handbuch 1918 bis 1945. Berlin 2004, S. 528 f. u. 574 f. Siehe außerdem Helga Raschke: Der „rote Doktor“. Theodor Neubauer (1890-1945) und Willy Schilling: Im Widerstand. Magnus Poser (1907-1944). Beides in: Mario Hesselbarth, Eberhard Schulz u. Manfred Weißbecker (Hg.): Gelebte Ideen: Sozialisten in Thüringen. Biographische Skizzen, a. a. O., S. 309 ff u. 331.
43 Emil Woelk gehörte der in Berlin wirkenden Widerstandsgruppe Saefkow-Jacob-Bästlein an und wurde nach deren Zerschlagung am 13. November 1944, zusammen mit weiteren Mitgliedern, hingerichtet.
44 Diese und alle nachfolgenden Angaben zur Neubauer-Poser-Gruppe basieren auf der Darstellung von Gertrud Glondajewski u. Heinz Schumann: Die Neubauer-Poser-Gruppe. Berlin 1957.
45 Hier zitiert nach Heimatgeschichtlicher Wegweiser Thüringen, a. a. O., S. 154. Die Autoren stützten sich dabei auf die zuvor aufgeführte Quelle.

Alltag und Krieg

1 Hier zitiert nach Zentner/Bedürftig: Das große Lexikon des Dritten Reiches, a. a. O., S. 611.
2 Ebenda.
3 Theo Matejko veröffentlichte 1939 in Berlin unter dem Titel „Das Theo Matejko-Buch. Zeichnungen und Aufzeichnungen aus zweieinhalb Jahrzehnten“ zahlreiche seit 1933 gefertigte Zeichnungen. Eine Serie führt den

Titel „Bomben über uns".

4 Vgl. Horst Boog: Der strategische Bobmbenkrieg. Luftwaffe, Royal Air Force und US Army Air Force im Vergleich bis 1945. – In: Militärgeschichtliche Beiträge Jg. 6 (1992), S. 18-28.

5 Arthur Harris vertrat seine Bomberstrategie bis an sein Lebensende. Er argumentierte, daß Kriege schließlich „keine Boxkämpfe zwischen ausgewählten Individuen" seien und ein Krieg ewig dauern könnte, wenn die Städte und deren Bevölkerung, die die Soldaten an der Front unterstützten, nicht angegriffen, zerstört und zermürbt würden. Den erhofften Erfolg verfehlte diese Militärdoktrin allerdings. Sie verkürzte den Krieg nicht. Was blieb, war ein hoher Blutzoll und die Vernichtung unwiederbringlicher Schätze der Weltkultur.

6 Vgl. Willy Schilling: Daten zur Geschichte der Stadt Kahla. 2. u. 3. Bd., Jahrbücher zur Geschichte 1919 bis 1949, Horb am Neckar 1999, S. 150.

7 Zitiert nach Franz Kurowski: Der Luftkrieg über Deutschland. Herrsching 1984, S. 211.

8 Albert Speer beschreibt die zunehmenden Engpässe bei der Versorgung mit Zement im Laufe der Kriegsjahre und die daraus resultierenden viel zu geringen Zuteilungen für die immer notwendiger werdenen Betonschutzbauten für die Zivilbevölkerung. An gleicher Stelle macht der Autor auf fragwürdige Bauvorhaben wie die unvollendet gebliebenen unterirdischen Führerhauptquartiere *Riese* im Eulengebirge und die Anlage im Jonastal bei Arnstadt, für die große Mengen an Baustahl und Beton bereitgestellt wurden, aufmerksam. Vgl. u. a. Albert Speer: Erinnerungen. Berlin 1970.

9 Die Brandblättchen sollten durch Selbstentzündung erntereife Flächen vernichten. Dazu hätte es aber besonders günstiger Voraussetzungen bedurft.

10 Genaueres findet sich bei Karl Ries u. Wolfgang Dierich: Fliegerhorste und Einsatzhäfen der Luftwaffe. Planskizzen 1935-1945. 2. Aufl. Stuttgart 1996.

11 Vgl. dazu die ausführlichere Darstellung in Klaus W. Müller u. Willy Schilling: Deckname Lachs. Die Geschichte der unterirdischen Fertigung der Me 262 im Walpersberg bei Kahla 1944/45, a. a. O.

12 Vgl. BundesA Koblenz, Bestand R3-1326/12.

13 Vgl. StadtA Pößneck, Bericht des Bürgermeisters vom 4. Februar 1946 an die SMA übeer Rüstungsbetriebe und gelagertes Kriegsmaterial.

14 Hans Kehrl erwähnt die Thüringische Zellwolle AG in Schwarza als eines der wichtigsten und modernsten Kunstfaserwerke des Deutschen Reiches. Die Sowjetunion beabsichtigte den Ankauf eines kompletten Werkes. Vgl. Hans Kehrl: Kriegsmanager im Dritten Reich. 6 Jahre Frieden – 6 Jahre Krieg. 2. Aufl. Düsseldorf 1973, S. 222.

15 Vgl. BundesA, MilitärA Freiburg, Bestand RW 21-62/12. Rüstungskommandos (IX) Weimar, Kriegstagebuch u. Aktenvermerke 1.4.1944-30.9.1944.

16 Ulrich Brunzel: Der verbotene Wald. – In: Ders.: Hitlers Geheimobjekte in Thüringen, S. 195-204; Zur Muna Hermsdorf siehe Sandy Jahn u. Marie Petermann: Spurensuche: Die Luftwaffen-Munitionasanstalt („Muna") Oberndorf 5/IV – Außenstelle des KZ Buchenwald. Jena 2003.

17 Die Untergruppe gehörte zum Luftgau III, 14. Flakdivision Leipzig, mit dem Generalkommando in Berlin. Im gesamten Reichsgebiet unterstanden der Division 1500 schwere und 880 leichte Flakbatterien. Vgl. Horst-Adalbert Koch: Flak. Die Geschichte der deutschen Flakartillerie und der Einsatz der Luftwaffenhelfer. 2. Aufl. Bad Nauheim 1965, S. 431; Gebhard Aders: Geschichte der deutschen Nachtjagd 1917-1945. 2. Aufl. Stuttgart 1978, S. 388.

18 Vgl. Horst-Adalbert Koch: Flak. Die Geschichte der deutschen Flakartillerie und der Einsatz der Luftwaffenhelfer, a. a. O., S. 213.

19 Ausführliche Angaben siehe Hans-Dietrich Nicolaisen: Gruppenfeuer und Salventakt. Schüler und Lehrer bei der Flak 1943-1945. 2 Bde. Büsum 1993.

20 Alle hier aufgeführten Daten zur Coppanzer Flakbatterie wurden von Klaus W. Müller anhand vorliegender Tagebuchaufzeichnungen (s. Anm. 33) erhoben.

21 Siehe dazu Horst-Adalbert Koch: Flak. Die Geschichte der deutschen Flakartillerie und der Einsatz der Luftwaffenhelfer, a. a. O.

22 Siehe dazu Karl Ries u. Wolfgang Dierich: Fliegerhorste und Einsatzhäfen der Luftwaffe. Planskizzen 1935-1945, a. a. O.

23 Vgl. Brian Johnson: Streng geheim. Wissenschaft und Technik im 2. Weltkrieg. Stuttgart 1983, S. 63-126.

24 Dokumente über die Alleinschuld Englands am Bombenkrieg gegen die Zivilbevölkerung. Auswärtiges Amt Berlin 1943. Faksimileausgabe 1995, S. 147.

25 Vgl. Franz Kurowski: Der Luftkrieg über Deutschland, a. a. O., S. 233.

26 Angaben darüber finden sich bei Willy Schilling: Jena. Vom Ackerbürgerstädtchen zur Universitäts- und Industriestadt. Horb a. N. 1996, S. 97; Hans-Dietrich Nicolaisen: Gruppenfeuer und Salventakt. Schüler und Lehrer bei der Flak 1943-1945, Bd. 2, a. a. O., S. 1541; David Irving: Die Tragödie der deutschen Luftwaffe. Aus den Akten und Erinnerungen von Feldmarschall Milch. Berlin 1970, S. 287 f.

27 Vgl. Hans-Dietrich Nicolaisen: Gruppenfeuer und Salventakt, Bd. 2, a. a. O., S. 1541.

28 Vgl. Willy Schilling: Jena. Vom Ackerbürgerstädtchen zur Universitäts- und Industriestadt, a. a. O., S. 97.

29 Vgl. Roger A. Freeman: Mighty Eighth War Diary. London-New York 1981. Alle in diesem Abschnitt aufgeführten Angaben über Einsatzstärken, Bombenlasten, Ziele usw. der 8. USAF, die nicht durch eine gesonderte Quellenangabe ausgewiesen werden, entstammen dieser Publikation.

30 BundesA, MilitärA Freiburg, Bestand RW 21-62/12, Rüstungskommando (IX) Weimar, Kriegstagebuch u. Aktenvermerke vom 1.4.1944-30.9.1944.

31 Vgl. Wehrmachtsbericht vom 13. Mai 1944. – In: Die Wehrmachtsberichte 1939-1945. 3 Bde., Bd. 3, Köln 1989.

32 Percy E. Schramm (Hrsg.): Kriegstagebuch des Oberkommandos der Wehrmacht 1944-1945. Eine Dokumentation. Studienausgabe in 8 Bänden. Bonn o. J. Bd. 7 (=4/1), S. 954.

33 Zitiert nach privaten Tagebuchnotizen des Flakhelfers Wolfjürgen Bley aus Pößneck, der 1944/45 in Coppanz als Luftwaffenhelfer Dienst leistete. Alle Angaben zu den Abschüssen dieser Einheit entstammen diesen Aufzeichnungen.

34 Vgl. Konzentrationslager Buchenwald – Post Weimar/Thür., a. a. O., S. 121-123.

35 Vgl. dazu die ausführlichen Darstellungen in: Klaus W. Müller u. Willy Schilling: Deckname Lachs. Die Geschichte der unterirdischen Fertigung der Me 262 im Walpersberg bei Kahla 1944/45. A. a. O.

36 Es gibt zahlreiche Äußerungen hoher US-Militärs, die zu der Auffassung kamen, daß der massenhafte Einsatz der Strahljäger über zwei bis drei Monate hinweg

zu einer strategischen Wende im Bombenkrieg geführt hätte. Auf den Kriegsverlauf und die Niederlage der Wehrmacht hätte dies jeoch keinen Einfluß gehabt.

37 Vgl. Willy Schilling: Jena. Vom Ackerbürgerstädtchen zur Universitäts- und Industriestadt, a. a. O., S. 97 u. 136.

38 Vgl. Götz Bergander: Dresden im Luftkrieg. Vorgeschichte – Zerstörung – Folgen. 3. Aufl. Weimar, Köln, Wien 1995, S. 141 f.

39 RGBl. I vom 27.7.1944, S. 161.

40 RGBl. I vom 2.8.1944, S. 168.

41 Vgl. Klaus Mammach: Der Volkssturm. Berlin 1981, S. 17 u. 18.

42 Ebenda, S. 34 u. 35.

43 Zu den einzelnen Angaben vgl. Robin Garn (Hrsg.): Reichsbahn ohne Reich. Über die Nachkriegsgeschichte der ostdeutschen Staatsbahn. Bd. 1 (1945-1955): Auferstanden aus Ruinen. Berlin 1996, S. 22-24; Kit C. Carter u. Robert Mueller: The Army Air Forces in World War II: Combat Chronology 1941-1945. Washington 1975, S. 614-629.

44 Percy E. Schramm (Hrsg.): Kriegstagebuch des deutschen Oberkommandos der Wehrmacht. Studienausgabe Bd. 8, a. a. O., S. 1679.

Epilog

1 Was hier unter „politischer Elite“ des deutschen Faschismus verstanden wird, deckt sich nicht mit dem in der Literatur häufig auftauchenden Begriff der „nationalsozialistischen Elite“ (so beispielsweise: Die Führer der Provinz. NS-Biographien aus Baden und Württemberg, hg. von Michael Kißener und Joachim Scholtyseck. Konstanz 1997, S. 13 und passim). „Politische Elite“ deckt sich auch nicht mit dem Begriff des „Schreibtischtäters“, sondern hebt jene „Hoheitsträger“ der NSDAP heraus, die – auf welcher Ebene der Herrschaftsstrukturen auch immer – als politisch Verantwortliche entscheidend das Funktionieren des Regimes gewährleisteten. Die im politischen Machtgefüge der Diktatur als unentbehrliche Figuren in der zweiten oder auch der dritten Reihe stehenden Faschistenführer sind nach meinem Empfinden in der insgesamt zwar erfolgreichen, jüngst jedoch zu vehement in den Vordergrund deutscher Geschichtswissenschaft gerückten Suche nach eigenständig und aus eigener Initiative handelnden „Tätern“ etwas zu sehr an den Rand verwiesen, wenn letztere gleichsam als ungeführt und von politischen Verhältnissen losgelöst die Verbrechen Ausführende erscheinen. Mit dem Begriff „Täter“ sind dort vor allem jene Personen oder Gruppen gemeint, die „entweder direkt oder aber indirekt an den schlimmsten Untaten des NS-Regimes beteiligt waren.“ (Siehe u.a. Ulrich Herbert: Wer waren die Nationalsozialisten? Typologien des politischen Verhaltens im NS-Staat. In: Karrieren im Nationalsozialismus. Funktionseliten zwischen Mitwirkung und Distanz, hg. von Gerhard Hirschfeld und Tobias Jersak. Frankfurt a. M. und New York 2004, S. 17.). Zur „Täterforschung“ siehe vor allem: Karrieren der Gewalt. Nationalsozialistische Täterbiographien, hg. von Klaus-Michael Mallmann und Gerhard Paul. Darmstadt 2004; Hirschfeld und Jersak: Karrieren im Nationalsozialismus, a. a. O.; Michael Wildt: Generation des Unbedingten. Das Führungskorps des Reichssicherheitshauptamtes. Hamburg 2002.

2 Das Reichssicherheitshauptamt verfügte über annähernd 3000 Mitarbeiter. Siehe Wildt: Generation, S. 23.

3 Hier kann nicht näher darauf eingegangen werden, wie zunächst das konservative Umfeld seiner Eltern den Weg Sauckels zum deutschvölkischen Antisemitismus geebnet hatte, der ihn in den Deutschvölkischen Schutz- und Trutzbund und schließlich in die NSDAP führte. Deren Ideologie hing er indessen lebenslang an, sie mit allen ihm zur Verfügung stehenden Mitteln verfechtend. Eine Korrektur seines Schrittes ins Lager der extremen Rechten kam für ihn niemals mehr in Frage. Im Gegenteil, die nationalistisch-rassistische Begrenztheit seines Denkens, befördert durch eine gewisse Starrköpfigkeit, führte ihn auf der einmal eingeschlagenen Bahn voran. Nahezu blind und bedenkenlos zeigte er sich bereit, sich einer Autorität unterzuordnen und Befehlen zu folgen.

4 Der Prozeß gegen die Hauptkriegsverbrecher vor dem Internationalen Militärgerichtshof, Nürnberg 14. November 1945 – Oktober 1946. Amtlicher Text, Deutsche Ausgabe. Nürnberg 1947-1949, 42 Bände (künftig: IMT), Bd. XV, S. 154 f. In Hitlers Erlassen taucht der GBA letztmalig am 30.05.1944 auf. Siehe „Führer-Erlasse 1939-1945“. Edition sämtlicher überlieferter, nicht im Reichsgesetzblatt abgedruckter, von Hitler während des Zweiten Weltkrieges schriftlich erteilter Direktiven aus den Bereichen Staat, Partei, Wirtschaft, Besatzungspolitik und Militärverwaltung. Zusammengestellt und eingeleitet von Martin Moll, Stuttgart 1997, S. 415. Auch in den Tagebüchern von Joseph Goebbels kam Sauckel kaum noch vor.

5 IMT, Bd. XIV, S. 676 ff.

6 Siehe generell dazu Frank Bajohr: Parvenüs und Profiteure. Korruption in der NS-Zeit. Frankfurt a. M. 2001.

7 Abgesehen vom Buch Peter Hüttenbergers (Die Gauleiter. Studie zum Wandel des Machtgefüges in der NSDAP. Stuttgart 1969), das jedoch mehr Strukturen und Funktionen untersucht, und von der im rechtsextremen Grabert-Verlag erschienenen Datensammlung von Karl Höffkes existieren kaum geschichtswissenschaftliche Arbeiten über die Gauleiter. Auf dieses Defizit wies bereits Walter Ziegler in seinem Beitrag „Gaue und Gauleiter im Dritten Reich“ hin. In: Nationalsozialismus in der Region. Beiträge zur regionalen und lokalen Forschung und zum internationalen Vergleich. Hg. von Horst Möller, Andreas Wirsching und Walter Ziegler. München 1996, S. 139-159. Der jüngst von Jürgen John, Horst Möller und Thomas Schaarschmidt herausgegebenen Band „Die NS-Gaue. Regionale Mittelinstanzen im zentralistischen ‘Führerstaat’. München 2007“, ist eher strukturgeschichtlich angelegt und enthält relativ wenige Aussagen zu einzelnen Gauleitern. Anregend ist vor allem der Beitrag von Bernhard Gotto „Dem Gauleiter entgegen arbeiten? Überlegungen zur Reichweite eines Deutungsmusters“, in: Ebenda, S. 80-99.

7a Zu verweisen ist hier vor allem auf die Arbeiten von Steffen Raßloff.

8 Sauckel wußte durchaus, daß ihn ein Todesurteil erwartet, obwohl er es einfach nicht wahrhaben wollte, als es von Nürnberger Gerichtshof ausgesprochen wurde. Am 29.01.1943 hatte er in Weimar öffentlich erklärt: „Ich weiß, daß ich die Ehre habe, neben dem Führer und anderen nationalsozialistischen Führern und Generalen zu den bestgehaßten und am meisten verleumdeten Menschen zu gehören. Daß der englische Nachrichtendienst sich sehr mit mir befaßt und mir einen der höchsten Galgen in Berlin prophezeit, darauf

bin ich unendlich stolz." Thüringisches Hauptstaatsarchiv Weimar (künftig zit. als: ThHStAW), Bestand Reichsstatthalter (künftig zit. als: RStH), Bd. 189, Bl. 104.

9 Die Überlegungen zum Problem von Machtausübung auf höherer und regionaler Hierarchiestufe politischer Machtausübung in braunen Zeiten und ihrer Rolle im Leben Fritz Sauckels berühren sowohl individuelle als auch gesellschaftliche Aspekte des Verhältnisses von Politikern zur Macht, nachdem diese ihnen abhanden gekommen ist. Vermutlich lassen sich Charaktereigenschaften und Verhaltensdefizite erkennen sowie Verhaltensschemata, die nicht allein bei den 1945 geschlagenen deutschen Politikern anzutreffen sind. Dies wirft auch Fragen übergreifender Natur auf, u.a. die nach der Rolle politischer Eliten und ihrer Entwicklung vom Beginn des 20. Jahrhunderts bis auf den heutigen Tag.

10 IMT, Bd. XIV, S. 677.

11 IMT, Bd. XIV, S. 690.

12 IMT, BD. XV, S. 66.

13 Zit. nach Norbert Frei: Vergangenheitspolitik. Die Anfänge der Bundesrepublik und die NS-Vergangenheit. München 1996, S. 162 f.

14 Vgl. dazu den beigeschlossenen Lebenslauf Sauckels (künftig zit. als: Lebenslauf).

14a Offensichtlich gleicht Macht in unserer Gesellschaft mitunter einem Suchtrausch, bei dem so oder so alles, aber auch wirklich alles lediglich machtpolitischen Kriterien untergeordnet wird. Den hohen Preis zahlen zwar sie, die in der Literatur „Politholics" genannt worden sind, doch in aller Regel und in weitaus höherem Maße diejenigen, denen ihr Wirken ohnehin nichts Gutes gebracht hat. Siehe dazu u. a. Jürgen Leinemann: Höhenrausch. Die wirklichkeitsleere Welt der Politiker. München 2004; siehe auch Thomas Wieczorek: Die Stümper. Über die Unfähigkeit unserer Politiker. München 2005.

15 Siehe Gustave M. Gilbert: Nürnberger Tagebuch. Frankfurt a. M. 1995, S. 11 und 79.

16 Siehe Peter W. Becker: Fritz Sauckel. In: Die braune Elite. 22 biographische Skizzen, hg. von Ronald Smelser und Rainer Zitelmann, Darmstadt 1989, S. 237.

17 ThStAW, RStH, Bd. 188, Bl. 54 ff.

18 Siehe die Schilderung des amerikanischen Hauptanklägers Telford Taylor: Die Nürnberger Prozesse. Hintergründe, Analysen und Erkenntnisse aus heutiger Sicht. München 1994, S. 495-500.

19 Vor allem der Bestand Reichsstatthalter im Thüringischen Hauptstaatsarchiv Weimar erweist sich in dieser Hinsicht als eine prall gefüllte Fundgrube. Siehe dazu ThStAW, RStH, insbesondere die Bände 186-191.

20 IMT, Bd. XIV, S.669.

21 Rede vom 02.09.1939. In: ThHStAW, RStH, Bd. 186, Bl. 280.

22 Rede vom 13.11.1939. In: ThHStAW, RStH, Bd. 186, Bl. 507 ff. Siehe dazu auch Manfred Weißbecker: „Wenn hier Deutsche wohnten ..." Beharrung und Veränderung im Rußlandbild Hitlers und der NSDAP. In: Das Rußlandbild im Dritten Reich. Hg. von Hans-Erich Volkmann. Köln, Weimar, Wien 1994, S. 9-54.

23 ThHStAW, RStH, Bd. 188, Bl. 274.

24 Zit. nach Manfred Overesch: Hermann Brill in Thüringen 1895-1946. Ein Kämpfer gegen Hitler und Ulbricht. Bonn 1992, S. 195. (Im folgenden: Overesch, Brill)

25 Adolf Hitler: Mein Kampf. Zwei Bände in einem Band. Ungekürzte Ausgabe. 390./394. Aufl. München 1939, S. 766 f.

26 Siehe dazu meinen Beitrag „Von Weltkrieg zu Weltkrieg: Die friedlose NSDAP". – In: Der Weg deutscher Eliten in den zweiten Weltkrieg. Nachtrag zu einer verhinderten deutsch-deutschen Publikation. Hg. von Ludwig Nestler in Verbindung mit Paul Heider, Kurt Meier, Wolfgang Ruge, Wolfgang Schumann, Martin Seckendorf, Achim Thom, Manfred Weißbecker, Berlin 1990, S. 327-381.

27 IMT, Bd. XIV, S. 671 und 676.

28 *Der Nationalsozialist*, 30.5.1933. Siehe auch Martin Schulze: Nationalsozialistische Regierungstätigkeit in Thüringen 1932 bis 1935. Weimar 1936.

29 Siehe die zahlreichen informativen Studien von Udo Wohlfeld über die Konzentrationslager in Thüringen.

30 *Weimarische Zeitung*, 4./5.3.1933.

31 Fritz Sauckel: Die Grundlagen deutscher Zukunft. In: Fritz Sauckels Kampfreden. Dokumente aus der Zeit der Wende und des Aufbaus. Ausgew. und hg. von Fritz Fink. Weimar 1934, S. 91.

32 Wörtlich erklärte Sauckel: „Ich habe ihn am 20. Juli 1944 durch meine persönliche Initiative aus seiner Haft entlassen lassen, weil er auf der Liste der Verschwörer gestanden hat, ich achtete ihn aber persönlich so, daß ich trotzdem um seine Freilassung gebeten habe und dieselbe auch erreichte." IMT, Bd. XIV, S. 662 f.

33 Nach Overesch soll Sauckel Frölichs Freilassung nach dessen Verhaftung im November 1938 veranlaßt haben. Overesch, a. a. O., S. 275. Frölich saß vom 19.11.1938 bis 11.02.1939 in Untersuchungshaft.

34 In den Jahren von 1933 bis 1944 gab es zahlreiche Attentatsversuche, die der Öffentlichkeit verschwiegen wurden. Einer der nicht verschwiegen werden konnte, war der Attentatsversuch von Johann Georg Elser (1903-1945) im Münchner Bürgerbräu-Keller am 9. November 1939. Hitler entkam dem Attentat zufällig, da er an diesem Tag aufgrund des schlechten Wetters statt mit dem Flugzeug, mit der Reichsbahn nach Berlin zurückkehren mußte und seine Rede aus diesem Grund verkürzte. Elser wurde noch am gleichen Tag an der Schweizer Grenze aufgegriffen und als „Sonderhäftling" des Führers ins KZ Sachsenhausen eingeliefert. Um die Jahreswende 1944/45 ins KZ Dachau verlegt, wurde er am 9. April 1945 auf Weisung des RSHA erschossen.

35 IMT, Bd. XIV, S. 676 f.

36 IMT, Bd. XV, S. 73.

37 Denkschrift über die Tätigkeit der Fraktion der NSDAP im Thüringer Landtage 1924/1927. Hg. von Willy Marschler. Weimar o.J. Als Jude sollte jeder gelten, der „in der großväterlichen Geschlechterfolge (Generation) noch Blutsverwandte hatte, die sich zum mosaischen Glauben bekannten, egal ob sie heute getauft sind oder nicht."

38 Willy Schilling: Hitlers Trutzgau. Thüringen im Dritten Reich. 1. Bd. Jena 2005, S. 134 f.

39 Ebenda, S. 108 f.

40 *Die Pflicht*, H. 19/1938, S. 255.

41 Schilling, Hitlers Trutzgau, S. 109.

42 Ebenda; Verfolgung und Vertreibung thüringischer Juden sind ausführlich dargestellt in: Heimatgeschichtlicher Wegweiser zu Stätten des Widerstandes und der Verfolgung 1933 – 1945. Bd. 8: Thüringen. Hg. vom Thüringer Verband der Verfolgten des Naziregimes – Bund der Antifaschisten und des Studienkreises deutscher Widerstand 1933 – 1945. Frankfurt a.M. 2003.

43 Mitteilung von Andreas Schneider (Erfurt), der sich

intensiv mit der Geschichte der Gestapo in Thüringen befaßt hat.

44 Siehe Jürgen John: Wirtschaftsentwicklung und politische Umbrüche in Thüringen. – In: Werner Bramke u. Ulrich Heß (Hg.): Sachsen und Mitteldeutschland. Politische, wirtschaftliche und soziale Wandlungen im 20. Jahrhundert. Weimar, Köln, Wien 1995, S. 113 f. Die reichsweite Volks-, Berufs- und Betriebszählung wies für den Gau Thüringen eine deutliche Verstärkung des industriellen Sektors und einen tiefgreifenden strukturellen Wandel aus. Die Zahl der Großbetriebe mit mehr als 1000 Beschäftigten stieg im Land von acht (1933) auf 32 (1939), im Gau insgesamt auf 44. Waren 1925 nur 6,8 % der in Industrie und Handwerk Tätigen in der Großindustrie beschäftigt, so stieg ihr Anteil bis 1939 auf 14,7 %. Der Erwerbstätigenanteil der metallverarbeitenden Industrie hat sich von 20,5 % (1933) auf 32 % erhöht, der der Leichtindustrie von 59,6 Prozent (1933) auf 47,6 Prozent verringert. Siehe Jürgen John u. a.: Geschichte in Daten. Thüringen, Wiesbaden 2003, S. 246.

45 Die jüdischen Firmeninhaber wurden gezwungen, eine Schuld von 9,75 Millionen RM anzuerkennen und auf ihr mit 8 Millionen RM völlig unterbewertetes Werk zu verzichten. Siehe Erich Buchmann: Von der jüdischen Firma Simson zur Nationalsozialistischen Industriestiftung Gustloff-Werke, Erfurt 1944, S. 14 f.

46 ThHStAW, RStH, Bd. 16-17, Bl. 59.

47 Siehe Rüdiger Stutz: „Der Kulturstadt einen neuen Lebensstrom einzuflößen". Fritz Sauckel und die Gustloff-Werke in Weimar. In: Klassikerstadt und Nationalsozialismus. Kultur und Politik in Weimar 1933-1945. Hg. Von Justus H. Ulbricht im Rahmen der Weimarer Schriften, Weimar 2002, S. 64-76.

48 Offensichtlich spielte diese Tatsache eine wesentliche Rolle bei der Entscheidung Hitlers, Sauckel im März 1942 zum Generalbevollmächtigten für den Arbeitseinsatz zu ernennen.

49 ThHStAW, RStH, Bd. 191, Bl. 476 f.

50 IMT, Bd. XIV, S. 53.

51 Albert Speer: Erinnerungen. Frankfurt a. M., Berlin u. Wien 1969, S. 227.

52 Siehe dazu Manfred Weißbecker: Fritz Sauckel. „Wir werden die letzten Schlacken unserer Humanitätsduselei ablegen...". – In: Kurt Pätzold u. Manfred Weißbecker (Hg.): Stufen zum Galgen. Lebenswege vor den Nürnberger Urteilen. Leipzig 1996, S. 325 f.

53 Ulrich Herbert: Fremdarbeiter. Politik und Praxis des „Ausländer-Einsatzes" in der Kriegswirtschaft des Dritten Reiches, Berlin und Bonn 1985, S. 160. Karl Heinz Roth spricht von einer großen „Variationsbreite unfreier Arbeitsverhältnisse" und stellt deren Entwicklungsetappen dar. Entstanden sei „ein kriegswirtschaftliches Kuli-System, das den Prozeß der Subproletarisierung der Arbeitsverhältnisse drastisch förderte." Karl Heinz Roth: Unfreie Arbeit im deutschen Herrschaftsbereich 1930-1945. Historische Grundlagen und Methodenfragen. – In: Soziale Demokratie und sozialistische Theorie. Festschrift für Hans-Josef Steinberg. Hg. von Inge Marßolek und Till Schelz-Brandenburg. Bremen 1995.

54 IMT, Bd. XXV, S. 74.

55 Sauckel fügte hinzu: „Dieses Zahlenverhältnis, das hier von dem Stenographen oder Protokollführer niedergelegt ist, ist vollständig unmöglich. Wie der Irrtum zustande gekommen ist, weiß ich nicht. Ich habe das Protokoll nie gesehen." IMT, Bd. XV, S. 12 f.

56 ThHStAW, Thüringisches Ministerium des Innern P 100, Bl. 10.

57 Besprechung mit leitenden Beamten des Reichsarbeitsministeriums am 15.04.1942. Zit. nach Rolf-Dieter Müller: Die Rekrutierung sowjetischer Zwangsarbeiter für die deutsche Kriegswirtschaft. In: Europa und der „Reichseinsatz". Ausländische Zivilarbeiter, Kriegsgefangene und KZ-Häftlinge in Deutschland 1938-1945. Hg. von Rolf-Dieter Müller. Essen 1991, S. 238.

58 Sein Verständnis für das Völkerrecht war sicher begrenzt, dennoch kam es einer Provokation gleich, als er auf eine Frage von Servatius, ob denn seine Aufgabe gegen das Völkerrecht verstoßen habe, antwortete: „Der Führer hat zu dieser Frage mir gegenüber so ausführliche Darlegungen gemacht, die Notwendigkeit als so selbstverständlich geschildert, daß, nachdem er einen Vorschlag, den er selbst machte, zurückstellte, an diesem Einsatz ausländischer Arbeiter keinerlei völkerrechtliche Bedenken bei mir entstehen konnten." IMT, Bd. XIV, S. 683.

59 Ferner führte er aus: „Ich gebe dem französischen, belgischen, polnischen und auch dem sowjetischen Arbeiter genau dasselbe, was der deutsche Arbeiter, der bei der OT oder sonstwo unter schwierigen Verhältnissen eingesetzt ist, bekommt. Sie bekommen dieselben Baracken, dieselbe Verpflegung, kalorienmäßig, und dieselben Löhne." ThHStAW, RStH, Nr. 199, Bl. 368. Auszüge aus dieser Rede enthält auch: Zwangsarbeit in Thüringen 1940-1945. Quellen aus den Staatsarchiven des Freistaates Thüringen, hg. von Norbert Moczarski, Bernhard Post und Katrin Weiß (= Quellen zur Geschichte Thüringens, Bd. 19). Erfurt 2002, S. 54-57 (künftig zit. als: Zwangsarbeit in Thüringen.)

60 IMT, Bd. XIV, S. 687.

61 IMT, Bd. XIV, S. 686.

62 IMT, Bd. XV, S. 19.

63 Siehe Zwangsarbeit in Thüringen, a. a. O., S. 23.

64 Siehe dazu u.a.: Stiften gehen. NS-Zwangsarbeit und Entschädigungsdebatte, hg. von Ulrike Winkler. Köln 2000.

65 ThHStAW, RSH, Nr. 190, Bl. 398 ff. Hervorhebung durch den Vf.

66 Ebenda. Das Dokument ist auszugsweise auch abgedruckt in Zwangsarbeit in Thüringen, a.a.O., S. 58-62.

67 Darauf machte freundlicherweise Willy Schilling den Vf. aufmerksam.

68 ThStAW, RStH, Bd. 491, Bl. 209.

69 Solche Vorwurfe erreichten Sauckel auch aus der thüringischen Bevölkerung. Siehe Zwangsarbeit in Thüringen, S. 65 ff

70 Fritz Sauckel: Das Programm des Arbeitseinsatzes, o. O. 1942, S. 17 f.

71 IMT, Bd. XIV, S. 687.

72 ThStAW, RSH, Bd. 189, Bl. 23.

73 Ulrich Herbert spricht von drei Dingen, die Sauckel dabei zu gewährleisten hatte: „Die Löhne der Ostarbeiter mußten erhöht werden, gleichzeitig aber niedriger bleiben als die der deutschen Arbeiter, und sie durften keine zusätzlich ins Gewicht fallende Warenkaufkraft freisetzen." Ulrich Herbert, Fremdarbeiter, a. a. O., S. 172.

74 Walter Naasner: Neue Machtzentren in der deutschen Kriegswirtschaft 1942-1945. Die Wirtschaftsorganisation der SS, das Amt des Generalbevollmächtigten für den Arbeitseinsatz und das Reichsministerium für Bewaffnung und Munition/Reichsministerium für Rüstung und Kriegsproduktion im nationalsozialistischen

Herrschaftssystem. Boppard am Rhein 1994, S. 111.

75 ThStAW, RStH, Bd. 190, Bl. 467.

76 Max Timm, Ministerialrat und Abteilungsleiter in Sauckels Arbeitsverwaltung, sagte in Nürnberg als Zeuge: „Als Sauckel sein Amt übernahm, hatte ich den Eindruck eines sehr energischen, arbeitsfreudigen Menschen, der zum Teil zuweilen erregbar war und auch wohl zu Zornesausbrüchen kam, der von seinen Mitarbeitern viel forderte, aber auch an sich selbst hohe Anforderungen stellte." IMT, Bd. XV, S. 231.

77 Albert Speer: Spandauer Tagebücher. Frankfurt/Main u.a. 1975, S. 22. An anderer Stelle betont Speer, er habe es nicht nötig gehabt, Sauckel anzuspornen, da dieser „von seiner Aufgabe wie besessen" gewesen sei. Ebenda, S. 81.

78 Siehe Fritz Zeiseler: Einer der Primitivisten unter Hitlers Paladinen. Wie Fritz Sauckel „Generalbevollmächtigter für den Arbeitseinsatz" wurde. – In: *Thüringische Landeszeitung*, 23.3.2002.

79 Airy Neave: On Trial in Nuremberg (1978). Zit. nach Gitta Sereny: Das Ringen mit der Wahrheit. Albert Speer und das deutsche Trauma. München 1995, S. 12.

80 Siehe z.B. John u.a., Geschichte in Daten. Thüringen, a. a. O., S. 249. Zu prüfen wäre, ob Sauckel zu jener Gruppe gehört hat, die Rüdiger Hachtmann in seiner Studie über die Deutsche Arbeitsfront als „charismatisch legitimierte Kommissare" bezeichnet hat. Jürgen Hachtmann: Chaos und Ineffizienz in der Deutschen Arbeitsfront. Ein Evaluierungsbericht aus dem Jahr 1936. – In: *Vierteljahrshefte für Zeitgeschichte*, Stuttgart 2005, H. 1, S. 69.

81 Im Jahr 2007 erschien eine biografische Skizze, die ohne auf die gesamte Breite der in einer Biografie auszuführenden Seiten und Entwicklungen eingehen zu können, das politische Leben Sauckels in wesentlichen Entwicklungsphasen darstellt. Siehe dazu Steffen Raßloff: Fritz Sauckel. Hitlers „Muster-Gauleiter" und „Sklavenhalter". Erfurt 2007.

82 Lebenslauf, S. 10 f.

83 Siehe Donald R. Tracy: Der Aufstieg der NSDAP bis 1930. – In: Nationalsozialismus in Thüringen. Hg. von Detlev Heiden und Gunter Mai. Weimar u.a. 1995, S. 67 f.

84 Siehe Willy Schilling u. Rüdiger Stutz: NS-Gau Thüringen. Der Sauckel-Wächtler-Konflikt. – In: Europa vor dem Abgrund. Das Jahr 1935, hg. von Kurt Pätzold und Erika Schwarz. Köln 2005, S. 164-176.

85 Zur kritischen Denkschrift Sauckels vom 27. Januar 1936 „Die Verlagerung von Zuständigkeiten von den bisherigen Ländern nach der Berliner Ministerialbürokratie" und deren Vorgeschichte siehe Schilling, a. a. O., S. 50 ff.

86 Siehe dazu die ausführliche Darstellung bei Herbert: Fremdarbeiter, a. a. O.

87 Lebenslauf, S. 13.

88 Ebenda, S. 18.

89 Ich lehne mich mit dieser Wortwahl an Michael Wildt an, der in seiner Einleitung zu dem von ihm herausgegebenen Band „Nachrichtendienst, politische Elite und Mordeinheit. Der Sicherheitsdienst des Reichsführers SS" (Hamburg 2003, S. 8) den SD als eine „politische Elite" innerhalb des organisatorischen Konglomerats der nationalsozialistischen Sicherheitspolizei bewertet. Dieser differenzierende und die Rolle politischer Eliten heraushebende Ansatz kann für weitere Analysen des gesamten Herrschaftsapparates der NSDAP und des Dritten Reiches nützlich sein.

90 Siehe z. B. Becker: Fritz Sauckel, a. a. O. S. 244; Gitta Sereny berichtet u.a. von einem Gespräch mit dem britischen Ankläger in Nürnberg, Sir Hartley Shawcross, der es als „grundverkehrt" empfunden habe, daß Sauckel zum Tod verurteilt worden ist, während Speer mit dem Leben davonkam. Gitta Sereny: Das Ringen mit der Wahrheit. Albert Speer und das deutsche Trauma. München 1995, S. 43.

91 IMT, Bd. XIX, S. 461.

Täter und Wegbereiter

1 Die aufgeführten biografischen Angaben erheben keinen Anspruch auf Vollständigkeit. Sie basieren vor allem auf im Literaturverzeichnis vollständig aufgeführten Publikationen. In Einzelfällen wurden Ergänzungen aus vorliegenden Archivalien und Presseberichten übernommen. Bei der Zusammenstellung der biografischen Skizzen wurden vor allem genutzt: Thüringen-Handbuch. Territorium, Verfassung, Parlament, Regierung und Verwaltung in Thüringen 1920 bis 1995, hg. von Bernhard Post und Volker Wahl. Weimar 1999; Erich Stockhorst: 5000 Köpfe. Wer war was im 3. Reich. Sonderausgabe als unv. Nachdruck. Kiel 2000; Hermann Weiß (Hg.): Biographisches Lexikon zum Dritten Reich. 2. Aufl. Frankfurt am Main 1998.

Dokumente

1 Die in Dokument 9 aufgeführten Mitglieder der Historischen Kommission berichtigen die fehlerhafte Wiedergabe der Namen einiger Gründungsmitglieder im 1. Band auf S. 124 (Übersicht). Die hier abgedruckten Angaben sind verbindlich und wurden entsprechend in das Personenverzeichnis dieses Bandes aufgenommen.

Register

Literaturverzeichnis

(Die bibliographischen Angaben zu den verwendeten Beiträgen aus Zeitungen, Zeitschriften und Sammelbänden sind den Anmerkungen zu entnehmen.)

Achler, Heinrich (Hg.): Thüringens Sendung. Weimar 1933.

Aders, Gebhard: Geschichte der deutschen Nachtjagd 1917 – 1945. Stuttgart [2]1978.

Adolf Hitlers Mein Kampf. Eine kommentierte Auswahl von Christian Zentner. München, Leipzig [13]1999.

Akten der Reichskanzlei. Regierung Hitler 1933-1938. Die Regierung Hitler, Teil I: 1933/34, Bd. 1. Boppard 1983 ff.

Albrecht, Karl-Heinz: Zehn Jahre Kampf um Gera. Eine Geschichte der NSDAP im Thüringer Osten. Sonderdruck Gera 1933.

Anatomie des SS-Staates. 2 Bde. München [4]1984.

Bajohr, Frank: Parvenüs und Profiteure. Korruption in der NS-Zeit. Frankfurt a. M. 2001.

Baranowski, Franz: Rüstungsprojekte in der Region Nordhausen, Worbis und Heiligenstadt während der NS-Zeit. Duderstadt 1998.

Benz, Wolfgang (Hg.): Lexikon des Holocaust. München 2002.

Benz, Wolfgang: Geschichte des Dritten Reiches. Sonderausgabe für die Bundeszentrale und die Landeszentralen für politische Bildung. München 2000.

Benzenhöfer, Udo: „Kinderfachabteilungen" und „NS Kindereuthanasie". Wetzlar 2000.

Bergander, Götz: Dresden im Luftkrieg. Vorgeschichte, Zerstörung, Folgen. Weimar, Köln, Wien [3]1995.

Blätter zur Landeskunde. Juden in Thüringen. Hrsg. von der Landeszentrale für politische Bildung Thüringen. Erfurt 1996.

Bracher, Karl Dietrich: Die deutsche Diktatur. Entstehung, Strukturen, Folgen des Nationalsozialismus. Frankfurt/Main, Berlin, Wien [6]1983.

Bramke, Werner u. Ulrich Heß (Hg.): Sachen und Mitteldeutschland. Politische, wirtschaftliche und soziale Wandlungen im 20. Jahrhundert. Weimarr, Köln, Wien 1995.

Brill, Hermann Louis: Reichsreform – eine thüringische Schicksalsfrage. Altenburg 1932.

Broszart, Martin u. Elke Fröhlich: Alltag und Widerstand. Bayern in Nationalsozialismus. München u. Zürich 1987.

Broszart, Martin u. Norbert Frei (Hg.): Das Dritte Reich im Überblick. München 1989.

Broszart, Martin: Der Staat Hitlers. München [11]1986.

Broszat, Martin u. a. (Hrsg.): Bayern in der NS-Zeit. 6 Bde. München 1977.

Brunzel, Ulrich: Hitlers Geheimobjekte in Thüringen. Zella-Mehlis/Meiningen [5]1995.

Buchda, Gerhard: Das Landeskrankenhaus in Stadtroda 1848-1948. Festschrift zur Erinnerung an das hundertjährige Bestehen der Anstalt. Stadtroda 1948.

Carl Zeiss Jena – Einst und Jetzt. Von einem Autorenkollektiv unter Ltg. von Wolfgang Schumann. Berlin 1962.

Carter, Kit C. u. Robert Mueller: The Army Air Forces in World War II: Combat Chronology 1941-1945. Washington (1973) 1975.

Czok, Karl (Hrsg.): Geschichte Sachsens. Weimar 1989.

Der Prozeß gegen die Hauptkriegsverbrecher vor dem Internationalen Militärgerichtshof. Nürnberg 14. November 1945 – 1. Oktober 1946. Amtlicher Text, Deutsche Ausgabe. 42 Bde. Nürnberg 1947-1949.

Der Weg deutscher Eliten in den zweiten Weltkrieg. Nachtrag zu einer verhinderten deutsch-deutschen Publikation. Hg. von Ludwig Nestler in Verbindung mit Paul Heider, Kurt Meier, Wolfgang Ruge, Wolfgang Schumann, Martin Seckendorf, Achim Thom, Manfred Weißbecker. Berlin 1990. (auch als Studienausgabe)

Deutsche Geschichte in Daten. Hg. vom Institut für Geschichte der Deutschen Akademie der Wissenschaften zu Berlin. Berlin 1967.

Deutscher Faschismus – Terror und Widerstand. Berlin 1989.

Die Geheime Staatspolizei im NS-Gau Thüringen 1933-1945 (Quellen zur Geschichte Thüringens, Bd. 24/1;2). Hrsg. von Marlis Gräfe, Bernhard Post und Andreas Schneider. 2 Halbbde. Erfurt 2004.

Die Wehrmachtsberichte 1939-1945. Unveränderter photomechnanischer Nachdruck der 1982 von Günter Wegmann herausgegebenen Auflage. 3 Bde. Köln 1989.

Dokumente über die Alleinschuld Englands am Bombenkrieg gegen die Zivilbevölkerung. Hrsg. vom Auswärtigen Amt. Berlin 1943. Faksimileausgabe. Viöl 1995.

Dokumente und Materialien zur Geschichte der Bezirksparteiorganisation der KPD Großthüringens 1929 bis 1933 (=Beiträge zur Geschichte der Arbeiterklasse in Thüringen, hg. vom Staatsarchiv Weimar und der SED-Bezirksleitung Erfurt). Erfurt 1983.

Dornheim, Andreas u. Bernhard Post u. Burkhard Stenzel: Thüringen 1933-1945. Aspekte nationalsozialistischer Herrschaft. Erfurt 1997.

Eichholtz, Dietrich u. Kurt Gossweiler (Hrsg.): Faschismusforschung. Positionen, Probleme, Polemik. Berlin ²1980.

Eichholtz, Dietrich u. Kurt Pätzold (Hrsg.): Der Weg in den Krieg. Studien zur Geschichte der Vorkriegszeit (1935 / 36 bis 1939). Berlin 1989.

Ernst Thälmann. Eine Biographie. 2 Bde. Berlin ²1980.

Faulstich, Heinz: Hungersterben in der Psychiatrie 1914-1949. Mit einer Topographie der NS-Psychiatrie. Freiburg i. Breisgau 1998.

Fenske, Hans u. Dieter Mertens, Wolfgang Reinhard, Klaus Rosen: Geschichte der politischen Ideen. Von der Antike bis zur Gegenwart. Frankfurt am Main 1996.

Fesser, Gerd u. Reinhard Jonscher: Thüringen seit der Reformation. Historische Streiflichter (=Mitteldeutsche Miniaturen, 4). Bucha 2000.

Freeman, Roger A.: Mighty Eighth War Diary. London u. New York 1981.

Frei, Norbert (Hg.): Karrieren im Zwielicht. Hitlers Eliten nach 1945. Frankfurt / Main 2000.

Frei, Norbert: Der Führerstaat. Nationalsozialistische Herrschaft 1933-1945. München 1987.

Frei, Norbert: Vergangenheitspolitik. Die Anfänge der Bundesrepublik und die NS-Vergangenheit. München 1996.

Friedrich, Jörg: Der Brand. Deutschland im Bombenkrieg 1940-1945. München ¹⁰2002.

Fritz Sauckels Kampfreden. Dokumente aus der Zeit der Wende und des Aufbaus. Ausgew. und hg. von Fritz Fink, Weimar 1934.

„Führer-Erlasse 1939-1945". Edition sämtlicher überlieferter, nicht im Reichsgesetzblatt abgedruckter, von Hitler während des Zweiten Weltkrieges schriftlich erteilter Direktiven aus den Bereichen Staat, Partei, Wirtschaft, Besatzungspolitik und Militärverwaltung. Zusammengestellt und eingeleitet von Martin Moll. Stuttgart 1997.

Garn, Robin (Hrsg.): Reichsbahn ohne Reich. Über die Nachkriegsgeschichte der ostdeutschen Staatsbahn. Bd. 1 (1945-1955): Auferstanden aus Ruinen. Berlin 1996.

Gerbeth, Otto u. Walter Leonhardt: Fünf Jahre nationalsozialistische Regierung in Thüringen. Frankfurt am Main ²1938.

Geschichte der deutschen Sozialdemokratie 1917-1945. Von einem Autorenkollektiv unter Leitung von Heinz Niemann. Berlin 1982.

Geschichte der Universität Jena 1548/58-1958. Festgabe zum vierhundertjährigen Universitätsjubiläum. 2 Bde. Jena 1958 u. 1962.

Gilbert, Gustave M.: Nürnberger Tagebuch. Frankfurt a. M. 1995.

Gossweiler, Kurt: Kapital, Reichswehr und NSDAP 1919-1924. Berlin 1982.

Gotschlich, Helga: Zwischen Kampf und Kapitulation. Geschichte des Reichsbanners Schwarz-Rot-Gold. Berlin 1987.

Gutsche, Willibald (Hg.): Geschichte der Stadt Erfurt. Weimar 1986.

Gutsche, Willibald: Erfurt und das Land Thüringen 1918 bis 1952. Erfurt 1991

Handbuch des Landtags von Thüringen. Hg. vom Landtagsbureau. Weimar 1928.

Heiden, Detlev u. Gunther Mai (Hrsg.): Nationalsozialismus in Thüringen. Weimar, Köln, Wien 1995.

Heiden, Detlev u. Gunther Mai (Hrsg.): Thüringen auf dem Weg ins Dritte Reich. Erfurt o. J. (1998).

Heimatgeschichtlicher Wegweiser zu Stätten des Widerstandes und der Verfolgung 1933-1945. Band 8: Thüringen. Hrsg. vom Thüringer Verband der Verfolgten des Naziregimes – Bund der Antifaschisten und Studienkreis deutscher Widerstand 1933-1945. Frankfurt am Main 2003.

Herbert, Ulrich: Fremdarbeiter. Politik und Praxis des „Ausländer-Einsatzes" in der Kriegswirtschaft des Dritten Reiches. Berlin u. Bonn 1985.

Herbsttagung 1997 des Arbeitskreises zur Erforschung der Geschichte der „Euthanasie" und Zwangssterilisation vom 7.11. bis 9.11.1997 in Stadtroda. Hg. im Auftrag des Arbeitskreises. Tagungsdokumente mit Beiträgen von Klara Nowak u. a.

Hertel, Hans: Thüringen seit der Machtergreifung. Berlin 1941.

Heß, Ulrich: Geschichte der Behördenorganisation der thüringischen Staaten und des Landes Thüringen von der Mitte des 16. Jahrhunderts bis zum Jahre 1952. Hg. von Dr. Peter Langhof u. Jochen Lengemann (=Veröffentlichung der Historischen Kommission für Thüringen, Kleine Reihe, Bd. 1). Stuttgart u. Jena 1993.

Hesselbarth, Mario, Eberhart Schulz u. Manfred Weißbecker (Hg.): Gelebte Ideen. Sozialisten in Thüringen. Biographische Skizzen. Jena 2006.

Hillesheim, Jürgen u. Elisabeth Michael: Lexikon Nationalsozialistischer Dichter. Biographien – Analysen – Bibliographien. Würzburg 1993.

Hirsch, Rudolf u. Rosemarie Schuder: Der gelbe Fleck. Wurzeln und Wirkungen des Judenhasses in der deutschen Geschichte. Berlin [2]1989.

Hirschfeld, Gerhard u. Tobias Jersak (Hg.): Karrieren im Nationalsozialismus. Funktionseliten zwischen Mitwirkung und Distanz. Frankfurt a. M. u. New York 2004.

Hitler, Adolf: Mein Kampf. Erster Band: Eine Abrechung. 4. Aufl. München 1939 u. dass.: Zwei Bände in einem Band. Ungekürzte Ausgabe 390./394. Aufl. München 1939.

Hohmann, Joachim S. u. Günther Wieland: MfS-Operativvorgang „Teufel". „Euthanasie"-Arzt Otto Hebold vor Gericht. Berlin 1996.

Höhne, Heinz: Der Orden unter dem Totenkopf. Augsburg 2000.

Hoßfeld, Uwe u. Jürgen John, Oliver Lemuth, Rüdiger Stutz: »Kämpferische Wissenschaft« – Studien zur Universität Jena im Nationalsozialismus. Köln, Weimar, Wien 2003.

Irving, David: Die Tragodie der deutschen Luftwaffe. Aus den Akten und Erinnerungen von Feldmarschall Milch. Berlin 1970.

Jahn, Sandy u. Marie Petermann: Spurensuche: Die Luftwaffen-Munitionasanstalt („Muna") Oberndorf 5/IV – Außenstelle des KZ Buchenwald. Jena 2003.

Jeserich, Kurt G. A. u. Hans Pohl, Georg-Christoph von Unruh (Hg.): Deutsche Verwaltungsgeschichte. 6 Bde., Bd. 4. Das Reich als Republik und in der Zeit des Nationalsozialismus. München 1983-1985.

John, Jürgen u. a.: Geschichte in Daten. Thüringen. Wiesbaden 2003.

John, Jürgen u. Horst Möller, Thomas Schaarschmidt (Hg.): Die NS-Gaue. Regionale Mittelinstanzen im zentralistischen „Führerstaat". München 2007 (Sonderband der VfZ, hg. von Karl Dietrich Bracher, Hans-Peter Schwarz u. Horst Möller).

Johnson, Brian: Streng geheim. Wissenschaft und Technik im 2. Weltkrieg. Stuttgart 1983.

Juden in Jena. Eine Spurensuche. Jena 1998.

Kahl, Gisela: Die Rolle des NS-Musterbetriebes Thüringische Zellwolle AG „Schwarza" bei der Vorbereitung und Durchführung des zweiten Weltkrieges. Zur Rolle der Staatsbetriebe bzw. halbstaatlichen Unternehmungen im Imperialismus. Phil. Diss. Jena 1964.

Kehrl, Hans: Kriegsmanager im Dritten Reich. 6 Jahre Frieden – 6 Jahre Krieg. Düsseldorf [2]1973.

Kershaw, Ian: Der NS-Staat. Geschichtsinterpretationen und Kontroversen im Überblick. Hamburg [2]2001.

Kinder, Hermann u. Werner Hilgemann: dtv-Atlas zur Weltgeschichte. Karten und chronologischer Abriß.2 Bde. [21]München 1986.

Kißener, Michael u. Joachim Scholtyseck (Hg.): Die Führer der Provinz. NS-Biographien aus Baden und Württemberg. Konstanz 1997.

Klassikerstadt und Nationalsozialismus. Kultur und Politik in Weimar 1933-1945. Hg. von Justus H. Ulbricht im Rahmen der Weimarer Schriften (=Weimarer Schriften, 56). Weimar 2002.

Klee, Ernst (Hg.): Dokumente zur „Euthanasie". Frankfurt a. M. 2001.

Koch, Horst Adalbert: Die Geschichte der deutschen Flakartillerie und der Einsatz der Luftwaffenhelfer. Bad Nauheim [2]1965.

Kogon, Eugen: Der SS-Staat. Das System der deutschen Konzentrationslager. München [3]1989.

Kohl, Walter: „Ich fühle mich nicht schuldig". Georg Renno, Euthanasiearzt. Wien 2000.

Konzentrationslager Buchenwald – Post Weimar/Thür. Hrsg. von der Nationalen Mahn- und Gedenkstätte Buchenwald. O.O. 1990 (Katalog zu der Ausstellung der Deutschen Demokratischen Republik im Martin-Gropius-Bau Berlin/ West April – Juni 1990).

Konzentrationslager Buchenwald 1937-1945. Begleitband zur ständigen historischen Ausstellung, hg. von der Gedenkstätte Buchenwald. Göttingen 1999.

Kurowski, Franz: Der Luftkrieg über Deutschland. (Erstausgabe: Düsseldorf u. Wien 1977) Herrsching 1984.

Lang, Jochen van: Krieg der Bomber. Dokumentation einer deutschen Katastrophe. Augsburg 1999.

Lange, Horst: Reimahg. Unternehmen des Todes. Hg. vom Rat des Kreises Jena, Jena 1968 u. Nachdruck 1983.

Lexikon zur Parteiengeschichte. Die bürgerlichen und kleinbürgerlichen Parteien und Verbände in Deutschland (1789-1945). 4 Bde. Hg. von Dieter Fricke, Werner Fritzsch, Herbert Gottwald, Siegfried Schmidt und Manfred Weißbecker. Leipzig 1986.

Mallmann, Klaus-Michael u. Gerhard Paul (Hg.): Karrieren der Gewalt. Nationalsozialistische Täterbiographien. Darmstadt 2004.

Mammach, Klaus: Der Volkssturm. Berlin 1981.

Marschler, Willy (Hg.): Denkschrift über die Tätigkeit der Fraktion der NSDAP im Thüringer Landtage 1924/1927. Weimar o. J.

Marschler, Willy: 1033 Kinder erhalten eine Heimat durch die Sauckel-Marschler-Stiftung. Weimar o. J. (1935).

Marßolek, Inge u. Till Schelz-Brandenburg (Hg.): Soziale Demokratie und sozialistische Theorie. Festschrift für Hans-Josef Steinberg. Bremen 1995.

Marx / Engels: Ausgewählte Schriften in zwei Bänden. Berlin 1976.

Matejko, Theo: Das Theo Matejko-Buch. Zeichnungen und Aufzeichnungen aus zweieinhalb Jahrzehnten. Berlin 1939.

Medizin ohne Menschlichkeit. Dokumente des Nürnberger Ärzteprozesses. Hg. u. kommentiert von Alexander Mitscherlich und Fred Mielke. Frankfurt a. M. [15]2001.

Meißner, Otto: Das Staatsrecht des Reiches und seiner Länder. Berlin [2]1923.

Menz, Gerhard: Der deutsche Buchhandel. Gotha [2]1942.

Meyers Lexikon. 8 Bde. Leipzig [8]1936-1940.

Miller, Susanne u. Heinrich Potthoff: Kleine Geschichte der SPD. Darstellung und Dokumentation 1848-1980. Bonn [4]1981.

Möller, Horst u. Andreas Wirsching, Walter Ziegler (Hg.):Nationalsozialismus in der Region. Beiträge zur regionalen und lokalen Forschung und zum internationalen Vergleich. München 1996.

Morczarski, Norbert u. Bernhard Post, Katrin Weiß (Hg.): Zwangsarbeit in Thüringen 1940-1945 (=Quellen zur Geschichte Thüringens, Bd. 19). Erfurt 2002.

Müller, Klaus W. u. Willy Schilling: Deckname Lachs. Die Geschichte der unterirdischen Fertigung der Me 262 im Walpersberg bei Kahla 1944/45. Zella-Mehlis/Meinigen [3-5]1996.

Müller, Rolf-Dieter (Hg.): Europa und der „Reichseinsatz". Ausländische Zivilarbeiter, Kriegsgefangene und KZ-Häftlinge in Deutschland 1938-1945. Essen 1991.

Naasner, Walter: Neue Machtzentren in der deutschen Kriegswirtschaft 1942-1945. Die Wirtschaftsorganisation der SS, das Amt des Generalbevollmächtigten für den Arbeitseinsatz und das Reichsministerium für Bewaffnung und Munition/Reichsministerium für Rüstung und Kriegsproduktion im nationalsozialistischen Herrschaftssystem. Boppard am Rhein 1994.

Neufeld, Michael J.: Die Rakete und das Reich. Wernher von Braun, Peenemünde und der Beginn des Raketenzeitalters. Berlin [2]1999.

Nicolai, Helmut: Der Staat im nationalsozialistischen Weltbild. Leipzig 1933.

Nicolai, Helmut: Grundlagen der kommenden Verfassung. Berlin 1933.

Nicolaisen, Hans-Dietrich: Gruppenfeuer und Salventakt. Schüler und Lehrer bei der Flak 1943-1945. 2 Bde. Büsum 1993.

Overesch, Manfred: Hermann Brill in Thüringen 1895-1946. Ein Kämpfer gegen Hitler und Ulbricht. Bonn 1992. Hitler, Adolf: Mein Kampf. Zwei Bände in einem Band. Ungekürzte Ausgabe. 390./394. Aufl. München 1939.

Pätzold, Kurt u. Erika Schwarz (Hg.): Europa vor dem Abgrund. Das Jahr 1935. Köln 2005.

Pätzold, Kurt u. Manfred Weißbecker: Adolf Hitler. Eine politische Biographie. Leipzig 1999.

Pätzold, Kurt u. Manfred Weißbecker: Geschichte der NSDAP 1920-1945 (Sonderausgabe). Köln 2002.

Pätzold, Kurt u. Manfred Weißbecker: Rudolf Heß. Der Mann an Hitlers Seite. Leipzig 2003.

Pätzold, Kurt: Verfolgung, Vertreibung, Vernichtung. Leipzig 1984.

Paul, Wolfgang: Der Heimatkrieg 1939 bis 1945. Augsburg 1999.

Peukert, D. u. J. Reulecke (Hg.): Die Reihen fest geschlossen. Beiträge zur Geschichte des Alltags unterm

Nationalsozialismus. Wuppertal 1981.

Post, Bernhard u. Volker Wahl (Hg.): Thüringen-Handbuch. Territorium, Verfassung, Parlament, Regierung und Verwaltung in Thüringen 1920 bis 1995. Weimar 1999.

Preiss, Achim u. Klaus-Jürgen Winkler: Weimarer Konzepte. Die Kunst- und Bauhochschule 1860-1995. Weimar 1996.

Raschke, Helga: Gotha. Die Stadt und ihre Bürger. Horb am Neckar 1992.

Raßloff, Steffen: Fritz Sauckel. Hitlers „Muster-Gauleiter“ und „Sklavenhalter“. Erfurt 2007.

Rebentisch, Dieter u. Teppe, Karl (Hg.): Verwaltung contra Menschenführung im Staat Hitlers. Studie zum politisch-administrativen System. Göttingen 1986.

Rebentisch, Dieter: Führerstaat und Verwaltung im Zweiten Weltkrieg. Verfassungsentwicklung und Verwaltungspolitik 1939-1945. Stuttgart 1989.

Ries, Karl u. Wolfgang Diedrich: Fliegerhorste und Einsatzhäfen der Luftwaffe. Planzskizzen 1935 – 1935. Stuttgart [2]1996.

Sauckel, Fritz: Das Programm des Arbeitseinsatzes. o. O. 1942.

Sauckel, Fritz: Die Wilhelm-Gustloff-Stiftung. Ein Tatsachenbericht. Weimar 1938.

Sauckel, Fritz: Thüringens Weg vom Elendsgau zum gesunden – frohen – starken Trutzgau Hitler-Deutschlands. Weimar/Leipzig 1938.

Schilling, Willy: Daten zur Geschichte der Stadt Kahla. 5 Bde., Band 2 u. 3. Horb am Neckar 1999.

Schilling, Willy: Hitlers Trutzgau. Thüringen im Dritten Reich. 2 Bde. Bd. 1. Jena 2005.

Schilling, Willy: Jena. Vom Ackerbürgerstädtchen zur Universität- und Industriestadt. Horb am Neckar 1995.

Schilter, Thomas: Unmenschliches Ermessen. Die nationalsozialistische „Euthanasie“-Tötungsanstalt Pirna-Sonnenstein 1940/41. Leipzig 1998.

Schmidt, Siegfried (Hg.) in Verbindung mit Ludwig Elm und Günter Steiger: Alma mater Jenensis. Geschichte der Universität Jena. Weimar 1983.

Schmitt, Carl (Hg.): Der deutsche Staat der Gegenwart. Heft 1. Hamburg [3]1935.

Schmitt, Carl: Das Reichsstatthaltergesetz. Berlin o. J. (1933).

Schneider, Wolfgang (Hg.): Alltag unter Hitler. Berlin 2000.

Schnell, Ralf: Dichtung in finsteren Zeiten. Deutsche Literatur und Faschismus. Hamburg 1998.

Schramm Percy E. (Hrsg): Kriegstagebuch des Oberkommandos der Wehrmacht (Wehrmachtsführungsstab) 1944 – 1945. Bonn o. J. u. Studienausgabe 1940.1945 in acht Bänden.

Schramm, Percy E. (Hrsg.): Die Niederlage 1945. Aus dem Kriegstagebuch des Oberkommandos der Wehrmacht. München 1962.

Schüle, Annegret: BWS Sömmerda – Die wechselvolle Geschichte eines Industriestandortes in Thüringen 1816 – 1995. Erfurt 1995.

Schulz, Eberhard: Verfolgung und Vernichtung. Rassenwahn und Antisemitismus in Jena (1933-1945). Jena 2007 (=Bausteine zur Jenaer Stadtgeschichte, Bd. 13).

Schulze, Martin: Nationalsozialistische Regierungstätigkeit in Thüringen 1932-1935. Weimar o. J. (1935).

Schulze, Martin: Nationalsozialistische Regierungstätigkeit in Thüringen 1932/33. Weimar o. J. (1933).

Schumann, Wolfgang, Gerhard Hass u. a. (Hrsg.): Deutschland im zweiten Weltkrieg. 6 Bde. Berlin 1974 ff.

Schwarz, Gudrun: Die nationalsozialistischen Lager. Frankfurt am Main 1997.

Seela, Reyk: Die Ärzteschaft in Thüringen. Eine Vereins- und Standesgeschichte (=Schriftenreihe der Landesärztekammer Thüringen, Bd. 2). Rudolstadt 2000.

Seidler, Franz W.: „Deutscher Volkssturm“. Das letzte Aufgebot 1944/45. Augsburg 1999.

Seligmann, Rafael: Hitler. Die Deutschen und ihr Führer. Berlin 2005.

Sereny, Gitta: Das Ringen mit der Wahrheit. Albert Speer und das deutsche Trauma. München 1995.

Sinn, Karl Alexander: Kurzer Abriß einer Staatsbürgerkunde, bearb. von Alfred Tews. Leipzig u. Berlin [8]1938.

Smelser, Roland u. Rainer Zitelmann (Hg.): Die braune Elite. 22 biographische Skizzen. Darmstadt 1989.

Speer, Albert: Erinnerungen. Frankfurt a. M., Berlin u. Wien 1969 (u. Augsburg 1993)

Speer, Albert: Spandauer Tagebücher. Frankfurt / Main u. a. 1975.

Speer, Albert: Der Sklavenstaat. Meine Auseinandersetzung mit der SS. Berlin, Frankfurt am Main, Wien 1984.

Staatshandbuch für Thüringen 1926. Ohne Ort und Jahr (Weimar 1927).

Staatshandbuch für Thüringen 1931. Ohne Ort und Jahr (Weimar 1932).

Sy, Margarete: Die Thüringer Spielwarenindustrie im Kampf um ihre Existenz. Jena 1929.

Taylor, Telford: Die Nürnberger Prozesse. Hintergründe, Analysen und Erkenntnisse aus heutiger Sicht. München 1994.

Teppe, Karl: Provinz-Partei-Staat. Zur provinziellen Selbstverwaltung im Dritten Reich untersucht am Beispiel Westfalens. Münster 1977.

Thamer, Hans-Ulrich: Verführung und Gewalt. Deutschland 1933-1945 (=Siedler: Deutsche Geschichte, Bd. 3). München 2004.

Thüringen. Historische Landeskunde Mitteldeutschlands. Hg. für die Stiftung Mitteldeutscher Kulturrat Bonn von Hermann Heckmann. Würzburg 1986.

Volkmann, Hans-Erich (Hg.): Das Rußlandbild im Dritten Reich. Köln, Weimar, Wien 1994.

Wanitschke, Matthias (Hg.): Archivierter Mord. Der SED-Staat und die NS-„Euthanasie"-Verbrechen in Stadtroda (=Quellen zur Geschichte Thüringens, Bd. 26). Erfurt 2005.
Weber, Hermann u. Andreas Herbst: Deutsche Kommunisten. Biographisches Handbuch 1918 bis 1945. Berlin 2004. Glondajewski, Gertrud u. Heinz Schumann: Die Neubauer-Poser-Gruppe. Berlin 1957.

Wege der Wissenschaft im Nationalsozialismus. Dokumente zur Universität Jena, 1933-1945, bearb. von Jochaim Hendel, Uwe Hoßfeld, Jürgen John, Oliver Lemuth u. Rüdiger Stutz (=Quellen und Beiträge zur Geschichte der Universität Jena. Hg. von Jürgen John u. Helmut G. Walther, Bd. 7). Stuttgart 2007.

Weise, Gerhard u. Willy Schilling: Von Alabaster bis Zement. Bodenschätze und ihre Nutzung im Raum Jena. Ein historischer Überblick. Zella-Mehlis/Meinigen 1997.

Weißbecker, Manfred: Gegen Faschismus und Kriegsgefahr. Ein Beitrag zur Geschichte der KPD in Thüringen 1932-35. Erfurt 1967.

Wildt, Michael: Generation des Unbedingten. Das Führungskorps des Reichssicherheitshauptamtes. Hamburg 2002.

Wildt, Michael: Nachrichtendienst, politische Elite und Mordeinheit. Der Sicherheitsdienst des Reichsführers SS. Hamburg 2003.

Winkler, Ulrike (Hg.): Stiften gehen. NS-Zwangsarbeit und Entschädigungsdebatte. Köln 2000.

Wistrich, Robert: Wer war wer im Dritten Reich? Frankfurt am Main 1987.

Wohlfeld, Udo: Das Netz. Die Konzentrationslager in Thüringen 1933-1937. Eine Dokumentation zu den Lagern Nohra, Bad Sulza und Buchenwald, hg. von (der) Geschichtswerkstatt Weimar / Apolda e. V. Weimar / Apolda 2000.

Wolf, Christiane: Gauforen – Zentren der Macht. Zur nationalsozialistischen Architektur und Stadtplanung. Berlin 1999.

Zentner, Christian u. Friedemann Bedürftig: Das große Lexikon des Dritten Reiches. Augsburg 1993

Zimmermann, Susanne (Hg.): Überweisung in den Tod. Nationalsozialistische „Kindereuthanasie" in Thüringen (=Quellen zur Geschichte Thüringens, Bd. 25). Erfurt 2005.

Zumpe, Lotte: Wirtschaft & Staat in Deutschland 1933-1945 (=Wirtschaft & Staat in Deutschland. Eine Wirtschaftsgeschichte des staatsmonopolistischen Kapitalismus in Deutschland vom Ende des 19. Jahrhunderts bis 1945 in drei Bänden. Hg. von Helga Nussbaum und Lotte Zumpe, Bd. 3). Berlin 1980.

Zylka, Paul: Deutsche Geschichte. Vom Weltkrieg ins Dritte Reich. 3. Teil. Berlin o. J. (1936).

Ortsverzeichnis

Personenverzeichnis

Abkürzungen

AEG	Allgemeine Elektricitäts-Gesellschaft
AEL	Arbeitserziehungslager
AG	Aktiengesellschaft
AGO	Aktien-Gesellschaft Otto
ANBl.	Amts- und Nachrichtenblatt
BArch	Bundesarchiv
BDM	Bund Deutscher Mädchen
BF	Bayerische Flugzeugwerke (auch Bf)
Bl.	Blatt
BSW	Berlin-Suhler Fahrzeug- und Waffenwerke
DAF	Deutsche Arbeitsfront
DCB	Document Center Berlin
Defa	Deutsche Film-Aktiengesellschaft
FHQ	Führerhauptquartier
FW	Focke Wulf
GBA	Generalbevollmächtigter für den Arbeitseinsatz
Gestapo	Geheime Staatspolizei
GmbH	Gesellschaft mit beschränkter Haftung
GS	Gesetzsammlung
HSSuPF	Höherer SS- und Polizeiführer
IHK	Industrie- und Handelskammer
IMT	Internationales Militärtribunal (steht auch für Internationaler Militärgerichtshof)
Jumo	Junkers Motorenwerke
K.L.	Konzentrationslager (dokumentierte Schreibweise)
KdF	Kanzlei des Führers; Kraft durch Freude
KPD	Kommunistische Partei Deutschlands
KPDO, KPO	Kommunistische Partei Deutschlands (Opposition)
KZ	Konzentrationslager
LAA	Landesarbeitsamt
Ltg.	Leitung
MdI	Ministerium des Innern
Me	Messerschmitt
Min.	Ministerium
Mio.	Million(en)
MR	Medizinalrat
Ms	Manuskript (maschinenschriftlich)
NS	Nationalsozialistisch(e)
NSDÄB	Nationalsozialistischer Deutscher Ärztebund
NSDAP	Nationalsozialistische Arbeiterpartei Deutschlands
NSDDB	Nationalsozialistischer Deutscher Dozentenbund
NSKK	Nationalsozialistisches Kraftfahrerkorps
NSLB	Nationalsozialistischer Lehrerbund
NSV	Nationalsozialistische Volkswohlfahrt
o. J.	ohne Jahr
OB	Oberbürgermeister
OKH	Oberkommando des Heeres
OKL	Oberkommando der Luftwaffe
OKW	Oberkommando der Wehrmacht
OLG	Oberlandesgericht
Opräs.	Oberpräsident
Q.	Quelle
RAD	Reichsarbeitsdienst
RAF	Royal Air Force
Reg.-Bez.	Regierungsbezirk
Reg.-präs.	Regierungspräsident
RFSS	Reichsführer SS
RGBl.	Reichsgesetzblatt
RM	Reichsmark
RMAHG	Reichsmarschall Hermann Göring
RMdI	Reichsministerium des Innern
RSHA	Reichssicherheitshauptamt
RStH	Reichsstatthalter
RuS	Rasse- und Siedlungsamt
RVK	Reichsverteidigungskommissar
SA	Sturmabteilung
SAI	Sozialistische Arbeiterinternationale
Schr.	Schreiben
SD	Sicherheitsdienst
Sipo	Sicherheitspolizei
SMA	Sowjetische Militäradministration (in Deutschland)
SOPADE	Sozialdemokratische Partei Deutschlands – Auslandsvorstand bzw. -organisation
SPD	Sozialdemokratische Partei Deutschlands
SS	Schutzstaffel
Staatss.	Staatssekretär (auch SSekr.)
StadtA	Stadtarchiv
TA	Tank
TAM	Torpedoarsenal Mitte
ThHStAW	Thüringisches Hauptstaatsarchiv Weimar
ThMdI	Thüringisches Ministerium des Innern
Treuh.	Treuhänder
USA	United States of Amerika
USAAF	United States Army Air Force (auch USAF)
VfZ	Vierteljahreshefte für Zeitgeschichte
Vors.	Vorsitzender
Zit. od. zit.	zitiert
ZK	Zentralkomitee

Korrekturhinweis Hitlers Trutzgau, Band I

Im ersten Band, „Hitlers Trutzgau, Thüringen im Dritten Reich“, ist auf Seite 105 eine falsche Fotografie abgebildet. Verlag und Autor bitten um Entschuldigung.

Richtige Bildunterschrift:
Gotha am 1. April 1933. Angehörige der SA blockieren den Zugang zu einem Ladengeschäft, dessen Besitzer jüdisch ist. Die Aktion, die einheitlich organisiert und in ganz Deutschland stattfand, bildete den Auftakt zum späteren Genozid. (ThHStA)

Bildnachweis

Öffentliche Sammlungen

Bayerische Staatsbibliothek München (Sammlung Hoffmann); Carl Zeiss Archiv Jena (CZA); Evangelisch-Lutherische Diakonissenhaus-Stiftung Eisenach (Ev.); Thüringisches Hauptstaatsarchiv Weimar* (ThHStAW); Universitätsarchiv Jena (UAJ);Stadtarchiv Jena (StadtA Jena); Stadtarchiv Erfurt (StadtA Erfurt); Stadtarchiv Nordhausen (StadtA Nordhausen); Stadtarchiv Pößneck (StadtA P); Rosenbrauerei Pößneck (RBP); Landesärztekammer Thüringen (LÄK); Geigerverlag Horb a. N. (GV).

* Alle mit „Repro" bezeichneten Abbildungen des ThHStAW sowie eine große Zahl der im Kapitel „Täter und Wegbereiter" enthaltenen Porträts entstammen der 1934 erschienenen Schrift: Kampf und Sieg in Thüringen. Zum Gauparteitag 1934 herausgegeben vom Gauleiter der NSDAP. Weimar.

Private Sammlungen*

Ludwig Helmstädter (LH); Jürgen Kirmse (JK); Klaus W. Müller (KWM); Willy Schilling (WS); Wolfgang Vater (WV).

* Fotografen sowie Aufnahmen aus privater Hand werden eindeutig durch einen Quellenvermerk am Bildtext nachgewiesen.

Reproduktionen (Repro)

Konzentrationslager Buchenwald. Band I, Bericht des Internationalen Lagerkomitees. Thüringer Volksverlag, Weimar 1949 (Repro ThV); Matejko, Theo: Das Theo Matejko-Buch. Zeichungen und Aufzeichungen aus zweieinhalb Jahrzehnten. Berlin 1939 (TMB); Müller, Klaus W. u. Willy Schillng: Deckname Lachs. Die Geschichte der unterirdischen Fertigung der Me 262 im Walpersberg bei Kahla. Zella-Mehlis / Meiningen [3]1996 ff (Repro Lachs); *Volkswacht – Organ der Bezirksleitung der SED Gera* (VW);